中国通史

（第五卷）

　　《中国通史》精彩扼要地勾勒出中国历史演进的基本脉络和中华民族的发展过程，从宏观上把握中国历史，窥一斑而知全豹，进而使读者从中揣摩与品味出中国历史发展的内在规律。

中国书店

刘福通红巾军起义·建号大宋

至正十一年（1351）五月，刘福通聚众起兵，红巾军暴起于中原。

元朝后期，政治日益腐败，土地兼并严重，地主阶级对农民的剥削越来越苛刻，阶级矛盾迅速激化，再加上黄河决口、山崩、大旱等天灾不断出现，反元起义一触即发。

至正十一年（1351），韩山童利用白莲教发动起义。他派教徒在治河民工中活动，在黄河故道预先埋下一个独眼石人，然后到处宣传："石人一只眼，挑动黄河天下反。"民工挖出石人，以为应验，个个惊异不已。韩山童、刘福通遂号召民工起义，他们以红旗为号，头包红巾，故名红巾军。又因其烧香拜弥勒佛，也称香军。韩山童不久战败牺牲，刘福通继续战斗，攻占了颍州。元廷命枢密同知赫厮、秃赤率领素称骁勇善战的阿速军及各路汉军，会同河南行省官军前去镇压。官军见红巾军势盛，不战而逃。红巾军乘胜进占亳州、项城、朱皋、罗山、真阳、确山军。九月，攻占汝宁府和息州、光州，力量迅速发展到十几万人。

至正十五年（1355）二月，刘福通拥立韩山童的儿子韩林儿为小明王，国号"宋"，年号龙凤，建都亳州，势力遍及黄河流域及西北和东北。

属于红巾军系统的，还有另外三支。一支是郭子兴部，朱元璋原来就是在郭子兴的部下，主要活动在江淮地区。郭子兴死后，其部下由朱元璋统率。后攻克集庆（南京），改用黄旗，但名义上仍属于红巾军。另一支是徐寿辉部，陈友谅和明玉珍都是他的部下，主要活动在长江中游地区。徐寿辉还建立了政权，号"天完"。还有一支是王权和孟海马部，起于襄阳。后来，王权向北发展，称北锁红军；孟海马向南发展，称南锁红军。起义军到处攻官府，杀豪强，开仓济贫，受到人民的拥护。

刘福通于龙凤五年（1359）铸"管军万户府印"

至正十六年（1356），刘福通分三路北伐。次年，下东平、济南，并由山东乘胜北上进入河北，直逼大都。由于三路大军未能相互配合，力量分散，刘福通为蒙、汉地主武装所败。但元朝的主力已基本被摧垮。处在南北红巾军中间的朱元璋利用了这一有利形势，扩充势力，最后终于推翻了元帝国，于1368年建立了明朝。朱元璋由农民起义领袖转化为封建皇帝。

红巾军大起义推翻了元朝的黑暗统治，有力地支援了其他汗国人民的斗争，因而它是一件具有世界历史意义的大事。这次大起义沉重地打击了封建地主阶级，使长期积累的土地兼并问题得到一次大规模的调整，使官僚地主占有的大量土地得以重新分配，促进了生产的发展。同时，这次大起义局部地改变了落后的生产关系，在起义的过程中，大批奴隶得到解放，工匠的身份在明初也得到提高，促进了生产力的发展。红巾军起义推动了历史的发展，它的功绩是不朽的。

刘福通红巾军攻汴梁

龙凤三年（1357）夏，三路红巾军开始北伐。东路军由山东红巾军首领毛贵率领，是这次北伐的主力，目标直指大都。中路军由关先生、冯长舅、沙刘二等率领，任务是逾太行，入山西，配合东路军形成对大都的包围。西路军由白不信、大刀敖、李喜喜等率领攻取关中。

在三路军开始北伐的同时，刘福通亲率主力北上，目标直指汴梁（今河南开封）。汴梁是北宋的都城，红巾军建号为"宋"，以"复宋"为号召，攻占汴梁对于推翻元朝的统治将具有极大的号召力。

六月，红巾军没有直接攻打汴梁，而是转而直趋大名路（今河北大名南）。八月，攻占大名，继而自曹（今山东菏泽）、濮（今山东鄄城北）进攻卫辉路。驻守卫辉的答失里八都鲁自知力量不如，便向元廷求助，元廷遣将出兵袭击红巾军。两军激战，元军大败。答失里八都鲁在军中忧愤而死，其子孛罗帖木儿袭其职，领军退驻井陉（今河北的井陉西）。

红巾军占领大名、卫辉等豫北、冀南重镇后，实际上完成了对汴梁的包围。龙凤五年五月，刘福通正式发起对汴梁的进攻。元守将弃城逃跑，大宋军进驻汴梁城。刘福通自安丰（今安徽寿县）迎小明王韩林儿，定汴梁为宋都城，开始建造宫室。

同月，察罕帖木儿攻陷归德府等，又发陕西、山西元军从西面、北面进攻汴梁。孛罗帖木儿则主要切断汴梁与山东红巾军的联系。刘福通孤军无援，奋力死守。八月，汴梁城陷。刘福通的红巾军虽然失败了，但元朝的主力已基本被摧垮。

芝麻李等起义

元末刘福通起义军攻占颍州后，各地的白莲教徒纷纷起兵响应。起义于徐州的芝麻李（李二）、彭大、赵均用等便是其中的一支。

李二，邳州（今江苏邳县北）人。家有芝麻一仓，饥荒时开仓赈济饥民，故人称"芝麻李"。刘福通攻占颍州后，李二与社长赵均用同谋响应，联络樵夫彭早住及其父志彭等8人，烧香拜佛，歃血为盟。当时河工正兴，民众苦役。芝麻李等装扮成挑夫，往徐州投宿，城内外各4人。天未明，互举火呼应，斩关而入。竖大旗，募人为军，从者十余万人，攻占徐州及附近各县，并分兵四出作战，攻克了宿州（今安徽宿县）、五河（今安徽五河）、虹县（今安徽泗县）、丰（今江苏丰县）、沛（今江苏沛县）、灵壁（今安徽灵壁）、安丰（今安徽寿县）、濠（今安徽凤阳临淮关）、泗（今江苏盱眙）等地。由于徐州扼黄河与京杭大运河的要冲，李二军攻占徐州，对元朝政权造成了极大威胁。第二年八月，右丞相脱脱亲自出师征讨。九月，元军以巨石炮猛攻徐州城数日，攻破南关，徐州城陷，李二败走。月余，李二被俘，为元军斩杀。赵均用、彭早住等则率众投奔濠州，与郭子兴会合。至正十三年（1353），彭早住称鲁淮王，赵均用称永义王。

正是在各地白莲教徒纷纷起兵响应的形势下，元末农民起义的势力越来越强大，最后汇聚成一股反抗洪流，推翻了元帝国的黑暗统治。

明玉珍称帝建国大夏

在大汉陈友谅灭亡之时，另一支反元义军明玉珍的势力正在掘起。明玉珍，随州（湖北随县）人，地主出身。至正十一年（1351）农民起义风起云涌，明玉珍集乡兵千余，结寨自保。至正十三年（1353）投归徐寿辉，加入天完红巾军，任统军元帅镇守沔阳。十七年，率军万人入蜀攻克重庆，擒元四川行省左丞哈麻秃。十八年，克嘉定，杀四川行省右丞完者都，占领成都。

之后，陈友谅在采石矶杀死徐寿辉，建汉国，改元大义，自称皇帝，且命明玉珍出兵助攻朱元璋。明玉珍不理，派兵扼守夔州，断绝与陈友谅的关系。又立徐寿辉之庙于重庆城南，春秋奉祀。至正二十一年（1361）称陇蜀王。次年三月，正式称帝，国号大夏，年号天统，建都重庆。夏朝政权建立后，明玉珍开始分兵遣将，向四周拓疆。天统元年五月遣将万胜攻汉中，次年（1363）又命万胜领兵攻云南，二月，攻克行省治所中庆路。三年，万胜攻兴元，围城三日，不克而返。从此以后，明玉珍安心于割据四川，很少出川用兵。天统五年（1366）春病死。

郭子兴和韩林儿

郭子兴的祖先是曹州（今山东曹县）人。其父郭公，年轻时依靠占卦卜签的法术流荡在定远县（今安徽定远），预言祸福之事很灵验。县城里一个富翁家有一位瞎眼的女儿嫁不出去，郭公就娶了她，家中一天比一天富裕起来。郭公生了三个儿子，郭子兴是老二。子兴刚出生，郭公占卜，大吉。等到长大之后，以抑强扶弱为己任，喜好结交朋友。当时正遇上元朝末年政治混乱，郭子兴分散家财，宰牛滤酒，结交壮士。元末至正十二年（1352年）春天，郭子兴聚集青年数千人，袭击并占领了濠州。明太祖朱元璋前去投靠郭子兴。守门人怀疑他是间谍，逮捕了他并告知郭子兴。郭子兴认为太祖的长相奇特，为他松绑并同他讲话，收他为部下，任十夫长，屡次跟随作战立下功劳。郭子兴很喜欢，他的次妻小张夫人也手指并且眼看着太祖说："这是个不寻常的人。"就把她所抚养的马公的女儿嫁给太祖为妻，这就是后来的孝慈高皇后。

起初，跟郭子兴一同起事的孙德崖等四人，和郭子兴共五家，各自称元帅，地位不相上下。这四个人粗鲁而愚直，天天抢劫掠夺，郭子兴有轻视他们的意思。这四个人不高兴，合谋倾轧郭子兴。郭子兴因此经常在家里待着不管事。朱元璋乘机劝说郭子兴道："他们一天比一天抱得紧，我们愈来愈被疏远，时间长了一定要被他们控制。"郭子兴不听从太祖的劝说。

元军攻破徐州，徐州的主将彭大、赵均用率领残余的部众逃奔到濠州。孙德崖等人因为他们原来是有名的强盗首领，就一起推崇他们，让他们的地位在自己之上。彭大有智谋权术，郭子兴和他交好而冷淡了赵均用。于是孙德崖等人在赵均用面前进谗言，说："郭子兴只知道有彭将军，不知道有你这个将军啊！"赵均用大怒，找了个机会逮捕了郭子兴，关押在孙德崖的家里。朱元璋从别处部队回来，大吃一惊，急忙带领郭子兴的两个儿子上诉到彭大那儿。彭大说："有我在，哪个敢残害你们的父亲!"并且和朱元璋一起前往孙德崖家,打开栅锁救出郭子兴,护送他回来。元军围攻濠州,他们之间就消除旧怨,一起在城中坚守五个多月。解围后,彭大、赵均用都各自称王,郭子兴和孙德崖等人还同原来一样称元帅。没有多久,彭大死了,其子早任率领彭大的部众。赵均用愈来愈专横狠毒,挟持郭子兴攻打盱眙、泗州,并要杀害他。朱元璋已攻下滁州,就派人劝赵均用,说:"大王走投无路时,郭(子兴)公开门接纳你们,恩德是非常深厚的。大王没有报答,反而听信小人的话要谋害他,自己除掉辅佐的人,会失去豪杰之心,我以为大王不该如此。况且他的部队还很多,杀了他能不后悔吗?"赵均用闻知朱元璋的兵力很强,心里害怕他,朱元璋又派人贿赂赵均用身边的亲信,郭子兴因此才能免于一死,于是率领自己所统辖的一万多人前往滁州依靠朱元璋。

元末群雄割据图

郭子兴为人勇猛善战,但是性情固执,罕能容人。遇到危急之事,就跟朱元璋策划商量,亲近信任,如同左膀右臂。事情缓解之后,就听信谗言疏远朱元璋;朱元璋身边管事的人都被调走,逐渐削除朱元璋的兵权。但朱元璋服事郭子兴更加谨慎小心。将士们进献给朱元璋的物品,孝慈皇后(朱元璋妻马氏)就赠送给郭子兴的妻子。郭子兴到了滁州,想占据此地自己

称王。朱元璋说:"滁州四面都是山,水路船只商人旅客都不好通行,不是短时间内能安生的地方。"郭子兴于是打消了称王的念头。等到攻取了和州,郭子兴命令朱元璋率领诸将领守卫这个地方。孙德崖没粮草了,移军和州境内寻找吃的,要求把部队驻扎在城里,朱元璋收容了他。有人在郭子兴面前说朱元璋的坏话。郭子兴在夜里到达和州,朱元璋来拜见,郭子兴非常生气,不和朱元璋说话。朱元璋说:"孙德崖曾使您处于困境,应该有所防备。"郭子兴沉默不语。孙德崖听说郭子兴来了,图谋领兵离开。前队已出发了,孙德崖正留下视察后面的队伍,他的队伍和郭子兴的军队打起来了,死的人很多。郭子兴抓获孙德崖,朱元璋也被孙德崖的部队抓获。郭子兴闻知朱元璋被俘,大惊,马上派徐达前去替换朱元璋,把孙德崖也放回去了。郭子兴非常恨孙德崖,本来打算杀掉他才称心,因为朱元璋的缘故勉强地释放了他,心里忧闷不高兴;没有多久,就生病死了,尸体运回滁州埋葬。

郭子兴有三个儿子。长子先前就战死了,次为郭天叙、郭天爵。郭子兴死后韩林儿下文任命郭天叙为都元帅,张天祐和朱元璋为副元帅。张天祐是郭子兴的妻弟。朱元璋渡过长江,郭天叙和张天祐领兵攻打集庆。陈野先叛变,天叙、天祐都被杀害。韩林儿又任命郭天爵为中书右丞。不久朱元璋任平章政事。郭天爵没能得到要职心怀不满,很久以来图谋危害朱元璋,被处死,郭子兴于是绝了后代。郭子兴有一个女儿,是小张夫人所生,嫁给朱元璋封为惠妃,生了蜀、谷、代三位亲王。

明太祖洪武三年(1370年)追封郭子兴为滁阳王,下诏书命令有关部门建立他的祠庙,用猪羊各一来祭祀,免除他原来邻居宥氏的徭役,世世代代看守滁阳王的陵墓。洪武十六年(1383年),朱元璋亲

手书写郭子兴的事迹，命令太常丞张来仪撰成祠庙碑文。滁州有一个叫郭老舍的人，宣德（明宣宗年号，1426～1435年）年间以滁阳王亲属的身份，至京城朝见。弘治（明孝宗年号，1488～1505年）年间，有一个叫郭琥的人自称四世祖先老舍是滁阳王的第四个儿子，朝廷赐予他冠带礼服命他负责敬奉祭祀滁阳王。不久，受到宥氏的揭发。掌管礼仪的官员说："滁阳王祭祀的制度，是太祖定下的，滁阳王没有后代，祠庙的碑文上说得很清楚，郭老舍不是滁阳王的儿子。"不再允许郭琥负责祭祀滁阳王。

韩林儿，栾城（今河北栾城）人，有人说他是李氏的儿子。他的先辈用白莲会烧香活动欺骗群众，被流放到永年。元朝末年，韩林儿的父亲韩山童宣扬妖言，说"天下一定要大乱，弥勒佛要下界了。"黄河以南、长江、淮河之间的愚民大都相信他的话。颍州人刘福通和他的同伙杜遵道、罗文素、盛文郁等人又说："韩山童是宋徽宗的八代孙，该为中原之主。"于是杀白黑牛，对天地宣誓，图谋起兵造反，以红巾为标记。元至正十一年（1351年）五月，事情败露，刘福通等人慌忙进入颍州造反，韩山童被官府差役捕获诛杀。韩林儿和母亲杨氏逃入武安的山城。刘福通占领朱皋，攻破罗山、上蔡、真阳、确山，进犯叶县、舞阳，攻陷汝宁、光州、息州，聚众达10多万人，元军抵挡不了。其时，徐寿辉等人在蕲州、黄州起事；布王三、孟海马等人在湘水、汉水起事；芝麻李在丰县、沛县起事，而且郭子兴又占据了濠州响应刘福通。当时都称他们"红军"，又叫"香军"。

至正十五年（1355年）二月，刘福通访求韩林儿，在砀山的夹河找到了他，接到亳州，称皇帝，又称"小明王"，建国号叫"宋"，建年号"龙凤"。拆下鹿邑太

清宫的木材，在亳州建造宫殿。遵奉杨氏为皇太后；任命杜遵道、盛文郁为丞相，刘福通、罗文素为平章政事，刘六为枢密院知事。刘六是刘福通的弟弟。杜遵道得宠当权。刘福通嫉妒他，暗地里命武士击杀杜遵道，自己当了丞相，加太保衔。权力完全归于刘福通。不久元军在太康大败刘福通，进攻、包围亳州，刘福通挟持韩林儿逃往安丰。没过多久，兵力又强大了，派遣他的部下分道夺取地盘。

至正十七年（1357年），李武、崔德攻陷商州，于是攻破武关以谋取关中；毛贵攻陷胶州、莱州、益都、滨州，山东的州县大多攻下。这年六月，刘福通率领部众攻打汴梁，并且分兵三路：关先生、破头潘、冯长舅、沙刘二、王士诚奔赴晋、冀；白不信、大刀敖、李喜喜奔赴关中；毛贵出山东向北方进犯。他们的气势非常凶猛。田丰是元朝镇守黄河的乡兵万户，叛变投降了刘福通，攻陷济宁，不久战败逃跑。这年秋天，刘福通攻陷大名（今河北大名），于是从曹州、濮州攻陷卫辉（今在河南）。白不信、大刀敖、李喜喜攻陷兴元（今陕西汉中），随即进入凤翔，多次被察罕帖木儿、李思齐击败，逃往蜀地。

至正十八年（1358年），田丰又攻陷东平、济宁、东昌、益都、广平、顺德。毛贵也数次打败元军，攻陷清州、沧州，占据长芦镇，不久攻陷济南；又逐步领兵向北，在南皮杀死宣慰使董搏霄，攻陷蓟州，进犯漷州，夺取柳林以逼近大都。元顺帝征召各地军队来守卫大都，商量要迁移首都避开毛贵的锋芒，经大臣们进谏才作罢。毛贵很快就被元军击败，退守济南。刘福通在黄河南北活动，五月攻占汴梁，元守将竹贞逃走，于是奉迎韩林儿到汴梁，以此地为首都。关先生、破头潘等人又把他们的部队分为两路：一路出绛州，一路

出汾州。出绛州的一路越过太行山，攻破辽州、潞州，随即攻陷冀宁；出汾州的一路攻打保定不成功，攻陷完州，骚扰大同、兴和等塞外各州，直到攻陷上都，毁坏那里的宫殿，又转而骚扰辽阳，到达高丽。至正十九年（1359）攻陷辽阳，杀死懿州路总管吕震。元顺帝因上都的宫殿完全毁坏，从此不再北巡。李喜喜的余党又攻陷宁夏，占领灵武等边境地方。

当时太平无事的时间长了，地方上都没有设防。地方长官听说起义军来了，总是弃城逃跑，因此起义军所到之处无不一攻即破。可是，韩林儿本是盗贼出身，胸无大志，又听命于刘福通，徒有皇帝的虚名。在外面的将领们全都不听从管束，所过之处烧杀抢掠，甚至把老弱之人当粮食来吃；而且他们过去都是和刘福通地位相等的人，刘福通也管不了他们。兵士虽然很多，但军令不能执行。屡次攻下城池，元军也屡次在其后又收复它们，不能守住。只有毛贵稍微有些智谋策略。他攻取济南后，建立宾兴院，选用元朝的旧官吏姬宗周等人分守各路。又在莱州设立屯田360处，每屯之间相距30里，造拉运货物的大车100辆，所有官田民田收取产量的十分之二作为赋税。毛贵多所策划，因此能占据山东三年。等到察罕帖木儿好几次击败起义军，完全收复关、陇地区，就在这年的五月大批调遣秦、晋地区的军队会合于汴梁城下，驻扎在杏花营，各军围绕汴梁城筑起营垒。韩林儿的军队出战就打败仗，据城自守一百多天，吃的东西都快完了。刘福通想不出什么计策，挟持韩林儿带领百余骑兵打开汴梁东门逃回安丰，后宫的姬妾官员的眷属子女和符玺印章珍宝财物全部被察罕帖木儿吞没。当时毛贵已被他的同伙赵均用杀害，有一个叫续继祖的，又杀了赵均用，各部队自相攻击。只有田丰据守东平，势力略微强些。

至正二十年（1360年），关先生等人攻陷大宁，又进攻上都。田丰攻陷保定，元朝派遣使者招降他，使者被杀害。王士诚又蹂躏晋、冀地区。元将孛罗在台州击败他，士诚就进入东平和田丰会合。刘福通曾经责备李武、崔德绕道避开敌军、观望不前，准备治他们的罪。至正二十一年（1361年）夏天，他们两人叛变逃走，投降了李思齐。当时李喜喜、关先生等人，东西转战，大都逃的逃死的死，余众从高丽回来进攻上都，孛罗又击败并招降了他们。察罕帖木儿攻取汴梁之后，就派遣儿子扩廓征讨东平，胁迫田丰、王士诚投降，乘胜平定了山东。只有一个叫陈猱头的，独自据守益都攻不下来，和刘福通遥相声援。

至正二十二年（1362年）六月，田丰、王士诚趁机会刺死察罕帖木儿，进入益都（今在山东）。元朝廷把军权交给扩廓，扩廓包围益都城好多层，陈猱头等人告急，刘福通从安丰领兵赶去救援，在火星埠与元军相遇，大败逃回。元军加紧攻打益都，挖掘地道进入益都城，杀死田丰、王士诚，把陈猱头押解到京城。韩林儿的情势非常困迫。次年，张士诚的部将吕珍围困安丰，韩林儿向朱元璋告急。朱元璋说："安丰被攻破，张士诚的势力就会更加强大。"于是亲自率领军队前去救援，可是吕珍已攻进城里杀死了刘福通，朱元璋击退吕珍，带韩林儿回来，让他住在滁州。次年，朱元璋称吴王。又过了两年，韩林儿去世。有人说，朱元璋命令廖永忠迎接韩林儿回应天，到达瓜步时，把船弄翻了，韩林儿淹死在长江中。

先前，朱元璋驻守和阳，郭子兴死后，韩林儿下公文命郭子兴的儿子郭天叙为都元帅，张天祐为右副元帅，朱元璋为左副元帅。当时朱元璋以孤军守住一城。韩林儿建国号"宋"以后，四方响应，朱元璋于是用韩林儿的年号在军队中发布命令。韩林儿死后，才从第二年起定为吴元年（1367年）。这一年，朱元璋派遣大将军平定中原地区，元顺帝逃往北方，距韩林儿死去只有一年多。韩林儿称帝共12年。

陈友谅和张士诚

陈友谅是沔阳的一个渔夫的儿子，他本来姓谢，祖父招赘在陈家，因而随着姓陈。年少时念过书稍微懂些文理。有一个会看风水的人观察他家祖先的坟地，说"据风水的模式定当大贵"，陈友谅心里暗自高兴。曾经在县里当小吏，他不喜欢干。徐寿辉的军队起事，陈友谅去投奔他，在他的部将倪文俊那里当掌簿书的佐吏。

徐寿辉，罗田人，又名真一。以贩卖布匹为业。元朝末年盗贼蜂起，袁州的和尚彭莹玉用妖术和麻城的邹普胜聚众起事，以红巾为标记。他们因徐寿辉长相奇特，就推举他为首领。至正十一年（1351年）九月攻陷蕲水和黄州路，打败元朝的威顺王宽彻不花。于是就以蕲水为都城，立徐寿辉为皇帝，国号"天完"，建年号"治平"，以邹普胜为太师。没有多久，攻陷饶州、信州。次年（1352年）分兵四处出击，接连攻陷湖广、江西的诸多州县。接着又攻破昱岭关，攻下杭州。别将赵普胜等人攻破太平各路，声势大振。但是，徐寿辉没有远大的抱负，所得之地不能守住，第二年（1353年）被元军击败，徐寿辉逃脱。不久又兴盛起来，把都城迁到汉阳，被他的丞相倪文俊所控制。

至正十七年（1357年）九月，倪文俊图谋杀害徐寿辉，没成功，逃往黄州。当时陈友谅隶属于倪文俊，多次立下战功，当上了领兵元帅，就找了个机会杀死倪文俊，吞并了他的部队，自封宣慰使，不久

称平章政事。次年（1358年），攻陷安庆，又攻破龙兴、瑞州，分兵攻取邵武、吉安。陈友谅本人率军攻入抚州。不久，又攻破建昌、赣州、汀州、信州、衢州。其时，长江以南只有陈友谅的兵力最强大。朱元璋攻下了太平，和陈友谅相比邻。陈友谅攻陷元朝的池州，朱元璋派遣常遇春攻取了池州，从此多次相互攻击。

有个赵普胜，本是一员猛将，绰号"双刀赵"。当初，他和俞通海等人驻扎在巢湖，一起归顺朱元璋，后又叛离归降徐寿辉。在这时为陈友谅防守安庆，多次领兵争夺池州、太平，在疆界处来回骚扰。朱元璋为此忧虑，以利引诱赵普胜的门客，让他潜入陈友谅的军中离间赵普胜。赵普胜没有发觉，见到陈友谅派来的人就夸说自己的功劳，恼怒地表露出对陈友谅有恩德的神色。陈友谅怀恨在心，怀疑他对自己有二心，以会师为名，从江州突然来到赵普胜处。赵普胜用烧羊在雁汊迎接陈友谅，刚登上船，陈友谅马上杀死赵普胜，吞并了他的部队。于是就用轻装快速的部队袭击池州，被徐达等人击败，军队全部覆没。

当初，陈友谅攻破龙兴，徐寿辉想把都城迁移到这里，陈友谅不同意。没有多久，徐寿辉突然从汉阳出发，停留在江州。江州是陈友谅驻扎的地方，他在城外埋伏下军队，迎接徐寿辉进城，随即紧闭城门，把徐寿辉带来的部队全部杀害。随即以江州为都城，事奉徐寿辉驻守在此地，而自称"汉王"，设置王府属下的官吏。于是陈友谅挟持徐寿辉东下，攻打太平，太平城坚固，攻打不下来，就率领大船停泊在太平城的西南。士兵们沿着船尾攀缘城上的矮墙登上了城，于是攻下太平。陈友谅心气更加骄纵。他进驻采石矶后，派遣部下将领表面上到徐寿辉面前禀告事情，暗中命令壮士带着铁锤击碎徐寿辉的脑袋。徐寿辉死了以后，陈友谅以采石的五通庙

为行宫，即皇帝位，国号"汉"，改年号"大义"，太师邹普胜以下都继续担任原来的官职。登基时正好遇上刮大风下大雨，百官依次排列在沙岸上祝贺，未能完成规定的礼仪。

陈友谅性强劲而好猜疑，爱用权术驾驭部下。他称帝后，完全占有江西、湖广的地方，依仗自己兵力强盛，想向东取得应天。朱元璋担心陈友谅和张士诚联合，就设计叫陈友谅的老朋友康茂才写信引诱他，让他快来。陈友谅果然带领水军东下，到达江东桥，呼唤康茂才，无人答应，才知道被欺骗了。在龙湾与朱元璋的军队交战，大败。潮水下落，船只搁浅，死的人不计其数，丧失战船几百艘，陈友谅等人乘小船逃走。张德胜追击到慈湖，又打败陈友谅，烧毁了他的船。冯国胜率五翼军追近他，陈友谅出黑旗军迎战，又大败。于是陈友谅丢弃太平，逃往江州。朱元璋的军队乘胜攻取安庆，陈友谅的部下将领于光、欧普祥都投降。第二年（1361年），陈友谅派兵再次攻陷安庆。朱元璋亲自领兵征讨他，又收复了安庆，长驱直入到达江州。陈友谅战败，夜里带着妻子儿女逃往武昌。他的将领吴宏献出饶州投降，王溥献出建昌投降，胡廷瑞献出龙兴投降。

陈友谅愤恨疆土一天比一天缩小，就大规模营造楼船几百艘，都高数丈，涂上红漆，每艘船三层，设置走马棚。上下层人说话的声音相互间都听不见，船体都用铁皮包上。船上装载着家属百官。竭其精锐进攻南昌，攻城的长梯和冲击城墙的战车，从各条路上同时前进。朱元璋的侄儿朱文正和邓愈坚守南昌，三个月没能攻下来，朱元璋亲自领兵援救南昌。陈友谅听说朱元璋来了，撤下围城的兵力，向东出鄱阳湖，在康郎山与朱元璋相遇。陈友谅把大船聚集起来，连锁在一起形成战阵，朱元璋的军队不能由下向上进攻，接连交

战三天，非常危险。不久，刮起东北风，于是放火烧陈友谅的船，他的弟弟陈友仁等人全被烧死。陈友仁称五王，瞎一眼，有勇有谋，死后，陈友谅的士气低落。这一仗，朱元璋的船虽小，但是行驶轻便，陈友谅部队都是大型的战船，进退不方便，因此战败。

朱元璋所乘坐的船桅杆是白色的，陈友谅与将士们约定明天合力攻打白桅杆船。朱元璋知道这一情况，下令所有船上的桅杆全弄成白色的。明天再战，自辰时打到午时，陈友谅的军队大败。陈友谅想退守鞋山，朱元璋已先把守住湖口，拦截他的归路。相持了好几天，陈友谅和部下商量对策，右金吾将军说："出湖困难，应当烧掉船登陆。直奔湖的南面图谋再起。"左金吾将军说："这是显示软弱，对方以步兵骑兵追踪我们，进和退都失去依靠，大事就完了。"陈友谅拿不定主意。过了一会儿说："右金吾将军的话是对的。"左金吾将军因为自己的意见不被采纳，率领他的部下投降朱元璋。右金吾将军知道这一情况后，也投降了。陈友谅更加窘迫。朱元璋共两次发文书给陈友谅，大意说："我想和您相约联合，各自安抚一方，以等待上天的意旨。您失策了，对我任意加害。我以轻装的部队乘隙出击，据有您龙兴等十一个州郡，您仍不自己追悔所造成的祸害，又挑起战争事端。先是在洪都受窘，又在康郎山打得大败，骨肉兄弟和部下将士一再遭受巨大的灾难。您即使能侥幸活着回去，也应该撤销帝王称号，安分地等候真命天子出来，不然家破族灭，后悔可就来不及了！"陈友谅收到文书后又怒又恨，不给答复。时间长了，军队没有吃的，陈友谅从湖口突围出来。朱元璋的将领们从上游拦击他们，大战泾江口。汉军（陈友谅军）一边打一边逃跑，天黑了还没能摆脱追击。陈友谅从船中把头伸出来，要指挥

作战，突然被流箭射中，穿透眼睛进入颅内死去。汉军大乱，太子陈善儿被俘获。太尉张定边夜里带着陈友谅的次子陈理，载着陈友谅的尸体逃回武昌。陈友谅豪华奢侈，曾经制造了一张非常精致的镂金床，宫中的器物用具都类似这样。他死后，江西行省把这张床进献给朱元璋。朱元璋感叹地说："这和孟昶的七宝便壶有什么两样！"下令有关官吏毁了这张床。陈友谅称帝共4年。

陈友谅的次子陈理回武昌后，继承帝位，改年号为"德寿"。这年冬天，朱元璋亲自征讨武昌。第二年（1364年）二月再次亲自出征。陈理的丞相张必先从岳州前来援救陈理，驻扎在洪山。常遇春击败并活捉了他，押他在武昌城下示众。张必先是一员猛将，在军中绰号"泼张"，陈理特别倚重他。等到他被擒，城里便非常恐慌，因此想投降的人非常多。朱元璋就派遣陈的旧臣罗复仁进城招降陈理。陈理于是投降。他进入营门，趴在地上不敢向上看。朱元璋见陈理年幼弱小，扶他起来，握着他的手说："我不加罪于你。"武昌官库里的财物听任陈理取用，朱元璋返回应天后，授给他归德侯的爵位。

陈友谅投奔徐寿辉时，他的父亲陈普才曾加以劝阻，陈友谅不听。等到陈友谅显达之后，去迎接陈普才，陈普才说："你不听我的话，我还不知道死在什么地方呢！"陈普才有五个儿子：长子友富、次子友直、三子友谅，四子、五子友仁和友贵。陈友仁、陈友贵先前已死在鄱阳。朱元璋平定武昌，封陈普才为承恩侯、陈友富为归仁伯、陈友直为怀恩伯，追赠陈友仁为康山王，命令有关主管部门建庙祭祀他，让陈友贵随从受祭。陈理住在京城，忧闷不乐，说一些不满的话。皇帝（太祖）说："这是小孩子的过错，恐怕小人诱惑，不能保全朕给予的恩德，应当把他安置在

远方。"洪武五年（1372年），将陈理和归义侯明升一起迁移到高丽，派遣元朝投降的大臣枢密使延安搭理护送。朱元璋赐给高丽王绫罗绸缎，让他好好照应他们。又把陈普才等人迁移到滁阳。

张士诚，小名九四，泰州白驹场的盐丁。有三个弟弟，都以撑船运盐为职业，通过贩卖私盐牟取非法盈利。他为人非常轻视钱财，乐于帮助他人，受到他们一伙人的拥护。他常常卖盐给许多有钱的人家，有钱人家大多欺侮他，有些人欠他的盐钱不还。有个弓手丘义，侮辱张士诚尤其厉害。张士诚愤恨不平，就率领几个弟弟和壮士李伯升等18个人杀死丘义，并且杀绝那些有钱的人家，放火烧掉他们的房屋。张士诚等人进入别的州郡的盐场，招募青年起兵造反。盐丁们正为沉重的劳役所苦，就一起推举张士诚为首领，攻陷泰州。高邮太守李齐指示招降了他，但后来又叛变，杀害行省参政赵琏，并且攻陷兴化，在德胜湖安营扎寨，有部众一万多人。元朝廷用"万户"军职委任状招降张士诚，他不接受。张士诚用欺骗的手法杀害了李齐，袭击并占据高邮（今在江苏），自称"诚王"，非法称国号"大周"，立年号"天祐"。这一年是元至正十三年（1353年）。

第二年（1354年），元朝右丞相脱脱统领大军出征，几次打败张士诚，围困高邮，毁坏了高邮的外城。城就要攻下了，元顺帝听信谗言，解除了脱脱的军权，削夺了他的官职爵位，用别的将领来替代他。张士诚乘机奋力出击，元军溃败逃走，从此张士诚又兴盛起来。过了一年（1355年），淮东闹饥荒，张士诚就派自己的弟弟张士德从通州渡过长江侵入常熟。

元至正十六年（1356年）二月，张士诚攻陷平江，并且攻陷湖州、松江和常州各路。改平江为隆平府，张士诚从高邮迁来，以此地为都城。就用承天寺作王府宅

第四编 宋辽金元时期

最新整理图文珍藏版

第，蹲坐在大殿中间，射三支箭在大梁上以为标志。这年，朱元璋也攻下集庆，派遣杨宪去交好张士诚。太祖的信中说："从前隗嚣在天水称雄，现在足下也在姑苏自己称王，情势相同，我很为足下高兴。比邻和睦相处，各守疆界，是古人所贵重的，我私下非常仰慕。从现在起我们信使往来，不要受谗言的迷惑，从而在边境上生出事端。"张士诚收到信，扣留下杨宪，不予答复。不久，他派遣水军攻打镇江，徐达在龙潭打败他的军队。朱元璋派遣徐达和汤和攻打常州，张士诚的军队来救援，被打得大败，丧失张、汤二将，就写书信求和，请求每年献纳粮食 20 万石，黄金 500 两，白银 300 斤。朱元璋回信，责令他放回杨宪，每年献纳粮 50 万石，张士诚又不回复。

当初，张士诚攻取平江后，就派兵攻打嘉兴。元朝守将苗人统帅杨完者几次打败他的军队。张士诚于是派遣张士德从小路攻破杭州，杨完者回师救援，张士诚军又被打败回来。翌年（1357 年），秋炳文攻下长兴，徐达攻下常州，吴良等人攻下江阴，张士诚的军队四面受阻，不能出动，形势逐渐紧迫。没过多久，徐达的军队占据宜兴，攻打常熟。张士德迎战，打败，被前锋赵德胜活捉。张士德，小名九六，善战有谋略，得到将士们的爱戴。浙西地方都是他攻占平定的。他被活捉后，张士诚非常沮丧。朱元璋想留下张士德来招降张士诚。张士德派人从偏僻小道送给张士诚一封信，让他投降元朝。张士诚于是决定向元朝请求投降。元浙江右丞相达识帖睦迩替张士诚向朝廷报告，朝廷授给张士诚太尉，他手下的将领官吏也都被授予等级不同的官职。张士德在金陵终于绝食而死。张士诚虽然免去伪王称号，据有武装部队和地盘还是和过去一样。达识帖睦迩在杭州与杨完者有矛盾，暗中召来张士诚的军队。张士诚派遣史文炳袭击并杀害了

杨完者，于是据有杭州。元顺帝派遣使者征收粮食，赐给张士诚龙衣御酒。张士诚从海路运送粮食 11 万石到大都，每年如此，成为常规。不久，张士诚愈来愈骄纵，命令他的部下颂扬他的功业和德行，希求得到王爵，元朝廷没有应允。

元至正二十三年（1363 年）九月，张士诚又自立为吴王，尊奉他的母亲曹氏为王太妃，设置下属官吏，另外在城中营建王府宅第，以张士信为浙江行省左丞相，将达识帖睦迩囚禁在嘉兴。元朝廷征收粮食不再供给。有个参军俞思齐，字中孚，泰州人，规劝张士诚说："我们从前是贼寇，可以不进贡；现在是臣子，不进贡可以吗！"张士诚大怒，把长桌推倒在地，俞思齐便托病辞官离去。当时，张士诚所占据的地方，南到绍兴，北过徐州，达到济宁的金沟，西到汝州、颍州、濠州、泗州，东临近海，方圆 2000 余里，武装的士兵几十万人。他以张士信和女婿潘元绍为心腹，左丞徐义、李伯升、吕珍为爪牙，参军黄敬夫、蔡彦文、叶德新主管出谋划策，元朝的学士陈基、右丞饶介执掌礼乐法度。他又喜好招揽接纳宾客，赠送给他们的车马、住宅、日用杂物都非常齐全。许多侨居他乡贫困没有户籍的人争着投奔他。

张士诚为人，表面上迟缓凝重，少言寡语，似乎很有器量，但实际上没有远大抱负。占有吴一带地方后，吴地太平安定的时间很长，户口众多，张士诚逐渐奢侈放纵，懒于处理政务。张士信、潘元绍尤其嗜好搜括财物，金玉珍宝和古代名家的书法、绘画，家中都充满了。他们日日夜夜的听歌观舞，只顾自己娱乐。将领们也都傲慢，不出力卖命，每逢要打仗了，就推说有病，求得官爵田地房产以后才出兵。刚到军中，车子装载着婢妾乐器便紧跟着连续不断地到来；有时同游说空谈的人士聚会，赌博踢球，都不把军务放在心上。

等到丧师失地打了败仗回来，张士诚一概不问罪。不久，又用他们为领兵的将军。上上下下玩乐享受，以至于灭亡。

朱元璋和张士诚疆土相连接。张士诚多次派兵攻打常州、江阴、建德、长兴诸全，总是失利而返。朱元璋派遣邵荣攻打湖州，胡大海攻打绍兴，常遇春攻打杭州，也都不能攻克。廖永安被士诚俘获，谢再兴叛变投降张士诚，适逢朱元璋和陈友谅相持不下，没有功夫顾及。陈友谅也派使者约张士诚夹攻朱元璋，但张士诚想守住疆土以观变化，口头上答应使者，最终没有行动。朱元璋平定武昌后，大军转回，就命令徐达等人谋划夺取淮东，攻克了泰州、通州，围困高邮。张士诚派水军船只沿长江逆流而上前来救援，朱元璋亲自率军击退他们。徐达等人于是攻克高邮，夺取淮安，完全平定淮北地区。接着下讨伐文书到平江，历数张士诚八条罪状。徐达、常遇春统领军队从太湖直奔湖州，吴地人在毗山迎战，又在七里桥交战，都被打败，于是包围湖州。张士诚派遣朱暹、五太子等人率六万部众前来救援，驻扎在旧馆，修筑五座营寨自守。徐达、常遇春修筑十座营垒以拦阻他们，断绝了他们的运粮道路。张士诚知道事情紧迫，亲自督促军队来交战，在皂林被打败。他的部将徐志坚在东迁被打败，潘元绍在乌镇被打败，升山水上陆路的营寨全被攻破，旧馆的救援断绝，五太子、朱暹、吕珍都投降了。所谓五太子，是张士诚的养子，短小精悍，能在平地上跳起一丈多高，又擅长潜水。吕珍、朱暹都是善于作战的老将，到这时全部投降。徐达等人送他们到湖州城下示众。湖州守将李伯升等人献城投降，嘉兴、松江也相继投降。潘原明也献杭州向李文忠投降。

元至正二十六年（1366 年）十一月，朱元璋大军进攻平江，修筑长长的围子包

朱元璋像

围平江城。张士诚拒守了几个月。朱元璋致信招降他，说："古代的豪杰，以畏惧天命顺从民意为贤，以保全自己保住家族为智，汉朝的窦融、宋朝的钱俶就是这样的。你应该三思，不要自取灭亡，为天下人耻笑。"张士诚不回复，几次突围决战，都不顺利。李伯升知道张士诚非常窘迫，派遣和张士诚亲善的门客越过城游说张士诚，说："当初您所依靠的，就是湖州、嘉兴、杭州啊！现在都丧失了。孤零零地守着这座城，恐怕变故要从内部发生，那时您即使想死，也不能够啊！不如顺应天命，派遣使者去金陵，表达您能够归从大义拯救百姓的心意，打开城门，脱掉帽子，用绢一幅束发，等候命令，就还不会失去万户侯的爵位。何况您的地盘，就譬如赌博的人，赢得人家的东西而又失去了它，对您有什么损害？"张士诚仰头观看很久，说：

"我要思考思考。"就辞去门客，但终究没有投降。张士诚本来有勇胜军称作"十条龙"的，都勇猛善战，常穿银铠甲绸缎衣出入于战阵之中，到这时也都战败，淹死在万里桥下。最后，丞相张士信被火炮击中而死，城里喧扰不安，不再有坚守的意志。元至正二十七年（1367年）九月，城被攻破，张士诚收聚残余的部众，在万寿寺东街作战，部众四散逃走。士诚慌慌张张地回到王府宅第，闭门上吊自杀。他原来的部将赵世雄解救了他。大将军徐达几次派遣李伯升、潘元绍等人向他传达朱元璋的旨意，张士诚闭眼不回答。用轿子把他抬出葑门，上了船，他从此不再吃东西。到达金陵，终于上吊自杀身亡，这时他47岁。朱元璋下令准备棺材埋葬他。

当张士诚被围困的时候，对他的妻子刘氏说："我失败了将要死了，你们怎么办？"刘氏回答说："你不要担心，我一定不辜负你。"把柴火堆积在齐云楼下。城被攻破后，刘氏驱赶群妾登上齐云楼，叫养子张辰保放火烧楼，自己也上吊自杀。有两个年幼的儿子隐藏在民间，不知道下落。先前，黄敬夫等三人掌权，吴地人知道张士诚一定会失败，有"黄菜叶"17个字的民谣，以后终于应验了。

有个莫天祐，元朝末年聚众保卫无锡州，张士诚招降他，不听从。张士诚派兵攻打无锡，也不能攻克。张士诚接受元朝的官爵后，莫天祐才投降。张士诚屡次上奏章推荐他任同金枢密院事。到了平江被围困后，其他城池都被攻下，唯有莫天祐坚守无锡。张士诚被消灭，胡廷瑞加紧攻打无锡，莫天祐才投降。朱元璋认为他杀伤将士太多，便杀了他。

李伯升在张士诚处当官，一直当到了司徒，投降后，命他继续任原官，又晋封为中书平章同知詹事府事。他曾经领兵讨伐平定湖广慈利蛮人，又任征南右副将军，和吴良一起讨伐靖州蛮人。后来因为牵入胡（惟庸）党案获罪而死。潘元（原）明是以平章的官衔守杭州时候投降的，降后仍旧任行省平章，与李伯升都每年享受俸禄750石，不管事。云南平定，朝廷任潘元（原）明代理布政司事，死在任上。

张士诚从起事到灭亡，共14年。

方国珍起事

至正八年（1348年）十一月，出生在台州黄岩（今浙江黄岩），以贩运浮海为业的方国珍，被仇家诬告与起义反元的蔡乱头私通，遭到官府追捕。方国珍杀了仇家带其兄弟及邻里逃到海上，聚众数千人，劫夺元朝的漕运粮，扣留海运官员，起事海上。元朝命江浙行省参知事朵儿只班帅兵围剿，方国珍率军打败官军，俘获朵儿只班。以此向元统治者要官，元顺帝恐海运受阻，下诏授方国珍庆元定海尉。

至正十年（1350年）十二月，方国珍又入海，烧掠沿海州郡。次年二月，元廷命江浙行省左丞罗帖木儿、浙东道宣慰使都元帅泰不华分兵夹击方国珍。六月方国珍打败孛罗帖木儿的军队并将其俘获。七月元廷又命大司农达识帖睦迩等招谕方国珍。方国珍兄弟又接受了招抚。

至正十二年（1352年）三月，元廷命江浙省臣募舟师守大江，方国珍心怀疑虑，复入海反叛，杀泰不华。八月方国珍率军攻占台州城。十一月元廷命江浙省左丞相帖里帖木儿帅兵讨伐方国珍。次年正月，方国珍又投降元朝，他还派人潜入大都贿赂权贵。于是元廷允许招安，并授方国珍徽州路治中，国璋广德路治中、国瑛信州路治中。但方国珍兄弟仍在海上活动。

至正十六年（1356年）三月，方国珍又投降元朝，被封为海道运粮漕运万户，兼防御海道运粮万户，其兄方国璋为衢州路总管，兼防御海道事。第二年八月，方国珍又被提升为江浙行省参知政事。并奉命征讨张士诚，两军会战于昆山，张士诚占败投降元。方国珍占据庆元（浙江宁波）温、台等地。拥有水军千艘，控制着丰富的渔盐资源。

至正十八年（1358 年）朱元璋攻下婺州后，与方国珍邻境相望。此时北有张士诚，南有陈友定，方国珍的军队正处在包围之中。十二月，朱元璋派蔡元刚到庆元招降方国珍。第二年初，方国珍派使臣向朱元璋献黄金 50 斤，白银百斤及其他礼品；三月又说愿献出三郡之地给朱元璋。九月，朱元璋授方国珍为福建等处行中书省平章政事，方国璋为行省右丞，方国瑛为行省参政，方国珉为江南行枢密院金院，并"令奉龙凤正朔"。方国珍接受龙凤官诰，却不肯奉龙凤年号。他说"当初献三郡，为保百姓，请上位多发军马来守，交还城池。若遽奉正朔，张士诚、陈友定来攻打，援兵万一及时赶不到情况就危险了。不如暂且以至正为名，他们也就找不出罪名来攻。若真要我奉龙凤年号，必须多发军马，军马一到，我便以三郡交还。情愿领弟侄到应天听命，只求一身不做官，以报元之恩德。"但事隔一个月他又接受了元朝封的江浙行省平章政事的官职。此后，方国珍一面向朱元璋进贡，一面又替元朝政府运粮。从至正二十年（1360 年）至至正二十三年（1363 年）他每年都派大批海船运送 10 余万石粮到元大都，并得到了元顺帝的赞赏，被加封为江浙行省左丞相，赐爵衢国公。至正二十七年（1367 年）四月，朱元璋军队攻克湖州、杭州，并围攻平江。方国珍自知难保，一面拥兵坐视，一面北道扩廓帖木儿，南交陈友定。朱元璋写信指责他有十二条罪状。七月，朱元璋又责令方国珍贡粮 23 万石，同时又写信

威胁。方国珍惊恐万状，日夜运珍宝，修治海船，准备随时下海逃跑。九月，朱元璋遣军分两路进攻方国珍。参政朱亮祖一路攻台州，方国珍败逃黄岩。十月，朱亮祖又攻温州，方国珍侄方明善逃遁。十一月，朱亮祖率舟师袭败方明善于乐清之盘屿，追至楚门海口。征南将军汤和一路克庆元，方国珍逃到海上，汤和乘势又下定海、慈溪等县。同时，朱元璋又命廖承忠率舟师从海上进攻。方国珍走投无路，只好归降。这股割据浙东的地方势力终于被平定。明洪武二年（1369 年）朱元璋以方国珍既降，不念旧恶，授广西行省左丞之职，留居京师。洪武七年（1374 年），方国珍病死。

朱元璋起兵

朱元璋幼时名为重八，又一名为兴宗，字国瑞，出身濠州钟离县一个贫农家里自幼丧父母，因此入皇觉寺为僧。郭子兴领导的农民起义军打败了在濠州的元军，元军撤离濠州时，将皇觉寺焚掠一空。至正十二年（1352 年）闰三月，二十五岁的朱元璋走投无路，无以为生，于是来到濠州城，投奔到郭子兴领导的红巾军中。因他在战场上打仗机智勇敢，很快被提拔为亲兵十夫长，留在郭子兴身边。郭子兴为人"枭悍善斗，而性悍直少容"。每在关键时刻，都让朱元璋出谋划策，故与郭子兴"亲信如左右手"。郭子兴见他年青，有胆略，又有见地，也受到下边战士的拥护，屡立战功，是一个有前途的人才，因此决定将养女马氏嫁给他。

在进军滁州（今安徽滁县）途中，李擅长来到军中谒见。朱元璋问李善长："如今四方战乱，什么时候才能太平呢？"李擅长答："秦末大乱时，汉高祖以布衣起兵，

他为人豁达大度，知人善任，不乱杀人，五年而成帝业。"又说："你是濠州人，离刘邦的家乡沛县不远，只要你认真学习这位老乡的长处，天下是可以平定的。"朱元璋听后，十分高兴，决定把李擅长留在自己身边，为他出谋划策。李擅长的这一席话，对朱元璋的影响十分深远，一直到建国以后的政治、经济政策，大多数是学习汉高祖刘邦而运用于明代的。

郭子兴的部将朱元璋在至正十四年（1354年）攻占滁州，势力逐渐壮大，并发展成了一支独立的武装力量。当郭子兴等五帅失和之时，郭子兴乘机从濠州发动进攻。至正十五年（1355年）正月，郭子兴用朱元璋之计，派张天祐等进攻和州。郭此时命朱元璋统领其军。朱元璋考虑到诸将的势力与自己不相上下，为避免别人不服他，他就将檄文隐藏起来，约好第二天早上在厅中议事。当时入席以右为贵，诸将先入，皆踞右，朱元璋故意后至而就左，"朱比实事，剖决如流，众人皆愕得说不出话来，不能由此稍微有些收敛。讨论分工修城，（限）期三日。"朱元璋负责的工段三天就完成了，诸将都落后。这时说一句话才拿出檄，南面坐曰："奉命总诸公兵，今甓城皆后期，如军法何？"诸将此刻都非常惊慌唯恐被辞退。三月，郭子兴病死。刘福通占据安丰和颍州之后，派人把逃匿在砀山夹河的韩林儿及其母杨氏，迎回到亳州（今安徽亳县），拥立韩林儿为皇帝，号小明王，建国号为大宋，年号龙凤，都亳州。立韩林儿之母杨氏为皇太后。杜遵道、盛文郁为丞相，刘福通、罗文素为平章。大宋建立后，韩林儿任命郭子兴之子郭天叙为都元帅，部将张天祐、朱元璋为右、左副元帅。不久，张天祐、郭天叙都战死，朱元璋就成为大元帅，郭子兴的旧部全归他指挥。

同年，朱元璋又兼并了巢湖红巾军的水师。早在刘福通、彭莹玉等在颍州发动起义时，巢湖地区彭莹玉的教徒金花小姐和李国胜、赵胜普联络廖永安兄弟、俞廷玉父子等起来响应颍州起义。金花小姐（在起义斗争中）战死，李国胜、赵胜普退居巢湖，拥有水师万余人，船只千余艘，称为彭祖水寨。这年年初，廖永安、俞廷玉等投降了朱元璋。李国胜谋杀朱元璋未遂后，反被朱元璋处死，至此巢湖水师全归朱元璋指挥。同年六月，就用巢湖水师乘水涨入江，从牛渚矶强渡长江，攻占采石镇。此时，朱元璋激励自己的将士，只能前进，不许后退，他们乘胜一举攻下了集庆上游的太平，活捉了元朝万户纳哈出。在同元军作战中，朱元璋令幕僚李擅长预为戒戢军士榜，"禁剽掠，有卒违令，斩以徇"，纪律严明，军中肃然。

朱元璋按照能力大小任官职，注重招贤纳士。早在江北初起时，就陆续招集了一些随从起义的地主儒士，如上文提到的李善长，还有冯国用、冯国胜，作为参谋。冯国胜劝朱元璋："金陵龙蟠虎踞，愿定鼎金陵，倡仁义以一天下。"朱元璋对此大加赞赏，对这种忠告铭刻在心。攻下太平后，又召用老儒李习为知太平府，陶安参谋幕府事。为了稳固太平的根基或基础，他利用乡兵修城浚濠，加强防固。陈埜先水军帅康茂才以数万众（之兵）攻城，朱元璋派徐达等迎战，令派遣将领出其后，以夹击之，派元朝士兵驻守陈埜先并招降了他的部下。接着，朱元璋攻取了溧阳、溧水、句容、芜湖等处。

至正十六年（1356年）春二月，朱元璋率领大军，在采石大破蛮子海牙舟师。当时，蛮子海牙投奔了张士诚。至此，起义军打破了元军对长江的封锁，农民起义军重新振作起来。此年三月，朱元璋乘胜水陆并进，大举进攻集庆，在江宁镇攻破陈兆先军，生抓陈兆先，招降其众三万六

中国通史

最新整理图文珍藏版

千人。继而又在蒋山大败元兵，于是朱元璋的诸军齐头并进，拔栅攻城。集庆城破，元朝御史大夫福寿被杀，水塞元帅康茂才投降。朱元璋开进城，城中召官吏父老告诉官吏父老，之曰："元政渎扰，干戈蜂起，我来为民除乱耳，其各安诸如故。贤士吾礼用之，旧政不便者除之，吏毋贪暴殃吾民。"集庆人民喜不胜收。此时朱元璋又得到了夏煜、孙炎、杨宪等十余位儒士，他们为朱元璋献计献策。

朱元璋攻下集庆后，以它为中心，向四周发展，在此后的一年多时间里，派诸将先后攻克镇江、广德、长兴、常州、宁国、江阴、常熟、徽州、池州、扬州等应天周围的据点。至正十六年（1356年）七月，诸将尊奉朱元璋为吴国公。并设置了江南行中书省，自己总管此省所有事务，设僚佐，但名义上仍用韩林儿的大宋旗号。朱元璋以集庆为中心后，根据地日益巩固，地盘也更加扩大了，并且有充足的兵力向更远的地方扩展。接着，朱元璋派兵攻取浙西、浙东，消灭了盘踞在这里的元军。至正十八年（1358年）三月，命邓愈进攻建德路。十二月，命胡大海攻婺州，但久攻不下，朱元璋亲自前往攻取，城立即攻破。入城之后，立即发粟赈济贫民，并改州为宁越府。朱元璋连续占领江左、江右诸郡，并与陈友谅占据的地区相邻。早在至正十七年（1357年），朱元璋部将常遇春夺取陈友谅占据的池州之后，朱陈两军就开始不断地互相攻伐。

当朱元璋攻下安徽徽州（今安徽歙县）后，他召见名儒朱升，问："今后我该怎么办？"朱升说："高筑墙，广积粮，缓称王。"意思是说，首先要巩固后方基地；其次要在后方发展生产，屯田积谷，增强经济实力；最后，不要急于称王，免得树大招风。朱元璋十分赞同朱升的建议，觉得他既有才华，又有战

略远见，于是把他留在自己军中当参谋。后来，朱元璋势力壮大后，就改吴国公为吴王。从投军到称王，仅仅几年的时间，朱元璋就由一名小卒之辈，发展成为了称雄一方的一代霸主，随后他削平群雄，统一中国，改朝建国，成为了中国历史上的一位大皇帝。

徐寿辉建立"天完"

刘福通在颍州发动起义后，在江淮一带的彭莹玉和他的徒弟们也积极活动起来。1351年那年，先后有许多地方爆发了起义。

麻城（今湖北麻城）铁工邹普胜是彭莹玉的徒弟，在蕲州（今湖北蕲春）、黄州（今湖北黄冈南）一带宣传"弥勒佛下生，当为世主"，他约罗田布贩徐寿辉（又名真逸、真一）起兵反元。徐寿辉为人忠厚，身材奇伟，相貌出众，但没有其他特长，他生平以贩布为业。常往来于蕲黄之间。据传说，北方红巾起义爆发后，有一天，徐寿辉途经一座山，拣到铁数十斤，找到铁工邹普胜，请他打成农具。他一进门就坐在打铁的铁砧上，邹普胜大为惊奇，因为他昨晚刚刚梦见一条黄龙蟠在铁砧上。心中暗暗道："此人将来必然要做皇帝。"就对徐寿辉说："当今天下大乱，还要去干农活吗？我替你炼一把宝剑赠送给你吧！"两人谈得十分投机，开始酝酿发动武装起义的事。当时彭莹玉正活动于江淮及长江中游一带，到处发动教徒准备起义，很需要找一个体态雄伟的人去应"弥勒佛下生，当为世主"的验。一次，徐寿辉在盐塘水中洗浴，身上突然发出光辉，周围观看者惊诧不已。邹普胜乘机宣传徐寿辉就是"弥勒佛下生，当为世主"。于是众推徐寿辉为领袖，于1351年八月正式

发动起义，一举攻占蕲州。徐寿辉的起义军也是头裹红巾、烧香拜佛的，所以也是红巾军或香军，但因为他们属于南方系统，因此我们把它称为南方红巾军。

十月，南方红巾军攻占蕲水（今湖北浠水），并以此为都城，国号天完，改元治平，徐寿辉称帝，邹普胜为太师，建立了元末农民起义中的第一个农民政权。"天完"就是压倒"大元"的意思。忽必烈建立元朝时，因版图辽阔，自称"大元"，显得很威武，现在农民军要推翻大元，就要有一种压倒大元的气概。所以在"大"字上加一横，变成"天"；在"元"字上加一个"宀"，变成"完"，表明了南方红巾军推翻元朝的决心。天完农民政权行政机构有中书省，取名莲台省，用意是佛教里的西方净土莲台。下设吏、户、礼、兵、刑、工六部；军职有百户、千户、万户、总管、统军元帅府等。起义农民建立了自己的政权，对于打击和镇压敌人，维护社会治安，保证起义军的组织纪律和统一指挥各地起义军，都起了很大的作用，使原来以宗教为纽带联系的南方各地教徒，现在有了自己的政治中心。

天完政权建立后，南方红巾军起义的形势发展极其迅猛。为了扩大战果，天完政权的将领分兵四出，先后派丁普郎、徐明达攻克汉阳、兴国（今湖北阳新）；邹普胜攻克武昌、龙兴（今江西南昌）；曾法兴攻克安陆（今湖北钟祥）、沔阳（今湖北沔阳）、中兴（今湖北江陵）；欧普祥攻克袁州；陶九攻克瑞州（今江西高安）；陈普文攻克吉安（今江西吉安）；周伯颜一支经江西、入湖南、抵广西，湖广的少数民族纷纷起兵响应；王善进攻福建；彭莹玉、项普略（又名项甲，项奴儿）去江西，到安徽，抵浙江，又折回苏南、安徽、江西。天完政权通过分兵四出的战略，发展了起义形势，对南方各地的

元朝统治打击很大，红巾军所到之处，所在贫苦农民纷纷起兵响应，他们穿着短衣草鞋，没有兵器，就用木头竹子削成武器，剪段红布裹着头，像潮水一样奔向起义队伍。

南方红巾军之所以取得如此重大的胜利，是与他们提出明确的政治口号分不开的。据记载，至正十二年（1352年）四月，江西宜黄的红巾军领袖涂一、涂祐与新城红巾军首领童远联合攻克建宁（今福建建宁）、泰宁（今福建泰宁），不久进兵邵武（今福建邵武），他们打着红巾军的旗帜，拿着天完政权的告示，宣传"摧富益贫"的口号，受到当地贫苦人民的热烈欢迎。被地主分子污蔑为"贱者"和"婆者"的长期遭受封建压迫的贫苦大众，纷纷前来投奔起义军，人数以万计，他们在"摧富益贫"口号的鼓舞下，夺取地主富豪的钱财、粮食，那些逃入穷乡山谷的富豪也无法逃避。

彭莹玉和项普略所率领的一支红巾军，活动范围最广，战斗最激烈。彭莹玉是南方秘密宗教的首领，也是红巾军的领袖。他曾和徒弟周子旺发动过1338年的起义，但自己却没有称王称帝。他尽管地位很高，徒弟遍布南方各地，人们对他很尊重，但他总是浴血奋战在第一线。1352年2月，彭莹玉率领的红巾军占领江州（今江西九江），杀了曾做诗咒骂红巾军的江州路管李黼。接着攻克南康（今江西星子）、饶州（今江西鄱阳）、信州（今江西上饶）。4月，进入安徽境内，占领婺源、黟县、休宁和徽州（今安徽歙县）。在这一带，与汪同、程国胜、俞茂等地主分子组织的地主武装展开了激烈的搏斗。6月，彭莹玉、项普略率军突破昱岭关，进入浙江。7月，攻克江浙行省首府杭州，元朝官吏纷纷逃窜，参政樊执敬顽抗被杀，总管宝哥与小老婆投西湖自杀。彭莹玉的军队进入杭州

后，纪律严明，不乱杀人，不奸淫妇女，军队驻扎在寺庙内，不占民舍。他们继续宣传"弥勒佛出世"，号召人民参加红巾军，贫苦大众投奔红巾军的十分踊跃；同时，他们把元朝的府库打开，把金帛等贵重的物品运走。但是，红巾军并没有牢固地控制杭州。在杭州城里的敌人到处破坏，儒生苏天爵竟然打出旗号，出高价收买一批亡命之徒，屠杀红巾军。元朝统治者当然决不愿意富庶的杭州落入红巾军之手的，元顺帝急令江浙行省平章教化和红巾军的死敌董搏霄从濠州撤围，联合江浙行省平章三旦八向杭州扑来。在敌强我弱的情况下，彭莹玉等被迫撤出杭州，退守徽州。敌人又紧紧跟来，彭莹玉等选择北上广德（今安徽广德）、进兵苏南的办法来摆脱敌军。9月，红巾军占领广德。10月，攻克常州。在常州，红巾军将大地主王佛子的粮仓打开，分给广大贫苦农民。接着又连克江阴、宜兴、溧水、溧阳、丹阳、句容等地，并派一支军队对集庆（今江苏南京）进行试探性进攻。这时，元军已汇集在集庆，并展开了对红巾军包围的势态，在这样的形势下，红巾军不得不从苏南退到徽州。但徽州已经失守，项普略被当地元军俘获牺牲，彭莹玉率红巾军再次攻占徽州。至正十三年（1353年）春，徽州又被元军夺去，彭莹玉只好退到江西瑞州，到这一年的十一月，元江西行省右丞火你赤包围瑞州，彭莹玉和况普天、闵总管等红巾军将领进行了英勇的保卫战，城破后，他们都遭到元军的残酷杀害。

彭莹玉是南方红巾军的杰出领袖，他有着推翻元朝黑暗统治的信心，有着组织群众和宣传群众的丰富经验，有着在困难条件下坚忍不拔的毅力，有着在胜利条件下继续战斗的顽强意志，在他身上，体现了古代劳动人民的优秀品质。他的牺牲给南方红巾军带来了不可估量

的损失。在彭莹玉牺牲后的两年多，张士诚的军队渡江南下时，苏南人民还以为是红巾军又来了，当时松江城里就流传着一首这样的民谣：

> 满城都是火，
> 府官四散躲；
> 城里无一人，
> 红军府上坐。

在彭莹玉牺牲的同时，南方其他各支红巾军也都遭到了敌人的镇压。这样，元朝军队的包围圈渐渐缩小，到1353年12月时，元江浙行省平章卜颜帖木儿、南台御史中丞蛮子海牙以及四川行省参知政事哈临秃、左丞秃失里、西宁王牙罕沙等攻陷天完政权的都城——蕲水，天完政权的四百多名官员惨遭敌人屠杀，徐寿辉等经过英勇奋战，突围而出，被迫逃到黄梅山区和沔阳湖中，以保存起义力量，等待时机，东山再起。

蕲水的失守，使南方红巾军起义受到了很大挫折，由于起义军失去了指挥中心，被敌人各个击破。

江淮地区的起义军是南方各地响应蕲州起义的最大的一支起义军。江淮一带是彭莹玉长期秘密活动的中心，这里教徒最多，群众基础最好。蕲州起义爆发后，彭莹玉的徒弟赵普胜、李普胜（又叫李扒头）、左君弼等也起兵响应，很快就形成了三大武装力量：一支是赵普胜领导的，一支是李普胜和金花姐领导的，一支是左君弼领导的。赵普胜是巢县（今安徽巢县）人，善用双刀，人称"双刀赵"，金花姐牺牲后，他和李普胜密切合作，以巢湖为活动中心，在含山（今安徽含山）立水寨，李普胜据无为（今安徽无为）立水寨，都称"彭祖家"，表示他们出师于彭莹玉之门，为彭祖嫡系。左君弼虽然也是

彭莹玉的徒弟，但与赵普胜、李普胜有矛盾，互相不和，他于至正十四年（1354年）攻占庐州（今安徽合肥），以后就没有多大发展。

天完政权建立后，赵普胜等率领水军出兵无为，威胁繁昌，进而占领铜陵、池州（今安徽贵池），溯江而上，围攻安庆。元朝急忙命令江浙行省平章卜颜帖木儿、湖广行省平章也先帖木儿，江西行省平章星吉、江南行省御史中丞蛮子海牙等调兵堵截，双方在长江中发生多次激战。这年秋天，巢湖水军曾占领湖口、彭泽，一度攻克安庆。到年底时，巢湖水军号称百万，拥有大小水船万余艘，是一支规模很大、力量很强的起义军。

但是到1353年时，由于天完政权的各支起义军先后为元军镇压，都城蕲水也失守了，赵普胜等不得不率领水军退居黄墩，并与李普胜、俞氏父子（俞廷玉、俞通海）、廖氏兄弟（廖永清、廖永忠、廖永安）、赵伯仲、张德胜、叶升等联结水寨于巢湖。

元末诸帅纷争

在镇压农民军的进程中，元朝宿卫军、镇戍军消耗殆尽，募兵起家的察罕帖木儿父子、答失八都鲁父子、李思齐、张良弼等军阀成为元军主力。

至正十九年（1359年）年初，察罕帖木儿控制着关陕、荆襄、河洛、江淮、山西、河北等地，重兵屯驻于太行。而答失八都鲁之子孛罗帖木儿驻兵大同，在打败了龙凤政权的北伐军之后，萌生了南下争夺晋冀之心，与察罕集团发生冲突。拥护顺帝的御史大夫老的沙、翰林学士承旨秃鲁帖木儿等人支持孛罗帖木儿，而皇太子、搠思监、朴不花则支持察罕帖木儿父子。

至正二十年（1360年）六月，诏命察罕帖木儿与孛罗帖木儿毋得互相侵犯防区。八月，朝廷以石岭关（今山西忻县、阳曲之间）为界划分双方防区，孛罗帖木儿守关北，察罕帖木儿守关南。孛罗帖木儿置之不理，派兵越关直逼冀宁（今山西太原市）。孛罗军围城三日，无功而退屯交城。察罕帖木儿派参政阎奉先率部抵抗。九月，朝廷出面为两家讲和，双方各处退回防区。然而，十月朝廷又下诏调孛罗帖木儿守冀宁，察罕帖木儿拒不交防，指挥部下击败孛罗帖木儿军。十一月，两军对峙于汾州（今山西汾阳）。次年正月，朝廷再次出面调解，双方各自罢兵还镇。到九月，又命孛罗帖木儿在保定以东、河间以南屯田。

至正二十二年（1362年）三月，诏命孛罗帖木儿为中书省第一平章，节制张良弼部。同月，李思齐部进攻张良弼，在武功中伏大败。六月，察罕帖木儿在益都被刺，其子扩廓帖木儿代领其众，继续围攻益都，孛罗帖木儿趁机侵占扩廓帖木儿的地盘。不久，扩廓帖木儿攻占真定路（治今河北正定）和益都，杀死守将田丰、王士诚等人，为父报仇。接着分兵攻占山东各地。

至正二十三年（1363年）二月，扩廓帖木儿率兵回河南，并派部将貊高率兵进攻陕西的张良弼。六月，孛罗帖木儿奉诏南下镇压襄汉地区的起义军，但扩廓帖木儿的军队布防于关中和河南，不肯让开道路。于是，孛罗帖木儿一面请求皇帝下诏要扩廓帖木儿退出潼关以西，一面派竹贞偷袭并占领了奉元路（今陕西西安市）。扩廓帖木儿见陕西省治失守，便派貊高配合李思齐反攻奉元，竹贞投降。八月，扩廓帖木儿指挥所部进攻孛罗帖木儿，孛罗帖木儿则派兵再攻冀宁，并大败于石岭关，从此一蹶不振。年底，朝中太子一派得势，御史大夫老的沙、知院秃坚帖木儿等逃往大同，躲在孛罗帖木儿军中。太子多次派人索取，孛罗帖木儿置之不理。

至正二十四年（1364年）三月，下诏剥夺孛罗帖木儿兵权和官爵，孛罗帖木儿拒不从命。四月初一，下诏扩廓帖木儿讨伐孛罗帖木儿。孛罗帖木儿见扩廓帖木儿声势浩大，不敢与之争锋，转而进攻大都。初二，孛罗帖木儿派秃坚帖木儿率兵攻大都，并在皇后店击溃知院也速等人的部队，皇太子率侍从逃出大都，东走古北口。十二日，秃坚帖木儿兵至清河，声言必得搠思监、朴不花，以清君侧。十四日，顺帝下诏将搠思监流放岭北，朴不花流放甘肃，并将此二人缚送秃坚帖木儿军中，同时恢复孛罗帖木儿的官爵和兵权。十七日，秃坚帖木儿军入京城。顺帝下诏加孛罗帖木儿太保，以秃坚帖木儿为中书平章。次日，秃坚帖木儿退出京师。顺帝下诏追皇太子还宫。

皇太子不甘心失败，于五月再次下令扩廓帖木儿讨伐孛罗帖木儿。扩廓帖木儿发兵12万，分三路出击。孛罗帖木儿留下部分兵力守大同，自率主力与秃坚帖木儿、老的沙大举进攻大都。不久，孛罗帖木儿大军的前锋入居庸关。皇太子亲率军驻守清河，中书左丞相也速率军驻于昌平，但军无斗志。于是皇太子急返都城，引扩廓帖木儿派来的白锁住部3万兵入城。二十六日，白锁住见孛罗帖木儿军主力将至，扈从太子离京逃往冀宁。次日，孛罗帖木儿入城。二十九日，顺帝下诏以孛罗帖木儿为中书左丞相，老的沙为中书平章，秃坚帖木儿为御史大夫。孛罗帖木儿的部属分别授予中央各部门的官职。同时，下诏要孛罗帖木儿和扩廓帖木儿和解。八月十一日，升任孛罗帖木儿为中书右丞相，监修国史，节制天下军马。十四日，皇太子到达冀宁，顺帝发来诏令要太子还京。

皇太子拒不从命，反而于至正二十五年（1365年）三月下令扩廓帖木儿、李思齐讨伐孛罗帖木儿。孛罗帖木儿闻讯，于初八将太子生母奇皇后幽禁于诸色总管府，逼她写信召回太子。同时，派秃坚帖木儿进攻上都，也速率兵南御扩廓帖木儿。也速兵至良乡，倒戈，转屯永平（今河北卢龙），派人联络扩廓帖木儿和辽东诸王，共讨孛罗帖木儿。孛罗帖木儿派骁将姚伯颜不花出战，又在通州虹桥被也速军击毙。孛罗帖木儿大怒，亲率大军出通州。不料三天大雨，不得不回师。这时，大同已被扩廓帖木儿部将关保攻占。孛罗帖木儿郁郁不乐，日日与老的沙等宴饮作乐，荒淫无度。奇皇后以奉献数名美女的代价，竟换得孛罗帖木儿同意，于六月还宫。七月二十九日，威顺王之子和尚受顺帝密旨，与徐士本密谋，纠集勇士刺杀了孛罗帖木儿。老的沙闻讯逃走。顺帝下诏尽杀孛罗帖木儿党羽。次日，遣使携带孛罗帖木儿首级前往冀宁，召还太子。大约与此同时，奇皇后也派人告诉扩廓，带重兵送太子进京，以武力逼顺帝禅位。八月初一，貂高、竹贞部破城而入大都，大掠民财。十七日，诏命太子主持平叛。九月，扩廓帖木儿护送太子至京，但在离京30里处遣散重兵，轻车简从送太子入城，未执行奇皇后、太子的意图，招致了两人的怨恨。

同月，以扩廓帖木儿为太尉、中书左丞相、录军国重事，同监修国史，知枢密院事，兼太子詹事。十月，擒获并处死老的沙。不久又处死了秃坚帖木儿，彻底打垮了孛罗帖木儿的势力。闰十月，封扩廓帖木儿为河南王，代太子亲征，总制关陕、晋冀、山东等处并迤南一应军马，诸王各爱马应该总兵、统兵、领兵等官，凡军民一切机务、钱粮、名爵、黜陟、予夺、悉听便宜行事。扩廓帖木儿的权力使之几乎成为一个独立的小朝廷。十二月，因大皇后弘吉剌氏已死，册立奇氏为大皇后。

至正二十六年（1366年）二月，扩廓帖木儿回到河南，设立分省机构，以调度各处军马，准备南下进攻朱元璋。由于他资深位尊，引起李思齐、张良弼等人的嫉妒。张首先拒不从命。三月，扩廓帖木儿派关保、虎林赤率兵进攻张良弼。李思齐、脱烈伯、孔兴等出兵援救张良弼。七月，扩廓帖木儿再派竹负等率兵与关保等合攻张良绯。张良弼、李思齐等合兵抵抗，关保等失利。李思齐等也未做好准备，于是主动请求顺帝下诏和解。

至正二十七年（1367年）正月，李思齐、张良弼、脱列伯等会盟，推李为盟主，共拒扩廓帖木儿。五月，两军对峙于华阴一带。八月初二，诏命皇太子总领天下军马。扩廓帖木儿守潼关以东，进攻江淮。李思齐守凤翔以西，进攻川蜀。张良弼进攻襄樊。希望他们"同济时艰"。但是，扩廓帖木儿、李思齐等人拒不奉命。不久，貊高占据彰德（今河南安阳市）起兵反对扩廓帖木儿，并上奏朝廷表示服从诏令。顺帝下诏褒奖，并命其讨伐扩廓帖木儿。不久，关保也起兵反对扩廓帖木儿，拥护朝廷。初八，专为太子设大抚军院，主持讨伐扩廓帖木儿。十月初一，貊高军入山西，不久无功而还。初九，顺帝下诏罢免扩廓帖木儿太傅、中书左丞相等职位，只保留河南王封爵。要他将军队交给琐住、虎林赤、李克彝、关保也速、沙蓝答里、貊高等分别统领。扩廓帖木儿仍然置之不理。

至正二十八年（1368年）正月初一，太子命关保固守晋宁（今山西临汾市），总统诸军，以抗扩廓帖木儿，并下诏削夺扩廓帖木儿封爵采邑，命李思齐等讨伐。不久，扩廓帖木儿军自泽州（今山西晋城）退守晋宁。关保退至泽、潞（今山西长治市）二州，与貊高军会合。这时，明朝北伐军已进至河南了。李思齐、张良弼致书扩廓帖木儿，希望和解，然后退回陕西。只有关保、貊高仍挥师进攻晋宁。闰七月初一，扩廓帖木儿大破关保、貊高军，生擒二将，然后"请示"朝廷。顺帝无奈只好让扩廓帖木儿处死关保、貊高。十九日，顺帝和太子撤销大抚军院，将讨伐扩廓帖木儿之事推到知大抚军院事伯颜帖木儿等人身上。同时恢复扩廓帖木儿一切官爵和权力，希望他率部抵抗明军。但是，元军阵脚大乱，已无力抗拒明军北伐了。二十六日，扩廓帖木儿自晋宁退守冀宁。同日，明军已至通州，顺帝、太子等弃大都北走，明军顺利入城，元朝灭亡。

元行帝师制

元代之前有国师而无帝师，元亡帝师制度便随即中止，故帝师制度便成了佛都史上的一个特例。元代帝师之号并非仅出于对藏僧大德的尊敬，而是基于治藏的政治需要，帝师制度开了西藏地方政教合一体制的先河，元朝政府任命的帝师既是全国最高的宗教领袖，又是藏区军政首脑，统管藏区一切事务。

元代第一位帝师八思巴（1239～1280），是藏传佛教萨斯迦派的重要领袖。1258年，忽必烈召集僧道两教高士辩论《老子化胡经》真伪。18岁的八思巴作为释教首席代表舌战众道士，迫使17名道士服输削发为僧，一些道观改为佛寺。中统元年（1260），忽必烈即大汗位，其时蒙古境内"释教大盛"，于是封八思巴为国师，赐玉印，统管蒙藏地区的佛教事务。至元元年（1264），忽必烈迁都北京，设立全国性宗教管理机构——总制院，八思巴以国师的身份兼领总制院事。此后，八思巴还受命创制蒙古新文字。至元六年（1269）新文字制成，八思巴因功被升为帝师、大宝法王，赐玉印，受到极高的礼遇。至元十一年（1274），八思巴西还，其弟亦怜真接帝师位。八思巴去世后，翰林学士王磐奉命撰《帝师行状》颂其功德，京城还建有"八思巴寺"以为纪念。

八思巴以后，元代还任命了13位帝师，历代帝师都出于萨斯迦昆氏家族，采用叔侄相承、兄终弟及的传承制度。唯一的例外是萨迦系非昆氏家族的胆巴（1230～1303），生前受世祖、成宗、仁宗的赏识和重用，死后被追谥帝师号。

元代的帝师作为一项宗教制度，在民族关系方面发挥了重要作用，元以前，吐蕃是完全独立于中央政府之外的政治实体，而八思巴受封则表明，中央政府开始对西藏地区行使高官任职的权力，中央对地方的控制加强了。帝师制的意义已完全超出宗教范围，佛教成为联结中央政府与地方的桥梁，共同的宗教信仰促进了蒙、藏、汉民族文化心理素质的形成。西藏从此成中国领土不可分割的一部分。

西藏萨迦寺壁画，显示了八思巴会见元廷使臣时的情况。

元驿站体系建立

元代统一以后，疆域十分辽阔，为了加强各地之间政治、经济、文化联系，元大力发展了交通运输业，建立了四通八达的驿道驿站体系。

驿站的设置，开始于成吉思汗时期。

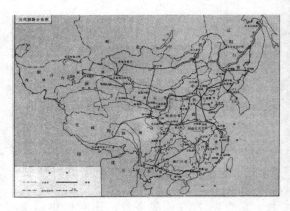

元代驿站分布图

1219年，成吉思汗派遣刘仲禄到山东邀请长春真人丘处机，就曾利用过驿骑，借助驿站，丘处机顺利地到达中亚又返回燕京（今北京）。太宗窝阔台时期，驿站规模进一步扩大，在从蒙古本土、经察合台汗国、到欧洲的钦察汗国的漫长道路上，设有驿道、驿站，便利通行。窝阔台本人也把建立驿站作为自己的一项功绩，足见其重视。忽必烈建元后，逐步建立起了以大都为中心的四通八达的驿站网，东北至黑龙江江口的奴儿干，北通叶尼塞河上游的吉利吉思，西达伊利汗国和钦察汗国，西南抵云南、西藏，这一大规模的驿站系统是空前的，也是绝后的。资料显示，全国各类驿站有1500多处，在驿站服役的驿户超过二三十万。

驿站分陆站、水站。陆站的交通工具主要是马，有的地方用牛、车、轿，也有人力搬运，所以有马站、牛站、车站、轿站、步站之别。东北辽东还有狗站。水站的工具是船。

在驿站服役的驿户由民间签发而来，每个驿站都有若干站户，少者数十或一二百，多的达二三千户，甚至更多。驿户的家庭状况一般都比较富裕，大多是中等或中等以上的民户，一旦进入驿站体系就世代相承，不得更易。他们负责管理驿站的交通工具，工具有些是驿户提供的，有些是国家购置的，如果有损坏，必须由驿户赔偿。驿户轮流充当驭手或水手，并为过往的使臣提供规定标准的饮食。

如此完善、便利的驿站体系，成为元政府加强管理、巩固政权的一个重要环节。为了保证其作用的正常发挥，元统治者建立起一整套管理制度。最初属兵部管理，后设通政院，专门管理这项事务。地方上由各路长官负责，每个驿站设有驿令或提领，负责站上的日常事务，还对提供服务的对象和范围作了严格的控制。但滥用驿站的情况却没能得到制止，王公贵族官僚、上层僧侣等都千方百计地谋取使用驿站的特权，使得元后期驿站制度基本废弛。

与驿站相辅而行的还有急递铺，专门负责朝廷和官府紧急文书的传送，一般间距为10里、15里、25里。铺卒5至16人不等。按规定，文书一昼夜要传递400里。路上行人必须避让。

驿站和急递铺的建立是以军事和政治为主要目的的，客观上对巩固政权、维护中央集权统治起到了积极的作用，而且加强了各地区、各民族的政治、经济、文化联系，在一定程度上促进了元代的商品经济繁荣，保障了各界人士旅途畅通和行旅安全。因而这一范围广泛的便利驿站体系的建立，在中国交通史、民族及中外关系史上具有十分重要的意义。

元设炮兵

蒙金战争开始后，成吉思汗便注意到炮的威力，并在1214年命令大将奄木海为随路炮手达鲁花赤，挑选500余人炮技训练，组建了蒙古第一支炮队。其后每次大的战役均有炮兵的参与。但这一时期，蒙古兵的炮主靠同西夏、宋、金作战中缴获而来，自己不能制造，因此蒙古炮兵规模受到极大限制。

元世祖即位后，下令征调回回炮匠，成批制造回回炮（亦称襄阳炮和西域炮）。此炮名为"巨石炮"，能发射150斤重的石弹，且操作方便。新式大炮的使用很快使蒙古军攻破围困6年之久的樊城，并迫使襄阳南宋守将吕文焕投降。襄樊大战后，忽必烈又大规模征调炮匠，组织开矿冶炼，加强兵器制造。除了大量制造回回炮外，还制造有15梢、9梢、7梢、5梢、3梢炮。并进一步扩充炮手军，设置炮手总管府、回回炮手都元帅府（后改称回回炮手军匠上万户府）等机构管辖炮兵。

元朝中后期大炮制造技术得以发展，金属管形火炮问世并大规模制造，使元朝

元代铜铳，上有"射穿百札，声动九天"、"神飞"等铭文。

中国通史

最新整理图文珍藏版

炮兵规模有相当大的发展。

元代炮兵建立与发展，使蒙古军队改变了单一骑兵的军制，发展成多军队、多兵种的武装力量，而且引起元军作战方法和战略战术的变革，诸兵种联合协同作战开始出现。

元军大量使用火器

蒙金战争开始后，蒙古军队在大约1211年至1215年之间便拥有了火器。他们在掳获金的火药、火器和工匠后，开始自行生产和使用。元军使用的火器，可分为燃烧性火器与爆炸性火器两种。

燃烧性火器有火箭、火枪、毒药烟球等，爆炸性火器有铁火炮以及金属管形火器火铳。这些火器兼有燃烧、烟幕、毒气、障碍、杀伤等不同的作用，不仅广泛用于同金、宋作战的中原战场，还用于欧亚战场。如1235年成吉思汗之孙向西进攻欧洲时，就携带有火炮、火药箭。正是在这时，火器传到了阿拉伯，被称为"契丹火枪"和"契丹火箭"，并从那里传到欧洲。1240年，西征蒙古军至华沙，用毒药球攻城，波兰人还以为蒙古军在驱怪喷毒。至元十一年（1274）和至元十八年（1281），元世祖忽必烈以高丽为基地，两次派遣元军向东进攻日本，也大量使用过火器。据坂诏藏《兵器考·火炮篇》记载，元军第一次登陆同日军作战时，使用的"飞铁炮火光闪闪，声震如雷，使人肝胆俱裂，眼昏耳聋，茫然不知所措"。《太平记》一书中也有对元军使用铁火炮同日军作战的描写：球形铁炮抛出来后，"一次可发射2～3个弹丸，日本兵被烧被害者多人。"

元代中后期，元人在南宋突火枪和火筒的基础上，创制了金属管形火器——火铳，还有金属管火炮。到元代末期，这两种新式火器已在元军中普遍使用。据《元史·达礼麻识理传》记载，达礼麻识理在至正二十四年（1364）时曾指挥一支"火铳什伍相联"的队伍。火器不仅装备步兵，而且还装备炮兵、水军，大大地加强了元军的作战能力。

火铳火炮的出现，是世界兵器发展史上的一次划时代变革，对人类社会的发展和文明的进步作出了巨大贡献。为西方制造的"佛朗机"及西洋大炮奠定了基础。而欧洲同类火器，直到14世纪中叶才出现。据推测，元代火炮的出现至少要比西方早50年。

元人发明火铳

目前可知中国最早的火铳是一件元代铜铸盏口铳，盏口口径105毫米，身管直径75毫米，全长35.3厘米，重6.94公斤，铳身刻有元"至顺三年"（1332）等字样。文献记载火铳之名最早见于《元史·达礼麻识理传》。

火铳又称"火筒"，是一种金属管形射击火器，以火药发射石弹、铅弹和铁弹。火铳用铜或铁铸成，铜铸较多。由前膛、药室和尾銎构成。通常分为单兵用的手铳，城防和水战用的大碗口铳、盏口铳和多管铳等。手铳轻巧灵便，铳身细长，前膛呈圆筒形，内放弹丸；药室呈球形隆起，室壁有火门，供安放引线点火用；尾銎中空，可安木柄，便于发射者操持。有的手铳从铳口至铳尾有几道加强箍。大碗口铳和盏口铳都因铳口的形状而得名，基本构造与手铳类似，只是形体短粗，铳口呈碗（盏）形，可容较多的弹丸。有的碗（盏）口铳尾銎较宽大，銎壁两侧有孔，可横穿木棍，将铳身置于木架上。发射时，可在铳身下垫木块调整俯仰角。用于水战的碗口铳，多安于战船的固定木架，从舷侧射击敌船。三眼铳也是一种常见的多管铳，铳身由3个铳管平行链合成"品"形，尾部为一尾銎，安装木柄。每个铳管各有1个药室火门，点火后可连射或齐射，射毕可用铳头作锤击敌。多用于骑兵。

元代火铳是在宋代火器发展的基础上，依据南宋火枪，尤其是突火枪的发射原理制成的，它的创制和使用，使中国管形射击火器，出现了由竹火枪向金属火枪的一次飞跃性发展。从出土的元代火铳来看，与宋代突火枪相比，元火铳的制造规格相对统一，构造比较先进合理，而且射速较快，射程较远，杀伤力更大。火铳的发明与运用，使蒙古军队战斗力大增。据《元史》记载，至正二十四年（1364），达礼麻识理曾指挥一支"火铳什伍相联"的军队，屡建奇功。元末农民起义军使用火铳作战的情况更为普通。

火铳是中国第一代金属管形射击火器。它的发明，是兵器发展史上一次划时代的变革，从此火器逐步取代冷兵器，向近代枪炮方向发展。欧洲同类火器，直到14世纪中叶才出现。

云南建省赛典赤任平章政事

至元十年（1273）忽必烈为了加强对云南地区的统治，下诏设立了云南行省。行省地处云南中部的中庆（今云南昆明），色目人赛典赤被任命为最高行政长官平章政事。赛典赤对中原汉族人的统治方法非常熟悉。他到云南后，首先协商好行省跟蒙古宗王府的关系，明确了各自的职权，接着又普遍设置郡县，使政令能够贯彻实行。赛典赤还以怀柔政策取代军事镇压，对各地的酋长、土官待之以礼，示之以诚，深受各族首领的爱戴。他又采取了许多有

利于安定民生，发展生产的措施，对当地社会经济的发展作出了重要贡献。

赛典赤·赡思丁墓

元重吏轻士

元代政治制度的二元性，不仅表现在从中央到地方职官、机构的设置上，也同样鲜明地体现在官员铨选制度上。元代也曾开设科举考试，但开设时间很短，取士人数很少，且大都不获重用。大部分官员都从怯薛和吏员中选拔，从怯薛（禁卫军）中选用上层蒙古、色目贵族担任高级官员，中下层官员则选用吏员担任。因此在元代形成了"重吏轻士"现象。

1264年，忽必烈将任命、铨调各地官员的权力完全收归中央，基本确定了元代官员铨选制度。至元十四年（1277），中书省又奏准颁行《循行选法体例》，对内外官员铨法、迁转、升降等作了更详细、系统的规定。

怯薛入官是蒙古、色目贵族入仕的主要途径，也是怯薛制度的持续对元代政治产生的另一影响。怯薛作为皇帝的私人亲军，原则上都可世袭，其成员都是蒙古贵族和其他各族勋贵高官子弟，因此怯薛出身被称为"大根脚"，它既是元代蒙古、色目人入仕做官的主要途径，也是元代高级官员的基本来源。

在怯薛成员中，由于世袭职位地位不

中国通史

最新整理图文珍藏版

同，入仕的方式与初入仕的官阶也不一样。怯薛长家族的子孙可直接世袭爵位，担任三品以上官职，其中有不少人年纪很轻就出任高官。至于一般的怯薛成员，可以通过武职世袭、文职荫叙的正常途径得官，更主要地是依靠怯薛长推荐，皇帝直接加以拔擢，不必经过中书省议奏。因此这种当时称为"别里哥选"制度是怯薛入仕的主要形式。

吏员出职制度是元统治者为了迅速运转国家机器、巩固统治、聚敛财富的需要而建立的特殊制度，但它也是元代最主要的一条入仕途径。元代吏员名目繁多，比较重要的有以下 10 种：令史、司吏、书吏、必阇赤（以上负责处理公文案牍）、译史、通事（以上负责翻释）、宣使、奏差（以上负责传达命令、汇报工作）、知印（负责掌管印信）和典吏（负责发送、保管文书）。这 10 种吏员，根据所在衙门的品级高低、吏职地位的主次高低、执役时间的长短，都可以出职担任不同品秩的官职。基层官府吏员多必须经过考察才能出职担任流外官；中上级别衙门的吏员，即使不考满也可以根据执役时间长短出任不同官职，考满则直接补六、七品官，为以后的升迁奠定基础。吏员出职制度的系统化和全面推行，造成了官员多来自吏员的现象。据史料记载，元大德年间，每年由吏员升官入流品者将近 1000 人。这个数字几乎相当于整个元代科举取士人数的总和。

至于科举取士制度，在元代前期一直处于停废状态，儒士传统的入仕途径断绝，只能通过补吏、教官两种方式做官。补吏是指每年提拔一些儒士作为吏员，但名额很少。通过教官入仕，要经过层层考试，升迁极为缓慢。

据元代中期姚燧的估计，怯薛入官人数要占当时入官总人数的 10%，吏员出职

元色目人俑

入官人数占 85%，而靠做教官升上来的只占 5% 左右。可见元代重吏轻士到了多么严重的程度。造成这种现象，有很多方面原因。首先科举制度长期推行积累的流弊，使蒙古统治者对科举制度和儒士都不信任，而怯薛制度的持续使元统治者更容易找到大量可靠的官员。其次，元统治者重用吏员，完全是出于巩固统治、聚敛财富的需要；而吏员出职制度的逐步完善、系统化，又进一步阻碍了科举制度的推行。再次，元朝政府采取民族歧视政策，使大部分出身汉族的儒士无法得到重用。

元置市舶司

至元十四年（1277），元廷在泉州、庆元、上海、澉浦 4 个口岸设立市舶司，管理海外贸易。后来又陆续在广州、温州、杭州设置了市舶司。

市舶司刚刚建立的时侯，仍然按照南宋的方法进行管理，存在着许多弊端，市

最新整理图文珍藏版

舶官员贪赃枉法，敲诈勒索，中饱私囊，直接影响了国家的市舶收入。至元二十八年（1291），元朝政府着手制定了市舶法则，三十年，又颁布《整治市舶司勾当》22条。市舶法明确规定了市舶司的职责，包括办理船舶出入港的手续、舶货的检验和收存、舶货的抽分和纳税等等。市舶司由行省管辖，每个司设提举两人。征收舶税和市舶抽分时，往往有行省高级官员在旁边监督。元政府原定市舶抽分为舶货精品中十中取一，一般舶货十五取一。后来又在抽分之外规定了三十取一的舶税。延祐元年（1314），元朝政府提高了抽分额，精品与一般舶货都翻了一番。

元代和中国建立海上贸易关系的国家和地区数以百计，市舶抽分和征收舶税成为元廷的重要财源之一。出口的商品主要是纺织品、陶瓷等日常生活用品。

上都留守司设立

至元十八年（1281）二月，元上都留守司设立。

上都工程早于大都完成，由宫城、皇城和外城组成。外城约为正方形，边长约2200米，用黄土板筑成。皇城居于外城东南角，亦为方形，边长约1400米。用材亦为黄土板，表层石城堆砌。宫城在皇城中

元上都宫殿建筑遗物白石螭首　内蒙古锡林郭勒盟正蓝旗

央偏北，东西570米，南北620米，其中心建筑大安阁仿建汴京熙春阁而成。离城不远，有所谓"西内"，是专供皇帝宴游的场所。

中统四年（1263）五月，忽必烈将开平府升为上都路，设总管府。至元三年（1266）七月规定将此当作皇帝巡幸时的留守司，本年二月正式设留守司，下设上都警巡院、兵马都指挥使司、司狱司、捕盗司、虎贲卫亲军都指挥使以及其他诸司机构。中书省、枢密院、御史台、大司农司、翰林国史等中枢机构，都在上部留守司设有衙署，以供职守之用。

元上都主要宫殿遗址　内蒙古锡林郭勒盟正蓝旗

以宣政院管理西藏

西藏在元朝称为吐蕃，1260年忽必烈封八思巴为国师，统领全国佛教，兼管吐蕃军民世俗事务，成为西藏地区最高的宗教领袖和行政首领。至元二十年（1283）元廷设总制院，1288年更名为宣政院，协助帝师管理全国佛教及吐蕃事务。属一品官的高级官署。由于它享有自选官吏的特权而成为一个相对中书省、枢密院、御史台之外的任官系统，具有政教合一制的特点，自此，西藏开始有有效的中央管辖，成为中国领土不可分割的一部分。

吐蕃地方高级官员由宣政院推举任命，吐蕃军务也由其处理，还可派设行宣政院，与内地的联系主要靠驿站。为保证持有圣旨玉印等书卷及文牒的僧俗官员往返方便，元政府曾两次在吐蕃清查户籍，整顿驿站，签发站户。对于佛教事务，宣政院在江南设有行宣政院，在各路、府、州、县设僧录司等地方机构，并称僧司衙门，管理各地佛寺、僧徒。至1311年，地方僧人之诉讼才归入地方官府管辖。

至顺二年（1331），元廷又建16道广教总管府，由宣政院选任达鲁花赤和总管等职位，掌管僧尼政事。此后几年，又回复设立行宣政院这一建制。

行省制确定

至元二十八年（1291）五月，元行省制确定。

蒙古国时期设的行尚书省，职掌与管地范围都不很明确。忽必烈即位后，设立中书省总领全国行政事务，在部分地区设立行中书省掌军政或民政。南宋灭亡后，元廷曾一度以宣慰司为江南地区主要行政机构，分设行枢密院掌军事，在重要地区则置行中书省监临，设省处不设宣慰司，省治亦常移动。至元二十八年（1291）五月，忽必烈下令罢尚书省，右丞相以下，皆改入中书省，其行尚书省改为行中书省，简称行省。

行省制，即在中央设中书省总理全国政务，枢密院掌管军事，御史台负责监察。在地方上设行中书省（即行省）。行省设丞相一人，掌管全省军政大事。行省下设路、府、州、县。元朝在全国共设10个行省，即岭北、辽阳、河南、陕西、四川、甘肃、云南、江浙、江西、湖广。至于山东、山西、河北和内蒙等地则称为"腹里"，作为中央特区，由中书省直辖。行省制的确立，从政治上巩固了国家统一，使中央集权在行政体制上得到保证。这是中国政治制度史上的一项重大变革，对后世有巨大的影响。

蒙古旧制持续

忽必烈即汗位后，推行"汉法"，建立了中央集权的封建统治体系以及相应的各种典章制度；同时又在"祖述变通"的幌子下，保留了大量的蒙古旧制。其中，保留较多，对政治生活影响又较大的蒙古旧制，主要有6种：

忽里台制度。忽里台是蒙古语聚会、朝会之意。忽里台制度是蒙古传统的选汗制度，也就是经过召开忽里台，诸王贵族共同推戴，民主选举汗位继承人。从总体上看，它只是原始社会氏族民主制的残余。在大蒙古国时期，忽里台制度体现了大汗与诸王贵族之间的盟誓契约关系，这种关系确立了君臣名分，使分散的部落聚合形成帝国共同体。但这种制度对被推举人身份没有充分的限定条件，造成了蒙古汗位继承中的不稳定因素，加剧了蒙古贵族的内部纷争。元朝建立后，忽必烈企图确立汉族传统的嫡长子继承制，但忽里台旧制仍顽强生存下来。自成宗以后的元代诸帝，几乎无一不是经过召开忽里台才正式即位的。因此元代皇帝即位仪式也相应地有汉制和"国礼"两个程序。

怯薛制度。怯薛是成吉思汗时期设置的禁卫军，具有护卫大汗、宫廷服役、行政差遣等多重职能。怯薛由成吉思时被称为"四杰"的4名亲信人臣家族世袭担任。入元以后，怯薛组织依旧保留，备受优待，并成为元代高级军政官员的主要来源，而且凭着皇帝近侍身份，参与御前奏议决策，以内驭外、挟制朝臣，甚至介入皇位更迭，成为超越政府机构之上的一个决策团体。

帝师制度。成吉思汗建国时，任命兀孙老人为别乞（即巫师），起宗教领袖作用。这是帝师制度的开始。忽必烈即位后，封藏地佛教萨斯迦派的高僧八思巴（1235～1280）为国师，后又进封他为帝师、大宝法王。自此萨斯迦派僧侣取得了全国最高宗教领袖的地位。元代帝师职责有二：一是为皇帝传授佛戒，举行灌顶等宗教仪式；二是负责宣政院，为全国宗教领袖，并统辖吐蕃地区。帝师亲属也得以加官进爵，进而干预政事。

札鲁忽赤制度。札鲁忽赤为蒙古语，意为"断事官"。成吉思汗建国后，设置也可札鲁忽赤，即大断事官，负责掌管属民的分配、审断刑狱、词讼。元朝建立后，札鲁忽赤由总揽各种政务的官员变成了单一的司法长官。其机构称为人宗正府，负责审理诸王附马投下中蒙古、色目人的犯罪案件和婚姻、驱良等户籍争讼；同时审理汉人、南人中的重大刑事犯，按检诸路刑狱。此外，元代还在中书省、枢密院、宣政院等中央机构，设置断事官。

达鲁花赤制度。达鲁花赤是蒙古语"镇守者"的音译，最初是指蒙古征服各地以后在该地设立的最高监治长官，由成吉思汗设立，一般由蒙古人担任。入元以后，这一制度得到更广泛地应用。设置达鲁花赤的官衙机构大致有：路、府、州、县和录事司等各级地方政府、蒙古军、探马赤军以外各族军队的元帅府、万户所、千户所，还有各种总管府、提举司。这样大大加剧了元代官员冗滥的倾向。

投下制度。"投下"一词语出辽代，意为分地、采邑。投下制度也就是分封采邑制度，由成吉思汗确立。忽必烈即位后，推行中央集权政策，对投下进行了若干整顿改革，但并未从根本上触动投下制度。灭宋以后，忽必烈继续将一些江南州郡分赐给诸王贵族。元代投下在封地内享有特权，可以无视地方官府，非法征敛；甚至能在中央政府各种机构中插入自己的亲信私党，参决政务。投下制度的保留，增强了元代政治中的保守势力。

此外，还有翰脱制、蓄奴制、军事长官世袭制、岁赐和朝会赐赉制，民族压迫和民族歧视政策，都继续得以留存，与其他蒙古旧制共同构成了元代政治体制"元格局"的一个方面，对元代政治产生了极坏的影响，最终导致元朝统治不到百年即告结束。

元朝划分人为四等

元朝将各族人民划分为蒙古、色目、汉人和南人四个等级，并且规定这四等人在做官、打官司、科举条例和名额诸方面有一系列不平等的待遇。

蒙古族在各等人中名列第一等，是元朝"国姓"。蒙古人内部也由两部分组成：其一为与成吉思汗皇室出于共同祖先的为尼鲁温蒙古人，有泰赤乌、兀鲁、忙兀、札只剌等20余部；其二是被称为迭列列斤的一般蒙古人，有兀良哈、弘吉剌、伯牙兀等10余部。此外，元代把札剌亦儿、塔塔和、蔑儿乞、八剌忽、克烈等部也看作蒙古人。色目人继蒙古人之后名列第二等。主要指西域人，如钦察、唐兀、畏兀儿、回回等。1304年规定，除汉儿、高丽、蛮子外，都为色目人。这些人大多属于西北各族，还有些是中亚人。随着成吉思汗领土扩大，色目人的数量也随之大量增加。汉人为第三等。汉人也被称为汉儿、乞塔、札忽歹，指淮河以北原金朝境内的汉、契丹、女真等族以及较早被蒙古征服的云南、四川两省人，东北的高丽人也是汉人。据《辍耕录》载，汉人有 8 种。南人为第四等。南人也叫蛮人、囊加歹、新附人，指最后被元朝征服的原南宋境内各族。元统治者根据被征服的时间顺序将汉人分为两等，以利用汉人压制南人，分而治之。

在元统治者划分的上述四等人中，蒙古贵族最为高贵，享有许多特权；色目人是蒙古贵族统治人民的帮凶，汉人中少数官僚地主被笼络利用，而其余汉人与南人一样处于被奴役的地位；南人处于最末等，其地位还不如汉人。

改易"投下"分封制度

廷祐四年（1317）六月，元廷规定诸王、驸马、功臣分地，仍按旧制。

蒙元时代蒙古统治者常将土地分封给诸王、公主驸马和其他勋臣贵族。这些封地或封国元代称为"投下"，而在封地里从事农业生产的民户则称为"投下户"。

投下户随着分封制的建立而出现，又随着分封制的发展而不断发展。分封制始由成吉思汗所创，随着对外战争的不断扩大，分封制逐渐从蒙古本土发展到中原内地。1236 年，太宗窝阔台进行大规模分封，所封民户有数字可考者共计 76 万多户，占当时北方民户的 70% 以上。又根据耶律楚材的建议，对投下户实行"五户丝"制，规定每二户出丝 1 斤，交给国家；每五户出丝 1 斤，交给投下主贵族。这一制度成为元代投下制度的基本赋税形态。

忽必烈建元后，推行汉法，投下制度继续存在，只对五户丝制进行改革，改由官府统一征收，投下主从国库按数领回，赋税额也作了变动，丝料数量增加了一倍。

元灭南宋后，忽必烈又将江南州郡民户分封给诸王、驸马和勋臣贵族作为食邑，每户交纳中统钞 5 钱；成宗时增至 2 贯（两），称为江南户钞。交纳户钞的民户 190 余万，约占当时江南户口总数的 1/5 强。

由于投下户与普通民户不同，他们既要承担国家规定的各种赋役，又受投下主约束并承担某些特殊义务。也有部分属于投下主私属的投下户不列入民籍，可不承担国家差役，故有些农民和地主豪强，为逃避赋役而投靠某一宗室贵族，充当投下户（投拜户），这也使投下户总数大大增加。

元代投下户的广泛存在，是元代政治领域一个引人注目的现象。

建岭北行省

皇庆元年（1312）五月，元廷改和林行中书省为岭北行中书省。

和林（今蒙古后杭爱省额尔德尼召北）是蒙古国的都城，忽必烈定都于大都后，漠北地区虽成为元朝边区，但因其乃蒙古统治者的"根本之地"，所以仍受高度重视。世祖、成宗时都派宗王坐镇和林。西北叛王求和后，漠北人口激增，达百万余人。而且蒙古诸王、贵族的"爱马"（即领民与领地）大多在此地区。这都要求有相应的行政机构和朝廷重臣加以治理。武宗海山即位时（1307），在该地区设和林行中书省。仁宗爱育黎拔力八达即位后，只改行省名称，即岭北行中书省，建置未变。和林改为和宁，为行省治所。

岭北行省在元朝 10 个行省中地域最大，东至哈剌温山（今大兴安岭），接辽阳行省；西至也儿的石河，接钦察汗国和察合台汗国；南隔大漠与中书省、甘肃行省接界；北至北海（今西伯利亚北部）。

元开科举

皇庆二年（1313）十一月，元开科举。元开国以来蒙汉大臣多次请求科举取士，但始终没有施行。仁宗好儒尚文，决意实行科举。皇庆二年（1313）十一月，颁行科举诏，强调举人应以德性为首，试艺则以经术为先，词章次之，经学用二程（程颐、程颢）和朱熹的传注。科举每3年举行一次，共分乡试、会试、殿试3道。蒙古人、色目人与汉人、南人分别命题。乡试于八月举行，全国共设17处科场，从赴试中选合格者于次年二月到大都会试，共取100人殿试，其中蒙古、色目、汉人、南人各25名。殿试试策一道，第其高下，然后以蒙古人、色目人为右榜，汉人、南人为左榜，唱名公布。两旁各分3甲，第一甲各1人（元统元年时增为3人），赐进士及第，秩从六品；第2甲赐进士出身，秩正七品；第3甲同进士出身，正八品。

延祐元年（1314）八月，各省举行乡试，按规定的解额上贡京师。次年二月，各省乡贡进士135人聚集在礼部举行会试，三年七月，仁宗举行殿试，中选者56人。此后，科举每3年举行一次，只在顺帝后至元元年到六年中止了两科。

制定吏员出职制

延祐元年（1314）十月，元廷制定吏员出职制。出职专指吏员脱离吏职出任官职，出职制度是元代特有的政治制度。

朝廷规定，实行科举取士前，仕进有宿卫、儒、吏三途，由吏员出职者占9/10。开科举后，取士不多，由吏进官者仍占大多数。吏员出职是元朝入仕的主要途径。

元代吏员分两类：一类是中上层衙门的令吏、译吏、通事、知印、宜事等，考满出职即入品，没有品极限制，称"有出身吏员"。另一类是路、府、州、县的司吏等，出职后先任流外职，有品级限制。仁宗"重儒轻吏"，于延祐元年（1314）十月制定吏员转官制度和条件，对后一类吏员出职后限从七品，但遭到臣僚反对，改为止于五品。英宗即位，又改为从七品。泰定帝后，恢复旧制，又改为止于四品。

元朝这种重吏政策，与历代崇儒完全相违悖，致使官吏队伍素质降低，吏弊恶性膨胀，故后人有"元亡于吏"的说法。

元英宗行新政

元朝英宗即位之初，世祖以来长期形成的政治、经济、社会积弊日益暴露、激化。鉴于此，英宗决心励精图治，"一新机务"，但却遭到太皇太后、右丞相等贵族保守势力的阻挠。至治二年（1322）八到九月，右丞相铁木迭儿与太皇太后相继病死。十月，英宗抓住时机，命拜住升任中书右丞相，不再设左丞相，以示信任。其后，拜住全力襄助英宗，进行了一系列新政改革。

首先，全面升任汉人官僚，录用儒士。首复张珪平章政事，召有致仕老臣，议事中书省。吴元珪、王约、韩从益等人迅即升居集贤、翰林及六部官职。其次，载撤机构，减汰冗官冗职。从至治二年十一月起，英宗减罢崇祥、寿福院所属13署，徽政院断事官、江淮财赋所属60余署。第三，推动助役之法。各地居民按资产高下出一定比例的土田为助役田，以助役田之出产津贴其他应役者。第四，减轻徭役。规定凡差役"先科商贾末技富实之家，以优农力"。还减免了部分地区、部分诸色户计的徭役。第五，颁布新律法《大元通制》。至治三年（1323）正月，英宗命儒臣继续仁宗时就已开始的法令汇纂工作，后经拜住、完颜纳丹、曹伯启、曹元用等审核，定名为《大元通制》，颁行天下。

英宗新政的目的是为了改革积弊，其核心内容就是"行汉法"，以汉族传统的统治方式治理汉地。新政触犯了大多数保守的蒙古色目贵族的利益，引起了他们的恐惧与反对。新政仅仅进行了几个月，便随着英宗的遇刺而结束。

元英宗制订元律

至治三年（1323），英宗硕德八剌命人根据仁宋时纂集的累朝格例（即《风宪宏纲》）为蓝本，制订新法。不久即告完成，称之为《大元通制》，同年二月颁行天下。这是元代制订的最为完整、系统的法典，是元代法律的代表作。

《大元通制》共 2539 条，例 717，条格 1151，诏赦（敕或制）94，令（别）数 577。其中条格所占篇幅最多，分为 27 个篇目，有祭祀、户令、学令、选举、宫卫、军防、仪制、衣服、公式、禄令、仓库、厩牧、关市、捕亡、赏令、医药、田令、赋役、假宁、狱官、杂令、僧道、营缮、河防、服制、站赤、榷货等、共分 30 卷，主要是经皇帝亲自发布，或直接由中书省等中央行政机关颁发给下属部门的政令，与唐宋法律中令、格、式大体相同。断例即为律文，共有 11 篇，篇名与唐律及《泰和律》完全相同，包括卫禁、职制、户婚、厩库、擅兴、贼盗、斗讼、作伪、杂律、捕亡、断狱。诏赦只是唐、宋、辽、金之敕，唯一作用是供查考、参照或修史之用。只有"条格"和"断例"才是"有司奉行之事"。

在具体内容上，《大元通制》主要有如下三个方面规定：

一是从法律上肯定了民族岐视、压迫政策。元代法律将境内不同民族分为 4 等：蒙古人、色目人、汉人、南人，并规定这 4 个等级在法律上所分别享有的地位与权利。如蒙古贵族可以占有大量奴婢，还可以随意处置奴婢，奴婢不得反抗，否则都要处死。蒙古人若因争吵或乘醉打死汉人，只"断罚出征，并全征烧埋银"；反之，汉人若殴打或打伤蒙古人与色目人，即使有理，也要处死刑，并照赔烧埋银。法律还明文限制汉人的权利，如严禁汉人持有兵器，禁止汉人习武甚至打猎、养马，禁止汉人生产、制作可以充当武器的农具及家用器具，等等。

二是确立了佛教僧侣在法律上的特殊地位。各宗教教派及教士、神职人员在司法管辖上有相对独立的权力，并在经济上给予佛教寺院大量特权，保护其经济利益。元代法律规定，一般僧官、僧侣犯罪，不受普通司法机关管辖，而是由宣政院、各行省政院以及专门设置的"僧司"等衙门管辖。如不同宗教、不同教派之间发生冲突，一般司法机关不得干预。

三是确立元代的刑法与诉讼制度。元代继续沿袭唐宋以来的封建五刑体制，不过稍加变动。五刑即笞、杖、徒、流、死 5 等刑罚。在元代法律中，笞、杖刑都分为 5 等，以 7 为尾数；徒刑分为 7 等，自徒一年起，每等递加半年，最高为 5 年；流刑分 3 等：2000 里、2500 里、3000 里；死刑有绞刑、斩刑两种。诉讼制度开始形成一定程度和规范，并在法律中确认下来。

元廷改编侍卫亲军

至顺二年（1331）四月，元廷设立宣忠斡罗思扈卫亲军都指挥使司。各侍卫亲军士兵的总人数至少达 20 万人以上。

从忽必烈开始，元廷就设有侍卫亲军。中统元年（1260），第一支卫军组织武卫军成立。至元元年（1264），改为左、右翼侍卫亲军，八年（1271）又改为左、右、中三卫。至元十六年（1270）以后，侍卫亲军按不同的民族划分，扩充为前、后、左、右、中五卫，以汉人军士和新附军人为主，称为汉人卫军。后又增设武卫、虎贲卫、大同侍卫（后改为忠翊卫）、镇守海口卫等汉人卫军。同时还有以色目军士为主的色目卫军。部分蒙古探马赤军士被编成左、右翊蒙古侍卫，从草原流散出来的蒙古子女编成宗仁卫。这些卫军均由枢密院直接管辖。此外，在东宫、后宫下也有卫军建制。

侍卫亲军分布于两都及周围地区，负责京都和"腹里"地区的安全，同时又是朝廷直接掌握的常备精锐部队。

"左卫阿速亲军百户印"铜印

设广教总管府管理僧尼事务

至顺二年（1331）二月，元设立广教总管府 16 所，统一管理僧尼事务。

天历元年（1328），主管江南佛教事务的行宣政院撤销。本月设立统一管理僧尼事务的 16 所广教总管府，为京畿山后道、河东山右道、辽东山北道、河南荆北道、两淮江北道、湖北湖广道、浙西江东道、浙东福建道、江西广东道、广西两海道、燕南诸路、山东诸路、陕西诸路、甘肃诸路、四川诸路和云南诸路。秩正三品，府设达鲁花赤、总管、同知府事、判官各一员。总管由僧人担任，其他官员由宣政院任命。

设置广教总管府，目的是要对寺院、僧人加强管理，限制其强占民田、私藏纳税户、巧取民财等不法行为。元统二年（1334）正月，广教总管府撤销，恢复行宣政院，又回复天历元年以前的管理体制。

奴隶大量增长

蒙古势力入主中原以后，由于蒙古奴隶制广泛存在所造成的影响，元代阶级关系出现了一些新的变化，奴隶的大量增加即为其中一种。

元代将奴婢通称为"驱口"。驱口的主要来源之一是战争俘虏。蒙金战争和元宋战争使蒙古贵族得到了大量的驱口。战争之外，蒙古贵族也常常将平民拘掠为驱口。

元代高利贷盛行，诸王贵族以及官僚地主富贾臣商，常乘水旱灾荒之机对农民进行高利贷盘剥，本利相滚，子母

中国通史

最新整理图文珍藏版

转息，旬月加倍，称为"羊羔儿息"。许多农民无力还债，其子女或自身便沦为驱口。此外，农民或其他劳动者因生活所迫，将子女或自身卖为驱口也很普遍，灾荒之年更是如此。甚至一些贫困的蒙古人也被转卖为奴。犯有谋反等罪的家属，同样要籍没为奴。元代法律还规定：奴婢所生子女，世代为奴，只有交纳大量钱钞或实物，经主人许可并出具从良文书，再经乡胥里长认定署名，驱口才可脱离奴籍。由于元代法律规定，驱口可视同主人财物，经过一定手续即可转卖。元代驱口买卖之风盛行。在大都（今北京）、上都（今内蒙古自治区正蓝旗东），都有人市，只要经官府检查给据，就可以买卖交易。不仅如此，而且还出现了一些专门进行人口贸易的人贩子。

相对于两宋以来租佃关系中人身依附关系的逐渐松动，驱口的广泛存在无疑是一种倒退。但对于仍以租佃制为封建生产方式主体的元代，这种倒退毕竟是局部的、暂时的。

脱脱逐伯颜·开始"更化"

伯颜灭唐其势家族后，升任大丞相，独揽大权，肆无忌惮，引起顺帝忌恨和各族官吏的不满。

御史大夫脱脱，字大用，伯颜之侄。他为伯颜的行为感到忧虑，担心遭灭族之祸，于是与其父马札儿台和其师汉人吴直方商量除掉伯颜。脱脱向顺帝表述自己"忘家徇国之意"，与顺帝近臣阿鲁谋除伯颜。至元五年（1339）曾两次设谋擒逐伯颜，未果。六年（1340）二月，脱脱乘伯颜与太子燕帖古思出城狩猎之机，关闭城门，列精兵于城下。并传诏列伯颜之罪状，

贬为河南行省左丞相。伯颜请求入城陛辞，遭拒绝，只好南行。三月，有旨徙伯颜至南恩州阳春县（今广东）安置，行至龙兴路（今江西南昌）驿舍，伯颜病死。伯颜被逐后，顺帝任命马札儿台为中书右丞相，脱脱为知枢密院事。十月，脱脱迫其父称老病辞，自己出任中书右丞相。脱脱执政后，采取一系列措施，缓和社会矛盾，大兴文治，史称"更化"。主要内容有：恢复被伯颜废除的科举取士制度；恢复太庙四时祭祀之礼；昭雪被伯颜诛杀的郯王彻彻笃之冤，并召还宣让、威顺二王，使仍居旧藩；大兴国子监，使入学生员达3000余人；开经筵，遴选儒臣以四书五经启沃顺帝；奉诏组织修撰辽、金、宋史；请修《至正条格》颁行天下；开马禁，减盐额，蠲负逋，以纾民力。但这次更化对元廷的弊政未有根本触动，成效不大。

脱脱主修辽、宋、金史

至正三年（1343）三月，顺帝诏修辽、金、宋三史，总裁官由中书右丞相脱脱担任。铁木儿塔识、贺惟一、张起岩、欧阳玄、揭候斯、李好文、杨宗瑞、王沂等分别为《辽史》、《金史》、《宋史》的总裁官。撰写工作实际由欧阳玄具体操办。纂修人员中有汉族、畏兀、蒙古等民族的学者，开创了各族史家合作修史的先例。

这次修史解决了编史的体例问题，决定三国各为正统，按其年号三史分修。

第二年三月，《辽史》编成。《辽史》是记载以契丹族为主体而建立的辽朝的纪传体史书。它包含本纪30卷，志32卷，表8卷，列传45卷，国语解1卷，共116卷。

《辽史》取材以耶律俨《皇朝实录》、

金陈太任《辽史》和南宋叶隆礼《契丹国志》为主，兼采辽人的行状、家传、墓志、碑刻等。《本纪》记事起于唐咸通十三年（872）耶律阿保机出生，迄于辽天祚帝保大五年（1125）辽亡，共253年史事。

《辽史》的志和表最有特色。首先是营卫志、兵卫志，叙述辽社会组织和军事组织。尤其是《营卫志》，是《辽史》的独创，它记述了辽朝以军事为主，以军事和游牧相结合的社会组织形式。《兵卫志》和《仪卫志》在内容上反映出鲜明的辽代社会的民族特点和多民族融合的趋势。

《辽史》的表共8目，《公主表》、《外戚表》、《游幸表》、《部族表》都是《辽史》的独创。《公主表》和《外戚表》反映了辽朝外戚萧氏势力与皇族耶律氏的密切关系，《部族表》和《属国表》则更为广泛地描述了辽代错综复杂的民族关系。

《国语解》一卷，也是《辽史》独创，对契丹族姓氏、称谓、官制、地名、部族名等以契丹语为称号者，多参考史文，略加解释，有助于研究契丹语言文字。

《辽史》所载过于简略，篇幅很不相称。又由于《辽史》成书仓促，因而史料未融通，重复缺谬之处甚多。

同年（1344）十一月，《金史》也编成，共135卷。后附《金国语解》1卷。金朝比较注意修史，诸帝都有《实录》，《实录》之外还有《国史》。另外刘祁、元好问的著述中保留了大量史料。因此，《金史》史实较完备，再加上编写比较得体，是三史中修得最好的一部。《金史》在《本纪》前设《世纪》一卷，记述女真先祖被追封为帝号之事。《本纪》之后又设《世纪补》一卷。《金史》增《交聘表》，专记金与宋、西夏、高丽等国和战庆吊往来的情况。这些都是修正史的创新。

至正五年（1345）十月，《宋史》编成，计496卷。因元代保存了宋代历朝实录、国史及各种已成书的史料，还有许多典章制度、地理书籍、宋人笔记、文集等可资参考，使《宋史》较为充实。书中有关北宋记载较详，南宋则较简略。

第二节　文化中兴：艺海拾贝　科技撷英

《圣武亲征录》成

元世祖忽必烈时期，记录成吉思汗、窝阔台统治时期史事的《圣武亲征录》编纂完成，它是元朝史家记录本朝历史的两部代表性著作之一，史料丰富，历来为史家所珍视。

《圣武亲征录》又名《圣武亲征记》，作者不详。中统三年（1262），忽必烈曾下令王鄂等人商榷国史，王鄂等查访了成吉思汗事迹，因而《四库全书总目提要》及某些研究者认为此书作者可能是王鄂等人，在无确凿证据的情况下，可备一说。

该书记录之事起于烈祖神元皇帝也速诔初征塔塔儿部获其部长帖木真，止于成吉思汗灭西夏、凯旋途中逝世，对成吉思汗出生和他命名的由来记叙得十分详尽，成吉思汗一生的征伐历程占据了全书的绝大部分篇幅。其所记叙的窝阔台事迹则相对简略，起于他承继大位，止于其病故，但首尾完具。全书内容大多是对成吉思汗和窝阔台二人征服活动的简略记录，文字简朴，有时也有对征战的军容、军纪及战役细节的描述，如记札木合率领 30000 人的军队进攻驻扎于答兰版朱思荒野中的成吉思汗军，成吉思汗将其军队编为 13 翼，并具体介绍了其中 10 翼的部署情况；窝阔台占领金人西京后的战役，写出了哲别用兵的机警和蒙古骑兵旋风般驰骋疆场的情景。书中的有些段落还不乏机趣，如成吉思汗与金军作战一段，突出地表现了九斤的谨慎，契丹的多计，明安的机智和成吉思汗的气度，人物个性跃然纸上，继承了中国史书写战争的优良传统。

元加封孔子碑"大成至圣文宣王"

《农桑辑要》发行

《农桑辑要》是我国现存最早的官修农书，由元代主管农桑和水利的司农司编撰，大约在至元十年（1273）刊刻并颁发给各行中书省的"劝农官"，开始流传和推行。

元初的几个皇帝比较重视农业，世祖忽必烈在继位的第二年设立了主管农业的"司农司"。《农桑辑要》很可能是由孟祺负责主编，又先后经畅师文、苗好谦修订补充最后定稿的。此书在元代曾多次刊行，明、清两代也有多种刻本，其中最通行的是清乾隆年间（1736～1795）从《永乐大典》中辑录的武英殿聚珍本。1979年，上海图书馆影印出版了元刻本《农桑辑要》，书前的至元五年咨文，记叙了其流传经过。1982年农业出版社出版的石声汉整理校注的《农桑辑要》，是目前为止最完整的本子。对通行的殿本有很大改进。

《农桑辑要》总计60000字左右，共7卷。第一卷《典训》相当于"绪论"，用系统的历史资料阐述农本思想。其余各项共记录了572项农业畜禽、养蚕业等方面的技术资料。此书是灭南宋前指导黄河中下游地区的农业生产的专书，在内容上不涉及江南的水田生产技术，总结了当时的新经验和大量的第一手资料。它极端重视蚕桑，把它提高到空前的地位，大约占据了全书1/3的篇幅。比《齐民要术》有关这方面的内容增加了9倍多。农、桑并举作为书名，说明当时桑蚕业的地位和对蚕丝的迫切需求程度。为了向黄河流域的中下流地区推广苎麻和木棉种植而专门将其列举出来。

总体来说，《农桑辑要》充分体现了农本思想，以谷物生产为纲，兼及各种小型副业的自给经济体系的特点。注意到农作物的主次顺序。完整地表现了《齐民要术》后六七百年来农业的新发展，对《齐民要术》有所继承并作了大量的修改和补充，将其中占卜、禁忌等迷信内容几乎全部删除，除对某些重要条目以十几倍于《齐民要术》篇幅详加论述，还增加了谷物、纤维植物、蔬菜、果树、药用植物和畜牧等40项内容。"漆"和"栀子"就是第一次被论及的。

《农桑辑要》继承了农本思想体系和此前几部重要农书的丰富遗产，严谨而翔实，《四库全书总目提要》说它"详而不芜，简而有要，于农家之中最为善本。"这一评价十分中肯，它的确是一部实用价值极高的农业技术专著，影响和指导了此后的农业及副业生产。

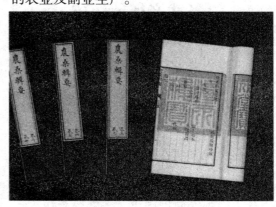

中国四大农书之一——《农桑辑要》

王应麟著书

王应麟，生卒年月不详，宋庆元鄞县（今浙江宁波）人，宋元之际著名的学者。他一生精研经史百家、天文地理，博闻强记，很有才学。

王应麟出仕以后，为官正直，先后得罪了丁大全、贾似道、留梦炎这一帮权臣，因而多次被他们弹劾，受到排挤。宋朝灭亡以后，他不再为官，把主要的精力放在治学上，在做学问方面取得了较大的成就。他治学主要继承吕祖谦的学风，但又兼采百家之长。他长于考证，对典章制度十分熟悉。在思想方面，他对朱熹的一些观点也能接受，但他最偏重心学，同陆九渊的观点十分相似。他认为："人是天地的心。"仁，是人的心，人而不仁，天地的心就立不起来。要为天地立心，必须仁义。他还提出事物的变化也依赖于人心的说法。这有点像现在的主观唯心主义学说。

王应麟一生勤于著述，留下来的著作很丰富，多达30余种，共600多卷。其中《困学记闻》、《玉海》、《深宁集》都是著名著作，很受后代推崇。

《事林广说》成

宋末元初，著名的民间日用百科全书《事林广说》成书，作者陈元靓。

陈元靓是宋末建州崇安（今属福建）人。他一生默默无闻，只是隐居以编书为业。他编著的图书很多，其中有名的包括《事林广说》、《岁时广记》、《博闻录》等。

《事林广说》一书在元代和明初翻刻时有所增补。全书分四个部分：前集13卷，分16类；后集13卷，分19类；续集8卷，分8类；别集8卷，分8类，总共有42卷，51类。该书是一本民间日用百科全书，它的内容非常广泛，涉及天文、地理、政刑、社会、文学、游艺等各个领域，记录了很多具体事例，并且书中还有很多插图，是一本图文并茂的实用性著作。

关汉卿作《窦娥冤》

关汉卿是著名的元代杂剧作家，名不详，号已斋，一号一斋，大都（今北京市）人。关于他的籍贯，还有祁州、解州等几种不同的说法。

关汉卿大约生于金末或元太宗时（1210年前后），元钟嗣成《录鬼簿》说他曾任太医院尹，《析津志》也说他"生性倜傥，博学能文，诙谐多智，蕴藉风流，为一时之冠"。在元代杂剧四大家中，关汉

《搜山图》（部分）。无款。据民间传说，表现二郎神搜山降魔的故事。

卿为四人之首，具有很高的艺术成就和历史地位。关汉卿生平多与当时大都一带的著名杂剧、散曲家及艺人来往，商酌文辞，评改作品，并有时亲自登台演出，于创作之余，过着"射践排场、面敷粉墨"的书会才人生活。

关汉卿著有杂剧67部。现仅存18部：《邓夫人苦痛哭存孝》、《包待制三勘蝴蝶梦》、《诈妮子调风月》、《关大王单刀会》、《赵盼儿风月救风尘》、《闺怨佳人拜月亭》、《杜蕊娘智赏金线池》、《关张双赴西蜀梦》、《望江亭中秋切鲙旦》、《温太真玉镜台》、《钱大尹智勘绯衣梦》、《感天动地窦娥冤》、《尉迟恭单鞭夺槊》、《钱大尹智宠谢天香》、《山神庙裴度还带》、《状元堂陈母教子》、《刘夫人庆赏五侯宴》、《包待制智斩鲁斋郎》。在现存关汉卿的杂剧作品中，曲白俱全者15部；《调风月》、《拜月亭》、《西蜀梦》3部曲文完整，科白残缺。

另有《唐明皇哭香囊》、《风流孔目春衫记》、《孟良盗骨》3部，仅存残曲。

在现存关汉卿的18部杂剧中，《窦娥冤》为最重要的代表作。《窦娥冤》是关汉卿晚年的作品。其题材源于《汉书·于定国传》和干宝《搜神记》的"东海孝妇"故事。关汉卿在编撰时结合元代生活的实况，成功地塑造了窦娥的艺术形象，描写了她一生的悲惨遭遇。窦娥年幼时因家贫被卖给蔡家做童养媳，婚后丈夫身亡，婆媳相依为命，蔡婆婆出门索债，被赛卢医骗到城外，企图谋财害命。恰值张驴儿及其父路过，救活蔡婆婆并借此占住蔡家，并强迫他们婆媳与张驴儿父子结成夫妻，窦娥坚决拒绝。张驴儿阴谋毒死蔡婆婆，反而毒死了父亲，他转而诬陷窦娥。官府严刑逼供，窦娥为救护婆婆，屈打成招，被判处斩刑。临刑之前，窦娥发下3桩誓愿：一是刀过头落后，一腔热血飞洒在丈二白练之上；二要六月降雪，掩盖她的尸体；三是要当地大旱3年。后来誓愿一一应验。3年后，朝廷派其父窦天章任两淮提刑肃政廉访使，去审查案卷，窦娥鬼魂向父诉说冤情，终于申雪了冤枉。《窦娥冤》对封建社会黑暗、腐朽的政治进行了有力的抨击，窦娥的悲剧是封建时代暗无天日的社会现实的产物。关汉卿强烈地抒发了那些长期遭受压迫的人民群众的无可诉苦的反抗情绪。

在关汉卿笔下，窦娥的形象有血有肉，个性十分突出。她心地善良，舍己为人。为了救护婆婆，宁愿身受斩刑，在绑赴法场的途中，她还嘱咐刽子手不要从前街走，不愿让婆婆看见她无辜被斩而痛心。她秉性正直刚强，一口拒绝了张驴儿的逼婚，她的头脑里本来充满孝顺、贞节等封建伦理观念，然而在实际生活中却一步一步被逼到刽子手的刀下。这时，她对那吃人的社会感到绝望，但并不甘于向命运低头，

就向日月、鬼神、天地发出了呵骂："有日月朝暮悬，有鬼神掌着生死权。天地也，只合把清浊分辩，可生生糊突了盗跖、颜渊：为善的受贫穷更命短，造恶的享富贵又寿延。天地也，做得个怕硬欺软，却原来也这般顺水推船。地也，你不分好歹何为地？天也，你错勘贤愚枉做天！"在这里，窦娥大胆的反抗性格得到淋漓尽致的表现。她对天地的怀疑和责难，实质上就是对封建制度的责难和控诉。

关汉卿的杂剧具有强烈的现实性。关汉卿的时代，政治腐败，社会动荡，民族矛盾和阶级矛盾突出，人民生活在水深火热之中。关汉卿的杂剧深刻地再现了元代的社会现实，具有浓郁的时代气息。关汉卿非常重视舞台实践，因此他的优秀作品有着长期的舞台生命。在关汉卿的杂剧中，情节的进展自然而有层次，人物和事件的安排都符合舞台演出的要求，甚至剧中次要人物的出场都是不可或缺的，可见关汉卿的戏剧功力之深。关汉卿熟悉百姓语言，努力吸收和提炼人民的口头语言，丰富自己的艺术再现力，在文学语言方面开一代风气之先。

关汉卿是一位伟大的戏曲作家，在中国戏曲史上占有重要地位，被后人列为"元曲四大家"之首。他的《窦娥冤》是元代杂剧杰出的代表作。

《授时历》完成

至元十七年（1280），许衡、郭守敬、王恂奉诏编成新的历法《授时历》。第二年元世祖忽必烈诏令颁行全国。这是当时世界上最精确的历法之一。

元朝建立初期，虽颁行使用扎马鲁丁的《万年历》作为历法，但并未广泛使用，北方一般仍以金代《大明历》为历

法，南北不一。忽必烈深受汉族文化的影响，把西域历法、西域仪象、上都司天台和《万年历》均排斥于"正宗"之外，决心继承发展传统的中国天文学，命令制订新历法，成立新的治历机构太史局，由许衡、王恂、郭守敬等负责。王恂、郭守敬等人研究分析汉代以来40多家历法，吸收各国精华，力主制历应"明历之理"（王恂语）和"历之本在于测验，而测验之器莫先仪表"（郭守敬语），采取理论和实践相结合的科学方法，取得许多重要成就。郭守敬为制历创制了多种天文仪器，如简仪、高表等12种。通过新制仪器的观测验证，考证了7项天文数字。进行大规模的天体测量，郭守敬主持了27个地方的日影测量，北极出地高度和、二分二至日昼夜时刻的测定。在大都，通过数百次的晷影测量、测定冬至时刻。郭守敬还结合历史上可靠材料，推算出一回归年的长度为365.2425日，同现在世界上通用的公历值一样。王恂、郭守敬还发展了宋元时代的数学方法，创立"招差法"新数学方法，求出5项日月运行的资料。测定新的黄赤大距为今制23°33′33″9，与用近代理论推算的23°32′0″8十分接近，这些数据为《授时历》的推算提供了很好的基本数据。

经过4年努力，《授时历》终于完成，它考证了7项天文数据；计算出5项日月运行的新数据；采用郭守敬首创的孤矢割圆术来计算太阳黄道与赤道积度；采用百进位制表示小数部分，提高计算精度；废弃上元积年法，以至元十八年冬至时刻为历法历元；推算回归年长度为365.2425日，与现行公历相同，比欧洲格里高利历早300多年，反映了测量的高水平，也说明《授时历》有很高的精度。

《授时历》是中国历史上最著名的历法之一，它集古代诸历之大成，体现了中国传统天文学体系，成为中国历史上行用最久的一部历法，为天文学的研究和发展提供了绝好的材料。

胡三省注通鉴

胡三省（1230～1302），字身之，又字景参，号梅磵，台州宁海（今属浙江）人。南宋宝祐四年中进士，初任吉州秦和（今属江西）等地县尉，因刚直触犯上官，被罢免。1270年，开始主管沿江制置使机宜文字，曾上呈《江东十鉴》陈述政见，宰相贾似道未采纳。1273年襄阳失陷，南宋灭亡已成定局，胡三省辞官回归乡里。

胡三省精于史学，早年曾仿北朝陆德明《经典释文》体例，著《资治通鉴广注》97卷，论10篇，可惜原稿在战乱中亡失。宋灭亡后，胡三省隐居不仕，再购《通鉴》重新作注，将司马光《通鉴考异》以及自己的注释全部散入《通鉴》正文之中，亲自抄录，寒署不懈。至元二十二年（1285）注释工作最后完成，以后又一再修订。

胡三省的《通鉴注》不仅具有很高的史学价值，而且借助注释抒发了自己的民族气节和爱国热情。书中凡提到宋朝，大都写作"我朝"或"我宋"，体现了注者鲜明的政治态度。

此外，他也在注中谴责贾似道等南宋官员祸国殃民以及一些宋将的叛国行径，并从多方面分析了南宋灭亡的原因。在总结历史经验教训时，胡三省认为人心向背是政治兴亡成败的关键。从这一点看，胡三省的《通鉴注》在政治思想史上也具有崇高的地位。

马致远作《汉宫秋》

元代是杂剧创作的兴盛时期，出现了较多优秀的作家和好的作品。马致远及其所创作的《汉宫秋》就是其中一个典型的例子。

马致远（约 1250～1321 至 1324 年间），字千里，号东篱，大都（今北京）人。早年曾热衷于功名，任江浙行省务官，无奈仕途艰难，并不得意，晚年隐居山林，以诗酒度日。

《汉宫秋》取材于汉代王昭君出塞和亲的历史故事，但并不拘泥于史实，而在民间故事的基础上，结合历代史书的记载及历代文人的咏唱的思想情绪，对这一历史故事进行了再创造，因此情节有较大的变动，主要表现在以下几个方面。首先，剧本把当时历史背景改为匈奴强盛，汉朝在匈奴的压迫下，派遣昭君出塞，这样一来，昭君便成了爱国者的形象。其次，将毛延寿塑造成一个卖国求荣的形象，他因仕途不达而将昭君画像献于匈奴，从而使匈奴侵略汉朝江山。最后，剧中描写昭君离开京城后，未到匈奴便投江自尽，报效国家，这与历史上王昭君到达匈奴且生儿育女有所变化，目的还是为突出王昭君的爱国者的形象。全作以汉元帝与王昭君的爱情为主线，借昭君出塞揭露汉朝文武百官在外族侵扰面前所表现出的怯弱和无能。马致远创作《汉宫秋》的最终目的是借剧中汉代朝廷的无能来抒发他内心的感情，痛斥宋、金亡国之臣的腐败和昏庸。《汉宫秋》的艺术成就较高，全剧结构紧凑，写景抒情，较贴切地表达了人物思想，尤以第四折《满庭芳》为最，被清代的焦循评为"绝调"。

马致远的杂剧作品十分丰富，除《汉宫秋》外，其他作品达 15 种之多。如《青衫泪》，来源于白居易的《琵琶行》，描写白居易与妓女的爱情故事，抒发了作者本人仕途坎坷的情绪。《荐福碑》叙述书生张镐穷困潦倒，寄居福寺中，借以抒发作者怀才不遇之感。

此外，他还有一些"神仙道化"杂剧，这与元代时期道教兴盛有关。如《吕洞宾三醉岳阳楼》，描述吕洞宾在岳阳楼超度柳树成精，《陈抟高卧》则叙述宋道士陈抟拒绝功名利禄，归隐山林，谴责了当时社会的黑暗，提倡修道成仙的消极情绪，对后世宗教剧的创作影响很大。

颁行《至元新格》

至元二十八年（1291）五月，元廷颁行《至元新格》。

元初，国家的法律体系仍然参用金"泰和律"。至元八年（1271）十一月，元世祖下令禁行"泰和律"，着手草拟新的律令。从这时开始，元代修订律令的工作从未间断，直到至元二十八年（1291）五月，右丞相何荣祖奉命编纂完成《至元新格》，并奏准颁行。这是元朝自订的第一部法典。

《至元新格》以世祖朝所颁行的各种法规为依据，按照法典的行文格式重新分类撰写。全书共分为公规、选格、治民、理财、赋役、课程、仓库、造作、御盗、察狱十目，每目之下又分列十数条款。全书文字共数千言，内容涉及行政、民法、财政等方面，但涉及刑法的很少，显得比较单薄，不全面，所以并未能从根本上解决元代"法无定制"的问题。即使如此，元代还是开创了自己草拟法令的新局面，从此也十分重视法令的修订工作。

中国通史

最新整理图文珍藏版

邓牧论君道

邓牧（1247～1306），字牧心，浙江钱塘（今杭州）人，出生于破落的知识分子家庭。南宋末年社会大动荡使他的思想产生了深刻变化。南宋灭亡后，他"抗节遁迹"，拒绝与元朝合作，至死隐居不仕。著有《伯牙琴》传世。

《伯牙琴》之命名，就是借用古代钟子期为俞伯牙知音的典故，希望世上再出现一个能懂得自己"琴声"的钟子期。该书极少直接论及时事，但在谈论山水，叙述寓言以及一般性的言论中包含着对现实政治的深刻批判，尤其是对秦汉以来的君主专制制度的尖锐批判。在《伯牙琴·君道》一文中，他对封建国家的最高政治代表——君主进行了分析。他说，尧舜等上古时代的君主，只为大家服务，并不享有特权，因此当时不以君位为贵，往往互相推让。后世的君主则"竭天下之财以自奉"，凡是能用来"固位而尊养者"，并且"惴惴然若匹夫怀一金"，生怕别人抢占。君位于是成了人们觊觎、追逐的目标。他以此暗示：君主是封建国家中最大的剥削者，君主专制制度是造成社会动荡的根本原因。此外，邓牧还在《吏道》篇中对封建国家大小官吏的巧取豪夺进行尖锐的抨击，对下层百姓造反行为深表同情，认为凡是老百姓造反，必有其不得已的原因。从这些对现实政治的批判论点来看，邓牧可称得上是宋元之际具有民主性、反封建性的一位杰出思想家。

周达观著《真腊风土记》

元代，对外贸易十分发达，除了通往西域及中亚地区的陆上贸易外，海上贸易也发展起来。海上贸易的发展带动了海上运输交通的发展，在此基础上，出现了一批海上旅游家，周达观便是其中一个。

周达观（约1270～1350），自号草庭逸民，浙江温州路永嘉县人，元成宗元贞元年（1295），被朝廷派遣出使真腊（今柬埔寨），于大德元年（1297）回国，并著成《真腊风土记》一书。

《真腊风土记》全书共8500字，全面反映了当时柬埔寨的政治经济、风土人情、气候物产等各方面情况，具体内容多达40多项，包括建筑、语言、文字、草木、山水、村落、贸易、耕种等。全书文字虽少，但语句真练。如描写湄公河三角洲一章中，短短百言就将这一带的地理环境、禽兽、耕种描写得淋漓尽致。

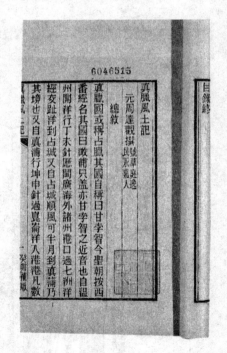

《真腊风土记》书影

《真腊风土记》一书包括很多连柬埔寨国内都无记载的内容，是现存当时人记载柬埔寨情况的唯一著作，因此具有很高的学术价值。国内有多种刊本，国外也有法文、英文、日文等多种译本。

《西厢记》完成

元成宗元贞、大德年间，杂剧作家王实甫完成《本厢记》。王实甫，大都（今北京市）人，名德信，为元曲四大家之一。

《西厢记》最早的来源是唐代元稹所写的《莺莺传》，不过给它影响最大的是金代董解元的《西厢记诸宫调》。它和《董西厢》在情节上大致相同，但在各个方面作了进一步加工、发展和提高，使冲突更为剧烈，人物性格更为明朗，心理描写更为细致，语言也更优美。《西厢记》便成为我国古典戏曲中一颗璀璨夺目的明星。

《西厢记》描述的是张生和莺莺为争取自愿结合的婚姻，共同向封建家长斗争，终于获得幸福的爱情故事。围绕着《西厢记》的主题思想而展开的有三对戏剧矛盾。着先是老夫人和莺莺、张生、红娘之间的矛盾，老夫人要把莺莺许配当朝尚书之子郑恒为妻，而莺莺、张生一见钟情，互相爱慕，不顾封建家长的反对，坚持自愿结合的婚姻，红娘则积极帮助他们结合。这就在封建家长所极力维护的礼教与青年一代全力追求爱情之间，展开了激烈的矛盾冲突，构成一条贯穿全剧的主线。其次是莺莺、张生、红娘之间的矛盾。他们是剧中的正面人物，有共同的奋斗目标，但彼此猜疑、误会，引起冲突，表面剑拔弩张，实则心心相印、同舟共济，到误会消除彼此释然，主要矛盾也就被推向高潮。最后是孙飞虎的判军跟崔莺莺一家、张生以及普救僧人之间的矛盾。它爆发为半万贼兵跟白马将军之间的一场战斗，在这一戏剧矛盾中，显示了张生的才能，满足了莺莺的心愿，也转变了红娘的态度，大大加快

图为《西厢记》的插图。

了剧情的内在节奏。

《西厢记》的重要成就之一是典型人物的塑造。张生、莺莺都出身贵族，又有着父死家破的共同经历和文艺素养。张生怀才不遇，湖海飘萍；莺莺闲愁万种，无可倾诉。正是这些思想上、感情上的共同基础，使它们一见倾心，情意缠绵，难分难解，但莺莺早已许配郑恒，她要违背母命，撇开郑恒，因难重重。在小心谨慎、处处提防老夫人严酷家法和小红娘随身的监视中，莺莺的性格表现为聪明机警和深藏不露两方面，这跟张生的憨厚、红娘的心直口快，形成鲜明的对照。处在对立面的老夫人，是一个串贯全剧的人物，为了严防莺莺有越轨行为，她不仅不许莺莺潜出闺门，还要红娘行监坐守，是个典型的封建家长的形象，王实甫在《寺警》、《赖婚》、《拷红》几场戏里，一层层撕下她庄严、华贵的面纱，揭示出她冷酷、虚伪的真面目。

《西厢记》是一部抒情诗剧，剧中三个正面人物的唱词，各自带有不同的感情色彩，张生的唱词爽朗、热烈；莺莺的唱词则表现出封建时代大家闺秀聪慧而又深沉、优雅的风度；红娘唱词泼辣、爽快，充分表现她勇敢而机智的性格特征。王实甫在描摹环境、酝酿气氛方面，是元人杂剧作者中的高手。像"梵王宫殿月轮高，碧琉璃烟笼罩"、"风静帘闭，透纱窗麝兰香散"、"碧云天，黄花地，西风紧，北雁南飞"等曲子，往往在剧情一开展的时候，就把读者的心情带到作品的典型环境里，给人以美的享受。王实甫能娴熟地运用前代文学作品里许多为人传涌的诗词，来传达主人公热恋和优雅的心情。

《西厢记》完成后，在大都的舞台上演，并逐渐流行全国，其艺术生命力一直延续到现在。

《大元大一统志》编成

大德七年（1310）三月，《大元大一统志》编成。

元朝统一中国后，版图疆域之广阔前所未有。前朝的地理图志已显落后。元世祖遂于至元二十三年（1286）命扎马剌丁、虞应龙等编纂元朝地理总志，于三十一年（1294）完成初稿755卷。后又有《云南图志》、《甘肃图志》、《辽阳图志》，由孛兰盼、岳铉等主持重修，于大德七年（1303）三月完成，共600册，1300卷，定名为《大元大一统志》。此后多年该书藏于秘府，未曾刊行。直到顺帝至正六年（1346）始由杭州刊刻颁行。

《大元大一统志》继承前朝舆地图志成例，所记路、府、州、县事，分为建置沿革、坊郭乡镇、里至、山川、土产、风俗形势、古迹、宦迹、人物、仙释等部门，所引资料，江南各行省大多取材于南宋的《舆地纪胜》等旧志；北方诸省则取自唐《元和郡县图志》、宋《太平寰宇记》等旧志；边远地区的材料主要来自当时新编的云南、甘肃、辽阳图志等。

《大元大一统志》内容广泛，叙事详备，是中国古代最大的全国地理总志。该书已散佚，只存赵万里辑本10卷。

白朴作《梧桐雨》

白朴（1226－1306），元代杂剧作家，为元曲四大家之一。字太素，号兰谷，初名恒，字仁甫，隩州（今山西河曲附近）人。他自幼聪慧，善于默记，早年习诗赋，父亲白华曾任金朝枢密院判官。白朴幼年时逢金国覆亡，饱经战乱，幸有金末诗人元好问多方扶持并加以教育，得以具备较高的文学修养。金亡后，白朴随父依元名将史天泽，客居当时北方重要的戏剧演出点真定，后又漫游大都（今北京），与关汉卿一同参加过玉京书会，并到过汴梁（今开封）、杭州等戏剧演出较盛的城市，终身未仕。白朴一生作有杂剧16种，现存《墙头马上》和《梧桐雨》两种，都是元杂剧中的优秀作品。

杂剧演出图（壁画）。其中身穿红袍，双手执笏板的可能就是忠都秀（主要演员的艺名）。

《梧桐雨》全名《唐明皇秋夜梧桐雨》。根据唐人陈鸿《长恨歌传》改编而成。标目则取自白居易《长恨歌》"秋雨梧桐夜落时"诗句。该剧叙述的是唐明皇与杨贵妃的故事。前三折写唐明皇在唐朝进入"开元盛世"后，自以为天下太平，宠爱杨贵妃，长生殿上，沉香亭舞霓裳，朝歌暮宴，荒废朝政，导致"西风渭水，落日长安"的败象和六军诛杀杨贵妃而"君主掩面救不得"的惨景。通过舞台艺术形象表现了封建王朝盛极而衰的历史过程。后一折根据《长恨歌》"春风桃李花开日，秋雨梧桐夜落时"的诗意，通过细致的心理刻划来表现人物的精神面貌，把唐明皇忆旧、伤逝、相思交织搅拢的心理和雨打梧桐

的凄凉萧瑟的氛围溶为一体，形成一种诗剧的境界。

白朴的《梧桐雨》最富于时代特色。通过唐明皇的形象和遭遇，概括了一代王朝兴亡的变化。作品既保留了对李、杨爱情的欣赏和同情，又根据作者自己的朝代感受，加强了对李、杨骄奢淫逸的批判力度。在李、杨爱情故事背后，隐藏着国家兴亡的重大主题，剧中弥漫着的那种人世沧桑的感伤情调，就带有金亡国的时代特征。这也成为《梧桐雨》的一个重要艺术特色。

《梧桐雨》是白朴的代表作。全剧结构层次井然，曲词文采飘逸而又本色自然，诗意浓厚，具有强烈艺术感染力，对后来的戏曲影响很大。

朱世杰著《四元玉鉴》

大德七年（1303），元代著名数学家朱世杰著《四元玉鉴》。

朱世杰，字汉卿，号松庭，出生于今北京附近。13世纪后期至14世纪初叶，朱世杰以数学教学与数学研究为业，"周流四方，复游广陵，踵门而学者云集"，游学四方20余年。所著以《算学启蒙》与《四元玉鉴》最为有名。

《四元玉鉴》共3卷24门288问，是论述四元术、垛积术及招差术的杰作，代表了中国传统代数学的最高成果。内容包括高次方程组解法（最多可包括4个未知数）、高阶等差级数求和、高次内插法等等。

四元术是中国古代处理多元高次方程组问题的一套代数方法。在宋代天元术和增乘开方法的基础上，朱世杰按天地人物立成四元。"其法以元气居中，立天元一于下，地元一于左，人元一于右，物元一于

上……考图明之，上升下降，左右进退，互通变化、乘除往来，用假象真，以虚问实，错综正负，分成四式。"设 X、Y、Z、U 表示 4 个未知数（即天、地、人、元），把常项放在中央（记为"太"，所谓"元气居中"），各未知数的各次幂依次放在上下左右，而各未知数各次幂的两两乘积则置于平面的相应位置上。

这既是四元方程，也是四元多项式的表示方法，是中国古代位值制记数法的又一次新的发展。

消元法是四元术的核心，即通过各种代数运算，交四元化为三元式、将三元式化为二元式，"剔而消之"，将二元式化为天元式"互隐通分相消"，求得这个方程正根，并进而确定方程组中其他未知数的值。其基本解题过程简单概括为：四元式的加减法，以常数项为准，将两式对应位置上的数相加减即可。消元法正是利用这种运算而完成的。

垛积术即高阶等差积数求和问题。朱四杰在前人研究的基础上，主要研究了三角垛和四角垛这种基本垛积系统，总结出两个基本公式，深刻揭示了二项系数表的许多内在本质。

招差术即内插法。朱四杰在隋唐时的二次内插和元《授时历》中的三次内插法基础上更进一步，把垛积与招差视为一对互逆的运算，利用三角垛系统结果建立四次内插公式。

朱世杰的《四元玉鉴》是中国数学著作中最重要的一部；同时也是整个中世纪最杰出的数学专著之一，为研究中国古代数学提供了宝贵的资料。

《四元玉鉴》中的四元式消元法的问世比西方早 400 多年；招差术的内插公式比西方的同类成果早 300 多年。这充分显示了朱四杰和他的《四元玉鉴》在中外数学界的崇高地位。

《无冤录》撰成

至大元年（1308），法医王与撰成法医学著作《无冤录》。

《无冤录》以宋慈《洗冤录》为蓝本，共 2 卷。上卷为官吏章程，共 13 则，其中大多是转载世祖、成宗时的官牒条格；下卷则为尸伤辨别，共 43 则，大多引用《洗冤录》、《平冤录》的文字，有的稍加驳正。该书后与《洗冤录》、《平冤录》合称"宋元检验三录"，并被译成日文、朝鲜文传入日本、朝鲜等国。

《习吏幼学指南》编成

大德五年（1301）《习吏幼学指南》编成。

元朝重吏，由吏入官是当时的重要仕途。有鉴于此，为使"习吏"之人掌握"律书要旨"，吴郡人徐元瑞于大德五年（1301）编成《习吏幼学指南》一书。该书编撰方法是"摘当今吏用之字及古法之名"一一予以铨释，分成"历代吏师类录"和"为政九要"两大部分，集释条目 2109 条，分成 91 类，对研究元代法律以及社会、政治、经济、风俗等具有特殊参考价值。

马端临著《文献通考》

至元二十二年（1285）前后，马端临开始编撰《文献通考》，至大德十一年（1307）方始成书，历时 20 余年。泰定元年（1324），《文献通考》刊印于杭州西湖书院，正式面世。

马端临（约1254~1323），字贵与，饶州东平（今江西乐平）人，南宋右相马延鸾之子。宋度宗咸淳九年（1273）中漕试第一，以荫孙承事郎。宋灭亡后，隐居遁世，历时20余年编纂《文献通考》。

马端临撰写《文献通考》的目的，在于继承和发展杜佑《通典》开创的典制体通史的事业，并总结理乱心衰和典章经制的"会通因仍之道"。该书共348卷，计24门，记事起自上古，迄于南宋宁宗嘉定年间（1208~1224）。

与杜佑的《通典》相比较，该书不仅补充了唐玄宗天宝以后至宋宁宗嘉定以前的典章经制，且增加了门类。他以杜佑《通典》中的食货、选举、礼3门中析分出10门；又新增《通典》所没有的5门，其中尤以《经籍考》部帙最大，共76卷，约占全书22%，是一部辑录性的目录书。两项合计超出《通典》15门。马端临还对这些新析或新增的各门作了理论上的说明。因此《文献通考》扩大了典制体通史内容的范围，反映了马端临在继承前人基础上的创新。

《文献通考》着意于文献。其价值主要在于它在历代制度的荟萃和综统上的会通、该洽、考核、持论上的成就。中国历史上有名的十大通史著作中，以《文献通考》为最优。其中有三方面尤其重要：一是叙述宋代典制最为详尽，不少是《宋书》各志所未能包括的；二是比《通典》详赡改变了《通典》以"礼"占全书半数的格局而大大充实了所析各门类的分量；三是《文献通考·经籍考》作为一部有相对独立性的辑录性目录书，著录了先秦至宋的各类文献5000种。各人把它与《通典》、《通志》统称为"三通"。

戴侗著《六书故》

戴侗，字仲达，浙江永嘉人，所著《六书故》33卷，卷首附《六书通释》1卷，刊行于元延祐七年（1320），是一部以六书理论来分析汉字的字书。戴侗认为六书之学是读书的门径，而学者不讲已久，一般人想学它又往往不得要领，所以他就《说文解字》订其得失，重新解释六书的意义。

《六书故》在编排体例上作了新的尝试，突破了《说文》的540部首而另立479目。这479目，包括"文"189目，"疑文"45目，字245目。并以文、疑文为"母"，字为"子"，作者认为一切文字均可以统摄于这234个"母"下。

这479目，又按字义分为以下9类：数、天文、地理、人、动物、植物、工事、杂、疑。每目之下再按六书编排文字。六书排列次第为：象形、指事、会意、转注、谐声、假借。

该书在文字材料方面，不拘于小篆，大胆采用钟鼎文，用新意来说解文字。如说"壴"像鼓形、"鼓"为击鼓。书中对本义、引申义、假借义三个概念分得很清楚，每字之下明确列出各义项。本义或称"正义"，假借义称"借"，引申义称"引而申之"、"引之"、"因之"等。该书对文字和语言的关系也有较为正确的认识。戴侗认识到先有语言，后有文字，词的意义和语音形式并存，而意义并非产生于文字。所以，他主张探求字义时，不仅要"因文以求义"，还要"因声以求义"，他说"书学既废，章句之士知因言以求意矣，未知因文以求义也；训诂之士，知因文以求义矣，未知因声以求义也。夫文字之用，莫博于谐声，莫变于假借。因文以求义而不知因声以求义，吾未知其能尽文字之情也"（《六书通释》）。

此外，他明确提出了"一声之转"、"声近义通"等原则。这些原则均为清代学者所接受，并发展为一种完整、有效的训诂方法。

郑光祖作《倩女离魂》

郑光祖，元代戏曲作家，是元曲四大家（其他三位为关汉卿、白朴、马致远）之一。字德辉，平阳襄陵（今山西临汾附近）人，生卒年不详。曾任杭州路吏，为人正直，重情谊，不妄与人交。名扬天下，被人尊称为"郑老先生"，所创作杂剧共18种，在当时"名闻天下，声振闺阁"，流传至今有8种，其中《倩女离魂》是其代表作。

《倩女离魂》全名《迷青琐倩女离魂》，根据唐陈玄祐传奇小说《离魂记》改编而成。作品描写了张倩女与王文举经父母指腹为婚，倩女母因为文举功名未就，不许完婚，倩女因而怏怏病倒，后文举又赴京应试，她的灵魂离开躯体去追赴心爱之人，相随3年，直至王文举高中后回家，才与身体相附，灵肉合一，遂与文举成亲。作品以浪漫主义手法塑造了一个在思想上挣脱封建礼教束缚，大胆追求爱情和自由生活的女性形象。作品中的倩女具有双重身份：作为客观实体的人和作为虚幻的精魂。作为客观实体的人，倩女在追求爱情上受封建家庭和社会的压抑而实现不了自己的意愿，作为虚幻的精魂，则实现了生活中自己所不能实现的追求，理直气壮地肯定自己私奔的行为，置封建礼教规范于不顾，情愿"荆钗裙布，愿同甘苦"。从倩女身上，表现了封建社会中女子性格的两个方面：在封建礼教禁锢下精神负担的沉重和对自由爱情的强烈追求。

清人梁廷楠称《倩女离魂》"灵心慧舌，其妙无对"，近代大师王国维赞其"如弹丸脱手，后人无能为役"，这是对郑光祖所作《倩女离魂》的最好评价。

张养浩作《潼关怀古》

张养浩对人民疾苦深表同情，做官时敢于直谏，为抗旱救灾身体力行，这种关怀下层劳动人民的高贵品质也时常出现于他的散曲作品之中。其中最重要、最出色的散曲作品当推他创作的《潼关怀古》："峰峦如峰，波涛如怒，山河表里潼关路。望西都，意踌躇，伤心秦汉经行处，宫阙万间都做了土。兴，百姓苦；亡，百姓苦。"他在怀古浩叹之际能联想到百姓的疾苦，比同类题材的散曲作品要高出一筹，寥寥数十字，说了一句大白话，说了一句大真理，其艺术成就是相当高的。

张养浩（1270～1329），字希孟，号云庄，济南人。历任翰林学士、礼部尚书、参议中书省等职。因父老辞官，屡召不赴。文宗天历二年（1329），关中大旱，特拜为陕西行台中丞，前往救灾，到任不过4月时间，终因劳瘁去世。

他的散曲多是在辞归故里后所写。数十载宦海沉浮，使他对世态炎凉有更切身的体察，因此能写出相当真切的作品。如"才上马齐声儿喝道，只这的便是送了人的根苗。直引到深坑里恰心焦。祸来也何处躲？天怒也怎生饶？把旧来时威风不见了"（［朱履曲］《警曲》），作者感触至深，因此能写出如此深重的句子。而当他归隐田园，轻松自如的心情又跃然纸上，"中年才才便休官，合共神仙一样看"（［双调］《水仙子》），"挂冠，弃官，偷走下连云栈，湖山佳处屋两间，掩映垂杨岸"（［中吕·朝天仙]）。他的一些散典中常写与鸥鹭为伴，与云山为友，他吟咏山水的优秀篇章也不少，然而有时过于低沉，他的理想只不过远离红尘去过田园生活，以远祸全身。

《太和正音谱》说张养浩的散典如同"玉树临风"指出他的作品格调高远。他的作品文字显白流畅，感情真朴醇厚，无论抒情或是写景，都能出自真情而少雕镂，《潼关怀古》小令，以及一些写退隐生活的作品，可以代表他的艺术风格。然而他的写景的散曲中，也有一些工丽清逸的作品，如"一江烟水照清岚，两岸人家接画檐，芰荷丛一段秋光淡"（[水仙子]《咏江南》），"鹤立花边玉，莺啼树杪弦"（[庆东原]）等句，表明他的作品在总的艺术格调中还有所变化，散典色调比较丰富。

张养浩著有散典集《云庄休居自适小乐府》传世。据《全元散曲》所辑，今存小令161首，套数2首。

周德清编《中原音韵》

《中原音韵》是中国首部曲韵著作。作者周德清（1277～1365），江西高安人，元代戏曲家、音韵学家。他"工乐府，善音律"，对于元代盛极一时的北曲的创作和演唱了解得很深。他感到当时作曲、唱曲的人都不大讲究格律，艺坛上出现了不少混乱现象。他认为要使北曲发挥更高的艺术效果，就必须使其体制、音律、语言都具有明确的规范，特别是语音的规范更为重要。于是他根据亲身体验，进行理论总结，完成了这部划时代的著作。

《中原音韵》的内容分为两大部分：第一部分是以韵书的形式，把曲词里常用作韵脚的5866个字，按字的读音进行分类，编成一个曲韵韵谱；第二部分称作《正语作词起例》，是关于韵谱编制体例、审音原则的说明，关于北曲体制、音律、语言以及曲词的创作方法的论述。

《中原音韵》韵分19类，韵目都用两个字标出，如下：一东钟　二江阳　三支思　四齐微　五鱼模　六皆来　七真文　八寒山　九桓欢　十先天　十一萧豪　十二歌戈　十三家麻　十四车遮　十五庚青　十六尤侯　十七侵寻　十八监咸　十九廉纤。每一韵里面又分为平声阴、平声阳、入声作平声阳、上声、入声作上声、去声、入声作去声等类。每一类中，凡读音相同的字类聚在一起，组成一组组同音字群；各同音字群之间用圆圈隔开，共1586群，书中所收各字都不标反切、字母，也没有释义。由于它没有标明字母，现代学者对它的声类进行了探讨，有以下几种说法：罗常培认为有20声类，赵荫棠认为有25声类，陆志韦认为有24类，杨耐思又认为有21声类。

《中原音韵》将调类归结为"平分二义"、"入派三声"，即将平声分为阴平、阳平，入声分别归入平、上、去三声，这样，传统的平、上、去、入四声就变成了阴平、阳平、上声、去声四声。对于"入派三声"，现在有两种看法：一种认为"入派三声"反映了当时实际语音中入声已经消失，并分别变成了平、上、去三声；另一种认为"入派三声"并不是说当时的实际语音中入声变成平、上、去三声，而是为了曲词的唱念方便，而采取变通的办法以扩大押韵范围。也即，在当时的实际语言——官话中，入声依然存在。

对于《中原音韵》所代表的音系，一般认为是元代的大都音系，即当时的"雅音"（官话语音）。现代的普通话音系就是由此发展而来的。

《中原音韵》在戏曲界影响深远，此

后戏曲家作曲作韵，无不奉为圭臬。它砌底打破了旧韵书的体系，开创了与《切韵》系韵书相应对立的北音韵书，在古代韵书发展史上形成独立的一派，更重要的是，它反映了当时活的语言，为了解宋元时代的语音、研究汉语语音史提供了宝贵的材料。

张养浩撰《为政忠告》

张养浩（1270~1329），字希孟，济南（今属山东）人。博通经史。经大臣不忽木荐为御史台椽，出任堂邑（今山东聊城西）县尹，在职10年，政绩卓著。武宗时任监察御史，上疏直言指陈时政，得罪权贵，被免职。仁宗时以礼部侍郎主持贡举，升礼部尚书。英宗时任参议中书省事，不久因父老弃官归养。文宗天历二年（1329），陕西大旱，特封为陕西御史台中丞，出赈灾民，于任期间去逝。后元朝追封他为滨国公，谥文忠。著有《为政忠告》、《归田类稿》及散曲集《云庆休居自适小乐府》传世。

《为政忠告》，一名《三事忠告》，包括《牧民忠告》、《风宪忠告》和《庙堂忠告》三部分。书中总结了作者出任县令、御史以及在中书省任职期间的施政经验，同时也专门论述了官员廉政问题。思想内容主要有如下三个方面：一、发挥了传统儒家学说中的民本思想，要求为政者有重民、富民、恤民的爱民观念，同时还要勤于职守，尽责尽力，注重调查研究，详细了解政务，以便采取适当措施治理好国家，让老百姓富裕起来，并对灾民和鳏寡孤独无依无靠的人给予适当帮助。二是阐述作者廉洁公正的思想。首先他认为廉洁公正是为政者必备的道德品质。要做到廉洁，为政者必须管好自己，管好家人，管好吏

员。要作到公正，为政者必须在选拔人才、处理政事方面坚持公正原则。三是阐述了从严治官的思想。他认为，治官最重要的一条原则是赏罚分明；各级官员都应当对自己属下官吏加强教育，严格管理；监察官员要忠于职守，铁面无私，勇于纠绳奸罪，严格对违法官吏进行纠弹。

朱思本绘《舆地图》

朱思本（1273~1333），字本初，号贞一，江西临川人，元代著名地理学家和地图制图学家。从1311年到1320年间，他实地考查了会稽、洞庭、荆襄、淮泗等地，参阅了郦道元的《水经注》、唐《通典》、《元和郡县志》、宋《元丰九域志》及元《大一统志》，并在此基础上，绘成《舆地图》，遗憾的是未能流传下来，只是到明代有两种地图被认为是由《舆地图》改绘而来，一是杨子器的《舆地图》，另一是罗洪先的《广舆图》。

杨子器，字名父，慈谿（今浙江慈溪）人。他的《舆地图》绘制于正德七八年间（1512~1513），图长164厘米，宽180厘米，比例尺为1∶1760000。图中采用各种符号达20多钟，分别用方、圆、菱形符号代表各级行政区，还用其它符号表示庙宇、陵墓、桥梁和万里长城等名胜古迹。图中的海岸线轮廓、河流的变曲走向及各行政区的相对位置基本上与现在的地图相似，说明当时的地图绘制，无论是在绘制方法上，还是在绘制的准确性上，都达到了一定的水平。图的下方有跋，由跋可知，当时的行政划分有两京、13省、520府、240州、1127县、495卫、2854所、12宣慰司、11宣抚司、19招讨安抚司、177长官司，说明了疆域的辽阔。

罗洪先（1504~1564），字达夫，号念

庵，江西吉水人。他绘制的《广舆图》也是在朱思本的《舆地图》的基础上发展而来的，依照朱思本的《舆地图》的模式，对明代疆域及行政区划进行描绘，内容包括明代疆域总图以及各省分图17幅，除其中南北两直隶及13布政司的地图来自于朱思本外，其余各图均为新绘。

元编政书《元典章》、《元经世大典》

元代官修的《元典章》和《元经世大典》，主要汇编元文宗至治元年（1330）以前的政令文书、法律格例，做为官吏遵循的依据，故被历史学家称为政书。

《元典章》是元成宗至治二年（1322）以前元朝法典、规章的分类汇编，全名《大元圣政国朝典章》。全书分诏令、圣政、朝纲、台纲、吏部、户部、礼部、兵部、刑部、工部十大类，共2391条，记事到延祐七年为止。全部内容由元朝的原始文牍资料组成，对元朝政治、经济、文化、社会生活的各个方面都有详细、系统而生动的记载，反映了当时复杂的阶级和社会矛盾及社会心理、风习的特点。书中抄录很多圣旨和中书省、御史台的文件，是元朝最高统治集团议诀政务的第一手材料，从中可领会元朝政府处理政务的准则、方法和过程。《元史》和其它史籍中的许多记载能在《元典章》中找到出处或得到明确的印证。

《元典章》文体独特，书中词讼文字常用口语，官方文件则使用以口语硬译蒙古语的特殊文体。而一般的则使用书面语。有时同一文牍中混用几各不同文体。书中元代俗体字很多，从中可看到当时社会上企图简化汉字的自发趋向。

《元经世大典》又名《皇朝经世大典》，元文宗至顺元年（1330）由奎章阁

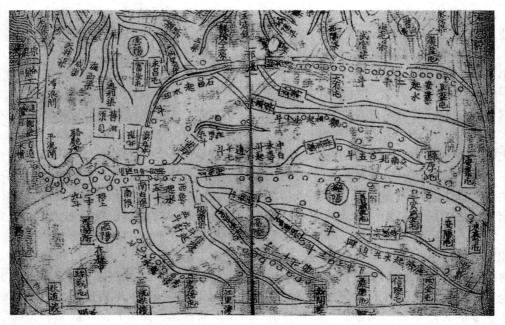

《泾渠总图》。图中所绘是元代延祐五年（1318）至至正四年（1344）26年间，泾水与石川河（即沮水）间的河渠概况。图中河流渠道用双线表示，名胜建筑和桥梁符号规范醒目。此图是研究元代河渠灌溉的珍贵资料。

学士院负责编纂，次年五月修成。全书880卷，目录12卷，附公牍1卷、纂修通议1卷。该书体例比唐、宋会要有所创新，全书分10篇，篇下有目，各篇、目之前都有叙文说明其内容梗概，这种编纂方法比唐、宋会要要好，使读者容易理解其宗旨。此书已遗失，今天所见的内容只有《永乐大典》残本中存留的一部分。存留的文字内容涉及市伞粮草、仓库、招捕、站赤、海运、高丽等事，是研究元代经济、政治、军事、中外关系的珍贵资料。

两部官修政书保存了元代社会的各种史料，内容详细、集中，它生动具体地反映了元代政治体制的运转过程和社会、阶级、经济生活的全貌，是史学工作者不可或缺的原始文献。

《元典章》（清代影抄元刻本）

《饮膳正要》倡营养学和饮食卫生

元至顺元年（1330），蒙古族著名医学家忽思慧总结多年宫廷饮膳经验，撰成《饮膳正要》一书。

该书共3卷，记录了多种元代宫廷膳食。食品来源包括汉、蒙、突厥、阿拉伯、波斯等地。卷1首先概述了养生避忌、妊娠食忌、饮酒避忌等。介绍了"聚诊异馔"94首膳食方，其中很多食方都是选用珍贵食物制作的汤、粉、面、羹、粥等，据称有补益强壮作用。卷2为诸般汤煎、诸水、神仙服食方、四时所宜、食疗诸病、服药食忌、食物中毒、禽兽变异等。其中"诸般汤煎"收录用荔枝、樱桃、石榴、五味、山药等水果和草药调制的饮料方56首，这种配制饮料的方法是元代风行南北的药用形式。在"食疗诸病"项下，收载食疗方61首，每方详述调制方法及主治诸病。卷3分米谷、兽、禽、鱼、果、菜、料物诸品共230多种食物，介绍了诸物的性味、良毒、功效主治、宜忌，并附图168幅。所载物品多为北方所产。

《饮膳正要》从饮食营养和饮食疗病

《饮膳正要》中的一幅食疗图

的角度，论述了食物的性质和营养价值、烹饪技术、饮食卫生和饮食治疗以及患病期间的饮食制度等内容，几乎涉及到现代营养卫生学的各个主要方面。主张防病、治病首先要注重饮食卫生和饮食习惯。书中首先提出"食物中毒"一词并专篇论述，为研究我国古代营养学以及蒙古族饮食卫生习惯提供了丰富的史料。《饮膳正要》是我国现存最早的古代营养学专著，所载食方和药方至今仍有较高的参考价值。

《饮膳正要》书影

吴师道著《战国策校注》

从古书的注释方面看，元代的训诂学是有一定成就的，而其中吴师道的《战国策校注》水平最高，影响最大。

吴师道，字正传，婺州兰溪（今浙江金华）人，所著《战国策校注》成书于泰定二年（1325）之前。

高诱注的《战国策》到宋代已经残阙。北宋曾巩曾经综合各种版本对它进行校正；南宋姚宏、鲍彪又分别进行整理，对高注都有所补正。但吴师道认为鲍彪的校注仍有不少缺点，因此作《战国策校注》以补正鲍注。他以鲍彪的校注本为底本，参证姚宏的校注本，并博采群书而写成该书。此书篇次一概以鲍书为准，但改变了原书许多章节的次序，每条注释之下，凡有所增补的称"补曰"，纠正鲍彪说法的称"正曰"。如：《战国策·赵策四》："愿令得祁黑衣之数，以卫王宫。"鲍注："黑衣，尸祝之服，所谓袨服。"又《萧望之传》注："朝时揩著皂前。"正曰："袨服，韵书：好衣也。按《晋舆服志》，秦人以袨为祭服，鲍其误以'袀'为'袨'乎？《增韵》：黑衣，戎服。《左氏》均服振之，均即袀。以下文'卫王宫'推之，戎服是也。"

吴师道训诂主要在疏通文义，文字不繁复，考证的话也不多。虽然其补正也有许多不恰当的地方，但就全书而言已达到相当高的水平，《四库提要》评价说："古来注是书者，固当以师道为最善矣。"

苏天爵撰《元朝名臣事略》

苏天爵（1294～1352），字伯修，真定（今河北正定）人，人称滋溪先生，是一个学问深、见识高的史学家、诗人、文学家和文献整理者。他鉴于宋朝以来史官不能尽职，所记事迹很多歪曲了事实，便以一人之力编纂了《辽金纪年》以及分15类编纂了《国朝文类》70卷，时人称赞说："是则史官之职也，夫必有取于是也。"他还著有诗稿、文稿等多种。

苏天爵最有成就的代表作是他撰写的《元朝名臣事略》（初名《名臣事略》或《国朝名臣事略》）15卷。这是一部关于元朝前期、中期的人物传记，大约撰成于元文宗天历二年（1329），收录了元初至延祐年间（1314～1320）从太师诸王以下文武大臣共47人入传，按蒙古人、色目人、汉人、南人的秩序加以编次，多根据各人的墓碑、墓志、行状、家传或一些可信的杂书来撰述，凡引用的材料均标明了出处以表明其可信度。全书从穆呼哩开始，到刘因结束，秩序井然，线索分明，反映出苏天爵的严谨精神。

这本书的最显著特色是着重于对人物资料的搜集、整理、编辑，撰写者主要撰写各篇传记前面的提要，用来交代传主的名讳、郡望、任官、卒年及享寿多寡。读者读了前面的提要，再读后面的"事略"，就非常清楚明了，可以留下深刻、全面的印象。此书另一特色是生动地反映出了传记中人物神采各异、事功卓越的风貌。这本书在编纂方法上，参考了朱熹的《名臣言行录》的体例而始末较详，又参考了杜大珪的《名臣碑传琬琰集》而不尽录全篇，有所弃取。后代人撰书多以此书为参照，后人曾评价它"不失为信史"，说明了这部史书的突出成就。

《切韵指南》成书

元顺帝至元二年（1336），刘鉴写成《经史正音切韵指南》一书。

刘鉴，字士明，关中（今陕西）人。《经史正音切韵指南》简称《切韵指南》，此书以《四声等子》为蓝本，但比《四声等子》多了4图，共列16摄24图。多出的4图是：江摄外——（从宕摄中分出），梗摄外七开口呼，梗摄外七合口呼（此二图从曾摄中分出），咸摄分为二图，该书每图纵列23行，以统括36字母，与《韵镜》相同；横行平、上、去、入四声，每声又分一、二、三、四等。又集前人研究之大成，制"等韵门法"、分"音和"、"类隔"、"窠切"、"轻重交互"、"振救"等13类，颇为详备，便于初学。

书中还有一些关于语音演变的材料，如"时忍切肾字，时掌切上字，同是浊者，皆当呼为去声"，反映了当时语音中"浊上变去"的现象。又如"士鱼切殊字，本是锄字，详里切如洗字，本是似字"，反映了当时语音中"士"与"锄"的声母、"里"和"似"的韵母已经不同。这些材料虽然不多，却十分的可贵，它可以和《中原音韵》相互印证。

回回诗人萨都剌作《雁门集》

至正三年（1343）八月，萨都剌所作《雁门集》一书刊行问世。

萨都剌，字天锡，号直齐，回回诗人。先辈随蒙古军东来，在雁门定居。泰定四年（1327）考取进士，官至燕南河北道肃政廉访司经历。他擅长以各类诗体抒发情感。诗风清丽俊逸，有独特风格。所作的讽刺诗，对元朝黑暗统治诸多揭露。他的山水诗描绘如画的自然风光，洋溢着新鲜的风土色调和异乡情趣。词作不多，但质量很高。

《雁门集》亦称《萨天锡诗集》，收入了作者大部分作品，原8卷，今已散佚。明以后刊行诸本分卷不同，增入部分集外诗作，后传诗700多首。另著有《四湖十景词》。

他的诗词中，《念奴娇·登石头城》和《满江红·金陵怀古》乃是传诵一时的名篇。特别是《满江红》一首，更是情景成，全名《敕修百丈清规》，共 8 卷，分祝釐、报恩、报本、尊祖、住持、两序、大众、节腊、法器 9 章。每章前有小序。此书被奉为禅宗寺院的共守规则。

齐德之著《外科精义》

至元元年（1335），著名外科医家齐德之采集《内经》以后医学文献中有关疮肿的论述，结合自己多年临床治疗经验，撰成《外科精义》一书。

齐德之（生活在 13～14 世纪间），曾任医学博士、御药院外科太医，籍贯及生卒年月不详，因长期从事外科医疗，在外科理论及实践上都有较高的成就。所著《外科精义》共 2 卷，上卷包括疮肿、诊候、辨证、治疗、将护、忌慎等 35 则，下卷列汤、丸、膏、丹 145 方，附带论述了各种药物炮制的方法。

以往治疗外科疾病，医家多是"外病外治"，所采用"攻毒之方"，治其外而不治其内，治其末而不治其本。齐德之则更加注重整体观念，他认为疮肿虽然病发于局部，但与全身其他部位密切相关，"皆由阴阳不和，血气凝滞"所致。因此，在治疗上，要注重辨证，重视脉诊，内治和外治相结合。这些观点与现代医学中内治消炎、外除腐肿的疮肿治疗方法十分接近。同时，他还主张病有逆从，治有缓急，法有正权，方有奇偶，用有轻重，治疗贵乎对症下药，多管齐下。这些把辨证施治的原则运用于外科治疗的观点，对后世外科医学的发展有很大影响。

书中对当时流行的外科治疗法多有描述。其中有砭镰法、贴胁法、溻渍法、针烙法、灸法、追蚀法等等。所载"溻渍疮肿法"，消肿止痛，经多年验证，是治疗疮肿的有效良方。他提出的"温罨胜于冷

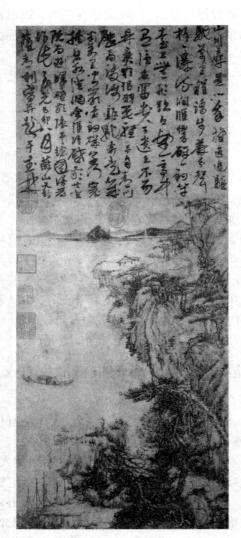

严陵钓台图轴　萨都剌作

交融，意境深远，风神豪迈，气势恢宏，实为词中珍品。

《百丈清规》修成

唐代时，僧人怀海居江西奉新百丈山，传授禅法，人称百丈禅师，曾制定禅宗寺院共守的规则《禅门规式》。至元元年（1335），因此书流传年久，诸本所记互有出入，元廷敕令百丈山大智寿圣禅寺住持德辉重新编辑。至元四年（1338）三月书

敷"的观点，在医学上很有见地。

齐德之非常重视病人康复的外部环境和心理调养。他认为：性格仁慈而勤谨耐烦的护理员最适宜病人的要求，病人疗养的环境要宽敞舒适，探视者必须根据病人病情轻重确定时机和时间，病人本身也要注意精神调养，注意饮食宜忌等等。

《外科精义》是我国 14 世纪中医外科的代表著作，它有关外科治疗的诸多观点受到后世的高度评价。清《四库全书总目提要》称之为"务审病之所以然，量其阴阳强弱以施疗，故于病科之中最为善本"。

滑寿作《十四经发挥》

至正元年（1341）著名医学家滑寿撰成《十四经发挥》一书。

滑寿（约 1304～1386），精于医经研究及针灸学。字伯仁，人称滑伯仁，祖籍许州襄城（今属河南），早年不愿入仕，以医自晦，曾拜江南名医王居中学医，后又学针术于东平高洞阳。钻研《素问》、《难经》，参阅张仲景、刘河间等诸家医书，融会贯通，妙手神医，名闻江浙间。

滑寿一生撰述甚丰，他的《十四经发挥》是在前人《金兰循经取穴图解》的基础上编撰而成。全书 3 卷。卷 1 和卷 2 基本上是对《金兰循经取穴图解》进行注释和补充，分述了经络循行之法和按十四经顺序编写各经穴歌诀，相应腑脏机能，经脉循行路径，所属经穴部位及经脉主病等。卷 3 "奇经八脉篇"，采《素问》、《难经》、《甲乙经》及《圣济总录》等书，对奇经八脉作了较系统的论述。该书对针灸学贡献颇大。首先，滑氏认为督、任两脉，行于背腹，皆有专穴，不同于其他奇经，故把督任两脉和十二经脉相提并论，总称十四经。其次，通考了 657 个腧穴，详加

分析并有所发挥。

《十四经发挥》具体反映了元代针灸学的成就，它启示了针灸临床对督任脉的研究，使十四经理论应用于临床。该书在元代影响极大，且传播到国外，日本医学界把它视为"习医之根本"，而为"世所传诵"。

藏文历史著作《红史》开始撰写

至正六年（1346），公哥朵儿只开始撰写《红史》，此书为现存首部藏文历史著作。

公哥朵儿只，姓葛氏，吐蕃松赞干布名相噶禄东赞之后裔。英宗至治三年（1323），公哥朵儿只袭万户长职，泰定二年（1325），曾至大都朝觐。任万户长职长达 30 年，后与新兴势力伯木古鲁万户冲突失败，至正十二年（1352），让位于其弟，出家为僧，法名杰八罗古罗思，受元封为司徒。公哥朵儿只还著有《白史》、《红史续集·贤者意乐》、《花史》、《贡塘喇嘛让吉传》、《思满蓝朵儿只传》等。

《红史》于至正二十三年（1363）成书。此书编撰受吐蕃佛教史籍传统的影响，开篇首述佛教的起源和传播、印度王统，接着记述周昭王开始直到元灭南宋为止的中原历代皇帝世系和唐蕃关系、西夏、蒙古王统。下部分记吐蕃本身的历史，记述了吐蕃王统、佛教传播及萨迦、噶当、噶举、加麻瓦、伯木古鲁、必里公、搽里八等教派的源流、世系和有关历史。

欧阳玄著《至正河防记》

至正四年（1344），黄河在白茅（今山东曹县境内）及金堤决口北流。至正十

一年（1351），贾鲁以工部尚书兼总治河防使主持堵口。当年堵口完成，黄河主流复行原道，东南经徐州等地入淮归海。为此，朝廷特命翰林学士欧阳玄撰制河平碑文，以表扬功绩。欧阳玄在访问贾鲁及有关人员和查阅了大量施工档案的基础上，写成《至正河防记》一书，对本次黄河大决口进行了技术性的总结。

《至正河防记》详细叙述了贾鲁的堵口治河方略、施工技术和施工过程，指出当时施工方法有三：疏，即分流减涨，因势利导；浚，即河槽清淤除障；塞，即拦截决水从而堵口。疏浚分四类：挖生地为新槽，避弯取直；浚故道使高低相配，行一定坡降；整治河身，使堤距宽窄适应水势；开减水河，使涨水有所分泄，减轻主槽负担。施工步骤是：疏浚决口前原道及减水河，总长 280 多里；修筑堤防，如北岸自白茅河口向东曾修堤 254 里多；先堵较小缺口 107 处及豁口 4 处，最后堵塞主要决口，修筑截河大堤（即堵口大坝）长 19 里多；创造了用装石沉船法筑成的挑水坝（石船堤），挑溜归入主河槽，减轻决河口门流势等。该书记载的这些工程技术与实践，代表了 14 世纪中国水利科技的最高成就，在河工史上具有重要的地位。

《图绘宝鉴》编成

至正二十五年（1365）七月，松江人夏文彦编成《图绘宝鉴》。全书凡 5 卷，末附补遗 1 卷。

夏文彦是美术史家，字士良，号兰清生，吴兴（今属浙江）人。他在本书第 1 卷中主要阐述画论，其论多沿袭前人之说，其它各卷，记述自三国至元代 1500 余名画家的生平。元以前的画家多录自《图画见闻志》、《历代名画记》、《宣和画谱》等书。第 5 卷中有关元代画家的记载，是取自此时的著作和作者本人的亲身见闻，因此，元代部分价值最高，也是《图绘宝鉴》最有价值的一部分。

《南村辍耕录》刊行

顺帝至正二十六（1366）六月，陶宗仪所著《南村辍耕录》30 卷付梓刊行。

陶宗仪，字九成，号南村，黄岩（今浙江黄岩）人。陶宗仪从小苦读，博极群书，工诗文，善书画，著述甚丰，尤谙熟元朝典故。元末兵乱，张士诚据吴，陶宗仪隐居松江华亭闭门专心著书。常于耕作之余，采前人笔记所载及同时代人著作，录亲身所见所闻，随手札记，积以成帙。其弟子汇集整理，得精萃之作 580 余条，汇编成《南村辍耕录》一书。上至帝王世系，下至民间琐事无所不收。

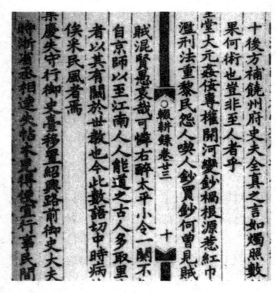

《南村辍耕录》书影

该书对元朝的典章制度、掌故、东南地区反元战争等都有较详细的记载。对于书画、戏曲、诗词、医学等方面也有记述和考证。是现存元人笔记中最丰富的一部，是研究元代历史和文化的重要史料。陶宗仪一生著述颇丰，除《南村辍耕录》外，尚有《说郛》、《书史会要》、《沧浪擢歌》、《草莽私奔》、《四书备遗》等多种。

声乐专著《唱论》成书

元代，声乐专著《唱论》成书。

《唱论》是专门讲述声乐艺术理论的专著。在我国，声乐艺术理论出现很早。据《乐记》记载，春秋时期乐工师乙曾向子贡谈到人的性格与歌唱曲目类型的关系。元代，则《唱论》成书，它是在艺术高度发展的基础上形成的。

按照《唱论》本身的记载，作者是燕南芝庵。燕南应该是籍贯，芝庵可能是芝庵斋，即指庵室，而作者的真实姓名和生平事迹史书没有明确记载。由于《唱论》最初附刊在元代散曲总集《阳春白雪》的篇首，因此可以肯定是元代著作。

《唱论》的篇幅并不长，也没有分卷。内容绝大部分是十分具体的声乐方法，可能是根据演唱实践和技艺传授过程中总结出来的经验条文。但是这些条文过于简单，并且杂有不少方言俗语和专业行话，令今人难于理解，当然有些原则今天看来仍不无裨益。除了列举具体的声乐方法，《唱论》还提到古代善唱者三人，知音律帝王五人，道、僧、儒三家所唱特点以及"大忌郑卫淫声"等史实和论点。

《唱论》特别强调人声的自然和动人魅力。它引用了晋人"丝不如竹，竹不如肉"的观点，对后世影响深远。此外还引用了白居易诗里表露的观点："取来歌里唱，胜向笛中吹。"

关于宫调，《唱论》指出在当时就有6宫11调，即有17宫调之分，并且各有特性。此外，《唱论》指出：要掌握歌曲的不同格调、节奏；注意歌声的起始、过渡和收尾；注意声腔的丰富多彩和换气的各种技巧；在技艺传授中，要区别受教者的声音及性格特点，要扬长避短，做到恰如其分等等。这种在实践中深刻观察的成果，对今天的声乐教学仍很有价值。

《唱论》指出歌唱艺术要多练，所谓"词山曲海，千生万熟"，是十分正确并且具有很强的现实意义。

戏曲《赵氏孤儿》写成

元代杂剧作家纪君祥，曾写成一部最早传到欧洲、备受喜爱的悲剧剧作《赵氏孤儿》。

纪君祥，生卒年不详，大都（北京）人，与李寿卿、郑挺玉同时，著有杂剧6种，流传至今的仅《赵氏孤儿》一种及《陈父图悟道松阴梦》残曲。

《赵氏孤儿》故事本事来源于《史记》，写春秋时晋国上卿赵盾遭受大将军屠岸贾陷害，全家被杀300多人，一不到半岁的婴儿被门客程婴救出，这就是剧中赵氏孤儿。为了保护他，晋公主、韩厥、公孙杵臼先后被害，程婴以自己的儿子作替身，终于保全了赵氏孤儿。20午后，程婴向已长大成人的赵氏孤儿讲述了以赵家冤案为内容的图画，赵氏孤儿立志杀屠岸贾以报家仇。这出杰出的悲剧，以悲壮的基调，歌颂了剧中人物为了正义前仆后继的牺牲精神和向邪恶势力复仇的意志和勇气，尤其是其中为挽救无辜的受害者而与邪恶抗争的自我献身精神，十分悲壮，动人心弦。而且全剧曲词中，纪君祥将其心灵深处所隐藏的元灭宋后民族歧视政策控制下的恢复亡宋的情绪熔铸其中，倾注了激烈愤懑的感情，使充溢字里行间的悲剧气氛被渲染得更为浓郁。

剧中浓厚的封建宗法思想正是当时蒙元民族歧视政策蹂躏下汉民族精神上的不解之结，从而也构成了这部剧作广泛流传并深受人们喜爱的原因之一。《赵氏孤儿》是第一部被译介到欧洲的中国剧作，受到许多学者的高度赞扬。

龙阳子著《修龄要指》

《修龄要指》是元代的导引养生著述，作者为冷谦，字启敬，别号龙阳子。

《修龄要指》内容包括四时调摄、起居调摄、六字诀、四季却病歌、长生一十六字诀、十六段锦法、八段锦法、导引歌诀、却病八则等 9 部分。"四时调摄"是依四季叙述易发病症和防治方法；"起居调摄"是保健体育；"六字诀"系指嘘肝气诀、呬肺气诀、呵心气诀、吹肾气诀、呼脾气诀、嘻三字诀，作者对此尤为重视；"四字却病歌"是将六字诀入四季之中，述其功效；"长生一十六字诀"指"一吸便提，气气归脐，一提便咽，水火相见"。作者称之为"至简至易之妙诀也"；"十六段锦法"和"八段锦法"皆为导引动功。尤其八段锦法与宋代之八段锦不同。宋代之八段锦为站式，这里所载为坐功，但有连续的肢体动作，并配合鼓漱、咽津、按摩等多种方法，反映出内丹功法对导引动功的影响；"导引歌诀"和"却病八则"皆是简便易行的导引方法，"导引歌诀"以五字为句，每句附解释和口诀，说明功法和内容，"却病八则"亦为导引与按摩结合的功法，并附有所治之症。

《修龄要指》是元代重要的导引养生著作。它内容丰富，用辞浅显，习练者易学易练。而其所述的功法，对元以后的导引发展有重要的影响。

元曲

元杂剧

元曲包括散曲和杂剧，散曲是曲诗词发展而来的新诗体；杂剧是一种包括歌唱、音乐、舞蹈和完整故事情节的歌剧。通常所说的元曲，主要是指杂剧。

我国唐朝时已经有了戏剧的雏形。到了宋、金时期又有了进一步发展，宋代的一些城市里已经有许多民间艺人在戏院里进行说唱表演。宋金时期盛行一种"诸宫调"，就是有说有唱而以唱为主的演出形式，唱的部分是把多种宫调联缀在一起。元杂剧就是在这一基础上发展起来的。

元杂剧是一种综合的戏剧艺术，它把歌曲、宾白、舞蹈动作结合在一起，歌曲按一定的宫调和曲牌歌唱，是按规定韵律、富有抒情性的新诗体；宾白包括人物的对白、独白，一般都用当时通俗的口语；动作叫"科"，是角色的动作表情。曲词一般由一个演员（男的称"正末"，女的称"正旦"）演唱，通过它抒发主人公的心情，表现主人公的思想性格，描绘环境，渲染气氛。反面人物和次要人物靠简短的宾白来勾画面目。元杂剧大部分有四折（或加一楔子）演完一个完整的故事。元杂剧的作者大部分是下层知识分子，元朝前期没有科举制度，他们失去了通过科举当官的希望，就从事话本、诸宫调、杂剧的创作和演出。因为他们组织创作的专业团体叫"书会"，这些剧作家也就被称为"书会才人"。他们的社会地位较低，生活在城市市民中，作品中充满了生活气息，广大市民很欢迎。

元杂剧分前后两期。前期从 13 世纪 50

关汉卿像

年代到 14 世纪初，这是元杂剧的鼎盛时期。关汉卿、王实甫、白朴、马致远、康进之、高文秀等等，都是这一时期的剧作家。当时杂剧的中心在大都，这些作家都是北方人，主要是大都人。14 世纪初以后，戏剧中心南移到杭州，后期的杂剧作家有郑光祖、乔吉、宫天挺、秦简夫等，他们大部分是南方或寄居于南方的作家。元代后期的杂剧不像前期那样富有现实主义，比较追求曲辞的典雅工巧。据记载，元代一共创作了杂剧五百多本，现在保存下来的有 136 本。见于记载的剧作家有 200 多人，最著名的有关汉卿、马致远、王实甫，白朴、郑光祖等。关、马、郑、白被誉为"元曲四大家"。

白朴是隩州（今山西河曲附近）人。他的作品以爱情喜剧《墙头马上》最著名。它和《西厢记》相似，也是歌颂男女自由恋爱、反对封建礼教的。戏中的主人公李千金敢于和她公公作斗争，最后终于和裴少俊重做夫妇。

王实甫是大都人。《西厢记》是王实甫的代表作。这是一部描写张生和崔莺莺恋爱故事的戏剧。作者歌颂了这一对青年男女为争取婚姻自主，冲破封建礼教束缚

的斗争精神，无情揭露和抨击了封建伦理道德的虚伪性。《西厢记》是一部对后世文学有很大影响的优秀作品。

郑光祖是元代后期的杂剧作家，平阳襄陵（今山西临汾西南）人。他的代表作是根据唐人传奇《离魂记》改编的《倩女离魂》。剧本通过张倩女灵魂出壳追随王文举进京的浪漫主义情节，突出地表现了在封建压抑下青年妇女追求爱情婚姻自由的强烈愿望。张倩女既有崔莺莺的温柔深情，又有李千金的勇敢坚定，是独具特色的。这个剧本和关汉卿的《拜月亭》、王实甫的《西厢记》、白朴的《墙头马上》一样，都是元代著名的爱情剧。

关汉卿（约公元 1220 年～公元 1300 年）原籍山西解州（今山西运城西南），后流寓河北祁州（今河北安国）伍仁村。据传说曾任元太医院尹。还有传说他为金遗民。

《窦娥冤》插图

他毕生致力于戏剧活动，常自编、自导、甚至亲自参加演出，具有丰富的舞台经检。他善于从民间汲取生活素材和语言词汇，因此，他的戏剧内容充实，艺术技巧运用娴熟，创作杂剧 60 余种，占金、元杂剧现知剧目 1/10 强，后人列为元曲四大家之首。其剧作通过现实主义的艺术手法，广泛而又深入地反映出元朝统治下的极端黑暗混乱的历史环境和不合理的社会制度，塑造了众多典型性格的人物形象，反映了人民特别是妇女的苦难生活和思想感情。现存杂剧 13 种，其中以《窦娥冤》影响最为广泛。

《窦娥冤》书影

他的《窦娥冤》等剧作在公元 1838 年以前就被译为英文传诵。现存的套曲有十余套，小令五十余首。其剧作对元杂剧和后来的戏曲的发展起了很大的作用。公元 1958 年被列为世界文化名人之一。他是大都创作剧本和唱本的团体——"玉京书会"里最优秀的元曲作家。由于长期与市民接触，对社会现状很了解，因而他的作品具有深刻的现实主义内容。他不仅是一位多才多艺的作家，而且会下棋、踢球、歌舞、演戏、吹弹、做诗，与艺人往来密切，常常与著名艺人朱帘秀一起粉墨登场。关汉卿共创作了 63 个杂剧，现在保存完全的只有 12 个剧本。悲剧《窦娥冤》是他最出色的代表作。

《西厢记》插图

《窦娥冤》的大体故事情节如下：

窦娥 7 岁时，因父亲窦天章欠高利贷无法偿还，被卖给蔡婆婆家做童养媳。不料窦娥的丈夫早死，她就守了寡。一天，蔡婆婆出外讨账，遇赛卢医谋财害命，张驴儿和他的父亲救了她。张氏父子乘机要强娶她婆媳俩。张驴儿见窦娥不愿，就想药死蔡婆婆来威胁她，不料竟药死了自己贪嘴的父亲。张驴儿却倒打一耙，恶人先告状，贿赂官府，判了窦娥死罪，窦娥死前发了三个毒誓，结果一一应验。数年后，其父做官返乡，窦娥冤魂告状，终于沉冤得雪。

元杂剧有大量以水浒故事为题材的作品，至少有 33 部，流传下来的有十部，其思想内容大都是描写水浒英雄凌强扶弱、除暴安民的英勇事迹，歌颂他们主持正义、"替天行道"、为民除害的侠义行为。康进之的《李逵负荆》，以民间流传的故事为素材，描写了李逵主持正义、不怕官府和地痞流氓的英雄本质，又刻画了他粗中有细、知过必改的性格。故事情节曲折，有着自己显著的艺术特色。

元代的散曲包括小令和套数两种。小令主要是民间小典，也有的脱胎于诗词；套数是合一个宫调中的几个曲子而联成的。散曲形式简单，坦率真挚，清新活泼，为一般市民所喜爱。

散曲

散曲又叫"清曲"、"乐府"；包括小令、套曲两种主要形式。它是在金代的俗谣俚曲的基础上又吸收了蒙古等少数民族的乐曲，而形成的一种新型的韵文形式，是不同于传统诗词的一种独特的诗歌样式。开始主要流传在北方，故也称北曲。小令又被称为"叶儿"，原是民间流行的小调，与来词相似。小令是散曲中最早产生的体制，它比套曲更为盛行，作品数量约九倍于套曲。一般地说，小令是单只曲子，句调长短不齐，有一定的腔格，而几乎每句都要押韵。在本调（正字）之外还可以加衬字。在语言的表达上更加活泼生动，小令短小精悍，使用方便，在散曲中居主要地位。套曲也叫套数，是由两者以上同一宫调的曲子联缀而成的组曲，一般都有尾声，并且全套通押一韵。套曲篇幅较长，适于表现比较复杂的内容，既可抒情，亦可叙事。散曲中还有介于小令和套数之间的"带过曲"，通常是三个以下单只曲子的联合，但必须是同一宫调，同押一韵。此外，还有"重头小令"，是由问题、同调，内容相连，首尾句法相同的若干只小令联合而成。每首小令可不同韵，每首可以单独成立。总之，散曲比起传统诗词来，更加灵活多变，对仗形式也比较自由。但它是有严格格律的倚声填词的诗歌形式，所以在某些方面比诗词还有更多的限制。

白朴也是这时期很有才华的作家。他的散曲主要内容是咏唱男欢女爱、感叹人生无常和描写自然景色。他的作品笔调明朗，色彩鲜明，他的那首《天净沙·秋

《西厢记》插图

思》，描写秋天景色，别开生面，独具一格。白朴是金代遗民，又终生不仕于元，所以在他的散曲中还充满着对故国衰亡的感叹。在发泄不满、怨愤和牢骚的同时，不免有些消极悲观的情调。

关汉卿的散曲大部分内容是写离愁别恨、男女恋情。他特别长于对女性心理的刻画，形象鲜明、细致入微。其写景作品也很成功。他的代表作是《南吕一枝花·不伏老》，可以看作是他自己思想性格的自我表白，曲辞自然，比喻生动，是他散曲

中的优秀篇章。但他创作散曲的成就远不如他的杂剧。

马致远在前期散曲作家中占有重要地位，现存辑本《东篱乐府》一卷就收有散曲作品120多首，比关汉卿、白朴现有散曲的总和还要多。马致远是个政治上很不得意的文人，是"困煞中原一布衣"。他有"九天雕鹗之志"，但"恨无上天梯"，只落得退隐山林，寄情诗酒。他的《北双调夜行船·秋思》是一首充满愤激和厌世之情的套曲，最能反映他的思想感情和生活态度，是他"叹世"题材的代表作。他极端厌恶追名逐利的官场和市侩，骂他们如"蚁排兵"、"蜂酿蜜"、"蝇争血"，自己则满足于"竹篱茅舍""东篱醉了也"，充满人生如梦及时行乐的消极情绪。这篇套曲，显示了作者在造句用字，声调和谐等方面的功力，苦心锤炼的功夫见于字里行间。马致远描写景物的代表作是《天净沙·秋思》小令："枯藤老树昏鸦，小桥流水人家。古道西风瘦马，夕阳西下，断肠人在天涯"。以几种具有代表性的景物，写出秋天的萧瑟，形象地表现出天涯游子的凄凉情感。马致远的散曲具有独特的艺术风格，他的作品语言清新俊丽，写景抒情自然逼真，他的散曲艺术成就最高，是元代散曲大家。

散曲兴盛期是1300年以前的元代、大德四年后，散曲创作进入一个新的阶段。张可久、齐吉、贯云万、睢舜臣是主要作家。他们当中有些是专攻散曲的专业作家，写出了不少好的作品，在数量上多于前期。有的作品继承和发扬前期散曲通俗直白、生动活泼的特色，像睢舜臣的《高祖还乡》，张养浩的《潼关怀古》和刘时中的《上高监司》等都是些具有进步的思想内容和散发散曲独特艺术魅力的作品。但总的说来，这一时期的散曲作家，多事追求音律格调，撷取诗词名句，艺术上趋于雅正典丽，失去了散曲质朴的本色，也就逐渐丧失了它的生命力。到了元末，南戏音乐融入散曲，出现了南北合套的方式，为以南曲为主的明代散曲准备了条件。

元·捶九图壁画（山西洪洞水神庙明应王殿）

元代书画

元代不设画院，画家逐渐摆脱了南宋画院的形式主义习气，而形成了挥洒淋漓、重视笔墨情趣、追求意境深远的写意派。且在画面上加题跋和篆刻印章，把书法、文学、治印和绘画艺术融为一体，开创了新境界。前期著名画家有赵孟頫、钱选和高克恭等。赵孟頫擅画山水、人马、花鸟，博采众长，自成一格，绘画、书法、篆刻兼施，书法用笔圆转流美，画面自然有神，开创了元代文人画的新风貌。钱选擅画山水、人物和花鸟蔬果，笔致柔劲，着色清丽，自成风格。高克恭是畏兀儿族人，晚年居钱塘，擅画林峦烟景和墨竹，笔墨苍润，造诣精绝。后期著名画家有黄公望、王蒙、倪瓒、吴镇等，他们经常深入山水之间，领略自然之胜，用水墨或浅绛描绘山水，凭意虚构，峰峦浑厚，气势雄秀，自然生动，形成了宋以后山水画的主流，称元画"四大家"。

"元季四大家"崛起于画坛。他们在赵孟頫的影响下，广泛吸收五代、北宋水墨山水画的成就，充分发挥笔墨于绘画中的效用，将笔墨趣味提到一个新的高度，突出了山水画的文学趣味，使诗、书、画有意识地融为一体，开创了一代新风，形成了以文人画为主流的绘画潮流。黄公望，江苏常熟人，过继于浙江永嘉黄氏。曾于

青卞隐居图轴

赵孟頫调良图卷

做小吏时受累入狱，出后遂隐居不仕，皈依"全真教"，寄情山水之中。常携笔墨于虞山、三泖九峰、富春之间领略江南自然胜景，随时模记，代表作有《富春山居图》、《溪山雨意图》、《快雪时晴图》等，其作品有浅绛和水墨两种面貌，浅绛山水浑厚圆润，水墨山水则萧散苍秀，笔墨洒脱。王蒙，元末弃官归隐浙江杭县黄鹤山，

善画山水，也工诗文书法，绘画主题多表现隐居生活，喜用枯笔、干皴，其山水画的突出特点是布局充实，结构复杂，层次繁密，笔法苍秀，而在笔墨工夫上又高出时辈。吴镇，浙江嘉兴人，为人"抗简孤洁"，隐居不仕，以卖卜卖画为生，一生贫困。绘画主题多为渔夫、古木、竹石之属，所作多幅《渔父图》，表现江南名山景色

六君子图轴

及离尘脱俗的意境。倪瓒，江苏无锡人，家为豪富，雄于资财，喜与名士往来，后遇元末动乱，便卖去田庐，散其家资，浪迹于五朔三泖之间。长于山水、竹石，多以水墨为之，又创"折带皴"。其画好作疏林坡岸、浅水遥岑之景，意境萧散简远，用笔似嫩实苍，给文人水墨山水画以新的发展，有传世名作《水竹居图》、《梧竹秀石图》等，论画主张超于形似之外，重在抒发"胸中透气"。

元代文人画创作无论就笔法还是境界上，都成就卓著，并最终奠定了文人画在中国画史上的重要地位，极大影响了后代的绘画创作，使该派画风成为中国画的最典范样式。

元代壁画在绘画史上占有重要地位。现存的敦煌、安西榆林窟（今万佛峡）的元壁画，西藏日喀则德钦颇章宫的壁画，山西永济县永乐宫壁画，山西洪洞县广胜寺的壁画，都是极其珍贵的文物。著名壁画家有朱玉、李时等。

元代著名书法家有赵孟頫、鲜于枢、虞集、杨维桢等人，他们都善正、行、草书，笔力有劲健之气。而赵孟頫的书法则属一代大师，称雄一时，篆、隶、楷、行、草、无不精湛，自成一家。他的书法落笔奔腾，运笔流美，骨力秀劲，笔势超绝，世称"赵体"。

元朝哲学

理学

理学，始创于北宋，经过程颢、程颐，到了南宋时得到进一步发展，成为我国封建社会中后期儒学的正宗。

理学在北方的广为传播始于赵复被俘到北方以后。赵复，字仁甫，德安（今湖北安陆）人，人称江汉先生，是朱熹门生谢梦先的学生。公元1235年窝阔台伐宋，攻破德安，赵复被俘，欲赴水自沉，被姚枢救出留在幕中，后随姚枢至燕京，受到忽必烈召见。忽必烈在燕京立太极书院，请赵复传授程朱理学，培养了一批理学家，姚枢、许衡、刘因等皆出其门。

许衡、刘因、吴澄是元代著名理学家。

许衡（公元1209年～公元1281年）

河内（今河南泌阳）人。早年不满北方落第老儒所授的句读训解，转从姚枢、赵复处闻之理学大义。金朝灭亡的前一年，许衡为元平军所得，渐获忽必烈的赏识和重用，与刘秉忠、郝经、郭守敬等人一起，为元朝行汉法、重儒学、定官制、立朝义。和刘因、吴澄一起并列为元代三大理学家。许衡认为天理在心中，直求本心即得天理，强调本心自悟，自识本心，这些都是后来王阳明之学的类型，成为王学的先声。因此，从理学史的角度看，许衡之学是宋陆九渊之学无法直接过渡到王学。

许衡不是迂腐的理学家，他主张践履力行，他在蒙古族初主中原之时，主持国学，以儒教六艺教授蒙古弟子，对推动汉、蒙文化的融合交流及保存从当时来说比较先进的汉文化发挥了积极作用。

刘因在对理学的态度上，反对舍传注疏释而空论，强调反求六经，以六经为根本，在一定程度上看到了宋代理学凭空意断、自圆其说的疏漏与弊病。

吴澄一生从事教育，弟子众多，他虽授朱学，但却能调和朱、陆之学。他们的学说继承了朱熹"理在气先"的精华，并提出"以道事君"，即在理论上把推行道学与推行汉法相结合，并广加宣传。许衡曾向忽必烈讲授《资治通鉴》、《贞观政要》，并阐发了孔子"为君难"的思想，指出为君必须做到修德、用贤、爱民。由于理学有利于巩固封建统治，元朝统治者便大加称颂，如武宗加封孔子"大成至圣文宣王"，仁宗还下诏让许衡从祀孔子庙廷，又于公元 1313 年诏令考试和教学以朱熹章句集注为准，把朱熹的《四书集注》称为"圣经章句"。

邓牧的异端

邓牧，字牧心，钱塘（今浙江杭州）人，生于公元 1247 年（宋理宗淳祐七年），死于公元 1306 年（元成宗大德十年）。这

许衡像

是一个激烈的、动荡不安的朝代更替的时代。他出生在一个破落的地主知识分子家庭中，年幼时读过许多古书，对诸子百家钻研很深。元军占领杭州时，他才二十多岁。这时，他怀着南宋灭亡的悲愤心情，对民族压迫的强烈不满，决心放弃名利，拒不和元朝合作，周游名山大川，最后走上了隐居道观的消极道路。公元 1305 年（大德九年），元朝派当时的玄教大师吴全节到他隐居的余杭大涤山洞霄宫，请他出山做官，被他拒绝了。他自号"三教外人"，表示不崇儒，不信佛道，不做元朝的官吏，是一个有民族气节的思想家。

邓牧为我们留下的著作不多，只有一本薄薄的《伯牙琴》。他的诗文为什么定名为《伯牙琴》呢？这是因为他觉得这个时代趋炎附势的人太多，蒙古统治者严密的控制和残暴的压迫，逼得他只能用隐晦

曲折的手法来发泄他的不满，而世上能理解他的心情的人太少了。他就借用春秋时伯牙善琴、钟子期知音的故事，取了《伯牙琴》作书名。他是非常希望也有一个“钟子期”懂得他的“琴声”的。

邓牧在《伯牙琴》里所写的《君道》、《吏道》和《二成——学柳河东》各篇；是他反对专制统治最杰出的篇章。

在《君道》篇中，邓牧对君主统治进行了无情的抨击。他说：古代立君，是为了人民。那时的皇帝生活极其俭朴，而且十分关心下民。帝位是没有人争着要做的。尧要让位于隐士许由，许由逃跑了；舜要让位给石户之农，而石户之农入海，一辈子不回来。皇位并不是至高无上的。不幸，秦始皇统一了天下，君主地位尊贵极了，横征暴敛，搜括天下的财富都供他挥霍。这样，他就像怀中揣着黄金的匹夫一样，唯恐人家来夺走它，死死地霸占着皇位不放。唉！老天生长百姓而立君，并不是为了君主呀！怎能以四海之广来供一人专用呢？皇帝并不是四睛两嘴、鳞头羽臂的怪物，是和普通常人一样的人。夺取人们的财富、霸占百姓的劳动果实是不可能“长治久安”的！

在《吏道》篇中，邓牧对那些助纣为虐的官吏进行了控诉。他说：协助皇帝治天下的官吏，由于古代君民之间相安无事，所以人数不多，而且都是选择有才能的贤者来担任的，但是有才能的贤者很不愿意当，当官的都是不得已的。后来那些当官的是怎样统治老百姓的呢？他们怕老百姓作乱，所以防范十分严密，大大小小的官吏布满了天下，取民愈广，害民愈深，有才能的贤者再也不肯当官了。于是天下愈来愈治不好了。现在的情况更加严重了，大官僚的食邑（从地方税收中分得的财富）达数万，小官吏虽无俸禄，但他们搜括资财，几十个农夫辛勤劳动也抵不上。唉！带了虎狼去放牧猪羊，猪羊怎能繁殖呢？夺取了百姓的财产，用尽了百姓的力气，百姓怎能不怒不怨呢？人民造反，就是因为剥夺了他们的生计才造成的。盗贼害民，能够随起随扑，不至于严重到不可收拾的地步，因为盗贼是有顾忌的；官吏是毫无顾忌，大白天也照样横行不法，百姓对他们敢怨而不敢言，敢怒而不敢杀。这种情景难道是在老天爷怂恿之下，让他们像虎豹蛇虺（huǐ 悔，毒蛇）一样都成为民害吗？

在另外两则寓言中，邓牧用讽刺的笔调对当时的统治者进行了揭露。在《越人与狗》中，他把元朝统治者影射为狗，刻画了“狗”的贪婪与凶残；在《楚佞鬼》中，推写了冒充“神”的“楚鬼”和依附于他的“市井亡赖”对“齐民”的欺压，后来“天神”闻知，灭了“楚鬼”，震死“亡赖”，“齐民”得安。从以上几则短文中，我们可以清楚地看出，邓牧对人吃人的君主专制统治极其痛恨，对人民反抗表示同情。这些方面说明了他的思想具有一定的进步性和人民性，确实是与元朝统治者提倡的儒、佛、道三教格格不入的。

但是，在如何解决这种社会矛盾时，邓牧陷入了虚无缥缈、消极倒退的幻想之中去了。他竭力美化尧舜时代的那种原始社会，在《君道》、《吏道》中他勾画了这样的社会情景：那里君民相安无事，都是有才能的贤者来治理天下。在邓牧看来，即使得不到那些有才能的贤者，也宁可废官府，去官吏，让天下听其自然。这种社会理想当然是一种不可实现的空想。

这样，邓牧在如何解决社会矛盾方面，陷入了虚无缥缈、消极倒退的幻想之中。当他找不到出路时，就消极、悲观，只好躲进深山老林中默默死去。

尽管如此，邓牧看到了人民的悲惨遭遇，并对他们表示同情，也看到了封建制度的不合理，并对此进行了揭露，他的反专制统治的思想，是极其可贵的，他的民主思想代表了当时思想界的一定高度。

朱学立为官学

13世纪，崛起于漠北的蒙古族人在入主中原的过程中也开始进入了封建化的过程。为加速封建化的进程，他们吸取了以儒学为主体的汉族思想文化。

元朝建立后，朝延进一步推行尊儒礼士的政策，儒士继续得到重视，使南宋仅传播于王朝扎在的东南一隅的理学传播到了北方 。而且成为钦定的官学。

朱熹是南宋的大理学家，他的理学在南宋理宗时在思想界已取得了正宗地位，被 统治阶级利用，影响力很大。他的追随者在南宋灭亡后，把他的思想迅速传播到北方。

元代的统治是建立在民族压迫和阶级压迫的双重基础之上的。朝延除了依靠武力统治之外，还迫切需要一种能维护其统治的精神力量，用以对被 统治的各族人等进行贵贱等级制度的道德说教，而理学中的道德伦理思想的消极部分正适应其需要。因而程朱理学被元朝统治者所独尊，也导致了理学中的蒙昧主义的倾向日益增长，反映了理学发展的趋势。

赵复是理学的硕儒，被元军俘获后在燕京（今北京）开办太报学院，在学院讲授"程、朱二氏性理之书"，"游其门者百余人"（姚燧《牧庵集》卷十五）。赵复将带来的程朱传注送给姚枢，姚枢又将程朱之书授予儒士许衡。赵复和姚枢、许衡、窦默等一起讲习性理之学。自此，理学开始在北方广泛传播。

被任命为国子祭酒的许衡，将程、朱的著作作为国子学的基本教材，扩大了理

学的影响。朝延礼请"遗逸"，一些理学儒生便应诏出仕。元仁宗皇庆二年（1313）十一月，朝延宣布恢复科举制度，考试办法以朱熹的《宣举私议》这蓝本，考试内容确定为"四书"，以朱熹的注释为准。"五经"以朱熹及其门人的注释为准。由此，朱学便取得了官学的地位。

这时，许多理学家的著作，都由政府雕版刊行。由于官方的大力提倡，"我国家（元朝）尊信其学，而讲诵授，受必以是为则，而天下之学皆采子之书"（虞集《道园学古录》卷三六），以至于"海内之士非程朱之书不读"（欧阳玄《圭斋集》卷九）。这说明在元代思想文化界，程朱理学已完全确立独尊地位。

黄震修正程朱理学

宋元之际的黄震（1213～1280），字东发，浙江慈溪人。黄震是学者辅广的三传弟子，少年时家庭清贫，"亲首种田"，后又"授书糊口"，曾以"浙间贫士人"自称。宋理宗宝祐四年（1256），黄震中进士，历任地方官职。他关心国事，敢于陈言时弊，曾针对"宫中建内道场"之事，建议朝廷"罢给僧、道度牒，使其徒老死即消弭之，收其田入，可以富军国、舒民力"（《续资治通鉴》卷一七八），因而被"批降三级"，此后一直未受重用。1276年，南宋覆亡，黄震即隐居宝幢山，"誓不入城市"，"饿于宝幢而卒"（《宋元学案·东发学案》）。

黄震一生不盲目信从朱熹，他具有批评和修正程朱理学的思想和风格，是朱熹后学中具有独立思考的知名学者。黄震留下的主要著作有《黄氏日抄》、《古今纪要》、《古今纪要逸编》等。

在继承朱熹"天理论"的同时，黄震

对朱熹关于"道"（"理"）的观点作了某些修正。他坚持"道"在事中的观点，否定"道"在天地人事之外的观点。他从"道"在事中的观点出发，表彰孔子把"为国之事"视为"行道救世"的具体表现。

黄震在继承程、朱"性即理"的观点的同时，同样认为"性"是人与物所禀赋的"天理"，对程、朱"性"论进行修正。他十分称道孔子的人性学说，指出只有孔子的"性相近"说是最"平实"的人性学说，认为它超过后来相继出现的人生学说，不仅包含"气质之性"，而且也包含了"天地之性"。他反对奢谈人性，竭力反对宋儒奢谈虚远玄妙的"性"与"天道"问题，而主张多探讨些有关"治国平天下"的实事。

在继承程、朱认识和修养论的基础上，黄震对此也进行了修正。他不赞成程、朱的所谓圣人"生知"说，强调"圣人"与普通人一样，都是要学而知之。他认为后天的读书学习对人的知识成长具有决定作用。

他还反对陆九渊的"用心于内"的"心学"，认为这是"近世禅学之说"。他虽然赞同程、朱的"主敬"说，但反对二程的"静坐"主张。

此外，黄震对理学"道统"论也有所怀疑与批评：

其一，他对理学家们津津乐道的以"道心"、"人心"为内容的所谓"人心惟危，道心惟微，惟精惟一，允执厥中"的"十六字心传"表示怀疑。他认为"圣贤之学"，"人人所同，历千载、越宇宙有不期而同，何传之云！"

其二，他认为，所谓"道统"之"传"，只不过是"前后相承之名"，没有什么神秘性。

其三，他认为"道经"之"道"，是指圣人的"治道"。所谓以"道"相传，就是"以明中国圣人皆以此道而为治也"。

其四，他反对那种把"道统"之"传"说成是"若有一物亲相授受"的观点，认为它是因袭了佛教传授衣钵的说法。

总的说来，黄震的学术思想虽仍属于程朱理学的范畴，但他对其的某些修正却具有一定的思想价值。

元代理学家许衡入仕

许衡（1209～1281），字平仲，金代河内（今河南沁阳）人，著名理学家，学者称他为鲁斋先生。他随姚枢学习程朱理论，抄录了《伊川易传》和朱熹的《四书集注》、《小学》、《或问》等书。由于他在理学方面的成就，元朝建立后，即被重用，并被任命为集贤殿大学士兼国子祭酒，用儒学六艺教蒙古子弟学习汉语，不仅促进了元王朝推行"汉法"，而且对汉蒙两种文化交融作出了积极的贡献。

许衡在理学方面的成就对维护元朝的统治起了不可低估的作用。许衡的侧重封建伦理道德的理学正是受元代统治者重视的根本原因。

许衡继承了朱熹"天即理也"的思想，以"理"为最高本体。他和朱熹一样，认为"太极"与"理"是绝对本体，认为"天下皆有对，惟一理无对，便是太极也"。但他又提出"太极"之先，还有"道"，而把"道"置于"太极"之上，这就出现了自相矛盾。

许衡之所以在"理"本论中出现矛盾现象，是和他本人对自然科学的丰富知识有关，这也正是他在运用气化观点阐述天地万物生成变化中，具有朴素唯物论的思想倾向之原因所在。所以许衡在继承朱熹学说时，仍无法将朱熹的"理"本论与气化观点相矛盾的问题予以解决。

许衡为了突出内省正心的重要，片面强调性是天所命也，是天理之赋予人者，他说："仁义礼智信是明德，人皆有之，是本然之性，求之在我者也，理一是也。"这样说来，性就不是客观天理的体现，而人心所固有的形而上之中。也就是说，天理即在人心之中。这就为他的直悟本心、"反求诸心"的观点奠定了理论基础。

既然天理在心中，心可以主宰万物，因而许衡不仅把"正心"看作是修养的根本，而且还是治国平天下的根本。许衡的"正心"内涵，实际上就是以封建的伦理纲常为准则，要把人的一切思想和行为，都变"正"到"天理"上来，消除引起"心不正"的"人欲"。"存天理，灭人欲"的主张强化了理学中的禁欲主义色彩。

在为学方法和修养工夫方面，许衡强调"必以心为主"，也就是说，为学和修养应以内心工夫为主；在"道问学"与"尊德性"问题上，他主张二者不可缺一，但必须以"尊德性"为主。并提倡道德践履之学，他从心性本原出发，进而提倡道德践履，然后又把朱熹的知行学说进一步道德伦理化，强调"父子之亲、君臣之义与夫妇长幼朋友，亦莫不各有当然之别，此天伦也。苟无学问以明之，则违远人道，与禽兽殆无少异"。也就是说，学问之道，就在于明人伦和行人伦而已。由此可以看出，许衡的理学内容，侧重于道德伦理，意图普及封建的道德教化。

汉、蒙、回国子学并立

至元二十六年（1289），汉蒙回国子学并立。

元朝取法辽金并根据现实需要和本民族的特点发展文化教育事业，设置汉、蒙古、回三种国子学，促进了各民族文化的相互交流，使各民族学者都能在统一国家内为创造多元文化共同发展的繁荣局面作出积极贡献。

元朝在建国之初就把设学校办教育提到重要的议事日程上来。太宗六年（1234），元在燕京改枢密院为宣圣庙，设立国子之学。忽必烈曾下诏提举学校和教授官。至元二十四年（1287），元朝正式设立国子监，以许衡的学生契丹族学者耶律有尚为祭酒。至元八年（1271）与至元二十六年（1289）年，元朝在京师分别设蒙古国子学和回回国子学。从此，汉、蒙、回三种国子学并立。

元朝国子学创建之后，设博士通掌学士，分三斋教授生员。博士讲授经书，助教负责一斋教学的具体事宜，正录专管申明规矩，督习课业。规定凡读书必须先读《孝经》、《小学》、《论语》、《孟子》、《大学》、《中庸》，其次《诗》、《书》、《礼记》、《周礼》、《春秋》、《易》。博士、助教亲自教授句读、音训，正录伴读，次日抽签令学生复说其功课。由博士出题，学生将稿呈给助教，博士审阅后始录附课薄。学生人数定200人，先准许100人及伴读20人入学，100人中，蒙古人占一半，色目、汉人共占一半。以后生员继续增多。元朝国子之制还规定考试规矩，每年选40名学生升充高等生员，蒙古、色目各10名，汉人20名，岁末试贡，惟取实才。

蒙古国子学及回国子学主要招收随朝百官子弟之俊秀者入学，以攻习蒙古、回回文字为主，属于中央级专门学校。蒙古国子学设生员百人，其中蒙古人50，色目人20，汉人30名。不过百官子弟就学的人数往往不下二三百人。庶民子弟只能作陪堂生。回国子学的设立，对元朝开辟西域及扩大版图非常重要。在各类国子学中，蒙古及西域各族学生中学行卓著者有耶律有尚、孛木鲁翀等，此二人后来都曾担任国子祭酒。人自许衡之后，惟有耶律有尚与孛木鲁翀能以师道自任。

元朝汉、蒙、回三种国子学作为元朝最高等级的教育机构，其设置、规模及教育教学管理体制都直接吸收宋、辽、金教育的有益经验，还结合现实需要和本民族特点进行教育改革，在某些方面有自己的创新。三种国子学并立发展的局面，反映了元朝开明的文化教育政策。这种文教政策在一定程度上削弱了各民族交往中的障碍，使元朝的文教事业不断向前迈进，在教育发展史上留下了光辉的一页。

北京国子监为元明清三代国家的最高学府。图为成贤街国子监牌坊。

理学家刘因去世

至元三十年（1293），元代理学家刘因去世。

刘因（1249～1293），字梦吉，号静修，雄州容城（今属河北）人。其父、祖本是金朝人，因此，他自视为亡金的遗血，毕生不肯仕元，在思想感情上与元蒙格格不入，隐居山野，超然物外。

刘因与许衡、吴澄被称为元代三大理学家。亦工诗善画。著有《四书集义精要》、《静修集》。刘因对理学的态度以朱学为宗而杂糅陆学，基本观点完全继承宋代理学，无多少创造。刘因反对丢弃传注疏释而空论，强调反求六经，以六经为根本，在一定程度上看到了宋代理学凭空臆断、自圆其说的疏漏与弊端。

宋学传入日本

13世纪以来，流入日本的儒学典籍日益增多。1211年从中国返回日本的俊芿，随带大批佛典，还有儒道书籍。30年后，日本出现了第一部复刻宋版朱熹的《论语集注》。1235—1241年入宋的日僧圆尔辨园（1201—1280），带回的典籍中也有很多朱熹的著作。1257年，圆尔辨园又曾在最明殿寺为幕府执政北条时赖开讲《大明录》，开日本禅林讲授宋学之风。1275年他又向龟山法皇介绍三教旨趣，最后编定《三教典籍目录》，为传播宋学立下汗马功劳。

日本宋学的传播，最初以著作刊印的是禅僧的《语录》。由于日僧常兼通儒佛，因此在《语录》中，自然会出现许多涉及宋学的议论。1246年从明州天童山启程访日的禅僧兰溪道隆，成为幕府建长寺的开山祖，在日本确立了禅寺的地位，刊有《人觉禅师语录》。1269年到日本的普陀山高僧一山一宁，是奉元成宗之命前往日本的第一位元僧，抵日后在京都、镰仓广开道场，促使日本宋学研究初具规模，开始步入专门著作的途径。传世的有《一山国师语录》。

日本宋学正式得到传扬，并进入研究时期，开始于玄惠法印从中国传入的新的注来讲授《四书》。玄惠法印是一名禅僧，富有文学素养，谙熟《资治通鉴》，尊崇程朱理学，被后醍醐天皇（1318—1339）召入宫廷讲解朱子学，《大日本史》称他首倡程朱之说。玄惠法印讲授的宋学在14世纪蔚然成风，禅林或世俗专讲宋学的代有传人，管原公时、梦岩祖应、义堂周信都用程朱新义讲授《四书》与《尚书》。

理学家吴澄"和会朱陆"

吴澄（1249～1333），字幼清，号草庐，抚州崇仁（今江西崇仁）人，后大半生是在元代度过的，当过为时不长的国子监司业、国史院编修、制诏、集贤直学士，大部分时间在乡间钻研理学，与许衡齐名，有"南吴北许"之称。

吴澄初从饶鲁弟子程若庸，为宋熹的四传弟子（朱熹——黄干——饶鲁——程若庸——吴澄），后师事程绍开。在经学方面，吴澄以接续朱熹为己任，晚年写成《五经纂言》，可以说是完成了朱熹的未竟之业。在理学方面，吴澄对朱熹和陆九渊都很尊崇，反对朱、陆两家"各立标榜"，而是把两家学说会同于一，既持之以"格物"，又持之以"本心"，认为"本心之发见"之知，与向外推物应事的"执着"的行，两者统一于心。这实质上与明代王阳明的"知行合一"一脉相承，至少透露出明代王学的消息，在宋代陆学与明代王学之间起到一种前后承接的作用。

郑玉崇朱

郑玉（？～1357），字子美，又号师山，徽州歙县（今安徽歙县）人。幼年好学，年长后研读六经，精通《春秋》，是

吴澄像

元末有一定影响的理学家和徽州地区颇有声望的学者。

郑玉尊崇朱熹为儒学道统正传，指出孔、孟之后，汉儒章句之学"破碎支离"，唐人文章"浮夸委靡"，因而造成佛、道之说乘虚而入，以空虚无为之说诱惑于民，"上焉者落明心见性之场，下焉者落祸福报应之末。"他对朱熹异常推崇，认为朱熹是儒学之集大成者。

他的理学思想倾向是继承和维护朱熹的理本体学说，故而他提倡"为学之道"要知宇宙万物之本原，而反对"用心于支流余裔"。

他推荐《太极图说》和《西铭》二书，意在通过《太极图说》明晓"总天地万物之理"的"太极"便是"万化之根"，即"宇宙万物的大本大原之所在"。此说的目的在于阐述朱熹的"理"本论和"体用一源，显微无间"的体用之学。而《西铭》一书被推崇则是因为《西铭》是讲"理一分殊"问题的。朱熹曾以"理一分殊"的命题回答统一性和多样性的关系，其主要意图在于解决统一的封建道德与处于不同阶层的人所应承担的道德责任的关系问题，从而明确"理"不仅是宇宙万物的本原，还是社会伦理道德的总原则，即所谓"天人事一理"。郑玉强调"为学之

2075

道"须知"大本大原之所在"的意图也在于此。

郑玉不仅崇尚程朱理学，也尊唐陆学。他主张对于二宋学说求同存异，取长补短，"和会朱陆"。

郑玉的主要著作有《春秋经传阙疑》、《师山文集》等。他在吸收推崇前人的基础上，也逐渐形成了自己的思想学说。他所谓"眼空四海，胸吞云梦，以天地为篷篾、古今为瞬息"（《师山文集·云涛轩记》）的说法，即把天地古今的一切变化归之于吾心。这就为明代"心学"的兴起，提供了某些思想资料。

元朝科技

郭守敬的科学成就

郭守敬是元代最杰出的科学家。字若思，顺德邢台（今河北邢台）人，他以毕生精力从事天文学的研究和天文仪器的创制，为祖国古代天文学的发展作出了重大贡献，在其他学科上贡献也很大。

郭守敬像

郭守敬（公元 1231 年~公元 1316年），字若思，顺德邢台（今河北邢台）人，他以毕生精力从事天文学的研究和天文仪器的创制，为祖国古代天文科学的发展作出了重大贡献。他在其他学科上也有很多贡献。

简仪（模型）

郭守敬的祖父郭荣是一位精通数学和水利的学者，他的渊博知识对年轻的郭守敬影响很大。还在郭守敬年幼的时候，祖父就把他送到精通天文和地理的老朋友刘秉忠那里去学习了。刘秉忠和他的好友张文谦都是忽必烈非常赏识的学者。

由于郭守敬刻苦学习，十五六岁时就能弄通石刻的"莲花漏图"（古代的计时器）的原理。到32岁时，他的科学知识更加丰富扎实了，张文谦就把他推荐给忽必烈。忽必烈高兴地让他跟随张文谦到西北去视察水利设施，修复古渠。公元1265年（至元二年），他被任命为都水少监，使他得以专心致志地从事水利建设事业。

早在元朝统一全国以前，刘秉忠就提出要修改历法，因为辽、金以来沿用的《大明历》使用已经很久了，误差越来越大。至元十三年（公元1276年），忽必烈决定设局改订历法，派许衡、王恂和郭守敬主持这项工作。在这期间，郭守敬通过实测，获得了许多天文方面的科学知识，他深深感到：要制订新历，必须创造精密的仪器。他说："历之本在于测验，而测验之器莫先于仪表。今司天浑仪，宋皇祐

（公元 1049 年～公元 1054 年）汴京所造，不与此处（指大都灵台，在今北京市建国

登封观星台

门外泡子河北）天度相符。"于是决心自己动手创制和改造天文仪器。

针对浑仪的缺陷，郭守敬研制了新的仪器——简仪。元代以前所用的浑仪越来越复杂，用它测量天体的赤道坐标、黄道坐标和地平坐标的读数，每个系统都需要有专门的环圈，因此大大小小的互相圈套的环圈有八、九个之多，不但转动不便，而且妨碍观测。郭守敬摒弃了把测量三种不同坐标的圈环集中在一起的做法，精简了黄道坐标，而把地平坐标和赤道坐标分为两个独立的装置——赤道装置和地平装置。这两个装置都很简单，使用方便，因此这种仪器叫"简仪"。简仪的设计很精密，刻度最小分格达到 1/36 度，观测结果也就准确多了。当时从尼泊尔来的工艺家阿尼哥，帮助郭守敬制造了简仪。可惜的是，郭守敬的这一重大发明创造，竟在清初被法国传教士纪理安（当时他在饮天监任职）当作废铜销毁了。明朝正德（公元 1506 年～公元 1521 年）年间仿制的一台简仪，也在八国联军侵略中国时被劫走。后来虽然归还了，但已残缺不全，现在保存在南京紫金山天文台。

郭守敬还研制了仰仪。仪器的外形很像一口朝天的大锅。在半球的大圆面上，刻着东、南、西、北和十二时辰；半球面上刻着与观测地纬度相应的横纵线网。大圆平面上用纵横相交的两根杆子架着一块小板，板上有小孔。太阳光线通过小孔，在球面上投下一个倒像，映在格网上，可以观测太阳的位置和日食。

阶梯式滴漏

郭守敬还改革了圭表、创制了景符等仪器。圭表是观测日中影长变化以决定春分、秋分、夏至、冬至时刻的天文仪器。古代的圭表一般高 8 尺，郭守敬把它加高到 36 尺，在表顶又添一根被抬起的横梁，横梁高出表顶四尺，这样表高就达到 40 尺，比原来的表高增加 5 倍，因而影长也增加了 5 倍，使观测的误差也下降到原来的 1/5。现在河南省登封县元代观星台还完整地保存着当时的高表。景符是定影象的仪器。一块铜片，中有小孔，用一小架子斜撑在圭面上。太阳光经过横梁，再通过小孔，在圭面上形成了一个米粒大小的太阳像，象中间有一根细如丝线

的横梁影子，非常清晰。景符与圭表是结合在一起使用的，用来观测太阳、星星和月亮。

有了这些先进的仪器，郭守敬利用当时疆域辽阔的有利条件，在全国范围内开展了实测活动。他在全国各地设立了27个测景所，最北的北海测景所，设在大约北纬64°5的地方，已在北极圈附近了。他亲临全国各地，收集科学资料。经过他们大规模的实测，他不仅测定了有关地方的纬度与夏至日昼夜长短，还测定了黄赤交角为29°90′（合今23°33′53″），这个数字虽然与当时的实际交角尚有极小的误差，但这是科学上的一大进步，因为从汉朝以来，一直认为黄赤交角是24°。我国古代把黄道附近的星分为——二十八宿，每一宿用一个星为代表，称为"距星"。两距星间的距离称为"距度"。古代是用距星来测定星辰的，因此测定二十八宿距是非常重要的。经过郭守敬的实测后，距度的误差减少了，精密度提高了一倍。郭守敬还进行了恒星位置的测定工作，对那些还没有定名的星，也作了观测，编制了星表。

至元十八年（公元1281年），经过郭守敬等人多年辛勤的劳动编制出来的《授时历》正式颁行了。郭守敬根据自己多次精密测定的冬至时刻的结果，并利用历史

方日晷

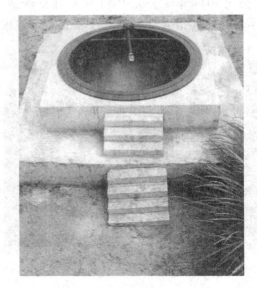

仰仪

上从祖冲之《大明历》以来的六次冬至时刻的观测资料，证实了一年为365.2425日，它比地球绕太阳一周的实际时间只差26秒，《授时历》就是采用这一数据的。这在世界的历法史上还是第一次。现在国际上通行的格利哥里历也是采用这一数据的，但格利哥里历比《授时历》晚了整整300年。

至元十六年（公元1279年）春，在大都东城墙开始兴建大都天文台，郭守敬开始负责仪器与观察，后来担任第二任太史令。天文台分3层，高达7丈，第一层南屋是太史令等天文台负责人的办公室，向东的房间是负责推算的工作人员，向西的房间是负责观测和计时的工作人员，向北的房间为仪器储藏室。仅推算、测验、漏刻三局就有70人。第二层按离、巽、坤、震、兑、坎、乾、艮八方分成八个房间，，它们分别是观测准备室、图书资料室、天球仪和星图室、漏壶计时室、日月行星室、恒星室等专业工作室。最上一层为观测台，北有简仪，中有仰仪，西有圭表，东有玲珑仪，南边是印历工作局、堂、神厨和算

学的建筑。可见元大都天文台规模宏大，人员众多，组织严密，设备齐全。更令人注目的是该台拥有大量先进的观测仪器。据《元史》记载，有玲珑仪、简仪、浑天象、仰仪、高表、立运仪、证理仪、景符、窥几、日月食仪、星晷定时仪、候极仪、悬正仪、正方案和座正仪等。其中由郭守敬设计制作的就多达13件，其中最著名的是简仪，它是对传统浑仪进行重大革新，是一台用一高一低两个支架支撑起极轴的赤道仪，集测赤道坐标和地平坐标于一体，开创了在仪器上同时设置使用附加设备的先河，并一改传统的圆周分割法，将一圆周分成3600分，使刻度与读数更加精确和方便。该仪也是首次采用滚柱轴承的机械。仰仪可从仪器上读出太阳的去极度、时角和地方真太阳时，特别是发生日食时，日食全过程以及各阶段的位置和时刻，均可连续记录下来。仰仪解决了以前观测太阳时观测者光芒刺眼的苦恼，使仰视观测变为俯视观测，这些仪器在当时世界上是十分先进的。

《授时历》是我国古代的一部优秀的新历法。根据新历法推算出的节气，比较准确，因而对农业生产帮助很大。

郭守敬在天文、数学方面的科学著作很多，有《推步》、《立成》、《历议拟稿》等，可惜现在都已失传了。

在水利工程技术方面，郭守敬也有光辉的成就。公元1291年（至元二十八年）春，他担任都水监长官，负责整修已经荒废的大都至通州的运粮河。他经过实地考察后，决定引白浮泉水解决了河水的来源问题，用了一年多时间疏通了这条运河，定名为通惠河。为了解决由于河床倾斜坡度造成运行的困难，他在这条运河上每隔十里设置一个闸门，在距离闸门半公里的地方又置斗门，使船只得以顺利通过。这样，从杭州到大都的大运河完全通航了，过去每年从南方运来的粮食到通州后就要陆运，驴马死伤不可胜数，现在通行无阻了。

郭守敬在科学技术上取得的成就是多方面的，他一生坚持不懈，亲自从事科学实验，并善于吸取前人的科研成果，因而取得了更大的成就。一直到86岁那年他去世时为止，他始终没有中断自己的工作，真可以说把毕生精力献给了科学事业。

王祯及其农书

元代农学著作十分丰富，流传至今有名的农书，这就是官方司农司所编的《农桑辑要》、王祯《农书》和鲁明善的《农桑衣食撮要》。这里我们讲的是王祯和他的《农书》。

王祯是山东东平人，由于他的生平活动史料记载很少，我们只知道他曾做过两任县官：公元1295年（元贞元年）任安徽旌德县的县尹，在职六年；公元1300年（大德四年）任江西永丰县尹。据《旌德县志》记载，他当县官时，生活比较俭朴，办学校、修桥梁、施医药，认真劝农，做了不少好事，受到当地人民的称赞，是封建时代的"清官"。

元朝的大统一，为全国各地经济文化的交流创造了条件。山于各族人民辛勤劳动，农业生产的恢复和发展是很迅速的。在这种情况下，人们渴望有一部总结和指导全国农业生产技术经验的农书，这是很自然的。有这样的社会需要，才促使王祯下工夫去研究农业技术，总结农业生产经验，写出这部《农书》来。他认为：农业是天下的大本。一夫不耕，就要挨饥；一女不织，就要受寒。作为一个地方官，应该熟悉农业生产知识，否则就不能担负起劝导农桑的职责。为了写好《农书》，他平常很注意农事，仔细观察，用心考察和积累农业知识，大约在永丰任职二年后，完成了该书的初稿，后来又花了十年时间进行修改补充，到了公元1313年（皇庆二年）时才正式付印出版。

《农书》的内容主要分三大部分：第一部分是《农桑通诀》，第二部分是《百谷谱》，第三部分是《农器图谱》。《农桑通诀》可以说是农业总论。内容包括农业史、授时、地利、耕垦、耙劳、播种、锄治、粪壤、灌溉、收获，以及植树、畜牧、蚕桑等方面，是非常系统和完整的。关于"授时"和"地利"：王祯很重视"不违农时"，认为播种一定要适合农时，不能错过时机；他对各地的气候、地形、土壤等自然条件作了比较，认为农作物应该根据环境不同而有所不同，提出了选择适宜于环境的作物和工具以及改造自然的主张。关于"播种"：他认为选种很重要，并介绍和推广占城稻等优良品种；他还主张实行多种经营和作物轮种。关于"粪壤"：他列举了大量肥源，并认为施肥是提高地力、改造土壤的关键。关于"灌溉"：他的基本思想是"天时不如地利，地利不如人事。"就是说：依靠兴修水利等人事努力，可以克服天灾而夺得农业丰收，因此他特别强调灌溉的作用，具体介绍了引水的方法、南方围田和圩田的建设。

王祯在这里还主张推广北方的"锄社"来解决农忙时劳动力不足的问题。

《百谷谱》分别叙述各种农作物、菜蔬、瓜果、竹木等种植培养法。这一部分主要是介绍农作物品种，其中最值得我们注意的是棉花的推广。元朝时棉花主要产于南方，后来北方和西北也渐渐种植，但当时有人以"风土不宜"为理由，认为北方不宜种植。王祯觉得这种看法是错误的，他说：种不好棉花是因为种植不认真、不得法造成的，于是他在书中详细介绍了种植的方法，并断言：种植棉花，南北方都可以获利。

《农器图谱》是《农书》中最有创造性的部分。书中绘出各种农具，农业机械图和田制、农舍、灌溉工程、运输工具、纺织机具图共三百零六幅，每幅图后面都有一段文字说明，描写这种工具的构造、来源、演变和用法。其中许多是当时最新式的农具和器具。如出现了用四牛拉的犁，节省施肥工序的下粪耧耕式耧车，割荞麦用的推镰和灌溉用的牛转翻车、高转筒车等。

我国古代历来有编写农书的优良传统，但是还没有一部书能从全国范围的角度来总结农业生产经验。后魏贾思勰的《齐民要术》虽然很有价值，但还仅仅限于黄河中下游一带；南宋陈旉的《农书》也只限于江浙一带；元初的《农桑辑要》主要也是北方地区的。而且这些农书离开王祯那个时候已经有几十年或者几百年了。王祯这部书兼论南北，对南北农业技术和农具的异同、功能，进行分析比较，这在中国农书编写史上还是第一部。

王祯不仅是一位杰出的农学家，也是一位杰出的机械设计师和印刷技术革新家。东汉杜诗制造的利用水力鼓风来炼铁的

王祯发明的转轮排字盘

"水排"，到元朝时已经失传，王祯经多方搜访，加以研究、改进，把古人用皮囊鼓风改用木扇（简单的风箱）鼓风，对提高冶炼技术有重大意义。王祯还创制了木活字，并且成功地把它用来印刷。他在旌德县撰写《农书》时，估计到字数很多，雕版有困难，就亲自指导木工花了两年多时间，制造了三万多个木活字，并试印了他自己编写的《旌德县志》，全书有六万多字，只用了一个多月时间就印了一百部，效果很好。王祯把这次造木活字的方法与排版、印刷经验，写成《造活字印书法》附在《农书》后面。他发明的"转轮排字盘"，工人只要坐着推动转盘，就可以拣字，大大节省了印刷工人的劳动强度。

当然，由于时代的局限，王祯书中难免一些迷信色彩。但是，王祯的《农书》是通过对劳动人民的接触，通过自己的实践而写出来的。书中流露出对劳动人民的同情和朴素的唯物主义思想。他说："种田太艰难了！那些高高在上的统治者们却不知道衣食从何处来的，只知道享受，不知道农夫农妇的苦，反而对他们拼命地剥削和压榨！"书中还多次强调了"人定胜天"的思想，《农书》始终是一部杰出的科学著作，王祯也不愧为中国古代杰出的农学家、科学家。

《农桑辑要》和《农桑衣食撮要》

元代虽是马上民族建立的。但是，他们入主中原后，吸收汉文化，十分重视农耕。元代农学方面颇有成就。除了王祯的《农书》外，还有两部比较重要的农学著作。这就是《农桑辑要》和《农桑衣食撮要》。

公元1286年（至元二十三年）元向全国颁行《农桑辑要》。该书是为了推广先进的农业技术，由司农司组织农业专家于公元1273年编写的，它吸收了13世纪以前的农业耕作经验。全书共分七卷，包括典训、耕垦、播种、栽桑、养蚕、瓜菜、果实、竹木、药草、孳畜等十个部分。典训主要是介绍我国古代有关农业的传统习惯和重农言论；耕垦主要是介绍整地技术和丰产经验；播种、瓜菜和药草等部分讲各类农作物和果木的栽培技术；孳畜是介绍家畜的饲养技术。最后还有"岁用杂事"排列了农家十二个月的主要农业生产以外的行事历。

《农桑辑要》是继《齐民要术》之后我国的又一部重要的农书。书中有二十多种农作物是《齐民要术》没有记载的，加之对农业技术的推广，是我国农业发展史上的一件大事。

公元1330年（至顺元年），元代农学家鲁明善撰成农学专著《农桑衣食撮要》，共二卷。按月令记述我国各族人民农事活动。该书对于耕种方法和饲养技术等有比较详细的记载。全书分为十二个月，每个月应种应收什么农作物，栽种什么树木，家畜应注意什么，怎样贮藏蔬菜，如何腌制肉类等，都一一详细记载。其记录以中原地区农事为主，兼及西北少数民族地区的农业和畜牧业经验，记述了牧羊种、造酥酒、晒干酪等方法，具有明显的民族特色。也反映了我国各民族在生产方面的相互渗透和相互吸收。

纺织家黄道婆

黄道婆出生在一个穷苦农民的家庭里，家住松江乌泥泾（今上海县华泾镇）。她的生卒年代和身世没有详细记载，大约生活在13世纪中叶的南宋末期和元朝初期。她的名字也没有留下来，后人称她为黄道婆或黄婆婆。

黄道婆从小受尽苦难生活的熬煎，被迫给人家做童养媳。在她18岁那年，再也不能忍受这牛马般的生活，决心逃跑。有一天夜里，黄婆在茅草屋上挖了个洞，逃到黄道浦江边，悄悄躲在一艘即将远航的海船中。这样，她一直漂流到远离故乡的海南岛崖州（今广东海南黎族、苗族自治州崖县）。

黄道婆生活的时代，正是植棉业传到江南的时候。棉花自印度传入我国，经过南、北两路；南路，经过南洋的国家，传入现在的云南。约在公元1～2世纪之间的东汉时代。云南的少数民族哀牢人当时生产出一种名叫"白叠花布"的纺织品。这是我国植棉、织布的最早记录。北路、传入西域（现在的新疆），约在公元五至六世纪的南北朝朝代。

上海地区的植棉业，是由南路传进的。首先传入乌泥泾，种植在一块名叫"八千亩"的地方。随着棉织技术逐渐被人掌握，棉织品很受群众欢迎。因此，黄道婆很小就学会纺织技术。不过当时乌泥泾的棉纺织技术，是非常落后的。

黎族地区自11世纪（北宋中期）以后，就已大量种植棉花，棉纺织业也有所发展。在南宋周去非所著《岭外代答》一书中，介绍纺织情况："取其茸絮，以铁筋碾去其子，即以手握茸就纺，不烦缉绩，以之为布最为坚善"。当时生产的棉织品种类很多。赵汝适在《诸蕃志》中记载黎族："妇人不事蚕桑，惟织吉贝（棉花）花被、缦布、黎幕"。光是往南宋都城临安（杭州）"进贡"的，就不下二十多种，还能织出坚厚的兜罗棉、番布、吉布等多种棉纺织品，其中被染成各种彩色的"黎单"（宽幅床单）、"黎饰"（幕布）等，更为精美，远销内地。在这样的环境中，黄道婆虚心向黎族姐妹学习，很快就掌握了全套操作技术，成为技术高超的纺织能手。

元朝建立后，江南地区的生产逐渐恢复，经济有了好转。但是，乌泥泾的棉纺品技术仍处于落后状态，随着人们对棉布需要日益增加，急待解决的问题就是生产工具的改进，生产技术的提高。正在这时，黄道婆从崖州回来了。

黄道婆在黎人织布技术基础上，发明创造了从轧籽、弹花到纺纱织布全过程的新生产工具，确立了一套较完整的生产工序。

第一道工序：轧棉去籽。原来人们一直用手剥去籽的方法，手指极易疲乏，工作效率很低。黄道婆创造了轧棉搅车，用四块木

登封观星台

中国通史

最新整理图文珍藏版

板装成大框，上面树立两根木柱，高度在一尺五寸左右，柱头镶在一根方木下面，柱的中央装着两个曲柄转轴，利用两轴间相互碾轧，将棉籽从棉絮内排挤出来。

第二道工序：弹花。用四尺多长，强而有力的绳弦竹弓替换了原来一尺四寸长、弹力轻微的线弦小竹弓。用弹椎敲击弓弦开棉，代替指拨弦弹花，保证了成纱质量。

第三道工序：纺纱。她创造了一种三个纺锭的脚踏纺车，比原来手摇一个纺锭的纺车劳动强度减轻了，生产效率提高数倍。

第四道工序：整经和织布。她改进了原先所使用的投梭织布机，能织出各种美丽的棉布。

黄道婆的纺织技术普遍地传播。乌泥泾靠棉织为生的增到千余家。"乌泥泾被"闻名全国各地。我国人民就是从那时开始普遍穿棉布衣服的。

黄道婆热心地教当地妇女"错纱配色"、"综线挈花"，深受尊敬。她在人民心中留下了不可磨灭的印象。她去世后，当地人民怀着悲痛的心情埋葬了她。后人为了纪念她，又给她立过祠。直到现在，当地人还用歌谣歌颂着她。黄道婆对纺织技术的革新和推广，反映了我国古代各族人民生产经验的交流，具体地说明了劳动群众创造了古代社会的文明。

黄道婆对纺织技术的革新和推广，为我国棉纺织业的发展作出了突出贡献。

登封观星台建成

元朝初年（距今约700年），位于今河南省登封县城东南15公里的告城镇北（东经113°08′30″6±31″5，北纬34°24′16″9±13″）的登封观星台建成。

中国很早就有天文观测台，历代史书对此多有记载。在元登封台建成前，中国历代许多天文学家曾在此观测天文。《周礼》载有周公在此"正日景"（"景"通"影"）。今观星台南20米处，尚存唐开元十一年（723）天文官南宫说刻立的纪念石表一座，刻有"周公测景台"五字。

观星台为砖石混合建筑结构，由盘旋踏道环绕的台体和自台北壁凹槽内向北平铺的石圭两个部分组成。台体四壁用水磨砖砌成，呈方形覆斗状。台统高12.62米，其中台主体高9.64米，台顶小室高3.16米。此小室为明嘉靖七年（1528）修葺时所建。台四壁明显向中心内倾，其收分比例表现出中国早期建筑的特征。台下北壁设有对称的两个踏道口，人们可以由此登临台顶。踏道以石条筑成，四隅各有水道小孔，用以导泄台顶和踏道上的雨水，水道出水口雕成石龙头状。石圭又称"量天尺"，用来度量日影长短。它的表面用36方青石板接建平铺而成，下部为砖砌基座。石圭长31.196米，宽0.53米，南端高0.56米，北端高0.62米。石圭居子午方向，圭面刻有两股水道。水道南端有注水池，北端有泄水池。

《元史》载天文学家郭守敬曾对古代的圭表进行改革，新创比传统"八尺之表"高出5倍的高表。登封台的直壁和石圭可以印证《元史》所载，且为目前仅存的实物例证。所不同者，观星台以砖砌凹槽直壁代替了铜表。通过实测，证明观星台的测量误差相当于太阳天顶距误差1/3角分。另据史料记载，观星台上曾有滴水壶，并在此观测北极星。由此可推知登封观星台是一座具有测影、观星和记时等多种功能的天文台。

登封观星台是中国现存最早的天文台，也是世界上重要的天文古迹。它的建成，对中国古代天文学作出了贡献，在中国古代天文学发展史上具有重要意义。

2083

杨辉、丁易东作幻方幻圆

元代的数学基本上是宋、金数学的继续。这一时期的数学家创造出许多杰出的成就，其中包括杨辉、丁易东的幻方幻圆。幻方古称纵横图，纵横图之名始创于南宋数学家杨辉。宋人研究"易数"，十分重视古称河图、洛书的两个数字阵，并进而探求具有类似性质的其他数字阵，而洛书就是 3 阶幻方。杨辉在其《续古摘奇算法》中给出了洛书之外的 12 个幻方和一些幻圆（具有与幻方类似性质的圆形数字阵），开后世纵横图数学研究的先河。

丁易东生活于宋末元初，略晚于杨辉。其《大衍索隐》是研究易数的专著，由河图、洛书推衍出多种数字阵，其中有 11 种为幻方或幻圆，多数给出或揭示了构造方法。他的"洛书四十九位得大衍五十数图"为一幻圆，中心对称的任选两数之和均为 50，同一圆周上 8 数之和为 200，加中位为 225，同一直径上的 13 数之和为 325，他的"九宫八卦综成七十二数合洛书图"衍九宫为十三宫，每组 8 数之和均为 292，纵、横、斜每三宫之数的和均为 876，纵横相邻的两行 12 数之和均为 438。他还给出了一个与杨辉"九九图"相同的 9 阶幻方。他们的工作可能是各自独立完成的。

李冶退隐研究数学

1232 年，蒙古军攻破钧州，时任钧州（今河南禹县）知事的李冶弃职北走，隐居于崞山（今山西崞县），以研究学问为乐。1251 回到元氏封龙山隐居讲学，与张德辉、元裕友善，号称"龙山三老"。

1265 年李冶一度应召为元朝翰林学士，编写辽、金，元历史，但仅任职一年即以老病辞去，继续隐居龙山，直至去逝。

李冶（1195～1279），字仁卿，号敬斋，真定栾城（今河北栾城县）人。李冶放弃功名后，毕生从事数学研究。他认为数学来自客观自然界。他的主要数学著作有《测圆海境》12 卷（1248），《益古演段》3 卷（1259），《泛说》40 卷，《敬斋古今黈》40 卷，《文集》40 卷，《壁书丛削》12 卷等。其中《泛说》、《文集》和《壁书丛削》已佚，现传残本《敬斋古今黈》有《泛说》的引文。

《测圆海境》是现存最早的天元术代表作，也是古代勾股容圆问题的总结性著作。天元术是建立代数方程的一般方法，相当于现在的设"某某为 X"并由此建立方程。由于所设未知数称天元，这种方法被称为天元术。天元术设定"天元一"为未知数，要发扬问题的已知条件列出两个相等的多项式，经相减后得出一个高次方程（天元开方式）。其表示方法为：在一次项系数旁记一"元"字（或"太"字），"元"字以上的系数表示各正次幂，以下的系数表示常数和各负次幂。这是中国符号代数学的开端。

《测圆海境》在几何学方面也有突出成就。该书卷二第 1～10 题给出了 10 条基本的勾股容圆公式，把中国古代对勾股容圆问题研究的最重要成果概括出来。李冶在书中将勾股形分成 14 个相似的小勾股，得到 692 条识别杂记和 9 种容圆，其"识别杂记"的 692 条中有 684 条正确，相当于对"圆城图式"中的 14 个相似勾股形之间的线段关系给出了 684 条定理。这些对几何学的发展起了很大作用。

《益古演段》是李冶另一部重要代表作。是用天元术解释蒋周所著的《益古》（约成书于 1078～1224 年）。"演段"就是对方程式系数的演算。当时称"条段"。全书3卷，64题，主要由平面图形面积反求圆径、边长、周长等、引出二次方程求解。在列方程时，李冶将代数方法——天元术与蒋周使用的几何法——条段法相对照，作为学习天元术的入门书。书中天元式的写法采用元在太下即由未知数的底次幂到高次幂自上而下的排法至今为人们所沿用。

李冶的数学成就，特别是天元术，是中国古代数学的杰出创造，显示了当时数学的高度发达。他的两部数学著作不仅是现存最早的，也是最系统、最完整的天无术著作。

清代学者对李冶的数学著作给以高度的评价。阮元认为《测圆海境》是"中士数学之宝书"；李善兰称赞它是"中华算书实无有胜于此者"。

郭守敬主持大都天文台

郭守敬（1231～1316），字若思，顺德邢台（今河北邢台市）人，是元代著名的天文学家、仪器制造家、数学家和水利专家。至元十六年（1279），他奉命主持大都天文台工作。至元十三年（1276），元世祖忽必烈诏命改治新历，命王恂、郭守敬率领南北日官多人负责测验和推算，并命能推明历理的许衡负责这项工作。郭守敬认为："历之本在于测验，而测验之器莫先仪表。"此言得到大家的赞同。于是他们首先去位于大都城南原金中都的候台去考察，发现金代从宋都汴梁掠来的天文仪器多有误差不可用，于是将这些宋代古仪移置他处而研制了许多新的天文仪器。

至元十六年（1279）春，朝廷在大都东城墙开始兴建大都司天台。据有关文献记载，可知这是一个规模很大的天文台。

郭守敬雕像

当时太史院墙长约123米，宽约92米，院内建有一座高达7丈分3层的天文台。第一层南屋是太史令等天文台负责人的办公室，向东的房间是负责推算的工作人员，向西的房间是负责观测和计时的工作人员，向北的房间为仪器储藏室及管理人员。仅推算、测验、漏刻三局就有70个工作人员。第二层按离、巽、坤、震、兑、坎、乾、艮八方分成8个房间。它们分别是观测准备室、图书资料室、天球仪和星图室、漏壶计时室、日月行星室、恒星室等专业工作室。最上一层为观测台，北有简仪，中有仰仪，西有圭表，东有玲珑仪，南边是印历工作局、堂、神厨和算学的建筑。

从以上介绍可以看出，元大都司天台规模宏大，人员众多，组织严密，设备齐全，是当时世界上最完善的天文台之一，也是中国历史上功能最好的天文台之一。

大都天文台不仅以其规模和功能设计冠绝一时，更令人注目的是该台拥有的观测仪器，都是当时世界上极先进的，在天文学发展史上也占有极重要的地位。

首先要提到的是郭守敬所创制的简仪，它是对传统浑仪进行重大革新并应用了许多新发明后制成的天文仪器。它是世界上第一台用一高一低两个支架支撑起极轴的赤道仪，也是世界上第一台集测赤道坐标和地平坐标于一仪的多功能综合测量仪，开创了在仪器上同时设置使用附加设备的先河，并一改传统的圆周分割法，将一圆周分成3600分，使刻度与读数更加精确和方便。此外，该仪也是世界上首次采用滚柱轴承的机械。

列在第二位的天文仪器是仰仪，它是中国和世界上首次出现的一种新型仪器，可从仪器上读出太阳的去极度、时角和地方真太阳时，特别是发生日食时，日食全过程以及各阶段的位置和时刻，均可连续记录下来。仰仪解决了以前观测太阳时观测者光芒刺眼的苦恼，使仰视观测变为俯视观测，它是世界上第一架太阳投影的观测仪。

此外还有玲珑仪，但《元史》对此记载很少。学者们持有两种不同的观点，一种认为是浑仪，另一种意见认为是假天仪。从相关记载及学者考证看，玲珑仪是浑仪的可能性较大。

大都司天台上的主要观测仪器除上述3种外，还有位于台西的高表。至于浑象、漏刻等仪器则放在第二层台上。这种将仪器放在台顶，演示及辅助仪器置于台下的布置，与今日天文台类似，是非常科学的布局。《元史》记载，郭守敬为该台设计制作的仪器有13件。该台建成之际，郭守敬还向忽必烈奏呈仪表式样。

蒲察都实初探黄河源

黄河是中华古代文化的摇篮，人们对黄河之水从哪里来一直都极为关注。至元十七年（1280），元世祖忽必烈为在黄河源头兴建一座城市，任命都实为招讨使，

郭守敬设计的简仪

佩戴金虎符,率领大批人员深入青海,进行了中国历史上第一次有组织的河源实地考察活动。

都实,姓蒲察氏,女真族人,元初曾任乌斯藏路督统和招讨元帅等职,三次到过吐蕃地区,比较熟悉青海一带的地理情况。

都实经过4个月的长途跋涉终于到达河源地区,详细考察了星宿海、扎陵湖、鄂陵湖以及河源的几个支流,第一次实地勘察了黄河河源地区的地理、人口分布、动植物情况。当年冬天,都实等回京复命,"并图其城传位置以闻"。此次考察成果,记载于《元史·地理志·河源附录》中,成为中国正史记载河源情况的最早资料。

黄河源碑

元建海运业

为适应对辽阔海疆的统治,元政府在建设完善的驿站体制的同时,建立了兴盛的海运业。海运业的迅速兴起和繁荣是中国交通史上的一件大事,它标志着元代交通运输的巨大进步。

秦汉以来,近海短途航运曾多次被开拓,但航行距离、货运量都十分有限。1276年,元军攻占南宋的都城临安(今浙江杭州)后,大将伯颜就命朱清、张瑄将获取的南宋府藏图籍从崇明洲(今上海崇明)经海上运往京师,这是元朝海运业的开端。

忽必烈统一全国以后,鉴于江南税粮需大量北运,运河漕送不畅通,水陆转运十分不便,而且劳民伤财,于1282年,采纳了伯颜的建议,试办海运,将46000多万石粮食由海上运往京师。航行途中遇到信风,避风于山东刘家岛(今山东蓬莱县境内),第二年抵达天津直沽。这次首航,是元代海上运粮的开始。这一年,朝廷设立了2个万户府,以朱清为中万户,张瑄为千户,忙兀鞑为万户府达鲁花赤。1287年设立行泉府司,专门掌管海运。又增置了2个万户府。1288年设立了2个漕运司,一个在直沽河西务,接运南方的粮食和物品,一个是京畿都漕运司,负责将直沽的粮食运往大都。1291年,在朱清、张瑄的奏请下,朝廷将4府合为2个都漕运万户府,分别由他们两人掌管。

1283年以后,从江南海运到大都的粮食逐年增加,最多时一年达350多万右,确保了大都的粮食供应。与陆运、河运相比,海运省时、省力、省费用。据估计,河运比陆运节省30%~40%的费用,而海运可节省70%~80%。

元政府先后开辟了三条海上航线,前两条是朱清、张瑄开辟的。1293年,海运千户殷明略又开壁了自刘家港(今江苏太仓浏河)入海,经黑水洋、蓬莱沙门岛,在此进入海河的航运线路。如顺风,全程仅需10天左右,十分便捷。

在海运业迅速发展的同时,沿海港口也逐渐兴起。太仓、密州、登州、上海、直沽的港口都能停泊巨大的船只。直沽是当时北方最大的港口。

海运的发展和兴盛，保证了元朝政府的粮食供应，促进了南北物资交流，加强了各地的经济联系，也推动了航海技术的发展，具有划时代意义。同时，海运的发展还促进了内河航运的长足进步。元代整治后的大运河，进一步提高了五大水系的航运能力，对经济文化联系的加强起到了不可估量的积极作用。

元代刻书事业兴盛

元代统治者本是游牧民族，文化教育相对落后，但他们在灭宋统一全国后，加强了民族间、国家间的教育等诸方面的相互借鉴和学习，使元代的文化教育事业取得了前所未有的发展。元代刻书事业的兴盛便有力地证明了这一点。

元代刻书事业的发展可以从以下几个方面表现出来。

一是官府刻书与书院刻书。元灭宋后，设立兴文署掌管刊刻经史书籍事务。最早刊行的是《资治通鉴》（1273）。至元二十

七年（1290），兴文署又刻胡三省的《音注资治通鉴》。由于得到官方资助，所以兴文署的刻本质量高，流传甚广，对传播文化起了重要作用。地方上，各儒学也刻了不少书。至元二十三年（1286），世祖忽必烈诏曰：“江南学校旧有学田，复给之以养士。”所以各级儒学有一定的资财，其刻印之书，以九路儒学分刻的《汉书》、《后汉书》、《三国志》、《隋书》、《新唐书》、《北史》、《南史》最受人推重。

二是承宋而兴的坊刻书。坊刻书系指书商刻印之书。元代书坊刻书比宋代更为兴盛。为适应科举需要而刊行的经典、正史、史书的节本、纂图互注子书、字书以及为应考科举的模范文章选等，为数不少。元代书坊分布以福建建宁府为中心，这里是书坊聚集之所，又以建阳、建安两县尤为著名，这里承接了南宋的刻书业，仅建安县，就有崇化镇余氏勤有堂、麻沙镇刘氏南涧书堂以及刘锦文日新堂、虞氏务本堂、叶日增和叶景逵的广勤堂、郑天泽宗文书堂等著名书坊，历史悠久，甚至绵延到明代。坊刻本虽不及家刻本校勘精细，但其版式、字体均善，成为清代藏书家珍

元代战船在海上实战的情形

视之宝。

三是精善的私宅刻书。元代的私宅刻书盛行，据《书林清话》记载有近40余家。元代私宅刻书或家塾刻书，既有经史子集之类，又有医书，还有一些宋末文人不仕于元，其撰述也多由私宅刊刻，流传于世。私宅刻书分布的地区，与宋、金刻书业中心有密切关系。金之刻书中心平阳府，入元后书风亦盛。福建的建安和建阳本是宋代的刻书中心，入元以来，这一地区的坊刻和家刻都得到继承和发展。大部分私家刻书，数量不多，少者仅一二种，但精刻精校，质量很高，甚至超过了宋刻本。元初义兴岳氏荆溪家塾刻《春秋经传集解》，是保存至今的元代私家刻书中的代表。

元代刻书字体多用赵孟頫体。赵体流畅秀丽，士人竞相临写，刻书字体也不例外。

其次，元刻本中多简体字，元政府将蒙古新字定为通行国字，对汉字的书写要求不严，刻书中使用简体字较多。

印刷技术上也有很大改进。由于王祯成功创造了木活字印刷法，所以元代的印刷技术较宋代有了较大的改进，促进了刻书的发展。

此外，元代印书在版式、装订和用纸上也有一些独特之处。

所有这一切，都显示了元代刻书事业的兴盛。

赵友钦算圆周率

元朝初年，赵友钦著《革象新书》，推算出较为精密的圆周率π值。我国古代计算圆周率和圆面积的一种办法——割圆术，为魏晋时杰出的数学家刘徽所创。他从圆内接正六边形起算，结合"刘徽不等式"，由圆内接正192边形推得圆周率 = 3.14，由正3072边形推得 = 3.1416。在此基础上，南北朝时祖冲之推得约率22/7，密率355/133，界于3.1415926和3.1415927之间，此后的800余年间这方面没有新的成就。

赵友钦在《革象新书》，第五卷"乾象周髀"篇内叙述了历代所得圆周率之值。并从圆内接正四边形起算，由$16384 = 4 \times 2^{12}$边形推得 = 355/133这却较为精密的值，指出由最初的圆内接正四边形多次边数加倍，"其初之小方，渐加渐展，渐满渐实。角数愈多而为方者不复方而为圆矣。故自一二次求之以至一十二次，可谓极其精密，若节节求之，虽千万次，其数终不穷"。具有极为明确的极限思想。

危亦林创用悬吊复位法

危亦林（1277~1347），字达斋，南丰（今属江西省）人，元代骨伤科医家。其曾祖云山曾游学东京，觉得汉代名医董奉25世医方，遂精通大方脉，传至危亦林时共5世，技术更加精湛。危亦林幼承家学习医，临床经验十分丰富，曾任南丰州医学教授。为了总结世家医术经验，从至顺元年（1330）开始辛勤写作，至至元三年（1337）著成《世医得效方》19卷。该书的主要内容是总结危氏五世家传经验，收集名医药方。在论及骨伤科时，危亦林十分重视使用麻醉药物，并在前代医家应用川乌、草乌等作为全身麻醉药的基础上，提倡追加使用曼陀罗花的全身麻醉法，麻药用量按病人年龄、体质和出血情况而定，再按照病人麻醉程度逐渐增加或减少，以提高麻醉效果和准确性。他对四肢骨折、关节脱臼、跌打损伤等方面进行详细论述，并有许多创新和发展，从而使骨折和关节

危亦林像

脱臼的处理原则和方法更臻完善。他在《世医得效方》中，指出"凡锉脊骨不可用手整顿，须用软绳从脚吊起，坠下身直，其骨使其归窠，未直则未归窠，须要坠下，待其骨直归窠"，完全符合了"俯卧拽伸"的治疗原则。为了加强脊柱骨折的治疗效果，他在强调"莫令屈"的治疗原则的同时，提出以桑白皮和杉木板并用的方法，在当时是很有见地的。直至1927年，Dauis才开始采用与《世医得效方》相同的悬吊复位法，比危亦林至少晚了580多年。危亦林还把踝关节骨折脱伤分为内翻和外翻两种类型，并提出按不同类型施用不同的复位手法。

危亦林是悬吊法治疗压缩性脊柱骨折的创始人，他所著《世医得效方》继承了唐代蔺道人等的伤科经验，系统地整理了元代以前的骨伤科成就，在骨伤科学上有很大的发展。特别是悬吊复位法对元代以后骨伤科的进步和发展起着积极作用，同时也促进了中国传统医学和不同少数民族医学体系以及中外医学之间的相互交流。

元朝学校教育与科举制

社学属于正规教育之外的教育面广泛的一种社会教育。它是元代教育中一个极富特色的教育形式。

元代规定每社设立一所学校，选择通

成贤街国子监牌坊

晓经书者为学校的老师，在农闲时教农民子弟读书。社学的建立大大加强了对农民的文化教育和农桑耕种技术的传播，有利于朝廷的统治。社学出现以后发展极为迅速，到至元二十三年（公元1286年），各种学校已达20166所。两年之后增至24400余所。社学发展盛况空前，二十八年（公元1291年），诸路设立学校之数为21300多所。

元代的私人教学因受统治者鼓励而得到充分发展，私学不仅促进了一般教育，还补充了学校教育的不足，更有意义的是私学促进了专门学术研究的发展。

元代史传中记载了许多靠家学和自学成才的人物，如雷膺、许谦等，反映了元代家学和自学从师现象的普遍存在。私人

中国通史

最新整理图文珍藏版

蒙古尊孔

办学在元朝也较为普遍，如董士选曾聘名儒虞集的父亲虞汲在家塾中教导子弟等，在少数民族及西域诸族居住地区，私人办学者也不少。据《元史》记载，蒙古族的月鲁不花，因受业于韩性先生，"为文下笔立就，灿然成章"。元开国之初，成吉思汗的孙子蒙哥曾命令其弟在征服西域的过程中，把西域著名天文学家送到国内，请其讲授。他还注意学习西文教学，是我国最先接触和翻译欧几里得《几何原本》的人。可见元代各民族学者在兴办私学、研究科学文化方面都表现出极高的热情。

元代作为一多民族国家，其文化教育在民间以私学的形式广泛展开，内容丰富，教育涉及专业技术、宗教、音乐美术等多个方面，反映了多民族国家多元化共同发展的繁荣景象，为统一国家教育事业的发展，作出了积极的贡献。

公元 1313 年（皇庆二年）11 月，元廷下诏科举取士。

元初，科举制度没有受到重视，仁宗即位后，命中书省议行科举，于 11 月正式下诏科举取士，定于公元 1314 年正式实行。

元朝的科举考试，一般是每三年举行一次，共举行过 9 次。分为乡试、会试和殿试三层。乡试于当年 8 月举行，蒙古人、色目人试经问、策问二场，汉人、南人试明经、古赋、策问三场。全国共设乡试会场 17 处，从考生中选出 300 人参加第二年在大都举行的会试，会试科目与乡试相同。从中选出 100 人，其中蒙古人、色目人、汉人和南人各 25 名，以参加殿试。根据考试结果分为三等，每等从这四类人中各选 1 人，后增至 3 人。进士及第，封六品官；第二等赐进士出身，封七品官；第三等赐进士出身，封八品官。

元朝建筑艺术

元代建筑最有代表性的要算道教建筑永乐宫和元中都城的建成。

中都城建设，发扬了中国传统建筑术，建筑结构和形式承袭宋代旧制，但在砖石结构、材料和装饰方面有所创新。又采用

元加封孔子碑

妙应寺白塔

妙应寺白塔建成

至元八年（1271），由当时入仕中国的尼泊尔著名建筑师阿尼哥（1244～1306）参与设计，在大都城内阜成门创建了著名的喇嘛教建筑——大圣寿万安寺，作为文武百官演习礼仪、做佛寺的地方。寺内设有忽必烈及其子真金的影堂，并建造了一座砖砌喇嘛塔。后来寺院毁于火，只剩下塔。明代重修改名为妙应寺，加上因塔外涂白垩，俗称"妙应寺白塔"。

白塔初名为释迦舍利灵通之塔，建在妙应寺中轴线上，高50.86米，全部砖砌。大体由顶部相轮、中部塔身及下部基台组成。基台有三层，作亚字形，其上中部为须弥座；塔身呈平面圆形的覆体形，座落在比例硕大的覆莲和数层水平线道上（即环带形金刚圈），使塔由方形折角基座过渡到圆形塔身，显得自然而富有装饰美。塔身又叫"塔肚子"，实心（石心）砖表，表面原有宝珠、莲花的雕刻并垂挂珠网缨络，因年代久远，现在都已不存在。再往上是缩小的折角方形须弥座的塔颈子和13层实心相轮，相轮收分显著。塔顶是青铜制巨大宝盖及盖上的小铜塔，盖周垂挂流

了许多兄弟民族的建筑造型，并创造了完全新的式样。在宫廷布局方面进一步发展了"千步廊"。城市恢复了宋以前的坊里封闭制度。城东西两面相当于今北京旧城东西城墙，南抵今东西长安街，北抵今德胜、安定门外土城旧址。都城规模宏大，宫殿壮丽，为当时世界少有的大城。《马可波罗行纪》描绘当时北京的景象是"城中有壮丽宫殿，复有美丽官邸"，"全城规划有如棋盘，其美善之极，未可言宣"，"世界诸城，无能与比"。

居庸
关云台

中国通史

最新整理图文珍藏版

苏状的镂空铜片和铜铃，徐风吹来，叮当作响。全塔又座落在一个T字形的大台上，T字的一竖向前，正面设踏步，上建小殿。除塔顶是金色外，全塔涂白灰，金白对比，在蓝天下相映交辉，颇为崇高圣洁。

妙应寺白塔与大圣寿万安寺（即后来的妙应寺）同时创建，是中国早期喇嘛塔中最重要的实例，也是内地保存至今最早、最宏伟的喇嘛式佛塔。它造型精巧，据称乃仿自军持（梵文音译，即贮水以备净手的净瓶）的形象，是佛教的吉祥物。

白塔比例匀称，气势雄伟，显示出元代建筑艺术的成就，与明清时修建的喇嘛塔有明显的差异，从而可以看出我国喇嘛塔形制历史演变的过程。1978年维修该塔时曾在塔顶发现一批重要的佛教文物。

元代改革建筑结构

元代在建筑结构上有许多大胆的创造和革新。一方面因为元代在建设大都时，曾调集了全国各地、甚至大批西亚各地的工匠、士兵参加建都工程，广泛吸收了各地的建筑技术，将西藏地区和西亚各国的建筑结构、装饰题材和装修手法引进内地，有的建筑由域外人着手设计，这使中国的

先师庙明间槅扇门。制作精致，雕刻的构图及刀法表现出中国传统的精湛技艺。构图完整统一，匠心独运。

建筑技术和艺术更加多样化；另一方面元代统治者在大都的宫殿内保持了部分本民族的习俗，并建造了一些畏吾儿殿、盝顶殿、园殿、棕毛殿等各种形式的殿堂，也促进了建筑技术革新与发展。同时，由于社会经济的发展和技术的进步，建筑材料和建筑技术也有了很大的进步，这也带来了建筑结构的更新和变革。

元代的建筑布局方面有了跟以往中国建筑的传统廊院式布局很大不同的创新，

先师庙月台踏跺及焚香炉。两旁蹲坐石麒麟。香炉上立4根绕龙铜柱支撑十字脊歇山顶，后者又立以歇山顶气楼，造型别具一格。

洙泗渊源牌坊。"洙泗渊源"与"万世宗师"为一坊两面。这是棂星门前的牌坊，形状宏伟，高达9米。

一些重要的建筑群均以纵深发展为主，重重院落和殿堂均排列在中轴线上，主体建筑大多采用工字形的平面，以挟屋或朵殿来烘托出主体建筑的高大雄伟。

元代建筑在结构体系、构造做法、艺术风格各方面进行的许多重大的革新和创

行的。因此元代的木构架建筑的主要发展趋势就是简洁明了、去华而求实的结构手法。最典型的表现就是在殿堂的柱网布局上，更多地使用减柱、移柱的作法。如山西洪洞广胜寺和永济永乐宫的元代建造的殿宇，都采用了不同的减柱、移柱作法，来扩大室内的空间。有的殿堂内柱又减又移，如广胜寺下寺的后殿等，反映出元代木构架建筑在柱网布局方面不拘定制、灵活变通的特点。

元代以梁柱为骨干的木构架体系也有许多重大的改革。首先是斗拱的结构功能减弱，用材尺度减小，外檐柱间斗拱朵数增加，以往在结构上起重要作用的昂已经很少，建筑中大多使用假昂，斗拱主要起装饰作用。唐宋时期以栌斗、驼峰和斗拱作梁柱联系的作法已不多见，而往往是将梁直接置于柱头上或插进柱中，使梁架构造节点更加简化，梁柱关系简明。一些楼阁建筑也不再运用平座形制，而是加高内

泉洲清净寺大门

造，大多都是为了适应大规模的建筑群的修建和加快施工速度以及节省原材料而进

中国通史

最新整理图文珍藏版

《楼阁图》，无款

柱，使上下两层贯通，也大大加强了结构的整体性。这种内柱贯通的作法对后世影响很大，明清时成为楼阁式建筑唯一的结构方式。内部梁架均用草栿作法，多用原木适当砍削，较少雕琢，既省工省料，又表现出粗犷自然的风貌。上部梁架多以斜梁做为承重构件，下端置于外檐斗拱上，后部搭在内额上，后尾压在平梁下，形成有力的杠杆体系，简单明确，又符合力学原理，这个结构设计上的大胆创造具有很高的价值。另外在建筑翼角的处理上也有重大的改进，将角柱柱径加大，埋置加深，并用抹角梁作为转角的辅助构件来承托角梁和翼角屋顶的重量，对增强建筑的整体性和翼角的刚度起到了重要的作用。

元代在建筑结构上的大胆改革和创新取得了辉煌的成就，对后代建筑产生了深远的影响。

广胜寺建成

元代实行宗教信仰平等的政策，使各种宗教教派兼容并存，也使各种宗教建筑得到了很大的发展。许多规模宏大的寺院占有大量的田产，并经营邸店、货栈、商业、贸易。大都的普庆寺甚至有 8 万亩良田，400 间邸店，寺院经济发展十分迅猛。元代皇室也花费了大量的人力物力建造了众多规模浩大、建筑精致的佛寺。据统计，当时国内各地建造的寺院共有 24318 所，僧尼 213000 多人，其中著名的有大都的大天寿万宁寺、大圣寿万安寺、庆寿寺、崇国寺、元上都的乾元寺、华严寺等。

元代建成或重建的佛寺有的在战争中被毁坏，有的在明清时又经过了改建，所以完整地保存到现在的已为数不多。建在山西省洪洞县的广胜寺是至今保存较完整的元代佛教建筑的重要代表。

广胜寺位于洪洞县东北 17 公里处的霍山山下，山脚是霍泉的源头，这里风景优美，泉水清澈见底，四周古树繁茂，使人流连忘返。

广胜寺包括上寺、下寺两部分。上寺位于山顶，山门、飞虹塔、前殿、大殿及毗卢殿均沿轴线布置。中轴线因地形的限制不是直线而在前殿内有一处不易被察觉的中间转折处，这吸取了中国古代大型建筑群布局中常用的手法，构思非常巧妙。上寺各殿的柱网布置和木构架体系设计非常巧妙经济，如前殿面阔 4 间，进深 4 间，单檐歇山顶，殿中前后只有四根金柱，并向左右推移，立在次间的中线上，省去了 8 根金柱，使内部空间更加高敞空阔。上部的梁架前后檐和两山面均采用了斜梁，表现出建筑者大胆创新的精神。广胜寺的下寺按地形座落在山脚处的坡地上。下寺分为前后两个院落，山门设计独特别致，富有趣味。屋顶为歇山式，檐下施五铺作斗拱，檐柱细而高，在前后檐还加建了"垂花雨搭"，正面像是重檐。正殿面阔 7 间，进深 4 间，于至大二年（1309）重建。殿内的柱网布置和木构架体系与上寺各殿有许多地方相似，也采用了减柱移柱作法，节省了 6 根金柱。上部梁架置在长 11.50 米左右的横向大内额上，梁架也是运用斜梁的做法来制作。这种斜梁构架形式是广胜寺各殿建筑中最突出的特色之一。

广胜寺于大德七年（1303）重建，明清时期曾进行修整，但基本保留着元代的布局。寺中保存了多座结构精巧奇特的木构架殿宇，是国内独一无二的。下寺殿内还保存有塑工精细的佛像、菩萨 5 尊。虽经后世多次的修装施彩，仍保存着原有的神韵，有着宋代雕塑的遗风，是元代泥塑中的精品。著名的金代平水刻印版《赵城藏》原来也保存于寺中，在海内外享有盛名。此外，广胜寺殿中四壁原绘有精妙的壁画，后被外国侵略者掠走。

山西广胜寺明应王殿壁画（下棋图，部分）。从棋盘的格式看是中国的象棋。

元文宗立奎章阁学士院

天历二年（1329）二月，元文宗在兄长即位漠北后，于大都兴圣殿西建奎章阁，建学士院，秩正三品，以翰林学士承旨忽都鲁都儿迷失、集贤大学士赵世延为大学士，侍御史撒迪、翰林直学士虞集为侍书学士，又设置承制学士、供奉学士等职。文宗建学士院，是要收罗一批蒙古、色目、汉人、南人中的文学之士，让他们进经史之书，考帝王之治，给自己讲述本朝祖宗明训、古昔治乱得失，为自己继续为帝作准备。同时在学士院中设授经郎二员，以儒家经典教授蒙古勋旧、贵戚子孙以及近侍中的年幼者。文宗第二次即位后，升奎章阁学士为正二品，增设艺文监，检校、刊印书籍。至顺二年（1331）正月，文宗御撰《奎章阁记》，以示尊崇。顺帝至元六年（1340）撤销。

奎章阁学士院存在 12 年，其间受命编纂《经世大典》，参议朝政，对元代文化事业的发展起了一定的推动作用。

居庸关过街塔建成

至正六年（1346），居庸关过街塔建成。

过街塔刻文五——西夏文

塔的基础全部用大理石砌成，上建有塔，下有可通行人的洞门，故名。明代塔毁，正统年间重建，再毁。弘治年间，不清楚此塔历史的人们称之为"云台石阁"，后习称云台。但民间仍称"过街塔"。

现存塔基洞门内，刻有梵、藏（藏文

塔刻文六——汉文

分两体，即加嘎尔文和吐波文）、八思巴蒙古文、维吾尔文、汉文、西夏文文字的陀罗尼经咒颂文，是我国古文字的珍贵文物。佛经两侧、券顶刻有四大天王及大、小佛像。佛像周围刻有曼陀罗等各种花草图案。四大天王是我国古代少见的、用许多石块并集起来的整浮雕。塔基顶部四周挑出平盘两层，上置栏杆，栏杆座柱下向外挑出龙头，是当时石建筑的重要实物。

刻于券洞内的四大天王之一

元修上都宫殿

上都宫殿被起火烧毁之后，元顺帝起初下令重建大安、睿思二阁，但因危素极力谏阻而停止。

至正二十二年（1362），元顺帝下诏禁止诸王、驸马、御史台各衙门，不许占匿人民不当差役，以便大兴工役修上都宫殿。

大规模修葺上都宫殿，耗费了大量民力物力，加重了人民的负担，激发了阶级矛盾，导致农民起义不断。

元大都

至元八年（1271）十一月，忽必烈采纳刘秉忠、王鹗等儒臣的建议，根据《易经》"乾元"的意思，正式建国号为大元，并颁布《建国号诏》。蒙古自从成吉思汗建国以来，一直用族名充当国名，称大蒙古国，没有正式建立国号。忽必烈登上蒙古汗位后，建年号为"中统"，仍然没有立国号。随着征宋战争的顺利进行，蒙古政权实际上已成为效法中原地区汉族统治方式的封建政权，尤其是忽必烈统治日益巩固，于是他决定在"附会汉法"方面再迈进一步，把自己的王朝建成传承汉族封建王朝正统的朝代。忽必烈建国号大元，明确表示他所统治的国家已经不只属于蒙古一个民族，而是中国历代封建王朝的继续。

至元九年（1272）二月，忽必烈采纳刘秉忠迁都的建议，改中都为大都，正式定为元朝首都蒙古国时期，统治中心在和林（今蒙古境内），忽必烈即位后，元朝的统治中心已经南移，远在漠北的和林不再适合作都城，忽必烈开始寻找新的建都地点。他升开平为上都，取代和林，接着又迁往更理想的燕京（今北京），定名为中都。中都改为大都后，忽必烈于至元十一年（1274）正月在大都正殿接受文武百官的朝贺，大都从此成为元朝的政治中心。

中国阿拉伯数学交流

中国与"西域"各国的接触始于汉代，宋元时得到了进一步发展。尤其是元代蒙古族政权的范围达到中亚、西亚直到阿拉伯和东欧，打破了以往地域界限，造成中西交通的空前盛况，使中国与阿拉伯等国的数学交流进一步发展。

中国数学西传中最突出的是中国"盈不足术"的西传，9世纪阿拉伯数学家花拉子米的著作中已有关于"盈不足"问题的叙述，在10~13世纪一些阿拉伯数学家的著作中，盈不足术被称为天秤术或契丹（即中国）算法。中国数学中的一些著名问题如《九章算术》中的"持米出关"、"折竹问题"、"池中之葭",《孙子算经》中的"物不知数",《张邱建算经》中的"百鸡问题"等,都多次出现在 10 ~ 15 世纪阿拉伯数学书中。

1258 年,成吉思汗之孙旭烈兀攻陷巴格达,创立了伊利汗国。1259 年,根据阿

阿拉伯数字幻方铁板

拉伯数学家、天文学家纳速拉丁·徒思的建议,建立了巨大的天文台,经精密观测后编成著名的《伊利汉历》。据《多桑蒙古史》记载,"旭烈兀自中国携有中国天文学家数人至波斯……纳速拉丁之能知中国纪元及其天文历数者,盖得之于是人也"。随着中国天文历法的西传,中国传统的数学知识自然也传入西亚各国。

在数学西传的同时,正处于蓬勃发展时期的阿拉伯数学也有许多内容传入中国。如西域人札马鲁丁撰的《万年历》,"元世祖稍颁行之"。另一西域人马哈麻所作《回回历法》还与《大统历》(即《授时历》)参互使用。阿拉伯幻方也在这时传入中国。解放后我国曾在西安及上海等地出土元代阿拉伯文幻方。此外,阿拉伯人计算乘法的"格

子算"也在这一时期传入,后被明代数学家称为"写算"、"铺地锦"。

王祯发明木活字

大德二年(1298),王祯对印刷技术进行革新,发明了木活字,使活字印刷术得以推广普及。

王祯(1271 ~ 1330),山东东平人,著有《农政全书》,是元朝杰出的农学家、机械设计制造家和印刷技术革新家。

北宋毕昇发明胶泥活字印刷术后,因成本高昂,直到元代尚未得到推广。当时仍在大量使用雕版印刷术。这种方法不但费工时,而且所刻雕版一旦印刷完毕大多废弃无用。王祯在毕昇胶泥活字印刷的基础上,进行木活字印刷的试验研究,终于取得成功。他试印自己纂修的《大德旌德县志》成功,使之成为中国第一部木活字本方志。

另外,王祯发现木活字在拣字过程中,几万个木活字一字排开,人们穿梭来往很不方便,于是他就设计制造了转轮排字盘,从而为提高拣字效率和减轻劳动强度创造了条件。

王祯不仅成功地进行了木活字印刷实践,而且还是详尽地将整个工艺过程记述下来的第一人。他在所撰的《农书》中附录《造活字印书法》,详细介绍了他发明的"写韵刻字法"、"锼字修字法"、"作盔嵌字法"、"造轮法"、"取字法"、"作盔安字刷印法"等具体操作。反映出王祯构思之巧妙和元代木活字印刷的发展。

木活字发明,是印刷史上的一个重大事件。王祯之后,木活字印刷便推广开来。尤其是转轮排字法使用起来十分方便,大大提高了工作效率。这使木活字印刷在中国古代的盛行程度,仅次于

雕版印刷。

此外，王祯在《造活字印书法》中提到"近世又铸锡作字"，可以得出，锡活字在王祯之前便已发明，只是元朝由于"难于使墨"而不能久行。这是世界上关于金属活字的最早记载，在印刷史上具有重要意义。

中国文化传入欧洲

在元代，中国文化通过各种渠道传入欧洲，为推动欧洲各国的发展作出了重大贡献。

威尼斯商人的后代马可·波罗（1254～1324）于1275年到达元朝的上都开平，在中国居住了17年。1295年，马可·波罗在回到故乡威尼斯后口述《东方见闻录》，被人们辗转传抄，称为《马可·波罗游记》。马可·波罗在游记中报道了元朝统治下的这个丝瓷之国生气勃勃的景象，赞扬这个领土辽阔，繁荣富强的国家有着惊人的财宝和出众的新发明。马可·波罗的记述引起了欧洲人的强烈兴趣，1289年罗马教皇派遣孟高维诺出使中国，在大都传教。此后日益增多来华的意大利传教士和商人，对中国的报导也逐渐成为意大利社会的热门话题，这些都证实了马可·波罗亲眼所见并非子虚乌有。但直到那时，欧洲尚不知中国是造纸、印刷、制瓷和航海罗盘的母国，他们往往以为那是阿拉伯人、波斯人首创的发明。

欧洲人学会了使用火药、火器。欧洲使用火器的最早记录，见于1304年意大利北部的伦巴地，1315年佛罗伦萨也有相似的记载。英国、法国也相继使用火瓶、火罐。1388年，英法交战时，法国人在卢昂使用了由一磅硝、半磅活硫黄当火药的铁罐，相当于金人的轰天雷。

秀野轩图（卷，部分）。朱德润作。所作为朱之好友周景安的住宅。图中用笔疏秀，笔画苍润清逸，设色雅淡，不愧为朱氏著名之作。

此后，在欧洲战场上进入了使用管形火器的时代。欧洲在使用火器方面一开始便使用铁制铳身发射管。14世纪，几乎和元末明初在中国战场上大量使用铜制火铳的同时，欧洲也迅速采用了这种新颖的管形火器。

中国式网格地图的绘制和航海罗盘的使用，促使欧洲在13世纪末向绘制精密的实用航海地图大大迈进了一步。经过伊朗的传递，网格式地图也曾引起欧洲地理学家的兴趣，意大利的马里努·萨努图在1306年他的巴勒斯坦地图上，使用了经纬线交叉的网格画法。大约在1280年以后，欧洲代替传统的 T－O 寰宇图的体系，绘有交叉的罗盘方位线和矩形网格的实用航海图。由于它的实用功能对于正在开拓海外世界的地中海基督教国家起了不可估量的作用。

在元代，最后一股从中国推向欧洲的文化潮在方兴未艾的油画中留下它的踪迹。锡耶纳画派的画家西蒙尼·马尔蒂尼在1328年为锡耶纳市政厅会议室所作壁画《基多里西奥·达·福格利安诺》中，吸取了中国山水画的布局。把这位将军置于画幅中央，山寨城堡和营幕帐阵分置两旁，营垒布置吸取了宋代以来建筑描绘中的写实手法所侧重的鸟瞰式界画的形式，栅栏成波状展开，旌旗营帐在山间半隐半现，类似于宋元以来中国版画艺术中的表现手法。而在此之前，在欧洲绘画中很难发现相仿的实例。在马尔蒂尼的其他作品中，还淋漓尽致地描绘出意大利贵族身穿中国绸缎袍服的画面。

永乐宫建成

元代对道教十分尊奉。全真派道士丘处机往中亚晋见成吉思汗，宣传教义及为政之道，深得成吉思汗欢悦，给予道教免赋役的特权。自此道教势力大盛。忽必烈时虽曾一度受到排斥，但自此之后直到元末，道教与其他宗教一样受尊奉。元代道观祠庙建造很多，元大都的东岳庙、河北曲阳北岳庙德宁殿和山西洪洞水神庙都是元代著名道教建筑。其中位于山西省永济县的永乐宫就是元代道教建筑中的典型代表。

永乐宫是元代道教全真教的三大宫观之一，原位于黄河边的永乐镇。传说八仙之一的吕洞宾就在这里出生，山川非常秀丽。永乐宫的建造前后共用了110年的时间，从定宗二年（1247）修建大纯阳万寿宫，后来改称永乐宫，然后逐步建成各主体殿堂，到至正十八年（1358）完成各殿中的壁画为止，差不多经历了整个元代。

永乐宫三清殿藻井

永乐宫建筑规模十分浩大，原来在永乐宫周围还建有许多祠庙，但现在只剩下了永乐宫一处。永乐宫沿中轴线依次布置宫门、龙虎殿、三清殿、纯阳殿、重阳殿5座殿堂，除宫门是经清代改建外，其余4座殿堂均保持着元代时的建筑风貌，组成了一组雄伟、浩大的道教建筑群。

永乐宫中的三清殿建筑最为宏伟壮丽，殿中奉祀三清神像，面阔7间，进深4间，长28.44米，宽15.28米，殿中四壁绘制

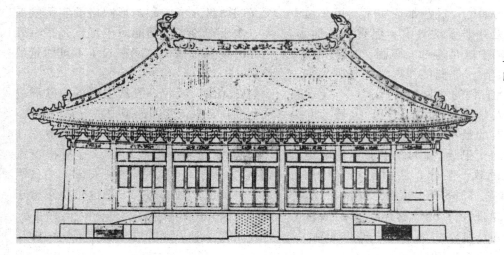

永乐宫三清殿立面图

中国通史

最新整理图文珍藏版

着巨型壁画"朝元图"。殿中为扩大空间采用了减柱法建造，仅后部设有8根金柱，其余均省去不用。用黄蓝琉璃制作的层脊上两只高达3米的龙吻，造型生动，非常引人注目。无极门又称龙虎殿，原为永乐宫的宫门，后部明间台阶退入台基内呈纳陛形制，造型非常罕见。纯阳殿又名混成殿，内有吕洞宾像，故又称吕祖殿。最后是纪念全真教祖师王重阳和他的弟子的重阳殿，也称为七真殿。纯阳殿和重阳殿壁面均分别绘制吕纯阳、王重阳的生平故事的壁画。

永乐宫的四座元代建筑在建筑上和艺术上均取得了巨大成就。其一是它在总体布局上突破了中国古代建筑的廊院式结构，在同一条轴线上布置殿堂，使空间关系主次分明。其二是它采用了减柱法等一系列革新手法，扩大了建筑空间，对明清的建筑技术产生了重大的影响。三是它的殿中保存了大量元代彩画，彩画的构图和色彩运用均有许多创新。四是各殿中共有960多平方米的巨幅壁画，题材多样，色彩绚丽，在建筑史、绘画史中都极为罕见。尤其是三清殿中的"朝元图"壁画，泰定二年（1325）由马君祥等人绘制而成，描绘了诸神朝拜元始天尊的故事，以8个帝后主像为中心，周围有金童、玉女、星宿力士等共286尊，场面开阔，气势恢宏。这些壁画都成为我国古代壁画中的经典佳作。

青花技术的兴起

青花是用氧化钴作颜料，在陶胎上描绘纹样，然后上透明釉，白地蓝花，属釉下彩绘。元代青花技术的兴起，是我国陶瓷史上的一件大事，具有划时代意义。

出土文物显示，我国人民对于钴料还原为蓝色的彩釉技术早有认识，战国墓出土的陶胎琉璃珠上已有一些蓝彩。据此推测，这时的陶器可能已使用了钴料着色剂。龙泉县金沙塔塔基出土的宋青花器"青花十釉"，从氧化物的含量分析，很可能采用的是国产钴土矿而着色的。云南玉溪元代青花器所用的色料的氧化物含量与当地钴土矿的原矿十分接近，以此作着色剂的可能性也很大。

同时，西亚地区盛产钴料，早在9世纪这些地区就烧制出简陋粗糙的青花，无疑也对我国青花技术的兴起和成熟产生了巨大影响，尤其是元西征俘获的大批回族工匠被编入官营手工业作坊，并作为骨干力量，也是元朝青花技术兴起并成熟的一大因素。元代景德镇官窑使用的青化料MnO含量较低，含铁量较高，还有一定量的砷，与我国出产的钴料的数据明显不同，因此很可能是从西亚进口的。

中国青花技术的发展，从唐代三彩技术的运用以及对西亚伊斯兰地区青花技术的学习并加以改造，到元代中叶，这一技术成熟了。资料显示，我国的青花瓷并不

元代青花釉里红开光镂花盖罐，纹饰使用了绘、镂、雕塑、堆贴等多种手法，立体感很强，且色泽明快。

元代青花瓷海水龙纹瓶，为元代青花瓷精品。造型风格是形大、胎厚、体重。画满，从瓶口到瓶足，满饰花纹。

是单一的钴离子着色，而是一种含有铁、锰等着色元素的天然钴土矿或其他钴料着色剂。钴、铁、锰的含量及其相互间的比例和着色氧化物 Al_2O_3 含量的多少，烧制的温度和气氛等，都直接影响着青花的色泽。青花层的厚度通常只有 10mm 左右，很难剥离，其成分也难于单独分析，然而通过对景德镇的元代青花成分的有关比例关系的分析，比较一致的看法是，其为一种低锰高铁的着色钴料。其从西亚进口的可能性很大。这种钴料绘制而成的青花色泽较浓艳，釉面上多带有黑色斑点，"至正型"一类的大型青花器，就是用这种钴料着色的。相反，用国产料着色的青花多无黑色斑疵，饰纹草率简单，器型较小，菲律宾出土的小件元代青龙器就属这类作品。

元代的青花瓷器物品种多样，有盘、瓶、香炉、执壶、罐、碗、杯等，其中以大盘较多。纹饰多取材于元代服饰，常见的有菊花、莲花、牡丹、竹、芭蕉、鸭、鸳鸯、鹿、麒麟等。突出特点为胎体厚重，装饰图案繁复，纹饰层次多，如折沿大盘，盘沿多绘海水或斜方格，或卷枝、缠枝花纹；盘里绘缠枝或折枝花卉；盘心画莲池鸳鸯或鱼藻、凤凰、花卉、鹭鸶、麒麟、海水云龙纹等。

由于青花料的着色力强，呈色比较稳定，色彩鲜艳明丽，对窑内气氛不很敏感，烧成范围较宽，又是釉下彩，纹饰永不褪色，白地蓝花，明净素雅，因而深受国内外人士青睐。它一出现，就获得了世界声誉，很快发展成外销品和国际市场上的俏销货。还返销到青花的原产地西亚伊斯兰地区。中国青花几乎成为中国陶瓷的代名词，影响十分深远。

元代青花技术的兴起以及由此影响而产生的釉里红、铜红釉、钴锰釉、卵白釉等彩釉技术的成熟，说明我国人民对呈色釉剂掌握已达到相当熟练的程度，从而奠定了景德镇造瓷工艺在世界陶瓷史上的地位，为瓷器工艺美术写下了灿烂而辉煌的篇章。

元代壁画大量出现

元代的壁画创作达到了前所未有的高峰期，壁画作品大量涌现，主要有宗教壁画、墓室壁画和宫室宅第壁画几种。其中水平最高、数量最多的是宗教壁画。

元代统治者对各种宗教均采用包容的政策，利用宗教来维护其政权，热衷于修功德，作佛事，建寺宇，其中全真道教和佛教占主要地位，道观佛寺的兴建藻绘非常隆盛。在佛道相互影响，渗透的情况下，寺观壁画更加丰富多彩。

山西省保存下来的寺观壁画为全国之冠。这里的壁画数量巨大，题材丰富，艺术水平极高。其中成就最高的是山西芮城的全真教永乐宫壁画，这里的壁画和山西稷山兴化寺的《七佛图》一样均为山西民

山西广胜寺水神庙明应王殿壁画（园林梳妆）。线条苍劲有力，画面富力浑厚、深沉古朴。

山西稷山青龙寺壁画《三界诸神图——帝释圣众》。帝释天为佛教三十六天之一。

间画家朱好古、张伯渊、张遵礼、田德新、李弘宜、王士彦和洛阳画家马君祥、马七等所绘。其中三清殿的壁画《朝元图》有完整的构思和统一的设计，图中人物众多而不雷同，性格特征鲜明生动，线条刚健

而婉转，流畅而含蓄，整个画面构图严谨富于变化，可谓我国寺观壁画的精华。纯阳殿和重阳殿壁画也各具神采。此外，山西稷山青龙寺、兴化寺、山西洪洞县的广胜寺、水神庙壁画也很有成就。

元时除民间画家创作壁画外，文人士大夫画家有时兴之所至也为寺庙创作一些非宗教内容的壁画作品，如赵孟頫、管道升夫妇在归安天圣寺作壁画山水、竹石，时称"二绝"；王冕曾在山阴蜀阜寺作壁画梅等。

此外，敦煌莫高窟和榆林窟也保存了部分佛教壁画。莫高窟第3窟中绘制着精美的密宗壁画，主要作品是绘于南、北二壁的千手千眼观音，手的姿态变化万千，衣纹潇洒活泼，是壁画中的精品。

山西汾阳五岳庙水仙殿壁画《水仙出行图》。水仙位于正前方。

除宗教壁画外，在山西、内蒙、辽宁等地还发现了大量的元代墓室壁画，表现了蒙古族特有的生活内容，壁画山水有五代、北宋遗意。其中水平最高、最有代表性的是大同市冯道真墓壁画。冯道真墓建于至元二年（1265），墓主为全真教道官、

龙翔万寿宫的宗主，社会地位较高。墓室壁画应用水墨画技法表现出一个超凡脱尘的修行环境，仙气浓郁，绘画技法相当娴熟。1991年在内蒙古乌兰察布盟凉城县发现一座元代蒙古贵族壁画墓室北壁绘有表现墓主人家居环境的《燕居图》，生动反映出蒙古贵族的生活习俗和汉族文化习俗对蒙古族的影响。元代在宫殿、衙署、宅第绘制壁画的风气也很盛行，唐棣就曾在嘉熙殿创作壁画。

元代壁画对当时及后代的美术创作都有深远的影响。

元织金技术空前发展

以金缕或金箔切成的金片作纬线织花，使织物呈现金属光泽的技术，称为织金技术，由于种种原因，元代的织金技术获得了空前的发展。

元朝的统治者喜欢用织金织物成为其服饰的首选衣料。在其以武力征服了欧亚广大地区后，通过战争掠夺、海外贸易和发行纸币的方式获得了大量的黄金，为织金业的发展提供了充足的原料。自宋代以后，棉花生产迅速普及，棉织品已成为广大人民的基础衣料，丝织品从基本服饰转变为高级织造品，为统治阶级所独占，其美化功能取代了其实用功能，纹彩的华美愈来愈受到重视并成为主要的质量标准。元朝在掠夺战争中俘获了大批织金技术方面的工匠，并将西域的大批金绮工匠内迁，促进了中国传统纺织工艺与西域金绮工艺的一次大规模交流和融合，这些成了元代织金技术空前发展的主、客观条件。

元朝建立以后，开展了大规模的织金织物的生产，将从各地掳掠的工匠集中起来编为"系官人匠"，在弘州设纳石矢（即织金锦）局，从西域迁入金绮纹工300多户，汴京织毛褐工300户，使隶属弘州，由镇海掌管。《马可·波罗游记》也记载了元代在南京、镇江、苏州等许多城市组织织金锦生产的情况。撒答剌欺提举司所属别失八里局专管织造御用领袖纳石矢。《元典章》还载有织造织金锦的条例和工艺规范。延祐元年（1314）十二月所定的服色规范规定了各级官员着装标准。不仅包括印金织物，还有箔金和织金织物。元朝的军队还用织金锦作营帐，三品以上官员可以以织金锦作帐幕，足见其生产规模之盛大。

织金锦又称纳石矢，原产波斯，包括加金锦和加金缎，蒙古西征时从西域带回的金绮匠人在官营作坊中传授技术，有片金、撚金、印金、洒金、贴金、盘金、钉金等。在当时的生产条件下，撚制金线的

缂丝杏林春燕图轴

工艺须通过极为细致的十几道工序，才能将其加工成 0.2 至 0.5 毫米宽的片金线，进而再撚成金线。1970 年在新疆元墓出土的片金锦和撚金锦织物，经纬密度仅为 65×40 根/平方厘米和 52×48 根/平方厘米，足以显示元朝织金匠人的高超技艺。其织金锦的织法、纹样和风格深受西域的影响。而日本国立博物馆所藏的紫地印金缠枝莲袈裟却完全表现了元代织金制物的中国传统风格和技术。

元代的织金技术以织金锦为代表，显示了染织技术的最高水平，这一技术的空前发展再一次雄辩地说明，中外科技交流是促进技术进步的一个重要因素，元代织金技术的空前发展正是这一交流的结晶。

朱丹溪创中医滋阴学派

朱丹溪（1281～1358），即元代名医朱震亨，字彦修，婺州义乌（今浙江省义乌县）人，因居住地有小河"丹溪"，故被尊称为"丹溪翁"，是金元四大家之一。他曾为应科举考试而钻研儒家经典。30 岁时因母亲生病开始研读《黄帝内经》，初步掌握医理，治好其病。35 岁时师从朱熹四传弟子许谦研习理学，后一心致力学医，并四处寻访名医，于 43 岁从学于名医罗知悌门下。罗知悌将金代医家刘元素、张从正、李杲的著作和学说悉数传授给他。朱丹溪将刘元素、张从正、李杲三家学说融会贯通，并结合自己的实践研究中医理论，著有《格致余论》1 卷（1347）、《局方发挥》1 卷（1347）、《本草衍义补遗》1 卷、《金匮钩玄》3 卷（1358）等。其门人将他的著作整理编纂为《丹溪心法》、《丹溪心法附余》等，集中体现其医疗经验并形成滋阴学派，对后世影响较大。

朱丹溪中医学理论的主要内容有：①阳有余阴不足论。他从理学的观点出发，结合《黄帝内经》的论述，运用"天人感应"的理论，通过对天地日月和人体生命过程中阴阳状况的分析，指出在自然界中存在"阳常有余，阴常不足"的情况，在人体内同样也是阳有余而阴不足：人受天地之气以生，天之阳气为气，地之阴气为血，故气常有余，血常不足。而男子 16 岁而精通，64 岁而精绝；女子 14 岁而经行，49 岁而经断，故阴精"难成易亏"，相火易于妄动，此即"阳有余阴不足"，容易使人体发生病变。要避免"阴不足"，就须防止"阳有余"，顺应阴阳之理，提倡男子 30、女子 20 方可娶嫁。朱丹溪将《黄帝内经》的"恬淡虚无，精神内守"说同理学的"主静节欲"、"收心"、"养心"等学说结合起来，主张以澄心静虑的方法防止相火妄动，重视保养阴气精血，节制饮食，力戒色欲，反对服用丹药。由此可见，朱丹溪的"阳有余阴不足论"，旨在强调抑制相火，保护阴精，却病延年，为阐发"阴虚火动"的病机和倡导滋阴降火法提供理论基础。②相火论。相火论与阳有余阴不足论有着密切的联系，共同构成其滋阴降火学说的理论核心。他十分重视相火的作用，认为相火作为人身之动气，推动和维持人体的生命活动。相火主要居于肝肾两脏，以肝肾精血为其物质基础，此外，还分属于胆、膀胱、心包络、三焦等脏腑。相火的常态属生理性相火，对人体的生命活动是至关重要的。相火的变动指相火越位妄动，主要原因是色欲过度、情态过极、饮食厚味，结果伤阴耗精，变生了多种疾病。他提出的相火常与变、吉与凶的两重性，是对李杲学说的补充和发展。③火证论治，倡导滋阴降火。朱丹溪论述火势病证，主要是内生火热，尤其多指相火妄动而为病。强调"阴虚火动难治"，主张"补阴即火自降"，倡导滋阴降火法，其用药特点是补阴必兼泻火，泻火亦即补阴，并创制了大补阴丸等著名方剂。他对阴虚火旺病机的阐发和滋阴降火法的确立，不仅补充了刘元素河间学派重在寒凉清热泻火的不足，又在李杲东垣内伤阴火学说中增加了阴虚发热的内容，从而发展了中医内伤热病学说，对后世杂病和温病的论治影响很大。④杂病论治，提倡气血痰郁辨证治疗。朱丹溪是一位杂病大家，具有独特的见解和丰富的临床经验，主张以气血痰郁为纲治疗杂病，把繁杂的症候表现统括在气、血、痰、郁之中，并设置了调治的基本方，随症加减施治，大大丰富和发展了杂病的辨证论治，故有"杂病用丹溪"的赞誉。⑤在《局方发挥》中集中批评了宋代大观年间盛师文等编制的《和剂局方》及宋元之交形成的"局方之学"，指出了《局方》"一切认为寒冷"的错误观点和"一方通治诸病"的错误疗法，主张临病开方，重用养阴补血之品，反对过用辛燥之品和不问病由据证验方的医风。

朱丹溪善于继承、创新而成就卓著。他常援引理学解说医理，从而开理学渗入医学的先河。他创造性地提出了"阳有余而阴不足论"、"相火论"等新医学理论，主张滋阴降火，后世称他为"滋阴派"。

元设回回药物院

至元二十九年（1292），元廷专设回回药物院，隶属太医院（至治中改隶广惠司），分管大都与上都宫廷医药，专门修制御用回族药物。

元廷对回族医学的认识始于叙利亚人爱薛。爱薛精通回族医法和回族药物。中统四年（1263），忽必烈命其掌管西域星

历、医药二司的事务，后改置广惠司，仍由他负责管理。

元朝的回族药物和验方在民间流传很广，回族医生在民间亦颇受欢迎。明代李时珍《本草纲目》中，亦著录了许多回族药物和药方，回族医学是古代中国医学的重要组成部分。

元医疗机构回汉并存

元代的医药学除中医药学外，还有蒙医药学和回族药学。与此相适应，元医疗机构除沿袭前代有关中药的医事组织外，特置关于回族医药的广惠司和回族药物院，呈现出回汉医事机构并存的局面。

元代沿袭金制设太医院，负责全国医药行政管理、医学教育和医疗机关的工作。至元六年（1269）设御药院，掌管接受各路乡贡和各国贸易或进献的珍贵药品，及医药的炮制和储存，为宫廷或王府的帝王家族人员提供医药服务。至元十年（1273），政府又在大都（北京）及多伦设立御药局，管理两都行篋药物。至元二十五年（1288）还设置了官医提举司，负责医户的差役、词讼等事务，并在河南、江浙、江西、湖广及陕西五行省设司，作为官医提举司的地方分支机构。大德九年（1305），在御药院的基础上，分设行御药局，专门管理上都（即开平）药仓事务。

在典医监下，元政府还设广济提举司，主管修制药物以施济贫民。在各地府、州、县普设惠民局，担任平民的医疗工作。

13世纪中叶，随着蒙古军队西征的胜利，中东一带相继为蒙古占领。中西交通的畅通，使不少阿拉伯医生相继来华行医施药，回族医药学也逐渐流行开来。为了适应这种社会需要，元世祖于至元七年（1270）在太医院——立以阿拉伯医生为

中国通史

最新整理图文珍藏版

主的官方医疗组织——广惠司，为皇室及在京的回族人调制回族药物及提供回族医疗。至元二十九年（1292），元政府在大都和上都又各设一座回族药物院，归广惠司管辖。在中国古代医事机构设置史上，专门为中医以外的医学建立组织，这是仅有的一次。

元朝官方医疗机构拥有当时精通医术的各族医生。太医院的蒙古族医生忽思慧著有《饮膳正要》，是中国现存最早的古代营养学专著。太医院的汉族医生许国桢，著有《御药院方》，是一部珍贵的元代方书。此外，广惠司拂林（今阿拉伯叙利亚共和国西部）人爱薛，长期在中国医政机构中担任要职，为回回医药在中国的传播作出了卓越贡献。

用以取药散的蒙医铜药匙

舌诊专著出现

元末，著名医家敖氏集众家之长并结合自己多年舌诊经验，撰成《金镜录》一书。该书记录辨别伤寒舌法12首，附舌象图12幅，是我国最早的舌诊专著。

舌诊是通过观察病人舌质和舌苔变化诊察疾病的方法，属望诊范畴，是我国传统医疗诊断方法之一。元代的舌诊研究有较大进步，除敖氏外，还有清江（今属江西）的杜本，于至正元年（1341）在《金

《瑞竹堂经验方》书影。元代蒙古族医学家沙图穆苏撰。

蒙古族医生出诊携带的药包

镜录》的基础，增补24幅舌象图，著成《敖氏金镜录》，使舌诊内容更为完善。36幅舌象图中，24图专论舌苔，4图专论舌质，8图兼论舌苔与舌质。图中描绘的舌色有淡红、红、青等，苔色有白、灰、黄、黑等，舌面变化有红刺、红星、裂纹等，舌质变化则有干、滑、涩、刺、偏、全等，已大致包括了各种主要的病理舌象。舌图之下附有文字说明，并结合脉象、证候，分析其寒热虚实，阐述外感热病的病因和治疗方法，同时指出病情的轻重缓急和预后好恶，其中不少经验迄今仍有临床指导意义。

敖氏的《金镜录》早已失传，杜本的《敖氏金镜录》尽管在舌质、舌苔以及舌

与脏腑的关系中存在一些不足，但它作为我国现存最早的舌诊专著，仍受到后世医学界的高度重视。

《回回药方》流行

元朝中后期，随着伊斯兰教的广泛传播，阿拉伯医学（也称"回回医学"）在中国也流行起来。《回回药方》就是一部以阿拉伯医学为主，同时包含中医药内容的医学著作。

《回回药方》共36卷，现仅残存4卷。其成书年代及作者史籍中均无记载，从残存内容分析，该书大抵由中国的回族医家于元末明初参照回回医学和中医学揉合而成。如其中的"折伤门"，所载的正骨技术就有不同的医学渊源，治疗肩关节脱位方法，既有著名的希波克拉底氏法，也有仿《世医得效方》的"杵撑坐凳法"，还有根据唐代"靠背椅式"原理改进的"人捐法"。

《回回药方》残卷甚少，但从中也可看出当时治疗颅脑外伤的水平是相当高的。书中记载了"颅脑骨粉碎骨折剔除法"：先让病人剃去头发，用棉花塞着病人的耳朵，用布条蒙着病人的眼睛，以便减少病人因手术造成的心理恐惧。然后让病人选择有利于手术进行的姿势，在外伤口处作十字形切开，这样尽管刀口损伤面积大些，但有利于剔除里面的死骨。如果需要给颅骨钻孔，一定要注意颅骨厚度，为了预防脑膜和脑组织受损，尽量采用排钻数孔的方法。清理伤口时，要小心翼翼地用锯锯开，再用镊子、钳子清除碎骨和碎屑。最后敷药缝合完成手术。书中还告诉人们做手术要把握时机：如果碎骨未挤沓入脑膜，不可急于手术；如果碎骨已经挤沓入脑膜并导致病人肿胀、筋缩或中风不省人事等

严重病状时，要立即动手术清理伤口，剔除碎骨。当动脉损伤出血时，在离伤处稍远而又近心端的动脉处用带子拴紧，以阻断血流，这种方法已接近现代的"止血带"的作用。上述治疗已运用了扩创术、病灶清除术、开颅减压等手术疗法，足以反映元代回回医在颅脑外伤手术治疗方面所达到的高超水平。

《回回药方》书影

修治黄河

顺帝至正九年（1349），中书省右丞相脱脱力排众议，采纳河东高平人贾鲁建议，确定了"疏浚南河，塞北河；使复故道"的修治黄河方案。十一年（1351）四月，诏开黄河故道，命贾鲁为工部尚书、总治河防使，征发汴梁（今河南开封）、大名（今属河北）等13路民工15万人及庐州（今安徽合肥）等18翼2万军队，自四月二十二日施工，开始大规模治河。

根据贾鲁"疏塞并举，先疏后塞"的治河方法，整个工程分为三个阶段：第一

阶段是疏浚从黄陵冈到哈只口的黄河故道和凹里村到杨青村的减水河。第二阶段是堵塞黄河故道两岸的缺口、豁口，修筑堤埽，以使黄河复行故道后不致出现决溢。第三阶段，采用船堤障水法，堵塞白茅堤决口，勒黄河回故道，使之东去徐州，合淮河入海。分道开凿，七月凿成。八月放水入黄河故道，九月舟楫通行。十一月，水土工程全部完毕，共花了190天。工程之浩大，为古代治河史所罕见。

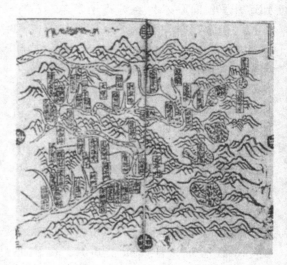

黄河源图。元至元十七年（1280）四月，女真人都实奉元世祖忽必烈之命，考察黄河源头。经过8个月的考察，年终返回，绘有黄河源图，并标注了城、传（驿站）的位置，上报朝廷，受到了元世祖的嘉奖。此图是最早经实测绘制的河源地区图。它不仅在当时经济、水利和军事上有极大的价值，而且在世界测绘史上也占有重要地位。

中国丝瓷流行全世界

元代，中国的对外交通四通八达，除了通西域及中亚地区的陆上"丝绸之路"外，还发展了海上"丝绸之路"，形成了一些颇具规模的东方大港如泉州，航线直

黄河险工坝埽。贾鲁治河所以能在短期内奏效，主要是因为采用了"船堤障水"的合龙技术。堵决口工程全部用草捆扎而成大埽下埽以堵住决口。后来，人们都学习该法，用秸料扎埽筑坝。现已全部采用石料水泥砌坝埽作为黄河险工。

最新整理图文珍藏版

抵世界各地，东起日本、高丽，西到东南亚，还通过印度洋伸向地中海沿岸世界。交通的发达带动了对外贸易的繁荣，外销商品的品种丰富多彩，包括铜、铁、铅、锡、茶叶、砂糖、绢帛、瓷器等等，其中又以丝绸和瓷器的比重最大，形成了一股丝绸和瓷器的输出洪流。

中国丝绸与外部世界的交往开始还仅仅局限于官方的馈赠，如向高丽统治者赠送西锦、彩绫和各种丝织物；元朝使者曾到达开罗，向马木鲁克苏丹纳赛尔·穆罕默德·伊本·加洛赠送 700 匹花锦，其中每批上都印有苏丹的尊号；1341 年，元朝使者到达德里，向苏丹阿布·木札布德·穆罕默德赠送花缎 500 匹。官方获赠的各种丝绸以其品种的繁多和花色的丰富在当地受到极大的欢迎，由此开始了广泛的民间丝绸贸易，中国丝绸在世界各地行销无阻。在亚洲，日本畅销唐锦、唐绫、金襕、金纱，印度风行南丝、五色缎、青缎、五色绢、五色绸缎、白丝，印度尼西亚热衷于色绢、青缎、五色缎、水绫丝布、红丝布、青丝布、绸绢，而南北丝、草金缎、山红绢、丹山锦、丝布则风行于缅甸各地；在非洲，中国丝绸的销售大大超过原来当地销售的印度及阿拉伯织物，只要可以通航的地区，就有中国丝绸的足迹，如五色缎和细绢在肯尼亚，锦缎和五色绸缎在埃及，还有南北丝和绸绢在坦桑尼亚，无不狂销当地市场，深受当地人的欢迎。

除丝绸外，另一项大宗中国商品便是瓷器，并大有超越丝绸销售的趋势，成为外界认识中国的一个窗口。在所有外销瓷器中，以龙泉系青瓷数量最多，行销范围最广，其次就是景德镇和广东、福建制造的青白瓷和白瓷，还有少量的建阳、吉州产的黑瓷。中国瓷器在行销各地最大的用处是作日常用品，在很多国家特别是经济尚不太发达的东南亚各国及非洲沿海各国，居民们用它来充当餐具、饮具、贮藏器和容器，其中最普遍的还是餐具，各种外销瓷碗包括花碗、青碗和粗碗，成为越南、印度尼西亚、新加坡、缅甸、肯尼亚、坦桑尼亚等众多国家居民的日常餐具。另一个用途是装饰，由于制作工艺的精致，一些富贵人家把它们当作工艺品摆在客厅里，或收藏在宫殿内。如土耳其的塞拉里奥宫，就收藏有 13 世纪以来的中国瓷器 8000 件，其中元代青花瓷器 80 件，品种有盖罐、葫芦瓶。

中国丝绸和瓷器在世界各地的行销，一方面促使了与世界各国的贸易交流，另一方面还促进了各国与中国的文化交流，提高了中国在世界上的地位和威望。

元青白釉透雕戏台式枕，是研究元代陶瓷造型艺术和宋元杂剧艺术的重要实物资料。

八思巴字创制

忽必烈于至元六年（1269）颁诏正式推行国八思巴创制的文字，把它名作"蒙古新字"，但第二年即改称为"蒙古字"。实际上，这种文字就是元朝的国字。后世有人直称"元国字"或"元国书"。元王朝灭亡后逐渐被废弃"。字母表主要由藏文

中国通史

最新整理图文珍藏版

字母组成，也有少数梵文字母，还有几个新造字母。字母多呈方形。字母数目最初为41个，后陆续增加。据现存资料归纳，包括各种变体有57个。

八思巴字以音素为表音单位，字母分元音和辅音，元音a不设专门字母，用依附于辅音字母（包括作介音的半元音字母）的零形式表示，即音节首的辅音字母（包括零声字母符号）或介音字母后面不写其他元音字母时，就表示后面有元音a。

字母有正体和篆体两种，篆体多用于官方印章。行款从左至右直写，与藏文自左至右横写不同。书写单位是音节，不是词，与藏文相同。由于书写单位不是词，加上不使用标点符号，所以阅读时只能靠上下文判断词的界限和句子的界限。拼写汉语时不标声调，因此如果原文没有汉字对照或没有其他参考材料，往往难以确定所代表的汉字。八思巴字作为元朝官方文字，是用来"译写一切文字"（至元六年颁行诏书语）的。据现存资料记载，它所译写的语言不仅有蒙古语，还有汉、藏、梵、维等多种语言。因此，这个文字具有不同于其他文字的一些特点。例如，八思巴字的字母数目比起译写的每种语言所需用的都要多，其中多数字母通用于各种语言，部分字母则是为个别语言所设。八思巴字行款的制订，显然也考虑了不同的语言的对象，并且在不同语言之间进行了平衡、折衷，在一定的内容上互有照顾。它采用自左往右、自上而下的行款格式，是接受了蒙文的习惯，而以音节为书写单位则继承了藏文的传统。写法问题，也是这种文字的独特之处。这种文字之所以没能竞争过任何一种原有文字，是因为它在各民族人民大众中没有基础，当时蒙、汉、藏等民族都已有自己的文字，没有创制新文字的愿望。

八思巴字蒙古语资料和汉语资料，是探讨元代蒙古语和汉语的可靠依据，尤其是研究这两种语言的语音方面，八思巴字

《蒙古字韵》。八思巴文拼写汉语的韵书，收入八思巴字800多个，汉字900多个。

资料优越于其他任何可利用的同类资料，因为它对语音的记录准确而细微。

八思巴字资料在历史学方面也有很高的价值，是宝贵的历史文献。其内容涉及整个元代社会的政治、经济、文化、日常生活等各个领域。现存八思巴字资料，主要反映有关元朝宗教政策、民族关系、典章制度、历史人物、行政区划等社会情况。因此，这些资料对于研究元史提供了直接的证据。

《八思巴字百家姓》，载于《事林广记》。

雕漆戗金等工艺出现

元朝的漆器工艺和宋朝相比，明显要进步得多。宋朝的漆器工艺显得比较纤弱，尚处于发展阶段，而元朝时则已相当繁荣，整个工艺已格外的丰满和富丽，给人一种深厚和成熟的感觉，这主要表现在雕漆和戗金两大工艺方面。

雕漆就是在器胎的表面厚厚地涂上漆，并且趁其未干之前，下笔雕刻花纹，最后烘干，再打磨。根据所涂漆的颜色不同，又可将雕漆分为几种，如剔红就是涂红漆，剔黄就是涂黄漆，剔彩是将各种颜色的漆混合再涂上去，其中最常见的当数剔红。当时两个最为有名的雕漆艺人是张成和杨茂，两人都以剔红而出名。张成的剔红作品在北京故宫存有两件，一件是《观瀑图剔红盒》，另一件是《栀子花剔红盒》；杨茂的剔红作品也有两件存于北京故宫，一件是《观瀑图八方盒》，另一件是《花卉纹漆尊》，两人的《观瀑图》，描绘的都是在山石树木的衬托下，一老者凭栏挂杖看瀑布，旁有二个小童伺候，唯一区别是杨茂的《观瀑图》比张成的《观瀑图》多一个小亭。从整体上来看，张成的作品中线条较为简练，而杨茂的作品则更为繁琐。

戗金就是用刀在漆器上刻划各种花纹图案，包括山水、花鸟、人物，然后填入金粉。同宋朝戗金作品相比，元朝作品中的花纹较宋朝的繁密，整体上给人富丽的感觉。当时的著名艺人有嘉兴的彭君宝。代表作有《双鸟纹经箱》和《人物花鸟纹经箱》，都存于日本。

元朝雕漆及戗金工艺的进步，为漆器工艺在明朝的鼎盛打下了基础。

"张成造"曳杖观瀑图剔红盒

南宋诗人谢枋得不屈绝食而死

至元二十六年（1289），南宋诗人谢枋得不屈绝食而死。谢枋得（1226～1289），字君直，号叠山，信州弋阳（今属江西）人。南宋宝佑四年（1256）中进士，1275年被任命为江东提刑，率众抵抗元军，失败后逃入福建。其妻子、儿子、弟侄都被元军捕捉，大多死于狱中。南宋灭亡后，谢枋得流落于山区，后来出山至建阳（今属福建），以教书为生。忽必烈命南宋降臣举荐江南名士，谢枋得屡在举荐之列，但他均予坚决拒绝。最后元官把他拘禁起来，强迫北行，谢枋得以绝食反抗，被押送到大都后不久去世。门人私谥他为文节先生。著有《叠山集》传世。

对南宋的灭亡，谢枋得深感哀痛。然而对南宋自身的腐败，他也并不讳言。正是出于满腔爱国热情，他才痛恨南宋王朝的腐败。在《上丞相留忠斋书》中他抨击

说："天怒于上，人怒于下，国灭主辱，理固宜然，天实为之，人岂能救之哉！"他期待有朝一日志士仁人出来廓清寰宇，恢复宋室。

谢枋得的爱国热情在南宋遗民中较有代表性。他们不尽是哀叹南宋王朝的灭亡，而更是痛感于自己的民族和国家遭到另一民族的野蛮征服，才奋起抗元。因此与历史上那些单纯拘于"君臣大义"，甚至为暴君虐政的覆亡而"守节"的遗民不同。他们的爱国主义思想是中华文明的重要组成部分，也是留给后世的一份宝贵的精神遗产。

飞来峰元代造像精美

杭州飞来峰元代十分精美，堪称古代江南石窟中的杰出作品。

飞来峰位于杭州灵隐寺前，山崖石壁上分布着包括五代、两宋至元的造像380余尊，共中元代作品最为精美。元代造像

杭州飞来峰元代造像

约在至元十九年（1282—1292）间，是奉敕任江南释教总统的藏僧杨连真及其僧侣、世俗官吏等所造。元石像多为佛教造像，共有68个龛、117尊造像，以佛、菩萨、度母等题材为多。石刻的题材和艺术风格有汉式和梵式两种样式。汉式造像较多，其中临溪崖壁上雕造的布袋和尚身倚布袋，手执念珠，袒腹而面露嘻笑，两旁有十八罗汉，造型及布局均非常生动形象而富有变化。

元代造像中还有大量的密宗佛像，有威武有力的天王、面貌俊秀、姿态活泼的度母。刀法洗炼，衣纹流畅。这些雕像布置在有林壑之美的山岩间，有超凡脱尘之趣，在选择环境、审地度势和造型设计上别具匠心。

飞来峰的梵式造像具有明显的喇嘛教艺术特色，如造于至元二十四年（1287）的佛顶尊胜度母，有三头八臂，每个头上有三只眼睛，身体怪异而面容慈祥。另一喇嘛教造像题材的骑狮多闻天王形象则非常威武。此外第5号龛的金刚手菩萨头戴化佛冠，肥胖臃肿，形如侏儒，形象十分怪异。

飞来峰的元代造像有的在风格上还存有宋遗规，也有的受西藏样式的影响。

飞来峰的佛教石刻造像在中国雕塑史上具有十分重要的地位。

缂丝工艺持续发展

缂丝工艺在我国的南宋时代已经极臻完善，元朝继承并光大了这一技艺，并融合了西域的织金技术，将金丝用于缂丝品的织造，使这一技艺进一步向前发展。

缂丝工艺主要用于缂织皇帝御服、帝像和艺术品。在元代，由于喇嘛教盛行而增加了佛像内容。产品栩栩如生，绘画作

缂丝东方朔偷桃图轴

品无法与之媲妍。法国巴黎收藏的元朝缂丝《三世佛》大轴，可能就是这里织造的。故宫博物馆收藏的《缂丝八仙拱寿图轴》和《缂丝东方朔偷桃图轴》是元代绘画性缂丝的代表作。内容乃庆寿应酬之类的礼品，前者以米色为地，图像用藏青、浅蓝、月白、中驼、浅驼等配色色调高雅，构图紧凑，体现了元代的绘画风格。后者寓意吉庆长寿，富于戏剧性。是人们所喜闻乐见的喜庆题材。也是米色为地，而图像用石青、宝蓝、清蓝、月白搭配少量水粉和瓦灰而成。

根据王祯《农书》所绘《耕织图》中的缂丝图

元代的缂丝与宋代相较，其风格更为粗放，组织增密，用金量增多，画幅增大，往往用数轴拼合。如《仪凤图》，画幅长达5.5米，原来可能是一个大屏风，织百鸟朝凤图，其间鸟语花香，一派吉祥景象，描绘十分精致，色彩也极为艳丽，用大量金线勾勒，气派而华丽，完整地体现了大元帝国的气势，展示了其艺术风貌。在用丝的经径、纬径及密度上虽不及宋代细密，但其作品主题鲜明，色彩高雅，从艺术整体上看，其艺术效果和艺术价值较宋代却各具千秋，甚至有过之而无不及。总的来说，缂丝工艺是在进一步向前发展。

玉京书会形成

玉京书会是元杂剧作家在大都（今北京）建立的一个创作组织。

当时，大都是元杂剧创作和演出的中心，北京杂剧作家全部集中在大都，为书会的建立奠定了坚实的基础。关汉卿、杨显之、白朴、岳伯川等人都是玉京书会的成员，其中关汉卿最有名，被公认为书会的领袖。

玉京书会里的作家称为才人。才人编写剧本大多是为生活所迫，因此他们的创作通过勾栏、瓦舍的艺人演唱，反映了下层劳动人民的意志和愿望。同时，才人与艺人之间亦建立起相应的友谊关系。他们之间互相合作编写剧本，这成为书会的创作特点之一。

书会的另一个创作特点就是才人们之间互相竞赛，如关汉卿被称为"捻杂剧班头"，马致远被称为"战文场曲状元"，都是由他们竞赛而得来的。

玉京书会创作的最鼎盛时期是元成宗的元贞、大德年间。玉京书会的形成促进了元杂剧的发展。

元官窑受伊斯兰风格影响

宋代的六大窑系原为一半官窑、一半民窑，元以后，全部转变为民窑，这样，元朝的官窑就以景德镇为主体了。元代景德镇官窑受到西亚伊斯兰教地区风格的影响，与民窑开始分道扬镳，走上了各自不同的发展道路，为后世官窑、民窑泾渭分明风格的形成打下了基础。

钧窑双耳三足炉

元代官窑受伊斯兰风格影响的原因有二：一是蒙古人重视工艺。重视工匠，在战争中搜罗了各地工匠。西征时带回的大批西亚工匠，被编入官营作坊，并将其作为骨干，令其传授技艺。发达的伊斯兰工艺技术（包括陶瓷、金工等）使元代工艺美术出现了新成就，尤其是导致了陶瓷工业的巨大进步。二是元统治者为充分体现封建等级制度，对民间作坊在器形、纹样、色彩、质地上加以严格限制，种种禁忌与商品规律的共同作用，将民窑推上了不同于官窑的发展轨道，使其很少受到外来因素的影响。

钧釉花口双耳驼座瓶

在彩釉的创制方面，青花的成熟并成为元代陶瓷的代表，是深受伊斯兰风格影响的结果。由于西亚盛产钴料，这些地区很早就知道用它来装饰陶器，公元 9 世纪已经出现了青花、唐三彩。元青花所用的钴料都是从这些地区进口的。元中期创制出中国青花以后，技术水平远远超过了这些地区原有水平，因而大量返销，反而影响着伊斯兰地区的青花瓷器的生产，钴蓝釉的产生也是这一影响的结果。釉里红的出现以及铜红釉的产生很可能是受西亚伊斯兰拉斯塔彩影响和启发后创制的。这些彩釉的创制，彻底改变了中国原无红彩、蓝彩的局面，使中国陶瓷的色彩更加丰富而鲜艳明丽。

分室龙窑出现

随着元代陶瓷的巨大进步，人们对窑的改造极为关注，分室龙窑的出现就是其中的杰出代表。

青白釉狮尊

分室龙窑由宋代产生的通间式龙窑发展而来，升温和降温都较快，可创造出还原性气氛，宜于烧制薄胎和石灰釉瓷器，产品光泽较好，透明度较高，釉色纯美晶莹。同时又克服了通间式龙窑的一些缺点，以适应时代的生产特点。如南宋以来，在生产仿玉产品时，人们使用高粘度的石灰碱釉，为使其釉面光滑均匀，必须控制好升降温的速度和延长保温时间，这在通间式龙窑中无法做到。再如德化白瓷的胎釉 K_2O 的含量较高，不适宜这种窑烧制。分室龙窑因此应运而生。

分室龙窑俗称鸡笼窑，最早见于宋代

广东潮安，元代时在福建德化得到进一步发展，这是依山坡的上升之势而建造成的，

青釉刻花牡丹纹执壶

窑身长而宽大，窑内砌有隔墙，将其分成若干个上下衔接的窑室，隔墙上抵窑顶，下部是一排通火孔，每室的前端隔墙处留有一个燃烧空间，供燃烧木柴并设有窑门。隔墙起着挡火作用。1976年，福建德化发掘的斗宫窑遗址是这种窑的代表。

分室龙窑的出现适应了元代瓷器生产的时代特色，成为明代阶级龙窑的前身，也是从宋代通间式龙窑向明代阶级龙窑转变的一种过渡形式。

彩釉出现新品种

元代瓷器是南宋青、白两大瓷系的延续，在此基础上引进了西亚伊斯兰陶艺新材料、新技术，出现了青花、釉里红、钴蓝釉、铜红釉、卵白釉等新品种，特别是青花、釉里红的成熟，结束了中国瓷器长达1300年的青瓷时代，开辟了中国陶瓷以彩绘和颜色釉为主的新时代。这些新的发明创造，奠定了元代陶瓷在中国陶瓷史上极其重要的地位。

早在9世纪前后，西亚的伊斯兰教地区就已烧出了青花，但它是在陶胎上画纹样，低温烧成，简陋粗糙，很不成熟。它传入中国以后被认真改造，将作为颜料的氧化钴画在瓷胎上，上罩透明釉，高温烧制，终于在元代中期（14世纪前期）创制出中国青花，因而很快获得了世界声誉。其器形雄大，纹样富丽，白釉泛青，蓝花深沉，精致典雅，是中国乃至世界陶瓷史上的珍品。

釉里红也是一种釉下彩，和青花一样，在白瓷坯上画纹样，然后上透明釉，高温烧成，而所用的材料是氧化铜，还原成红色，由于氧化铜呈色不稳定，大多灰暗，成功率低，技术难度比青花大得多，所以存世的作品相对少得多。

景德镇的元代窑址出土的釉里红瓷片显示这里是其出产地。它是在青花和伊斯兰拉斯塔彩的影响和启发下产生的。在元以前没有红彩，釉里红常与青花结合，叫"青花釉里红"。江西博物馆收藏有两件元朝青花釉里红珍品，铭文标示其制作时间为至元四年（1338）。河北保定出土的一对元朝青花釉里红盖罐，内有花卉纹样，花为釉里红，枝叶为青花，开光镂孔，精致典雅，是元朝瓷器珍品。

元代除了釉下彩外，还有颜色彩，包括钴蓝釉、铜红釉。钴蓝釉和青花一样，是将氧化钴还原，呈深蓝色。区别于青花的是，钴蓝是用钴料整个挂釉或涂地子，其实是青花的附产品。它也创烧于元朝景德镇窑。元以前无蓝釉，唐代的唐三彩所用钴料是从西亚进口的，传入中国以后，在元代产生了钴蓝釉。其加工手法有两种，一是在钴蓝釉上用金彩画纹样，低温烧制。另一种是在白瓷印花器皿上涂钴蓝釉地子，空出纹样，高温烧制。蓝色都显得深沉，这样的彩釉到明清时更加成熟。

彩釉的另一种是铜红釉，和釉里红一

样，将氧化铜还原，呈红色。和釉里红只画纹样不同，它是整个挂釉。同样，氧化铜呈色很不稳定，烧制时技术难度很大，产量低，现存作品很少。元代铜红釉和钴蓝釉一样，是初创新，很不成熟，只是明清此类产品的雏形。

最后还有隶属白瓷的卵白釉。因其不透明，稍微发青，如蛋白，故得此称。它是在青白瓷基础上发展起来的。比青白瓷白而无青白瓷之青，乳浊失透，不像青白瓷那么透明。上海博物馆收藏的卵白釉龙纹高足碗，是元代卵白釉的代表作。釉色洁白，内印双龙，器形端正，纹样清晰，制作精美，格调高雅。

景德镇早在北宋时就是名窑，元灭宋的前一年，即至元十五年（1278），同在此设立了全国最大的官窑浮梁总局，烧制朝廷所需的瓷器。生产条件最为优越，促进了景德镇陶瓷业的飞速发展，因而创制了青花、釉里红、钴蓝釉、铜红釉、卵白釉等彩釉新品种，奠定了其在中国乃至世界陶瓷史上的地位。

青白釉观音坐像

阿尼哥作塑像

阿尼哥（1244－1306）是尼波罗国（今尼泊尔）人。出身王族，擅长绘画、塑像、铸造及建筑。中统元年（1260），元世祖诏命帝师八思巴在吐蕃建造黄金塔，在尼波罗国征得工匠 80 人，年仅 17 岁的阿尼哥正是领队。八思巴赏识阿尼哥的才识，命他负责此项工程。第二年，黄金塔建成，阿尼哥削发为僧，并拜八思巴为师，随之到了大都（今北京）。奉元世祖之命修复明堂针灸铜像，至元二年（1265），铜像制成，关鬲脉络俱全，其精湛技艺令金匠叹服不已。至元十五年（1278），阿尼哥奉元世祖诏命还俗，被授以光禄大夫、大司徒，"宠遇赏赐，无与为比"。他先后领建 9 座寺庙、3 座塔、2 座祠堂、1 座道宫。两京（大都、上都）寺观塑像，大都出自阿尼哥之手。他用织锦制作的诸位皇帝御像，论其形神，为图画所不及。阿尼哥代表作今存有大都圣寿万安寺白塔（今

蓝釉白龙纹梅瓶

北京白塔寺白塔）。阿尼哥在建筑、雕塑上均引进尼波罗风格，使中国雕塑史上传自印度的汉式造像转变为传自尼波罗的梵式造像。

元杂剧兴起

元代杂剧是在前代戏曲艺术宋杂剧和金院本的基础上发展起来的一种戏剧样式。它的最初出现大致是在金末元初，其间经历了从不完备到完备的发展过程。杂剧体制的完备、成熟并开始兴盛起来是在蒙古王朝称元以后。到了成宗元贞、大德年间，杂剧的创作和演出进入鼎盛时期。

杂剧最初流行于北方，以大都（今北京）为中心，遍布河南、河北。受方言的影响，它有不同的声腔流派。魏良辅《南词引正》说杂剧声腔中有中州调、冀州调和小冀州调。这种北方声腔的剧种，很快流行于全国。元代前期城镇经济的相对繁荣为元杂剧的兴盛提供了物质条件和群众基础。钟嗣成《录鬼簿》记录的元杂剧前期作家和夏庭芝《青楼集》记录的元杂剧演员，大部分集中在大都等城市。元代文

杂剧。画面由乐队及舞儿组成。因其中有琵琶出现，说明杂剧发展到元代晚期已有弦乐伴奏。

人社会地位低下，促使大批文人投身于杂剧创作，这对元杂剧的兴盛起了关键性的作用。在金元之际战乱中，文人沦为奴隶的极多，且元代实行民族等极制，汉民族的社会地位普遍降低，文人不受重用。蒙古灭金以后，废除科举，在将近80年间断绝了文人从科举进升的道路，他们有的跻身小吏，有的归隐田园，有的流落民间。这几方面的因素在总体上造成了元初文人社会地位的普遍低下。文人社会地位的低下，使一大批文人以杂剧创作谋生，大大壮大了杂剧创作队伍，提高了杂剧创作的质量，他们对杂剧的爱好也造成了广泛的

杂剧。画面中5个演员并列一排，形象各异，两侧各有伴奏者2人，展示了早期元杂剧演出的情况和生旦净末等各种角色。

社会影响。同时，社会地位的低下也促使文人作家更深切地感受到人民群众的思想感情和生活愿望，更广泛地接触和了解社会。成书于文宗至顺元年的《录鬼簿》中记载的元代后期剧作家大多活动于南方，这都说明杂剧最后发展成了全国性的剧种。杂剧开始南移当是在南宋王朝灭亡、元王朝统一全国以后。元世祖至元二十七、八年，即宋亡以后的11年左右，当时在江南溧阳作官的元淮就有诗咏马致远《汉宫秋》和白朴《梧桐雨》等剧本（《金囷集》），这时距元贞元年只有四五年，而到元贞、大德年间，杂剧已是"举世行"，关汉卿、白朴等人的作品也已是天下流行了。

元杂剧在结构体制上，一般是一本四折演一完整的故事，只有个别的是一本五六折。每一折大都包括若干场次。有的杂剧还有"楔子"，篇幅短小，一般放在剧前。杂剧剧本包括唱词与宾白两大部分，唱词是剧本的主体。宾白大致可分为两类，一是有韵的诗白，一是无韵的散白。此外，剧本还规定了主要动作表情和舞台效果，叫做科范，简称为"科"。在音乐体制上，杂剧每折限用同一宫调的曲牌组成的一套曲子。演出时一本四折都由正末或正旦独唱，其他角色只有说白，分别称为"末本"或"旦本"。杂剧一般分为四大类：一是旦，即扮演妇女的角色，女主角叫正旦，其余为外旦、老旦、小旦、贴旦、花旦等；二是末，即扮演男子的角色，男主角叫正末，其余如外末、付末、冲末、小末等；三是净，即扮演反面人物或滑稽人物的角色，有副净、净、丑等；四是杂，指以上三类之外的登场角色。

元代杂剧所反映的社会生活比以前的文学较广泛和深入，尤其突出的是一些社会地位低下的普通人民普遍地被写入作品，

及至成为主要的正面人物形象，扩充了宋代话本在这方面开拓的新领域。

李衎画墨竹

李衎（1245～1320），蓟丘（今北京）人，字仲宾，号息斋道人，是元代较早的文人画竹名家。他曾在太常寺为吏，官至吏部尚书、拜集贤殿大学士，死后追封蓟国公，谥"文简"。

竹石图（轴部分）

李衎是元初北方文化系中最重要的画家之一。到过一些著名的产竹区，深入观察过各种竹子的生性和姿态，撰写成《竹谱详录》7卷，详述竹子的品种和画竹的技法，对后世影响很大。他说画竹有两种方法，一种是双勾填绿，学五代的李颇；一种是墨笔写竹，学北宋文同之法。李衎画竹好取全景，多以雨、雪等自然现象的变化来渲染气氛，衬托竹子坚韧刚直的个

中国通史

最新整理图文珍藏版

新篁图（轴部分）

龚开、郑思肖以画抗元

宋朝灭亡后，有一些文人画家隐居不仕，以绘画表现个人志节，流露对前朝的忠心和怀念以及对元代统治的不满，代表人物有龚开、郑思肖、温日观和颜辉等。

龚开（1221—约1307），字圣与，号翠岩，江苏淮阴人，南宋时曾任两淮制置司监，参加过抗蒙斗争。宋之后在苏杭间居住，开始了绘画生涯。龚开长于画人马、墨鬼，曾作画论《论画鬼》，认为"人言墨鬼为戏笔是大不然"，提出画鬼与画人的关系就如同草书与真书的关系一样，"岂有不善真书而能作草者"？他画风怪异，描法粗厚，坚实凝重，古拙沉厚，常在画中渲泄一腔亡国之恨。他画的《中山出游图》卷表达出希望借钟馗之力驱走恶魔，复兴宋室的心愿；又曾画《瘦马图》卷，叹息老无所用，壮志难酬的遗憾。

郑思肖（1241—1318），字忆翁，号所南，福建连江人，宋时曾为太学士，宋亡后绝意仕途，自号所南，寓背离元廷之意。他擅画兰竹，常在画中倾诉对宋朝的思念和亡国的悲愤。他用水墨画兰花，隐含着孤芳幽邃之意，以所画的露根兰来隐喻国土被外族人夺去。他画墨竹大多为晓光淡泊、苍烟数杆的景象，用来勉励自己保持晚节。著有《郑所南诗文集》传世，多表达故国之思。又著《心史》一书，全书深寄亡国之痛。

性。在他的传世作品中，墨竹以《梧竹兰石四清图》最为著名。此图前半画慈竹和方竹各一丛，形态和叶序都画得很准确，表现出他观察和写实水平很高；画卷后半的兰竹飘逸出尘，梧石潇洒浑厚，笔法秀雅，墨彩滋润，是元人墨竹中最杰出的作品之一。李衎的双勾填绿竹风姿秀美，竹叶密而不乱，叶身叶尖的着色都有变化，装饰效果很强，可以《双勾竹图》和《沐雨竹图》为代表。《沐雨竹图》中在倾斜的竹杆和下垂的竹叶上似乎可见下滴的雨珠，十分生动自然。李衎还擅长画松石古木，有《双松图》传世。他的儿子李士行也是画竹名家，作有《乔松竹石图》等。

花鸟图（卷，部分）。钱选作。

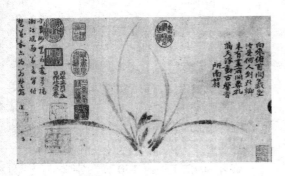

墨兰图（卷）。郑思肖作。

此外，颜辉在他的《钟馗雨夜出游图》中将鬼卒画成蒙军，也是以画抗元，表现出可贵的民族气节和爱国主义精神。

米氏云山派流传

金代风行一时的由宋代米芾、米友仁开创的云山墨戏，成为元代米氏云山的来源。元代承传米氏云山的画家众多，如高克恭、方从义、龚开、郭军、张羽等，其中最有成就的是高克恭和方从义。

高克恭（1248～1310），字彦敬，号房山道人，维吾尔族，官至刑部尚书。平生酷嗜书画，又爱江南山川，与当时文人画家交游甚广，是一个学识渊博的少数民族画家。他善绘山水，融合米氏云山兼取董、巨皴染而自成一家，亦擅画墨竹，常绘山色空濛、烟云峰峦之景，并用疏树、屋宇点缀其间，画风秀润清丽、俊朗厚实。代表作有《云横秀岭图》轴、《春山晴雨图》轴等。他的墨竹学习王庭筠，当时被称赞为"尚书高妙无敌"，他的《墨竹坡石图》画的坡石双竹笔法沉厚，是一幅难得的佳作。他曾多次到江南任职，后又在杭州定居，对南北绘画的交流起到了积极的作用。

方从义（约1302～1393），字无隅，号方壶，是江西贵溪人，上清宫的道士。他的画意出自董、巨和二米，所画的云山笔致跌宕放达，迹如粗头乱服，野朴不驯，狂放潇洒。其传世之作有《山阴云雪图》轴和《高高亭图》轴，《武夷放棹图》轴和《神岳琼林图》轴等。

任仁发画《二马图》

任仁发（1254～1327），字子明，号月山道人，上海松江人，官至浙东道宣尉副使，是元代著名的水利专家，一生中曾主持修建了许多大型水利工程，并著有《浙西水利议答录》10卷。

任仁发的绘画深受元初"崇唐"的文艺思潮的影响，他的工笔人物、花鸟、人

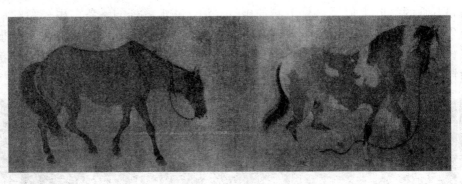

《二马图》，此图用笔简劲有力，画风细腻，设色明丽，是任氏别具匠心的优秀之作。

《云横秀岭图》，此图画层峦高岭，溪桥疏树。

藏），画中的马一肥一瘦，是用来讽谏"肥一己而瘠万民"的贪官，讴歌"瘠一身而肥一国"的廉臣，用图画生动地揭露出了官场中的黑暗。

任仁发的《秋水凫鹭图》轴的画风精密细致，色彩清艳，在盛行墨笔写意花卉的元代也是一幅少见的佳作。

何澄进呈画界

何澄（1223～1312），元朝大都（今北京）人。世祖时，以画艺待诏宫廷。至元二十五年（1288），曾画《陶母剪发图》。至大初年建兴圣宫，皇太后命何澄主管绘画事宜。接着，何澄以秘书监进入仕途。皇庆元年（1312），何澄进呈界画《姑苏台》、《阿房宫》、《昆明池》三图，被授以昭文馆大学士、中奉大夫，时午已90。他的弟子刘仲谦也是当时京城名画家。何澄的传世作品有《归庄图》。

王冕诗画自成一格

王冕（？～1359），字元章，号煮石山农，会稽（今浙江绍兴）人，元代诗

马皆得唐人笔意，尤其擅长画马，他的人马画可与赵孟頫相媲美。他画马学习了韩幹，画风精细规整，着色明丽秀雅。他的传世佳作有《出圉围图》卷、《张果见明皇图》卷等。他的最有代表性的作品是为后人所称道的《二马图》卷（故宫博物院

《张果见明皇图》，描绘了《明皇杂录》记载的唐明皇李隆基与神话传说中的八仙之一张果相见的情景。画中人物神态刻划入微，衣纹作游丝描，笔法精工，是任氏人物画精品。

王冕的《墨梅图》卷。写出野梅清疏的风姿，笔墨精炼蕴藉。梅花的画法，发挥了杨无咎"笔分三趯攒成瓣"的圈花法，改一笔三顿挫为一笔二顿挫，花须花衣随意点簇，颇为洒脱。

人、画家。他出身贫寒，7岁放牛时就好读嗜画，学问很深但却屡试不第，仕途失意后更增加对元代腐朽统治的憎恶，返乡后以卖画为生，寄愤情于画墨梅，成为元代画墨梅最有新意，成就最高的画家。他曾自题《墨梅图》卷："我家洗砚池头树，个个花开淡墨痕，不要人夸好颜色，只留清气满乾坤。"显示了画家超脱俗世的个性。他画梅学习了宋华光和尚和扬无咎，后自成一体，创"以胭脂作没骨体"，又创"密梅"的新画法，撰有《梅谱》，详论画梅渊源和画法要点，后人画梅多从中吸取有益之法。他的传世作品有水墨点瓣和白描圈瓣二体，前者以《墨梅图》卷为代表；后者以《墨梅图》轴为代表，此图画一倒垂老梅，疏花秃枝，满幅充溢着嫩俏清寒的冷峻之气。王冕所作的梅花不论点瓣、圈瓣，都画得枝梢挺秀纤细，呈富有弹性的孤线，上缀密蕾繁花，在清妍中透露出旺盛的生机，和宋代人所画的铁杆疏花、有苦寒之态的梅花有所不同，所以《图绘宝鉴》中评价他的作品是"万蕊千花，自成一家"。他有时在画白描圈瓣梅花时还把背景全部用淡墨染暗，比宋代汤正仲的"倒晕"更能衬托出梅花的高洁，所以当时人称赞他的作品有"上有万点冰花明"之句，都表明了他画梅的独到之处。明魏成宪也曾夸赞他画梅花："山农作画同

作书，花瓣圈来铁线如，真个匆匆不潦草，墨痕浓淡点椒除。"王冕的墨梅确实取得了很高的艺术成就。

王冕出身农家，长期生活于民间，在元末阶级矛盾日益尖锐的情况下，还写了许多反映社会现实的诗。其诗作集中保存在《竹斋诗集》（4卷）及附录（1卷）中，诗作的思想内容较为丰富，主要表现对人民生活疾苦的同情，对权贵的腐败骄奢的谴责，以及对功名利禄的轻蔑。如《伤亭户》中用"天明风启门，僵尸挂荒屋"的凄惨景象，写出了一个盐民在课税催逼下全家丧亡的悲剧。《痛苦行》中"京邦大官饮酒肉，村落饥民无粒粟"；《江南民》中"淮南格斗血满川，淮北千里无人烟"，都大胆揭露了社会弊端，较为深刻。而在《对景吟》中写"五陵年少郎，卖田去买青楼娟"，则揭露了官僚地主

王冕的《墨梅图》卷。此卷画一枝报春的梅花，花瓣用墨染成。全画生气盎然，清新悦目。

的荒淫无耻行径。而对黑暗的现实，他不愿同流合污，常借咏梅以表现自己不甘随俗沉浮的品格志向。如《白梅》中"冰雪林中著此身，不同桃李混芳尘。忽然一夜清香发，散作乾坤万里香"。他的诗风质朴豪放，善于运用对比手法，在元代诗歌中属上乘之作。

王冕的诗画所取得的思想和艺术成就都很高，而且自成一体，风格独具。

赵孟頫绘画主张有古意

赵孟頫是元代画坛的领袖人物，是元代文人画的主要奠基人。赵孟頫认为作画贵有古意，这是他审美思想的核心。他提出了崇尚唐人的艺术思想，实际上否定了宋代院体刻意求形的写实画风。借崇古以创新，强调画人物要描绘出其性情为佳，他画山水亦重师法造化。赵孟頫还将书法与绘画用笔有机地结合起来，揭示了书画的内在联系。赵孟頫身体力行，擅长山水、花鸟、人物、鞍马和竹石墨戏，工笔、写意、设色、水墨无一不精，对元代文人画的兴盛在理论、技法、风格上都起了开辟道路、转移一代风气的作用。

赵孟頫（1254～1322），字子昂，号松雪，又号水精宫道人，湖州人。宋朝宗室，早年以父荫补官，任真州司户参军。元代被荐引入都，历任同知济南路总管府事、江浙行省儒学提举、翰林侍读学士。延祐年间，改任集贤学士、翰林学士承旨、荣禄大夫，去世后被封为魏国公，谥文敏。在元代深受元世祖和元仁宗的宠遇，尤其是仁宗十分敬重他的才华，将他比作李白和苏轼。他博学多才，工古文诗词，通音律，精鉴赏。著有《尚书注》、《琴原》、《乐原》各1篇，诗文著作有《松雪斋文集》传世。

赵孟頫的绘画渊源，主要取自晋唐和北宋。工笔重彩的人物鞍马画，多保持唐人风范，法度严谨，风格古朴。白描水墨取法李公麟，山水画出自董源、巨然和李诚、郭熙两大体系，但他能脱去精勾密皴之习，参以唐人高古之趣，自创新格。他尤其善于把书法用笔融入绘画之中，创用枯笔淡墨、浅绛设色的方法，格调疏淡隽逸，在花鸟画方面，赵孟頫融合徐熙、黄筌二体，兼工带写，不事工巧，而以清疏淡雅取胜。他的兰竹画继承苏轼、文同、赵孟坚的传统，采用飞白书法写竹石，进一步丰富了文人墨戏画的表现技法。

最新整理图文珍藏版

赵孟頫的《红衣罗汉像》卷

赵孟頫传世画迹，呈现两种画风：工整和疏放。工整者浑穆精丽有唐人风韵，如《浴马图》（故宫博物馆藏），画唐代圉夫洗浴皇家良驷，人马用游丝描，刻划得十分细腻生动，坡石、古木笔法沉厚，设色以突出人马为主，间用青绿，敷彩清丽华美。笔墨疏放秀逸者有《鹊华秋色图》（台故宫博物院藏），画的是济南郊外的鹊山和华不注山，整幅作品具有宁静、闲适的抒情基调，多用干笔皴擦。这种干笔画风在他的《水村图》卷（故宫博物院藏）里更为醇熟。另外，还有写真写实的画迹如《红衣罗汉图》卷、《秋郊饮马图》卷、《人骑图》卷和《奚官调马图》卷等。他的竹石画如《秀石疏林图》卷和《怪石晴竹图》卷等，皆以纵逸之笔抒写，其清俊的绘画风格极大地吸引了后世文人画家的追崇和效仿。

赵孟頫一家皆长于书画，名于一时。赵孟頫自至元二十三年（1286）入仕元廷直至至治二年（1322）在故里去世，其绘画活动沟通了南北画风，从崇尚唐人为创作宗旨，在山水人物和花鸟画中树立了清新雅致的艺术格调，开创了元代文人画的新面貌。在他的影响下，朝中和江南涌现出一批画风各异的文人画家。

赵孟頫影响江南画坛

赵孟頫的地位和艺术造诣使他成为元代画坛的中心人物，很多画家与他都有师友关系，他的绘画实践和艺术主张集中体现了元代文人画在继承宋金基础上的新发展，对当时和后世绘画都有巨大的影响。尤其是江南画坛，受他影响的山水画家更是为数众多，有的得到他亲授，有的受他的举荐而入仕，如曹知百、朱德润、唐棣等，在传承北宋李成、郭熙的笔墨和艺术风格上取得了突出的艺术成就。

唐棣（1296～1364）字子华，幼有"神童"之誉，是浙江湖州人，曾得到赵孟頫亲授，官至吴江知州。他吸取了北宋山水画的坚硬笔法，画风清朗华润，擅在画中点缀人物，表现江南的渔家之乐。代表作为《霜浦归渔图》轴和《雪港捕鱼

赵孟頫的《人骑图》卷

中国通史

最新整理图文珍藏版

吴镇的《芦花寒雁图》轴。

图》等。

朱德润（1294～1365），字泽民，号睢阳散人。早年受赵孟頫举荐做官，英宗死后隐居 30 年。其画承赵孟頫的文人意趣，多写文人学士在山林里的游赏闲居和雅集活动，所画林木疏秀苍润，笔势劲逸奔放，如《秀野轩图》卷、《松溪放艇图》卷和《林下鸣琴图》轴等。

此外，师从赵孟頫，受他影响的画家还有陈琳、郭界、张雨等，而以元四家的艺术成就为最高。

图》轴。

曹知白（1272～1355）字贞素，号云西，华亭（今上海松江）人，为江南巨富。他的山水画受赵孟頫影响极深，趋向北宋李成和郭熙的寒林笔意，兼得董、巨笔韵，画风疏秀清雅，笔墨简洁枯淡，常画松自比品性高洁，如《双松图》轴和《双松平远图》轴；也擅长画庭院内外的风光，如《群峰雪霁图》和《疏松幽岫

王蒙的《夏日高隐图》轴。

元代壁画的杰作
——永乐宫壁画绘成

元朝的蒙古统治者看到道教在汉族中的影响而极力提倡，这成为元代道释绘画

道教故事"钟离权（右）度吕洞宾（左）"。

得以复兴的条件，于是出现了大量的宗教壁画。当时大量画家致力于山水画创作，所以这些壁画多出自民间画工之手，但仍具有相当水平。现尚遗存的永乐宫道教壁画是元代壁画的杰作，大约绘成于14世纪早中期。

永乐宫又叫纯阳宫，宫址原在山西永济县永乐镇，1959年因建三门峡水库被整体迁移至山西芮城县。壁面主要绘制于宫内龙虎殿（又称无极门）、三清殿（又称无极殿）、纯阳殿（俗称吕祖殿）、重阳殿（也称七真殿）内，保存较完整，稍有残缺的是无极门壁画。画的内容是神荼、郁垒、神吏、神将等像，人物横眉怒目，甲胄森严，手持剑戟等器，威风凛然，颇有气魄。

三清殿是永乐宫主殿，殿内供奉道教最高的尊神三清像，塑像已毁，殿内壁画

高4.26米，全长94.68米，壁画总面积达403.33平方米。壁画的主体部分是《朝元图》，系洛阳名匠马君祥长男马七待诏和门生王秀先等人所绘，完工于泰定二年（1325）。其画面结构与传世之宋代武宗元所绘《朝元仙杖图》及徐悲鸿纪念馆所藏《八十七神仙卷》相似，也可能是依据早期的粉本绘制的。《朝元图》的内容是以8位着帝、后装束的立像为中心的290来个神祇朝谒元始天尊的盛大场面。神像身高皆在2米左右。按照传统的表现手法，将8位立像身材画得高于周围人物。画家通过人物的动态、表情、华贵的冕旒、衣饰、坐具和头光、华盖、供具，以及周围人物恭谨的态势，突出了其王者的雍容气度。在主像周围的众多神祇中，有一些可从其形象特征和服装、用具上识别出具体名号，如天蓬、天猷、黑杀、真武四圣及其随从、玄元十子、廿八宿、美丽的天女等。画家力图在统一的环境氛围中赋予这众多的神像以不同的个性特征，群像的神态刻画严谨细致，各种人物的身份、气质都被表现得形神兼备。浩大的场面，由人物的不同

朝元图——奉宝玉女。

中国通史

最新整理图文珍藏版

表情、动作而相互沟通，组合紧密而不局促，形成一个相互呼应的群体。画面以紧劲圆浑的线条勾勒，轻重顿挫，变化丰富，具很强的装饰性。着色主要用石青、石绿、朱砂、石黄等矿物颜料，沥粉贴金，堂皇富丽。

纯阳殿、重阳殿壁画风格近似，均采用连环形式，寓众多内容于一壁。其中纯阳殿的《纯阳帝君仙游显化图》、《钟离权度吕洞宾图》，由画工朱好古门人张遵礼等人绘制于至正十八年（1358）。重阳殿壁画内容是王重阳的故事传说，具体绘制年代不详。这两殿壁画都是逐幅连续的大构图，内容包罗万象，有亭台楼阁、山野村舍、云雾树石、舟船、茶肆、私塾、园林，又有贵官学士、商贾农夫、乞丐等人物，是研究宋、元社会风俗颇为珍贵的形象资料。在纯阳殿殿门两侧南壁绘有对幅道观醮乐和道观斋供图，人物生动，绘画风格卓有古意。

永乐宫壁画的绘成，显示出元代民间画家的卓越才能。其壁画技法继承和发展了唐宋以来宗教人物画的传统，开相端庄生动，线条遒劲流畅，色彩绚华明丽，是元代美术的珍贵遗产。特别是三清殿的壁画规模最大、绘制最精，代表了元代壁画艺术的最高成就。

套印版画出现

元代雕版印刷业兴盛，雕版印刷技术有了进一步发展和提高。彩色套印版画开始出现。

在雕版印刷的佛教经籍中，如《碛砂大藏经》，嘉兴路顾逢祥等刊印的《妙法莲华经》，都有不少工整的版画。更值得注意的是，当时名重一时的无闻和尚所注《金刚经注》，用朱墨套印，可说是继辽代漏印套色版画之后的最早雕版彩色套印版画。经注中的一幅《无闻老和尚注经处产灵芝》图，刊于元顺帝至元六年（1340），比欧洲第一本带色的雕版书《梅因兹圣诗篇》早170年。此外，元代版画还有建安虞氏在至治年间（1321～1324）刊印的5种"平话"，即《武王伐纣》、《七国春秋后集》、《秦并六国》、《续前汉书》、《三国志平话》等，书中上图下文。刻工为吴俊甫、黄叔安等人。图画绘刻颇有连贯性，可说是中国连环版画的前身。由此可见，

元至顺年间的佛教版画《妙法莲华经首图》

元代版画不仅题材广泛，而且绘、刻、印技术都有显著提高。它为明、清版画的大发展，至少在技艺上，创造了多方面的有利条件。

赡思修定治河书籍

至治元年（1321），赡思将北宋沈立所著《河防通议》、南宋周俊的《河事集》及金代都水监管撰的《河防通仪》三书整理合编，"削去冗长，考订舛讹，省其门，析其类，使粗有条贯，以便观览而资实用"，改成《重订河防通仪》2卷。此书于顺帝至元四年（1338）八月正式刊行，共分河议、制度、功程、输运、算法6门，凡物料、功程、丁夫、输运及安桩、下络、叠堰、修堤之法都有详述，是对宋金两代治河经验的总结，是10至14世纪治河的主要文献。

赡思字得之，原籍大食国，祖父鲁坤自丰州（今内蒙古呼和浩特白塔）迁真定（今河北正定），遂为真定人。顺帝后至元二年（1336）任陕西行台监察御史，四年（1338）改任浙东肃政廉访司事。因病辞归后，谢绝征召，不再做官，而专事学问。是一位精通水利、地理、天文、数字的学者。

汪大渊游历南洋

元代，海外贸易十分繁盛，海上交通随之发展起来，官府也在一些繁荣的港口设立市舶司来管理对外贸易，并编撰一些有关这些港口的地方志，由具有丰富经验的航海家来执笔。汪大渊撰写的《岛夷志略》便是其中一例。

汪大渊（约1311～1350），字焕章，江西南昌人，是当时有名的海上旅行家，曾两次由泉州出发随商船出海，第一次是在元顺帝至顺元年（1330），踏足印度洋地区，历时5年；第二次是在至元三年（1337），游历南洋地区，历时3年。后官府决定修订《清源续志》（清源即泉州），汪大渊由于两度由泉州出海，故受邀撰写《岛夷志略》一章。

《岛夷志略》是一部内容丰富、通晓国际事务的手册，也是第一个环航亚非大陆及其周围岛屿的中国人的记录。全文共计100个条目，涉及国家和地区220多个，包括东南亚、南亚及西南亚地区，以各个国家和地区为区分，分别叙述，内容包括各地的地理、气候、风土、人情等等，十分详尽。书中记有很多具有开拓性的条款，如对于"澎湖"的叙述，明确指出地处"泉州晋江县"，距离大陆"自泉州顺风二昼夜可至"，各小岛分布"三十有六，巨细相间，坡陇相望"，气候"常暖"，风俗"朴野"。特别有一条"至元年间立巡检司"，是现今发现的有关在澎湖设巡检司的最早记载，具有很大的历史价值。

《岛夷志略》不但涉及地理范围广泛，最主要的还是全书绝大部分内容都是作者亲身经历游览过的，除最后一条"异闻类聚"是由传闻而来外，其余99条都是"皆身所游览，耳目所亲见"，故此书的文献价值可想而知，是后人特别是航海家的重要参考资料。

汪大渊在他出国周游的过程中，广泛接触的有印度教文化、伊斯兰教文化，还有欧洲的基督教文化，而中国的文化通过丝瓷的行销和许多生活用品、新发明的输送，已由南亚、印度洋波及地中海，为16世纪中国和欧洲文化的交流起了推波助澜的作用。《岛夷志略》对中国丝瓷文化在世界范围内的影响作了精细的考察，也为世界上具深远魅力的文化留下了珍贵记录，这使汪大渊得以跻身世界伟大旅行家之列。

流族文人多放浪

元朝政府重武轻文，重实用轻词章，这就使文人无用武之地，最终造成他们的放浪生活。

早在元太宗时，元朝就有"儒户"制度，免儒户差役，但法令没有得到很好的贯彻，加上统治者的朝令夕改，如皇庆元年（1313）明令"儒户差泛杂役……与民一体均当"，使许多元朝文人都穷困潦倒。"九儒十丐"，说明了元朝一般文人贫穷得几乎与乞丐一样。

虽然元朝也有求儒之举，但政府始终重武轻文，重实用轻词章，使文人在生活上、政治上和精神上受到相当的压抑。于是他们走向两个极端：一是遁迹山林，一是纵情放浪。这成为元代文人的生活风尚。

当时，无论是在朝的还是在野的，得意的还是失意的，已经做官的还是未做官的，都向往山林田野，讴歌山水隐逸之乐趣。如李俊民在《和河上修桥》诗中说："龙种不爱凌烟像，只有山林志可酬。"道出了一部分文人的心声。

另一部分而且是更大批的文人则向往于纵情放浪、不拘名声的生活。

贯云石以散曲著称

贯云石（1286～1324），原名小云石海涯，自号酸斋，又号芦花道人，维吾尔族人，元代散曲作家。他是当时成就较高的一位少数民族作家，曾任翰林侍读学士等职，后来为了避免卷入政治风波而称病辞官，隐居于江南杭州一带。曾在杭州市中卖药，无人识之。他文武双全，接受过汉族文化的教育，在诗歌、书法等方面都有一定的成就，以散曲最为有名。从他的为人和作品中可以看到元代各族文化互相渗透的情况。后人将他的散曲与当时南方另一散曲家徐再恩的作品编在一起，合称《酸甜乐府》，共存小令86首，套曲9首。

贯云石的散曲多描写山林逸乐生活与男女恋情。由于他出身于西域武官家庭，又长期生活在山明水秀的江南，因而形成了其不仅豪放洒脱兼且江南文学清秀媚丽的俊逸风格。如小令［正官·小梁州·秋］，是一首描绘自然风光、景致的散曲，表现出诗人开朗的性格。曲的开头写道："芙蓉映水菊花黄，满目秋光。"芙蓉，此处指木芙蓉，是秋天开淡红或白花的一种落叶灌木。这两句紧扣主题，通过具体的景物，把秋光点染。"枯荷叶底鹭鸶藏，金风荡，飘动桂枝香"是对秋景的进一步描写。这三句承接前两句，由视觉转移到嗅觉：这宜人的秋景，不但有色，而且有味。下片"雷峰塔畔登高望，见钱塘一派长江"是写诗人登高远望，见长长的钱塘江水，浩浩荡荡，奔流入海，一派壮观的景象。接下来四句："湖水清，江潮漾。天边斜月，新雁两三行。"描写荡漾的江河湖水、斜挂天边的月亮和飞行的大雁，有动有静，动静结合，构成一幅美妙的图画。在这幅金秋图卷里，透露出一种春的气息，给人一种"不是春光，胜似春光"的美的享受。

此外，贯云石的作品也有一部分是对当时黑暗政治的嘲笑和反抗，如［双调·殿前欢·吊屈原］。从表面上看，这首散曲是在讥笑屈原，其实并不是真正的讥笑，而是在狂笑中满含酸楚的泪水，是在吊屈原："伤心来笑一场，笑你个三闾强，为甚不身心放？"诗人在这里运用抑圣为狂、长歌当哭的手法，把自己复杂的心情曲折地流露出来，表现出对当时统治阶级极端厌

最新整理图文珍藏版

恶的态度。

贯云石的散曲在当时最为流行，歌唱起来，响彻云汉。他曾为海盐腔的创造和传播作出了一定的贡献。同时，曾为《小山乐府》、《阳春白雪》作序，使他成为最早的散曲评论家，在当时的散曲界十分活跃，颇有影响。

卢以纬研究汉语虚词

卢以纬，字允武，东嘉（今浙江）人。

泰定元年（1324）他著成《语助》一书，这是我国研究汉语虚词用法最早的一部专著，改变了以往零星研究虚词的状态。此书共计 66 个条目，分析了 135 个虚词（包括单音虚词、复音虚词）或固定结构，研究了它们的语法意义、语法功能。

在研究方法上，卢以纬注重比较研究，以辨析字义差异见长。具体说来，他的研究有以下几个特点：

第一、注意从声音、意义和语气轻重缓急的不同来辨析虚字。

根据声音不同辨析的，如"也、矣、焉"："是句意结绝处。'也'意平，'矣'意直，'焉'意扬。发声不同，意亦别。"根据意义不同说明虚字用法的如"且"："有宽缓说来之意；有漫尔如此之意；或有苟且之意；或有将次之意。"根据语气轻重缓急的不同去分析的，如"呜呼、吁"："呜呼，嗟叹之词，其意重而切。'吁'亦咨嗟之词，其意稍轻。"

第二、注重从位置的不同来分析虚词。如"而"："是句中转折带此声以成文见义。句首有'而'字，亦是承上文转说下意；句末有'而'字，却是咏歌之助声，与'兮'字相类。"

第三、通过对同类义近虚字的比较来研究虚字。如"于"："是指那事物或地名之类而言，故着一'于'字以指定之，与'於'字相类，微有轻重之别。'于'比'於'意略重。"

第四、拿虚词与俗语、口语对比研究。如"尔"："'尔'字有带'此'字意处，俗言'恁地'。"

作为虚词方面的草创之作，《语助》还存在着不少缺点，如收词阙漏很多，体例不够严密等。

诉讼制度成熟

元代以前的中国古代法典，从来没有将"诉讼法"作为一个独立的法律门类，单独成篇。北齐时，《斗讼律》才真正涉及诉讼法，但也仅是《斗律》的附件。隋唐法典袭用北齐"斗讼"之名，情况并无改变，虽有许多条目涉及诉讼法，但诉讼仍不占突出地位。

到了元代，据《大元通制》、《元典章》、《经世大典·宪典》以及《元史·刑法志》看，《诉讼》已在元代法律体系中独立成篇，元代诉讼制度已经成熟，主要体现在如下方面：

元代法律规定，告状人必须在抬头注明姓名，署明写状年、月、日，写明所告事由。明确了书写诉状的格式，使法律文书规范化。据日本元禄十二年（1699）翻刻的元泰定二年（1325）本《事林广记》载，"写状法式"有 17 种；又有《事林广记》至顺刻本别集《公理类》载"告状新式" 14 种。

其次，民事诉讼与刑事诉讼开始出现分离趋势，如对民事诉讼的当事人一般不许羁押，一般婚姻、家财、田宅、债负案件，听任社长调解处理。同时又规定在不妨农时的月份，由正官受理民事案件，而由各级推官专治刑狱。

再次，代讼在元代也开始制度化。元代法律规定："凡陈词年七十岁以上、十五岁以下，笃废疾，法度不合加刑，令以次少壮人丁代诉。"也就是说老、少、残疾人可请他人代诉。此外，闲居官若与百姓发生婚姻、田宅、债负之类民事纠纷，可令子孙、弟侄或家人代诉。

最后，为调整不同民族、不同身份、不同户籍以及僧侣之间的刑名词讼，元政府制定了由不同当事人的直属上司会同地方官共同审理案件的"约会"制度。

元代诉讼制度的程序化与规范化，结束了中国法律文明发展史上只有实体法，没有独立程序法的时代，是蒙古族对中华法律文明发展的一大贡献。

建宁成为书坊中心

为适应科举需要而刊行的经典、正史、史书的节本，纂图互注子书、字书及为应科举考试的模仿文章等都需要刻书，因此，元代书坊刻书比宋代更为兴盛。

元代书坊分布以福建宁府为中心，这里是书坊聚集之所，建阳、建安两县则最为著名。在建安县，就有崇化镇余氏勤有堂、麻沙镇刘氏南涧书堂、叶景逵的广勤堂、刘锦文日新堂、郑天泽宗文书堂等著名书坊，历史悠久。其中最负盛名的是余氏勤有堂和叶氏广勤堂。

余氏祖先北宋时已在建阳以刻书为业。余氏到各地选购纸料，然后印"勤有"字样，所以乾隆时所存米芾墨迹的纸幅上尚有"勤有"牌记，可见勤有堂的名号相传已久。余氏的刻书业，以岳珂所推重的余仁仲为最盛，到明代仍未衰。元统（1333—1334）年间，勤有堂刻苏天爵《国朝名臣事略》，至正（1341—1367）年

间刻《广韵》。由于余氏书坊望重，当时官刻书亦多由勤有堂刊行。

与余氏勤有堂齐名的还有建安的叶氏的广勤堂。余氏书坊盛于南宋，而广勤堂盛于元明。广勤堂刻书很多，特别是该书坊曾得到大量余氏书版的版片，将其牌记剜去，则刻以"广勤记"的木记。

郑天泽宗文书堂于至顺元年（1330）刻刘因《静修集》22卷、补遗2卷，这是《静修集》最古最完备的本子，《四部丛刊》就是据此本影印的。

叶德辉对坊刻本的评价说："坊估无学，实形鄙陋，惟其板刻精美，为坊肆当行。"书商非学者，故坊刻书不及家刻本校勘精细，但其版式、字体均善，数百年后，即使是元坊刻本也已成为清代藏书家珍视之宝。

三大家主宰元初书坛

元初书坛三大家赵孟頫、鲜于枢和邓文原，转变了南宋一味崇尚苏、米的形式主义文风，提倡"专以古人为法"，深研晋、唐先贤的书法，对元代书法的影响极大。

赵孟頫（1254—1322），字子昂，元代湖州（浙江吴兴）人，号松雪，人称"赵松雪"、"赵吴兴"，是宋太祖之子秦王德芳的后裔，太祖第十世孙。

赵孟頫从5岁起开始学习书法，书写十分勤奋，"下笔神速如风雨，一日能书一万字"，篆、隶、楷、行、草都很有造诣，以楷书见长，与颜、柳、欧齐名，人称"欧、颜、柳、赵"。

赵孟頫以"师古"为门径，创新为要旨，力诚南宋仿苏、米之风的"近体"，而是广泛学习晋、唐各大家的名迹。他的篆书学习《石鼓文》、《诅楚文》，隶书学

习梁鹄、钟繇，行书学习逸少、献之；他最倾心研习的，是王羲之的《圣教序》与《兰亭》、《十七帖》，后又学习李北海，最终创出"赵书"一家三体。

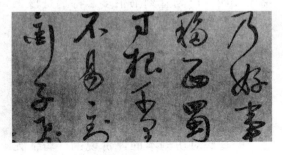

鲜于枢的《苏轼海棠诗》卷（部分）

在赵书成就最高的行书与楷书中，传世的名作有《湖州妙严寺记》、《胆巴碑》、《仇彦中碑》、《仇锷墓志铭》、《御服碑》等。他的书风随着师承变化而渐趋成熟，早年笔风纤秀，以草书《千字文》为代表；中期自成一体，在小行书《洛神赋》和大行书《烟江叠嶂诗》中创造了遒美秀逸、舒展劲健的风格；晚年则达到了严谨、活脱，内敛与潇洒的高度统一，以《胆巴碑》为代表。

赵孟頫在元代复古尊帖的风气中起着带头的作用。他在书法史上有两大建树：一是振兴章草，二是振兴楷书。他的书法理论主要是师法古人，重用笔，重工勤。他的书法贡献集中在对晋唐大家的悉心苦研和确立鲜明独特的个人风格。赵孟頫的书法对元代以至后代的书法艺术均发生了深远的影响。

元初的另一位书法名家是鲜于枢。鲜于枢（1257～1302），字伯机，号困学山民，渔阳（今河北蓟县）人，官至太常寺典簿，为朝鲜族后裔。鲜于枢书法初学金人张天锡，后又学晋唐人的行楷，小楷学钟繇，草书学怀素，而集诸家之大成，尤以大字、草书知名。据传他是看到两个挽车人在泥沼中行进而悟到笔法的意象的。

他的执笔最有特点，使用独特的回腕法，写字强调胆力。他的小楷似钟王而雅有风神，大楷则凝重具有唐人风范，草书则体势高古，行书雄浑纵肆，笔法极为超群。他作书好借酒力，用秃笔挥写，有圆浑朴拙和苍厚凝古之意。他生前与赵孟頫是好友，其书法也被世人与赵书并提，在当时已能与赵孟頫相伯仲。人们评论他与赵书之异同，认为他具有河朔之气，如渔阳健儿，奇态横发；而赵孟頫则像一位贵族公子，风神清朗。鲜于枢传世佳作有《杜工部行次昭陵诗》卷、《苏轼海棠诗》卷、《王荆公诗》卷、《张生帖》、《王安石杂诗》卷、《归去来辞》、《韩愈石鼓歌》等。

赵孟頫《仇锷墓碑铭》书影

元初与赵孟頫、鲜于枢鼎足而立的书法家还有邓文原。邓文原（1258～1328），字善之，号素履先生，绵州（今四川绵阳）人，后迁徙至杭州。少时虽然家境贫寒，但他刻苦学习，15岁已通《春秋》，官至集贤直学士。他早学二王，后学李北海，以擅长草书而著名，兼工真、行，书法笔势流转，飞翔自如，健硕充伟，秀丽谨严，以楷、隶笔法融入草书，别有风采。他曾与赵孟頫、鲜于枢共同切磋书法，三家并立。他的传世佳作有大德三年（1299）所临的《急就章》、至治二年（1322）写成的《书清居院记》。《急就章》是他临写三国东吴皇象的力作，笔姿近晋人索靖的《月仪帖》，成就很高。

元初三大家对元代及后世书法艺术产生了深远的影响。

虞集古隶当代第一

继元初诸家之后，在书坛产生了较大影响的著名书法家，首推被后人称为邵庵先生的虞集。

虞集（1272～1348），字伯生，号道园，四川仁寿县人，曾任奎章阁侍书学士，著有《道园学古录》。《元史》称赞虞集是一个学问渊博而人品高尚的人。《书史会要》评价他的书法，在真草篆隶方面都有很大成就。他的书法正楷、行草绝佳，楷体字得欧字的劲健之风，行草《不及入阁帖》风姿绰约。

虞集的作品《诛蚊赋》非常著名，这篇文章原是他的六世祖虞雍撰写的，虞集怀着对祖上的追怀之情，于元统三年（1335）书写下了这篇赋文，时年64岁。卷为行书，笔风清朗蕴藉。虞集的楷书《何澄归庄园跋》与《题画诗》，用笔端庄秀媚，中和了杨凝式与苏东坡的书法。（何

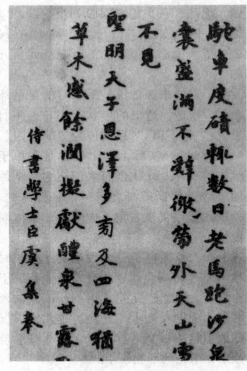

虞集的《题画诗》（部分）

澄是金末元初的一位画家，90岁时画成了这一幅图卷，赵孟頫等许多元代的名家都曾为此图作题跋。）

虞集书写的《把菊轩诗》非常接近杨凝式的《韭花帖》，《不及入阁帖》则笔锋流转自如，接近王献之的《鸭头丸帖》，表明他摹写古帖的功力非常深邃。

虞集为奎章阁的侍臣，当文宗皇帝在阁内观赏书画时，他常侍从在侧，可称为宫廷书法家。他的古隶在当时成就极高，影响很大，被陶宗仪推崇为"当代第一"。

新乐器出现

元代的乐器一方面继承了宋代、金代已有的种类，一方面又出现了一些新的乐器，著名的有火不思，七十二弦琵琶、兴隆笙和渔鼓、简子等。

火不思是一种弹拨乐器，"制如琵琶，直颈，无品，有小槽，圆腹如半瓶绖，以皮为面，四弦皮榀，同一孤柱"。据传在汉代就已传入中原，但它的流行是从元代开始的。

火不思的来源传说是王昭君的琵琶坏了，派人重造，造出的形状很小，王昭君笑着说："浑不似。"后讹传为"胡泼四"，即"火不思"。实际上这个名称是来源于突厥语的音译。元代也有人记述它是从回回国（今俄罗斯咸海之南一带）传入的。这种乐器至今仍在甘肃、内蒙古、云南丽江流传。

七十二弦琵琶也是弹拨乐器，元朝时原在南亚西北部和西亚北部一带流行，于成吉思汗之孙旭烈兀建立伊利汗国以前西征时传入中国。七十二弦琵琶是元代根据其弦数拟定的汉文名称，与现在新疆维吾尔族乐器卡龙的形制很相似。

兴隆笙是西方风压管风琴传入我国后，经改制重新命名的一种乐器。相传是中统年间（1260～1264）回回国进奉的一件乐器，后由乐官郑秀改制成兴隆笙，并分定了清浊音律。它用楠木制成，外形好像双层屏风；主体如柜，起笙匏的作用，上竖着90个紫竹管，柜外伸出有15个小橛，小橛上又竖小管，有簧可鸣；柜前有两个皮风口，系有风囊。由3个乐工演奏，一个鼓风囊，一个按律管以鸣簧，一个开动机关，使木制孔雀应和节奏飞舞。兴隆笙当时是起导乐作用的重要乐器，主要在宫廷宴乐上使用。

渔鼓和简子是两种常常合并使用的击节乐器，在乐队中由8名妇女演奏。明人王圻辑的《三才图会》中描绘渔鼓简子为："截竹为简，长三四尺，以皮冒其首——皮用猪脊上之最薄者，用两指击之。又有简子，以竹为之，长二尺许，阔四五分，厚半之。其末俱略反外，歌时用二片

合击之，以和者也。其制始于胡元。"这里记述的形制和击法基本与元代相似。这种乐器至今仍在流传，简子现称为简板。

元代新出现的乐器对后世乐器的发展产生了很大的影响，在音乐史上占据着重要的地位。

元代道观永乐宫壁画《乐队演奏》

琵琶曲《海青拿天鹅》等乐曲出现

元代的器乐音乐成就较大，其中最出色的作品有琵琶曲《海青拿天鹅》、器乐曲《白翎雀》、《白沙细乐》，以及一些七弦琴作品等。

琵琶曲《海青拿天鹅》是一首高水平的在上层社会流传的器乐独奏曲，描写出海青捕捉天鹅时激烈搏斗的情景。元人杨允孚曾有诗写道："……新腔翻得凉州曲，弹出天鹅避海青。"用"凉州曲"形容出了曲中辽阔骠悍、粗犷萧瑟的北方自然风貌。该曲最早出现在清代嘉庆甲戌年间的《弦索备考》中，被称为《海青》，是琵

琶、弦子、筝和胡琴的合奏谱；后又见于我国首部公开出版的琵琶谱，华氏《琵琶谱》（1818 年），标题为《海青拿鹤》，为独奏曲。此曲别名为《拿鹅》、《放海青》、《平沙落雁》等，还有其它演奏形式。

《白翎雀》则见于《辍耕录》，原乐为《答剌》，是一首蒙古族的器乐曲，除合奏形式外，还可以用筝、琵琶或其它双手弹奏的乐器，如十四弦箜篌进行独奏。此曲是元世祖命伶人硕德间创制的教坊大曲，但元世祖觉得它"未有怨怒哀螯（寡妇）之音"，认为它繁促的节奏和哀怨的情绪不太适合"开基太平"的政治需要，因此不太满意。但该曲仍流传广泛，从元到明始终是一首非常重要的器乐曲。

现唯一传世的蒙古族乐曲是云南丽江纳西族音乐中以歌、舞、器乐综合形式出现的主要由器乐演奏的《白沙细乐》。白沙是云南丽江城北的一个乡镇，忽必烈于宋宝祐元年（1253）南征时，有部分蒙古军队曾在此停留，并有人长期居住下来，该曲就是其后裔保留下来的。相传忽必烈还将乐队留赠当地首领阿良。故现丽江纳西族乐队演奏此曲时，其穿戴仍保持着蒙古族的习俗。《白沙细乐》的若干乐曲都富有哀伤凄凉的色彩，常被用于民间丧事，成为一种风俗性音乐。几百年来也吸收了一些纳西族和其他少数民族音乐的成分，是非常重要的元代音乐作品的遗存。

文学家马祖常去世

至元四年（1338），文学家马祖常去世。马祖常（1279－1338），字伯庸，汪古部人，信奉聂思脱里派基督教。延祐初年廷试第二，授应奉翰林文字，拜监察御史。曾因劾奏权臣燕铁木儿专权而遭贬黜。英宗至顺帝时期，他历任翰林直学士、礼部尚书、御史中丞等职。后辞职归光州。

马祖常善作诗、文，曾参与纂修《英宗实录》，译《皇图大训》、《承华事略》等为蒙古文，编纂《列后金鉴》、《千秋纪略》等。他的文章效法先秦两汉文风，宏瞻而精赅，富丽而新奇。其诗圆密清丽，主要写田园生活和酬赠者多。也有反映民间疾苦的作品，如《室妇叹》、《石田山居》等，在当时颇有影响。此外著有《石田文集》15 卷。

揭傒斯诗有盛唐风

揭傒斯，元代文学家。字曼硕。龙兴富州（今江西丰城）人。官至翰林侍讲学士，曾参加编修辽、宋、金三史。"文章……正大简洁，体制严整。作诗长于古乐府、选体、律诗长句，伟然有盛唐风"。

揭傒斯的《渔父》、《高邮城》、《杨柳青谣》、《秋雁》、《祖生诗》、《李宫人琵琶引》等诗，都在一定程度上揭露了现实社会生活不合理的现象。尤其是《秋雁》诗，别有寄托，写出了当时民族间的矛盾。诚如《至正直记》说："揭曼硕题雁，盖讥色目北人来江南者，贫可富，无可有，而犹毁辱骂南方不绝，自以为右族身贵，视南方如奴隶，然南人亦视北人加轻一等，所以往往有此诮。"揭傒斯还有一首《女几浦歌》，用民歌体描写大孤山下的船民，不管风浪如何险恶，总是无所畏惧，表现了劳动人民的刚毅勇敢。

揭傒斯散文以《与萧维斗书》、《送李克俊赴长州同知序》及《浮云道院记》、《胡氏园趣亭记》著名，前两篇表现作者"独善其身"的政治情怀，后两篇则表现封建文人的闲适情趣。

揭傒斯著有《揭文安公全集》14 卷，补遗 1 卷。

揭傒斯的《题画诗》（部分）

铜质模具出现

金属模具的专门制作和使用是铸造业的一大进步，我国古代的这次飞跃出现在元代。在荥阳楚村元代铸造遗址中出土了17件铜质模具，其中有犁镜模、犁铧模、犁铧芯盒、耧铧模、镂铧芯盒、犁底模、耙齿模、莲花饰模、桥形器模，模具上多见有明显的合缝和浇口痕迹，模具壁厚一般不甚均匀，但犁铧模的内腔亦是随表面形状的变化而变化的。有的铜模还有边框，以便在其中造型，既可节省型箱，又提高

了生产率。在表面光洁、花纹清晰、分型面的合理性、便于起模等方面，都比较符合现代技术的要求。这些出土铜模显示了当地铸造业的繁荣和技术的巨大进步。它已被广泛应用于农器具的制造，工艺饰物等许多方面。

荆刘拜杀出现

元代是戏曲发展的兴盛时期，除杂剧外，还有在南方流行的南曲戏文，即南戏。南戏起源于宋，元初曾一度因民族歧视而遭压制，元代后期，在吸收了杂剧艺术特色的基础上大有发展，甚至有压倒杂剧的趋势。

荆刘拜杀是元末四大南戏《荆钗记》、《刘知远白兔记》、《拜月亭》和《杀狗记》的合称。《荆钗记》，元人柯丹丘所作，叙述钱玉莲拒绝富豪孙汝权的求婚，嫁与以荆钗为聘的贫困书生王十朋，婚后半年，王十朋考中状元，丞相欲招之为婿，王不听从，被派往潮阳任职。玉莲在家苦候消息不得，被后母逼迫改嫁孙汝权，不得已投河自尽，遇恩人救起，随之远走他乡。王十朋听说玉莲自尽，立志终生不娶，玉莲也听说王十朋病故，也决意终生不嫁，数年后，两人在吉安重逢，全剧达到高潮。全剧歌颂了王钱二人矢志不渝的爱情。

《刘知远白兔记》叙述后汉开国皇帝刘知远早年亡父，在李文奎家作佣人，被李重视，娶其女三娘为妻。后刘知远从军，又被节度使招为女婿，功成名就。李三娘在家，受兄嫂虐待，咬脐产子，托人送往军营。16年后，咬脐郎追捕白兔而遇三娘，母子夫妻团圆，表达了刚强不屈的李三娘形象。

《拜月亭》，元人施惠所作。叙述金朝末年，蒙古南侵，被迫迁都，兵部尚书王

镇之女瑞兰与父母离散，遇书生蒋世隆，结为夫妻，后遇王镇，被强行拆散。瑞兰返家后，祈祷月亮，望夫妻团圆，后蒋考中状元，遂以成愿。全剧提倡不以贫富为转移的婚姻观。

《杀狗记》叙述财主孙华在外人挑拨下，将胞弟赶出家门，寄居窑洞，孙华之妻杨月华为使孙华兄弟和好，设杀狗之计，规劝丈夫珍惜兄弟之情，使孙华兄弟和好如初。剧本警告世人不可滥交朋友，具有一定的社会意义。

朱碧山铸银工艺高超

朱碧山是中国元代铸银工艺家，他以善于制作各种酒器、茶具及案头陈设而著称于世。

朱碧山，字华玉，室名长春堂，浙江嘉兴人。生卒年不详，约活动于元代中晚期。他所制器物有虾杯、蟹杯、槎杯、达摩像、昭君像及金茶壶等，都是技艺高超的工艺美术珍品，深受当时及后世文人士大夫的尝识，但仅有 4 件槎杯传世，皆为银器。3 件皆作于元至正五年（1345）。他

以隐士乘槎为外形的银酒器（银槎）

所制作的槎杯，很注重对人物神情的刻画。如藏于故宫博物院的槎杯，槎身空洞较小，一道人坐于槎上，左手撑扶，右手持书作阅读状，容貌清癯而神态安闲，其神情十分专注，似被书中内容深深吸引。此槎杯为白银所铸，槎及人身都是铸成后加工雕刻，头、手、云履等皆铸成后焊接而成，其焊接处浑然无迹。

乔吉精于散曲

乔吉（？—1345），字梦符，号笙鹤翁，又号惺惺道人，太原人，侨居杭州，是元代著名的杂剧、散曲作家，一生创作了许多杂剧和散曲，艺术成就较高，尤其精于散曲。

他的《金元散曲》中辑存其小令 200 余首，套曲 11 首，其散曲集《文湖州集词》1 卷，明人李开先辑《乔梦符小令》1 卷，任讷《散曲丛刊》中有《梦符散曲》。他精于音律。散曲作品以婉丽见长而锤炼精工，与张可久的风格接近，明清人常以二人相提并论，而乔吉风格更为奇巧俊丽，不仅善于引用和化用前人诗句，而且不避俗言俚语，因而收到雅俗共赏的艺术效果。内容则多为其客居异乡，穷愁潦倒生活经历的写照。同时，啸傲山水，寄情声色，诗酒也是其散曲的重要内容，在很大程度上表现了他的消极颓废思想。其代表作如［正水仙子］《重观瀑布》：“天机织罢月梭闲，石壁高垂雪练寒，冰丝带雨悬霄汉，几千年晒未干。露华凉，人怯衣单。似白虹饮涧，玉龙下山，晴雪飞滩。”想象奇特大胆，词句诡丽，出奇制胜地描写了瀑布的壮观景象。而其许多作品又以生动浅白的语言入曲，用社会生活中的常见事物作巧妙的比喻，继承前期散曲作家俚俗直率的传统，形成了独特的艺术风格。但他写

情必极，貌似写意，用辞必穷，追求新奇，过于纵情，且有些俳优习气，不免失之浅俗，这是其散曲创作的缺陷。

乔吉所创作的杂剧存目11部，有《杜牧之诗酒扬州梦》、《李太白匹配金钱记》、《玉箫女两世姻缘》传世，这些作品保存于《元曲选》、《古名家杂剧》和《柳枝集》中。这些剧作都是以爱情、婚姻为题材的，《扬州梦》以杜牧"十年一觉扬州梦，赢得青楼薄倖名"的诗句命意，截取其《张好好诗》的一些细节，虚构了杜枚与妓女张好好的恋爱故事，并十分生动地再现了商业城市扬州的繁华景色；《金钱记》以华美工细、富有藻饰的文学语言，叙写了韩翊与柳眉儿以私情开始，最后奉旨完婚的恋爱婚姻故事；而取材于唐末范摅《云溪友议》的《两世姻缘》，不仅写出了妓女玉箫与韦皋两世才得以结为夫妇的曲折恋爱经历，诚挚感人，而且表现了玉箫沦落青楼的痛苦经历，在一定程度上，从某一侧面反映了当时的社会生活情景。乔吉这些剧作虽仍是以传统的才子佳人的风流韵事为题材，但立意新巧，曲辞秾丽，艺术成就较高。

江南金银器发达

元朝统治者为了满足炫耀权势和财富的需要，在以苏州为中心的长江下游地区大力发展金银器手工业。其时，金银器加工工艺极为高超，不仅应用广泛，数量巨大，而且形成了一股历代王朝无法比拟的繁盛风气，直接导致江南金银器的发达。

元朝的金银器加工包括官营作坊和民间私营作坊两大部门。作为硬通货，它既可保值，又具有装饰的功效，得到充分认识并受到统治者和民间的极大重视，促使了金银加工工艺的极大进步。其加工工艺手法非常丰富，有铸造，镀金，冷锻，泥金，镂金，撚金，戗金，圈金，贴金，裹金，嵌金等多达10几种。有些器皿还刻有工匠的姓名，说明这些器物已经进入商品流通领域。

从出土的元朝金银器实物来看，地点集中在以苏州为中心的长江下游一带，其中最精美的是江苏吴县吕师孟夫妇墓的30多件金银器。其如意纹金盘，经锤鍱镂刻而成，金盘由4个隐起的如意云头相叠而成，中心又锤鍱4个如意云头。通体錾阴线缠枝纹，造形别致，錾精美。镀金团花双凤纹银盒上的双凤纹，旋转飞舞，生动流畅。另一浮雕文王访贤故事的金饰件，构图紧凑，人物传神，富于戏剧性，装饰性也很强。

江苏无锡钱裕墓中出土的大量金银器中，鎏金花瓣式银托、盏，犹如盛开的牡丹，生机盎然，有无限的生命力，非常具有时代特色。

1966年在江苏金坛湖溪发现的装于元代青花云龙罐中的金银器，有许多勒铭者，对研究元代金银器及工艺的发展有极重要的参考价值。它们做工精美，许多足以代表江苏地区金银器工艺的尖端水平。

元代金银器在形状、纹样等方面与元青花瓷很相似，表现了其时代精神。

著名匠人朱碧山的代表作——银槎杯，流传久远，表现出文人趣味，说明文人艺术对工艺美术的影响开始强烈。

以上一切，无不说明元代以苏州为中心的江南一带金银器制造业及工艺水平极为发达。

第三节 社会生活：生活百科 民俗缩影

元朝农业

元朝初年，北方农民成立了一种"锄社"。"先锄一家之田，本家供其饮食，其余次之，旬日之间，各家田皆锄治"。"间有病患之家，共力助之"，往往"苗无荒秽，岁皆丰熟"。至元七年（公元1270年），元朝政府也下令在汉地立社。规定五十家为一社，以"年高通晓农事有兼丁者"为社长。社长组织本社居民垦荒耕作，修治河渠，经营副业。元朝政府也通过村社组织，监视农民，禁止农民集会结社，向农民宣传要服从蒙古的统治。这种"村社"制度，以后遍行南北各地，与里甲制度并行，成为元朝统治和剥削农民的农村基层组织，但在鼓励农业生产方面也起了一些作用。

元初推行重农政策，促进了农业的发展。元初北方由于长期战争，使农业生产遭到严重的破坏。蒙古贵族又占农田为牧地，强制推行牧区的生产方式，使中原农户大量流向江南，至公元1283年已达十五万户之多，成为当时社会的严重问题。元朝统一前后，蒙古统治者在中原和江南地区的高度发展的农业经济影响下，不得不放弃落后的游牧经济，开始重视农业，进行一些恢复农业生产的措施，同时蒙古的封建领主也逐渐转化为封建地主。

忽必烈即位后，依靠汉族地主的帮助，顺应社会发展的趋势，实行了"以农桑为

食物中毒图

急务"的政策。他设立劝农司、司农司和营田司等机构，推行屯田及其他鼓励农桑生产的措施，因而使北方农业生产逐步恢复。中原地区"民间垦辟种艺之业，增前数倍"。南方地区战争破坏较北方轻，农业生产在原有基础上缓慢发展，北调的粮食逐年增加，最多时达到三百五十多万石。边疆地区的开发尤为显著。不少汉人被迫戍边，或发配边玩地区屯田积谷。岭北、西北、东北、西南地区因而得到垦辟。

此外，棉花的种植也得到了进一步推广，北道棉已由新疆发展到关中地区；南道棉从海南岛经闽广扩展到江、淮和川蜀，后来耕犁的犁更加灵活，镰刀的种类增多，水转连磨等水力机械更趋完备，耘锄、耘荡、镗锄等中耕农具的生产中使用，又创

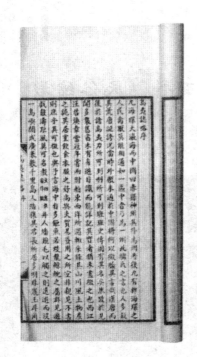

《岛夷志略》

造了开荒用的锄刀、下粪耧耧用的耧车，非常有利于发展农业生产。但由于生产者的贫困和蒙古贵族不关心生产，这些比较先进的工具得不到推广。

元世祖曾多次颁布诸王贵族不得因田猎践踏田亩和不得改田亩为牧场的禁令。他在给南宋降将高达的诏书中指出要"使百姓安业力农"。为了巩固统治，恢复农业生产，元世祖在中统二年（公元1261年）设立劝农司，至元七年（公元1270年）设立司农司，至元二十六年（公元1289年）又于江南设行大司农司及营田司，大力提倡垦殖。至元二十三年（公元1286年），元朝政府向所属各州县颁行《农桑辑要》一书，在这部书中，"蚕桑之术，畜孳之方，天时地利之所宜，莫不毕具"。《农桑辑要》颁行后，号称为"利布四方，灼有明效"。元初一度出现"户口增，田野辟"的现象。

公元1308年（至大元年）10月，中书省派人清查全国屯田。

蒙古国时期，为解决军粮供应问题和安抚已被征服的民众，曾在西北地区与蒙、宋交界地区开垦屯田。枢密院所辖各卫和各地万户府的屯田为军屯或军民屯，司农司、宣徽院等所辖屯田为民屯。屯田土地主要是官田，尤以荒田旷土为多，江淮之间因多年战乱而出现的荒废土地和中书省所管腹里地区的屯田最为集中。海南、岭北、云南乃至吐蕃地区，都有屯田的设置。

屯田的大规模铺开，对农业的恢复和发展起了重要的作用。但是管理屯田的官员苛剥屯田军民，玩忽职守，贪污屯田经费，对屯田的破坏极大，再加上自然灾害的侵害，自成宗起，屯田废弛的情况十分严重。11月，中书省派人赴各地巡视一百二十余所屯田的情况，合并了一些屯田，但是没有起到发展屯田的作用。到了元朝后朝，大多数的屯田已经名存实亡。

元朝政府又设都水监和河渠司掌管水利。世祖至元九年（公元1272年）、二十五年（公元1288年）、成宗大德三年（公元1299年）先后修治了黄河，至元二十六年（公元1289年）凿山东会通河，至元二十九年（公元1292年）凿北京通惠河，又治澱山湖"以兴三吴之利"，修经渠"以溉关中之田"，在兴修水利上也取得一定的成绩。

金元时代，在农业技术全面发展的同时，果木栽培技术也获得了长足的进步。

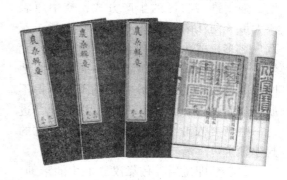

《农桑辑要》

鲁明善及其《农桑衣食撮要》

著的推广。据《元史·食货志》所载垦田数，江浙省官、民田九十九万五千零八十一顷，河南省官、民田已达一百一十八万零七百六十九顷。全国户口徐边远和"山泽溪洞之民"外，共有民户一千一百六十三万三千二百八十一户，五千三百六十五万四千三百三十七人。这都说明当时的社会比较安定，农业生产比以前也有了相对的恢复和发展。

关于截果树主根法，宋代《桔录》已有记载，元代《农桑衣食撮要·骟诸色果木树》对此进行了更为详细的阐述，说树芽还没生发的时候，就在根旁边挖开土，必须挖得既宽又深，找出主根并把它截断，保护周围的乱根，用土小心地覆盖好，捶打结实，这样，果树就会结出肥大的果实。

在蒙古贵族的征服战争中，受到严重破坏的是北方的农业，江南的农业一直没有遭受大的破坏。元世祖时，北方的农业也日益恢复，"民间垦辟种艺之业，增前数倍"，其他如岭北、云南等地的屯田也有显

王祯及其《农书》

但是，在元代，土地集中的现象非常突出。蒙古贵族都广占田土，"诸赐田者"往往在各地"驰驿征租"。在北方，占地四顷以上的地主有很大数量，"其军、站户富者，至有田亩连阡陌，家资累巨万，丁队列什伍"。在江南，"富户每有田地，其余的百姓每无田地"，富户之中，"一年有收三二十万租子的，占着三二千户佃户"。《元史·武宗纪》也记载："富室有蔽占王民役使之者，动至百千家，有多至万家者"，而江浙寺院所占佃户竟达五十万家。元朝灭宋时，许多汉族的官僚地主乘势侵占农民的土地，范文虎在湖州、南浔一带强占了大量膏腴的田土，以海运起家的张王宣、朱清更是"田园宅馆遍天下，库藏仓瘐相望"，一般在职的官吏也纷纷夺占百姓的田产。

缠枝花果方形金饰件

自耕农民的生活很痛苦。元朝政府把所属人户分为民户、站户、军户、冶金户、打捕户、丝线颜色户等等，他们都各自负担特殊的差役。很多人一被签发为军户或站户，在繁重的差役之下，往往破家流亡，成为佃户或流民。

广大的佃户在地主奴役下长期过着贫困的生活。苛重的地租使得元朝政府也不得不屡次下诏嘱地主减免。在某些地区，南宋以来曾经发生过的地主干预佃户婚姻、任意奴役佃户子女，甚至把佃户随田转卖的现象仍然严重存在。

练丝

元朝手工业

元代的民间手工业由于封建官府的控制和压制，始终未能充分发展。经营范围主要是纺织、陶瓷、酿酒等。产品从规格、定额到销售，也多受官府限制、控制，甚至因和买、强征遭到摧残。民间手工业多数是自给自足的家庭手工业，一些城镇和纺织等行业中出现了手工作坊，产生了作

坊主和雇工。民间手工业设备和生产条件差。但工人生产积极性较高，因而效率高、成本低，有些产品质量和生产技术超过官手工业。

官办手工业分属工部、将作院、武备寺、大都留守司、地方政府。诸王贵族名下也有手工业局院。官手工业有充足的人力、物力，有战争中俘掠来的无数工匠供其驱使，有以和雇和买名义搜刮来的廉价原料，虽然生产效率不高，但规模大，产品多，远远超过宋金时的官手工业。

棉织业。随着植棉的推广，棉纺业开始成为一项新兴手工业。元贞年间，黄道婆自海南岛返回家乡松江乌泥泾后，推广和改进黎族纺织技术。据王祯《农书》记载，元中期已有搅车、弹弓、卷筳、纺车、拨车、轧床、线架、织机等工具。黄道婆又传授错纱、配色、综线、挈花等方法，产品有棉布织成的被、褥、带、帨（手巾），上面有折枝、团凤、棋局、字样等。印染技术也大有发展，元末时松江能染青花布，有人物花草，颜色不褪。

江南地区的丝织业主要是农民的家庭副业，也有专门以机织为生的机户。史载湖州有绢庄十座，濮院镇有四大牙行，绢

黄道婆塑像

印金半袖夹衫

庄和牙行都由大商人出资开设，在其附近乡镇，"收积机产"。杭州城内，已经出现了拥有四五架织机、雇工十余人的丝织业手工作坊。作坊内的雇工除领取工资外还要"衣食于主人"。

窝阔台统治时，在弘州（今原阳）、荨麻林（今万全西北）两地有3300余户西域的回回工匠，他们带来了织造"纳失失"的技术。纳失失是一种金绮，由金线织成，上贴大小明珠。这些回回工匠在传播新的丝织技术方面作出了贡献。

釉里红玉壶春瓶

丝织业。从事丝织生产的织染局遍布全国，主要产地在建康（天历二年改集庆，今江苏南京）、平江（今江苏苏州）、杭州、庆元（今浙江宁波）、泉州等地，产品供宫殿王府装饰和皇室、贵族、官僚穿着之用。产量很高，如镇江府岁造缎5901匹，建康路仅东织造局一处，岁造缎4527匹。花色品种繁多，如镇江府岁造丝织品中有纻丝、暗花、丝绸、胸背花、斜纹等品种，有枯竹褐、秆草褐、明绿、鸦青、驼褐等颜色。在宋缂丝基础上发展而成的

钧窑大香炉

织金贮丝，其繁华细密超过缂丝；集庆官纱，质轻柔软，诸处所无。丝织业也是民间最普遍的手工业，多为家庭手工业，杭州等地还出现了手工作坊。产品中织金贮丝很普遍，品种很多。如嘉兴路所产丝绸品种有：绡、绫、罗、纱、水棉、缂丝、绸、绨、绮、绣、绤等。

毡罽业。蒙古等北方少数民族入居中原后，将他们织造毡罽的技术传布到内地。宫廷、贵族对毡罽的需要量很大。诸凡铺设、屏障、庐帐、毡车、装饰品等均有需求，因而官府、贵族控制的诸司、寺、监

都生产毡罽，产量很高。如泰定元年（公元1324年），随路诸色民匠打捕鹰房都总管府所属茶迭儿（Catir～Cadir，蒙语意为"庐帐"）局，一次送纳入库的就有白厚毡2772尺，青毡8112尺，四六尺青毡179斤。品种很多，仅随路诸色人匠总管府所造地毯，就有剪绒花毡、脱罗毡、入药白毡、半入白矾毡、无矾白毡、雀白毡、半青红芽毡、红毡、染青毡、白袜毡、白毡胎、回回剪绒毡等13种。

麻织业。主要集中在北方。织麻工具较前代有很大提高。如中原地区用水转大纺车纺织，一昼夜可纺织百斤；山西使用的布机有立机子、罗机子、小布卧机子等；织布方法有毛绳布法、铁勒布法、麻铁黎布法。河南陈州、蔡州一带的麻布柔韧洁白。山西的品种有大布、卷布、板布等。

白釉飞凤纹剔花罐

制盐业。元代设盐运司（转运司、提举司）管理盐业，全国有两淮、两浙、山东、福建、河间、河东、四川、广东、广海九盐运司。两淮、两浙、山东等处盐运司下设若干分司。各盐运司（或分司）下

共辖137所盐场，场下有团，团下有灶，每灶由若干盐户组成。产盐之地遍于全国，有海盐、池盐、井盐之分。天历年间，总产量达266.4万余引，每引重400斤，约合10亿多斤。

缠枝牡丹青花瓷罐

兵器业。元初中央由统军司，以后由武备寺制兵器；地方由杂造局制造兵器。除常用的刀枪弓箭外，火器发展尤为显著。金末火炮以纸为筒，可能为燃烧性火器。元代所制铜火铳，系利用火药在金属管内爆炸产生气体压力以发射弹丸，为管状发射火器，使中国火炮技术有了重大进步。现存至顺三年（公元1332年）、至正十年（公元1350年）两尊铜火铳，制作精细。

制瓷业。景德镇是元代新兴的制瓷中心。元政府设浮梁瓷局加以监督，令民窑承担御器制作，产品极精。新产品有青花瓷和釉里红，都由釉下彩瓷器。青花瓷色白花青，色彩清新，造型优美；釉里红用铜的氧化物作彩绘原料，花纹红色。元代龙泉窑范围扩大，产品全为青釉。钧窑多花釉、变色釉、窑址数量多、规模小。磁州窑产品多白釉黑花，品种多样，区域扩大，德化窑多白釉，象牙黄釉。元代的青白瓷生产沿袭宋代，产品造型端重雅致，

中国通史

最新整理图文珍藏版

胚体厚实，便于远途销运。

景德镇是元代制瓷业的中心，也是最大的官窑。这里有窑场三百余座，除生产青、白瓷之外，又发明了青花、釉里红、卵白釉、纯红釉等新产品，为明清彩绘瓷器打下良好的基础。现存的卵白釉印文独龙戏珠八宝太禧盘，有泰定三年（公元1326年）款，是瓷器的珍品。元代的民窑也很多，龙泉窑最为著名，能造大型器物，有蓖纹、划花、刻花、贴花、填花等纹饰。产品精致，行销国内外，近年在南朝鲜打捞的一艘沉船，其中载有元朝运往朝鲜的数万件瓷器，说明龙泉窑的产品已超过两宋。

至元通行宝钞

元朝商业

由于农业、手工业和交通运输业的发展，统一的货币在全国流通，元代的商业也很活跃。但国内外贸易主要控制在政府和贵族、官僚、色目商人手里。

元时在全国范围内使用了纸币一钞。全国货币实现统一，促进了经济交流和商业也很发展；但元朝统治者通过滥发纸币弥补财政赤字，对社会经济的发展又起着阻碍作用。

政府对国内许多商品采取专利垄断政策，其形式各不相同，部分金、银、铜、铁、铁器、盐等，由政府直接经营；茶、铝、锡和部分盐等，由政府卖给商人经销；部分金、银、铁等矿业，以及酒、醋、农具、竹木等，由商人、手工业主经营，政府抽分。天历年间，盐课钞年收入达766.1万余锭，约为全国财政收入之半。民间贸易收商税，大体三十取一。

公元1277年（至元十四年），元开始在各口岸设立市舶司经营海外贸易。市舶司初建时，仍遵南宋旧制治事，其间奸弊

丛生。市舶官吏贪赃枉法，直接影响了国家的市舶收入。至元二十八年（公元1291年），元朝政府着手制定市舶法则，公元1293年颁布"整治市舶勾当"。延祐元年（公元1314年），又颁布了新的市舶法则二十二条。市舶法则对市舶司的职责做了明确规定，包括办理船舶出入港的手续、舶货的检验收存、舶货的抽分和纳税等等。市舶司由行省管辖、每司设提举两人。征收舶税和市舶抽分时，往往有行省高级官员前往督察。元朝政府原定市舶抽分额为舶货精品十中取一，一般舶货十五取一，后在抽分之外又规定了三十取一的舶税。

公元1314年（延祐元年），元朝政府提高抽分额，精品十中取二，一般舶货十五取二。市舶抽分和征收舶税。成为元朝政府的重要财源之一。因市舶法则较严密，抽分征税苛刻，所以舶商"漏舶"（不按规定交纳抽分和舶税）之弊十分严重，元朝政府曾一度禁止民间市舶，改为官府出资造船，以期垄断海外贸易，所得利润官府取七成，经办人取三成。但这种方法未

能奏效，只好取消市舶之禁。当时与中国建立海道贸易关系的国家和地区数以百计，进口的舶货种类繁多。经市舶司允许出口的商品则主要是纺织品、陶瓷器等日常生活用品。

贵族、官吏和寺院依靠他们的特权也从事经商活动。色目商人资金雄厚，善于经营，因而出现许多大商贾。他们发放的高利贷叫"斡脱钱"。一般民间商人多为小商小贩，他们处境艰难；少数汉族大商人，也有获得巨额利润的。盐商致富者尤多，时人有"人生不愿万户侯，但愿盐利淮西头；人生不愿万金宅，但愿盐商千料舶"之说。

与中国有贸易关系的国家和地区很多，据汪大渊《岛夷志略》记载，中国商人到过的东南亚、南亚、西亚、东非各沿海国家和地区达九十七个之多。自庆元到高丽、日本的航线畅通，贸易规模很大。陆上与国外贸易也很发达，主要通过钦察汗国与克里米亚和欧洲各国建立联系，通过伊利汗国与阿拉伯国家建立联系。

中国出口的物资有生丝、花绢、缎绢、金锦、麻布、棉花等纺织品，青白花碗、花瓶、瓦盘、瓦罐等陶瓷器，金、银、铁器、漆盘、席、伞等日用品，水银、硫黄等矿产品，白芷、麝香等药材。从亚非各国进口的商品，以珍宝、珍珠、象牙、犀角、玳瑁、钻石、铜器、豆蔻、檀香、木材、漆器等为主。

国内外贸易的发展，促进了城市经济的繁荣。原有的一些大城市有所发展。内地出现了一批新兴工商业城市。边疆地区也有新兴的城镇。京师大都号称"人烟百万"，是全国的政治、经济、文化中心。马可·波罗说："应知汗八里（即大都）城内外人户繁多。……郭中所居者，有各地来往之外国人，或来贡方物，或来售货宫中。……外国巨价异物及百物之输入此城

者，世界诸城无能与比。……百物输入之众，有如川流之不息，仅丝一项，每日入城者计有千车……此城为商业繁盛之城也。"大都城内有米市、铁市、皮毛市、马牛市、骆驼市、珠子市、沙剌（珊瑚）市等，商品丰富。

元朝钞法和斡脱钱

我国是世界上使用纸币最早的国家，如汉代白鹿皮币，唐代飞钱，宋代交子、会子、金之交钞、宝钞等。但只限局部地区流通，而真正在全国范围使用纸币，应始于元中统元年（公元1260年）。这一年

至正之宝权钞钱

发行统一钞票，代替其他旧币。元代纸币可以分两类：一类为交钞，又称丝钞，以丝为本位，以两为单位，丝钞二两值银一两；一类为中统元宝钞，简称中统宝钞或中统钞，以银为本位，中统钞通行最广，使用最久。至元二十四年（公元1287年）又发行至元宝钞，与中统钞并行流通。各路设交钞库为兑换机关，因政府有贮银作本金，准许民间用纸币兑换金银，初期印

数有限，元政府对物价的皆理又很严格，故纸币信誉很高，甚至一直流通到今越南、泰国和南洋一带，波斯、印度、高丽、日本还竞相仿效，影响遍于世界。钞法的推行促进了商品交换的发展，稳定了经济，加强了政治统一的局面。武宗初年，至元钞的准备金已动用殆尽，国库空虚。公元

元代八思巴字"大元通宝"

1309年海山乃让尚书省议决变换钞法。9月，正式下诏颁行至大银钞。至大银钞与至元钞并行，同时废中统钞。至大银钞钞面以银两为文，自二两至二厘分为十三等。废中统钞后限持中统钞者一百日内到银库换取至大银钞。一两准金一钱、银一两、至元钞五贯。后尚书省又铸大元通宝和至大元通宝两种。文曰至大通宝者，一文准银钞一厘；文曰大元通宝者，一准至大通宝十。变换钞法，以铜钱、纸钱并行，造成轻重失宜，物价飞涨，金涨十五倍左右。仁宗即位后不久，即废止至大银钞和铜钱，重行至元钞与中统钞。但在顺帝至正年间，由于滥发纸币而引起纸币贬值，物价腾贵，由物重钞轻演变到以物易物，到公元1356年以后，公私所积之钞都不能使用，人们

视钞为废纸。钞法的败坏给人民带来了巨大的灾难。

钞法的推行使货币流通遍及全社会，也使借贷现象日前严重。于是，元统治者利用斡脱从事商业垄断和高利贷剥削。斡脱就是经营高利贷商业的官商。从成吉思汗起，大汗、诸王、公主、后妃都各自设置斡脱，提供本银，委托他们经营商业，发放高利贷，坐收巨利。斡脱放的高利贷称斡脱钱。斡脱钱的年利息为百分之百，第二年则本生息，息转本，年年倍增，十年本利达一千零二十四倍，称"羊羔儿利"。忽必烈统一全国后，政府对斡脱势力既保护又限制，他设立斡脱所保护高利贷，甚至政府公开拨给钞本，让某些政府机构经营取利，作为行政经费，促使高利贷资本不断扩大。高利贷的盛行，加速了元代城乡经济的崩溃。

元朝交通运输

沟通南北大运河的开凿、海远航线的开辟、遍布全国驿站的设置，使元代交通运输业有了新的发展。

元灭南末后，全国实现统一，南北经济交流进一步扩大。北方（主要是大都）所需之粮食及其他物资，多由江南供应，江南物资主要依靠运河北运。由于旧运河曲折绕道，水陆并用，劳民伤财，极其不便，故忽必烈时有重开运河，另辟海运之议。

元代大运河是逐步开凿完成的。其中镇江至杭州的江南运河，淮安经扬州至长江的扬州运河，大抵为隋代旧道；徐州至淮安段系借用黄河下游；自山东东平境内的汶水南下与黄河相连接的济州河，至元十八年（公元1281年）开凿；自山东临清经东昌（今山东聊城）到东平路须城县西

元代京杭大运河

南安山的会通河，二十年开凿；通州至临清段为御河（今卫河），大都至通州为通惠河，二十八年由郭守敬主持开凿。通惠河自昌平白浮村穿过大都，东至通州，与白河联结，全长一百六十余公里。开工时，忽必烈命令丞相以下的官吏，都要到现场去"亲操畚锸为之倡"。第二年完成。至此，从北京到杭州三千多里的航道完全打通，这对于沟通南北经济，起了积极的作用。

早在春秋战国时，沿海邻近港口之间就已经开始了海上运粮，元代为了控制东南和解决漕运问题，又继续开辟利用海运航道。从至元十九年（公元1282年）开始元政府将大批的南粮北运，这年试运计4.6万石，以后逐年增加，一般为四五十万石到百万石，最高为350余万石。为了保证安全，曾改过三次航线，最后确定由平江刘家港（今江苏太仓浏河镇）入海，经崇明三沙、江苏北边的黑水洋、在深水

中越过东海（今黄海）、山东半岛的成山角，然后航入直沽（今天津），再经河道运达大都。又在途中危崖险滩上，白天竖旗缨；夜间挂大灯，这是我国航标信号运用的早期记录。因海运量大，又省费用，使许多商品亦兼靠海运，南北货运量大为增加，许多外国海船常到北方贸易。元代经常有庞大的船队航行于东海、黄海、渤海，这是海运史上的壮举。

运河的开凿和海运的开辟，对商业的发展，大都的供给和繁荣，南北交通的畅通，官民造船业的扩大，航海技术的提高，都起了重大作用。运河通航后，岁运米至大都500万石以上，来自江淮、湖广、四川及海外的各种物资、旅客源源不断地运至大都；海运粮到元代中期时达二三百万石，天历二年（公元1329年）达3522163石。据估计，河漕比陆运的费用省十之三四，海运比陆运的费用省十之七八。

陆路交通也很发达。全国各地设有驿站1500多处，其中包括少数水站。在驿站服役的叫站户。与驿站相辅而行的有急递铺，每10里、15里或20里设一急递铺，其任务主要是传送朝廷、郡县的文书。驿道北至吉利吉思，东北至奴儿干，西南至乌思藏、大理，西通钦察、伊利二汗国，所谓"星罗棋布，脉络相通"。站、铺的设立，有利于国内交通的发展和国内各民族、各地区之间的经济、文化联系。

元朝宗教

佛教

元代最盛行的宗教是佛教，尤其是喇嘛教，忽必烈即位前，受戒于吐蕃喇嘛高僧八思巴，即位后即尊八思巴为国师（授以玉印，任中原法主，统天下教门），喇嘛教高于其他佛教派别的地位由此确定。至

《红衣罗汉图》

元六年（公元1269年），八思巴制成蒙古新字，忽必烈升其号为帝师、大宝法王。此后遂成定制，元朝皇帝即位，必先受佛戒九次方正大宝。同时，帝师也成为元朝诸帝供奉的最高神职，被尊为皇天下之下，万人之上的神圣职位。元朝帝师共12人，都来自吐蕃乌思藏萨斯迦派的高僧。其中多半出自八思巴一家，有的年仅12岁便成为帝师。

帝师不仅在元廷享有极高的地位，而且作为全国佛教的最高领袖备受尊崇。忽必烈曾把乌思藏13万户封给第一任帝师八思巴作为供养地，使之成为吐蕃地区最高统治者。帝师往来于京城吐蕃，百官均隆重迎送。其在世时接受大量的布施、赠赏，死后赐金亦十分优厚。帝师的子弟、门徒也大多受封官号，享有极大的特权。元朝做佛事之频繁、规模之大、用度之巨都是十分罕见的。

公元1331年（至顺二年）2月，元廷在全国设广教总管府十六所，统一管理佛事。总管府总管由僧人担任，其他官员由宣政院任命世俗官员担任。

这一时期寺院势力增大，出现了强占民田、私隐纳税户和巧夺民财等不法行为，为此，设此机构以对寺院进行限制。但由于该机构并未起到这些作用，所以到公元1334年又废除了，恢复了旧制。

全真教

全真教在金时成立，教主是王重阳。在金国时受到金统治者重视。

成吉思汗十四年（公元1219年），成吉思汗派使节邀请丘处机西行。丘处机率十八名弟子登程，经历十余国，行程万余里，于成吉思汗十六年（公元1221年）到雪山朝见了成吉思汗。成吉思汗问他长生之术，他对以"清心寡欲为要"，并劝告说："欲一天下者，必在乎不嗜杀人。"希望成吉思汗以敬天爱民为本。这些劝告对减少蒙古军的杀戮多少起了作用。成吉思汗称他为"丘神仙"，下诏由他管领天下道众，赐以虎符，玺书，免除全真道论的赋役。成吉思汗十八年（公元1223年）丘处机在成吉思汗派出的千骑护送下从漠北回到燕京。丘处机在燕京住于大天长观（太极宫，后改名长春宫）。四方招揽徒众，人数大增。全真教达到极盛，成为北方最大的道教教派。

成吉思汗二十二年（公元1227年），丘处机去世。弟子尹志平、李志常、宋德方等嗣其教业。窝阔台汗九年（公元1237年），宋德方秉丘处机遗命整《道藏》，至乃马真皇后称制三年（公元1244年）完成，凡七千八百余卷，名之曰《玄都宝藏》。元世祖忽必烈在位期间，崇信佛教，

卧佛寺铜卧佛

全真道地位下降。蒙哥汗八年（公元1258年），元世祖忽必烈至元十八年（公元1281年），道教徒两次在大都与佛教徒辩论失败，被迫焚毁部分经书。但总的来说，元朝统治者对全真道还是保护的。元世祖曾封丘处长为长春演道主教真人，刘处玄为长生辅化明德真人，谭处端为长真云水蕴德真人，马钰为彤阳抱一天为真人，郝大通为广宁通玄太古真人，王处一为玉阳体玄广慈普度真君，孙不二为清静渊真玄虚顺化元君。元武宗时（公元1308年~公元1311年），又加封丘处机为长春全道神化明应真君，刘处玄为长生辅化宗玄明德真人，马钰为丹阳抱一无为普化真君，郝大通为广宁通玄太古真君，王处一为玉阳体玄广慈普度真君。直到明清时期，全真道仍然是北方势力强大的道教教派。

佛道之争

公元1287年（至元二十四年）佛道之争越演越烈。

佛道之争，由来已久，曾有北魏太武帝实行灭佛政策及唐会昌法难。从蒙古国到元朝，先崇道而后佛行擅宠，其间经历了两次大辩论。

元太祖十七年（公元1222年）五月，应成吉思汗诏请，道教全真道北七真之一丘处机在大雪山（阿富汗兴都库什山）晋见成吉思汗，极得赏识。成吉思汗命丘处机掌管天下道门，并免除全真道士的差役、赋税，全真道获得了较佛教更为优越的地位，道佛之间由此发生了剧烈的冲突。道教势力发展十分迅速，也引起蒙古统治者的疑忌。宪法五年（公元1255年）和七年（公元1257年），分别在蒙哥大汗和忽必烈的主持下，进行了两次释道辩论，全真道士两次俱败，蒙哥汗诏令焚毁道藏伪经，并将一些全真道士削发为僧，道教的地位大大下降。

公元1286年4月，在大都发生了僧道

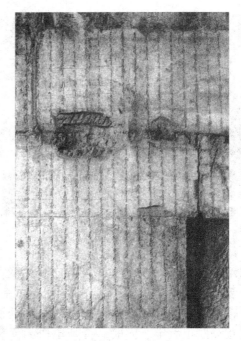

过街塔刻文——回鹘文

双方聚众斗殴事件，当时正在上都的忽必烈下令杀了两个为头的道士，还有十名道士被割了耳鼻。5月，忽必烈又命释门诸僧与道教数门掌教及翰林文臣，会集长春宫，考证道藏经真伪，结果除《道德经》外，其余道家经典悉数被判为伪经。忽必烈遂下令焚毁除《道德经》外其余道家诸经。虽此令并未得到完全执行，但道家势力受到了严重打击。

基督教

公元1324年（泰定元年）2月，元廷宣谕"也里可温"各如教具戒。基督教齐思脱里派，传入中国以后称景教。九世纪中叶以后，由于唐朝政府的取缔，在内地趋于灭绝。但在西北的克烈、汪古等部中仍有大量教徒。元代早期文献沿用在中亚流行的波斯语，称齐思脱里教徒为"迭屑"，以后则常用"也里可温"指齐思脱里教及其教士、信徒等身份。元代汪古和唐兀人中，仍有大量的齐思脱里教徒，在内地也散居着一些教徒。

过街塔刻文——汉文

也里可温和佛教僧侣、道士一样，享有免除差役的优惠，可以建立其寺院和进行宗教活动。世祖至元二十六年（公元1289年）建立崇福司，掌也里可温教事务。分布在全国各地的也里可温掌教司，一度达到72所。

也里可温在正常条件下受到朝廷保护，但其在元代的地位，还不如佛教、道教显赫，在皇室成员中信徒很少。

公元1342年（至正二年）7月，教皇特使马黎诺里一行至上都。马黎诺里，意大利佛罗伦萨人，圣方齐各会教士。

公元1336年（至元二年），妥欢帖睦尔（惠宗）遣法兰克人安德烈一行十六人出使欧洲。使团带了元帝及元天主教徒给教皇的信，报告原大都主教孟特·戈维诺已死八年，请求教皇派新主教来主持教务。教皇伯涅的克十二世钦侍元朝使者，并且派出马黎诺里等32人组成使团回访。使团历经钦察汗国、察合台汗国，抵达上郡，向妥欢帖睦尔呈上教皇信件，同时献骏马一匹。在朝文人赋诗作画，周明作《天马图》，揭傒斯作《天马赋》，誉之为天马，轰动一时。

马黎诺里一行在大都留居约三年。然后由海道回国。至正十三年（公元1353年）抵阿维尼翁。后来，马黎诺里奉德皇卡尔四世之命令改修波希米亚编年史，将奉使元朝见闻编入此书中。

基督教再次传入中国

至元二十六年（1289），教皇尼古拉四世派修士来华，基督教再次传入中国。

成吉思汗统一蒙古诸部后，他和他的后继者建立了一个横跨欧亚大陆的帝国，欧洲各国君主因此十分惊慌。教皇英诺森四世派方济各会教士、意大利人柏郎嘉宾访问蒙古大汗驻地和林，劝蒙古人信仰天主教。元定宗贵由虽厚待来使，却以"奉天承运"为由拒绝了教皇的要求。这是蒙古人与罗马教廷最早的接触。1260年，威尼斯商人马可·波罗沿伏尔加河进入中国，元世祖忽必烈召见了他。当时元朝处于鼎盛时期，世祖请马可·波罗带信给罗马教皇，正式提出请教皇派通晓"七艺"（文法、论理、修辞、几何、算学、音乐、天文）的100名传教士来中国，表示了对天主教的重视。

1289年，教皇尼古拉四世派意大利人、方济各会修士约翰·孟高维诺航海来华，受到朝廷礼遇，元成宗铁穆耳待他极为崇敬，并准许他公开传教。孟高维诺是进入中国的第一位天主教传教士。1298年，他在北京建立第一座教堂，1305建成第二座，1318年又建成第三座，据说这些教堂修得巍峨壮观。另外他还招收150名7～8岁男童，成立神职班，教授拉丁文和希腊文，并将《新约》等宗教文献译成蒙文和维吾尔文。孟高维诺在华传教近30年，收信徒6000余人，连元世祖的母亲别吉太后都成了他的教徒。1307年，教皇任命他为中国教区大主教，相继派传教士入华协助他传教。在这些教士的努力下，至1328年，信徒已达30000人，流传于大江南北，尤以江南沿海一带为盛。

元朝对基督教设专门的"崇福司"管

元代的基督教徒和教士通称为"也里可温"，既指聂里脱里派，也包括罗马天主教派。图为也里可温教徽章二枚。

花剌子模国人努冉萨墓碑，用辉绿岩石琢成上有用阿拉伯文镌刻的碑文。

理，蒙古统治者对基督教采取宽容态度，不仅准许传教且发给薪俸。但基督教地位始终在佛、道以下。

基督教在中国随元帝国的覆亡而中辍。其消失原因有二：从内部来看，基督信徒多为蒙古人和西域人，基督教始终没有超出贵族圈子，没有在广大人民中间扎根；从外部看，因为蒙古帝国横跨欧亚，从欧洲陆路来华十分方便。元灭亡后，中亚交通阻塞，中西陆路交通中断，明朝又实行海禁，基督教在内无土壤、外无活水的情况下很快枯竭消失了。

意大利基督教主安德肋·贝鲁亚的墓碑

中国伊斯兰教鼎盛

元朝是中国伊斯兰教的鼎盛时期。穆斯林人口不断增加，社会地位也日益提高，

他们为元朝的社会发展做出了空前的贡献。

成吉思汗及其子孙西征西亚与东欧，建立了横跨欧、亚的蒙古大帝国。此后中西交通畅达，穆斯林大批归降或被俘，随蒙古军东来参加征服和统一中国的战争，被称为"西域亲军"。其中阿拉伯人、波斯人和中亚各族人在忽必烈建立元朝统一中国后，与当地汉族、维吾尔族、蒙古族居民通婚，代代繁衍，逐渐形成一个新的民族——回族。与此同时，西域的穆斯林商人、学者、传教士、达官贵人、旅行者等纷纷来中国定居，与当地人通婚，形成回族的另一个重要来源。

元代将伊斯兰教徒称为"木速蛮"，又称"答失蛮"，世俗往往称为"回回"，其教名或称真教、清教，或称回教。中央设"哈的"，即回教法官，掌管教内律法的执行，并负责为国祈福。该制曾几置几罢，反映了国家与教会在执法上的权力之争，也说明伊斯兰教的势力已相当强大。至大二年，宣政院奏免僧、道、也里可温、答失蛮租税，其时伊斯兰教已由沿海外国小教发展成为由政府正式承认的中国合法

中国通史

最新整理图文珍藏版

大教，可与佛、道、儒及基督教并列，足可见其规模和影响之大。

元朝穆斯林的状况与唐宋相比有了明显的不同。第一，他们多数不再自视为外国侨民，大都以中国为家，娶妻生子，置产业，变成了中国人。第二，他们的分布不再局限于东南的沿海通商口岸，而是遍布全国，形成"大分散小集中"的居住特点。第三，他们的社会地位较高，因为他们在帮助元统一中国的事业中立过汗马功劳，其政治和社会地位仅次于蒙古贵族。此外，元代穆斯林人口之多也是唐宋不能比的。尽管元代忽必烈有过迫害穆斯林教徒的举措，但总体上说来蒙古贵族还是保护伊斯兰教的，多数情况下穆斯林颇受政府尊重。政府修葺或重修的著名清真寺有泉州清真寺、广州怀圣寺、杭州真教寺、昆明礼拜寺2所、哈剌和林礼拜寺2所等。中央一级设回回国子监学，奖励伊斯兰学问；设回回司天监，掌观象衍历；设太医院广惠司，掌修制御用回回药物及和剂，治疗诸宿卫士及在京孤零者。此外还设回回炮手军匠上万户府，负责造炮，管理造炮工匠。

元代的穆斯林对中国的政治、经济、军事、文化做出了重大贡献，涌现出了一大批第一流的优秀人才。在政治方面，有许多伊斯兰功臣显宦，如泉州人蒲寿庚，助元灭亡南宋有功，官至右丞，子皆高官。扎八儿，助成吉思汗破金中都，封凉国公。

伊本·奥贝稳拉墓碑，用花岗岩石琢成，阴阿拉伯文，另有汉字"蕃客墓"三字。

还有赛典赤曾，率千骑从成吉思汗西征，太宗宪宗之世拔为高官，元世祖之时，拜中书平章政事、陕西五路西蜀四川行中书省、云南中书行省平章政事，为中央所倚重。在经济方面，穆斯林在中西商业交往中发挥重要作用，俗称"富贵回回"，因其多为富商。在文化方面，出现了一批著名的学者、艺术家、专门人才。大学者赡思，学通五经，著述甚丰。大诗人丁鹤年，擅长诗文，对算数、方药亦有研究。诗人萨都剌博学能文，尤以山水诗见功力。以上情况表明，回族在形成之初，即具有了高度的中原文化素质，同时也保留了西域

《番王礼佛图》卷。全图用白描法，笔法工细。人物情态生动，衣纹流畅。海水、佛光等具有装饰意味。

文化的某些特点。在他们身上体现着中西文化的融合。

元代，新疆的三大宗教——伊斯兰教、基督教、佛教都得到一定程度的发展；同时各教之间互相来往，互相渗透，气氛比较中和宽松。自由传教的结果，是伊斯兰教发展最快，到16世纪时，新疆全境除北部瓦剌蒙古信奉喇嘛教以外，全部改信伊斯兰教。

喇嘛教受元室崇奉

至元十一年（1274）三月，元朝帝师八思巴从京城返回吐蕃，他的弟弟亦怜真继为帝师，表明喇嘛教受到元室崇奉，为元室所不可缺的地位，已确立不可动摇。

吐蕃喇嘛教是中国佛教派别之一。忽必烈即位前曾受戒于吐蕃喇嘛教高僧八思巴，自此以后，佛教在蒙古汗廷中的地位便日益上升，尤其是经过忽必烈主持的佛、道两派辩论，佛教的尊崇地位便得到确定。忽必烈即位大汗后，即封八思巴为国师，授以玉印，任中原法主，统辖天下教门。

至元六年（1269），八思巴依据藏文字母，参照畏吾体蒙古文的书写特点和汉字的构字方式，创制了方体蒙古新字。忽必烈于是封八思巴为帝师、大宝法王。此后的元朝皇帝在即位前，必须"先受佛戒九次方正大宝"，成为定制。并且帝师也成为元朝皇帝供奉的最高神职，具有"皇天之下，一人之上"的神圣地位。元朝前后共封帝师14人，全都是来自吐蕃乌藏萨斯迦派的高僧。八思巴一家出了其中大半的帝师，有的成为帝师时年仅12岁。

帝师不仅在元朝宫廷中享有极高的地位，而且以全国佛教领袖的身份倍受崇奉。忽必烈曾把乌思藏13万户封给第一任帝师八思巴作为供养地，八思巴成为吐蕃地区最高统治者。帝师往来于京师与吐蕃之间，百官均隆重迎送。帝师们生前死后所受封赏十分优厚，弟子门徒也大多被授官封号，享有极大特权。

刺绣密集金刚像

马可·波罗入华

至元十二年（1275），马可·波罗入华。

中统元年（1260），威尼斯商人尼柯罗、马菲奥两兄弟到东方做生意。他们首先到达了钦察汗国的都城萨莱。接着，因钦察汗国和伊利汗国交战，回国的路途险恶，尼罗柯罗两兄弟继续向东行进，在不花剌住了3年，于至元二年（1265）夏天到达大都。忽必烈向他们询问欧洲的情况，并且委派他们作蒙古大使的副手出使罗马教廷，要教皇选派100名懂法律、精通七艺的传教士来中国。在途中，蒙古使者因为有病留下，尼柯罗兄弟俩继续执行忽必烈的任务，在至元六年（1269）到达地中海东岸，向罗马教廷递交了国书，随后返回故乡威尼斯。

中国通史

最新整理图文珍藏版

马可·波罗像

至元八年（1271），尼柯罗兄弟带着尼柯罗的的儿子马可·波罗，陪同新任教皇派遣的两名传教士到蒙古复命，途中两个传教士怕苦放弃，把教皇的书信以及出使证交给尼柯罗，要他们转交。3人沿着古代丝绸之路，越过帕米尔高原，穿过河西走廊，于至元十二年（1275）达到大都。从此马可·波罗跟着他父亲、叔父在中国居住了17年。

马可·波罗聪明谨慎，口才也好，他

《马可·波罗游记》汉译本书影

在中国很快学会了骑马、射箭和蒙古话，受到忽必烈的信任。马可·波罗曾被忽必烈派到云南、江南各地去视察，又在扬州做了3年地方官，并作为元朝使者去过占城、印度等国家。至元二十六年（1289），马可·波罗和他的父亲、叔父想返回故乡，并得到了忽必烈的恩准。至元二十八年（1291）的春天，马可·波罗一行带着忽必烈给教皇以及英、法各国国王的书信，同伊利汗和使者一道，从泉州坐船向西，打道回国。马可·波罗于1295年回到威尼斯以后，在参加威尼斯和热那亚的海战中被俘。他在狱中写的《马可·波罗游记》，对东方中国的情况作了详细的介绍，在西方社会引起了很大的轰动。

大都人列班和扫马西行

至元十二年（1275），大都人列班和扫马前往耶路撒冷朝圣，随他们一道的还有东胜州人马忽思。他们都是基督教聂思脱里派的教徒。

列班和扫马得到元朝颁发的铺马圣旨后，从大都出发，跟随商队西行。当他们抵达伊利汗国蔑剌哈城（今伊朗马腊格）后，谒见了聂思脱里派教长马儿·腆合。接着，他们又走访了波斯西部、亚美尼亚、谷儿只等地。由于当时叙利亚的北部经常发生战争，列班和扫马的朝圣计划难以实现，只得先在尼夕里附近的教堂住下来。至元十七年（1280），马儿·腆合召他们到报达（今伊拉克巴格达），委任马忽思为契丹与汪古部主教，委任扫马为教会巡视总监，派往东方处理教中事务。因为伊利汗国和钦察汗国两国在阿姆河一带交战，道路险恶。他们都没有按照马儿·腆合的要求返回元朝，仍然留在尼毛夕里附近的教堂里，等待机会朝圣。至元十八年

（1281），马儿·腆合去世，东胜州人马忽思被选为聂思脱里教派的新教长，称作雅八·阿罗诃三世。至元二十四年（1287），伊利汗阿鲁浑打算联合基督教国家攻打耶路撒冷和叙利亚，于是派扫马出使罗马教廷和英、法等国。当扫马率领的使团到达罗马的时候，恰好旧的教皇去世，新的教皇又没有推选出来，于是继续向西，到达法国巴黎。扫马向法国国王腓力四世呈交了信件和礼物，受到法国王室的隆重接待。在巴黎逗留了一个多月后，扫马又来到法国西南的波尔多城，在那里恰好会见了英国国王爱德华一世。英法两国都同意跟伊利汗国结盟，一起夺取耶路撒冷。扫马胜利完成任务。

至元二十五年（1288）列班和扫马在归途中再次到罗马，新任教皇尼古拉四世隆重接待了他们，他还对伊利汗阿鲁浑优待基督教表示感谢。从罗马回来以后，扫马受到了阿鲁浑的嘉奖。至元三十年（1293），扫马辅佐雅八·阿罗诃三世管理聂思脱里教派的教中事务，直到第二年去世。

大都人列班和扫马的西行，使得中国和世界各国的宗教联系更加密切，促进了文化的交流，增强了人民之间的友谊。

张留孙统领道教

至元十四年（1277）正月，跟随张宗演入朝的正一道士张留孙，被授予"玄教宗师"的称号。这种正一天师的称呼，是正一道掌教的专称。正一道源于东汉张道陵创建的五斗米道，也称天师道，南北天师道在唐宋的时候跟上清、灵宝等派合流，开始改称正一道。正一道的历代掌教都由张道陵的后代世袭。在元朝，正一道跟全真道并列为南、北两大道教支派，正一天师由元廷进行敕封，世袭掌管江南道教。

至元十三年（1276），忽必烈召见第36代正一天师张宗演，对他宠信有加，让他总管江南道教。接着，跟随张宗演入朝的正一道士张留孙被授予"玄教宗师"的称号，成为道教在宫廷中的代表。忽必烈特别建造了崇真宫，让张留孙居住，还赐给他尚方宝剑。此一时，彼一时，在至元十七年（1280）释、道再次进行的大辩论中，道教惨败，结果忽必烈下令将道教经典除《道德经》以外一律烧毁，并禁止醮祠。张留孙通过太子真金向忽必烈求情，使很多道经得以保全下来。成宗大德年间，张留孙加号玄教大宗师，被封为知集贤院道教事，统领全国道教。

白莲教全盛

白莲教作为中国民间宗孝，渊源于佛教净土宗。南宋绍兴（1131～1162）年间，吴郡昆山（今江苏昆山）僧人茅子元（法名慈照）在宋代流行的净土结社的基础上，创立了白莲宗。到了元代，白莲宗与弥勒信仰相结合，演变发展为白莲教。白莲教的兴起，是儒、佛、道三教合流思潮向社会下层扩散，与民间信仰相结合的产物；是社会上下矛盾加剧，民众自信自保和反抗性增强的表现。

白莲教的早期形态白莲宗，教义上信奉阿弥陀佛，要求信徒念佛、持五戒（不杀生、不偷盗、不邪淫、不妄语、不饮酒），以期往生西方净土。组织上，白莲宗一改净土结社的松弛状态，建立师徒相授、宗门相属的紧密教团组织，徒众以"普觉妙道"命名。南宋时，白莲宗自行结社聚众方式被朝廷以"事魔邪党"罪名而查禁，但由于其教义、修行很合下层民众心理需要，仍得以传播、发展。元朝统一全国后，朝廷承认支持白莲宗的活动，这时，白莲宗与弥勒信仰结合，进而演变发展为白莲教。白莲教以"普化在家清信之士"为号召，形成了一大批有家室的职业教徒，称白莲道人。元代由白莲道人组成的堂庵遍布南北各地，聚徒数千，规模很大，堂庵供奉阿弥陀佛、观音、大势至佛像，上为皇家祝福祈寿，下为地方主办佛事，也做修路等善举。堂庵因拥有田地资产，主持者往往世袭，其财产实际上也为世传家产。有的与地方官府相勾结，成为地方一霸。但由于其教义又吸收了摩尼教义，崇尚光明，相信光明定战胜黑暗，"弥勒出世"可以解救世人于苦难，白莲教也逐渐成为下层人民反抗元廷统治的旗帜，下层人民纷纷入教，自上而下信仰白莲教者数以万计，白莲教在元代达到全盛。

元朝统治初期，由于对白莲教的性质并不十分了解，统治者曾采取扶持政策，使白莲教进入空前的全盛时期。后来因白莲教众以此集众生事，同政府对抗，1308年，朝廷下令禁止，仁宗时恢复其地位，英宗即位后又禁断。元末由于政治腐败，民族矛盾和阶级矛盾趋于激化，广大汉人起来反元，白莲教便成为起义的旗帜和组织形成。此后农民起义风起云涌。白莲教及其武装红巾军在推翻腐朽元朝、建立新生的明朝的事业中，起了决定性的作用。显示了以白莲教为主的民间宗教所蕴藏的巨大威力和反抗精神。

元第一任天主教大主教来华

至元三十一年（1294），受罗马教廷派遣，天主教圣方济各会会士孟特·戈维诺抵达大都，开始了他在中国的传教活动。

孟特·戈维诺生于意大利，他在亚美尼亚和波斯地区传教时，了解到蒙古大汗对天主教的尊奉态度。于是，他携带罗马教廷致蒙古诸汗信件，先后经伊利汗国和印度，抵达大都。这时，元世祖忽必烈已逝。嗣位的元成宗铁穆耳接见了孟特·戈维诺，并允许他留居中国传教。元朝皇帝虽然崇尚佛教，但对其他宗教也采取兼容并蓄政策，所以孟特·戈维诺的传教活动受到元朝政府保护。他先后在大都兴建两所教堂，用鞑靼文字翻译《新约全书》和《旧约》诗篇。大德十一年（1307），罗马教皇任命他为大都大主教，并派遣 7 名教士前来协助他传教。此后他又设了泉州教区，进一步扩大传教范围。

孟特·戈维诺留居大都，直至逝世。他在中国为 3 万多人洗礼，是罗马教廷派驻元朝的第一任大主教。

道士石棺厚饰

元代初期尊崇道教，统治者善待道士。道士死后用石棺厚葬之风由此而起。如陕西终南山重阳宫的"玄都至道真人"（天师）宋德方死后，统治者将其尸骨迁葬于山西芮城永乐镇，并为其建祠奉祀。其石棺绘刻十分华丽，工细绝伦，刻画的人物与宫殿等内容似与道教无关，其中人物衣纹刻画挺拔简要，极见精神，与元人绘画风格颇不相同。这样的石棺葬是过去方外道士所不曾享有的。又知道士潘德冲墓葬石棺。其石棺前档绘刻演戏场面，两侧及后堵刻有《二十四孝图》，尤以前档的舞台演戏最精彩。在前档上部刻有玉雕栏楯，华楼高耸；中间刻绘栏杆以分上下。台上四个脚色，有一穿官衣，怀抱笏板的，是"装孤色"，左边有一手含口中吹哨音者，为"副净色"，右边有一双手扬起作势者，应当是作滑稽表演的"副净"。其后还有一穿袍者，仿佛是"末泥"脚色。戏中人物装扮，很像河南偃师县宋墓和山西稷山县金墓出土的砖雕杂剧人物。图中的戏楼建筑形式，在至今出土的戏曲文物中从未见过。可作为研究宋元剧曲史的文物资料。

吴天观石窟三清龛天花

元禁白莲教

至大元年（1308）五月，武宗以白莲教聚众反元者增多为由，下诏禁止白莲教，拆毁祠宇堂庵，命徒众皆还隶民籍。

白莲教又称白莲宗、白莲社、白莲会，是佛教净土宗的支派。南宋初昆山僧人茅子元创于淀山湖，崇奉阿弥陀佛，提倡不杀、不盗、不淫、不妄语、不饮酒"五戒"，徒众以"普、觉、妙、道"四字命名。入元后大盛，堂庵遍布南北，以庐山东林寺与淀山湖普光王寺为中心。堂庵主持多娶妻生子，父死子继，世代相传。然而在传播过程中，教义逐渐发生变化，渗入弥勒佛信仰，教内宗派林立。有的教徒利用传教之机，组织反元活动。如都昌杜万一、彰德朱祯宝、柳州高仙道等。于是至大元年（1308）五月，武宗下诏禁止白莲教。庐山东林寺善法堂主持普度闻之，慨然以复教为己任，率弟子10人，"芒屦草服"，于十月到达大都。并设法向皇太子爱育黎拔力八达进献自己所著《庐山莲宗宝鉴》。皇太子对此书大加赞赏。普度请求

皇太子帮助解禁白莲教，未成。至大三年（1310）正月，普度向武宗上千言书，力证白莲教有益教化，闹事者只是少数。武宗诏慰抚普度，但未准允复教之事。至大四年（1311）正月，武宗驾崩。三月，爱育黎拔力八达即位，是为仁宗。普度再次上书请准恢复白莲教的合法地位，同年闰七月，仁宗颁旨解白莲教之禁。普度被视为白莲教功臣，被封为"白莲宗主"。

白云宗摄所复立

白云宗是华严宗支派，宋大观年间由僧人也清觉创建于杭州白云庵，以不事荤酒、不娶妻子、躬耕自活为宗旨，入教都称"道民"。南宋时因戒律废驰曾几度被禁。入元后发展很快，徒众数以万计，元廷乃设江南白云宗都僧录司加以统摄。后因白云宗上层僧侣勾结毫强，为恶地方，大德十年（1306）朝廷罢白云宗都僧录司，遣散其徒，所占田地全部输租。至大元年（1308）三月，元廷在杭州重新建立白云宗摄所。

刘玉建立净明道

净明道的最初信仰可上溯到西晋时的道士许逊时期。许逊得道于吴猛，提倡孝道。唐高宗时，道士胡惠超、张蕴、郭璞被称为净明道三师。北宋历朝皇帝皆尊崇净明道。但净明道作为教派名称正式出现是在元代，由隐居儒士刘玉创立。

刘玉（1257～1310），元初南昌西山隐居儒士，自称25岁时遇西山道士胡惠超，胡告知"净明大教将兴，当出八百弟子，汝为之师"，于是建立腾胜道院，以善道劝化。据说刘玉于元成宗元贞二年得许逊降

授《玉真灵宝坛记》，次年又得监度师郭璞降授《玉真立坛疏》。后年得净明法师胡惠超降授道法和三五飞步正一斩邪之旨。又自称得许真君再授《中黄大道》、《八极真诠》，并委其为800弟子之首。这样，十几年间，刘玉道书初备，弟子拱尊，于是正式建立净明道宗，以许逊为第一代祖师，他本人为第二代。刘玉成为净明道的正式创始人。首次采用净明道作为教派名称。

净明道的宗旨是"净明叫孝"。"何谓净？不染物；何谓明？不触物；不染不触，忠孝自得"。净明家认为人心本来是纯净透明的，但为后天物欲私情所蔽而不净不明，修净明之道，就是教人清心寡欲，正心诚意，不为利欲所动，无贪瞋、无偏狭，不怨怒。在修心的同时还要践行，即要尽忠尽孝，而且要把忠孝的得为加以扩充。刘玉全力维护宗法制度，毫不掩饰地说"忠孝只是扶植纲常"，虽然世儒把这当成陈词加以忽略，净明道"却务真践实履"。净明道功过格中有"救世"的教法，救助饥渴、寒冻之民，埋葬无主之骨、无土之尸，周济行旅，修桥补路，济生利民，远近闻名，仰向从游者从。由于净明道强调忠孝践履和行善积德，因此得到元朝贵族与学界的赞许、支持和下层民众的广泛崇敬。

但是净明道毕竟还是道教，也要讲修道成仙。不过它鄙薄传统的内丹外丹、辟谷吐纳等道术，认为净明忠孝的修养和实践乃上乘内丹之道。它追求的长生，不是肉体永存，而是德性不亏，与儒家的圣贤极为接近。净明道亦讲用符箓祈禳，但主张行符法应以内修为本，以至诚感动天地。

净明道把儒家伦理直接化为宗教教义和戒律，用道教的宗教形式去包容儒家修身济世的人本内容，这是一次儒学宗教化的成功的尝试，是道教史上相当新颖独特的改革；同时也是道教向儒教靠拢的表现。但却是以丧失道教自身传统特点为代价的。

元廷崇佛

元朝是蒙古贵族联合回族、汉族地主阶级共同建立的封建政权，也是中国少数民族建立的第一个全国政权。据《元史·释老传》记载，元代佛教的兴隆与元朝历代皇帝的崇奉分不开。蒙古族原本信仰原始的萨满教，12、13 世纪，随着蒙古社会的进化和对外军事征服，他们开始接触到藏传佛教（俗称"喇嘛教"），并逐渐皈依了佛教。所以在入关以前，佛教已成为蒙古民族一种相当普遍的宗教信仰。元世祖忽必烈就是一个虔诚的佛教信徒，在戎马生涯中，他"万机之暇，自持数珠，课诵，施食"（见《佛祖统记》卷四八）。统一中原后，他说："朕以本觉无二真心治天下，……故自有天下，寺院田产，二税尽蠲免之。并令缁侣安心办道"（同上书，卷四九）。

元朝建国后，统治者对佛教采取了一系列优惠的扶植政策；同时，为了保持与藏族的密切联系，特别尊奉藏僧。忽必烈入关前，就曾邀请藏传佛教萨斯迦派高僧八思巴东来，讲经说法，参赞军机。立国以后，又奉八思巴为"帝师"，赐玉印，建立了中国佛教史上独特的帝师制度。八思巴不仅兼领全国宗教事务，而且为忽必烈及其后妃等全部皇族灌顶受戒。世祖以后，每帝必先从帝师受戒，然后才能登基，崇儒政策代代相传。

元帝崇佛，保留了草原民族质朴无华、讲求实利的特色，主要是求佛保佑，降福免灾，他们对虚玄深奥的佛教义学并无多大兴趣，崇佛活动主要是修功德，作佛事。举行法会、念经、祈祷、印经、斋僧、修建寺院等的费用多由国库支出，还常赐与寺院田产。数目之大，非常惊人，在中国历史上并不多见。

白莲教《庐山莲宗宝鉴》成书

元大德八年（1304），释普度修成《庐山莲宗宝鉴》10卷，共70000余字。

释普度，宋丹阳（今江苏丹阳）人，俗姓蒋，宋末出家，创庵修炼白莲教。宋灭亡后，为妙果寺主持，号优昙和尚。据传，普度撰写此书共花了约10年时间。《宝鉴》追溯了慧运以来弥陀净土信仰的历史，阐发了茅子元创教原旨，指斥了白莲教流传中的各种乖教现象。普度自述作此书的目的在于辨明真伪，使"枉者直之，邪者正之，疑者决之，迷者悟之"。此书为白莲教成立后第一本重要著作，备受教中人看重；普度也因此书被推为庐山东林寺白莲宗善法堂主持。

道教开铸金殿

道教祀神和作法事的场所称观，更庞大的观称为宫，较小的观又称道院。观、宫之内主要建筑称为殿。

道教建筑一般为木构建筑体系。其组合原理与住宅、宫殿及佛寺大体相似。如山西芮城永乐宫，始建于元代，是现存较早的、保存比较完整的。

此外，道都建筑中也常有用铜铸造的，称为金殿。金殿象征天帝的金阙，大多供奉真武帝君，即古代神话中的北方之神玄武，也是道教武当派所奉的主神。因此，金殿也发源于武当山。

现存最早的金殿铸于元大德十一年（1307），仅1间，高2.4米。另外位于武当山天柱峰上的金殿，铸于明永乐十四年（1416），面阔3间，高5.5米，整个建筑，包括神像、供桌全为铜铸镏金，加工精致堪为雕塑艺术珍品。云南昆明太和宫曾在明万历三十年（1602）仿照武当山铸造金殿，明末移往宾川鸡足山，今已不存。昆明现存的金殿是吴三桂在康熙十年（1671）仿建的。其它诸如苏州玄妙观原有明代铜亭一座，山东泰山碧霞洞亦有明代铜亭一座，今已移置岱庙。碧霞元君祠原称昭真观，位于泰山极顶南面，殿内供奉泰山神碧霞元君铜像，其正殿五门、瓦片、吻兽都是用铜铸造的。

道教开始铸造金殿，说明我国古代铸造技术已达到较高的水平。

上都造金浮屠

至治元年（1321）六月，元英宗在上都建金浮屠，用来藏佛舍利。

根据意大利威尼斯人马可·波罗的记载，至元二十一年（1284）忽必烈曾派遣使者前往锡兰寻取佛牙和佛钵，求得佛发、佛钵及佛牙2枚。但大德十一年（1307），新即位的武宗又派使者赴西域取佛钵、舍利，可知世祖时实未拿到真品。至治元年（1321），在上都建造金浮屠，藏佛舍利，看来后一次出使的使者确实拿到了真物，起码这时主掌全国佛教的高僧深信不疑。至正十八年（1358）十二月，红巾军攻陷上都，焚烧宫阙，佛钵与舍利一同葬身火海。

意大利教士鄂多里克抵大都

泰定二年（1325），方济各会教士鄂多里克抵达大都，开始进行其传教活动。

中国通史

最新整理图文珍藏版

鄂多里克（1274～1331）是意大利方济各会教士。延祐三年（1316），他开始启程往东方传教，途经伊利汗国都城贴必力思（今伊朗阿塞拜疆的大不里市）、孙丹尼亚（今伊朗阿塞拜疆的苏丹尼耶），继续随商队东行。因伊利汗与察合台汗发生战争，陆路受阻，转而游历极远（今伊拉克巴格达）等地区。至治二年（1322），他乘船至印度，后又乘船至苏门答腊，历访爪哇、占城等国，抵达广州。随即经泉州、福州、杭州、建康至扬州，由运河北上，于元泰定二年抵达大都。

鄂多里克在大都居留3年，曾参加宫廷庆典，以本教仪式为皇帝祈福。

其后，他由陆路西返，于至顺元年（1330）回到威尼斯，寓居帕多瓦，叙述旅行见闻，由教士威廉用拉丁文记录成书，后称之为《鄂多里克东游录》。

上座部佛教在云南得到发展

中国佛教三大派系之一的云南上座部佛教，由于在来源、理论、戒律、仪规等方面均与汉地佛教、藏传佛教有明显差异，因此在中国佛教史上具有独特的地位，而傣族地区的上座部佛教是最具典型意义的。

云南上座部佛教属于佛教的南传系统，在佛教传入以前，傣族人民信奉以崇拜为特征的原始宗教，佛教是在与原始宗教的激烈冲突中传入傣族地区的。从傣文经典的研究推算，佛教传入傣族不会晚于13世纪。16世纪上半叶，缅甸南方的洞吾王朝建立，迅速统一全境，成为一个强大的政权，西双版纳土司与之联姻，娶缅甸公主为妻，缅甸公主携带大量佛经、佛像到来，推动了云南上座部佛教事业的兴盛。

释迦牟尼死后100多年，佛教分裂为上座和大众两大派，上座部坚持佛陀创教时的一些基本理论和戒律，以正统自居，把释迦牟尼看成是唯一教主，主张个人修行，通过入寺为僧，递次升级，并以在现世证得阿罗汉果为理想的最高果位。他们积极提倡积德行善，谋求自我解脱，以达极乐世界，对于不出家的群众，他们宣扬要多作善事，多布施，否则来生将会受到入地狱、转为饿鬼和畜牲的"三恶"之苦。

云南上座部佛教的经典总称为"三藏"。经藏，傣语为"苏点打比打夏"；戒藏，傣语为"维耐"；论藏，傣语为"阿批搭马儿打夏"。傣文"三藏"号称有84000部之多，世界上任何地方的大藏经也没有这样多。由此我们可以看出上座部佛教的繁盛面貌。

根据僧侣所遵循的戒律以及信教群众的日常生活方式，云南傣族上座部佛教可分为四大派：一是摆庄派。这是信仰者最多的一派，其戒律比较宽松，僧侣生活比较舒适，可以穿呢制袈裟，睡觉可以用被褥，可以乘车、骑马、吃肉、吸烟，还可以自由还俗，自由出入民家。二是摆润派，在西双版纳地区最为流行。这一派有一独特风俗：当和尚升为长老时，须先逃避到山林之中，然后村寨群众四出寻找，找到后用树枝编成轿子，插满鲜花，抬回寺院，进行升职典礼。三是左抵派，主要在德宏、临沧一带流行，以戒律严格而著称，僧侣衣食简朴，睡觉不用被褥，无故不出寺门，出门必须赤足，不许进入民家，不食酒肉，更不能还俗。四是尕列派，从左抵派中分化出来，戒律不如左抵派严格，僧侣一般过定居生活，不再四处流浪。

上座部佛教的僧阶制度严格，各派僧侣根据年龄和修养，分成不同的僧阶，以摆润派为例，从低至高共有9阶之多。他们是科勇、帕（帕弄、帕囡）、督（督弄）、祜巴、沙弥、桑哈扎位、帕召祜、松迪、松迪·阿戛莫里。僧阶的等级精神贯穿于衣、食、住、行各个方面。日常生活中，较低级别的僧侣必须为较高级别的僧侣服役，上层僧侣可以任意处罚、殴打下层僧侣，而法律又规定帕不许控告督。

云南上座部佛教在长期的发展过程中还形成了一套从宣慰街到基层村社比较完善的寺院制度，寺院之间存在上下隶属关系，上级寺院对下级寺院有指挥权，可以批准或取消其决定，下级寺院对上级寺院有请示、汇报的义务。傣族社会实行政教合一体制，土司通过这套完整的寺院制度把教权牢牢地控制在手中，因此这一地区从未发生过政权与教权严重冲突的事件。

上座部佛教一经传入傣族地区，很快便取代了原有的原始宗教，成为占支配地位的意识形态，并且对傣族社会生活的各个方面产生了极大的影响。作为一种高层次的文化载体，它还为傣族人民带来了文字、天文历法，极大地促进了傣族社会文明的发展。

全真教极盛

全真道兴于金，而盛于元。王喆死后，七大弟子弘扬全真教义，光大道门，其后继者人才辈出，形成若干道内教派，使全真道呈现一派繁荣景象。马钰创遇仙派，刘处玄创随山派，丘处机创龙门派，谭处端创南无派，王处一创萧山派，孙不二创清静派，郝大通创华山派，其中以丘处机及其创立的龙门派对全真道发展的贡献最为突出，在后来影响最大，其教派累世传承不衰。

丘处机是全真七真中最负盛名的高道，他在世之日，全真道达到高潮。元太祖曾命丘处机掌管天下道教，诏免道院和道人的一切赋税差役，并先后在燕京建立"平等"、"长春"、"灵宝"等八会，于各地大建宫观，一时道人云集，教门大兴。丘处机对其弟子说："千年以来，道门开辟，未有如今日之盛!"元宋子真《通真观碑》说，当时人们对全真道是十分推崇的，一人入教带动百人入教，百人入教带来千人，千人入教最后带来万人崇拜，即使是一些不太大的村里邻户，都互相争着传授全真道，通都大邑就更不用说了。元遗山《修武清真观记》记载丘处机雪山之行后，天底下有10人中就有2戴起了黄帽，声势浩荡隆盛，足可动天地鼓海岳，发展势头如火如荼。高鸣《清虚宫重显子返真碑铭》记载："夫全真之兴，由正隆以来，仅百余载"，时当元世祖执政之初，"今东至海，南薄汉淮，西北历广莫，虽十庐之邑，必有香火一席之奉"，足可见元初全真道流行之广，已是"大道汜兮，其可左右"了。

丘处机力主三教合一。他仿效佛教"众生皆有佛性"之说，宣扬有情皆有道性。他用超生说代替长生说，认为超生在于修性。又说其丹功是"三分命术，七分性学"，主张"去声色，以清静为娱；屏滋味，以恬淡为美"，修道者应出家，断除一切尘缘，命功以意守下丹田为入手，引出肾中真炁，与心中木液相交，是为龙虎交媾，继而金液还丹，太阳炼形等。命功之上转入性功，直修到六根清净，方寸澄澈，便是真丹。

丘处机悲世悯人，他传道的重心在济世真行。他看到大兵之后人民涂炭，便令各地道徒立观度人以救世为先务，使全真道成为灾民归依的社会组织。丘处机掌教下的全真道得到广泛赞誉和流行的根本原因，正在于这种救民济世的实践。清乾隆皇帝为北宋白云观丘祖殿题联云："万古长生不用餐霞求秘诀；一言止杀始知济世有奇功。"这是对丘处机一生最简炼准确的评语。

丘处机之后，全真道历任掌教尹志平、李志常、张志敬、祁志诚等，皆得元室所赐真人号，多出任玄教大宗师。在编撰全真道史方面，贡献最大的是李道谦，他撰《祖庭内传》、《七真年谱》、《甘水仙源录》，收集大量宫观碑刻及传赞，为研究全真历史提供了可靠而又系统的资料。

全真兴盛之后，初期清净俭朴、苦修厉行之教风渐渐改变，而以华贵为荣，道观极其壮丽，道首奢侈腐化，结纳权贵，与世俗之浊风卑行同流合污。元末，全真道虽然继续延流，但其教誉已经大为跌落。

祖庵碑林——全真教创始人王重阳在陕西户县城西的故居。元时曾称重阳宫。

教皇使者至上都

至正二年（1342）七月，教皇特使团访元朝上都。使团由意大利佛罗伦萨人、圣方济各会教士马黎诺里等32人组成。

至元二年（1336），元顺帝遣法兰克人安德烈一行16人出使欧洲。使团向罗马教廷报告原大都主教孟特戈维诺已逝世8年，请求教皇派新主教来华主持教务。教皇本笃十二世热情款待元朝使者，并于至元四年（1338）派出以马黎诺里为首的使团回访。马黎诺里率使团经钦察汗国，察合台汗国，于至正二年（1342）七月抵达大都。元廷举行了隆重的欢迎仪式，以十字架前导，唱诗班随后。马黎诺里一行谒见元顺帝，进呈了教皇信件及骏马一匹（亦称天马）。在廷文人周朗作《天马图》，揭傒斯作《天马赋》轰动一时。马黎诺里一行在大都大约留居3年，然后由海道回国。

藏族佛教大师布敦去世

至正二十四年（1364）四月，藏族佛教大师布敦去世。

布敦，名皇成，又名辇真竺，乌思藏人。西藏佛教迦举派学者、翻译家。其父是宁玛派高僧，自幼从母学习佛经，18岁出家为僧，此后遍访名寺高僧，潜心研习佛法，博览佛教经籍，并掌握了克什米尔及东、西印度的文字，翻译了大量佛经，学识极为渊博。布敦长期主持霞炉寺，并首次编纂成藏文大藏经《丹珠尔》目录。著作今存200余种，其中《善逝教法史》（一译《吐蕃佛教渊流》）为西藏较早的佛教通史，与《红册》同为元代藏二大史学名著。他提出了藏译佛教文献的分类法，所编《大藏经目录》等，成为后世各版藏译《大藏经》的依据，是研究印度和我国西藏佛教的重要史料。

清查全国屯田

由于屯田废驰情况严重，至大元年（1308）十月，朝廷中书省派人清查全国屯田情况。

蒙古国时期，为解决军粮供应问题和安抚已被征服的民众百姓，政府曾在西北地区与蒙、宋交界地区开辟屯田。元建国后，各级军政皆立屯田，以资军饷。屯田土地主要是官田，以荒田旷土为多，江淮地区和中书省所管辖地区的屯田最为集中，海南、岭北、云南及吐蕃地区则相对较分散。

屯田的大规模铺开，对恢复发展农业生产起了重要作用。但由于管理屯田的官员玩忽职守，贪污屯田经费，自成宗朝起，屯田废驰情况已十分严重。为解决这些问题，中书省派人赴各地巡视 120 余所屯田的情况，合并了一些屯田，但是没有从根本上改变屯田废驰的情况。到了元朝后期中，大多数的屯田其实已经名存实亡。

制定税课法

元朝课程，主要指工商税课，包括岁课、盐课、茶课、酒醋课、商税、市舶抽分、额外课等名目。至元七年（1270）时，诸路课程岁银 50000 锭，后减 1/10。大德十一年（1307），政府为赈江南洪水灾民，用盐、茶课等折收米。至大三年（1310）正月，元廷制定税课法，规定了税课等弟、资品和员数。

税课法以大德十一年考较课程为准，定旧额和新增额，合为正额，折成至元钞交纳，并从至大三年实行。"余止以十分以率，增及三分以上为下酬，五分以上为中酬，七分以上为上酬，增及九分为最，不及三分为殿。"同时定税课官等第，万锭以上设正提举、同提举、副提举各一员；一千锭以上，设提领、大使、副使各 2 员；五百锭以上，设提领、大使、副使各一员；一百锭以上设大使、副使各一员。所设资品官员，以两年为满期。

改革江南税制

元朝建立后，对茶叶实行专卖制度。在江州设立榷茶都转运使司，下设榷茶提举司分布各茶区。浙西常湖、福建建宁等地，设茶园都提举司、茶场提领所等，产茶供朝廷、皇室专用。另还有西蜀四川榷茶场使司，统一收购民间茶叶。各地茶商先向茶司纳税，取公据，方可至产区购茶，然后返茶司缴回公据，换茶引，凭茶引贩卖茶货。茶引与茶不能分离。茶司向茶区附近百姓出售小额茶叶时，发放茶由，每由计茶 9 斤，后改为 3 至 30 斤分为 10 等。

初立茶法时，税率是三分取一，但以后不断增涨。原定只要持有引、据，在江南即可不必纳税营销茶叶，运至江北另纳税。后改定在江南一概纳税，增出"江南茶税" 3000 锭，引起茶商普遍不满。元贞元年（1295）二月，成宗铁穆耳明令罢免江南茶税，将新增的税额 3000 锭摊入江南茶课正课之中。

元初，朝廷规定除江东、浙西兼纳秋、夏税外，江南其余地区只征秋税。元贞二年（1296）九月，成宗诏定江南夏税之制：除江西、湖广南部外，江南各地均需征纳秋税和夏税。秋税只令输租，夏税则据秋税额折输木棉、布缉、丝棉等实物，或折纳纱。折纳比例，视地区不同而有高低不等，折输实物，随时价的高低而定值。

元屯田岭北

元朝的历代统治者出于统治、军事以及民族自身利益的考虑，特别重视对边疆地区的开发，为边疆少数民族地区的经济发展创造了有利条件。最引人注目的就是屯田岭北，发展该地区的农业生产。

岭北地区是蒙古族的发祥地，在蒙古统一到忽必烈建元之间这段时期，这里一直是蒙古帝国的中心区域。即使政治中心南迁以后，这里也始终被最高统治者所重视，不仅设有重兵，还建制了相当级别的行政机构。常住人口也因各种原因而急剧增长。

在经济方面，除特别重视保护和发展传统的畜牧业的优势外，政府还在这里积极发展农业。屯田是其发展农业的主要手段。成吉思汗在攻金的过程中，俘获了大量人口。于是命令镇海在按台山东麓的阿鲁欢组织所俘的成人进行屯田。丘处机在1221年应邀前往中亚途中见到岭北秋粮已熟，还建有粮仓的情景，说明了屯田的卓有成效。随着屯田，这里出现了新型城市——海城。窝阔台时期，岭北屯田垦荒有进一步发展。

元建立以后，开始了大规模的屯田活动。1272年，由罪人组成的敢死队被称为拔都军在怯鹿难开渠耕田。同年，百名南人，携带农具前往乞里吉思，使这里成为较早开展屯田的地区之一。1274年元政府将南宋投降的军队——生券军81人迁到和林屯田。全国统一后，刘国杰所率的防御

元代绘画，描绘用水力机械加工米食的作坊。画中有位僧侣，说明这是从属于寺院的作坊。

西北诸王叛乱的军队，也有不少人在和林从事屯田。其他如石高山与忽都鲁成和林军队也靠屯田获取源源不断的军粮供应。1278至1279年间是岭北屯田的第一次浪潮。武宗即位后，调集上万汉军在称海、和林屯田，形成了岭北屯田的第二次浪潮。英宗即位后，又一次出现屯田高潮。

岭北屯田主要分布于和林、称海、五条河、乞里吉思、怯鹿难等地。中后期还在海刺秃（今乌兰巴托东南）多次兴办屯田，这次屯田一直延续到1348年方告废罢。

岭北的屯田，一方面缓解了军粮供应的困难，另一方面为农业的发展开辟了道路，对于发展边疆经济，促进民族团结，意义十分重大。

王祯《农书》著成

皇庆二年（1313），农学家王祯完成《农书》一书。

王祯字伯善，元代东平（今属山东）人，元朝农学家和活字印刷术的改进者。成宗元贞元年（1295）至大德四年（1300）曾任宣州旌德县尹6年，接着调任信州永丰（今江西广丰）县尹。为官期间，他生活朴素，施行德政，将自己的薪

明刻本《农书》中的活字印刷转轮字盘图，图中绘出元代王祯发明的转轮字盘的构造。

神农（神农氏）是中国远古传说中的"三皇"之一，姓姜。历史传说他发明耒耜、教民农耕，并尝百草以治百病，是中华民族最初发明农业和医药的人。图为王祯《农书》明刻本中神农氏的身影。

俸捐出来修建学校、桥梁、道路，教导农民种植树艺，施医舍药以救助贫苦百姓，人们对其评价很高，说他"惠民有为"。

在他担任旌德县尹时，开始编撰《农书》，调任永丰县尹两年后脱稿。后来，大约在皇庆二年（1313）曾作过修改，增加了个别附记和"自序"。

《农书》正文共计 37 集 370 目，分《农桑通诀》、《百谷谱》和《农器图谱》三大部分。书首"自序"和书后"杂录"是有关印刷术方面的内容，与农业关系不大。《农桑通诀》共 6 集 26 目。从农事、牛耕、蚕事的起源开始叙述，考索其历史渊源。接着是"授时"、"地利"与"孝悌力田"三篇，说明天时、地利的作用和劳作的重要性。然后转入正题，记载了从耕种到收获的全过程中一些共同的基础措施，始终贯穿着农本观念与天时、地利、人力共同决定生产状况的思想，是一篇农业总论。

王祯《农书》关于蚕神的图说

《百谷谱》11 集 83 目，涉及谷属 14 目，记载了粟、稻等 14 种作物的种植及收藏、利用等技术。"蓏属" 12 目，蔬属 19 目，介绍了葵、芹等 12 种作物，果属 18 目，还介绍了 21 种竹木、纤维、药材的栽培管理、收获、收藏及利用的技术和方法。实际上，《百谷谱》是一部农作物栽培各论。

《农器图谱》是全书重点，分 12 门（20 集）261 目，并配插图 306 幅，介绍了这些农具及与农业有关的器具的构造、来源、用法、演变以及优缺点，大都在后面附有一段韵文或诗赋，多为王祯自己创作。《田制门》中的区田、圃田、围田、柜田、涂田、沙田、架田是一些利用和改良土地的特殊方法，反映了我国古代劳动人民在人多地少的情况下充分利用土地的情形。这些丰富多样的农具图像，反映了劳动人民根据不同地区的不同需要而创造出不同的农具，表现了农业技术的进步，尤其是从实用目的出发，比较南北方的农具，时时顾及南北差异，致力于其相互交流。这一部分在全书中占去了 80% 的篇幅，这种将农器列为综合性农书的重要组成部分的作法是由王祯首创的。他不仅描绘了当时通行的农具，还将失传的古代农具绘制出复原图，保存了一些有价值的农具史料。书中收录的一些农机具，如32锭水力大纺车，无疑处于当时世界先进水平。这是介绍我国古代农业生产工具的集大成的著作，展示了其卓越成就。

王祯在综合黄河流域旱地农业和江南水田农业两方面的生产实践的基础上，构撰了这部具有较完整的农学体系的著作。它标志着我国农学体系的基本形成。

棉花开始推广

宋末元初，新疆种植的一年生草本非洲棉经过河西走廊，发展到了陕西，后来又移植到河南，并开始得到推广。元初官修的《农桑辑要》是我国较早的植棉专论之一。其卷二专门谈到木棉种植，初步总结了元初棉花栽培技术的经验，并有元政府令陕西劝农植棉的记载。此书还以苎麻、棉花异地引种成功的事

木棉搅车，去棉籽的工具。据王祯《农书》复原。

实，提出了"谨于种艺"、"种得其法"等新的"风土"观，倡导人们积极引种和推广新作物。这种新"风土"观，大大地促进棉花的广泛种植。

在江南地区，南宋末年则已有不少地方植棉，且是一年生的木棉。据王祯《农书》，这种木棉来自海南。到元代，棉花在长江流域已有很广泛的传播。至元二十六年（1289），元政府分别在浙江、江东、江西、湖广、福建等地设置木棉提举司，每年向民间征收棉布10万匹。元贞二年（1296），元政府又规定木棉、布、丝棉、绢四项都列为江南夏税的内容。这说明棉花在元代已广泛地在长江流域种植，甚至已在经济生活中占有一定的比重。王祯的《农书》，在《百花谱》中专列"木棉"条，进一步系统总结了元代植棉技术经验。

果木栽培技术发展

金元时代，在农业技术全面发展的同时，果木栽培技术也获得了长足的进步。

关于截果树主根法，宋代《桔录》已有记载，元代《农桑衣食撮要·骟诸色果木树》对此进行了更为详细的阐述，说树芽还没生发的时候，就在根旁边挖开土，必须挖得既宽又深，找出主根并把它截断，保护周围的乱根，用土小心地覆盖好，捶打结实，这样，果树就会结出肥大的果实。这是一种通过促使根系四散、以便吸收更多营养的果树培植方法。

《桔录》中已有关于果树整枝方法的记录，指出删除繁盛的不能开花结果的枝叶，以使其通风透光，长出新枝，说明宋代对整枝的目的和要求已有明确认识。《农桑衣食撮要·修诸色果木树》进一步指出：削去低矮小乱的枝条，不让其分散营养，

结出的果实自然肥大。可见其认识的科学性。

由于元代对蚕桑业极为重视，使人们对桑树种植展开了深入的研究，桑树嫁接技术获得了飞速发展。《农桑辑要》和王祯的《农书》对此作了总结，成为现存古代农书中这方面最完整的技术资料。

《农桑辑要》记述的桑树嫁接法有"插接"、"劈接"、"靥接"、"搭接"4种。王祯的《农书》中则有6种，包括"身接"、"根接"、"皮接"、"枝接"、"靥接"、"搭接"。其实两者在内容上基本相同，"身接"与"根接"、"枝接"与"皮接"嫁接部位不同而实际方法是一致的。但这种认识显得更为细致，反映了当时这方面技术已达到相当的水平。此外，王祯对树木的杂交优势已有明确的认识，还对嫁接成活的生理机制和改良品质方面的作用作了合乎科学的分析。认为嫁接以后，两种树的气相融合，坏的品质可以被好的取代。这种分析促进了人们对嫁接目的的正确认识和理解，对当时和以后都产生了重大影响。

养蚕十字诀形成

元代官修农书《农桑辑要》为了指导人民的养蚕实践，将历代养蚕经验加以总结，用"十体，三光，八宜，三稀，五广"10个字，高度概括我国古代养蚕技术，这就是所谓的养蚕"十字诀"。

所谓"十体"，辑自金代农书《务本新书》，指"寒，热，饥，饱，稀，密，眠，起，紧，慢"。寒热是要求掌握适当的温度、湿度。在没有温、湿度计的条件下，有经验的养蚕妇女须穿单衣以人体来测温，如果自己觉得冷，那么蚕也会冷，必须给

蚕房加温；自己热，蚕也热，必须降温。这一方法和现代养蚕学规定的一、二龄蚕蚕室温度保持华氏80度左右十分相合。"饥，饱"是饲蚕给桑必须注意饱食。"稀，密"要求蚕箔上的蚕头保持疏密均匀。"眠，起"指蚕的休眠和起蚕，技术要求较高。"紧，慢"指饲养时喂叶的快慢。

"三光"是古人观察蚕体皮色变化来确定饲养措施的概括。这种方法一直沿用到现代。"八宜"是对蚕的饲养环境、条件的要求。方眠时宜暗，眠起以后宜明；蚕小时宜暖、宜暗，大时宜明、宜凉，等等，完整地描述了养蚕时的各种环境条件。"三稀"指制种时，蚕蛾要稀放；蚕儿进入大蚕期，应从原先的蚕筐中取出、稀放在蚕箔上；蚕老熟做茧时，要稀放。"五广"，指养好蚕的五个必备条件，包括养蚕人手要宽裕，桑叶饲料要备足，蚕房要宽敞，工具要准备充裕，簇室和簇具要事先齐备。从《农桑辑要》所引书的著述年代来推算，养蚕十字诀的形成当在金元时代，在元代完全定形，被极重视桑蚕业的元代农业科学家系统总结，成为直到今天仍在指导人们养蚕实践的基本准则。

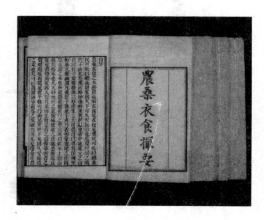

鲁明善的《农桑衣食撮要》，是元代月令类农书，中国四大农书之一。

元官田膨胀

元代官田是在宋和金官田的基础上发展起来的。元朝灭金和南宋之后，元政府接收了金与南宋政府控制的大部分官田。与此同时，由于战争、灾荒等原因，导致耕种者大批逃亡，遗留大量的荒田旷土，成为元朝官田的重要来源。此外，元政府还通过籍没官僚地主田地以及购买民田等多种方式使官田数量迅速膨胀。

元代官田主要用作屯田、赐田、职田、学田、牧地等专用官田，也有一部分普通官田，由政府管理和经营。

屯田是元官田的重要用途。元灭南宋前，蒙古军队受到南宋军民的顽强抵抗，为了保证军队的粮饷供应，元政府开始在河南、四川、关中等地组织屯田。元灭南宋后，元世祖便把屯田作为一种制度固定下来并推广到全国各地。从辽阳行省的鸭绿江畔，到云南的苗族八番（分布于今贵阳以南的惠水、长顺等县）；从蒙古高原的和林（今蒙古共和国哈尔和林）城外，到风光秀丽的海南岛；从东海之滨到西部畏兀尔地区，到处都有屯田。据有关资料推断，元代屯田至少应在 30 万顷以上。

元代官田很大一部分用作赏赐。赏赐对象不仅有诸王、公主、百官臣僚，而且有寺院、道观，数量之多是空前的。

职田是政府根据各级官员职位的不同而分别授予的官田，数量由 200 亩至 1600 亩不等。这种制度是从至元三年（1266）开始在北方地区实行。至元二十一年（1284）年又以比照北方减半的原则，确定了江南地区官吏职田的数量。

学田也是官田的一种。元代的地方儒学与书院大都有数量不等的学田，少则一二百亩，多则数千亩，甚至数万亩，其租入钱粮主要用于师生伙食以及校舍维修。

此外还有一部分普通官田，政府以租佃方式进行经营管理。这部分官田大多集中在江南地区，从一些方志记载看，官田比例是很大的，如庆元路（今浙江）官田占总数的 13%，镇江路（今属江苏）占田26%，其中丹徒县（今镇江）竟高达 34%。

官田数量大量增加是元代土地制度的两大特征之一。官田的增加，对元朝统治起过一定积极作用，如元朝财政收入主要依赖江南，江南地区财政收入中相当一部分又是来自官田税粮；屯田不仅提供了军饷，而且在恢复和发展农业生产、促进边疆开发等方面发挥了有益的作用。但随着官田的增加，官田经营过程中经济剥削加重，完全失去生产资料和人身自由的官奴与驱口也不断增加，从而加剧了元代阶级矛盾的尖锐化。尤其是官田大量用于赏赐，助长了地主阶级土地所有制的进一步发展，减少了国家赋税收入，导致了国家财政危机的加深，从而加速了元朝政权的灭亡。

黄道婆革新纺织技术

南宋时期，棉花才在中原及长江流域开始推广并逐渐扩大种植，棉花加工业也随之开始起步，但其技术相对比较原始。胡三省注《资治通鉴》时说当时（1256－1285）其工具为铁铤碾子和竹小弓弹棉。至于棉花的用途也只停留在"捻织毛丝"和"棉装衣服"的水平上。棉布在中原是珍贵之物，大约 13 世纪末，棉花加工技术开始在长江中下游地区迅速发展起来。而使这一技术迅速发展的原因乃是黄道婆的实践活动。

黄道婆是松江府乌泥泾（今上海旧城西南九里）人，年轻时她曾流落到崖州（海南岛最南的崖县），在那里学到一些先进的纺织技术和棉花加工方法。元成帝贞元年间（1295～1297），黄道婆遇海船返回故乡，将在崖州学到的技艺传授给在这方面相对落后的家乡人民，并由此在长江流域扩散，导致这一地区棉纺织技术出现了一次突飞猛进的发展。

长江下游地区最初没有踏车、椎弓之类的纺织工具，都是用手除去棉籽，效率十分低下，黄道婆就将造捍、弹、纺、织等一整套工具的制作方法及织布中使用的颜色搭配、综线挈花等技艺悉心传授。用她的方法织成的被、褥、带、帨等的各种纹样、图案，如花草、鸟兽、棋局、字样等，色彩鲜艳，就像画上去的一样。所制作的一种棉被，远近闻名，被誉为乌泥泾被。由此推知，她对印染技术，至少对染纱技术已经相当熟练。

关于黄道婆所传授的纺织工具，文献没有详细记载。但据王桢《农书》所记载的一些资料推测，可能是木棉揽车、木棉弹弓和木棉卷筳3种。

木棉揽车是用于碾去棉籽的。《农书》中有其图样，它由4根木头作成框架，上面竖立两个小柱子，大约1尺5寸长，上面用1个方木固定，立柱上有一根轴连通，轴的顶端作成一个拐形，由两个人转动轴，一个喂进籽棉，这样棉籽就和棉花分离开来，十分便捷。

木棉弹弓是将去籽后的皮棉弹开，以便纺纱，同时还可以将混杂在棉花中的浮土、杂质除去，使棉花洁白匀净。宋代是用小竹弓。这时弓形增大，各有关尺寸也更加合理。

木棉卷筳是用来将弹松后的棉花纤维均匀地卷成筒条状，以便纱线能均匀连续地从棉花条中抽出，这种工具使用起来也十分灵便。

黄道婆的革新使棉纺织生产力大为提高，反过来刺激了棉花种植业的发展，松江一度成为全国的棉纺织业中心。此后，棉织品逐渐普及为普遍人民的服装材料。

元代纺织业的空前发展，与棉纺织业技术的革新和普及是分不开的。可以说，黄道婆为中国棉纺织业的发展作出了巨大贡献，她的功绩将被人们世代传颂，永远铭记。

蒙古地毯鼎盛

蒙古地毯的生产是蒙古草原的传统产业，元王朝的建立，使蒙古民族入主中原，政治地位的极大提高，使这一产业获得了一次大发展的契机，工艺水平也极大地提高，蒙古地毯的生产和流行达到鼎盛。

元代地毯生产中心主要是蒙古草原，品种十分繁多，色彩也各异。主要品种有宫庭王府专用的铺殿毯，走廊毯，适应宗教活动场合的拜佛垫，龙抱柱毯、佛帘毯、庙门帘毯等。但最为繁多的当属日常生活

黄道婆塑像

用的毛织品，蒙古包毯、马褥、马鞯、驼鞯、壁毯、钱褡和城市使用的炕毯等在其中占有很大比重。这些民间使用的各类毯子，以三蓝加白最为普遍，其他还有明黄、绛红、杏黄、橘红等暖色调织品，并随产地不同而呈现各自不同的特色。色彩、纹样多姿多彩，如银川的蓝地彩色开光纹样炕毯，绥远的素三蓝马鞯、马褥、蒙古包。包头的几何图样地花，蓝百彩花，三蓝素色大炕毯，单人毯等等。银川一直是宫廷权贵使用名贵地毯的产地，这些地毯的纹样题材广泛，梅花、牡丹、宝仙花博古包。八宝、八吉祥、暗八仙、龙纹、拐子草龙、福寿字、卍字、回纹、联珠纹、几何锦纹无所不有。尤其是在很大程度上受伊斯兰风格和工艺的影响，使其织造技术大为提高，奠定了其在地毯织造业上的重要地位。

据文献记载，元朝有一种花毡花毯，织造的技术水平很高，精美豪华，艺术价值很高，但十分遗憾的是，没有一件这种实物传世。还有一种脱胎于蒙古传统纹样的由纵横直接织成的几何图形与串枝勾滕穿插组合的抱角花，用一面轻、一面重的鸳鸯配法配色，锈红为主搭配三蓝、白色、驼色。显得十分富丽。

蒙古地毯织造在元代十分鼎盛，技术水平臻于完美，标志中国民族地区工艺美术在融合民族及外来民族某些优秀成果的基础上，已有长足的发展。

印染工艺向民间普及、发展

宋代的印染工艺被严格地限制于官营手工业作坊中，政府禁止民间雕造印花版。到了元代，这种情况已大为改观，印染工艺已向民间普及并获得较大发展。

元朝政府非常重视染织工艺，设立了许多官营印染和织造作坊，并在政策上加以扶植，如主管织造和印染的官员的品阶相对较高、政府强令百工改业学织等。在这种情况下，印染工艺获得了极大发展，尤其是媒染技术愈趋成熟。其所用染色法有：染小红、染枣褐、染明茶褐、染暗茶褐、染艾褐、用皂矾法、染搏褐、染青皂法、染白蒙丝布法、染铁骊布染法、染皂巾纱法等，工艺手段极为齐全。颜色的种类十分丰富且分类细致，全部颜色约40余种。而值得注意的是，其中褐色就占一半左右，约分20种，这种情形在元代陶宗仪所著《辍耕录·彩画法》中被详细地列出名目。

棕色罗剌乡花鸟纹夹衫，衬里为米黄色绢。

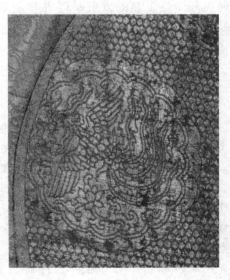

元团龙凤龟子纹纳石矢佛衣披肩局部花纹

褐色是低明度高含灰量的混浊色，色彩纯度很低，色味的倾向较难分辨，但其性格温和。现代色彩学上称其为"高级灰"。元代民间能将各种色味倾向的褐色作出如此细致的分类，反映出当时人们对生活色彩方面的认识达到了极高水平。究其原因，主要是统治者为了巩固封建等级制度，对人民的服饰色彩加以种种严格的限制。平民、奴婢、工商业者只允许穿黑白及褐色服装，甚至下层官吏的规定服色也为一些褐色，以标示其官阶品位。同时，宋代崇尚素雅的习惯也被当时人们所继承，对色彩的追求导致褐色服饰需求量的增加。

元代商品经济的极大发展，使人们对价值规律有了初步认识，遍布全国城乡的染织作坊，虽然在生产条件上远远逊于官营作坊，还必须承受官府对其剥削，但民间印染工艺却不断地向前发展并在工艺水平上获得较大进步。这一方面说明技术进步是社会发展到一定阶段无法阻挡的趋势，另一方面也说明我国劳动人民不仅敢于在斗争中求生存，更善于在斗争中求发展。同时民间印染工艺的发展又促进和刺激了全社会印染工艺的极大进步。

颜神镇生产玻璃

元代玻璃生产业在宋、金玻璃的基础上进一步得以发展。元朝中央和地方都设置许多官办手工业的主管机关和作坊，其中就有专门烧造"罐子玉"的官办作坊及其管理机构，当时称之为"罐玉局"。罐子玉亦称药玉，是一种仿玉玻璃器。

元代玻璃生产分布很广，品种较多。据出土实物分析证明，在江苏、甘肃、山西、山东等都可能有生产玻璃的手工业作坊。江苏苏州张士诚母亲曹氏墓出土了大量玻璃和一件玻璃圭。该玻璃圭为湟白色，内有稀疏气孔，表面有一层白垩，是元代标准的罐子玉。同墓出土的数百粒玻璃珠，均无色透明，大小不一，直径在0.8厘米到0.4厘米之间。经检测，应是钾铅玻璃。山西大同也有玻璃珠出土。甘肃漳县汪世显家族墓葬中出土的蓝玻璃莲花盏和托，造型优美，色泽艳丽，做工精细，是迄今出土的最完整的一套玻璃盏。

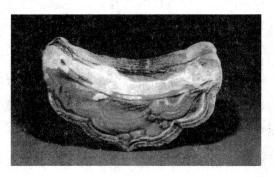

琉璃滴水，上都宫殿建筑遗物

此外，在今天山东原博山县城第一百货商场与姚家胡同的基建工地发现的颜神镇元末明初玻璃炉址，先后清理出大炉1座，小炉21座，玻璃炉3具，还有玻璃原料、玻璃料丝头及玻璃器等。对出土的11件玻璃器和玻璃原料进行验测，发现其中10件是钾钙玻璃，1件是钠钙玻璃。它们与苏州曹氏墓出土的钾铅玻璃有所不同。据明嘉靖《青州府志》记载，颜神镇玻璃是以马牙石、紫石为主要原料，配以黄丹、白铅等熬制而成。

颁行至大银钞

武宗即位后，由于滥赐和挥霍，不久财政入不敷出。为解决危机，至大二年（1309）七月，乐实请求更改钞法，武宗应准，命尚书省主办。九月，正式下诏颁行新造"至大银钞"。至大银钞钞面以银两为文，从2两至2厘，定为13等。至大银钞与至元钞并行，规定至大银钞1两，相当于至元钞5贯、白银1两、赤金1钱。废中统交钞，各地自诏书到日起，限100日尽数赴库倒换。茶、盐、酒、醋、商税诸色课程，如收至大银钞，以一当五，使至元钞大为贬值。

次年正月，尚书省又发行"大元通宝"和"至大通宝"两种铜钱，规定：至大通宝每1文兑换至大银钞1厘；大元通宝每1文相当于至大通宝10文。并准以历代铜钱通用。据统计，到至大三年（1310）底，共发行至大银钞145万余锭。这种变换钞法，以铜钱、纸钞并行的方法，造成物价腾贵，其中白银涨价达14.5倍，赤金涨价16.5倍。

元税繁杂

元代赋税制度的显著特点表现为名目繁多和南北、内地与边疆、不同户籍之间差异性较大两个方面。

太宗窝阔台八年（1236），北方的税粮制度开始实行，忽必烈继位后作了一些调整，世祖至元十七年（1280）最后确定下来。

元代把民户按不同职业进行分类使其承担不同的赋税，北方税粮分丁税和地税两种。

太宗窝阔台八年规定的地税额是上田每亩交税3升半，中田3升，下田2升，水田5升。忽必烈继位后的至元元年（1264）改为白田每亩3升，水田每亩5升。至元十七年（1280）取消了水、旱地差别，一律为每亩3升。规定工匠、僧、道、也里可温（基督教徒和教士）、答失蛮（伊斯兰教士）、儒户等，根据所有土

地多少交纳地税；军户、站户占有的土地超出4顷，其超出部分按亩纳地税。

至元十七年（1280）规定的丁税税额是全科户（纳全额丁税）的民户每丁纳粟2石，减半科户每丁1石，协济户（原无成年人丁的民户）和减半科户相同，对于新收交参户（过去括户时未曾入籍，后迁徙他乡在当地重新登记的民户）规定了历年的纳粮额。交纳丁税的人包括官吏、商贾、普通民户等。在实际缴纳时，又加征名目繁多的附加税，如鼠耗、分例等，有时附加额比正额还多。

在江南地区，仍沿袭南宋的二税制，秋税征粮，夏税征收实物或钱钞。不同地区和土地等级税额差别很大。多的达三四斗，少的仅一二升。元贞二年（1296）后，在浙东、湖广、福建等地开始按土地等级摊派实物，有的则将实物折合成钱征收。

税粮之外还有科差这种向普通民户征收的赋税，北方主要征收丝料、包银和俸钞，南方主要是户钞。

太宗窝阔台八年（1236）规定，每2户出丝1斤上缴官府，每5户出丝1斤缴于投下。每户共需交纳丝11两2钱，称"二五户丝"。中统元年（1260）后，忽必烈又有所更改，名目更为复杂。

包银征收开始于宪宗蒙哥时期，每户4两，2两为银，2两折为丝绢、颜色等实物。中统四年（1263）年后改为一律输银，并对各种民户作了不同规定。1267年开始在包银之外，每4两加收1两俸钞，作为诸路官吏的俸禄。至元二十年（1283）后，江南地区也开始征收相同性质的科差。

元代税粮、科差是赋税的两大主要内容，此外还有各种课税，如盐课、茶课、酒醋课、市舶抽分、金银铜铁课等名目。另有商税和额外税，名目十分繁多而杂乱。

2175

其所实行的和雇和买的征集物质和劳役的方式，表面看来是很公平的钱物交易，实际执行起来就成为一种强制性的民众普遍承担的变相赋税和差役。和买实际上给钱很少或一文不给，成为王公贵族和各级官吏榨取财富的手段。名目更其繁杂的差役更成为人民的一项极为沉重的负担。

元代赋税制度的繁杂，无不直接或间接地激化阶级矛盾，成为其统治不稳定的一大因素。

卖和债逼成为以良为驱的主要手段。不仅江南地区典卖驱口成风，华北、漠北等地典卖驱口的现象也很普通。

元中期漠北地区遇风灾、雪灾，鬻妻卖子常有发生。元政府一方面严申不得买卖蒙古子女，一方面出钱赎免已卖身的人还良，又设立专门机构宗仁卫，安置流亡和赎身的蒙古子女。这次元廷禁止南人典卖妻儿，也是针对逼良为驱成风而采取的措施。

禁止南人典卖妻儿

延祐二年（1315）正月，元廷禁止南人典质妻儿贩卖为驱口。

《元史》关于典卖子女的记载

元廷实行种族歧视政策，将百姓由高到低划分为蒙古人、色目人、汉人、南人4等。南人的地位最低下，专指南宋遗民。驱口，原来指在战争中被俘获而受驱使的人，后通指奴隶，地位与良人（自由人）完全不同。元初的驱口主要是战争中的俘虏，大部分是汉族人户。全国统一后，典

蹴鞠马球持续流行

元代的体育活动，发展了宋代的蹴鞠、击鞠（马球）等，使这些活动持续流行。元代的蹴鞠活动多是市民在时令节日的庆祝活动中举行。不仅一般市民喜爱蹴鞠，元代女子也喜欢此类活动。元代戏剧家及诗人笔下对此多有描述。如郭翼《蹴鞠篇》就有这样的描述："倡园小奴花个个，蹴鞠朝朝花里过。钗坠蜻蜓髻倭坠，髻倭坠，玉珑璁，倚娇树，双脸红。""绿云单色光如苔，彩楼红扇相当开。美人凌波蹴月来，蹴月来，不坠地，袖回风，动罗袂。"元代知识分子也对蹴鞠乐之不倦，宫廷之中也有蹴鞠活动。如武宗就曾观"近臣蹴鞠"。可见蹴鞠在元代十分盛行。

元代蹴鞠的踢法沿袭宋代，分为两种：一种是设球门的竞赛；一种是不设球门的竞赛。设球门的参赛两队各6人。站在网前的是守网人，对着守网人的左右两边各4人，是正副色挟，后面中间一人是球头。踢法上，4个色挟担任接球，接得球的色挟传给球头，由球头用膝射过球门。如未射过球门，撞在网子颠下来，守网人要踢给色挟，色挟复挟往前，顿在球头膝上再射门。比赛或二筹，或三筹，以踢过数多

中国通史

最新整理图文珍藏版

者为胜。胜者，"众以花红、利物、酒果、鼓乐赏贺焉。"

不用球门的竞赛方法分两类：不用丝围子和不分班踢的为一类；用丝围子和分两班踢的为一类。第一类不分班的竞赛有1至10人场。元代市民中不分班的竞赛活动较兴盛。同时，各种"解数"在沿袭宋的基础上进一步向丰富多彩的方向发展。到明代，终于把花式加以固定。因此，元朝的蹴鞠艺人对解数的丰富和发展做出了贡献。

击鞠（马球）活动是蒙古族的传统体育活动。蒙古人在酌酒宴聚之时，常以此为助兴的娱乐活动。在擅长骑射的蒙古族中，打球和射猎往往是分不开的。元代军队中的武将也多擅击鞠，武将王珣、陈伯将即以此闻名。可见击鞠作为演武手段，很受军中将领的重视。此外，民间也多有开展此类的活动。

击球活动作为元代风俗一直沿袭不绝。据熊梦样《析津志》的记载，每逢五月九日、九月九日，太子、诸王以及各衙万户、千户、怯薛（禁卫军）中能击球者，在西华门内宽广的场地上行击球的娱乐活动。1983年7月在山西襄汾曲里村一座金元墓葬中发现了4块马球雕砖，栩栩如生地刻划了当年击球者头扎软巾，身着长袍，足蹬马靴，执杖击球的真实形象。

元代蹴鞠、马球的持续流行，说明了体育健身价值已为当时人们所认识，也很有娱乐价值，它为中国民间体育活动的流传打下了基础。

京杭大运河全线贯通

至元三十年（1293），通州至北京的通惠河开通，至此，京杭大运河全线贯通。在此之前，杭州至镇江的江南运河在春秋

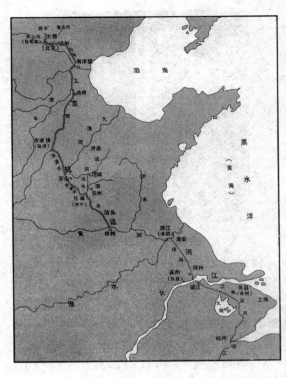

元代京杭大运河

时已形成，隋代曾大规模整修，是为南北大运河之南段。淮河以北，早期利用泗水通运；南宋时因黄河夺泗入淮入海，改为徐州东南利用黄河河道行运，徐州向北至济宁仍利用泗水作运道。元代至元十八年至二十年（1281～1283），首先开通了由济州（今山东济宁）到须城安民山（今山东东平西南）的长达150多里的济州河。至元二十六（1289）年，又开通由安民山至临清的会通河。至元二十八（1291）年，在郭守敬的建议和主持下，引大都（今北京）西北白浮泉等诸泉水，经大都西门汇于积水潭，然后再出文明门（今崇文门）至通州（今北京通县）高丽庄入白河，全长164里，称通惠河。这样，从大都经通惠河至通州，再经白河至直沽，然后经御河至临清，继而经会通河、济州河和旧运河连接，而不必再西入河南。

开通后的京杭大运河和隋代大运河相比，缩短了六七百里的路程。它以杭州为

北运河上的平津闸遗址

北京、通县间的通惠河古河道遗迹

起点，以北京的积水潭为终点。全长超过1790公里。经北京、河北、天津、山东、江苏、浙江六省市，把海河、黄河、淮河、长江和钱塘江五大水系联系成一个统一的水运网，成为我国古代南北交通的主动脉。

明永乐九年（1411），宋礼主持重开会通河，筑戴村坝引汶水至南旺向运河南北分水，解决会能河段水源不足的问题，成为运河上最重要的水利枢纽。随后，陈瑄又整修淮扬运河，使运输能力大幅度增加，每年漕运江南粮食400万石至北京。隆庆元年（1567），为防止黄河泛滥危害运河，开南阳新河，把南阳至留城间的一段从昭阳等湖西移至湖东。万历三十二年

（1604），为避免徐州至宿迁段黄河上的航运困难，开泇河；清康熙二十七年（1688），从宿迁至清口开中运河，代替此段黄河运道。至此，运河与黄河完全分离，由借黄行运改为避黄行运，京杭大运河最后定型。

社学私学迅速发展

社学属于正规教育之外、教育面广泛的一种社会教育。它是元代教育中一个富有特色的教育形式。

元代规定每社设立一所学校，选择通晓经书者为学校的老师，在农闲时教农民子弟读书。社学的建立大大加强了对农民的文化教育和农桑耕种技术的传播，有利于朝廷的统治。社学出现以后发展极为迅速，到至元二十三年（1286），各种学校已达20166所。两年之后增至24400余所。社学发展盛况空前，二十八年（1291），诸路设立学校之数为21300多所。

元代社学教育由于管理上的疏漏和各方面条件的欠缺，没有能收到切实的办学效果，几乎等于名存实亡。但它毕竟是一种积极的教育发展计划，给后代统治者留下颇有价值的经验和设想。

京杭大运河的北源头昌平的白浮泉

元代的私人教学因受统治者鼓励而得到充分发展，私学不仅促进了一般教育，还补充了学校教育的不足，更有意义的是私学促进了专门学术研究的发展。

元代史传中记载了许多靠家学和自学成才的人物，如雷膺、许谦等，反映了元代家学和自学从师现象的普遍存在。私人办学在元朝也较为普遍，如董士选曾聘名儒虞集的父亲虞汲在家塾中教导子弟等，在少数民族及西域诸族居住地区，私人办学者也不少。据《元史》记载，蒙古族的月鲁不花，因受业于韩性先生，"为文下笔立就，灿然成章"。元开国之初，成吉思汗的孙子蒙哥曾命令其弟在征服西域的过程中，把西域著名天文学家送到国内，请其讲授。他还注意学习西方数学，是我国最先接触和翻译欧几里德《几何原本》的人。可见元代各民族学者在兴办私学、研究科学文化方面都表现出极高的热情。

元代作为一多民族国家，其文化教育在民间以私学的形式广泛展开，内容丰富，教育涉及专业技术、宗教、音乐美术等多个方面，反映了多民族国家多元文化共同发展的繁荣景象，为统一国家教育事业的发展，作出了积极的贡献。

元人着质孙

"质孙"是蒙古族的庄重服饰，也称"只孙"。蒙古人入关后，质孙被定为天子百官的朝服，祭服，但日常仍作为蒙古族的服饰。

质孙在蒙古话中为"颜色"之意，汉人译为一色衣，形制是上衣连下裳，衣式较紧窄，下裳较短，腰间打细折，用红紫帛拈成线横缠于腰，在衣的肩背间贯以大珠。质孙的质料初用毡毳革，后用仑丝金线，有红、绀、紫、绿等颜色，衣服上绣有日、月、龙、凤纹等。元代天子的质孙，冬服有11等，夏服有15等，穿什么衣料、色泽的衣服，就佩戴什么帽子。帽子也视其花样而分等级。其他百官的质孙冬服9等，夏服14等，也以其衣料与色泽相区别。身着质孙或长袍之时，腰束革带。百姓则以布条系腰。

大德以后，男子的公服多从汉俗，男子便装更是各从其便。

袍子仍是元代妇女的礼服，贵族妇女的长袍其长曳地，行走时要两个婢女拽之。而一般妇女则穿袄裙、衣裙或窄袖襦衫。

姑姑冠是蒙古族妇女最有特色的首服，约高2尺，"用四五尺长柳条或银打成枝，包以青毡"，插上羽毛，主要是后妃及大臣之妻佩戴。

元代别具一格的服饰为中华民族服饰文化增添了异彩。

高足杯流行

元代瓷器中高足杯最为流行，是元代特有的产品，南北各地窑场都大量制

釉里红折枝菊纹高足转杯

造，江西景德镇出产的青花和枢府器则最精。南京明洪武四年汪兴祖墓发现的青花龙纹高足杯，承之以上小下大的竹节形高足，最为典型。江西高安县出土的窖藏品，更为精绝。其中高足转杯，杯底与圈足结合处为活动式公母榫衔接，杯能自由旋转。图饰有青花缠枝菊花，碗心有诗文，有釉里红彩斑、折枝菊纹。其制作绝妙一时。

元代瓷器品类繁多，除了高足杯，尚有罐、瓶、炉、盆、执壶、碗、盏、枕等日常用器，还有文具、水注、军持、造像、玩好之类。当时也盛行高足碗。新的品种有匜、多穆壶和僧帽壶等。由于宋元以来商业发达，对外贸易增进，官营的窑场开始占有重要地位。陶瓷制品古朴厚重的风格，逐步为精巧华美的风格所取代。日常用器虽形大胎重，但造型秀美，其中的珍赏之品，多胎薄轻盈、玲珑喜人，表现了当时特有的风格。

第五编

明清两朝时期

明清两朝是中华帝国的晚期，中国封建社会已开始走向没落，明清统治者采取各种加强专制统治的措施，这些措施的实施巩固了封建统治，但也反映了君主专制制度的腐朽性和渐趋性。

　　明朝时期朱元璋大刀阔斧的改革，废除了丞相制和行省制，形成了皇权之下中央以"五府"、"大九卿"为主体，地方以各省"三司"为主体的官制结构；永乐后，又形成辅佐皇帝处理政事的内阁、司礼监体制；还逐渐形成了旨在统一事权以加强对地方控制的督抚制度。

　　总体说来，明代经济仍以自给自足的农业自然经济占统治地位，但相比前代有了巨大发展，主要表现在随着粮食品种的增多特别是玉米、番薯等高产作物的引进以及植桑、种棉等经济作物的普及推广，农业生产力有了明显提高。在此基础上，商品经济和手工业得到迅速发展，出现了许多具有地方特色的手工业产品和经济原料作物产区，涌现出一大批因工商业而兴起的著名市镇；广大农村的集市贸易也空前普及和繁盛，地区间商品流通十分活跃；私人海外贸易发展强劲；以徽商、晋商等为代表的地方商人集团崛起，在经济乃至社会生活领域发挥着日益重要的作用。在此背景下，东南发达地区的若干手工业部门中较多地采用了雇佣关系，也即人们所熟知的资本主义萌芽。

　　明代是一个传统与创新交织、保守与开放并存，表现出明显"转型"趋向的时代，但因其新生因素远未达到全面突破传统的社会结构、政治制度和意识形态的程度，故最终随着明朝的灭亡而宣告"转型"的失败。

　　自清朝定鼎北京，迄至逊位，有国长达268年。在西方列强入侵中国、发动罪恶的鸦片战争前，约近200年，清朝所做的一切，实集历代之大成，在许多方面已经超越了前代，把我国封建社会推上了最后一个发展高峰。概括地说，主要表现在如下几个方面。清承明制，建立一套臻于完善的高度集权的君主专制体制，而它自创的一些机构，使其体制独具特色。诸如理藩院、军机处、南书房、内务府等，为历代所仅见；六部满汉复职制，实为它的独创；八旗制融军政为一体，发挥着独特的功能。清制，严密、完备，井然有序，历代如宦官之乱、后宫干政、外戚专权、朋党祸国等祸患，在有清一代基本没有重演，最高统治集团保持了长期的稳定，社会亦获安宁。

　　坚持以农业为"国本"的治国方略，大力垦荒，不断扩大耕种面积。雍乾之际，全国耕地已达10亿亩，为历代垦荒之最！大规模治理黄、淮，广兴水利，投资之巨，又为明代所不及。储粮备荒，减免钱粮，康熙和乾隆两朝共五次蠲免全国钱粮，创中国历史最高记录。自康熙五十年起，"盛世滋生人丁永不加赋"，取消人头税；雍正时，改革赋税，摊丁入地，同具划时代意义。经济长期保持繁荣，人口迅速增长，财政稳步上升，乾隆鼎盛，最高存储8000万两，常年在7000万两上下。清朝已建立了发达的封建农业经济。

清朝拥有一支强大的军队，以独特的八旗制组织军队，辅以绿营兵，在保卫国家的领土主权及维护国家统一的斗争中，展示了它的威力。如，平吴三桂之乱，收台湾，击沙俄，驱准保藏，西北激战 70 年（康熙二十九年－乾隆二十四年），西南荡除土司分裂势力等等，内反分裂，外反侵略，国家统一，固若金汤，其武功之盛，与明朝劳而少功恰成鲜明对照。

文化繁盛，远迈前代。主要集中于康、雍、乾、嘉四朝，160 年间，诗词创作，各成流派，直追唐宋；小说、戏剧新发展，以《红楼梦》为代表，堪称千古绝唱！戏曲又胜元杂剧，书法、绘画独树一帜；经学、理学、史学、考据学等，学派林立，著作山积！《四库全书》集古今之大成，传统文化大总结，为文化繁盛的突出标志。

清朝最具深远历史意义的变革之一，是在意识形态领域，坚持儒家“大一统”的理论指导，将国家的“大一统”发展到了极限。突出反映在民族观念的时代飞跃，即抛弃历代所坚持的“华夷之辨”、“内中国外夷狄”的传统民族观念，以康熙帝废长城为标志，实现了自皇太极以来所倡导的“满汉一体”、“中外一视”、“天下一家”的政治目标，将世代隔离汉族与“三北”广大地区游牧民族的长城废弃而不用，从此边疆与内地形成一体，真正成为一家，困扰历代2000 余年的所谓“外患”、“边患”，一劳永逸地彻底根除！这与明代设长城为限隔，同蒙古、女真战斗不已相比，简直如天壤之别！

清朝最伟大的贡献，就是建立了空前“大一统”的多民族国家。明以前，历代设治与直接行政管辖，多限于长城以内；只有少数王朝，如汉、唐、元等突破长城之限。多数王朝，以明为例，在长城外边疆地区实行羁縻统治，官其酋长，因俗而治，定期向中央王朝朝贡。清朝彻底打破传统惯例，在少数民族边疆地区设置机构，派驻军队，因地制宜，实行不尽相同的管辖机制，统辖于中央。例如，在东北地区，设盛京、吉林、黑龙江三将军衙门，而在其汉人集中之地又设府、州、县管理。在内外蒙古设盟旗制管理蒙古族；在西北设伊犁将军管新疆，在天山南路实行伯克制的行政管理体制，皆受制于清朝派驻各城的参赞大臣或办事大臣、领队大臣。在西藏，设驻藏大臣，代表朝廷监管西藏军政与财务。在西南，废除千百年世袭土司制，改土归流，由中央派官管辖地方。清朝所辖，陆地总面积达 1300 多万平方公里，共有 55 个民族接受一个统一的国家政权管理。其疆域之辽阔广大，在清以前，除元朝，再没有一个王朝拥有如此广袤的疆土！而清朝将中国的疆域推向了极限，直接为当代中国的版图奠定了基础。其功绩，无与伦比。仅就疆域而言，清朝将多民族凝聚成一个巩固的中华民族共同体，即使有多少错误，清朝也应该倍受赞扬！

清朝管辖广大疆土，保持了国家的长治久安，社会长期稳定，尤其康乾盛世持续百二十年，堪称清朝创造的一个奇迹。

明清两朝时期历史纪年表

明朝	太祖（朱元璋）	戊申 1368	洪武	1368～1644
	惠帝（允炆）	己卯 1399	建文	
	成祖（棣）	癸未 1403	永乐	
	仁宗（高炽）	乙巳 1425	洪熙	
	宣宗（瞻基）	丙午 1426	宣德	
	英宗（祁镇）	丙辰 1436	正统	
	代宗（祁钰）（景帝）	庚午 1450	景泰	
	英宗（祁镇）	丁丑 1457	天顺	
	宪宗（见深）	乙酉 1465	成化	
	孝宗（祐樘）	戊申 1488	弘治	
	武宗（厚照）	丙寅 1506	正德	
	世宗（厚熜）	壬午 1522	嘉靖	
	穆宗（载垕）	丁卯 1567	隆庆	
	神宗（翊钧）	癸酉 1573	万历	
	光宗（常洛）	庚申 1620	泰昌	
	熹宗（由校）	辛酉 1621	天启	
	思宗（由检）	戊辰 1628	崇祯	
清朝	太祖（爱新觉罗·努尔哈赤）	丙辰 1616	天命	1644～1911
	太宗（皇太极）	丁卯 1627	天聪	
		丙子 1636	崇德	
	世祖（福临）	甲申 1644	顺治	
	圣祖（玄烨）	壬寅 1662	康熙	
	世宗（胤禛）	癸卯 1723	雍正	
	高宗（弘历）	丙辰 1736	乾隆	
	仁宗（颙琰）	丙辰 1796	嘉庆	
	宣宗（旻宁）	辛巳 1821	道光	
	文宗（奕詝）	辛亥 1851	咸丰	
	穆宗（载淳）	壬戌 1862	同治	
	德宗（载湉）	乙亥 1875	光绪	
	溥仪	己酉 1909	宣统	

第一章

明朝时期

明朝是由朱元璋在南京建立的统一王朝，永乐十九年（1421）迁都北京。它建立于1368年，到1644年灭亡，共277年，先后经历了16个皇帝。

　　朱元璋称帝后，又经过20年征战，统一了全国。疆域最广时，北达乌第河，东北达日本海，西达哈密，包括西藏在内的西南及东海南海诸岛尽在版图之内。朱元璋在政治、军事等方面对前朝的制度革故鼎新，集军政大权于一身，加强了中央集权，在经济上采取了一系列恢复和发展社会经济的措施，使社会经济在洪武年间就达到了历史最高水平，为明代社会经济的繁荣奠定了良好的基础。明成祖年间，明帝国达到了全盛时期，15世纪初，郑和七次下西洋，成为中国乃至世界航海史上的壮举。

　　明代自正统朝（1436）开始走向衰落，宦官当权，吏治腐败，土地兼并加剧，农民起义频频爆发。虽然有万历年间的张居正等人的改革，但都是杯水车薪，无法挽救其衰败之势。阶级矛盾的激化最终导致了明朝灭亡。崇祯十七年（1644），李自成领导的起义军攻占北京，宣告明朝统治的结束。

　　明代是中国封建社会经济文化继续发展的时代，但总的来看，我国的科技已落后于西方。而且，当西方在同时期已进入资本主义社会的时候，我国在东南沿海地区零星出现的资本主义萌芽却由于封建制度的束缚而夭折了。这一点导致了我们伟大富强的文明古国开始远远地落后于西方诸强国。

中国通史

最新整理图文珍藏版

第一节 史海钩沉：重大事件 历史典故

明初诸案

胡惟庸案

朱元璋自建明朝始就在考虑废丞相之职。胡惟庸案成为其废丞之由。

胡惟庸，凤阳定远人，是最早跟随朱元璋的文臣之一。他是明朝第一个也是唯一的一个"平民"丞相。胡惟庸独居相位四年。朱元璋对于胡惟庸那套借君主的好恶以报个人恩怨的奸臣手法，朱元璋是洞若观火。朱元璋让他当丞相，是因为他可供利用。

利用存在隔阂仇怨的人互相监督，是朱元璋惯用的权术。公元1374年6月，他将汪广洋从广东召回来，任命为左御史大夫。果然有个叫韩宜可的不怕死的御史，上章弹劾胡惟庸与右御史大夫陈宁、御史

朱元璋

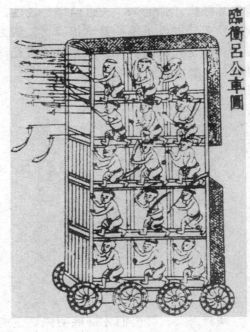

临冲吕公车图

中丞涂节擅作威福。朱元璋假装大怒，说他诬陷大臣，抓进锦衣卫关起来。不久却又将他放了，并没有治罪。公元1377年10月，朱元璋提升胡惟庸做左丞相，让汪广洋做右丞相去牵制，公元1378年4月，朱元璋命礼部定奏章式样，禁天下奏事关白（报告）中书省，不知胡惟庸的自我感觉如何。公元1379年7月，吉安侯陆仲亨、江夏侯周德兴、宜春侯黄彬在临清练兵地被逮捕回南京。其中，陆仲亨与胡惟庸的关系密切。

这些迹象说明朱元璋在中书省问题上将有重大行动。这时，发生一件胡惟庸的儿子在大街上骑马横冲，跌落下马，被过

路马车轧死的事。胡惟庸不由分说把马车夫捉住，擅自杀了。朱元璋见他如此专横，甚为生气，要他偿命。到洪武十二年九月戊午发生了占城（今越南南部）贡使事件。占城贡使到南京进贡，把象、马赶到皇城大门口，让守门的宦官发现了，报告给朱元璋。朱元璋一听，大怒，命令将胡惟庸和汪广洋抓起来，关进监狱，说他们蒙蔽欺君。二位丞相不愿承担罪责，认为接待贡使是礼部的责任。朱元璋遂将礼部的官员也统统关了起来。

锦衣卫印

　　两相入狱，御史们才彻底明白皇上的意思，便纷起攻击胡惟庸擅权植党，祸乱朝廷。御史中丞涂节为了保命，揭发胡惟庸毒死刘基的事，并说当时汪广洋任左御史大夫，是知情人。朱元璋对这件事很敏感，若是把事情的真相暴露了，对自己不利，便横下一条心，要大开杀戒。他先是逼迫汪广洋自杀，然后采取刑讯逼供，让涂节编织了一个胡惟庸结党造反的口供，于是株连蔓引，许多人都被牵连进去。到次年即洪武十三年正月戊戌，将胡惟庸、涂节、御史大夫陈宁都给杀了，同时宣布废除中书省，将六部尚书的品级由三品升为二品，改组御史台与都督府。御史台改称察院，只保留监察御史，后来调整为都察院。都督府改组为前、后、中、左、右五军都督府，分别统管各地的卫所。

蓝玉党案

　　蓝玉党案是胡惟庸案的继续。蓝玉，凤阳定远人，英勇善战，深得朱元璋器重。但在其功高位显之时，蓝玉在四件事情上引起了朱元璋的不满：一是不把朝廷命官和朝廷制度放在眼里，二是逼奸元王妃，三是说过燕王朱棣的坏话，四是权力欲过强。这最终导致了其杀身之祸。

　　洪武二十六年，锦衣卫指挥蒋𤩽告蓝玉谋逆，蓝玉下狱被杀。吏部尚书詹徽曾奉旨参与审讯。蓝玉不肯认罪，詹徽呵斥，要他从速招来，不要株连他人。蓝玉大呼："徽即臣党。"于是，詹徽由执法官变成阶下囚。还有些士人，仅仅因为是蓝玉的家庭教师，或仅仅因为替蓝玉题画，也作为奸党被杀。当然，追究蓝党，主要的目标是勋臣。朱元璋颁《逆党录》，布告天下，有国公1、列侯13、伯2、都督10余人列名其中。被治罪的勋臣，许多与蓝共过事。因蓝玉案被杀的人数达15000名。

　　通过胡、蓝党案，勋臣武臣被扫除殆尽。洪武年间封侯，也就在50人左右，两案即除去30多人。朱元璋为了巩固朱氏家庭的统治，同时也是为了平息新兴贵族地主集团同社会各个阶层之间的矛盾，有必要进行反对勋臣的斗争。但杀人太多，造成朝中无将的局面，对以后的政治斗争产生了影响，也是他始料不及的。

空印案和郭桓案

　　洪武中期，曾发生两大事件，则完全是针对文职系统官员的。

　　首先是空印案。明朝的地方官员每年到户部送核钱粮、军需等事时，必备空白文书。采取这一办法，解决了地方官府的困难，但也确实产生欺瞒和不负责任的后果。洪武十五年（1382年），朱元璋发现了这个情况，下令严办，凡携带空白文书的衙门，主印者处死，佐贰官以下发戍边区。实际上，被杀的不止掌印官，稍有牵

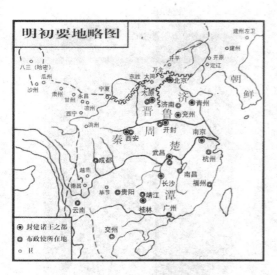

明初要地略图

桓等所盗卖的仓粮，总数在 2400 万石。

即使按 190 万石或 700 万石来说，数字也是相当可观了。追论起赃物，只得说某亲朋好友家若干，某殷实富家有若干。全国各地许多大、中地主被牵连进去，抄家问罪，"中人之家多破产"。

文字狱

明初对用字的避讳很多，如不用"元"字，洪武元年改写成洪武原年。朱元璋过分看重字词的使用，在更多的情况下，不是出于礼仪的规定，而是出于他本人的特殊心理。有人因用了他所忌讳的字词，而招来杀身之祸，这种情况叫"文字狱"。

文字狱的残忍，不仅"千古所未有"，其荒谬绝伦之处，已到匪夷所思之境地。凡上奏表中有下列文辞者，皆被杀："作则垂宪"、"垂子孙而作则"、"仪则天下"、"建中作则"、"圣德作则"，因为"则"音若"贼"，朱元璋有心病故以为是讽刺他曾为贼。另外的如："睿性生知"、"天下有道"，被解释"生"为"僧"，"道"为"盗"；"藻饰太平"，被解为"早失太平"，

连者，就会被处死。

对滥杀官吏，太子朱标持有不同的看法。朱元璋要他复讯案犯，许多人被减罪免罪。朱元璋曾问御史袁凯，在这件事情上，他与太子谁对？这是很难回答的问题，稍有不慎，便会有性命之虞。多亏袁凯聪慧，想出两句得体的话："陛下法之正，东宫心之慈。"朱元璋听了感到很舒服，依从朱标减免的要求。但细想起来，袁凯这人持议两端，过于圆滑，厌恶之心难免生出。为了保命，袁凯不得不佯装疯癫。

空印案风波未平，郭桓案又起。洪武十八年，有人告发户部右侍郎郭桓与北平布、按二司官员李彧、赵全德等人勾结贪污，朱元璋下令治六部左右侍郎以下京官及有关地方官员罪，死者达数万人。郭桓究竟如何与北平官吏行奸，很难说清。据朱元璋后来公布的材料看，郭桓贪污有两个数字。一个数字是有关浙西地区的，该地区秋粮应收 450 万石，郭桓等仅收 60 万石，收钞 80 万锭，折抵 200 万石；另有 190 万石未收，而令浙西各府出 50 万贯钞，"各分入己"。一个数字是关于全国的。郭桓盗卖三年来军卫积粮约 700 万石，如果加上其他各仓，以及各布政司伙同郭

朱元璋书《教说大将军》（局部）

皆处斩。杭州教授上表有"光天之下，天生圣人，为世作则"的话，太祖"览之大怒曰：'生者、僧也，以我尝为僧也，光则薙发也，则字音近贼'，遂斩之"。有位远方僧说来自"殊域"，太祖认为"殊"分开为"歹朱"，也被砍头！尚有以言语得祸者。太祖微服出访，有个老姬称皇帝为"老头儿"，结果那一带的居民都被抄家。有人绘一大脚女怀中抱一西瓜，贴在墙上。因朱元璋常自称"淮西布衣"，马皇后是天足，故被释污辱皇后为淮西大脚，搜主绘者不得，屠其街坊。

文字狱是朱元璋在思想统治上走向极端的产物，特别集中地表现出朱元璋的多疑性格和复杂心理。

南北榜案

洪武三十年（1397 年）丁丑科考试，是开科以来第六届。翰林院学士刘三吾、吉王府纪善白信蹈为考官，于会试考生中选取中第的 51 人，都是长江以南地区的士人。正试中，定闽县陈䢢、吉安尹昌隆、会稽（今浙江绍兴）刘谔为一甲。北方诸生，大概还有那些落第的南方诸生议论纷纷，齐声说：刘三吾是湖广茶陵（今属湖南）人，取士有私，偏向同乡。朱元璋命翰林院侍读张信、侍讲戴彝等 12 人复阅落第试卷，每人 10 份，取文理优异者，但选中的试卷又很不理想。有人宣称：刘三吾勾结张信等人，故意挑选不好的试卷进呈。朱元璋怒，兴狱治罪：刘三吾年老，被谪戍，张信、白信蹈论死；陈䢢不得入翰林院，授礼宾司仪署丞，并且终因此案被杀。朱元璋亲自阅卷，取中 61 人，六月廷试，以韩克勤、王恕、焦胜为第一甲。

这科会试两次张榜，一次在三月，一次在六月，一次中第的都是南士，另一次中第的都是北人，故称"春、夏榜"，又称"南、北榜"。

后来，出现了按南、北比例取士的趋

观榜图

势。仁宗洪熙元年（公元 1425 年），以 10 分为率，南人取 6，北人取 4。再后，又分为南、北、中卷，北卷包括北直隶、山东、山西、河南、陕西；中卷包括四川、广西、云南、贵州及南直隶的凤阳、庐州 2 府、滁州、徐州、和州 3 州；南卷包括浙江、江西、福建、湖广、广东及南直隶除凤阳等 2 府 3 州以外的地区。以百人为率，规定南卷取 55 名，中卷取 10 名，北卷取 35 名。这是宣宗宣德年（1426～1435 年）以后的事情了。划分地区规定取士比例，使朱元璋取天下士的思想得以制度化。

靖难之役

朱棣是明太祖朱元璋第四子。洪武三年（1370 年）四月封为燕王，治理北平。十三年开始进驻封地。受太祖特许，王邸用元旧宫殿。由于北平毗邻蒙古，因此为防御元残余势力侵扰，故特诏配以精锐重兵，归其指挥，以拱卫京师；并任傅友德为将军，指挥军队听其节制。同秦王樉、晋王耻分道都诸将北征。后因秦、晋二王久不出师，只有燕王率傅友德军多次出塞征伐，直抵迤都山，生擒敌将乃儿不花等；又时常巡边，筑城屯田，建树颇多，是明初军功最显著的塞王之一。

洪武二十五年（1392 年），皇太子朱标病死，朝廷经多次商议，以标子允炆为皇太孙，做皇位继承人。对此，朱棣颇为不满。朱允炆天资聪敏，但却生性怯懦，优柔寡断。太祖每令对诗多不符合旨意。一次，太祖出句"风吹马尾千条线"，他竟答以"雨打羊毛一片毡。"太祖非常不高兴。恰好当时朱棣在场，乘机对曰："日照龙鳞万点金"。对仗工整，气势雄壮，太祖一听非常高兴，连称"好对语！好对语！"因此对棣倍加宠爱，曾一度萌发更换皇位继承人的念头。经翰林学士刘三吾劝谏："若此，将置其二兄秦王、三兄晋王于何地？"太祖终于为遵守传统礼法稳定政局，方才作罢。虽如此，但却在无形中诱发起了朱棣谋夺皇位继承权的欲望。且当初诸王封国时，太祖曾决定给每王配置一学问僧为师傅，以辅佐其行事。洪武二十八年（1395 年），僧道衍向棣毛遂自荐，

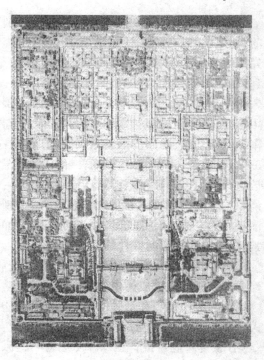

故宫平面图

刘基像

声称"大王如能用我，当奉一顶白帽子给你戴！""白"字加在"王"字上恰恰便是一个皇帝的"皇"字，隐喻"保你做皇帝！"这正迎合了朱棣心意，朱棣十分高兴。不久，燕王果然请求允许以道衍为自己师傅，并赐名姚广孝，时常出入燕邸。广孝才智过人，燕王得其辅佐，如虎添翼，更加助长了其谋取皇位之心。企图试探一下姚的心意特出句："天寒地冻，水无一点不成冰"。姚马上对以"国乱民愁，王不出头谁做主"。二人会心一笑，于是靖难之谋便定了下来。

洪武三十一年（1398 年）闰五月，太祖驾崩，皇太孙即位，是为建文帝，史称明惠帝，以明年为建文元年。燕王棣赴京奔父丧，但行至淮安，便接到朝廷关于"诸王临国中，毋到京师会葬"的"遗诏"。棣甚恼火，想必是建文宠臣齐泰、黄子澄等改了诏书，但实情不明，只好暂时返回。

同年七月，建文帝果然颁布了"削藩"令，并首先从朱棣同母弟周王开刀。先派大将军李景隆统兵到了封地逮捕王到京，不久便废为庶人，全家发配云南。朱棣见周王被抓以后，完全证实了齐、黄用事。于是便挑选壮士为护卫，以"勾军"为名，广招"异人术士"。这时，齐王榑、代王桂等也相继被削，湘王柏甚至被迫自焚而死。随后，朝廷更下令"今后诸王均不得节制文武官员"，更进一步限制诸王权力。这就更迫使朱棣高度警惕，加紧练兵，准备起事。

十一月，有人向朝廷告发燕、齐有变。建文帝问黄子澄"是谁当先"？子澄答："燕王虽久称病，实则整日练兵，广招能人，反意已明，宜急图之。"齐泰也说："今有蒙古入寇警报，正好以防边为名，派将驻开平，悉调燕藩护卫兵出塞，去其羽翼，便可图之。"于是命工部侍郎张昺为北平布政使，谢贵为都指挥使，观察如有所举动，便进而图之。恰当此时，燕王妻弟徐辉祖也曾告燕王密谋的原因，被加太子太傅，与李景隆同掌六军协谋攻取燕。

建文元年（1399年）正月，燕王派长史葛诚入京奏事。葛竟把实情都报告给了朝廷，并愿充当内应。返回后，燕王见他脸色有异，心疑之。二月，借拜见新帝之机，燕王亲赴京城密察虚实，以谋对策。时，户部侍郎卓敬密奏帝："燕王智虑绝人，酷类先帝；而北平又为强干之地，金元兴起之所，应徙封南昌以绝祸根。"帝读过后起身。第二天召敬问："燕王骨肉至亲，何得说此？"敬答："隋文、杨广非父子耶？"沉默了一会，曰："卿勿再说。"于是，当燕王返回后，建文还是一度派耿瓛掌北平都司事，景清任北平布政司参议，监视燕邸动静。不久，又派都督宋忠以备边为名，率兵三万，并调燕府护卫精锐归忠指挥，驻把在开平；用耿瓛在山海关练

韩国公李善长

兵，徐凯在临清练兵；密敕张昺、谢贵严加戒备，对燕府形成包围之势；（宋忠）又釜底抽薪，调燕悉骑指挥关童入京师。朱棣深知朝廷用意，入觐回来后便装病卧床，愈来愈重。四月，太祖逝世周年之日，燕王派世子高炽暨弟高煦、高燧为代表赴京祭祀，命"令朝廷勿疑"。齐泰请求留下燕世子为人质。黄子澄则坚决主张放回，以免燕王疑。当高炽等返回后，燕王开始大喜："吾父子复得相聚，天助我也。"于是更能加紧暗地里练兵；而表面上却佯装疯癫，有时满街乱跑，狂呼乱喊，抢人酒食，时而卧地不起；甚至盛暑围着火炉发抖，喊"冷极"。从而使朝廷侦知逐渐相信。六月，正在双方都紧锣密鼓的备战之际，燕府护卫百户倪谅竟逃往京师，向朝廷告发燕王谋反。建文集团则以此为由，下诏斥责燕王不忠，下令逮捕朱棣及其官属。密令张昺、谢贵速围燕府，并多次敕燕府旧人北平都指挥使张信，前往逮捕燕王。张信在其母劝阻和感召下反戈一击，

提前告知棣。棣遂令护卫指挥张玉率壮士800人城守卫。不久，圣旨到。七月，谢贵、张昺围攻燕府，飞矢入内，要燕王所逮官属自动投降。朱能以"交割所逮官属"为名，邀请贵、昺入府。当二人到后，棣设宴进上新瓜以招待。棣持瓜怒斥说："百姓还知道宗族相恤，我身为天子亲属，却时时想致我于死地。朝廷既如此，我还有什么事不可干?!"猛然摔瓜为号，护卫军纷纷上前，生擒贵、昺，并痛击内奸卢振、葛诚。燕王大声说："我有何病? 实是朝中的奸臣和你们这些人逼的呀!"于是，燕王亲手杀了二人，围解。

胡惟庸案大捕杀

　七月初五日，燕王正式誓师，援引《祖训》中"朝无正臣，内有奸逆，必举兵诛讨，以清君侧之恶"条文，以"诛齐泰、黄子澄"为名，起兵靖难。取消了建文年号，仍称洪武三十二年。设置官属，任张玉、朱能、丘福为都指挥金事。第二天，留郭资辅世子守北平，亲率大军抵达通州，指挥房胜不战而降。用张玉计，攻下了蓟州、遵化，解除后患，然后又向南推进。一场以夺皇位为实质的武装斗争开始了。十六日，燕王以"居庸险隘，北平之咽喉，我得此，可无北顾忧"。于是挥军攻占据庸，转攻怀来，开平、龙门、上谷、云中守将望风归降。燕王又攻克了永平、克滦河，直趋南下。由于北平多年一直为

基地，因此附近州县卫所，一呼百应，士气旺盛，并有鞑靼兵马为后盾，南方宫中太监为内应，朱棣不仅兵精粮足，而且对建文集团内动静虚实，了如指掌。加之指挥得当，又有姚广孝等能者相助，出谋划策，因此在斗争中始终处于优势地位。建文集团相反，虽位居正统，兵众粮足，但因建文帝生性怯懦迂腐，缺乏魄力，处事优柔寡断，易信谗言。因此先后任用耿炳文、李景隆分镇真定、河间。结果，耿先大败于真定，困守孤城；李代耿后，虽乘燕军攻大宁之机而围攻北平，但在北平军民合击下又大败，逃回德州。建文无奈，答应罢免齐泰、黄子澄的兵权（实则仍典兵如故），以求罢兵。燕王知诈，不听，继续进攻德州。建文二年（1400年）四月，燕王连续攻下德州、济南，景隆只身走。惟铁铉、为盛庸代景隆坚守济南，燕军久攻不下，只好暂回北平。由于守城有功，铁铉升为兵部尚书，盛庸升历城侯。九月，盛庸受命北伐，以副将军吴杰进攻定州、都督徐凯屯驻把在州，自己固守济南，以逸待劳；而燕王则佯攻辽东，暗渡直沽直捣沧州，破城捉凯，大获全胜。但在东昌大战中，勇将张玉战死，燕王也因有建文诏戒，敌将"莫敢加刃"，几次化险为夷。在这次战役中，幸运的是有朱高煦援救，方转败为胜。

　建文三年（1401年）二月，燕王自撰文隆重新祭祀奠张玉等阵亡将士，以鼓舞士气。三月，夹河大战，开始盛庸主力遭到惨败，退守德州。建文又佯诏"窜逐齐泰、黄子澄于外，令有司籍其家，以谢燕人"，实则命齐、黄外出募兵勤王。燕王识破，其计策连下顺德、广平，名义上表达迎降。八月，攻破保定，解了北平之围，回师京都。此间，燕王起兵三年，仅得永平、大宁、保定等地，且有得有弃，死伤较重；而南军分布广，也时有告捷，因此

朝廷开始松懈。又因建文御宦官极严，宦官多恨建文而欲拥立燕王，京城虚实详细密告于燕王。燕王决心尽快结束这场战争，于是打算破釜沉舟，决一死战，他不再随便攻城，而在十二月出师直奔金陵。

建文四年（1402年）正月，建文令魏国公徐辉祖主山东。燕军连续到达汶上、沛县，直捣徐、淮。三月，到了宿州，攻破萧县，大败敌主将平安于小河。接着，同徐辉祖大战齐眉山，自午至酉，难分胜负。骁将王真、陈文、李斌相继战死，兼之暑雨连绵，土湿多疫，诸将皆欲暂息。燕王认为"兵事有进无退，否则便会解体"，朱能也以"汉高十战九不胜，卒有天下，岂可有退心"来鼓舞战士，以迎接更大的决战！而建文集团却因暂时的小胜冲昏了头脑，听信谗言，以"京师不可无帅"为由，撤回徐辉祖，放松了戒备。燕王先用分兵进扰，使敌兵势力分割削弱，应顾不暇，燕子乘敌将何福移兵灵璧就食之机，展开大战。四月初八日，燕王亲率诸将首先登城，军士紧跟其后。三声炮响，敌军以为是自己的信炮，纷纷争出，城门堵塞不得出，自相践踏，一片混乱。燕军乘机涌入，攻破其营，生擒平安、陈晖等大将，仅以何福身免，燕王大获全胜。与此同时，宋贵又成功截击了前往援助济南的辽军，并全歼其军。南军的势力更加衰弱了。五月，燕王连下泗州，拜了祖陵；巧渡淮水，取盱眙，乘胜直捣扬州，攻克仪征。时，建文帝又派使以"割地南北"议和。燕王称"凡所以来，为奸臣耳。得之，谒孝陵，朝天子，求复典章之旧，免诸王罪，即还北平"，并指出此议和实为"奸臣缓兵之计"，拒绝接受。议和未成之后，建文集团便自恃长江天险，打算募兵勤王，进行顽抗。

六月初一，燕王汇集高邮、通、泰船于瓜州，向京城进发，在浦子口大败盛庸

徐达像

军；又得子高煦的援兵，势力盛极。一时朝臣多暗地里派使者向燕王献计使献计充内应，前往增援前线的陈瑄，亦率舟师以降了燕。燕军势力更加旺盛。初三，燕王誓师渡江，舳舻相衔，旌旗蔽空，金鼓大震，声威浩荡，当时，盛庸列兵沿江200里迎战。燕王指挥诸将先登，以精骑数百冲入敌军阵营，庸师溃，单骑逃走，余众都投降。随后移师长江咽喉镇江，守将不战而降。此时举朝震惊。建文除令谷王穗、安王楹分守都门外，又派遣李景隆和诸王反复同燕王求和。燕王仍以"欲得奸臣，不知其他"为由，盛宴后送回。建文无计，方孝孺坚请守城待增援。齐泰、黄子澄分奔赴广德州、苏州逃难征兵，都没有取得成效。十一日，燕军进入朝阳，谷王和景隆献出金川门，朝廷文武都迎降。建文左右仅剩数人，于是关闭了所有的后妃宫，纵火焚之。在烈火中，建文帝不知去向。

朱棣入宫后，进行大肆报复行动。建

文谋臣齐泰、黄子澄、方孝孺先后被磔，诛灭九族。拒草"即位诏书"的方孝孺和藏刀上殿行刺的景清，更祸灭十族，不仅诛及九族，连门生之门生，姻亲之姻亲，均不放过，史称"瓜蔓抄"。前后被杀者数以万计，镇压十分残酷。

七月初一，朱棣正式登基，史称明太宗（嘉靖时改谥"成祖"），以明年（1403年）为永乐元年，升封地北平为北京，改京师为南京，统一了明代南北两京之制。一切恢复太祖时旧制。"靖难之役"就此宣告结束。

明成祖迁都北京

明太祖的军队打到北京以后，元顺帝跑掉了，元朝失去了在长城以内地区的统治权。尽管如此，元顺帝的军事力量、政治机构都还存在。因此，他经常派遣军队往南打，要收复失地。他认为这个地方是他的，他们已经统治了八九十年。而当时明朝的都城是在南京。为了抵抗蒙古的进攻，明太祖只好把他的许多儿子封在长城一线作塞王。可是现在情况变了，明成祖

自己跑到南京去了；此外，原来封在热河的亲王叫宁王，宁王部下有大量蒙古骑兵。明成祖南下争夺帝位之前，先到热河，见到宁王就绑票，把宁王部下的蒙古骑兵都带过来了。他利用这些蒙古骑兵作为自己的军事主力，向南进攻取得了胜利。从此之后，他就不放宁王回热河，而把他封到江西去。这样一来，在长城以北原来可以抵抗蒙古军进攻的力量便没有了。原来他自己在北京，现在自己到了南京，因而就削弱了明太祖时代防御蒙古军进攻的力量，防御线有了缺口，顶不住了。因此，他不能不自己跑到北京来指挥军队，部署防御战。因为他自己经常在北京，当然政府里的许多官员也都跟来北京，北京慢慢变成了政治中心。于是他开始修建北京，扩建北京城，大体上是根据元朝的都城来改建的。元朝时北京南边的城墙在哪里呢？在现在的东西长安街。明朝就更往南了，东西长安街以南这个地区是明朝发展起来的，德胜门外5里的土城是元朝的北城。明朝往南缩了5里，明成祖营建北京是有个通盘安排的，他吸取了过去多少朝代的经验。所以街道很整齐，几条干线、支线把整个市区划成许多四四方方的小块。有比较完

平定川蜀

明长城

整的下水道系统，有许多中心建筑。从明成祖到北京以后，前后30多年，重新把北京建成了。和这个时期的世界其他各国比较，北京是当时世界各国首都中建筑比较合理、有规划的、最先进的城市。没有哪一个国家的首都比得上它。有人问：北京还有外城，外城是什么时候建筑的？外城的修建比较晚，是在公元1550年蒙古军包围北京的紧急情况下，为了保卫首都才修建的。但是因为这个工程太大，只修好了南边这一部分，其他部分就没有修了。至于现在的故宫、天坛那些主要建筑，也都是在那个时代打下的基础。应该说明，现在的故宫并不是原来的故宫，认为明成祖修的宫殿一直原封未动地保留到现在是错误的。故宫曾经经过多次的扩建和改修。过去三大殿经常起火，烧掉了再修。起火原因很简单，就是太监放火。宫廷里有许多黑暗的事情，太监偷东西，偷到不可开交的时候，事情包不住了，就放火一烧了事。烧掉了再修，反正是老百姓出钱。明

北京故宫武英殿

清两代宫廷里经常闹火灾就是这个道理。故宫的整个建筑面积有170000平方米左右，光修故宫就用了20年的时间。我们人民大会堂的建筑面积是174000多平方米，比整个故宫的有效面积还大。明朝修了20年，我们只修了不到1年的时间，这个比较是很有意思的。由于从明成祖一直到明英宗连续地营建北京，政治中心就由南京转到北京来了，北京成为国都了。

被称为"四方城"的孝陵碑亭

以北京作为一个政治、军事的中心，就近指挥长城一线的军事防御，抵抗蒙古族的军事进攻，保证国家的统一，从这一点来说，明成祖迁都北京是正确的。但是，仅仅只把政治、军事中心建立在北京还是不够的。当时东边从辽东起，西边到嘉峪关止，敌人从任何地方都可以进来。当然，从山海关往西有一道万里长城。可是城墙是死的，没有人守还是不能起作用。所以，必须要在适当的军事要点布置强大的军事力量。因此，明朝政府在北方沿边一线设

立了所谓"九边"。"九边"是逐步发展起来的。开始只建立了四个镇，即辽东、宣府、大同、延绥。跟着又增加了三个镇：宁夏、甘肃、蓟州。以后又加上太原、固原二镇。这九个军事要塞，在明朝合称"九边"，是专门对付蒙古族的。每一个军事中心都有很多军队，譬如明朝后期，光在蓟州这个地方就有10多万军队。

九边有大量的军队，北京也有大量的军队。这些军队吃什么呢？光依靠河北、山东、山西这几个地区的粮食是不够供应的，必须要从南边运粮食来。要运粮食，就要有一条运输线。当时没有公路、铁路，只能通过运河水运，把东南地区的粮食集中在南京，通过运河北上。一年要300~400石粮食来北京养活这些人。所以运河在当时是一条经济命脉。这种运输方法，当时叫做漕运。为了保护这条运输线的完全，明朝政府专门建立一个机构，派了十几万军队保护运河沿线。明朝是如此，清朝也是如此。

把军事、政治中心放在北京，北方的问题解决了。可是发生了另外一个问题：南方发生了事情怎么办？于是就把南京改为陪都。陪都也和首都一样，除了没有皇帝之外，其他各种组织机构，北京有一套，南京也有一套。北京有六部，南京也有六部。因为南京没有皇帝，便派一个皇帝亲信的人做守备。当时的大学叫国子监，国子监也有两个：一个叫"北监"，一个叫"南监"。北监在北京，就在孔庙的旁边。北监、南监都刻了很多书，叫北监本和南监本。当然，陪都和首都也有区别，首都的六部（吏、户、礼、兵、刑、工，六部的部长叫尚书，副部长叫侍郎）有实权，而陪都的六部没有实权。所有的事情都集中在首都办。南京的这些官清闲得很，没有什么事情可做。这些人大都是些政治上不得志的人，在北京站不住脚，有的年纪

大了，做不了什么事，就要他到南京去做一个闲官，有饭吃，有地位，可是没有什么事情可做。我们研究这个时代的历史要了解这一点。那么，他在南方搞一套机构的目的是什么呢？第一，以南京为中心来保护运河交通线；第二，以南京为中心，加强对南方人民的统治。南方各个地区发生了人民的反抗斗争，就可以就近处理、镇压。

明成祖迁都北京，这不但是抵抗蒙古族南下的一个最重要的措施，同时也为北京附近地区生产的发展、文化水平的提高、都市的繁荣创造了有利的条件。

郑和下西洋

郑和，原姓马，小字三保，是云南昆阳回族人（今云南省晋宁县）。明太祖朱元璋统一云南时，他被阉入宫，做了太监。后，随燕王朱棣到达北平，住在燕王府。在"靖难之役"中，因其为人机警，智勇全双，"出入战阵，多建奇功"，深受燕王赏识。永乐元年（1403年），他被庄重地赐予姓名——郑和。次年，又升为内官监总管太监。通过这次战役，他掌握了丰富的军事知识和作战经验，为他后来指挥舰队七下"西洋"，创造了重要条件。同时，郑和虽原本世代信奉伊斯兰教（时称回教），但于永乐元年却又在道衍（即姚广孝）引荐下，皈依了佛教，成为一名佛教徒，法名福善，因此又被人们称为"三保太监"。

当时，正值明朝国势蓬勃上升的繁荣时期。国家经济实力壮大，政治局势相当稳定；而且宋、元以来海外贸易兴盛，对外移民不断增加，特别是造船业空前发达，航海技术也有了长足进步，罗盘针的广泛用于航海，众多水手和技师日益增多，这

些为郑和远洋航行提供了雄厚坚实的物质基础和足够的科学技术。在此情况下，自命为"天下共主"雄心勃勃的成祖朱棣，为宣扬国威，"耀兵异域，示中国富强"，于是决定派使臣率领船队出海远航，访问亚、非诸国。但是，这样重大的举动，如果没有一个精明强干的总指挥，是很难实现的。而郑和身为内官监总管太监，外出采办是其责任范围内之事；又兼有回、佛二教徒的双重身份，更便于同"西洋"诸国官民的交往；其父、祖均曾亲自到过天方（即麦加，今沙特阿拉伯西北部）"朝圣"，他在耳濡目染下间接地了解并熟悉了"西洋"各国和各地区的风土人情；此外，更有前述"靖难"之役中积累的军事知识和实践经验，可说是当时再好不过的理想人选。所以，明成祖朱棣毅然决然地任命他出使总指挥，而以其挚友王景弘为副使。从此，郑和便开始了长达近30年的震惊世界的七次大规模的"下西洋"（广指我国南海以西的海洋地区，包括今天印度洋、文莱以西的地区）活动。

永乐三年（1405年）七月，郑和偕副使王景弘，率领将士和水手27800余人，分乘62艘大船（一说200多艘），从苏州刘家河（今江苏省太仓县浏河）出海，经占城（今越南中南部）、爪哇、旧港（今称臣港）、苏门答腊（今印度尼西亚苏门答腊岛）、锡兰山（今斯里兰卡），最后到达古里（今印度科本科德）。他们一路宣扬明朝德政，以及同各国通商友好的强烈愿望，深得各国官、民的欢迎。永乐五年（1407年）十月初二，郑和舰队返航回国时，不少国家的使者随同访华，商谈建立邦交和通商贸易关系。其间，出于自卫，在旧港，郑和曾不得不以武力击败前来抢劫宝船物资的海盗，生擒了其首领陈祖义。此次航行仅是作为一次实践，其历经范围也未超出印度洋沿岸地区。

同年十月，郑和等利用东北季候风又进行了第二次出海航行。经暹罗（今泰国）、柯枝（今印度柯钦），又到达古里。至永乐七年（1409年）七、八月间正式返回。又做了进一步的探索。其所经路线、范围与第一次大体相同。

郑和第三次出海航行，是在永乐七年十月（1409年）。主要是为护送各国的使者回国。他只带了48条宝船。为了以后进

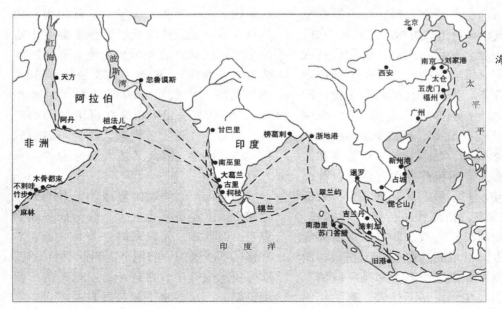

郑和航海线路图

为了纪念我国伟大的航海家郑和，1985 年我国发行了一套《郑和下西洋》纪念邮票。

行更大规模的远航，他们开始在其航行的中心地区——满剌加，建立起重栅小城，修盖了大型仓库，作为中转站。这次仍以通商为主，一路也还顺利；只是在锡兰山时，受到锡兰国王亚烈苦奈儿的诱骗，并进而硬索金币，抢劫宝船。郑和等在忍无可忍的情况下，才对其进行了武装自卫战斗。他只带领 2000 名士兵，出其不意，乘虚攻破锡兰都城，活捉了国王亚烈苦奈儿及其王后和官属，并于永乐九年（1411年）七月初六日押解回朝，经过成祖的一番耐心解释，仍予于放回。这次航行仍未越过印度西海岸以外。

永乐十一年超出了（1413 年）十月，郑和开始了第四次下西洋。这次航程较远，所到的国家和地区也较多，已远逾印度以西。新去的国家和地区有：溜山（今马尔

郑和海船（模型），三保太监郑和统率船队，曾七次下西洋，船队最大的海船长44丈4尺，宽18丈，立9桅，挂12帆，是当时世界上最大的木帆船。

代夫）、榜葛剌（今孟加拉），最后由古里直航忽鲁谟斯（今伊朗波斯湾口阿巴斯港南的岛屿）。也遇到了一些麻烦，其中在苏门答腊王位争夺战中，伪国王苏干剌侵犯都城，原王子请求郑和援救。苏干剌恼羞成怒，袭击郑和的船队。郑和被迫还击，将其擒获，于永乐十三年（1415 年）八月十二日回国后，送阙正罪。

郑和塑像

永乐十五年（1417 年），郑和又进行了第五次远航。这次到达的国家和地区，航程也最远，直达非洲赤道以南、东海岸的木骨都束（今索马里摩加迪沙）、麻林（在今肯尼亚境内）、阿拉伯半岛的祖法儿、阿丹、剌撒（今也门共和国境内）。永乐十七年（1419 年）八月初八日回返时，竟有 17 个国家的使节，随同来华访问。其中有王子、王叔、王弟等，分别通过谈判，同明朝建立起正式邦交关系。

为护送诸国使节回国，郑和奉命又于永乐十九年（1421年）三月初三日，进行了第六次远航。此次路途虽远，但往来却非常迅速，于第二年（1422年）便返回国。

郑和最后一次远航，则是在成祖及其子仁宗相继去世后的宣宗时期。永乐二十二年（1424年）七月，明成祖病逝于榆木川。其皇太子朱高炽即位，是为仁宗。仁宗认为下"西洋"是"劳民伤财"，听信了户部尚书夏原吉的建议，曾一度"罢西洋宝船"，废止此项活动，甚至连所存的有关档案资料，也予以焚毁。故直至宣德六年（1431年）十一月，才得以实现第七次下西洋。这次仍以郑和为总指挥。到达了17个国家和地区。归来时已是宣德八年（1433年）七月初七日。并有十多个国家和地区的使臣随同来华，与明朝建立联系。

宣德九年（1434年），64岁的郑和病逝。就在这一年，其副使王景弘又组织了第八次"下西洋"的活动，但其声势与规模都已远不及前七次了，下西洋活动接近尾声。

总之，郑和的七次泛海远行西洋，前后长达近30年，行程计以万里，到经地区，南至爪哇岛，北迄波斯湾和红海东岸的麦加，东至台湾，西达非洲东海岸、赤道以南。包括占城、真腊（今柬埔寨）、暹罗、满剌加（今马六甲）、彭亨（今马来西亚）、苏门答腊、旧港、爪哇、阿鲁、南勃里（属今印度尼西亚）、锡兰（今斯里兰卡）、溜山（今马尔代夫）、榜葛剌（今孟加拉）、南巫里（属今印度）、忽鲁谟斯、祖法儿（今佐法儿）、阿丹（今红海的亚丁，属今也门）、比剌（今索马里的不剌哇）、木骨都束、麻林和天方等亚非近四十来个国家和地区。郑和下西洋，其规模之大，人数之众，时间之长，足迹之广，在中国和世界航海史上都是空前的壮

郑和行香碑

举，中国人民对世界航海事业作出了伟大的贡献。郑和开辟了从中国去红海及东非洲地区的航道，是海上"丝绸之路"的开创者。郑和下西洋的影响是巨大的：首先，它把大量的瓷器、丝绸、锦绮、纱罗、铁器和金属货币等带到亚洲各地；又从国外收买回胡椒、谷米、棉花，换取大量海外奇珍、香料等奢侈品，大大开拓了海外市场，促进了中国同亚非各国的经济文化交流，增强了同各国政府间和民间的友谊，从而刺激了国内的商品生产和工商业的长足进步，也在一定程度上推动了资本主义的萌芽。同时，通过郑和下西洋宝船的交往，大批华人也流往南洋各国，华侨人数自此剧增，成为了南洋各国重要的社会生产力量。他们与当地人民共同推动了南洋地区的开发。其次，在政治上扩大与强化了中国同亚非各国的友好往来，明朝跟三十多个国家建立了正常的外交关系，空前地提高了中国的国际威望和地位。在科学

技术上，打开中国人民的眼界，丰富了中国人民的海外地理知识。郑和编制的《航海地图》，详细记载了沿途各国的航道、地理位置、距离等，尤其是《鍼位编》一书，是一部相当详尽的航海手册；其同行者马欢著的《瀛涯胜览》，费信着的《星槎胜览》和巩珍著的《西洋蕃国志》，均详细记载了所到各国和地区的风俗人情，大大增进了中国人民的海外知识，这些成为了研究中外关系史的重要资料。最后，在远涉重洋的航行中，郑和依靠集体智慧和力量，同"洪涛接天，巨浪如山"的海洋进行了殊死搏斗，充分体现了中国人民的大无畏精神。

土木堡之变

时代背景

英宗正统初年，历史上称为得人之时，朝政有当时著名的阁臣"三杨"主持，即杨士奇、杨荣、杨溥，六部又有蹇义、夏元吉等老臣，这些人在朝多年，侍奉过几代朱家天子，有着较为丰富的政治经验，深为朝廷倚重；在内廷，又有自永乐以来饱经风霜的太皇太后张氏主持。所以，在相当一段时期内，朝中安定无事。然而，也就是在这种安定之下，宦官势力作为一股潜流在暗暗滋长着。

明太祖朱元璋鉴于历代宦官干政对国家造成的危害，尤其是对君权的威胁，自明政权一建立，便制订了一系列限制宦官活动的措施，如：宦官不许与外官互通消息；不准兼外官衔，不准穿外官衣冠；宦官品秩不得过四品；衣食均在宫中，不许读书识字，等等。为了使限制宦官的政策传之后世，永远遵守，朱元璋还特地在宫门立了一块铁牌，刻上"内臣不得干预政事，犯者斩"十一个大字，以期后世永远

遵循。然而，就是朱元璋自己，对这些规定也没有完全遵守，他在宫内建立了一套为皇帝服务的完整机构，即二十四衙门，几乎包揽了内廷一切事务，使宦官成为皇帝身边最亲近的人。不但如此，明代自朱元璋起，由于皇权高度发展，对臣下极端猜忌，终于发展到任用宦官刺探外廷动静，以及建立"诏狱"、"锦衣卫"等，使宦官得以通过这些特务活动，染指朝廷大事。朱元璋还公开破坏自己建立的规制，派宦官出使办事。如洪武八年，派宦官赵成赴河州市马；二十五年，宦官聂庆童赴河州办理茶马。但总的说来，终洪武一朝，宦官势力还是受到压制的。据载：一个侍候了朱元璋数十年的老太监，有一次偶然在朱元璋面前谈起朝廷大事，朱元璋大怒，立时下令把他拉出去斩了。

到了后世就不同了。永乐时，因宦官在靖难战争中立下大功，对宦官的任用就越来越多，如著名的郑和，就是成祖身边

亲信宦官。此外，出镇地方、典兵、监军等事，也都常常有宦官担任。而且，随着永乐时期特务政治的进一步发展，宦官干预政务的机会也越来越多。宣德时期，不许宦官识字的规定也被破坏了。原来，宣宗宠信宦官，常常叫他们办各种事务，但宦官们不识字，办事多不尽人意。而明成祖曾赐给他四名小太监，都是明军远征交趾时的俘虏，能读书识字，文墨精熟，无论行为举止、办事效率，都很令人满意。于是，宣宗下令在宫内开办了内读书堂，专选年幼内侍读书。就这样，为宦官窃权铺平了道路。

正统年间，就是在这种背景下，出现了宦官王振窃取朝政大权的局面。

说起王振，他曾是个读书人，由儒士出身并担任过地方教职，后来犯了法，罪当发配。正在这时，遇上朝廷选用宦官，王振乘机自宫，混入宫廷。由于他读过书，一进皇宫就与他人不同，又擅长权谋，在宫中地位上升很快，被人称为"王先生"。他又有在官场混过的经验，很得宣宗信用，后来被派去侍奉皇太子朱祁镇读书，成为太子身边不可缺少的人物。宣德十年，英宗一即位，王振就被升为司礼监总管太监。

按理，英宗虽然是个十来岁的小孩，但外事有世称贤相的"三杨"主持，内廷有太皇太后张氏掌管，根本不会有王振窃权的机会。但是，永乐以来，宦官不许干

政的规矩破坏得差不多了，人们对此失去了警惕，而王振又工于心计，处心积虑地找空子钻，终于渐渐成为左右朝政的力量。起初，王振主要在小皇帝身上下工夫，在"三杨"及张太后面前则毕恭毕敬。每次王振到内阁去传达旨意都很恭敬，站在门外，不敢随意进门落座，倒是"三杨"觉得以他这样地位的大太监还如此恭敬，的确不错，常常招呼他入内就座。当着阁臣的面，他还跪奏小皇帝，希望他不要太贪玩而应以国事为重，以致杨士奇辈感叹说："宦官中有这样的人，真是难得呀！"但是在暗中，王振则竭力勾结内外官僚，伺机窃权。他利用较长时间侍奉英宗，深得这位小皇帝倚重的便利条件，暗中对皇帝施加影响。英宗每次临朝之前，王振总是把从各方面探得的消息告诉他，并教他如何应付，要怎样才能使大臣们心悦诚服，一件事后要怎样赏罚，如何在臣下面前树威，等等。由于王振耳目众多，他教皇帝的事往往灵验，使英宗对他非常敬佩。而文武大臣们对于小小年纪的皇帝能够遇事不惊，也十分惊奇，认为是皇上天资聪明，很少有人想到是王振从中作了手脚。

另一方面，王振为了加重英宗对他的倚赖，在宫廷生活中，对于小皇帝的种种要求，都尽可能地予以满足，以至于正统初年，太皇太后张氏就感到他过分放纵皇帝的生活。一次，张太后召大臣及王振，对王振加以警告："汝侍皇帝起居多不律，今当赐汝死。"经过小皇帝的请求及大臣们劝解，王振才得到宽免，并规定他不许干预朝政。

宦官窃权，最常见的手段便是利用自己接近皇帝的地位，赢得皇帝的信任，对皇帝施加影响，以至于最后架空皇帝，自己以皇帝传令者的身份操纵大权。王振也不例外，他讨好皇帝，当然是为了更有力地对他施加影响。为了最终树立自己的权

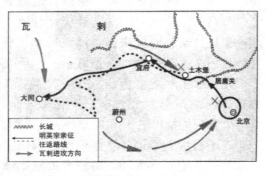

土木堡之战示意图

中国通史

最新整理图文珍藏版

英宗被俘图

威，他教唆英宗对臣下乱施淫威，以使臣下畏威而不欺。英宗常常在臣下面前施威，也觉得很有意思，在王振教唆下，他常把不顺自己意思的人随便投入监狱。在正统六年以前的几年中，六部尚书中竟有四人被投入牢狱，这种牢狱之灾由于张太后的干预而有所减免，有些官员下狱不久，就被以张太后懿旨放出，但英宗这种作法还是有很大震慑作用。随着皇帝年龄渐渐长大，大臣们也愈益认真看待他这种作法，明哲保身的大臣往往会因此缄口不言，乖巧的人也许会猜到是王振在从中捣鬼。

王振将自己在皇帝面前的地位稳住后，又伸出手来一步步窃取朝权，他不时在张太后面前进谗。一次，福建省签事廖谟杖死了一个驿丞，地方官将廖逮捕，上奏请示处置。辅臣杨荣、杨溥认为应将廖处死；而杨士奇与廖为同乡，因而设法搭救，说廖应按因公误杀人的条款处理，双方争执不下，请张太后裁定。王振乘机对张太后说，三位大臣所言均出于私意，不是太重就是太轻，按法律应将廖降职为同知，张太后见他如此"秉公无私"，就听从了他的意见。这类事多了以后，王振竟渐渐染指于朝廷大权，地位逐渐重要起来。正统五年，王振开始向掌政的内阁大臣发动正

面攻势，他揭发杨荣接受宗室贿赂，请求复查，这位一世贤名的大臣竟然忧愤而死。王振取得了这一回合的胜利后，加紧培植内外亲信，风头极劲。正统六年，宫中三大殿修建工程竣工，英宗大宴百官以示庆贺，按惯例，宦官是没有资格出席这种宴会的。英宗怕王振不高兴，派人去看王振在干什么，结果看见王振正在大发脾气，英宗忙令开东华门的中门，请王振赴宴，在座的文武官员也都起身迎谒。张太后在世时，王振的势力已有很大发展。

正统七年，张太后去世，王振更加肆无忌惮了。当时，杨荣已死，杨士奇因儿子杀人被捕而"坚卧不出"，不理政务，只有杨溥一人主持大事，年老势孤，已不是王振敌手。王振操纵年轻皇帝于掌股之上，他毁掉了朱元璋禁止宦官干政的铁牌，大权独揽，广植私党，顺之者昌，逆之者亡。稍不如意，便对大臣乱用刑罚，动辄枷锁官员，当时一班正直朝臣贬的贬，杀的杀。畏祸谄媚者趋附王振，甚至有人自认为干儿子，王振更是卖官鬻爵，威福任情。

为了要树威和建立边功，王振唆使英宗几次对云南麓川少数民族地区大举用兵。

土木堡城门

后来，翰林侍讲刘球上疏反对此事，并劝说英宗勿使大权下移，王振见疏大怒。这刘球是当时一个很有影响的文人，门生很多，王振正好借此打击朝臣以树威。在他的主使下，刘球被下狱折磨致死，最后他的家属要安葬他，连一具全尸也找不到了。

正当王振操纵英宗几次大征麓川时，北方蒙古瓦剌部逐渐强大起来，其首领也先多次率兵对明朝进行骚扰活动。王振不但不加强防范，反而与也先勾结，索要贿赂，赠以兵器。正统十四年，也先部2000余人入贡，王振视同儿戏，随意压低马价。也先闻讯大怒，借口明廷曾答应与其联姻又无故反毁，遍集蒙古各部兵马，大举南下，"塞外城堡，所至陷没"。

土木堡之战

前线败报不断传来，王振与英宗泄泄视之。在王振怂恿下，英宗决意率明大军亲征。朝臣们纷纷以条件未备劝谏，均不听。在战备极不充分的条件下，正统十四年七月，英宗和王振率50万大军从北京出发。随军大臣、战将虽多，凡事却须经王振同意始行。王振在军中滥施淫威，成国公朱勇是前军主帅，有事请示，也要跪在他面前"膝行向前"，兵部尚书邝埜、户部尚书王佐触怒王振，竟被在草中罚跪一整天。由于此次出征准备不足，粮草难寻，随行人员甚多，沿途地方疲于供应，士兵乏粮，军心不稳。

八月初一，明军抵大同。也先为诱使明军深入，立即撤退，王振不顾大军实际情况，强令北进，文武大臣纷纷谏止，不听。次日，王振得到前些日子前线明军大败的情况报告，不禁害怕起来，于是下令大军班师回朝。王振是蔚州人（今河北蔚县），起初他想让英宗"驾幸其第"，在故乡显示威风，命令大军从紫荆关退兵。途中，他忽然想到大军行进，会踩坏他在家乡置办的田园庄稼，又下令大军改道转向

铜俑

宣府。初十月，明军抵宣府，蒙古骑兵追袭而至，连派数员大将，统兵数万断后，均因冒险出击，指挥不当而至全军被歼。十三日，英宗大军在沿途不断遭到袭杀的情况下退至距怀来县20余里的土木堡。文武大员纷纷请求皇上急速入怀来城，或速奔居庸关，同时组织精锐断后。王振完全不予理睬，命大军就地扎营。其实，他在土木堡停留的目的，只是为了等待落后的千余辆辎重车。

十四日天明，英宗大军拔营开进，但为时已晚，全军已为蒙古大军包围。土木堡地势虽高，但无水源，为兵家绝境，士兵掘井2丈深仍不见水，军心大乱。十五日，也先佯装退却，并遣使议和，王振对情况不加分析，轻令大军移营就水，行伍大乱。也先乘机转身扑来，蒙古骁骑踩阵冲入，明军于混乱中纷纷解甲投降，抵抗者被杀无数。混战之中，明廷公侯大臣50余人遇难，明英宗朱祁镇被也先军俘虏，50万大军损失过半，余皆溃散，遗下辎重兵器无数，尸横遍野。王振在混乱中被无

比仇恨他的明军将领所杀。

这就是历史上著名的"土木堡之变"。事后人们才知道，也先部回头攻击明军的骑兵，最初只有两万多人，竟使数十万明军顷刻间解体。而皇帝出征被俘也是中国历史上罕见的。

于谦北京保卫战

英宗被俘、土木堡惨败的消息传到北京，明朝百官一片恐慌，聚集在殿廷上号啕大哭。皇太后下诏立英宗的长子朱见深为太子。但是，在这国难深重的时刻，怎能让这个年仅两岁的小孩登皇帝位呢？因此，又命郕王朱祁钰监国。总理国政。

郕王召集群臣讨论战守之策。翰林院侍讲徐珵首先站了出来，朗朗说道："臣夜观天象，稽算历数，天命已去，唯有南迁可以纾难。"徐珵的话刚说完，立刻遭到太监金英和礼部尚书胡濙的反对。接着，又有一人从文臣班里站出来，厉声斥责说："主张南迁的，罪当斩首！京师是天下的根本，一动则大事去矣。你难道不懂得宋朝南渡的教训吗？"这一驳斥，徐珵非常难

于谦像

堪。他不敢再说什么，低着头退了回去。驳斥徐珵的人是兵部侍郎于谦。

于谦，字廷益，钱塘（今浙江杭州市）人。永乐十九年（1421年）中进士，宣德朝任御史，巡按江西，昭雪冤囚数百人。后由杨士奇举荐，升兵部右侍郎，巡抚河南、山西。他每到一地，轻骑遍历各处，延访父老，大力兴利除害。正统六年（1441年），他向朝廷提出一个建议："以河南、山西各积存的数百万谷子，在每年的三月借给缺粮的贫苦下户，待秋收后收还；那些老病和贫穷无力偿还者，官府就免收他们的借粮。州县官吏任满当迁者，如果预备粮不足，不许离任。这事由风宪

北京保卫战（油画）

中国通史

最新整理图文珍藏版

官员按时稽查巡察。"英宗采纳了他的建议。于谦巡抚河南之时，黄河不时决堤，给百姓的生产和生活带来许多破坏。他组织民众筑堤治水，设置亭长，专责督率修缮河堤，并命令种树凿井，榆柳夹路，道无渴者。在山西，他剥夺边镇军官私占的土地为官府屯田，以资边防费用。"三杨"掌权的时候，对他非常器重。他所提的建议，朝报夕准。王振专权时，一些无耻的官僚争相以搜刮来的民脂贿赂王振，以取得王阉的欢心，而于谦生性刚直，不事权贵，每次进京，都是两袖清风。因此，王振嫉恨，加以陷害，把他关了三个月的牢房，释放后又降为大理寺少卿。山西、河南官民纷纷上书朝廷，请求留他在原任。朝廷批准了官民的要求，仍以于谦为山西、河南二省巡抚。正统十三年（1448 年），于谦被召入京任兵部左侍郎。英宗亲征前，他极力谏止，没被采纳。现在他的反对南迁，力主坚守的意见得到郕王的赞许，郕王下定决心坚守北京。当时，京师的精骑劲旅都在土木堡覆没，剩下的 10 万人多为老弱病残之辈，人心震恐。于谦经郕王批准，将两京、河南的备操军，山东、南京沿海的备倭军，江北及北京诸府的运粮军，全部调进北京。他亲自筹划部署，加强防守，人心才稍为安定。郕王把他提为兵部

箭楼

尚书。

在百官的强烈要求下，招致这次奇耻大辱的罪魁祸首王振被抄家灭族。他的三个爪牙被愤怒的百官打死在殿廷上，人心大快。接着，文武百官又议论立皇帝的事。大家认为国家正处于危难之秋，人心惶惶，必须另立一个皇帝以安定人心。于是，群起上书，劝郕王早登大位。九月初六日，郕王正式登上皇帝位，遥尊英宗为太上皇，以次年为景泰元年，他就是明史上的景帝。景帝的登基，是具有一定的政治意义的。也先俘获英宗时，原以为奇货可居，想利用来要挟明朝赔款割地，没料到明朝又立了一个皇帝，他手中的这张牌就失去了作用。

根据敌我双方的军事力量和也先的气焰，于谦估计，也先一定不会就此罢兵，他向景帝慷慨泣奏说："也先得志，留住大驾，势必轻我中朝，长驱深入，不可不预为计。前各营精锐，尽遣随征，军资器械，十无存一。应当赶快遣官四出，招募官舍余丁义勇，集合附近居夫，用他们换下沿河漕运官军，而让这些漕运官军全部隶归神机营等，操练听用。并令工部齐集物料，内外局厂昼夜加工，制造攻战器具。京师九门，宜派都督孙镗等人带领士兵，出城守护，列营操练，以振军威，并选派给事中、御史等官，分出巡视，勿致疏虞。迁城外居民于城内，随地安插，避免瓦剌兵

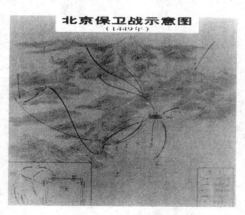

北京保卫战示意图

的掳掠。通州坝上仓粮，不可丢弃以资敌寇，令各官自行到仓支取月粮，方为两得。至于军旅之事，臣身当之，不效则治臣之罪。"他的这些建议，切实可行，措置有方，景帝都采用了。

十月，也先挟带英宗，攻破紫荆关，明朝守将战死。也先麾军入关，直指北京城。面对强大的敌人，主将石亨主张尽闭九门，坚壁以避敌锋。于谦坚决反对，他说："敌人气势嚣张，而我为何又先示弱，使其更加轻视于我？"他分遣诸将列阵于九门之外，下令尽闭各城门，以示明军誓与京城共存亡的抗战决心。他把自己安排在北面的德胜门外，和石亨一起，抵挡敌人的正面进攻。部署已定，于谦传令九门："临阵将不顾军先退者，斩其将；军不顾将先退者，后队斩前队。"于是，将士人人效命。于谦本身戴盔披甲，亲临战阵巡视指挥，以自己的行动激励将士勇敢作战，保卫首都。十月十三日，瓦剌军攻德胜门。于谦令石亨带兵埋伏在民间空屋里，然后派数骑诱敌。瓦剌1万多名骑兵追击进入埋伏圈后，一声炮响，伏兵四出，火器齐发，瓦剌军人仰马翻，大败而逃。也先的弟弟孛罗和瓦剌的平章卯那孩都中炮身死。瓦剌军转攻其他城门，同样受到明军的坚决抗击。在德胜门北面土城的战斗中，明朝军民配合作战，使瓦剌军又吃了一个大败仗。当明军和瓦剌军在激战时，土城老百姓纷纷爬上屋顶，以砖石为武器，铺天盖地般地投击敌人，喊杀声震天动地。两军相持了五天，瓦剌军四面楚歌，连战皆败。也先本想拥着明英宗，逼明朝城下议和，捞取金银财物，没想到一个子儿也没捞到，反倒损失了许多人马，又听说明朝的各路援兵快要到了，恐怕归路被切断，于是，又拥着明英宗匆匆撤围西去。于谦指挥军队乘胜追击，夺回了瓦剌沿途掳获的许多百姓和财物。北京保卫战取得了辉煌的胜利。

也先退出后，心生一计，声言要送英宗回朝。明朝的主和派因此又吵嚷着要与瓦剌议和，甚至许多主战派官员也认为必须迎回英宗，倾向于妥协。于谦识破也先的阴谋，他力排众议，指出这是敌人企图借此向我索取财物，并说："社稷为重，君为轻。"他派人申诫各边镇将帅，万勿中敌人的奸计，要做好防御工作，并选派将领，镇守边防重地。他号令严肃，赏罚分明，因而，片纸行万里，无不惴惴效力。在于谦的整顿和指挥下，边防力量大大增强，各边镇的将帅也都主张抗战，也先在景泰元年（1450年）的几次侵扰都受到严厉打击，阴谋未能得逞。

为了加强京师的防卫力量，于谦又对京军三大营进行改编。明成祖时，把京军编为五军营（由中军、左掖、右掖、左哨、右哨五军编成，均为步骑兵）、3000营（初由塞外降兵3000人组成全都是骑兵，主要任务是巡哨），神机营（使用火器，皇帝出征时须随军出征），合称三大营。土木堡之变后，三大营丧失殆尽，而且这种组织法因兵种不同，训练各异，一遇调遣，士兵不习新号令，兵将不相认识，战斗力发挥不出来。于谦在原来三大营中选拔骁勇剽悍者15万人，分为十营，每营以一都督统领，下又分5000人为一小营，都指挥为小营的长营。这十营集中团操，称为团营。遇有战事，由原来各营的军官率领参加战斗。号令划一，兵将相习，克服了原

于谦书《公中塔图赞》

来三大营的弱点，提高了战斗力。

明朝边疆和京师防守力量的增强，使也先更无隙可乘，而明朝又识破瓦剌以英宗相要挟的阴谋，拒绝与他议和言好，逼迫使也先无计可施。为了恢复与明朝的通贡和互市，也先在景泰元年八月不得不将英宗送回北京。英宗回到北京后，当个名誉上的太上皇，幽居南宫。

夺门之变

明代的历史，从土木堡之变到景帝在位这几年，几乎一直没有平静过，内忧外患，接连不断。若与其父、祖在位的"仁宣之治"相比较，则更显得动荡。

土木堡之变后，景帝由留守而至监国，终于登上帝位，君临天下。这一方面使他富贵至极，口含天宪，另一方面，外患频仍，朝内政局一波三迭，又使他寝食难安。最令他伤心的，还是太子见济的死，他又没有别的儿子可以继立，这本身就是构成他皇位不稳的一个因素。起初，皇后汪氏连生两胎，竟都是女儿，使他十分恼恨。后来妃子杭氏生了见济，他便将汪氏废去，立杭氏为后。景泰七年，杭氏又不幸病故。然而，更糟糕的是，在国事烦劳和后宫享乐的双重熬煎下，到景泰七年，景帝的身体状况每况愈下，积劳成疾，而且病势日渐沉重起来。

景泰八年正月，景帝病重，而皇位继承人尚未确定，内廷外朝均十分忧虑。十一日，群臣入宫探问病情，景帝的亲信太监兴安对众人说："诸位都是朝廷股肱之臣，不为社稷大计考虑，天天问安，徒劳无益。"一席话提醒众官考虑确立皇位继承人问题。本来，经过"复储之议"，无人敢再提建储之事，但景帝这一病，使人们不得不再次考虑此事。十四日，群臣在朝集议立储问题，有人提出请沂王复位东宫，也有人表示反对，认为既废不可再立。最后，大家觉得不如只提建储，具体人选由景帝自己定，所以奏疏中只说"早择元良"。景帝见疏，不允所请，并说自己不过偶感风寒，十七日当临早朝，群臣不必惊慌。这时，传说有人要把襄王之子迎入宫中，立为皇储。十六日，主持政务的王直、于谦等人在一起议论请沂王朱见深复太子位一事，推举大学士商辂起草奏稿，写成以后，天色已晚，决定明日早朝时再奏。

然而，就在这天夜里，发生了太上皇英宗复位的一场宫廷政变，史称夺门之变。

首先谋划英宗复位的是武清侯石亨。此人在北京保卫战期间立了一定功劳，掌握了部分兵权，爵封武清侯。景泰八年正月，景帝朱祁钰召石亨至病榻前，令他代行郊祀礼。石亨这人野心很大，在于谦掌握兵权的情况下，不免有抑郁不得志之感。这时，他看见景帝病势沉重，不觉动了谋取大功的念头。归后，他找亲信张𫐄、杨善及太监曹吉祥等商量：景帝的病一定好不起来了，现在上下官员都在策划拥立各自尊崇的人为新君，我看，拥立沂王，不如拥太上皇复位，可以建立不世之功。他这番话立刻得到赞同，因为这些人都是不得志之人，如杨善迎归英宗，却未得升迁，心怀不满。于是，几个人去找英宗旧日亲信许彬。许彬对他们说："拥立上皇复位，社稷之福也。但我已经老了，不能干了，你们可以去找徐元玉商量。"这个徐元玉，就是当年土木堡之变后倡言迁都的徐珵，人很有才，但心术不正，因倡言迁都而遭士林不齿，于是他改名为徐有贞，字元玉，这时又重新爬到副都御史的位子。石亨等人知道他善谋略，于是又去找他。徐有贞听了石亨等人的计划，大加赞赏，说："当年太上皇出征，是为天下赤子之故。现在天下离心，请上皇复位，人心必悦。"

明代修建的嘉峪关

　　于是，在徐有贞策划下，石亨等人分头作了一系列准备工作。首先，由张䩄暗中将准备拥英宗复位之事通知南宫，以便英宗有所准备，同时，由太监曹吉祥、蒋冕等人将情况密报孙太后，很快得到孙的首肯。然后，曹吉祥等又预制了孙太后的一道懿旨，以备起事时用。他们知道，十七日景帝将临朝，到时可能会对立储一事作出某种决定，那时将对拥立英宗复辟不利，于是决定在十七日以前发动。这时，适逢边塞报警，徐有贞对担任掌军都督之职的张䩄说，你正可以乘此机会，以加强京师及皇宫戒备为名，调动兵力，做好准备。

　　十六日晚，徐有贞知道今晚事在必举，为了鼓动人心，他爬上房顶，仰观天象，然后下来对众人说：“时在今夕，不可失也。”于是，他与石亨、杨善等人拿出孙太后懿旨，调军向皇宫进发。当夜四更，曹吉祥等人打开长安门，石亨、张䩄、徐有贞、杨善等率兵千余人闯入皇城。不等守城士兵有所反应，他们已将城门反锁，并将钥匙投入井中，以防外兵进入，然后直奔南宫。南宫城门紧闭难启，徐有贞令勇士翻墙而入，与外面士兵合力捣毁一段宫墙，很快，墙垮门开。只见英宗一人独自从灯烛中走来，问：“你们想干什么？”众人赶紧伏地齐答：“请陛下即位。”于是，叫士兵们推过皇帝乘坐的御辇来，士兵们慌乱中拉不动，徐有贞就亲自上前拉车，英宗在众人扶持之下上了车，徐有贞又在前引路，向奉天殿而去。这夜，晴空朗朗，月明星稀，朱祁镇看清了眼前这几位主要人物，问道：“卿等是谁”，徐有贞等赶忙各自报了姓名、官职。队伍出南宫不一会，就到了东华门。守门者远远看见有支队伍，喝令停止前进，这时，英宗朗声喝道：“朕太上皇也”，守门者知是英宗，竟不敢阻挡，队伍顺利进入宫内，拥着朱祁镇至奉天殿，山呼万岁，钟鼓齐鸣。

　　这时已是正月十七日黎明，群臣正在朝房准备景帝早朝，很多人还在心里想着，今天这次早朝，建储问题肯定将要提出，免不了要有一番争论。忽闻钟鼓齐鸣，一会儿又见诸门大开，十分诧异。就见徐有贞跑来，大声呼喊：“太上皇已经复位了，快来叩贺。”众臣面面相觑，竟是无人敢于反对，稍稍迟疑，大家还是一齐来到奉天殿朝觐英宗，朱祁镇又亲自向大家宣布自己已经复位，今日正午，在奉天殿正式举行登基大典，群臣这才一齐跪下，山呼万岁。

明宪宗 明宪宗姓朱名见深 英宗长子 即位诏雪于谦之冤 屡蠲灾赈 禁止豪强兼并 然颜事逸游 累于女色 信用宦官 用汪直置西厂 然国政日坏 宪宗朝积帑币俱尽 在位二十三年 年号成化 庙号宪宗

明宪宗像

2211

这样，朱祁镇自土木堡之变后，在塞外和归后软禁于南宫，整整当了七年半时间的太上皇，终于重登大位了。这件事历史上称为"夺门之变"，也叫"南宫复辟"。当时，宣谕将景泰八年改称天顺元年，英宗成为明史上唯一拥有两个年号的皇帝。据说，景帝在病榻上听说英宗复辟，只是连声说："好！好！"

英宗复辟以后，首先紧急要办的便是两件事：严厉惩治那些景帝倚信的大臣，以及自己在南宫时曾建议迫害自己的人；同时对"夺门之功"大加讲叙。

根据徐有贞等建议，英宗在登基大典正式举行以前，就迫不及待地下令在朝班中将于谦和大学士王文拿下。因为，于谦在英宗被俘后首先提出"社稷为重，君为轻"，又是他，带头拥立郕王为帝，并且在英宗被迎归时表示景帝之位不能变动，英宗对他早已恨之入骨，即便没有徐有贞的建议，也会对其下手的。至于王文，他是景帝的重臣，而且反对过迎还上皇，又反对过将沂王复为太子，所以同于谦一起下狱，当时给二人定了一个莫须有的罪名，说他们准备迎立襄王世子为太子。

随后，升赏与杀罚交织进行，所以参与"夺门"的大小将领以至士兵，以及英宗在南宫时为之说过好话，表示过效忠的人，一律大加升赏，封公封侯，加官晋爵。又大兴保举，经"夺门"功臣们保举为官者竟达数万之多，以至于后来不得不进行纠正。反之，则下狱的下狱。问斩的问斩，贬谪发配。在复位的第六天，谕令将于谦、王文午门问斩。大臣中内阁首辅陈循及江渊、俞士悦等分别谪戍或革职，景帝重臣为之一空。此外，曾经诬告过英宗身边太监阮浪、王尧的那个卢忠，曾建议将英宗与沂王一道迁往沂州的徐正，曾建议砍去南宫大树的高平等均被问斩。在内廷，凡在南宫服侍过太上皇的内侍均予升赏，而王诚、舒良等为景帝出力的太监均被问斩，竟比外廷杀人还多。

由于夺门之变时景帝病势已很沉重，英宗觉得他会迅即死去，所以，在登极诏书中，只宣布自己复位，改元天顺，却忘了写进废去景帝的内容，一时间竟有了两个皇帝，成了明史上一大笑话。英宗及官员们后来发现此事，却又一时无法改正，只好等到二月伊始，才由孙太后下谕，将景帝废为郕王。英宗与景帝为异母兄弟，但景帝在英宗幽系期间，对他严加防范，动辄追究，使英宗对这个兄弟非常仇恨。历史上，英宗素有"妇人之仁"的名声，但他对夺了他皇位的这位兄弟却毫不手软。景帝废为郕王后，迁居西苑，奄奄一息，既无内监侍候，也无人敢荐医进药，简直是盼着他快死。但景帝的病，却奇迹般好转起来。原来，景帝之病，实是由于在后宫中纵欲过度而起，那时，做皇帝也无特殊娱乐，无非是声色自娱罢了。景帝本来就好色，太子死后，又急于想生个儿子以继大位，内宫生活不免有些过分。他在允准正月十七日临朝的谕旨中说自己"偶有寒疾"，大概是实情，而孙太后在废他为郕王的懿旨中说他宠信乐户妓女，虽是夸张之辞，却也并非毫无根据。被废之后，女色方面自然断绝，于是，他的病竟能渐渐好起来。

景帝这一好转，使英宗、孙太后及周围亲信深感不安。英宗从自己的经历中深切体会到，景帝的存在，终究是一种不安定因素，无论怎样严密防范，总不能完全放心，自己在南宫时，景帝防范可谓极严，然而自己终于"夺门"复位，即是明证。有他在，一班忠于他的人便不会完全死心，遇到适当机会，难免死灰复燃。犹豫再三，最后终于下定决心——除掉景帝。二月十九日，身体刚刚恢复的景帝，被英宗命太监蒋安用帛勒死在西宫之中。

至其身亡，竟有20处记载景帝有病，渲染病情，制造景帝病死的假象。然而，还有人记下了当时景帝被害的情况。至清代，禁忌解除，记载渐多，但也有夸张不实之词，使之成为人们争论的明史疑案之一。

还须交代的是，夺门功臣徐有贞，起初权势甚炽，不久经石亨、曹吉祥合力倾陷，为英宗所杀。曹、石二人专权太过，引起英宗猜忌，二人惧祸，先后阴谋叛乱，亦为英宗所杀，都没有得到好下场，史称"曹、石之变"。

张居正改革

概况

张居正（1525～1582年），字叔大，号太岳，湖北江陵人。隆庆元年（1567年）入内阁，隆庆六年（1572年）为内阁首辅。为内阁首辅时，隆庆皇帝已死，新

明孝宗，姓朱名祐樘，宪宗第三子。即位遽宜官梁芳佞人李孜省，斥奸邪，任用贤能，广开言路，勤于朝政，恭俭爱民，黜其面史称中兴。晚年热衷斋醮祷祀大臣罕见其面，朝政渐衰。在位十八年。号弘治，庙号孝宗。

明孝宗像

景帝死后，追封为"戾王"，不准葬入他生前在昌平所建陵寝，改葬西山（今北京西山镶红旗附近）。皇后杭氏已死，毁其陵，削去皇后称号。以唐氏为首的一大批嫔妃统统赐以红帛自尽，殉葬景帝墓中。嫔妃中唯一幸存者是前皇后汪氏。起初，英宗已赐令汪氏自杀以备殉葬，大学士李贤竭力劝谏说，汪氏虽曾为皇后，但很快就被废了，带着两个幼女度日，若令殉葬，两个小女儿怎么办呢？英宗听罢，亦觉恻然，道："我只觉得弟妇年轻，不便留居宫内，最好殉死，没想到两个女儿的事。"这汪氏在景帝时，对英宗之子朱见深多方照顾，英宗复辟，朱见深重立为太子，感其旧情，对汪氏也曲尽庇护，后竟设法使她迁至郕王旧府，一直活到武宗正德元年（1506年）。

关于景帝之死，明代史书多有禁忌。官修《明英宗实录》，自景泰七年十二月

明武宗，姓朱名厚照，孝宗长子。信用宦官谷大用刘瑾等，纵情声色，后又宠信江彬等，盘游天下，掠夺民女，广建皇庄，大兴土木。在位十六年。号正德，庙号武宗。

明武宗像

即位的万历皇帝年仅十岁。张居正是中国历史上著名的政治家，自出任内阁首辅，先后执政十年，尽力辅佐小皇帝，以天下为己任，实行各种改革，比较重要的有下列几项：

整顿吏治　在整顿吏治方面，张居正提出有名的"考成法"，规定六部、都察院各衙门，凡属应办的公事，都要根据事情缓急，立定期限办理，设置文簿登记存照，依限办完注销。又另造文册二本，一本送六科（六部的监察机关）备注，实行一件，注销一件；一本送内阁查考。若地方抚（巡抚）、按（巡按）行事迟延，则部院纠举；部院注销文册有弊，则六科纠举；六科奏报不实，则内阁纠举。明朝本有考核成宪，但年久因循，虚应故事，已成空文。张居正的为政方针是："尊主权，课吏职，行赏罚，一号令"。和"强公室，杜私门"。考成法实施以后，法必遵行，言必有效，一时大小官员皆不敢玩忽职守，一切政令"虽万里外，朝下而夕奉行"，往昔因循苟且之风为之一变，行政效率大为提高。

整饬边防　在整饬边防方面，张居正支持王崇古的建议，改善同蒙古的关系，封蒙古俺答汗为顺义王，命名其城为归化城（今呼和浩特），并在大同等地设立茶马互市，与蒙古进行贸易。又调抗倭名将戚继光镇守蓟门，用李成梁镇守辽东。俺答受封以后，约束各部不来犯边，于是西北边塞安宁，二十余年没有战争。戚继光在蓟门十六年，因受张居正倚重，得以展布才能，经营规划，守备强国，边境无事。李成梁在辽东屡战却敌，多所立功，至封伯爵。

兴修水利　在兴修水利方面，张居正用治河专家潘季驯治理黄河、淮河，使河水不再入淮，大大减少了水灾，保障了农业生产，多年弃地得以变为良田。

清丈田地　清丈田地是整顿赋役的一项措施。明中叶以来，官僚贵族及豪强地主大量占有田地，又以各种手段，隐瞒田地与人口，逃避赋税和徭役。相反，小民不但不能逃避赋役，而且官僚地主所逃的赋役，官府还要摊派小民负担。因而，"小民税存而产去，大户有田而无粮"，赋役不均是个严重问题。针对这个问题，张居正提出在全国清丈田地，凡各府、州、县的勋戚庄田、民田、屯田、职田等等，一律重新丈量。此项工作由户部尚书张学颜主持进行，开始于万历六年（1578 年），告竣于万历九年（1581 年）。田地清丈的结果，总计全国田地为 7013976 顷，比弘治时增加了 300 多万顷。这个数字有浮夸之处，因为有些官吏改用小弓丈量田地，以求增加田额。但这个数字中确有增加的部分，即清查出了一部分豪强地主隐瞒的田地，有利于抑制地主逃税现象，改变赋税不均状况。

一条鞭法是整顿赋役的最重要的措施，主要是解决"役"的征收问题。明初的赋

明世宗像

方為正民輔宗明明
藥務士閒銳無嗣世世
而寵為所意興宗宗
死任一租意之受姓
在奸相空興稅父命朱
位嚴重颜革入名
四放稅各大繼厚
十惡逐侯地統熹
五年臣善鎮即宗
年號殺貶旋守位之
嘉忠信官初孫
靖良方官除用興
廟術衛大額楊獻
號後因大禮外延王
世日以議征和之
宗服議修敢為子
食煉朝廷首武

役制度是赋和役分别征收。赋是以土地为对象征收的，按田亩计算；役是以人为对象征收的，又分为按户和按丁征收两种。按户所征的役，叫做里甲，按丁所征的役，叫做均徭。在征收的内容上，主要是征收实物和劳役，实物和劳役折银的只是少量的。这种赋役制度是和商品经济的不发达相联系的。在封建的自给自足的小农经济之下，商品经济极不发达，封建政府所需要的各种物资和劳役，不能通过市场交换来满足，只有直接向人民征取。但是明中叶以后的社会经济情况有所变化，一是土地兼并在猛烈地发展，一是商品经济在迅速地发展。在这种情况下，旧的赋役制度不能不改变，一条鞭法便应运而生。在嘉靖十年（1531年）时就出现了一条鞭法，当时只在局部地区推行。到了万历九年（1581年），张居正把一条鞭法作为全国通行的制度，大力推广。不久，一条鞭法就在全国普遍实行了。

一条鞭法的主要内容是："总括一县之赋役，量地计丁，一概征银，官为分解，雇役应付。"可以概括为如下几点：第一，一概征银，田赋和力役都折银征收。这样就取消了力役，由政府雇人充役。第二，把一部分力役摊入田赋征收。把过去按户按丁征收的力役改为折银征收，称为户丁银。有的地方将户丁银全部摊入田赋征收；有的地方将户丁银的大部分摊入田赋征收，小部分仍然按丁征收；有的地方将户丁银的大部分仍然按丁征收，而小部分摊入田赋征收；有的地方则将户丁银按田赋和按丁平均分配。总之，一条鞭法还没有把力役全部摊入田赋，只是部分地摊入田赋。第三，归并和简化征收项目，统一编派。把过去对各州县征收的夏税、秋粮、里甲、均徭、杂役以及加派的贡纳等项统统折成银两，合并为一个总数，一部分按丁摊派，一部分按田赋摊派。第四，赋役的征收解

明·王履·华山图（之一）

运，由过去的民收民解（即由里甲办理），改为官收官解（即由地方政府办理）。

一条鞭法主要有三点进步意义：第一，将力役部分地摊入田赋，有利于减轻农民的负担。因为在封建社会里，土地的多数总是在地主一方，而户丁的多数总是在农民一方，现在把户丁银的一部分摊入田赋征收，自然就相对地减轻了农民的负担。第二，把力役改为折银，这就使农民摆脱了一部分封建国家的劳役束缚，对封建国家的人身依附关系有所松弛。第三，赋役一概征银，这就反映了商品经济的发展，而又反转来促进了商品经济的发展。

改革进程

世宗朱厚熜死后，其子朱载垕即位，改元隆庆，是为穆宗。这一次皇帝更替和上一次一样，给下面的大臣有一个革除弊政的机会。内阁首辅徐阶受命起草遗诏，他学习杨廷和的榜样，假世宗遗命之名，把道士逮捕下狱，付法司治罪；所有的斋醮活动和造庙、建宫殿的工程，一概停罢；采香蜡、珠宝、绸缎等例外采买也全部停止；并起用在嘉靖朝因上疏言事而被罢撤、拘囚的官员。这些弊政的革除固然是当务之急，但是，明王朝自中叶以来的积弊已经很深，并不是革除几项弊政所能解决的。在这种形势下，一场企图挽回明王朝颓势的，从政治、经济、军事等方面进行的改

革运动便形成了，领导这场改革运动的是张居正。

张居正，字叔大，号太岳，湖广江陵（今属湖北）人。他少年得志，12岁进学秀才，16岁中举，23就中进士，走上宦途。开初，他在翰林院任编修，当时正是严嵩权势熏灼的时候，他看到"京师十里之外，大盗十百为群，贪风不止，民怨日深"，感到国家的形势很不妙。他认为这种形势非得有一个"磊落奇伟之人，大破常格，扫除廓清"不可，只有这样，才能弭天下之患。但是，当时皇帝昏暗，奸臣柄政，他的思想比较悲观，认为世上即使有这种"磊落奇伟"之人，当政者却未必了解他，即使了解，也未必肯起用他。因而，他只在翰林院当了七年的编修，便称病辞官归家，种了半亩竹子，闭门读书。

张居正在家读了整整六年书，由于父亲很希望他能够在政治上有所建树，他重又进京当官，任国子监司业。他性格深沉，有胆略，此次进京，怀有更大的抱负。公事之余，他注意研讨历代盛衰兴亡的经验教训，留心观察社会现实。徐阶起草世宗遗诏时，曾与他一起商量。隆庆元年（1567年），他被遴选入阁。第二年，他针对嘉靖以来的种种弊端，向穆宗上了一封《陈六事疏》，指出当时朝政积习生弊，颓废不振。他认为如不及早厉行改革，一新天下耳目，势必积重难返。他在奏疏中向穆宗提出了六大急务之事：1."省议论"，反对说空话，务求实效；2."振纪纲"，要申明法纪，政教号令概由中央制定发布，刑赏予夺，做到公正无私；3."重诏令"，执行皇帝诏令要求坚决迅速，文书奏报要及时；4."覆名实"，严格对京官、外官的考勤考绩，不使毁誉失实；5."固邦本"，提倡节用恤民，抑制豪强兼并，清理赋役不均；6."饬武备"，即申严军政，设法训练，巩固边防。

蓬莱水城

张居正的这些政治主张可谓切中时弊，颇具见识，在当时是势在必行，穆宗皇帝对此亦深表赞赏，可惜他在位六年便去世了，而张居正当时还不是内阁首辅，所以这些主张暂时得不到实行。穆宗去世后，太子朱翊钧即位，改元万历，即明神宗。张居正联络宦官冯保，撵走内阁首辅高拱，在皇太后的支持下，出任内阁首辅，拥戴十岁幼龄的神宗朱翊钧。这时张居正大权在握，年幼的神宗对他既尊重又敬畏，言听计从，于是他便把昔日的六点改革纲领，在万历初年逐一付诸实施，掀起一番雷厉风行的政治改革。

张居正改革的重点首先从整饬吏治开始。他认为当时朝野泄沓成风，政以贿成，民不聊生的主要原因在于"吏治不清"。于是便提出考核吏治以达到"民安邦固"，也即要求为官清廉，治政清平，让人民生活安定，从而使封建政权长治久安。他决心要扭转政风士习，做到"事权归一，法令易行"便竭力提高内阁权威，使权力集中于首辅，加强中央集权以号令天下；另一方面，在地方上，则分清抚、按职掌，使巡抚和巡按的权限明确，并假以事权，使之分工合作，协力督促有司贯彻执行中央政令。

张居正重视对官吏治绩的考察。他说："欲安民必加意于牧民之官"，官吏廉洁奉公，政治才会清平。所以，他制订出一套考核官吏的办法，如办事严立期限，不使拖拉积压。通过考勤考绩，用以甄别官员的勤惰、贤愚，作为决定进退、黜陟的依据。在考核中，对官员的功过，则做到"信赏必罚"，应该惩办的，"虽贵近不宥"；有枉不当的，"虽疏贱必申"，这样，官员便不敢随意玩忽职守，从而提高了各级衙门的办事效能。

在官吏的选拔和任用方面，张居正主张"唯才是用"，不受资历、毁誉、亲疏的影响，只要有真才实学，就加以破格重用。反之，没有军功，能力低下的，即便是皇亲贵戚，决不滥封爵位，轻授官职，力求做到不使官僚机构过分庞大而形成官员冗滥。

其次，大力开展开源节流的经济改革。

所谓"开源"，也即开辟财源，增加朝廷的财政收入。明初，田赋及力役的征调，主要依据记载田亩的"鱼鳞册"和记载户口的"黄册"，以后，随着土地的不断兼并，人口逃亡，这一制度已遭到破坏。到了明中叶，出现了一种矛盾现象，一方面是承平日久，人丁生聚，田朝垦辟，但是全国田亩额数以及户口数反比建国初期减少，政府实际所能征收的赋税也相应的日益减少。另一方面是"冗员日多"，官吏的禄米有增无已，王室的挥霍浪费也与日俱增，结果朝廷的财源枯竭，收支失去平衡。

土地的兼并和欺隐，丁口的逃亡和户籍的紊乱，造成赋役负担严重不均，加重了贫苦农民的赋役负担。因为官僚地主霸占民田，却想方设法把赋税以各种方式转嫁到农民身上，形成产去税存，赋役不均的弊病，加剧了社会矛盾。当时流传的一首民谣说："富家得田贫纳相，年年旧租借新债"，就是这种不合理的社会现实的反映。

张居正清醒地注意到这一社会矛盾，并明确地指出根源在于贵族豪绅，他们依

仗权势，侵占民田，而且勾结奸猾的官吏隐瞒田亩以逃避赋税，因之导致"私家日富而公家日贫，国匮民穷。"为了维护封建政权的经济基础，张居正决心进行改革。他选派精明强悍的官员严行督责，要求做到按时输纳税赋，充实国库，并下令在全国重新丈量土地，清查漏税的田产和追缴欠税。为此，他任用张学颜制订《会计录》和《清丈条例》，颁行天下，限令三年内各地要把清理溢额、脱漏、诡寄等项工作办妥。到了万历八年（1580），据统计，全国查实征粮田地达7013976顷，比弘治时期增加了近300万顷，朝廷的赋税收入也因而剧增，所以万历初期的十数年间，史称最为富庶。

当然，这一历史记载也不免存在夸大的一面。因为张居正清丈田亩是为了增加赋税，当时的地方官吏为了迎合张居正的旨意，有的弄虚作假，以短缩弓步的手法多报田亩，用来报功请赏。不过通过清丈，确实也清查出不少豪强富户隐匿、诡寄的漏税地亩，增加了封建政府的赋税收入。

为了进一步改变严重的赋役不均，减轻无地或少地的农民的浮税，适应社会经济发展的新形势，张居正在清丈土地的基础上，于万历九年（1581）下令在全国推行"一条鞭法"。这是自唐朝行"两税法"以来，我国赋税史上的又一次大改革。

"一条鞭法"，早在嘉靖、隆庆年间就开始在一些地区施行。嘉靖十年（1531年）三月，御史傅汉臣曾陈请实行一条鞭法，但没有得到批准，以后在一些地区"屡行屡止"。嘉靖四十年（1561年）至隆庆元年（1567年），巡抚御史宠尚鹏就在浙江实行过，隆庆三年（1569年）至四年（1570年），海瑞在应天巡抚任内也大力推行过。当时在推行的过程中阻力不小，遭到一些大土地占有者的反对，特别是在户口和田亩没有清丈覆实的情况下，更不可

明·中都皇陵石刻群

能把这一制度顺利推广开来，所以才会出现所谓"屡行屡止"的现象。万历九年（1581年），全国土地已经进行了清丈，这就使张居正得以在全国范围推广这一新的赋税制度。

"一条鞭法"又称"条编法"。其具体内容大致如下：

1. 统一役法，并部分地"摊丁入地"。把原来的里甲、均徭、染泛等项徭役合并为一，不再区别银差和力役，一律征银。一般民人不再亲自出力役，官府需要的力役，则拿钱雇人应差。向百姓征收的役银也不再像过去按照户、丁来出，而是按照丁数和地亩来出，即把丁役部分地摊到土地里征收，这就是所谓"摊丁入地"。至于丁和地各占多少比例，朝廷没有统一的规定，各地实行的情况也不一致，有的地方以丁为主，以田为辅，采用"丁四田六"的比例；有的地方以田为主，以丁为辅，采用"丁四田六"的比例；也有采用丁田各半的比例。

2. 田赋及其他土贡方物一律征银。除在苏、松、抗、嘉、湖地区收本色赋外，其余地区的田赋一律征折色赋，即银子；以前到各地征收的土贡方物也一律"计亩征银"。

3. 以县为单位计算赋役数目。计算的原则是以原税额为基准，不得减少，然后把这些税额按一定比例分摊到土地和人丁上，即所谓"总括一州县之赋役，量地计丁"。

4. 赋役银由地方官直接征收。赋役征银，轻便易于储存、运输，不像过去交本色赋时体积大，重量多，需要由里长、粮长协助征收和运输，因而，改由地方官吏直接征收和运交国库，所以说"丁粮毕输于官"。

根据上述一条鞭法的内容，可以看出这一新的赋役制度的实行具有重要的意义。

第一，它的主要原则既然是"量地计丁"，"计亩征银"，那么一些富户及权贵要隐产瞒丁，逃避赋役负担就比较困难了；相反的，贫苦农民"产去税存"的不合理现象也有所减轻。这就在一定程度上缓和了当时已经相当尖锐的阶级矛盾。所以，张居正在清丈田亩和实行一条鞭法之后说道："清丈事极妥当，粮不增加而轻重适均，将来国赋既易办纳，小民如获更生。"可见他是认识到新制度的推行是有利于整理财政和缓和阶级矛盾的。

第二，田赋和力役折银征纳，农民交纳银两就可免去服役，这就使封建的人身依附关系相对的削弱。这样做也比较简便，避免了贪官污吏从中巧立名目，敲诈勒索，有利于刺激农民发展农业生产的积极性。当然，事物总是一分为二的，由于我国地域广阔，经济发展不平衡，江南地区白银的流通比较普遍，一条鞭法所规定的折银征纳的办法可能比较能体现其积极作用；相反的，在山区或偏远地带，白银的流通不那么普遍，农民手头短少银两，为了纳税，就必须把农作物贱价出售以换取银两，反而要遭受地主商人的从中剥削，这就谈不上有什么重要的积极作用了。

第三，一条鞭法在全国推行的万历初期，当时资本主义萌芽已经产生，根据

掐丝珐琅缠枝莲象耳炉

"摊丁入地"的原则，不仅少地或无地贫苦农户可以减轻一些力役的负担，有利于发展农业生产，而且城镇的工匠和商人也因为无田而得到"免差"，这就是顾炎武在《天下郡国利病书》中所说的，商贩虽有"千金之资"，但是，"无垄亩之田"，就可能逃避封建政府"征求"的部分负担。顾炎武认为这是"病农"，而有利于"逐末者"（指工商业者）。实际上，从当时的社会实际来说，这正好说明一条鞭法的实行，也有利于资本主义萌芽的进一步发展。

明中叶以后，货币经济有新的发展，白银成了交易过程中的流通手段，这使一条鞭法的实行成为可能；而一条鞭法在全国的普遍推广，反过来又促进白银的流通比以前更为普遍广泛，这方面也对商品经济的繁荣和资本主义萌芽的进一步发展产生推动作用。

当然，张居正的清丈土地以及对赋税制度的改革，没有也不可能解决封建社会的固有矛盾。一条鞭法的推行尽管有如上所说的重要意义，但也有其局限性。它没有触及封建的土地制度，只是封建王朝对广大劳动人民剥削方式的更换，作为封建社会上层建筑的组成部分，它仍然是为封建社会的基础服务的。随着这一制度的行之日久，又产生了新的弊端，老百姓仍然要遭受残酷的封建剥削，广大的贫苦农民依旧要在封建地主和官府的共同鞭挞、压榨之下，过着牛马不如的悲惨生活。

张居正在进行政治、经济等方面的改革时，也重视整饬军备，加强边防。嘉靖二十九年（1550 年），俺答军队围困北京的"庚戌之变"发生之时，他正在北京，目睹了从这一事件暴露出来的国防虚弱、军备废弛的种种弊端，内心深有感触。所以，等到他执政时，对此事仍然耿耿于怀。他曾感慨地说："武备废弛如此，不及今图之，则衰宋之祸，殆将不远。"于是，他"殚心尽力"，决心对边防加以一番整顿。

张居正一面精心选任驻边将领，练兵备战，修治边防要塞；同时训令诸将在边境囤积钱谷，整顿器械，开垦屯田，务必做到兵精粮足，战守有备。

在选任边将时，张居正知人善任，他所重用和信赖的一批守边将领，多是英勇善战，效忠王朝，能够为保卫边防做出重大的贡献。在蓟州一带，他任用戚继光镇守，练就守边的精兵，修筑了沿边防线的"空心敌台"，还因地制宜的练习车战战术，保卫了东起山海关，西至居庸关长城一带沿线的边防。历史学家称赞戚继光镇守蓟州十六年，"边备修饬，蓟门宴然"，深得人民的拥护和爱戴。万历十一年（1583 年），当戚继光移镇广东时，陈第赋诗送别，诗云："谁把旌麾移岭表，黄童白叟哭天边。"反映了边境人民对戚继光保境

西安的钟楼外貌

安民功绩的景仰和舍不得让他离去的深情厚谊。

在辽东，张居正倚赖重用李成梁。李成梁作战能力高强，善于指挥御敌，威望甚高。在他镇守辽东期间，曾多次平息东北少数民族的进犯，保卫了东北边境的安宁。

特别值得一提的是北部的宣府、大同防线，西至延绥、宁夏一带，张居正重用王崇古，支持王崇古对俺答所部采取的安抚睦邻政策，获得了重大的成绩，使蒙汉两族人民和睦相处，通好互市，相安无事。

俺答的部落多，力量强大，历来是明朝北部边塞的劲敌。嘉靖二十九年（1550年）"庚戌之役"后，明朝和俺答又发生过多次的交锋，当时大同、宣府一带的百姓深受战乱骚扰之害。隆庆四年（1570年），俺答把外孙女三娘子从袄儿都司（三娘子的未婚夫）手里抢夺为妻，为了消除袄儿都司的怨恨，又将自己的孙子把汉那吉的未婚妻赏给袄尔都司。这下子触犯了把汉那吉的切身利益和尊严，他在恼怒气愤之下，联络部属阿力哥等人，一起跑到大同归附明总督王崇古。王崇古一面善意款留，另一方面派人上报朝廷，请求优抚把汉那吉等人。他的建议得到大学士高拱、张居正的赞赏，极力主张采纳王崇古的建议。于是明朝政府封把汉那吉为指挥，阿力哥为正千户，事情发生后，俺答会集各部人马，重兵压境，要求明朝遣还把汉那吉。王崇古当即派遣鲍崇德向俺答说明事情经过，并且晓以大义，劝说俺答归顺通好。当俺答得知孙儿把汉那吉归顺后受到明王朝的礼遇。"蟒衣貂帽，驰马从容"，内心十分喜悦，便对鲍崇德说："汉人能成全我的孙儿，我愿意结盟通好，世世归属，决无二心。明朝的叛臣，我必定遣还，信守不渝。"事后果然把因谋叛不成，外逃归附俺答的赵全等九个叛臣，捆绑送交明朝处置，用以表示归附明朝的诚意，从此蒙汉双方遂定盟、通贡，并设立茶马市互相交易，明朝封赐俺答为"顺义王"。

当时朝廷有一部分官僚反对和俺答设市贸易，说这是媾和示弱。但是张居正力排众议，坚持正确的主张。他据理力争，反驳说："让俺答入贡通好，开设边境市场，使边民互通有无；限立期限，指定地点，严加管束，这不但没有坏处，反可使边境安定，屯田耕牧，阻止塞外其他部落的侵扰。这样每年可以节省调援边塞的大批粮食，有什么不好呢？"

由于张居正的大力支持，协同筹划，使王崇古在边塞得以顺利执行睦邻政策，在大同、宣府附近设市贸易。当时规定每年限期一月，蒙族人民可以用金银、牛马、皮毛和汉族人民交换绸缎、布匹、铁锅、铁釜等物品。双方各派军队驻守保护，从此边境相安无事。据《明史》记载：东起延永，西抵嘉峪关的边境千里防线，"军民乐业，不用兵革，岁省什七"。

俺答在万历十年（1582年）去世，但是三娘子一向主张和明朝交好，并且为蒙汉两族人民的长期和睦相处尽了毕生的力量，为了答谢她的友好情谊，明朝政府封她为"忠顺夫人"。

除此之外，张居正为了发展农业生产，还注意兴修水利，消除黄河水患。嘉靖、万历年间，黄淮"横流四溢"，经年不治。每当洪水泛滥，田园、房屋尽毁，人民颠沛流离，遭殃受苦，农业生产也受到严重破坏。万历五年（1577年），黄河又在崔镇缺口，河水四溢，淤塞清河口，影响淮河水向南倾泻，冲坏了高堰，湖堤大坏，使高邮、宝应等县全被洪水淹没，成了一片汪洋。当时负责治河的河漕尚书吴桂芳主张疏浚黄河故道，而总河都御史傅希挚则主张堵塞决口，"束水归槽"。两人主张

中国通史

最新整理图文珍藏版

西安城墙

不一，意见不合，治河工程迁延不决。第二年夏天，张居正起用治河行家潘季训，委任他当都御史兼工部左侍郎，负责治河。

潘季训字时良，浙江乌程人，是当时著名的治理黄河专家，有着多次的治河经验。他经过一番实地勘察，结合历年治河的实践经验，决定改变过去保住运河河道而消极治黄的错误做法，提出了治理黄河，保护运河，同时治好淮河的积极治河方针。他认为这样才能够保障"民生运道两便"也即通过治黄，既保证运河漕运畅通，又不使黄河下游人民遭受河水泛滥的灾害。为此，他采用的办法是堵塞决口，加固堤防，"束水归槽"，使黄、淮水流会合成为急流，借以冲刷河水夹带的泥沙入海，黄河下游也就不致因泥沙淤塞而造成水患。

张居正采纳潘季训的合理规划，排除他人的非议，给予充分的信任和支持。历经二年，治黄取得良好的效果，做到了"两河归正，沙刷水深，海口大辟，田庐尽复，流移归业。"水患的遏制，使黄、淮流域的人民得以安居乐业，有利于农业生产的恢复和发展。

张居正执政期间，所进行的政治改革是多方面的，改革的目的在于维护明朝的封建统治，就像他们自己所说的："务在强公室，杜私门"。当然，改革在客观上对推动社会经济的发展和改善人民生活环境，也起了一定的作用。但是张居正在推行政治改革时，并不是一帆风顺，因为一些改革措施触犯了权贵和地主豪绅的利益，遭到他们的反对。

万历五年（1577年）秋，张居正的父亲病殁，按照封建礼教的惯例，他必须离职居丧守孝三年。当时万历皇帝年轻，经验不足，国家政务繁忙，百废待举；更重要的是张居正本人也不甘心因守孝的事，中断谋划已久的政治改革。于是，由皇帝出面，下诏书挽留，说是公务需要，不必离职守孝，这在当时称为"夺情"。这一来，一些反对改革的政敌如吴中行、赵用贤之流，便以此为口实，趁机群起而攻之。他们打出维护封建礼制的幌子，指责张居正贪恋利禄，说"夺情"是违背"伦理纲常"，要朝廷罢免张居正的官职。张居正有宦官冯保和皇太后的支持，最后还是由万历皇帝做出裁决，斥责吴中行等是"借纲常之论，肆为排挤"，并把这伙反对派惩处了结。反对派的气焰暂时煞住了，但斗争并没有止息。张居正是个有见识的政治家，这一点他心中明白。他曾对朋友说过："几年来结怨于天下不少，那些奸夫恶党，有的明里排挤，有的暗中教唆，没有一天不是在打我的主意。"

尽管如此，他并没有畏惧不前，还是以坚定的信念和毅力，坚决推行各项改革措施，并决心通过改革达到振弊起衰，拨乱反正的目的。他对朋友表白改革的决心说："哪怕陷阱在前，也不受阻拦；众矢攒身，也毫无畏惧。"充分表现出一个勇于革新，敢于斗争的杰出政治家的风度和胆略。

由于他的坚定决心和坚强的意志，使改革得以贯彻执行，并取得一定的成效，得到后来史家的高度评价。谷应泰撰写的《明史纪事本末》，称颂张居正的改革使"海内肃清，边境安全"，说万历初年，太仓的积粟可支用十年，国库的钱财多达四百余万，"一时治绩炳然"。

但是，明朝已经是中国封建社会的衰

老时期，而万历时代又是处于明朝的后期，地主阶级的统治日趋反动、没落，封建的生产关系日益腐朽，严重地束缚着生产力的发展，统治阶级不愿意，也不可能改弦易辙，做任何大的改革。所以，张居正在政治上的励精图治，虽然在短期内缓和了社会矛盾，延缓了政治危机的爆发，但终究挽救不了明王朝封建统治的必然走向灭亡。张居正生前就因为推行改革而受到多方阻挠和非议，万历十年（1582年），在他死后不久，便又遭到反对派的诬陷，结果被革除封号，抄没家产。他的长子张敬修被逼自杀，次子张嗣修和其他几个孙儿被发配到边远地区充军。他执政十年所进行的一些改革，便像皂沫一样地幻灭，明王朝也从此一蹶不振，一天天走向没落的深渊！

名代抗倭大将俞大猷画像

抗击倭寇

概况

元末明初，日本正处于南北朝分裂时期，在长期内战中，战败的西南部封建主，为了掠夺财富，壮大势力，搜罗一批溃兵败将、武士浪人和走私商人，组成海盗集团，经常在中国沿海进行武装骚扰，史称"倭寇"。明初在沿海置卫筑城，积极防守，加上国力强盛，倭寇尚不敢入侵内地。但明朝中期以后，政治日趋腐败，海防逐渐废弛，倭寇气焰复炽。寇入内地，烧杀抢掠，无恶不作。

嘉靖二年（1523年）发生"争贡之役"之后，明世宗下令废除市舶司，继续实行海禁政策，严禁民间出海贸易。但此时的明政府国力已呈衰弱之势，加上东南沿海地区官僚豪商与倭寇相勾结，倭寇气焰甚为嚣张，且日甚一日。

倭寇的罪行，激起了东南沿海人民的愤怒，他们纷纷组织起来，保家卫国。嘉定、长乐、扬州、基隆等地，人无分老幼妇孺，奋力抗倭，取得了一连串的胜利。

在抗倭斗争中，也涌现出许多爱国将领，其中最著名的是民族英雄戚继光。戚继光，山东蓬莱人，出身名将家庭，精通兵法。他先在山东防倭，作战有功，后调到东南沿海，镇守宁波、绍兴、台州一带。他见卫所军队腐败无战斗力，从各地调来的客军又缺乏训练，便在金华、义乌等地招募农民、矿工，组成"戚家军"。又根据江南水乡地形特点，改革兵械和阵法，创造了有长短武器相结合的阵法——"鸳鸯阵"，使士兵能充分发挥战斗力。这支军队纪律严明，勇敢善战，在"保国安民"旗帜下，与广大人民密切配合，屡建奇功。嘉靖四十年（1561年），戚继光在台州九战九捷，扫荡了浙江倭寇，后转入福建，与抗倭名将俞大猷一起，连续取得宁德横屿、福清牛田、莆田兴化三次大战的胜利，肃清了福建境内的倭寇。嘉靖四十四年（1565年），广东沿海的倭寇也被俞大猷所

抗倭图卷（局部）

歼灭。

至此，为害200年的倭患基本解除。戚继光、俞大猷、张经等爱国将领在抗倭斗争中作出杰出贡献，赢得人民的称颂。他们是民族英雄，所建立的业绩，永垂史册。

戚继光荡平海波

戚继光，字元敬，世为登州卫指挥金事，父戚景通，曾官至都指挥，署理大宁都司，后调入神机坐营，为人品行端庄。戚继光自幼生得一表人才，潇洒倜傥，胸怀大志。虽然他家境贫寒，但他十分喜爱读书，用功甚勤，通晓经史大义。

明世宗嘉靖年间，戚继光承袭父职，任山东登州卫指挥金事，在山东防备倭寇。不久改任浙江司参将，在任时防备倭寇，将部众分防宁、绍、台三郡。之后调往浙江任参将。当时倭寇入侵，四处为害，因此他在山东和浙江时的主要任务，都是抗击倭寇。

嘉靖三十六年，倭寇兵犯乐清、瑞安、临海，戚继光因道路受阻，救援失时，朝廷虽没有治他的罪，却酌情予以处理。不久与抗倭名将俞大猷会合，将汪直等倭寇余党包围在岑港，但很长时间没有攻下敌巢，朝廷便免去了他的官职，要他戴罪抗倭。后来这股倭寇逃走，其他倭寇又在台州烧杀抢掠。给事中罗嘉宾等弹劾戚继光抗倭无功，而且与外番勾结。朝廷正要问罪，很快因平定汪直有功恢复了官职，改为负责防守台、金、严三郡。

戚继光到浙江时，见卫所军士不熟悉作战，而金华、义乌地方的人向来勇敢强悍，于是经请示朝廷，招募了三千人，对其进行严格训练，教他们作战布阵之法，如何使用长短兵器。他所训练的这支军队精悍而勇敢，是以后抗倭的主力。

戚继光看到南方地势多沼泽，不利于追逐奔驰，于是根据这种地形创造了一种新的阵势，使作战时能步伐便利，这种阵法后世称为"鸳鸯阵"。

戚继光同时又对战舰、火器、兵械等的改造煞费苦心，精心策划选购，要求精益求精。他所创建的这支军队称为"戚家军"，后来在和倭寇作战中，威名远扬，使倭寇十分惧怕。

戚继光及其"戚家军"曾前后转战于浙江、福建、广东、山东、河北等沿海一带，多次击败倭寇，戚继光成为当时抗倭斗争中最重要的将领。戚继光训练有方，所以他手下的军队军纪严明，作战有方，

戚继光像

最新整理图文珍藏版

常常打胜仗。

戚继光曾将他的军事思想等加以总结，写成《纪效新书》、《练兵纪实》、《武备新书》等书留传后世，所以戚继光去世以后，继任者谨守戚继光在任时的成法，以御倭寇，也保持了海疆几十年无事。

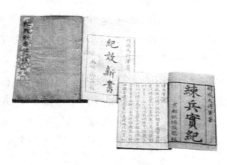

《纪效新书》书影

戚继光读书多，有智谋，深谙武略，威震四方。戚继光壮年时，膝下只有一子，已二十多岁，极富胆略。他跟随父亲在军营中，大概是受到父亲的深刻影响，所以也很懂得用兵之道。他和戚继光手下的其他将领一样，能独当一面抗击倭寇，是戚继光的得力助手。

有一次，戚继光派儿子带着一个副将出外作战。未料儿子和手下的副将由于麻痹轻敌，大败而归。戚继光得到战败的消息，立刻命令各路将士在校场集合，将儿子和那员副将绑到面前。戚继光怒不可遏，当众宣布两人的罪状后，便喝令左右将两人依军法处死。众将领一听戚继光要处死儿子，纷纷跪下请求宽恕这两个人，戚继光断然拒绝；在场的全体兵士也都跪下求情，戚继光丝毫不为所动，仍然命令将两人处死了。戚继光夫人在家听到丈夫要处死儿子的消息，立刻派人飞骑赶来，希望代儿子去死。待使者赶到校场，其子已经被戚继光处死了。众将士见戚继光军纪如此严明，都大为震动，私下里说道："戚将军对儿子都这样毫不姑息，如果我们不出全力，结果也就可想而知了。"

嘉靖四十年（1561年），倭寇大肆抢掠桃渚、圻头。戚继光率兵迅速赶到宁海，扼守住桃渚，在尤山打败倭寇，追到雁门岭。

倭寇逃走，乘虚袭击台州，戚继光亲手打死其首领，将残敌逼到瓜陵江全部歼灭。这时，圻头的倭寇又奔袭台州，戚继光在去仙居的途中予以全歼。先后经过九次激战，俘虏倭寇一千多名，火烧水淹而死的不计其数。总兵官卢镗、参将牛天锡又在守波、温州大败倭寇，浙东倭患平息，戚继光官升三级。福建、广东沿海的倭寇流入到江西。江西总督胡宗宪传命戚继光支援，戚继光攻破倭寇的上坊巢穴，倭寇逃往建宁，戚继光率军撤回浙江。

第二年，倭寇大举侵犯福建。从温州来的倭寇，与福宁、连江等地的倭寇联合攻下了寿宁、政和、宁德；从广东南粤来

明军
抗倭图

大福船（模型）

的倭寇与福清、长乐等地的倭寇联合攻下了玄钟所，并进犯龙岩、松溪、大田、古田、莆田等地。当时宁德已多次被倭寇攻下。离城十里有一横屿岛，四面都是水路，地势险要，倭寇在那里建立了据点，官军不敢进攻，他们在那里盘踞了有一年多。新来的倭寇在牛田营建巢穴，而他们的长官则驻在兴化，以便东南互相声援。

福建方面连连告急，使胡宗宪再次下令戚继光追剿。戚继光先向横屿进攻，士兵每人拿一把草，边填淤边前进，攻破横屿，斩敌二千六百，乘胜进兵福清，捣毁牛田贼营，残敌逃往兴化，戚继光迅速追歼，半夜四鼓时追上倭寇，一连攻下六十个营寨，斩杀敌人一千多，天亮进城，兴化百姓才知战斗已经取得胜利，纷纷以酒食犒劳官兵。戚继光乘胜班师，军队抵达福清，遇到从东营登陆而来的倭寇，又斩杀二百余名，福建的倭患也基本上平息了。

戚继光回到浙江后，福建方面新来的倭寇又一天天多起来，他们将兴化城包围了一个多月。

刘显派八个士兵在衣服上绣上"天兵"二字入城投书，但这八人却全部被倭寇杀害。倭寇在杀了这八人后，将其衣服脱下，使自己方面扮成刘显的士兵，骗过了守城将领，进入城中。夜晚，他们斩杀守关士兵，打开了城门。守城的副将翁时器、参将毕高逃走，通判奚世亮代理府事遇害，倭寇烧杀抢掠一空后，在城中逗留了约两个月，同时又攻破平海卫以为据点。

兴化城告急时，皇上就已命俞大猷为福建总兵官，戚继光为副总兵。

兴化陷落后，刘显军少，驻兵城下不敢进攻。俞大猷也不想进攻，准备用大军合围，困死这股倭寇。

嘉靖四十二年四月，戚继光率领浙江兵马赶到兴化近郊，福建巡抚谭纶下令任命戚继光为中军统领，刘显为左军统领，俞大猷为右军统领，联合进攻平海卫。戚继光率中军最先入城，刘显与俞大猷率军紧紧跟上，此战杀敌二千二百名，夺回被掠人口三千多。谭纶上表请功，戚继光功居首位，刘显、俞大猷稍次一等，嘉靖帝为庆贺胜利，告天祭祖，赏赐官兵。戚继光先因攻下横屿有功，晋升为都督佥事，这次又被提升为都督同知，并代替俞大猷为总兵官，世袭千户。

第二年二月，倭寇余党又纠集倭寇一

中日战争中，双方在釜山城激战的场面

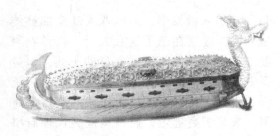

龟船（模型）

万多，围攻仙游，只用了三天，戚继光即打败城下倭寇，追击逃敌，在王仓坪再次获胜，斩杀敌人数百名，其中有许多慌不避路掉下了悬崖，残余数千名逃到漳浦蔡丕岭一带。

不久以后，倭寇又从浙江侵犯福宁，戚继光督率参将李超打败敌人，又乘胜追击永宁倭寇，斩杀敌首三百多。

戚继光治军，号令严明，赏罚公允，部众都乐于从命。他和俞大猷都是有名将领。他比俞大猷更为果断勇猛，但品格方面略为欠缺。俞大猷是位老将领，治军稳重，而戚继光则用兵神速，神龙见首不见尾，多次打败倭寇，名声比俞大猷更为显著。

戚继光后来的遭遇并不好。他任抗倭将领时，正逢张居正当宰相。待张居正逝世后，继任者却不断对他进谗打击，他先是被调任，接着是免职回家，最后竟被剥夺了俸禄。戚继光最终在这样的境况下去世了。

俺答屡次入侵

嘉靖二十年（1541）至嘉靖二十五年（1546）间，俺答屡次入侵明边境，给边疆地区人民生命财产的安全造成了极大的威胁。嘉靖二十年（1541）九月，俺答偕兄长吉囊率鞑靼兵入侵山西，在大同，太原等处肆意劫掠人畜财产。翌年闰五月，俺答愿意与明朝修复关系，主动派使节石

天爵到大同要求明政府通贡互市，"令边民垦田塞中，夷众牧马塞外"，保证"永不相犯"。大同巡抚龙大有为了请功获奖，诱捕石天爵，并磔杀于市，传首九边，而且还悬赏"擒杀"俺答。俺答闻讯大怒，在同年夏六月纠合青台吉、咒剌哈、哈剌汉以及大同叛将高怀智等各率兵数万，分掠朔州、广武、祁县等地。明军见俺答精兵利甲，不敢抵抗。七月，俺答率部越太原自南而北劫掠潞安、平阳、定襄、五台、盂县等州县，最后从广武出关通过大同左卫和阳和塞而去。自六月至七月，俺答率部共劫掠10卫、38州县，屠杀边民约20万人，掠走牛马猪羊共200口，焚毁军民房舍8万多区，踏损稻田几十万顷，杀死明军副总兵张世忠等多人。嘉靖二十三年（1544）十月，俺答再次率兵入侵，劫掠蔚州、完县，京师告急戒严。总督宣大兵部尚书翟鹏、巡抚蓟镇都御史朱方因逗留致震京畿罪分别被永戍边卫和杖打致死。嘉靖二十五年（1546）五月，俺答再次派3名使节到大同塞求贡，被总兵巡边家丁董宝杀害。同年六月至十月，俺答为报复明廷杀使拒和，率鞑靼军进犯宣府、延安府、三原、泾阳、宁夏等地，肆意劫掠，并斩杀明千户汪洪等人。

明代《俺答驻牧图》

严嵩大权独揽

严嵩（1480～1567），明代江西分宜人，字惟中，又字介溪，弘治进士。嘉靖二十一年（1542）任武英殿大学士，入阁参预机务，仍署礼部事。他一味谀媚明世宗，窃权夺利，诛杀异己。嘉靖二十二年（1543），严嵩诬陷曾揭发自己受贿的巡按山东御史叶经诽谤皇上，使叶经遭杖杀。严嵩擅长撰写一些焚化祭天的"青词"，因而受到皇帝的宠幸。他勾结道士陶仲文进谗言，排挤首辅夏言。因恨翟銮资历在其上，他于嘉靖二十三年（1544）八月暗令言官绊弹劾翟銮父子在考进士时作弊，致翟銮被削职为民。翌月，严嵩升任首辅，大权独揽，被称为"青词宰相"。他年过花甲，整天在西苑直庐，未曾一归洗沐，明世宗称赞其勤奋，更加信任他。吏部尚书许赞兼文渊阁大学士，礼部尚书张璧兼东阁大学士，但皆不得预票拟。许赞经常叹息："何夺我吏部，使我旁睨人！"并以不预票拟为耻乞休而去。严嵩又向明世宗进谗言，致使许赞落职闲住。严嵩以八子严世藩和义子赵文华为爪牙，拉拢锦衣卫都指挥陆炳，操纵朝政14年，权倾朝野，招野纳贿，为所欲为，弄得政治极为黑暗，边防松弛不堪。

宫女杨金英等谋缢明世宗

嘉靖二十一年（1542）十月，宫女杨金英等谋缢明世宗，事败被诛。

嘉靖年间，明世宗朱厚熜宠信方士，烧炼丹药，命礼部以"博求淑女，为子嗣计"为名，在京师内外广选8岁至14岁女子入宫淫乐。按宫中惯例，凡同皇帝睡觉的宫女和女官都加封号。由于明世宗行幸过多，漏封的事时有发生。一部分遭受虐待的宫女极为怨恨，遂起杀死明世宗的念头。嘉靖二十一年（1542）十月二十一日凌晨，以杨金英为首的16名宫女，乘明世宗熟睡乾清宫时用绳套企图把他勒死。由于误将绳子打了死结，无法勒紧。宫女张金莲见事不济，急忙报告皇后。皇后赶到乾清宫后急忙解开绳子。并令领太医院事之许绅下药救治明世宗。16名宫女全部被擒，经审讯认为宁嫔王氏是主谋，端妃曹氏亦参预其事。嘉靖二十二年二月，明世宗命将宫女杨金英、徐菊花、邓金香、张春景、王玉莲等押赴市曹凌迟处死，枭首示众。端妃曹氏和宁嫔王氏也在宫中被凌

明陈洪绶绘《烧丹图》，反映了世宗宠信道士，烧炼丹药引起社会上炼丹求仙风气之盛。

迟处死，各犯族属都被处斩，家产抄没入宫，其余的宫女分给功臣家为奴。由于嘉靖二十一年是壬寅年，史称"壬寅宫变"。明世宗遇变幸免于死，在朝天宫建醮7日。

事发次日，明世宗移居西苑万寿宫，从此不再回大内，20多年不临朝听政，却日夜祷祀，妄求长生。

九边防卫

明朝初年，为了防御退守北方的蒙古势力的袭扰，在修筑居庸关、山海关等处长城的同时，也随城墙建有一整套防御工事，其中以东起鸭绿江、西至嘉峪关绵延万里之线上的九边（亦称九镇）最为著名。初设辽东、大同、宣府、廷绥四镇，继设宁夏、甘肃、蓟州三镇，另外太原、固原以近边，亦称二镇，合称九边，派重兵驻守。

辽东镇守区包括今辽宁大部，总兵官驻广宁（今辽宁北镇），隆庆元年后移驻辽阳。大同镇守区相当今山西外长城以南，总兵官驻山西大同。宣府镇守区包括今河北西北部内外长城一带，总兵官驻宣府（今河北宣化）。延绥镇守区东至黄河，西至定边营（今陕西定边），总兵官镇守今陕西绥德，成化七年移驻今陕西榆林。宁夏镇守区在今宁夏北部黄河沿岸一带，总兵官驻银川。甘肃镇守区包括今甘肃嘉峪关以东、黄河以西和青海西宁一带，总兵官驻甘州卫（今甘肃张掖）。蓟州镇守区相当今河北长城内东起山海关、西至居庸关天津以北一带，总兵官驻三屯营（今河北迁西西北）。太原镇守区包括山西内长城以南，西起黄河，东至宁武，总兵官初驻偏头（今山西偏关东北），不久移驻宁武。固原镇守区在今宁夏南部、甘肃东南一带，总兵官驻今宁夏固原。明王朝设立九边后，

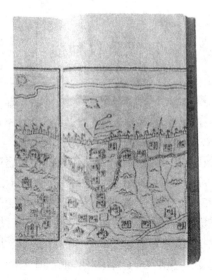

明九边图（部分）

为加强防卫，又沿各镇修缮长城，继成化十年修东起清水营（今陕西府谷西北）、西至花子池（今宁夏盐池西）长1700里的长城后，嘉靖七年又修建兵营至横城堡（今宁夏银川东南）约300里的长城，嘉靖二十六年（1547）再修自大同西路到宣府东路约800里的长城。这样，九边与长城紧密相连，缺一不可，形成了明代的长城防御工程系统。

严嵩误国造成庚戌之变

严嵩当权之际，边患严重。嘉靖二十九年（1550）六月，鞑靼部俺答率军进犯大同，杀总兵张达和副总兵林椿。咸宁侯仇鸾贿赂严嵩之子严世蕃，被任命为大同总兵官。八月，俺答又率兵窥视大同，仇鸾惶恐不已，竟采纳幕僚时义、侯荣的建议，贿赂俺答，求其移寇他镇，不要入侵大同。俺答受重赂后东犯蓟州。兵部尚书丁汝夔仓皇调派边兵12000骑和京营兵24000骑分守宣、蓟等关隘。八月十六日，俺答军由潮河川南下进攻古北口，明军无

中国通史

最新整理图文珍藏版

力抵抗，一败涂地。鞑靼兵大肆掠夺怀柔，围攻顺义，并长驱南下至通州，驻白河东孤山，分掠昌平、三河，劫掠不可胜数，并直抵北京城下，侵犯诸帝陵寝，搜掠附近村落居民，焚烧庐舍。不久又自通州渡河西向分剽西山、黄村等地。明世宗下令京师戒严，各镇勤王。丁汝夔急忙部署守军兵力，一查册籍方知禁军仅有四五万人，且多数是老弱之兵，还有多数士兵在大臣家拱卫，不得已命仇鸾驰援京城。仇鸾率大同兵两万骑驻扎通州河西。保定巡抚副都御史杨守谦率5000骑兵、延绥副将朱楫率3000骑兵亦赶往京师。不久，河间、宣府、山西、辽阳等地援兵共50000人亦云集北京。明世宗宠信仇鸾，封他为平虏大将军，节制诸路军马，又赐袭衣玉带银两，并赐封记，谕曰："朕所重唯卿一人，得密启奏进。"还任命杨守谦为兵部右侍郎，协同提督内外军事。丁汝夔问首辅严嵩退敌之计。严嵩害怕出战失利，称"塞上败或可掩也，失利辇下，帝无不知，谁执其咎？寇饱自去耳。"丁汝夔会意，戒令诸将不要轻举妄动。仇鸾到东直门观望，并斩死人首级冒功。杨守谦孤军进逼俺答营寨，但见无后援不敢进攻。勤王各军以丁汝夔和杨守谦为辞，坚守营寨，不发一矢，任由俺答兵在城外自由焚掠8天。九月，俺答兵剽掠大量金银财物、牲口和人口后由白羊口（今北京延庆西南）转张家、古北等地从容退走。仇鸾奉命追击但被击败，最后杀死80多位平民，割了他们的首级冒充敌军报功。由于许多得宠太监园宅位于城外，都受到俺答兵的焚掠，太监们泣告明世宗，称俺答大肆动劫掠都是由于将帅受制于文臣所致，要求惩治失职者。明世宗指责杨守谦"拥众自全"，失误军机，八月二十六日将其斩于西市。杨守谦临刑前感叹地说："臣以勤王反获罪，谗贼之口实蔽圣聪。皇天后土知臣此心，死何恨？"丁汝夔也被捕

入狱，向严嵩求救。严嵩说："我在，必不令公死"。但为了保全自己和包庇党羽大将仇鸾，不敢向明世宗求情，致使丁汝夔以守备不设之罪也在八月二十六日斩于西市，其妻流放3000里，子远戍铁岭。由于这一年是庚戌年，史称"庚戌之变"，充分暴露了严嵩当权误国和明政府腐败无能。

加派地方银两

嘉靖二十八年（1549）八月，明世宗朱厚熜诏令户部详细核实全国财赋收入数目。

户部奏称自嘉靖十年以后，太仓每年入银200万两，近年来除修边、奖赏、赈灾等项费用外，一年大约支出347万两，超支147万两。至于本年度更是入不敷出，京师和边防费每年增加至595万两。明政府为扭转币藏匮竭的局面，决定征收田赋加派。

嘉靖三十年（1551）正月十九日，户部以各边招募兵力日益增加，饷额过倍为辞，决定除北直隶、山西、陕西、河南、广西、贵州和淮安、扬州、庐州、凤阳、邳州、徐州诸省州郡或已募兵、或修边墙、或已雇募外，南京、浙江等地加派银120万两，相当于本年全国田赋总额的60%，此为自正德九年（1514）十二月为收复遭火灾的乾清宫全国加派田赋银100万两后又一次田赋加派。田赋加派加重了人民的赋税负担，但所得巨款大部分为宦官、大臣和将领所吞没，以致欠饷累累，军怨沸腾，民不聊生。

改革钱法

明朝统治者在货币体制上较为注重纸币，开国以后对铜钱的铸造和使用时开时

禁，民间盛行纸币、白银或实物交易。嘉靖六年（1527）因纸币宝钞膨胀过度不能再用。恢复铸钱，大铸"嘉靖通宝"，每文重一钱三分。嘉靖三十二年（1553）十一月，由于民间私铸滥恶钱充斥市场，物价日益腾贵，明世宗诏令工部补铸洪武、永乐、洪熙、宣德、正统、天顺、成化、弘治、正德九种年号钱，每种一百万锭，嘉靖钱一千万锭，一锭五千文。而洪武初年所定钱法，钱分小平、折二、折三、折五、当十共五种，五种铜钱之法量与实量完全一致，但弘治、嘉靖改定钱法为每小钱十文重一两二钱至一两三钱，因法量过重，九种年号钱常被民间销毁重铸私钱，未被销毁者则深藏不用，结果恶钱仍充斥市面，银与恶钱的比价由一两银抵三四千文涨至五六千文。为改变这种状况，明世宗于嘉靖三十三年（1554）三月初八日采用御史何廷钰的意见，下诏改革钱法，规定嘉靖制钱七文当银一分，洪武等年号钱十文当银一分，前代杂钱三十文当银一分，私造的恶小钱停止使用。此诏表明明之铜钱无一定价值标准，钱轻银重。而小钱流行较久，人民因骤然革除颇感不便；户部拨内库钱给官员俸禄不限定银与钱比价，无论钱之善恶新旧一律以七文当银一分交易。民间竟铸嘉靖钱，令户部无法统辖。由于恶钱充斥，支出以恶钱为先，加以课

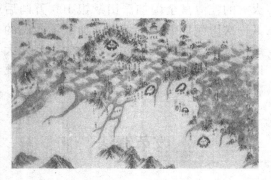

《浙江濒海地图》从中可看出明政府在沿海设置卫所，修筑堡垒，以防倭寇侵扰。

税征银不征钱，明世宗改定的钱法后来没有实行。

戚家军建立

明朝中叶以后，为适应战争发展的需要，在军队中出现了一些冷热兵器配合、步兵骑兵与火器部队协同的新编制部队，戚继光组建的戚家军就是其中较为典型的一支部队。

戚继光（1528~1587），字元敬，号南塘，山东蓬莱人，出身武将世家。初在山东专事防倭，任登州卫指挥佥事。嘉靖三十四年（1555）秋改调浙江都司佥书，翌年任参将，镇守宁波、绍兴、台州、金华等地，置身于抗倭最前线。鉴于明军兵惰将骄、纪律松弛、战斗力低等弱点，戚继光两上《练兵议》，并以"杀贼保民"相号召，在嘉靖三十八年（1559）九月亲自到义乌、金华招募素质良好的矿工和农民入伍，经过几个月的精心编制和严格训练，组成了三千多人的新军。随后，戚继光又在台州等地招募渔民，组成水军。戚继光根据江南多沼泽和倭寇习惯使用重箭、长枪的特点，创造一种训练新军的特别战阵"鸳鸯阵"。"鸳鸯阵"以火器和弓箭作掩护，长短兵器配合，以十二人为一阵，一人在前面为队长，次两人持牌（圆、长各一），又次两人持狼筅，又次四人持长枪，再次两人持短兵器，最末一人为火兵，以利整体作战。敌进百步内始发火器，六十步内再射弩箭，敌再进则用鸳鸯阵冲杀。根据战时需要，"鸳鸯阵"还可变为"两才阵"或"三才阵"，以更有效地杀敌。戚继光还创造了"地形制阵法"，视步伐便利，不断更新战舰、火器和兵械。新军在戚继光领导下纪律严明，对倭寇英勇作战，对百姓秋毫无犯，屡立战功，战斗力

很强，被人们誉为"戚家军"。

东南抗倭时，戚家军总兵力约3000～6000人，步炮混合编组，冷热兵器混成编制。镇守蓟门时，兵力达数万人，由独立的骑兵、步兵、车兵等兵种组成，各种管形火器约3040～4220支（门）。在蓟门，戚继光编练过7个车营。每个车营均含车兵、步兵、骑兵、辎重兵各一营。车兵营分2部，1部分4司，1司分4局，1局分4宗，1宗由20人、1辆战车构成。每辆战车用4人推挽，车上装备各种火器。

嘉靖三十九年（1660）二月初八日，朝臣们在讨论擒获王直之功时，称赞戚继光"督兵有纪"。此后，"戚家军"在东南沿海抗倭战争中英勇善战，师出必胜，威震东南，享誉天下。

白莲教演变

明代是中国民间宗教史上划时代的新时期。在这时期的民间宗教迅速兴旺，异常活跃，教派众多。明代的民间宗教就其主流而言乃是元末白莲教的继续和发展，虽然并无严格意义上的教主传承和组织的续接，但在教义的基本倾向上，在经典的撰著流布上，在组织规则与活动方式上，众多教派都接受了白莲教的影响，白莲教已经成为明清两代民间宗教的泛称，官方也习惯用"白莲教"一词来指称一切所谓"邪教"和异端，若有牵连，便遭镇压。

白莲教从宋元到明清演变主要有三个阶段。早期宋元阶段是净土阿弥陀信仰，结莲社做佛事以求往生西方净土，这个阶段的反叛性不强，所以能为蒙古贵族所容纳；中期元末明初阶段引入弥勒信仰，弥勒是未来佛，弥勒下凡便意

味着明王出世，必然带来变天思想，很容易成为民变的旗帜，从此白莲教便成为一种反叛的宗教，既为元后期统治者所不容、又为明初统治者（他们曾经借白莲教打下天下）所禁断；后期是明中叶至清末，以罗教的兴起为转机，形成数以百计的教门，大都引入了无生老母信仰，正式产生了明清民间宗教自己独有的最高创造神和救世主，同时保留阿弥陀和弥勒信仰，突出"三期末劫"说，更加具有反叛性。因而受到当权者更加残酷的镇压，白莲教的活动暂缓告一段落。后期的教门多是罗教的衍支或受罗教影响。所以罗教取代白莲教起了关键作用。

张琏起义失败

嘉靖四十一年（1562）五月，闽粤赣边区农民起义领袖张琏被明军俘获，起义失败。

张琏，广东饶平乌石村人，因杀死族长投奔郑八、萧晚率领的农民起义军，并在郑八死后与萧晚分领部众，转战汀州、漳州、延平和宁都、瑞金等处。嘉靖三十九年（1560），他被推举为首领，进而称帝，年号"造历"，在粤北山中建宫殿大寨，周围环绕数百小寨，号称十万大军，明军不敢轻易围剿。嘉靖四十年（1561）九月，张琏率部自江西入福建，破南靖县，烧毁县学和仓库，再攻陷崇安，后又转攻浙江龙泉县，声势浩大，朝廷震惊。嘉靖四十一年（1562）二月二十五日，明廷令南京都督金事刘显为总兵官镇守广东，参将俞大猷为副总兵官，入南赣会兵进剿。五月，俞大猷率明军15000人迅速追击到闽赣交界的柏嵩岭，袭破山寨，杀死1200多人，遣散部众2万人。张琏被叛徒出卖，与萧晚一道被明军俘获，起义失败（一说张琏率部突围后移居南洋）。

严嵩罢官

　　嘉靖四十一年（1562）五月，内阁首辅严嵩被勒令辞官，其子严世蕃下于狱中。

　　严嵩（1480～1567），字惟中，号介溪，江西分宜县人。弘治十八年（1505）进士，改庶吉士，授编修。后病归故里，在钤山读书十载，擅长诗文古辞。回朝后历任侍讲、国子监祭酒、礼部右侍郎、吏部左侍郎、南京礼、吏二部尚书。嘉靖十二年（1535），入京任礼部尚书兼翰林学士，主持重修《宋史》。嘉靖二十一年（1542）任武英殿大学士入阁，两年后加太子太傅兼吏部尚书、谨身殿大学士、少傅。嘉靖二十四年（1545）加太子太师、少师，荣任内阁首辅，独揽国政。嘉靖二十六年（1547）进为华盖殿大学士，翌年加上柱国，并以其子严世蕃为太常寺卿。严氏父子献媚世宗，恃宠专权，排斥异己，残害忠良，害死夏言、曾铣、张经、沈炼、杨继盛等人。同时卖官受贿，遍引私人，

严嵩像

致使四方官员争相行贿，且贪酷无厌，广置产业于南京扬州等地。特别是在执政后期，由于侵吞军饷，令战备松弛，东南倭祸和北方边患更为严重，而赋役日增，灾害频繁，天人怨恨。

　　自嘉靖三十七年（1558）给事中吴时来等人相继疏劾严氏父子后，加之严嵩所献的青词因多出自他人之手，不合要求，更加失去明世宗的欢心，渐为明世宗疏远。嘉靖四十年（1561）十一月，西苑永寿宫失火后，明世宗对奏请移居英宗为太上皇时所居的南城离宫的严嵩更为不满，而对大学士徐阶更为信任。方士蓝道行与严嵩有矛盾，利用扶乩的机会，以仙人说法指严嵩父子是奸臣。明世宗有意罢免严嵩。御史邹应龙得知明世宗意图，在徐阶授意下于嘉靖四十一年（1562）五月十九日上疏弹劾严嵩父子索取贿银，卖官鬻爵，广置田宅，请斩严世蕃，罢免严嵩。明世宗遂以严嵩放纵严世蕃有负国恩，令其辞官还乡，并下严世蕃及家奴严年于狱中。不久，严世蕃被戍雷州（今广东海康），但未至即返。其门客中书舍人罗龙文一到戍所即逃回徽州，数次往来江西与严世蕃密谋作恶。

　　嘉靖四十三年（1564）十一月，南京御史林润上疏揭发严世蕃、罗龙文诽谤朝政且南通倭寇，北通蒙古，思谋不轨。明世宗怒令林润逮捕严世蕃、罗龙文送往京师。刑部尚书黄光升将狱词送徐阶，徐阶亲笔修改狱词，重点指斥罗龙文私通王直，贿世蕃求官；严世蕃私建宅第图谋称王，并私通倭寇，谋投日本。明世宗遂于嘉靖四十四年（1565）三月将严世蕃、罗龙文处斩。严嵩被罢黜为民，寄食墓舍，死于隆庆元年（1567）。江西巡抚成守节奉令抄没严嵩江西的家产，得黄金 3 万多两，银 202 万多两，府第房屋 6600 多间，田地山塘 27000 余亩，珍珠宝石不计其数。

中国通史

最新整理图文珍藏版

闽粤大败倭寇

嘉靖四十二年（1563）四月，俞大猷、戚继光在福建兴化大败倭寇，取得抗倭以来的空前大捷。嘉靖四十三年（1564）六月，俞大猷又在惠州之海丰（今广东海丰）取得海丰大捷。自始，倭寇受重创而去，侵扰浙闽粤等沿海一带20余年的倭寇之患渐告平息。

倭寇侵扰东南沿海一带已达20余年，他们攻破城邑，掳掠财物，杀伤官吏军民不计其数，成为东南沿海一患。嘉靖四十年（1561）四月，戚继光率戚家军在浙江台州剿倭奏捷，倭寇流窜到福建。嘉靖四十一年（1562）十一月，流寇洗劫兴化府，次年二月又攻陷福建平海卫（今莆田县平海），四出骚扰，成为福建大患。朝廷命俞大猷、戚继光为剿倭总兵官和副总兵官，会同广东总兵刘显剿倭。

嘉靖四十二年（1563）四月，俞大猷、刘显合歼驻守在福清的倭寇。同时，戚继光率戚家军由浙江进入福建，与俞、刘分兵三路攻平海卫。戚家军由中路首先

嘉靖四十二年（1563）福州百姓为纪念戚继光抗倭所建的"平远台"。

攻入，刘、俞左右也告突入，杀敌2200余人，收复兴化。戚继光因此升为都督同知，代俞大猷任总兵官，俞大猷则被两广总督兼巡抚荐为广东总兵官，负责剿倭。

嘉靖四十三年（1564）二月，戚继光再次在仙游、同安、漳浦等地大败倭寇，斩获无数，余寇逃出海上。福建倭患渐次平定。同年六月，俞大猷在惠州海丰，斩杀倭寇1200余人，取得"海丰大捷"，迫降勾结倭寇的潮州大盗吴军及其党羽蓝松山、叶丹楼等。十二月，广东勾结倭寇的盗首、程乡的邱万里又被擒，广东的倭患也告平息。

海瑞冒死上疏

嘉靖四十五年（1566）二月，户部云南司主事海瑞冒"触忤当死"之险，上《治安疏》，论时弊，刺君过，触怒龙颜，被捕入狱。

海瑞，字汝贤，号刚峰，海南琼山人。中年乡试得中举人，曾两次会试不中，之后到福建南平为官，历任淳安、兴国知县。嘉靖四十三年（1565）十月，升为户部云南司主事。次年二月，海瑞为明世宗20余年不见大臣，不理朝政，深居西苑，只求长生不死之术，致使国事日益衰败，特买好棺材，诀别妻子，遣散僮仆，冒死上《治安疏》。

疏中说：皇上即位之初，政令一新，天下欣然望治。但为时不久，即生妄念，企求长生不老，一心求神仙，竭民膏脂，滥兴土木，20余年不见朝，法纪弛废，以猜嫌诽谤戮辱臣工，致使天下吏贪官横，民不聊生，水旱无时，盗贼兹炽。且赋役日增，四方纷纷仿效陛下，大肆浪费，求神拜佛，使得十室九空。甚至有人说："嘉靖者，家家皆净无财可用也。"陛下应翻然

悔过，日理朝政，以洗数十年君道不正之积误，洗刷数十年来小人阿谀奉承，臣职不明之耻。《治安疏》言辞激烈，切中时弊，直指皇帝，疏言一出，人称"天下第一疏"、"万世治安疏"。世宗见疏勃然大怒，掷疏在地，便要逮捕海瑞，经劝阻，将疏留朝中数月，但仍将海瑞下狱论死。同年十二月，世宗死。同月二十七日，海瑞获释，官复原职，不久升大理寺丞。

葡萄牙人请求入贡

嘉靖四十四年（1565）四月十七日，占据广东濠镜澳（即澳门）的葡萄牙人哑喏喇归氏，向明政府请求通贡入市。

早在嘉靖三十二年（1553），佛郎机（葡萄牙人）商船以避风为由，请求借濠镜地曝晒水渍贡物，得到海道副使汪柏的许可，在澳门搭起棚篷数十间。次年，佛郎机冒用他国名义请求通市，汪柏受贿应允。从此，佛郎机商船来，"照例抽分"，而佛郎机人也开始建造砖瓦木石屋。至嘉靖四十三年（1564），濠镜的佛郎机人已过万。嘉靖四十四年，哑喏喇归氏假称剌加国（今马六甲州），后假托蒲丽都家，请求通贡入市。

两广镇巡官奏报朝廷，批至礼部商议。礼部认为，"南番国无所谓蒲丽都家（按：即"葡萄牙"的古译音）者，或佛郎机诡托也。"命两广镇巡官查明，如系诡托，便予谢绝；如有汉人通诱，就加以呈治。

俺答犯边

隆庆元年，俺答在大同附近犯边一年之内，寇大同，陷石州，掠交城、文水等地，一时之间，京师震惊。

隆庆元年（1567）五月初十日，俺答率鞑靼军进犯山西大同任达沟等处，在西山和谢家洼受到明参将刘国所部的阻击，无功而返。之后，叛徒赵全向俺答献计说，蓟州一带明军防御坚固，兵将众多，而山西一带明军较少且弱，屏障不多，石州、隰州盛产良铁，属富饶之地，明军主力多部署在宣府、大同，不容易驰救石州和隰州。俺答采纳他的建议，同年九月初四日，率骑兵6万分三路进攻朔州、老营和偏头关。由于明军老营副总兵田世威守城自保，而游击方振出战失利，俺答率部南下。九月十二日，俺答、赵全攻陷石州城，杀害男女5万多人，火烧房屋3天。明总兵申维岳驻在距石州城仅40里的大武店，见死不救。俺答又分兵进犯涞水、交城、平阳、介休，并大肆劫掠孝义、平遥、太谷、隰州等地，攻破庄堡17所，满载而归。只因连日秋雨，道路泥泞，许多马匹又病死，只得将许多物品遗弃路边。至十月初五日，俺答率鞑靼兵从容出边。总计鞑靼兵自入犯至出边，袭破大同、石州、文水、交城、清源、祁州、汾州、孝义、介休、平遥、榆次、平乐等州县，肆虐千里，烧杀掳掠人畜数十万，各州县损失惨重。明军将领不敢出击，待俺答远走后才斩杀避难的百姓，冒功报捷。

俺答犯边，加之土蛮部进犯至滦河，京师震惊，隆庆元年九月二十四日，京师一度戒严。

江西请行一条鞭法

隆庆二年（1568）十二月，江西巡抚刘光济奏请实行一条鞭法。

嘉靖初年，赋役繁苛，人民起义不断发生，各地官府为稳定封建统治，对传统赋役制度进行改革，将各种名目的赋役并为一条，简称"条编法"或"一条鞭法"。嘉靖末年，海瑞、庞尚鹏曾在东南地区试行一条鞭法，效果显著。刘光济请行一条鞭法的主要内容是先将赋与役分别归并，再将对人民扰烦最严重的役逐步并入赋内；里甲改为每年编派一次，赋税和徭役普遍用银折纳，征收起解由人民自理改为完全由官府办理，免去一切烦琐手续。刘光济在江西实行一条鞭法，人民称便，也增加了当地政府的财政收入，在一定程度上缓和了阶级矛盾，同时也为万历九年（1581）张居正在全国推行一条鞭法提供了经验。

南京监生变乱

隆庆元年（1567）九月二十三日，明廷命令将参加两京乡试的监生各革去皿字号，导致南京国子监监生中试者只有数人，比原来减少了3/4。考试揭榜后，考试官王希烈和孙铤等人前往文庙拜谒，几百名落榜监生在沈应元率领下聚集门外喧噪，并在王希烈和孙铤等人走出门外时对他们进行长时间的围攻和辱骂，直至巡城御史、操江都御史派人严加呵斥方才罢休。

南京法司奉令逮治了沈应元等为首者，如例发遣。南宋守备魏国公徐鹏举因闻变坐视削夺禄米两月，司业金达因对监生铃束不严也被夺俸两月。监生的编号一如以前。

海瑞兴修水利

隆庆四年（1570）二月，应天巡抚海瑞召集饥民疏浚吴淞江。

隆庆三年（1569），海瑞出任应天巡抚。十二月，海瑞勘得上海县水利长期失修，吴淞江淤为平地约80余里，造成灾害，土地荒芜，饥民成群。海瑞于是决定以工代赈，兴修水利，赈济饥民。他亲自踏勘，细心规划，决定疏浚吴淞江及白茆港，并令松江府同知黄成乐、上海知县张𫘬按期开浚。

工程于隆庆四年（1570）正月动工，共长14337丈，阔30多丈，除嘉定应浚外，实开上海自黄艾祁口至宋家桥11571丈，至二月二十三日完工。整个工程共用银5万多两，都是存留的"导河银"、"赃罚银"以及捐献的"赈济谷"等，做到"不取之民，不捐之官"。兴工救荒，疏浚吴淞江，既救活了许多灾民，又兴修了水利，一举两得。此外，海瑞还令百姓在吴淞江两岸开垦了40多万亩熟田，救活饥民10万多人，被当地百姓编歌谣以颂扬。

木板年画·鱼乐图

李攀龙去世

隆庆四年（1570）诗人李攀龙因母亲去世，悲伤过度，心痛而死，终年57岁。

李攀龙（1514～1570），字于鳞，号沧溟，山东历城（今济南）人。为人狂傲好学。嘉靖二十三年（1544）中进士，后任刑部主事、员外郎、郎中、顺德府知府、陕西提学副使。曾居乡十年，建白云楼为读书之所，谢绝宾客。隆庆元年（1567）复出任浙江副使，改参政，后擢升河南按察使。

李攀龙为明中叶一代诗人，其诗以声调著名。他倡导复古拟古，对纠正明代中叶"台阁体"萎弱文风和八股文不良影响起着积极作用，影响明诗坛数十年。曾与谢榛、王世贞、梁有誉、吴维狱创建诗社，号称"五子"。后又与吴国伦、徐中行等并称"后七子"。著有《诗学诗类》、《唐诗选》、《韵学事类》、《新刻题评名贤词话》、《草堂诗集》、《镌翰林考正四朝七子诗集注解》、《诗册》、《古今诗删》、《沧溟先生集》、《白雪楼诗集》、《白雪集》等。

戚继光出镇北边

隆庆元年（1567），抗倭名将戚继光奉明穆宗诏令北调，镇守明廷北部边防重镇蓟门。之后，戚继光北方镇边16年，

戚继光留下过足迹的山海关龙头（上图）及他在该地题写的"天开海岳"石碑（下图）

戚继光所著《练兵实纪》

"边备修饬，蓟门宴然"。

戚继光初到蓟门，翌年遭忌而为神机营副将，不久又改任都督同知，总理蓟州、昌平、保定三镇，训练边兵，总兵官以下皆听其节制。隆庆三年（1569）又以总理兼镇守蓟州、永平、山海关等处，督率十二路军戍边。

戚继光巡行边塞，认为边墙虽修而墩台未建，不利于御敌；军纪松弛，不利于作战，于是决定致力于筑台与练兵两事，并奉令调派军卒修筑蓟镇昌平敌台，又调浙兵3000人北戍，天下大雨时自早至晚直立不动，边军大惊始知军令之严。

蓟镇昌平敌台建成于隆庆五年（1571）八月二十一日，工程蜿蜒曲折，巍峨雄伟，骑墙而筑，隔七八十垛设一台，台分3层，高与墙平，浑然一体。每台设百总一名，驻军三四十人，五台设一把总，十台设一千总，互相呼应，大大增强了防御能力。敌台之间还设有烽堠墩，每墩驻军5名，监视敌情，烽火传警。

在筑台的同时，戚继光还从严训练士兵。他规定的练伍法、练胆气、练耳目、练手足、练营阵和练将法，实用恰切。在原有步兵、骑兵基础上创建"车战营"，营中编置轻、重车和步、骑兵，车上配置轻重火器，诸兵协同作战，攻防一体，成效斐然。万历元年（1573），戚继光击退

中国通史

最新整理图文珍藏版

兀良哈朵颜部酋长董狐狸的进攻，并俘获其弟董长秃，迫使董狐狸送还被掳边民，不敢再犯蓟门。神宗即位后，戚继光奏请增拓三屯营，至万历四年（1576）二月完工，共增拓3000多座敌台，作为侦察防御之用，并移忠义中卫于三屯营内，设官统领。张居正坚决支持戚继光的边防建设，"欲为继光难者，辄徙之去"。经过戚继光的苦心经营，蓟镇的长城体系更为坚固，步骑车营十分整肃。

张居正去世半年后，言官以戚继光是张调用的人，弹劾"继光不谊于北"，将他调于广东赋闲。戚继光悒悒不得志，次年便请病归。万历十五年（1587）病卒。朝廷追封为"武毅"。戚继光除《练兵实记》，还著有《纪效新书》、《武备新书》等。

张居正掌权

隆庆六年（1572）七月，大学士张居正（1525～1582）交结宦官冯保辅助幼年明神宗执掌朝政。

隆庆六年（1572）五月二十六日，在位仅7年的明穆宗朱载垕病逝，皇太子传谕太监冯保任司礼监，取代首辅高拱所举荐的司礼监陈洪。冯保既执掌司礼监又督领东厂，总理内外，势力日增。六月初，

《帝鉴图说》插图

张居正为皇帝编著的《帝鉴图说》

皇太子朱翊钧即皇帝位，年仅10岁，即为明神宗。神宗登极时，冯保"依阁臣并司礼监辅导"，升立御座旁不下，众廷臣十分惊骇。六月十三日，高拱条陈新政五事，认为皇帝年幼，宦官专权，奏请绌司礼监之权，还权于内阁，并派人通告张居正。张居正表面上点头允诺，暗中则告知冯保。冯保恨高拱欲夺其权，向太后指诉高拱擅权，并篡改高拱言语，谓高先生曾说"十岁儿安能决事"，此为蔑视幼君。六月十六日，皇太后和明神宗将高拱罢官。张居正升任内阁首辅，并荐举礼部尚书吕调阳兼文渊阁大学士，参预机务。至此，国家朝政悉由张居正、冯保两人执掌。

冯、张掌权后，冯保主内廷，张居正主外，朝政大权落在张的手中。张居正先行了一系列扶君举措。同年十二月十七日，张居正率讲官向明神宗进呈《帝鉴图说》。该书是张居正嘱讲官马自强等考究古代天下之君诸事，择其善可为法者八十一事，恶可为戒者三十六事，每一事前绘一图取唐太宗"以古为鉴"之意命名。同月，张居正又请神宗次年正月上旬开经筵，因逢先帝丧期，请勿设宴，并免元夕灯火。神宗采纳，并谕节日期间酒饭酌免，省下700余两。

翌年（1573）十月初八日，张居正到文华殿为明神宗讲解《帝鉴图说》，称人君应以布德修政，施仁义，贵五谷而贱珠玉，结民心为本，天时不如地利，地利不

2237

张居正像

如人和，获得朱翊钧赞许。万历二年（1574）十二月十二日，张居正更仿效前人做法，嘱托吏部尚书张瀚、兵部尚书谭纶纶查点两京及内外文武职官，府部以下、知府以上的姓名、籍贯、出身资格，造于屏上。名为职官书屏进献明神宗，供其朝夕便览。书屏中三扇为全国疆域图，左六扇列文官职名，右六扇列武官职名，各为浮帖，每十日一换。次日，明神宗降旨称张居正等人进献职官书屏以便周览舆图和考核众官，忠心耿耿，并将职官书屏放在文华殿后以便察览。

辽东六堡建成

万历三年（1575）正月，明政府为进一步健全辽东防御体系，相继建成了孤山、险山、沿江、新安等六边堡，并派孤山、险山两参将镇守。辽东镇是明政府为防御北方蒙古势力侵扰而建立的九边重镇之首，管辖今辽宁大部分地区，是京师的北部屏障。明廷建成辽东六堡，拓展土地共七八百里，控制了抚顺以北、清河（抚顺东南）以南的广大地区，对拱卫京师起着积极的作用。

林凤入吕宋反西班牙

万历三年（1575），活跃于粤闽台一带海上的武装势力首领林凤率水陆军到达吕宋。次年攻克吕宋，自称国王。

林凤生于广东潮州，是明代海上武装势力首领。万历元年（1573）屯兵南澳的钱澳，并北上至台、闽沿海，但为福建总兵胡宇仁所败。翌年率62艘战船和4000多名水陆军，从澎湖出发前往吕宋（今菲律宾马尼拉地区）。菲律宾人民和华侨备受西班牙殖民者的压迫，热烈欢迎林凤前来吕宋。林凤率军两次进攻马尼拉，但因寡不敌众失败，退屯傍佳施栏（Pangasinan）。万历三年（1575）九月，林凤督兵攻克吕宋，自称国王。不久遭西班牙军围困，苦战4个月，突围离开吕宋，经过澎湖时受到官军的袭击，仅剩下40多艘船，逃奔潮州继续坚持斗争。

努尔哈赤崛起

万历十一年（1583），年仅25岁的努尔哈赤，凭其先祖所遗13副盔甲，起兵征讨尼堪外兰，开始了他统一女真各部的征程。

努尔哈赤（1559～1626），姓爱新觉

清王朝发源地——辽宁抚顺。万历十五年（1587）努尔哈赤在此地筑费阿拉城进而统一清都。

罗，其先祖猛哥帖木耳自明永乐十年（1412）受明册封为建州左卫指挥，世代

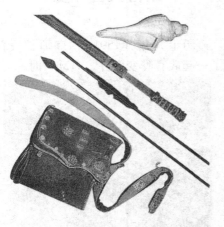

满族人使用过的狩猎器具

是受明封爵的地方官。原先女真各部一直不和，图伦部的尼堪外兰，勾结明军，谋害了努尔哈赤的祖父觉昌安和父亲塔克世。努尔哈赤集合残部数百人，征讨尼堪外兰，一举攻克图伦城，获兵百人，盔甲30副。尼堪外兰逃奔鄂勒珲城，明廷遂任努尔哈赤为指挥使。

努尔哈赤继续东征西讨。次年（1584）九月，攻取董鄂部的翁鄂洛城；万历十三年（1585），攻取浑河部的界凡等城；十四年（1586）攻井苏克苏护河部的瓜之佳城、浑河部的贝珲城、哲陈部的托摩和城，继又进攻尼堪外兰于鄂勒珲城，尼堪外兰逃往抚顺请求明军保护，明军抓住他送给努尔哈赤。努尔哈赤遂与明讲和，通贡受封。

万历十六年（1588），努尔哈赤灭完颜部，至此他正式统一了建州五部，力量迅速壮大。女真人自来熟习弓马，骁勇善战，当时就有"女真不满万，满万不可敌"的谚语，努尔哈赤又是自成吉思汗以来难以一见的军事天才，由此开始，他率领的铁骑奔驰于北陲大漠，南疆高原，扩土万里，为清代建立中国历史上疆域最大的大帝国奠定了基础。

科场舞弊

科场舞弊，由来已久。自张居正二子连占科名以来，内阁大臣的子弟，不论优劣，一律录取，已成惯例。万历十六年（1588）乡试，大学士王锡爵之子王衡高中第一，另一位阁臣、大学士申时行的女婿李鸿亦中举，更加深了人们的不满。

礼部郎中高桂深信顺天府考场有弊，因摘出中举者中可疑者8人，其中也包括王衡，要求加以复试。王锡爵立即上疏反攻高桂，言辞激烈，结果高桂反被夺俸。

刑部云南司主事饶伸，深感不平，遂于万历十七年（1589）二月，上疏弹劾王锡爵、吴时来，痛陈科举之弊，他说：内阁大臣子弟必中，已成惯，今顺天府主考官认为中举还不足迎合上官，竟把第一名滥与阁臣之子。申时行之子未参加科举，则录取其婿，其他大臣子孙，亦得录取。这些人在复试时，许多竟连文章也不会写，而负责复试的都御史吴时来，却不分优劣，一律通过，实为失职。又说：王锡爵因此攻击高桂，杀气腾腾，殊无大臣之体。吴时来附权蔑法，王锡爵巧护己私，欺君罔上，请一并予以罢免。饶伸的奏疏送上，王锡爵、申时行各自怀惭，俱闭门不出，要求去官。

之后由另一阁臣许国正主持会试，内阁子弟才无一人高中。

廷臣党争兴起

明臣好争，本已成风。张居正死后，神宗调整朝政，以申时行、许国为首辅，召回了吴中行、赵用贤、沈思孝等言官，但从此阁臣一帜，台官一帜，两派纷争，

势成水火，惹出种种争执的弊端。

明朝廷臣的党争，导火索是万历十三年（1585）选大峪山为陵墓地一事。属于阁臣一派的徐学谟，建议用大峪山为造陵墓之地，神宗已经采纳。属于台官派的李植、江东之等人则上奏说大峪山有石，不宜采用，"主张可用，是犯罪"，并把矛头直指首辅申时行，指责他徇私同意学谟所请。申时行奏辩说："两年前随皇上考察该山，李植、江东之并没说此地有石。今出尔反尔，显然是借此倾害大臣。"神宗同意，于是下旨切责李植、江东之等人，并令夺俸半年。

李植等人不服。他们先是举荐前掌院学士王锡爵入阁，以为可在阁臣一党中插入自己的人，一方面又继续坚持大峪山寿宫有石。但疏奏既上，没有回音。而王锡爵却与首辅申时行和好，互为倚助，不由令台官派们大失所望。

不仅如此，王锡爵还反戈一击，攻击李植等人阿附邪臣赵用贤，以小不合便随意攻讦大臣，御史韩国桢，给事中陈與效也交相攻击李植等人。神宗闻奏大怒，顿时李植由太仆少卿贬为户部员外郎，江东之由光禄少卿贬为兵部员外郎，羊可以由尚宝少卿贬为大理评事。

当年闰九月，神宗再度亲临大峪山，结果证明大峪山吉利，地无石。回宫之后，进一步将李植三人调为外用。此举却引起台官一派的不满，他们纷纷采取行动大鸣不平。谕德吴中行上书请去，神宗一怒准之。随后赞善赵用贤、光禄少卿沈思孝等也要求谢职归里，却不获准。

赵用贤对阁臣一派尤其是大学士许国力毁李植三人甚感激愤，抗疏说："明党之说，是小人用以去君子，空人国。"党派成见，自此更深。党争的结果也无非两败俱伤，后来许国被罢官，首辅申时行亦被迫辞职，可见一斑。

京营武官哗变

万历十九年（1591），京师长安门发生了一起武官哗变事件，轰动一时。

建于明万历十九年（1591）的陕西三原县龙桥

事出于当时督工的工部尚书曾同亨，上书请"清皇内府工匠"。而曾的弟弟曾乾亨，也同时上疏请"裁冗员以裕经费"。事经外传，讹为将裁减军俸。京营各武官误听流言，以为要裁减其俸粮，大哗。

万历十九年（1591）十月初一，京营武官相约共同起事，群聚而拥入长安门，准备向内阁控诉，适遇工部尚书曾同亨出朝，众人围住曾喧哗嚷闹并辱骂之。幸有兵部尚书石星闻讯，立即前往，传旨解散众军官。事后，掌后府定国公徐文璧被罚俸半年，长安门守门官则由法司提审问罪。曾同亨因当众受辱，屡疏乞休，神宗不准。

明神宗三大战役进行

自明神宗万历二十年（1592）起，不到10年时间，一共打了三场大战役，即：宁夏战役、朝鲜战役和播州战役。

万历二十年（1592）二月，宁夏致仕

的副总兵哱拜起兵反叛，拉开了宁夏战役的序幕。哱拜，原为鞑靼人，嘉靖中降明，屡立战功，官至指挥使。因不满宁夏巡抚党馨的裁抑，以不如数发给冬布衣及月粮银为借口，唆使其子承恩及部属起兵反叛，杀巡抚都御史党馨及副使石继芳，占据城垣，与鞑靼相勾结。四月，朝廷任命李如

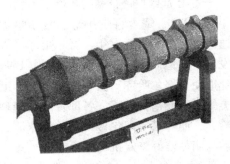

明代竹节炮。突起的节加固了炮身，美观实用。

松为提督，辖陕西军务讨伐哱拜，同时，又派辽东、宣大、山西援军到宁夏，归李如松指挥，宁夏巡抚朱正色，甘肃巡抚叶梦熊也加入讨伐叛军之战。七月，明军水攻宁夏城，李如松斩首级16人，生擒1人。城内饥荒，士食马匹，民食树皮、败靴，城内民众拥请招安。九月，参将杨文提的浙兵及苗兵、庄浪兵赶到汇合，攻破宁夏城，哱拜仓皇自缢及放火自焚，被部卒从火中斩首。宁夏叛乱终于平息。

同年五月，日本关白（宰相）丰臣秀吉派水陆军20余万，以小西行长为先锋，偷渡朝鲜海峡，迅速攻占釜山、王京（汉城），直逼平壤。朝鲜国王李昖向明朝求援。明廷认为，日本侵朝，意在中国，便派祖承训为副总兵，率师援朝。七月，祖承训部3000余人与日军在平壤相遇，不敌败退。十月，明廷令李如松提督蓟、辽东、保定、山东军务，任防海御倭总兵官。十二月，李如松率兵7万东渡入朝。万历二十一年（1593）正月，李如松收复平壤，

歼敌万余人，取得援朝首次大捷。二月，焚毁日军粮仓粟食数十万。四月，日军因缺粮而退出王京，明军入城，并追击日军至釜山。五月，四川参将刘挺以副总兵衔率援军4000到达朝鲜，出乌岭，屯大邱、忠州，布兵釜山海口。六月，日军派小西为使请和。七月，李如松归国。十二月，中日和议成约，朝鲜之役结束。

万历二十二年（1594）十月，邢玠征讨播州杨应龙。杨应龙，万历十八年（1590）因其祖杨烈军功，封为都指挥使。因多行不义，二十年十二月被弹劾，本应论斩，杨应龙献金自赎。二十二年十月在播州反叛，南京兵部侍郎邢玠奉命总署川贵军务，征讨杨应龙。次年五月，邢玠抵达重庆，杨应龙故伎重施，以出输4万两黄金资助采木而获开释。但仍被革职，由其子杨朝栋理宣慰司事务。二十四年（1596）七月，杨应龙再次反叛，攻陷邻近卫所、土司；次年七月掠合江、綦江。二十六年十一月，又大掠贵州，侵入湖广48屯，阻塞驿站。二十七年（1599）二月，贵州巡抚江东之派兵讨伐杨失利。朝廷起用都御史李化龙兼兵部侍郎，节制川、湖、贵三省军事，进剿叛军，各有胜负。二十八年（1600），李化龙在重庆会集文武，分兵八路，进剿播州。六月，平定播州，杨应龙举家自尽。杨氏自唐以来800余年占据播州的历史，自此而终。

于北京孔庙大城门及先师门两侧的进士题名碑

宗室子弟可参加科举

明政府一直谋求既可限制宗室子弟，又不使他们成为坐食其禄的财政负担之法。

万历十八年（1590）六月，明廷更定"宗藩事例"，解城禁，宗室子弟可四境谋生；又开立宗学，宗室子弟同民间子弟一样考试，从农从商，听其自便。

万历二十三年（1595）正月，郑恭王朱厚烷之子朱载埨奏请，允许宗室子弟儒服就试，中试者量才录用。明神宗勉强同意，命爵在辅国中尉以下者皆得入学就试。

其后李廷札又提议，中试者一律按士子出身授职，不必拘泥原爵。神宗同意，并于万历三十三年（1605）正式实行，宗室子弟不论爵位皆可与生员一体应试就仕，但不得为京官。神宗此举为明代诸王分封制度的一大变革，也是对以往宗室子弟不得入朝、出城等禁令的冲击。

努尔哈赤收服各部

自努尔哈赤的满洲部兴起之后，在辽东海滨的女真共有四部：即满洲部、长白山部、东海部、扈伦部。扈伦部又分为四：叶赫、哈达、辉发、乌拉，其中叶赫部最强。

叶赫部主见努尔哈赤崛兴满洲，早已欲

努尔哈赤的八旗军用过的铁剑、铁刀、铁盔

加剪除，明廷要利用叶赫部牵制努尔哈赤，也随时加以羁縻，倚之为屏蔽，称作海西卫。万历二十一年（1593），叶赫部纠合哈达、辉发、乌拉各部，又联合长白山下的珠舍哩、纳殷二部，并联络蒙古的科尔沁锡、伯卦、勒察三部，共3万余人，号称九国，攻打满洲部，但被努尔哈赤杀得大败亏输。

努尔哈赤趁胜收服蒙满各部。万历二十二年（1594），蒙古科尔沁部、喀尔喀等五部通好于努尔哈赤。次年，努尔哈赤又大败辉发部，略地而归。万历二十四年（1596），明廷遣使于努尔哈赤。次年，努年哈赤遣子褚英等夺取安褚拉库路。各部皆陆续降顺努尔哈赤，而叶赫等扈伦四部，始终未服，并遣使与明朝修好，对抗努尔哈赤。

万历二十七年（1599），努尔哈赤消灭了扈伦四部之一的哈达郎，东海渥集部亦来归降。同年，努尔哈赤开始整顿军队组织，规定每出师、狩猎、组织队伍，部族成员每人出箭一支，以十人为一单位，称牛录（即汉语"大箭"），牛录头领叫"牛录额真"。努尔哈赤又命取蒙古文字母创制满文，并开发金银矿。从此，满洲部更不可敌。

弘阳教创立

弘阳教，又称红阳教或混元红阳教，创教祖师飘高，俗名韩太湖，号宏阳，广平府曲周县人，生于明隆庆四年（1570），19岁出家，万历二十二年（1594）在太虎山悟道，开宗立教，广收门徒，建立教团。次年，进京传教，结交贵族与太监，为之护教张扬，于是教门大为兴隆。飘高得到掌皇家印造经书的太监的支持，将弘阳教宝卷在内经厂印刷，并借御印经典之名，流通天下，但弘阳教始终未得到政府的正式承认，因而主要在民间流行。

中国通史

最新整理图文珍藏版

飘高仿罗祖五部经，造"红阳五部经"谓之"大五部"，后又造"小五部"。弘阳教教义的宗旨是三阳说和红阳劫变说。弘阳教的主神是混元老祖，与无生老母是夫妻关系，共同主宰人间。飘高自称是他们的小儿子，孔子、老子、释迦、真武是飘高的兄长。

弘阳教"混元"之称来自道教，混元老祖创世的过程是"一生二、二生三、三生万物"，显然取自道家，同正一道一样，十分注重道场仪式，善于斋醮祈祷。

弘阳教主张三教兼融，在它的道德信条中，将佛教道德与儒家道德结合起来，宣扬善者有因，恶者有报，恭敬三宝，孝养双亲，和睦邻里，爱成子嗣等伦理观念。从总体上说，弘阳教与黄天教比较接近，都宣扬三世说和来世劫变说，具有变天思想和反叛精神，因此被作为"邪教"、"异端"而受到查禁和镇压。

东林党肇始

神宗久未立储，成为朝臣争执之端，无意中亦成为东林党议之肇始。

万历二十二年（1594），神宗欲立郑贵妃所生子常洵为太子，廷臣则普遍请立皇长子常洛为太子，故朝廷出现"国本"之争。吏部侍郎顾宪成力争"无嫡立长"，触犯神宗。首辅王锡爵将辞官，顾宪成推举王家屏代为首辅，王家屏也是立长派，顾宪成因此再次触怒神宗被革职还乡。

顾宪成（1550～1612），无锡人，故居有东林书院，是宋代杨时讲道之处，被革职之后，顾宪成与其弟允成重修东林书院，偕同志者高攀龙、钱一本、薛敷教、史孟麟、于孔兼等在此讲学，"每岁一大会，每月一小会"。当时一些被谪谪的士大夫，或世不能容而退居山野者，皆闻风响

"东林先生"顾宪成明万历四年应天府分试试卷

附，他们讽议时政，裁量人物。朝内官员慕他清议，亦遥相应和。东林书院隐然自成一党，后来遂称东林党，顾宪成亦被尊称为"东林先生"。

顾宪成曾言："字辇毂，志不在君文；官封疆，志不在民生；居水边林下，志不在世道；君子无取焉。"所以虽然退居书院讲学，仍不断讽议时政。其后，孙丕扬、邹元标、赵南星等正直君子，为朝廷所黜，亦赴东林相继讲学。他们自负气节，与朝廷相抗，是为东林党议之始。

林兆恩创三一教

林兆恩（1517～1598），字茂勋，别号龙江，道号子谷子、心隐子、混虚氏、无始氏，学者初称三教先生，后来教徒尊称三一教主、夏午尼氏。林氏青年仕途失意后开始治学著述，收徒讲学，40岁时居"东山宗孔庙"，与诸生讲论古礼，后立"三纲五常堂"，讲授三教，形成学术社团。这时候的林氏成为一位名声卓著的学者。林兆恩晚年，渐渐以教主自居，在弟子们的神化和崇拜中，把自己变成神，学堂变成教堂，堂内的活动掺杂宗教祭祀内容，终于在他71岁时，三一教正式形成，门下改称三教先生为三一教主，各地立三一教堂，教堂供奉四大偶像：孔子，儒仲尼氏，圣教宗师；老子，道清尼氏，玄教宗师；如

2243

来，释牟尼氏，禅教宗师；林兆恩，夏午尼氏，三一教王。万历二十六年（1598），林兆恩去世，门徒分头传教，形成三大支派，一支以陈标、王兴为首；另一支以张洪都、真懒为首；第三支以卢文辉为首，以林氏嫡传自居，三一教在清初仍有活动。

林兆恩著作总汇《林子全集》，三一教教义贯穿一条主线，即三教合一而又归儒宗孔。林氏认为三教之源本同，三教之道本一，他不同意立三教门户和在三教之中分邪与正，但他在三教中特别崇儒尊孔。同时他又有"非非三教"之论，以心学的标准去评判三教是非。他认为三教之学，真谛全在"心性"，心具至理，显而为教，儒释道在修道途上有不同的作用：儒为"立本者"，道为"入户者"，释为"极则者"。林兆恩发大心愿要合三教为一，使三家归之于"中一道统"。

明代中后期，三教合流达到一个高潮，不仅三家在理论上互融互补，而且有一批

建于明代的宁夏中卫县高庙，集儒家大成殿、道家祖师殿及佛家大雄宝殿于一处，可谓三家合流趋势的一个历史见证。

山西五台山寿宁寺内的孔子像，是儒、道、佛三家交融与合流的产物。

学者公开主张取消三家门户，如李贽、焦竑等，他们与林兆恩同属一种文化思潮，而林兆恩的三一教不仅主三教合流，而且将其纳入一种新的宗教之中，这是林氏的独家创造。

三一教的组织形式与活动方式基本上采用了当时流行的民间宗教白莲教的模式，但三一教的显著点在于，它是由学术团体演变而成，与知识界联系较为密切，学问之风较盛，崇拜对象限于佛老孔林，崇儒归孔是主要倾向。

努尔哈赤建八旗

爱新觉罗·努尔哈赤的势力不断扩大，每"牛录"由创设之初的 10 人扩大为 300人，至万历二十九年（1601），努尔哈赤开始创设八旗制度。

中国通史

最新整理图文珍藏版

八旗军中的正黄旗甲衣

固山额真皆有王贝勒担任，称为"旗主"，一般百姓则称"旗下"。旗民出则为兵，入则为民；有事征调，无事耕猎。在行军时，逢地广则八旗分八路并行，逢地狭则合为一路。征战时，长矛大刀为先锋，善射者从后冲击，精兵相机接应。八旗兵剽悍善战，又纪律严明，此后200年间，一直无敌于天下。

在八旗制度下，旗主对旗下进行封建统治剥削。努尔哈赤则高居八旗主之上，自为八旗部首领。

天主教堂建于北京

万历三十三年（1605），意大利籍传教士利玛窦在北京宣城门内兴建寓所并设置经堂。三十八年（1610），又另建小教堂供教徒礼拜之用。天主教堂即宣武门天主堂正式建于北京。

明末清初，相继建成东安门外之东堂与蚕市口之北堂（后迁西什库），改称南堂。南堂是中国现存最早的天主教堂。

基督教曾三度传入中国。唐贞观九年（635）基督教由波斯传入中国，时称"景教"一度流布颇广。元代（13世纪）再次传入中国，称"也里可温教"，曾在北京、杭州、西安、泉州等地建有教堂，后皆中断。明末（16世纪）意大利传教士利玛窦则开创了基督教在华传教的第三个时期，信徒近4万之众。

利玛窦在北京传教时，徐光启、李之藻等人经常与其切磋学问。顺治七年（1650），清廷赐修历法有功的德国传教士汤若望黄金1000两，在宣武门建造大堂，两年后竣工。后汤被参劾下狱，教堂一度遭毁。汤平反后，康熙四十二年（1703），清廷又拨库银10万两饬令重建。

八旗制由牛录制扩充而来。一牛录为300人，首领称"牛录额真"（汉译"佐领"）；五牛录为一甲喇，首领称"甲喇额真"（汉译"参领"）；五甲喇为一固山，首领称"固山额真"（汉译"都统"）。每一固山有特定颜色之旗帜，当时满洲军共有四固山，分红、黄、蓝、白四种颜色之旗帜。万历四十三年（1615），满洲军建制扩大，又增设镶黄、镶白、镶红、镶蓝四固山，共有八固山，6万人。"固山"即满语"旗"之意，故八固山之建立，亦称"八旗制度"。

努尔哈赤将全体女真人都编入八旗之中，实行一种军政合一的制度。每一旗的明末清初天主教堂建于北京，是中西文化交流的象征，在中国基督教发展史上有一定地位。

梃击案发生

万历四十三年（1615）五月四日酉刻，蓟州男子张差持梃（枣木棍）撞入皇太子朱常洛所居住的慈庆宫，击伤守门太监李鉴，并直闯至前殿檐下，才被内宫韩本用等人擒获。

梃击案发生后，全朝惊骇。皇太子第二天奏报皇上，神宗立即命法司提审张差。刑部提守主事东林党人王之寀通过对张差多次口供的分析和对蓟州的实地调查，认为张差手持木棍，闯入东宫，是受人支使（张差供是郑贵妃手下宦官庞保、刘成主使）加害皇太子的阴谋活动。此事直接与神宗宠妃郑贵妃和其弟郑国泰有关。工科给事中何士晋等也主张追究主使，严惩郑国泰。但不属东林党的大学士方从哲、巡视皇城御史刘廷元等则得出截然相反的结论，认为张差是个疯子，"语言颠倒，形似疯狂"，因来京鸣冤，人地不熟误入东宫，应以疯癫论罪。郑贵妃见王之寀等执意严加追究，惶惶不安，就向神宗使性哭闹，说她冤枉。25年不见群臣的神宗在慈宁宫召见方从哲、吴道南等文武群臣，警告他们不要离间神宗和皇太子的关系。而对梃击案，则不愿深究，下令定张差为疯癫奸徒之罪，于同月二十九日由内宫偷偷处决，又将庞保、刘成灭口了事。同时，王之寀被削籍为民，何士晋调离京师，贬为浙江金事，其他的或降职或被罚俸。

作为晚明三大案之一的梃击案牵连很大。关于此案的争论直至开启五年（1625）都没消匿。

努尔哈赤称汗

明万历四十四年（1616）一月一日，女真族（满族）首领努尔哈赤在赫图阿拉（今辽宁新宾西老城）称汗，年号天命，国号金，史称后金。他就是后来的清太祖高皇帝。

早在万历二十九年（1601），随着女真族势力的日渐壮大，努尔哈赤就建立了黄、白、红、蓝四旗，后又于万历四十三年（1615）增建镶黄、镶白、镶红、镶蓝四旗，共计八旗，完善了"八旗制度"。这种制度符合当时社会经济发展的状况和不断扩张势力的要求，实行兵农合一，全体女真族成员都统称"旗人"，严格按旗、参领、佐领编制，平时从事农业生产，战时入伍作战。这种社会组织形式，具有生产、行政、军事三种职能，女真族在这种制度下更是如虎添翼，迅速兴盛强大起来。

努尔哈赤还规定了许多行军作战原则，如行军时，看地形而变，地广就八旗并列，地窄就合为一路，灵活机动；作战时，以

努尔哈赤像

中国通史

最新整理图文珍藏版

长矛大刀为先锋，擅长射击的从后面冲击，精兵不得下马，相机接应。另外在胜利后，实事求是地考察功劳。

《满洲实录》书影

他又设置了听讼大臣、佐理等官职，分工明确，并确立每五日视朝，听取奏议的制度。另又创文字，实行屯田，开采矿藏。这些都为他第二年的即位做了准备。

努尔哈赤的即位，标志着后金的迅速崛起强大。即位时他曾致书朝鲜国王，说朝鲜如果日后再援助明朝，他一定以刀兵相见，表明他有很强的雄心和实力。自此后金成为明王朝在东北的主要威胁力量。

他即位后，继续扩张自己的势力，日益加强与明王朝的对抗，为建立大清王朝打下了坚实的基础。

努尔哈赤誓师攻明

万历四十六年，后金天命三年（1618）四月，爱新觉罗·努尔哈赤以"七天恨"告天，正式叛明。七天恨的内容，除了对自己的父祖无罪被诛表示怨愤之外，同时对汉人越界挖参，影响满人生计；辽东边将迫逐他的边民离开田亩，丢弃房产；以及明朝祖护叶赫，使他受尽委屈等事，更是深致责备之意。四月十五日

后金步、骑围攻抚顺城，明军游击李永芳投降，守城千总王命印战死，抚顺东册、玛根、丹三城以及台、堡、寨共500余座悉为后金兵所占据，全城遂陷，后金兵将城中居民尽驱赶到广宁城。同月二十一日，明军广宁总兵官张承荫率副将颇廷相、参将蒲世芳、游击梁汝贵等诸营兵援抚顺。后金兵乘胜奋击，张承荫、蒲世芳力战身死，颇廷相、梁汝贵突围后见失主将，亦奋战阵亡。明军将士死亡万余人，幸免者十无一二。消息传到北京，举朝震骇。

次月（闰四月），明廷起杨镐为兵部左侍郎兼右佥都御史，经略辽东，筹措辽饷300万两，加强防御，阻遏后金兵。七月，后金兵进围清河堡城，守城副将邹储贤率万人固守，后金兵树云梯登城，储贤战死，清河堡陷，遂失辽东屏障。明廷急檄调山海关、保定、铁岭、大同、广宁、开原诸路兵马赴援。援兵尚未出关，神宗赐杨镐尚方剑，诏斩总兵以下官。于是清河逃将陈大道、高炫被斩于军中。直至入冬，四方援兵始集。

努尔哈赤征明首战告捷，士气大振。在返回赫图阿拉后，论功行赏，并酝酿对明朝的再次征战。

金军大败明军于萨尔浒

万历四十七年（1619）三月，明军与后金战于萨尔浒，明军覆没。

本年正月，后金征叶赫。时明军援辽之师大集，恰遇叶赫告急求援，杨镐遂于二月在辽阳誓师，分兵四路，期藉此消灭后金，解除东北边防威势。

本月，杨镐分兵出击，杜松想立首功，先渡浑河，连克两小寨，乘势赴萨尔浒山谷口。努尔哈赤侦知明军分布，集八旗兵

努尔哈赤穿用的甲胄

这次萨尔浒大战，明军损失惨重，后金军势大振，又于六月、八月先后攻陷开元、铁岭，马林战死。从此，后金兵开始了长驱直入征讨明朝的掠夺之战。

明神宗逝世葬于定陵

万历四十八年（1620）七月，神宗朱翊钧去世。十月上庙号神宗，葬定陵。

地宫明神宗宝座

6万，乘明军部署未定，设伏以击。先于界藩山吉林岩击破杜松军3万，杜松战死，乘胜回击马林于飞劳山，明军败溃，叶赫军惧而逃遁。杨镐得两路败报，急檄止李如柏、刘綎两军。此时刘綎已进军深入300里至深河。努尔哈赤设计诱刘綎进入伏击圈，前后夹击，刘綎死战，全军覆没，朝鲜援军亦投降。

神宗年仅21岁，就开始选择寿宫。次年开工，经过6年才完成。神宗对自己的寿宫颇注重，亲自规划，很多地方模仿他祖父世宗的永陵。永陵是明十三陵中用时最久，役力最多，花费最大之陵，而定陵有些地方的硕大、精致还有过之。神宗在位48年，于1620年逝世，葬于定陵。同

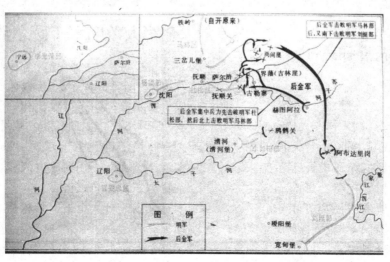

萨尔浒之战作战经过示意图

年去世的孝端皇后，及光宗的生母皇贵妃（改号孝靖皇后），也同葬于此。

神宗曾将北京房山县大房山金代陵寝捣毁，清人自称金人后裔，入关之后进行报复，将定陵严重破坏。乾隆五十年（1785）曾整修过1次，把殿堂改小。民国3年（1915），定陵遭回禄之灾，陵恩殿被烧毁。日本侵华，陵恩门也遭破坏，只剩宝城埋在地下未遭损坏。

宝城之内是玄宫，亦称地宫，是陵寝的地下建筑，也就是帝后的梓宫所在。玄宫是座构造复杂的砖石构建筑，从明楼之后，先经过砖铺的砖隧道，及花斑岩筑的石隧道，来到了金钢墙，金钢墙以城砖铺成。过了此墙即为隧道券，也就是玄宫外面第1室，地面铺设石条，由隧道券西壁稍往里走，就是前殿大门了。此门为全部石雕的券门，两扇石门以整块汉白玉（白大理石）作成，洁白无瑕，光润异常。上刻有乳丁状门钉，衔环、下上门轴也以原石雕就。

前殿是间长方形券室，东西长20公尺，南北宽6公尺，高7.2公尺，南北2壁以石条平砌，地铺方形澄浆砖。过了前殿又是一道石门，与第1道相同，然后才进入到中殿。中殿构造与前殿相同，但东西较长。殿内西端有宝座3个，座前有5供，中央置香炉，炉内有檀香木圆香1柱，两侧有玻璃烛台。5供前有长明灯1盏，

定陵明楼夕照

当然早已不明了。中殿的南、北壁各有一小券门通左右配殿，配殿以石条铺造，中央靠北处有宝床。

经过中西殿壁又有1座石门，过此石门则是后殿。后殿规模较前2殿稍大，四壁均以石条平砌，地铺花斑石。殿中部偏西有汉白玉作的宝床（棺材）1座，床面平铺花斑石，上放棺木3具，中间是神宗皇帝，右边是孝端皇后，左边是孝靖皇后。

墓内随葬器物虽量多质精，但保存不佳，很多需要修复。随葬器物主要分布在后殿，其他各殿也有一些零星东西。这些随葬品主要分冠服、金银器、玉器、葬仪用具等几类。冠服最重要的是金冠和凤冠，金冠置神宗皇帝头侧的圆盒内，翼善冠形，全部用极细的金丝编结，饰有2条金龙。凤冠置于孝端皇后梓宫北面5只朱漆木箱内。

金银器包括金的脸盆、壶、盂、香盒、粉盒、碗、盘、匙等，有的刻纹饰，有的镶珠宝。银器很少，仅盘、提梁壶几件。

地宫后殿

玉器包括玉料及各种玉制日用品、玉佩、玉带等。比较重要的是8件玉圭,其中两件用黄锦包住放在织锦袋内,再装进描金皮匣中,置神宗头上。这2件玉圭上尖下方,刻四山纹,是帝王祭天地宗庙的镇圭,乃一朝重器。其他几件体积略小。

葬仪用具有谥册、谥宝、墓志、木俑、铜锡明器等。

"红丸案"发生

泰昌元年(1620)九月一日,光宗朱常洛服鸿胪寺丞李可灼所进红丸而死,引起"红丸案"。

泰昌元年(1620)八月,光宗病重,司礼监秉笔兼掌御药房太监崔文升进泻药,光宗服后病情更加严重,一昼夜起来三四十次,廷臣纷纷指责崔文升不知医,妄进药,也有人怀疑是神宗的郑贵妃所指使。八月二十九日光宗病情进一步加剧,由鸿胪寺丞李可灼进"红丸",光宗服后于九月一日病死,朝廷内外因之议论纷纷。御史王安舜首先上疏,请重治李可灼。随后,御史郑宗周、郭如楚、冯三元、焦原溥、给事中魏应嘉、惠世扬、太常卿曹珖、光禄少卿高攀龙、主事吕维棋等人先后上疏请斩崔文升、李可灼。南京太常寺少卿曹珍,还上疏请究治崔、李奸党。结果,朝廷将崔文升发遣南京、李可灼发配充军。其后魏忠贤翻"红丸案",李可灼免戍,崔文升被任命为总督漕运。直到魏忠贤失势时,崔文升才被捕下狱。

朱由校即位与"移宫案"

泰昌元年(1620)九月一日,光宗病逝,年已16岁的皇长子朱由校当立为新

朱由校(熹宗)像

君。其时光宗选侍李氏仍居乾清宫,朱由校居住慈庆宫。李氏与宦官魏忠贤互相勾结,企图利用朱由校年幼,独揽大权,因而不肯移出乾清宫。九月二日,都给事中杨涟首先发难,上疏反对李氏继续居于乾清宫;劾其对皇长子无礼,不可将皇长子托付给她。御史左光斗也上疏,说内廷的乾清宫,如同外廷皇极殿,只有皇帝的皇后才能居住。请李选侍移居于宫妃养老的地方仁寿宫内的哕鸾宫。李选侍得到左光斗奏疏之后大怒,数次遣使召左光斗拒不赴见。李选侍益怒,要朱由校议处,朱由校认为左光斗所言极是,催促选择吉日良辰移居宫。经过杨、左等人力争,九月初五日李选择移居哕鸾宫,皇太子朱由校复还乾清宫。是时宫府危疑,给事中杨涟与大学士刘一燝、吏部尚书周嘉谟定大事,言官只有左光斗积极相助,其余均听杨涟旨意,故一时论移宫者首称"杨、左"。

熊廷弼经略辽东

万历四十七年(1619)三月,经略辽东杨镐三路丧师时,朝廷以熊廷弼熟悉边事,即命其为大理寺丞兼河南道御史,宣慰辽东。同年六月二十三日,神宗以杨镐

无能不堪重任，罢其职，升熊廷弼为兵部右侍郎兼右佥都御史，经略辽东。熊廷弼慨然从命，以尽忠报国，效死疆场为己任，立即上疏朝廷，说：辽东为京师肩背，河

熊廷弼像

东为辽阳腹心，开原系河东根本，欲保辽东则开原必不可不收复。请令从速调兵遣将，备好粮草，修造器械，及时供应。并请给予便宜行事。神宗一一如其请。赐尚方宝剑，以重事权。熊廷弼得旨离京抵山海关时，得知铁岭亦已为后金军队所占领，沈阳及诸城堡军民一时纷纷逃走，辽阳也岌岌可危。他毫不畏惧，日夜兼程，于八月三日赶到辽阳。入城之后，熊廷弼雷厉风行，诛斩逃将、贪将，奏免铁岭总兵官李如桢，并亲自巡视城防，督造战车，治火器，修城池，招集流民，积极备战。后来又请调兵18万人，分布于抚顺等要口。神宗亦俱可其奏。自是，辽东人心暂时稍为安定。

万历四十七年（1619）十一月二十四日，熊廷弼上书奏陈辽东战事方略：今日制敌之策有三：一是收复失地，二是出兵进剿，三是固守险要。收复、进剿为时过早，上策应是固守，派重兵布防清河（今

本溪）、叆阳（今凤城东北）、抚顺、三岔河等各个险要之地，积极防御，以守为战。并具体陈述了各地军事形势、兵员配备及制敌方略。同时提出为了便于征行居守，对付后金10万名军队，需要招募和征调官兵18万人，马9万匹。每名士兵年饷银18两，18万人，该银324万两。又每名士兵月给米5斗，该粮108石。马每匹日给豆3升，9万匹，该豆972000石；草每日一束15斤，每年除4个月有青草可食不给外，8个月共该用草2160万束，若小束则倍之。此皆不得裁减。神宗从其言。熊廷弼"自按辽即持守边议，至是主守御益坚"，"亦有斩获功"，取得了局部性胜利。

后金攻陷沈阳广宁

自万历四十六年（1618）努尔哈赤以"七大恨"誓师、向明朝正式开战以来，明连失抚顺、清河两地，又经萨尔浒战败，辽东防线被后金突破。

努尔哈赤继续扩大战果，于次年6月攻破开原，7月占领铁岭。兵锋所至，明军望风溃逃。明天启元年（1621），努尔哈赤亲率大军，将木板云梯战车顺浑河而下，水陆并进，直取沈阳。明朝为了守卫沈阳，设置了坚固的防线，城外浚濠，伐木为栅，埋伏火炮，守卫森严。后金大军到达城下后，先用计诱使明朝总兵官贺世贤出城迎战，射杀了他；然后又用楯车攻城，从东北角挖土填壕。城上明军发炮还击，但发炮过多造成炮身过热，装药即喷。后金军乘机越过壕沟，猛攻东门。混在蒙古灾民中的后金奸细，砍断桥绳，放下吊桥，后金军蜂拥而入，攻占了沈阳城，并在城外和前来援救沈阳的1万余明军展开激战。面对数万后金军，明军拼死作战，后终因寡不敌众而全军覆灭。

沈阳故宫大政殿，是努尔哈赤、皇太极处理政务的地方。

攻克沈阳后，努尔哈赤乘势进军辽阳，明辽东经略袁应泰得知，急忙将奉集、威宁的明军都撤至辽阳，以加强防守，同时还引水注濠，沿濠列炮进行固守。三月，努尔哈赤率军抵辽阳城外，即分两路兵马，一部掘城泄水，一部运石填濠，然后督军攻城，激战3日，明军苦战不敌，袁应泰自杀，辽阳失守，后金军随之席卷辽阳以东，海州、盖州、金州、复州和耀州等70余城都被占领。

沈阳、辽阳相继失守使明廷大为震动，于是又重新起用熊廷弼为辽东经略，同时任命王化贞为广宁巡抚，以收拾辽东残局。可是熊、王二人从一开始就发生矛盾，熊廷弼主张以守为攻，而王化贞则大言轻敌，一意进攻，对此明政府

也模棱两可、举棋不定。善于捕捉战机的努尔哈赤，遂在明天启二年（1622）率军渡过辽河，攻入辽西。后金军首先围攻西平，王化贞听从其亲信孙得功的计谋，大发广宁明军前往救援。而双方一交锋，明军就溃败下来。孙得功竟阴为内应，逃回广宁后大呼后金军已到，城内军民惊惶失措，四处逃奔。王化贞也狼狈而逃，与接应的熊廷弼会于大凌河。熊廷弼以所领数千人为王化贞殿后，尽焚积聚，退守山海关。后金兵长驱直入，不战而下40余城，占据广宁，又陷义州。

不久，努尔哈赤迁都沈阳，着意经营辽沈，为入主中原打下了坚固的基础。

宦官魏忠贤专权

魏忠贤，原名李进忠，后复魏姓，又赐名忠贤。本为河间肃宁无赖，因赌博赌输而自宫为阉，巴结太监魏朝而被推荐给王安，成为李选侍心腹。当时定兴民侯二妻客氏被选为熹宗朱由校乳母，魏朝与魏忠贤为争客氏而争斗，王安偏信魏忠贤而勒退魏朝。熹宗即位后，客氏、魏忠贤因而得志，二人密谋后，矫诏杀了王安。

天启元年（1621）五月，魏忠贤窃得司礼秉笔太监的大权，从此遍邀党羽，专制朝政，作威作福，弄得朝纲大坏，冤狱

魏大中因上疏弹劾魏忠贤而被捕下狱，杖毙狱中。图为他在狱中写的绝命书。

遍生，民怨沸腾。

魏忠贤得势主要得力于熹宗乳母客氏，他怕与客氏合力肆恶的行动被妃嫔们揭发，因而掌权伊始，就大杀妃嫔。先是矫旨令光宗选侍赵氏自尽，继而幽禁裕妃张氏，使之饥饿而死。皇后张氏有孕，客氏用计使之堕胎。二人又乘熹宗郊祀的机会，杀掉他的宠妃冯贵妃，对不满他们的慧妃范氏和李成妃，他们均将其废为宫人。

魏忠贤以司礼秉笔太监领东厂事后，任用田尔耕掌卫事，许显纯掌镇抚司，罗织罪名，严刑酷法，一时厂卫之毒流通天下。同时，魏忠贤又以熹宗好察边情为名，常令东厂派人到关门，侦探情况奏报，称为"较事"，边将稍有不满，即怀恨在心，借机惩罚。

魏忠贤大权在握，气焰嚣张，引起了许多朝臣的不满。先是周宗建疏劾魏忠贤，被夺俸3月。继而杨涟因征文言之狱而上疏劾魏忠贤24大罪，被魏忠贤削藩，然后刑讯至死。万燝也因不满魏忠贤而遭廷杖毙命。后来魏忠贤又借东林党一事大兴党狱，"作东林点将录、天监录、同志录"，大肆逮捕东林党人，一大批不满魏忠贤之士，惨死狱中。

当魏忠贤肆意镇压一大批忠正之士的时候，一些无耻之徒都相继阿附于他。其中有"五虎"、"五彪"、"十狗"、"十孩儿"、"四十孙"之号。同时，自内阁、六部至四方总督、巡抚，遍置其党，又派太监监军、镇守，收揽兵权。朝臣跪拜均呼他"九千岁"。以潘汝桢为首的一批阿谀之臣到处为魏忠贤修建生祠，靡费民财数千万。

总之，魏忠贤将"易置大臣之权"、"转迁百官之权"都控制在手中，擅权威福，肆走妄为。人们"只知有忠贤，而不知有皇上"。

辽东经略熊廷弼被杀

熊廷弼（1569～1625），字飞白，号芝冈，江夏人。万历二十六年（1598）进士，授保定推官。后擢升御史，巡按辽东数年，按劾将吏，风纪大振。万历四十七年（1619），起大理寺丞兼河南道御史，宣慰辽东，不久便升为兵部右侍郎兼右佥都御史，代杨镐为辽东经略。出关后，熊廷弼遍阅形势，确定了"坚守进逼"的策略，招抚流亡，修缮战具，训练军队，整顿军纪，分兵固守城池，不轻易与后金军开战，只派小股人马骚扰。结果在一年时间内就稳定了辽东局势，努尔哈赤也因此不敢贸然进攻。

但是熊廷弼的这些做法，都遭到了一些大臣的攻击，姚宗文等人参劾他临敌畏缩，不敢出战，他因而被迫离职。替换他的袁应泰缺乏军事才能，举措失当，致使后金兵连破沈阳、辽阳，京师大震，于是朝廷于天启元年（1621）重新起用熊廷弼为兵部尚书兼右副都御史，同时任命王化贞为广宁巡抚，一起收拾辽东残局。可是熊、王二人从一开始就发生矛盾。熊廷弼倡三方布置策：集中兵力于广宁，对付强敌；而于登莱、天津则建立水师，扰乱辽东半岛沿岸；经略驻山海关，指挥全局。其策略的中心仍是以守为攻。而王化贞则大言轻敌，一意进攻，且分兵屯守辽河，处处和熊廷弼唱反调。

"经抚不和"给努尔哈赤提供了入侵的机会。天启二年（1622），后金军大举进攻，在广宁大败明军，进而占有辽沈广大地区。广宁之败后，熊廷弼与王化贞同时被逮捕，会审后一并论死，此时又有阉党诬告熊廷弼侵盗军饷，随后魏忠贤以追赃不获而引起熹宗发怒，致使熊廷弼于天启五年（1625）八月被斩于西市，传首九边。

汤若望来华

汤若望，号道末，德意志人。1611 年入耶稣会，天启二年（1622）他在葡萄牙殖民主义者的支持下来到中国。他从广州入境，不久即赴北京学习汉语，后又奉耶稣会之命，往西安、南京等地进行传教活动。崇祯三年（1630），明廷召他到北京，继邓玉函之后管理历局，修造天文仪器，编制《崇祯历书》，监铸西式火炮，以此得到明廷信用。

汤若望参入编写的《崇祯历书》是在徐光启的主持下编撰成书的。除汤若望外，徐光启还聘请了龙华民、邓玉函、罗雅谷等西士同襄历事。该书采用传统阴阳历结构，并引进丹麦天文学家第谷宇宙体系和几何学计算方法，在对中法、西法比较研究和实测成果的基础上，对中国传统历法进行了修订，从而促进了中国天文历法的发展。

归清以后，汤若望更是备受重视，曾长期执掌钦天监，并加官至太常少卿。

徐鸿儒起义自称中兴福烈帝

徐鸿儒，山东巨野人，后迁往郓城居住。万历末年，在山东传播白莲教，被推为教主。徐鸿儒的白莲教与王好贤的闻香教、于弘志的棒槌会三方相约于天启二年（1622）八月十五日同时起义。后来徐鸿儒因计划泄露，提前于五月首先起事，自号中兴福烈帝，称大成兴胜元年，设丞相、总督、总兵等官。徐军以红巾为帜，分 10 余部，每部万余人。起义军首先攻下郓城，

徐鸿儒犯曲阜事碑文拓片（部分）

六月，再破邹县、滕县。此时，于弘志的棒槌会起而响应，刘永明在艾山称"安民王"，也率众 2 万与徐鸿儒相呼应，一时纷起响应者达数 10 万众。七月，起义军攻占夏镇（今山东微山），切断漕运河道，缴获大批漕粮。起义军以夏镇为中心，犄角邹、滕，"攻城城陷，略地地折"，连败官军。熹宗朱由校急调大批官军进剿，十月官军收复邹县，继而攻破滕县。因叛徒出卖，徐鸿儒被官军俘获，于弘志、王好贤也先后被俘，起义遂告失败。十一月八日徐鸿儒等 18 人在京师被杀。徐鸿儒在山东

传教 20 年，起义 7 个月，终因失败而身死。

荷兰侵占澎湖

万历中叶，荷兰殖民者来到中国，并从联合东印度公司建立以后，加紧了对中国的侵略。

万历三十一年（1603），荷兰派出了一支由 12 艘船只组成的舰队窜入中国领海，要求互市，没有实现。第二年七月，荷兰水师提督韦麻郎与熟知我国东南沿海情况的中国奸商相勾结，侵入我国澎湖岛。他们在岛上伐木建房，准备长久居住下去。由于福建南路总兵施德政严加防范，一面拘禁荷兰派遣的奸商，严禁商民下海，断其接济；一面严守要害，厉兵秣马，以备来犯。荷兰人见自己力量不足，接济之路不通，只好于十月末离去。

天启二年（1622）四月，荷兰人雷约兹率领荷、英联合舰队再次侵入澎湖，要求互市。守臣答复说，如果毁城远徙，便可通商。荷兰人乃于天启三年（1623）毁城移舟离去，巡抚商周祚以遵谕远徙上闻，但荷兰人仍旧占据着台湾。不久又溜回澎湖筑城，并以此为据点多次进犯厦门，直至天启四年（1624）被明朝军队赶往台湾。

袁崇焕固守宁远

孙承宗被劾罢官后，代替他经略辽东的高第畏敌如虎，竟然尽撤关外诸城守县，驱屯兵入关，委弃米粟 10 余万。他还欲撤宁远、前屯二城守军，但袁崇焕誓死不去，坚守宁远。努尔哈赤见明经略易人，发兵进攻。

天启六年（1626）正月，努尔哈赤率兵 13 万征明，连下锦州、松山、大小凌河、杏山、连山和塔山 7 城，进而围攻宁远，致书袁崇焕要他投降。当时袁崇焕官宁前参政，在大兵压境，外无援兵的紧急关头，袁崇焕毫不畏惧，他和总兵满桂、副将左辅、米梅、参将祖大寿及守备何可纲等集将士刺血誓师，固守宁远。他们把城外民众迁入城内，所遗住房全部烧毁，坚壁清野以待后金军。努尔哈赤见袁崇焕不降，便指挥军队猛攻宁远，但明军枪炮药罐雷石齐下，死战不退，袁崇焕还令福建士兵施放红夷大炮，击毙不少后金士兵。后金军连续攻城两日，都不能得手，加之努尔哈赤也被炮火击伤，最后只得解围而去。袁崇焕因保城有功，炮伤努尔哈赤，擢右佥都御史，驻宁远。

宁远之战是明金交战以来明军所获得的第一次大胜仗。它遏止了后金对关内的进攻，挫伤了他们的锐气，稳固了明朝宁锦防线。从此，明朝和后金在宁远、锦州一带形成了长期对峙的局面。

孙承宗督师辽东

天启元年（1621）明廷经广宁之败后，关外局势更为混乱。新任经略王在晋主张专力防守山海关，放弃关外，但兵部主事袁崇焕等表示反对，建议坚守宁远。为此，大学士孙承宗奏请亲身前往勘察，还朝后建议出关筑宁远要害，与觉华岛相犄角，并自请督师。天启二年（1622）八月十六日，孙承宗奉诏督山海关及蓟、辽、天津、登莱诸处军务。至关后，他裁汰虚冒，定军事，申明职守，以马世龙为总兵官，令祖大寿等守觉华岛，副将赵率教守前屯，前后筑城堡数十，练兵 11 万，造铠仗，开屯田，军声大振。然后倾全力布置宁远的防御，并以觉华岛作为贮积粮饷的基地。天启三年，孙承宗见祖大寿所筑宁远城墙不合规格，命袁崇焕重加修筑。第二年宁远城建成，此城高3丈2尺，雉高6尺，址广3丈，上2丈4尺，异常高大坚固，屹然成为明廷关外重镇。天启五年（1625）孙承宗又遣将分据锦州、松山、杏山、右屯及大小凌河等地，并修缮了各处城郭。自此，复关外地200里，明朝宁锦防线形成，成为努尔哈赤向关内进犯的巨大障碍。然而，同年九月，因魏忠贤处处牵制，其党羽又以简将、汰兵、请饷等苛责于他，孙承宗被迫去职，关外形势急转直下。

朱由检继位

　　朱由检是光宗第五子，熹宗弟，天启二年（1622）八月封信王，天启六年出居信邸。天启七年（1627）八月二十二日，熹宗朱由校病死。二十四日朱由检遵遗命即皇帝位，颁诏天下，改明年为崇祯元年，当时朱由检17岁。

　　崇祯久忿魏忠贤专断国政，肆毒天下，所以即位后，便大力惩治阉党。当时嘉兴贡生钱嘉征劾魏忠贤10大罪，崇祯立诏魏

明末武清侯李诚铭出资为魏忠贤所建的生祠；崇祯继往后诛杀魏忠贤，改此祠为药王庙。图为药王庙前殿（庙址在北京）。

忠贤，令内侍读之。魏忠贤心惧，用重金求助于信邸太监徐应元，又被崇祯知晓，徐应元被斥退。十一月一日，崇祯命将魏忠贤安置于凤阳，四日命逮捕法办。魏忠贤得悉，自缢而死。崇祯下诏戮其尸，悬首河间。十二月，又下诏定魏忠贤阉党逆案，严厉惩处魏忠贤余党，"五虎"、"五彪"等都被处死。同时下令毁《三朝要典》以正视听；毁魏忠贤生祠，变价售出，诏准被魏忠贤贬斥各官场恢复原职，赠恤冤陷诸臣。崇祯二年（1629）三月，崇祯帝再次诏定魏忠贤逆案，诏命彻底清查魏忠贤余党，又不同程度地处治了200多人。崇祯通过这一肃逆活动，扶正祛邪，整顿朝纲，稳定了局面。

皇太极继位

　　天启六年（1626）九月一日，皇太极即后金汗位，改次年为天聪元年。

　　在是年正月的宁远之役中，努尔哈赤负伤败回沈阳。八月，因痛疽突发，治疗无效而死。努尔哈赤生前曾规定后金国应实行八和硕贝勒共议国政，不要立强有力者为主。而且他又没有留下立嗣的遗嘱，所以在他死后由谁继承汗位，便成为满洲贵族内部一个很尖锐的问题。作为努尔哈赤第八子的皇太极，英勇善战，长于计谋，又得到势力强大的代善（努尔哈赤次子）父子的支持，因而最终被拥立为汗。

　　皇太极继位以后，面临宁远新败、满明正已成相持局面的形势，采取了一系列重大措施。他重新任命八旗大臣，规定八旗大臣的权限，扩大汗的权力。他调整满汉关系，使他治下的汉人各安本业。他与明暂时议和，腾出手来东征朝鲜，既消除后顾之忧，又扩充军事实力。

　　皇太极采取的这些措施，迅速巩固了

中国通史

最新整理图文珍藏版

自己的统治，并重新取得了对明关系的主动地位。

袁崇焕杀毛文龙

毛文龙，仁和（今杭州）人。天启元年（1621）七月，他奉命从朝鲜西部袭击后金，占据皮岛，然后招诱辽民前后约10数万，在朝鲜西部铁山一带屯种，并不断派兵从沿海各岛或沿鸭绿江深入辽东内地进行袭击。后金天聪元年（1627）正月，皇太极出征朝鲜，毛文龙号称拥众十几万，却躲在皮岛，不敢出来援助，反说朝鲜人勾引后金来谋害他。在后金军撤退后，毛文龙又大肆杀掠被剃发的朝鲜人，诡称阵杀金兵以邀功。

袁崇焕任辽东巡抚后，上疏请派部臣清理毛文龙部军饷，毛文龙抗疏反驳，袁崇焕决心除掉毛文龙。崇祯二年（1629）六月五日，袁崇焕以阅兵为名至毛文龙驻地，邀其观看将士操练。袁在山下设帐，

张献忠"骁右营总兵官关防"印

派人埋伏于帐外。毛文龙到后，袁崇焕责问他违令数事，毛文龙抗辩，袁崇焕厉声叱之，并命其除掉冠带絷缚，历数文龙12大罪状，文龙丧胆，叩首乞免，袁崇焕遂取尚方剑将他斩于帐前。袁崇焕杀毛文龙，对他重整军纪有震慑作用。

皇太极攻北京

崇祯三年（1630）八月，思宗朱由检中皇太极反间计，杀袁崇焕。

袁崇焕（1584～1630），广东东莞人，万历四十七年（1619）进士。他曾任邵武知县，谋略、勇气过人。天启二年（1622）正月任兵部职方主事。广宁兵败后，袁崇焕单骑出关，自请守关，遂被超擢为佥事，使监军关外。后进兵备副使，再进右参政、按察使，驻守宁远。在高第经略辽东时，袁崇焕抗命守城，并于天启六年（1626）正月打退来犯的10余万后金军，获得明金交战以来明军的第一次大胜仗，袁崇焕因此进右佥都御史，加兵部左侍郎。三月，升为辽东巡抚，抗疏谏止宦官监军。熹宗不听，由此为阉党忌恨。

同年七月五日后金军再攻锦州、宁远，均被袁崇焕、赵率教打退。然而此次袁崇焕并未因功受赏，反被阉党恶意中伤，以不救锦州罪名被撤职。

崇祯元年（1628）四月，崇祯帝即位，召还袁崇焕，起升他为兵部尚书兼都察院右副都御史，总督蓟、辽、登、莱、天津等处军务，移驻关门，兼命该省官司敦促上道。七月，袁崇焕入见崇祯帝，要求"户部转军饷，工部给器械，吏部用人，兵部调兵遣将"，都要内外配合。八月初，到宁远平息兵变，整顿军纪，改组边防。又剑斩败将毛文龙，同时，袁崇焕为恢复故疆，趁后金东征朝鲜的时机，遣使与后

袁崇焕墓碑

金议和。在赢得时间后，即遣将修缮锦州、中左、大凌三城。袁崇焕这些正确的防守策略，有力地遏制了后金的军锋。

皇太极看到袁崇焕是他前进道路上的巨大障碍，决心借多疑的崇祯皇帝之手除掉袁崇焕。崇祯二年（1629）冬，皇太极联合蒙古科尔沁等部落，避开袁崇焕驻守的宁、锦，由蒙古境而直趋长城，再分兵三路，从大安口、龙井关、洪山口南下，进围北京。袁崇焕未得诏令，即从山海关千里驰援京师。每遇城池即留兵驻守。崇祯帝为之大喜，令其统领诸路援军。此时，后金皇太极施反间计，故意对俘房的杨太监透露后金与袁崇焕已有密约，然后放其回京报告。十二月，崇祯帝逮捕袁崇焕，下锦衣卫狱。金兵退后，明廷审理袁崇焕案，魏忠贤党徒乘机报复，攻击袁崇焕与大学士钱龙锡"擅主议和，专戮大帅（指毛文龙）"。崇祯三年（1630）八月十六日，袁崇焕以"谋叛罪"被斩于市，兄弟妻子流徙3000里，籍其家，天下冤之。自袁崇焕死后，明廷边防更无良将。

皇太极立法

天启六年（1626）九月，满清皇太极即位。为了巩固后金政权，约束贵族王公特权，加强君主集权，皇太极一方面创建国家行政机构，另一方面积极推动立法活动。皇太极在位期间，先后立法多项，内容主要有调整行政管理的法律规范、刑事立法，调整经济与社会关系的法律，调整外藩蒙古的法律。

调整行政管理的法律是在六部建立以后陆续颁行的，包括各种单行法规、谕令以及崇德元年议定的会典。这些法律规范首先确认了官员的等级与特权。如"亲定功臣袭职例"，规定功臣故后，其子可优先承袭世职，若无子，功臣的兄弟也可袭职，等等。其次是确立了六部二院法定的职责范围。各部职责与前代基本相同。另设理藩院与都察院，前者负责处理外藩蒙古事务以及有关喇嘛教的宗教事务，凡是在外藩蒙古征调军队、查录户口、编牛录、颁法律、禁奸盗、会审犯罪都由该衙门与有关官员会同办理；后者负责纠劾缉察上自皇帝、王、贝勒、大臣，下至牛录属员。此外规定了管部贝勒、各部大臣、官员的任用考核条例。

刑事立法包括一系列法令和上谕，主要内容有：禁止赌博；禁止私自遣人至明边境贸易，特别禁止私卖武器与汉人、蒙古人；禁止经商漏税；惩治奸盗；禁止隐匿俘获；禁止擅行畋猎；禁止隐匿逃人，等等。还特别强调惩治"十恶"，将"犯上"、"逃叛"、"谋杀"、"故杀"、"杀伤祖父母、父母"等等俱列入"十恶"，其中"犯上"条例明确规定，凡在"御前露刃"，"冲犯仪仗"、"言词不恭"、"诳称上命"都构成了犯上罪。此外，还确立了对各种犯罪采取惩罚的刑罚制度，规定了四种不同的刑罚，即死刑、身体刑、圈禁、财产刑。其中死刑有斩头、烧杀、磔杀三种，身体刑有贯耳鼻与鞭责两种，财产刑有籍家、罚银、罚物、罚"土黑勒威勒"、折赎、赎身等不同种类。

调整经济与社会关系的立法内容主要有：按丁分配国有土地；允许粮食自由买卖；禁止贵族大臣子弟郊外放鹰；禁止小民以至宫中祭祀、筵宴、殡葬使用牛马骡驴，实行纳粟赎罪制度，等等。此外还颁行《离主条例》，确认奴仆的告主权，其中规定凡奴仆告主私行狩猎、隐匿出征所获，擅杀人命，奸淫属下妇女，冒功滥荐等，如所告属实，准其离主。

为了调整与外藩蒙古之间关系，皇太极通过颁行军律、谕令在蒙古确立一系列的法律规范，要求蒙古各部落遵守"盛京定制"。此外还有一些具体的规定划定满洲与蒙古的关系，如禁止蒙古贵族越界游牧，确定各部落之间有相互救援的义务，规定边内边外人犯罪的法律适用原则等。

除了上述立法以外，皇太极还初步建立了司法、诉讼、审判制度，明确各牛录、各旗以及刑部等各级行政机构的司法权限，诉讼审判也有明确的规定与要求。

皇太极的立法活动，调整了满洲政权内的各种社会矛盾，加强了王权，促进了满清社会经济的发展。其立法内容既带有从奴隶制向封建制过渡的特点，表现了汉族法律意识对满洲统治者的影响，又具有鲜明的民族特色。皇太极立法，是清代法律历史的有机组成部分，在中国法制历史上占有不容忽视的历史地位。

皇太极建清

天聪十年（1636）四月十一日，皇太极在统一漠南蒙古及接纳了祖大寿、孔有德、耿仲明、尚可喜等人投降的胜利声中，接受诸贝勒的建议，在沈阳宣布称帝，用满、蒙、汉三种表文祭告天地，改国号为"大清"，改年号为崇德，改族名为"满洲"，并受尊号"宽温仁圣皇帝"。次日，清太宗率百官祭太庙，尊父努尔哈赤为太祖，随后又大封臣属。

皇太极称帝是在后金对外战争不断取得胜利、势力逐渐扩大的形势下进行的。这表明皇太极认为自己已不再是一个地处一隅的女真族首领，而是统治着一个大国的君主。因此称帝之举，是皇太极向人们进一步表明自己的政治抱负的重要步骤。

在皇太极称帝的同时，朝鲜因不堪后金的各种勒索而与后金的矛盾更加激化。皇太极决心在登基伊始便征服朝鲜。崇德元年（1636）十二月，皇太极率大军进攻朝鲜。清军兵分两路：左翼由多尔衮、豪格率领，由宽甸入长山口取道昌城，南下平壤；皇太极与代善亲率右翼，从东京大路经镇江进入朝鲜。十四日清军大队抵达安州，朝鲜国王逃到汉江南岸的南汉山城。二十九日皇太极南渡汉江，包围了南汉山城。崇德二年（1637）正月二十二日，清军在多尔衮率领下攻破城池，朝鲜国王被迫投降。从此，朝鲜正式成为清朝的属国，皇太极在征服朝鲜之后也解除了他对明战争的后顾之忧。

皇太极大规模攻明

崇德三年（1638）八月，皇太极在相继征服蒙古和朝鲜之后，认为自己确已无后顾之忧，便决定再次大规模派兵深入明朝腹地，进行骚扰掠夺，并用偏师袭击关外的锦州、宁远。八月底，皇太极命多尔衮、豪格、阿巴泰统左翼军，岳托、杜度统右翼军，两路出师征明。九月二十二日，右翼岳托军从蓟镇西协密云东北墙子岭口入边，二十八日左翼多尔衮军从中协董家口东青山关入边。当时明蓟辽总督吴阿衡、总兵陈国俊正在给监军太监邓希诏祝寿，闻讯后仓猝应战，均被清军所杀。两路清军便从迁安丰润会于通州河西，直抵北京近郊，然后攻掠良乡、涿州，直指山西，并兵分数路南下，一趋苍州霸县，一沿运河南下山东济南，一趋彰德卫辉。在清军大规模深入腹地的情况下，明廷内部却意见不一。兵部尚书杨嗣昌、监军太监高起潜主和，宣大总督卢象升主战，崇祯帝先是主和，后又主战。因而举措无当，互相掣肘，不能对清军组织有力的抵抗。卢象升兵虽督天下兵，实不及20000，后战死于巨鹿贾庄，全军败没。明廷急诏洪承畴、孙传庭入卫京师。清军遂乘虚攻入山东，于次年正月连下山东临邑等县，并攻破济南，俘德王朱由枢。二月，因皇太极亲攻山海关，久不能下，入侵清兵渐次撤退。这次清兵南侵，前后共5个月，转战数千里，攻破一府3州57县，俘掠人畜473000多，黄金4000余两，白银97万余两。

李自成败走商洛山

崇祯十年（1637）四月以后，明廷采取先抚后剿、四面合围的策略，使农民起义军的形势变得非常严峻。起义军中的一些不坚定分子纷纷倒戈：拥有六七万人的刘国能投敌，李自成部下祁总管叛变，张献忠也在湖北谷城接受明廷"招抚"，罗

山海关明代铁炮。炮为崇祯年间所铸。

汝才又于扬州降明。李自成一部则在四川继续坚持反明斗争，在强敌逼剿下，义军不断向东撤退。

崇祯十一年（1638）正月，李自成率部在撤向陕西的过程中，在川西梓潼遭遇明军伏击，接战不利，损失重大。此战结束后，明总督洪承畴估计李自成会撤向陕西潼关，于是与孙传庭定计，设三伏于潼关南原，每50里立一营，令总兵官曹变蛟在李自成军后追杀。十月，李自成军果然退至潼关南原，官兵伏起，李自成部仓促应战，立即陷于被动，不久义军溃败，将士死伤无数。李自成也身受重伤，妻女、辎重俱失，仅与刘宗敏等18骑突围，隐避商洛山中。其他各路农民军也或降或败，起义暂时转入低潮。

李自成败走商洛山后，他并没有因此丧失信心。在商洛深山之中，李自成"读书、观乾象"，与将士们一起，总结经验教训，并抓紧时间练武、整军，随时准备待机而起。

张献忠复起

崇祯十一年（1638）正月，张献忠部农民军在郧襄一举被左良玉、陈洪范等部击败。献忠军损失惨重，辗转退至谷城。当时熊文灿为总理统率明军，决计主抚，刊檄招降。当年春天，张献忠用重金贿赂熊文灿及总兵陈洪范，又使人赴京师贿首辅薛国观。四月八日，张献忠接受招抚，在谷城降于熊文灿。

张献忠在接受明廷"招抚"之后，在谷城表面上"跪拜有礼节"，实际上却训卒治甲杖，不放兵、不应调、不入见制府，"骄不奉法"。同时，张献忠在谷城征粮、征税、扩兵，向熊文灿"要挟无厌"。谷城知县阮之钿预见张献忠必定要反，便告知熊文灿，然而熊文灿听到后却很不高兴。阮之钿于是上疏向朝廷奏报，也未见反应。崇祯十二年五月九日，张献忠在谷城经过一年多的休整，兵精粮足之后，终于重举义旗。农民军杀谷城知县阮之钿，火焚官署，然后挥军攻房县，克郧西，下保康，朝野震动。在不到半年的时间里，张献忠农民军在东起夔、巫，西至成都，北达广元，南及泸州的广大地区内，以快速的军事行动，转战数千里，给官军以有力的打击，为农民起义打开了一个新的局面。

崇祯帝勤政

崇祯帝朱由检即位后，明王朝面临的是内忧外患、积重难除的危局。外有满清虎视眈眈，不断侵边入塞，大肆掳掠；内有陕、川、豫一带的农民大起义，如火如荼。面对这样的局面，满心想有所作为的崇祯帝宵衣旰食、殚精竭虑，力图挽回颓势。

即位伊始，崇祯帝就大力惩治魏阉逆党，整顿朝廷纲纪，明正典刑。随后遍询朝政，重用有识之士。臣僚每有推荐，崇祯必亲自召对，躬亲识才，量能录用。如杨嗣昌、卢象升等重臣均是在应对时获崇祯信爱而后擢用的。崇祯十一年（1638）四月，崇祯帝御中左门，广召考选诸臣，询问足兵足食之计。知县曾就义应对有据，当即迁翰林院编修。崇祯十三年（1640）四月，崇祯帝又告谕吏部诸臣，命用人时须不拘一格，当年便有260余人破格录用。

每有大事，崇祯必召群臣廷议，亦能从善如流，如杨嗣昌献"四正六隅"之策，杨德政上加征练饷之计，崇祯帝均予采纳并督促实施，从而广开言路，广求良策。

崇祯帝在一定程度上也能恤民疾苦。十一年（1638）八月，有外戚诳财虐民，他当即谕示，命其安心守分，不得鱼肉小民。十三的（1640）五月，崇祯帝又告谕户部、都察院，着各级官员务要察吏安民，体恤百姓。

终崇祯一朝，崇祯帝可谓未曾寝食有安。尽管他勤政有加，但终未能改变积弱积贫的局面。

荷兰占领台湾

崇祯十四年（1641），荷兰打败西班牙，独占整个台湾。

荷兰人在万历二十九年（1601）驾船航海至广州。万历三十二年（1604）袭击我国澎湖诸岛。天启二年（1622）强占澎湖，在岛上修造工事，建立要塞，并以此为据点，不断袭扰福建沿海，屠杀居民，掠夺财物，绑架人口至巴达维亚（今印度尼西亚雅加达）贩卖，沦为奴隶。天启四

台湾安平港

年（1624），明朝派军将其赶出澎湖。其时荷兰人又占据我国台湾台南的安平，在此修筑"热兰遮"、"赤嵌城"二处要塞，逐步向台湾南部扩张。天启六年（1626），占据鸡笼（今台湾基隆）。

本年（1641），荷兰、西班牙二个殖民主义国家为争夺台湾发生战争，西班牙溃败，荷兰于是以胜者之师占据台湾。

清兵攻明

崇祯十四年（1641）三月，明总兵祖大寿与清军接战不利，连连告急。明廷诏洪承畴及巡抚邱民仰率宣府杨国柱、大同王朴、密云唐通，会同曹变蛟、白广恩、马科、吴三桂、王廷臣等八总兵，领兵13万，马四万，集于广宁以援锦州。

四月，清济尔哈朗率兵攻锦州，距城30里扎营，截断松山、杏山援军道路。

七月，洪承畴率军进至宁远，决定以兵护粮饷，从杏山进松山，从松山进锦州，步步为营，以守为战。随即留粮饷于宁远、杏山及塔山堡外的笔架冈，而以兵力六万先进，其他各路相随于后。这时，皇太极已亲率清兵进至松山、杏山之间，横断大路，断绝粮道，并派军夺去明军塔山堡的粮饷。明军既失粮草，又不敢野战，于是商议突围，决定六位总兵更番断后，严阵而退。但大同总兵王朴先逃，其他各路遂不成阵列。吴三桂、唐通、白广恩相继奔逃，部属纷纷溃退杏山，一路遭清兵截击，死五万多人。洪承畴、邱民仰、曹变蛟等则退守松山城，被清兵四面围困。

松山被围后，崇祯命顺天巡抚杨绳武督师救援，又派兵部侍郎范志完驰援，但都敛兵不敢出战。副将焦埏赴援，刚出山海关即败。

九月，皇太极回盛京，留多铎攻松山城，洪承畴等乘机突围，不利。

十月，与清豪格部接战，又败，明军不能回城，多半降清。

崇祯十五年（1642）二月，松山被困已半年，城中粮食已尽，副将夏成德开城门纳清兵，总兵曹变蛟、王廷臣及巡抚邱民仰等被俘而死。洪承畴也被清兵俘获，押至盛京（沈阳）而降清。

三月，锦州总兵祖大寿见松下已破，战守均已无计可施，而且粮饷也尽，于是也向清兵投降。四月，清军相继破杏山、塔山，至此，明廷关外防线仅剩孤城宁远。

松锦之战是明清之间最大的一次战役，清军全力以赴，击败洪承畴十三万援军，

山海关东门城楼

中国通史

最新整理图文珍藏版

夺取关外军事重镇锦州，降获明末两个著名将领洪承畴、祖大寿。从此，明朝再也无力组织有力的部队与清军抗衡了。

明末社会矛盾的激化

土地兼并空前

明朝后期，土地兼并更加猛烈，宗室勋戚庄田的规模更大。如万历时，潞王（朱翊镠）有庄田4万顷，神宗也诏赐福王（朱常洵）庄田四万顷，后经群臣力争，始减为二万顷。天启时，桂王（朱常瀛）、惠王（朱常润）、瑞王（朱常浩）及遂平、宁国二公主的庄田皆以万顷计算。山西全省上好的田地，几乎全为宗室所占。河南有72家王子，土地"半入藩府"。宗室勋戚庄田占有土地的总面积，据不完全的估计，天启年间为50万顷。

一般官僚地主对土地的兼并也异常激烈。如万历年间，南直隶（今安徽、江苏）有的大地主占田7万顷。浙江奉化全县的钱粮是2万两银子，而乡官载澳一家就占去一半。崇祯时，河南缙绅之家田多者千余顷，少者也不下六七百顷。

豪强地主不仅在本乡占田，而且跨越省县设立寄庄田。许多地方寄庄田占地比例极大，如福建南靖县的土地，属于他县豪强者十之七八。山东曹县共有土地25000余顷，寄庄田占去一万余顷。在激烈的土地兼并之下，大多数农民失掉了土地，沦为地主的佃户，如顾炎武说，江南"有田者十一，为人佃作者十九。"

农民处境艰难

激烈的土地兼并，迫使农民大量流亡，政府赋税来源发生困难，而皇室挥霍有增无减，国家财政入不敷出，为弥补空额，加重了赋税剥削。一条鞭法推行不久，就出现鞭外有鞭，条外有条，杂税层出不穷。

万历十六年（公元1618年）明政府借口辽东战事紧急，向人民加派"辽饷"，前后三次，共征银520万两，相当于全年总赋

海瑞像

额的1/3以上。以后又有各种名目的加派，而且无论地方丰歉，土地肥瘠，皆一概按亩征银，再加以强征丁银，滥派差役，就使得更多的贫苦农民抛弃自己的小块土地，沦为地主的佃农、雇工和奴婢，或成为流民、饥民。

佃农所受的剥削在此时更加苛重。明末江南地区一亩之收，多者不过三石，少者一石，而私租却重至一石二三斗，松江多至一石六斗，苏州多至一石八斗，个别的达两石。除正租外，还有脚米、斛面以至鸡牛酒肉等等附加的租额和大斗大秤的剥削，还有从地主那里转嫁来的差役、赋税和高利贷的盘剥。这一切都说明当时地主阶级对佃农的剥削是十分惊人的。这种残酷的剥削就逼得佃农连起码的生活也都难以维持，辛勤一年，依然冻馁。

佃农的人身束缚在当时也很严重。某

些地区的佃农要替地主保家护院，在地主驱使下无条件的服各种杂役，而且未经地主给假不得自由行动。至于豪绅地主的横暴乡里，和王府亲随的荼毒农民，到明末更加猖獗，他们在各地"私设公堂"、"吊拷租户"、"驾帖捕民"、"格杀庄佃"，无所而不为。

对工商业的大肆掠夺

为了攫取更多的货币，兼营工商业的地主较前日益增多。在江南各城镇，很多地主和大商人成为铁坊、油坊、糖坊；囤房、机房的作坊主或当铺的东家。在北京，勋戚王公也都经理窑场、开张店铺以牟利。万历时，陕西的肃王除去拥有大量庄田外，还在各地设有瓷窑、店房和绒机。河南的福王也开设很多盐店、客店。他们利用封建特权在各地劫夺商货；把持行市，无顾忌地掠夺城市贫民、小手工业者和小商人的财富。

与此同时，政府也加强了对城市工商业的掠夺。从万历二十四年（公元1596年）起，明神宗即派出许多宦官充任矿监税使，在全国各大城市以征商开矿为名，大肆掠取民间的金银。万历二十九年（公元1601年）一年之中，由宦官直接送往北京的税款就有白银90余万两、黄金1575两，又有金刚钻、水晶、珍珠、纱罗、红青宝石等物，而装进宦官及其爪牙私囊的还不在内。这些宦官往往以开矿为名，强占土地，或巧立商税名目，横征暴敛。

明末农民大起义

陕北首义与荥阳大会

天启七年（1627年），陕西发生灾荒，遍地都是饥民，澄城知县张平耀不顾人民死活，还严催赋税，于是王二团结几百个饥民，冲进县城，杀死张平耀，揭开了明末农民大起义的序幕。此后响应者四起，王嘉允、高迎祥、李自成、张献忠等均先后加入农民军。农民军最初只在陕西、山西一带分散活动，逐粮就食。从崇祯六年（1633年）起，农民军活动的区域扩大，转战于河南、湖广（今湖南、湖北）、南直隶（今安徽、江苏）、四川、陕西诸省，农民起义开始形成全国性的规模。

闯王李自成画像

这时农民军中以闯王高迎祥一支最强，在群雄中最具有号召力。从崇祯七年（1634年）起，明政府连续组织大规模的围剿，以期消灭农民军。这年洪承畴受命总督陕西、山西、河南、湖广等处军务，调兵7万人向农民军展开进攻。崇祯八年（1635年）正月，主要的农民军首领高迎

中国通史

最新整理图文珍藏版

祥、罗汝才、张献忠、李自成等都聚集在河南，共有13家72营。为粉碎明军的进攻，首领们在荥阳举行大会，商讨作战方略。会上，李自成提出"分兵定所向"的主张，就是联合作战，分兵出击，得到大家的赞同。会后，高迎祥、李自成和张献忠等即率军离开荥阳东进。正月十五日，一举攻占凤阳，焚毁明朝皇陵。凤阳是明朝的中都，又是南北大运河的重镇。起义军袭破凤阳，明廷大为震动。不久，高迎祥、李自成和张献忠等又都转进入陕西。洪承畴的围攻计划全盘破产。

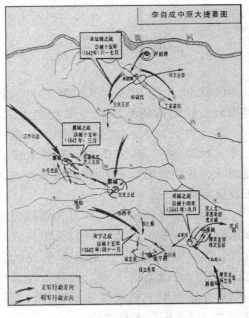

李自成中原大战要图

闯王李自成和明朝的灭亡

李自成出生在陕西省米脂县的一个农民家庭，幼年在官僚地主家当牧童，备受凌辱。他21岁时，父亲因贫病交迫死去，他生活无着，到银川驿当了一名马夫。后因地主艾举人欲加迫害，怒火中烧的李自成遂杀死艾举人，投奔起义军。李自成从小练就一身好武艺，善于骑射，且膂力过人，又有胆略，很快就当上了义军的队长。

在荥阳大会上李自成提出了联合作战、分兵迎众的战略思想、得到了各首领的赞同。于是分兵五路。迎击官军。农民军团结一致，各路大军取得节节胜利，直接威逼凤阳、南京。明王朝恐慌万状，继续增兵。1636年，高迎祥不幸被捕牺牲，1638年，张献忠又一度受抚于明朝，起义军陷于困难境地。但当明军忙于应付自东北南下的清军时，起义军又恢复了生机。李自成提出了"均田免粮"的口号，得到了广大农民的热烈拥护。1641年，"闯王"李自成率起义军攻破洛阳，杀福王朱常洵。接着李自成领军进围开封，歼灭明军主力。1643年，李自成在襄阳自称"新顺王"，创立新顺政权。1644年，李自成改西安为长安，建立"大顺"国。在攻下太原、大同、宣府、居庸关、昌平后，大顺军于同年三月，攻占北京。崇祯帝在煤山自缢，统治中国达270多年的明王朝宣告灭亡。不久，张献忠也在成都称帝，建立了"大西"政权。

大顺政权的失败

李自成进京后，采取一系列措施，加强政权建设。中央机构基本上因袭明朝，有的只改换名称。与此同时，对罪大恶极的大官僚大地主加以镇压，并用暴力逼迫明朝贵戚大臣、贪官污吏交出平日剥削来的金银财宝。在"均田"口号的推动下，某些地区的农民夺取了土地。但是，由于军事上节节胜利，大顺领导者竟滋长起骄傲麻痹思想，以为明朝覆灭，天下从此太平了。对于盘踞在江南的明朝残余势力，只派少数军队出征。对于屯兵山海关的吴三桂更抱着幻想，以为只要用金钱和封爵招抚就可以使他为大顺守卫山海关。一些大将开始追求享乐，把战斗任务丢在一边，有些士兵也想富贵还乡。所以，当吴三桂引狼入室，清兵入关之时，大顺军猝不及防，一触即溃。永昌元年

（1644 年）四月三十日，大顺军撤出北京，在清兵追击下，连连败退。次年四月，李自成在湖北通山县九宫山遭地主武装袭击，不幸身亡。

张献忠领导的农民军

崇祯九年（1636 年）秋，闯王高迎祥被俘牺牲，李自成由闯将被推为闯王，但这时他的势力还小，起义军中以张献忠的势力最强，实际成为支撑局面的主力。崇祯十一、二年间，在明军的围攻下，很多起义军先后投降了明朝，张献忠也在湖广谷城伪降熊文灿。崇祯十二年五月，张献忠于谷城重举义旗，明政府急派大学士杨嗣昌督师襄阳，统兵十万，对张献忠大举围剿。张献忠奋力突破包围，进入四川，杨嗣昌也领兵入川追击。张献忠采用"以走致敌"的战略，领兵疾走不停，从崇祯十三年（1640 年）七月到十四年正月，在半年之内，几乎走遍全川，行程五、六千里，使明军疲于奔命，无法追及，仅尾随而已。当明军精锐都聚集在四川的时候，张献忠急由四川开县东下。进入湖广，昼夜疾驰，仅用了 8 天时间，行军一千多里，突然出现在襄阳城下，一举破城，杀死襄王朱翊铭和贵阳王朱常法，时在崇祯十四年二月。杨嗣昌愤惧交集，自缢于军中。

张献忠自攻下襄阳后，又几经挫折，北进河南，被明军打败，便去投奔李自成；但二人不能合作，又东走今安徽，恢复了自己的力量，然后向西挺进，再度进入湖广。崇祯十六年（1643 年）五月，张献忠攻下武昌，把楚王投入江中，为人民平了大愤。张献忠在武昌称大西王，后转战湘赣一带。崇祯十七年（1644 年）正月，张献忠率兵进入四川，七月克重庆，八月破成都，随后分兵四出，几乎占了四川的全部。十一月，张献忠在成都正式建国，国号大西，年号大顺。

李自成牺牲后，清军就把进攻锋芒指向了张献忠。顺治三年（1646 年）清军由陕南进入四川，和四川地主豪绅的武装联合进攻大西军，十一月，张献忠驻军川北西充凤凰坡，由于叛徒的出卖，张献忠兵败不幸牺牲，时年四十岁。明末农民大起义失败了。

明末农民起义军推翻明王朝，使封建制度和法纪受到了一次严重的冲击，封建生产关系在一定范围和一定程度上得到了调整，为 17 世纪后期和 18 世纪前期社会经济的发展，创造了条件。

张献忠起义

张献忠，明末农民起义首领。字秉吾，号敬轩，延安柳树涧（在今陕西定边东）人。出身贫苦。人称之为"黄虎"。崇祯元年（1628 年），延安饥荒，府谷人王嘉胤起义，从小具有反抗精神的张献忠加入王嘉胤起义。

崇祯三年（1630 年）四月，张献忠率领米脂县十八寨穷苦人民举起义旗，宣布起义，绰号"八大王"。起义军的连续获胜，使统治阶级坐卧不安。六月，在清涧与明官军洪承畴、杜文焕作战受挫，为保存实力，献忠假降于杜文焕。

崇祯五年（1632 年），献忠乘机又起义，随农民起义军首领高迎祥、紫金梁转战于山西诸郡县。崇祯六年（1633 年）二月，张献忠率军由晋北南下垣曲，经过陕西向四川进发。三月，攻克四川的夔州（今奉节县）、大宁（今巫溪县）、大昌、新宁（今开江县）等州县。并由太平（今万源县）经长矛岭攻克通江，由巴州攻克保宁（今阆中县）、广元。这是献忠农民军的第一次入川作战。

崇祯七年（1634 年）正月，献忠农民

西王赏功钱

军进攻河南信阳、邓州，逃入应山。又率军西上，从郧阳渡过汉水，攻克陕西商名雒、周至（今改周至县）、鄠县（今改户县）。南下洵阳、紫阳、平利、白河，向四川方向进发。此时，献忠农民军已扩大到13营，"号十万"。二月，献忠农民军第二次进入四川，攻克川东的大宁、大昌和巫山。后又攻克川东门户夔州，统治阶级大为震惊。七月，献忠由白水江进入陕西，同李自成农民军联合攻克了澄城，而围攻郃阳（今合阳）、韩城、到达平橱、邠州。十月，又进入河南西部卢氏县。十一月，由卢氏进达嵩县、汝阳一带。

此年年底，农民起义军各支向河南荥阳地区集结。崇祯八年（1635年）正月，农民军13家72营的领袖们在荥阳召开了明末农民大起义史上具有重大意义的荥阳大会。13家领袖是：张献忠、高迎祥等、老回回（马守应）、革里眼（贺一龙）、左金王（蔺养成）、曹操（罗汝才）、改世王（许可变）、射塌天（李万庆）、横天王、混十万（马进忠）、过天星（惠登相）、九条龙、顺天王等。会议由13家中威望最高的西营八大王张献忠、闯王高迎祥主持。闯将李自成作为高迎祥部的裨将也参加了会议。李自成在会议上指出，今后农民军的军事路线，宜"分兵定向"，这得到了大家的一致赞同。即各支农民军都打击明

军的主攻方向，而老回回、九条龙来往策应。会上商定了共同的组织纪律和互相援助的方法。

荥阳大会标志着明末农民大起义进入了一个新阶段，它使农民军由分散作战开始向协同作战、互相声援的作战转变。

荥阳大会后，献忠率农民军东进安徽，直取凤阳，焚毁皇陵，挖了朱家王朝的祖坟，这是明末农民大起义以来的第一次重大胜利，给了明朝统治阶级一次十分沉重的打击。农民军焚毁皇陵的消息传到北京，崇祯帝朱由检惊慌失措，哀痛至极。

金陵第一名胜——莫愁湖

献忠农民军在直捣凤阳的同时，另一支部队乘胜向凤阳东南地区挺进。崇祯八年（1635年）正月，农民军合围庐州府，攻克和州、含山、巢县。不久，继续南下的农民军向安庆进攻，先后攻克潜山、太湖、宿松等州县。向皖北发展的农民军也攻克新蔡等地。接着，在安徽的农民军主力部队先后由潜山、太湖一带经英山、霍山、罗田，向湖北东部的麻城等地挺进。部队在麻城鹰山畈消灭黄州知府马人龙一千多地方武装后，继续西进。四月，农民军经随州，由商州进入陕西。张献忠、高迎祥此时已成为了陕西最强大的两支农民军。不久，献忠与迎祥会合，由西安进围凤翔。接着，献忠、老回回由陕西东突朱

阳关。明总兵官尤世威大败，明军尽亡。13营农民军全部出关。时八大王张献忠拥兵20万。十月，攻占河南灵宝、卢氏县。十二月，献忠农民军第二次东进。二十四日再克含山，二十六日包围和州，以大炮攻破西门，胜利进入和州。三十日到达江浦，直逼长江东岸的明南都——南京。

崇祯九年（1636年）正月，献忠军会合高迎祥、闯塌天、扫地王等"连营百余里"，以兵数十万，进攻江浦西北之全椒、滁州。卢象升官兵前来镇压，起义军受挫后，向西进入河南，活动于舞阳、南阳、内乡。

同年，高迎祥率领所部折回陕西，在周至遭到明新任陕西巡抚孙传庭的伏击，被俘牺牲。高迎祥的牺牲，对农民起义军是一重大损失。十月，献忠农民军从襄阳西北的均州出发，马守应自襄阳北的新野出发，蝎子块由襄阳以东的唐县出发，三路20多万大军向襄阳进发。农民军以多胜少，打败了明襄阳总兵秦翼明的2000骑兵，夺取了襄阳城，使明统治阶级大为震惊。农民军第一次攻克襄阳城。献忠与老回回马守应部顺汉江而下，发起了第三次东进作战。十二月六日，进抵应城。十日，一个和尚居然穿上应城林姓翰林弄来的铁甲，纠合一千余兵丁，打开城门向起义军挑战。农民军假装后撤，敌方武装陷入农民军的埋伏圈，献忠命骑兵发起冲锋，杀死了那个铁甲和尚，全歼一千多名敌方武装。

崇祯十年（1637年）二月，献忠以数十万农民军围攻湖北重镇随州。攻克应城、随州的农民军乘胜东下广济，全歼广济典史魏时光纠集的三百余地主武装。部队沿黄州、团凤、新生渊、罗田、三店、阳逻一线，从小路进攻安庆。四月，献忠农民军在安庆西南的丰家店，同敌军进行了一场漂亮的歼灭战，不到一天，就把庆天巡

大西政权铜印

抚亲自选拔的官僚地主子弟的地主武装彻底消灭。农民军接着继续东进，其先头部队到达南京与镇江之间的六合、仪真，扬州告急，明廷急令督理太监刘元斌、卢九德选勇卫万人前往援助。

在第三次入川作战中。献忠军东进苏、皖，给明廷军队以重大打击后，回师西进，由湖北东部向鄂、豫、陕交界地区进发。崇祯十年（1637年）十月，兵分两路进入四川，这是献忠军第三次入川作战。他首先攻克了剑州、安延县，然后继续向成都方向挺进。农民军将明军总兵官侯良柱引诱到梓潼县的倒马坎，将其团团包围，侯良柱与副总兵罗象乾、刘贵在激战中被杀，全军覆没。

崇祯十一年（1638年）正月，总兵左良玉、陈洪范大败献忠于郧西。献忠受挫后，为了保存实力，决定假降，在谷城接受了熊文灿的招抚。崇祯十二年（1639年）五月，献忠认为时机成熟，在谷城又举义旗，杀谷城知县阮之钿。又威胁御史林鸣球上书，求封于襄阳，鸣球不从，于是杀之。七月，熊文灿檄诸将进攻谷城，献忠樊谷城西走，与罗汝才军合。左良玉追击于房县西，献忠设下埋伏，尽歼敌军，良玉掉失了印，文灿、良玉都被革职。九月，大学士杨嗣昌督师进剿献忠。十月至襄阳违，捕败将熊文灿并处死。

崇祯十三年（1640年）二月，左良玉大败献忠于太平县之玛瑙山，精锐尽杀。仅以骁骑千余逃往兴安、平利。在此战役中，献忠的不少有实战经验的将领被杀，其他的一个妻子俘后牺牲，一个八岁之子被俘后死。另两个妻子歼氏、高氏及抚子惠儿也被俘。献忠在兴归山中得到休整，"伏深箐中，重贿山氓，市盐刍米未酪，山中人安之，反为贼耳目"。被敌人打散的士兵也迅速归队，"献忠得以休息，收散亡，养夷伤。"兵士又振作起来。六月，献忠率部队向白平山进发，以神速的行动进入巫山隘。在土地岭大败官军，全歼官军5000人，杀死敌将白显等，杀伤总兵张应元、汪凤云等。汪凤云伤后，"卧血凝臆而卒。"接着又全歼张令、左良玉军三万人，从而彻底粉碎了杨嗣昌企图在"楚蜀交界"消灭献忠军的"专剿"计划，扭转了农民军被动挨打的局面。献忠率领起义军，于九月长驱入川，大步前进，以走致敌。这是献忠军第四次入川。十月十七日，从剑州北向四川广元进发。二十四日，攻克绵州（今绵阳县），渡绵河而西，经绵竹南下什邡、德阳、金堂、新都、汉州（今广汉县）等地，于十一月到达了成都城下。十二月，攻取泸州。之后，越过了成都，走汉州、德阳，复至绵河。

崇祯十四年（1641年）正月，献忠、罗汝才入巴州，走达州（今达县），直抵开县之黄陵城，在这里与官军进行了一场决战。将尾随而来的明军总兵猛如虎部打得大败，其将领刘士杰、游击李开、李仕忠、猛如虎之子猛先捷等均战死。这时献忠采取了"以走致敌"的战略，将敌人从川东带到川北、川西、川中、川南，又从川南、川西、川北而川东，在四川兜了一大圈，将敌人拖得精疲力竭之后，乘机歼之。

张献忠军乘开县黄陵城之战的胜利，决定夺取围剿总司令、兵部尚书杨嗣昌的大本营——襄阳。二月，农民军由净壁一直逼夔门，过白帝城，行山谷间，抵当阳，入宜城。侦得襄阳无备，简二十骑持符，伪装成官军。入夜至城下，守者验符信启关。农民军先头部队进入，即挥大刀大呼大杀守门者，城中先伏百余农民军俱响应，纵火，火光烛天。农民军大队人马疾驰而至，城中一时大乱，城门洞开，敌人尽入城门。杀死兵备副使张克俭、推官郦日广。烧了襄王府，抓了襄王。襄阳知府王承曾、福清王朱常澄、进贤王朱常淦在乱中化装出逃。襄阳知县李大觉自杀。献忠军第二次攻克襄阳。三月，督师大学士杨嗣昌自缢而死。左良玉以襄阳失陷而削职。为了扩大战果，更沉重打击敌人，献忠军再次转战鄂、豫、皖。八月，农民军到达了豫之信阳，与左良玉军相遇而战。献忠负重伤，只像换了衣服潜夜逃出夜遁，逃入山中。农民军损失惨重。十月，献忠与革里眼、左金王等农民军在英、霍山中实现联合，后又出攻舒城。

崇祯十五年（1642年）二月，献忠攻

南京古城墙

陷了亳州。四月攻陷了舒城、六安。五月，轻取庐州，六月攻陷庐江。八月，献忠军分为三：一军上六安，一军趋庐州，一军往庐江三河，掠巨舟二百，建水师营，合水陆为五十六营。

九月下旬，献忠军扎营于潜山，分营为四，步骑90哨，前阻大沟，后枕山险，为持久之计。不料，官军夜半缘山突袭，献忠军跳涧四溃，损失惨重。接着，献忠又向东进攻去，攻陷了桐城，又陷无为州、黄梅、太湖。

崇祯十六年（1643年）正月，献忠以二百乘夜袭击，陷蕲州。三月，攻破黄州，献忠据府自称西王。五月，献忠军向武昌挺进，沿江而上，攻破了汉阳。临江欲渡，武昌大震。二十九日，攻克武昌，进驻楚王府。在武昌建立大西政权，献忠自称大西王，宣布武昌为京城，名天授府，铸西王之宝。设五府六部，开科取士，殿试三十人为进士，授郡县官。七月，献忠决定留张其在守武昌，自己率领大西军分水陆两路向湖南长沙进发，八月二十二日直抵长沙城下，守城的明总兵尹先民、何一德等决定向大西军投降。顺利进入长沙。献忠既陷长沙，"设立伪官"，"大书伪榜，驰檄远近。"

九月四日，献忠率领军队夺取衡州，复分军为三：一军往永州；一军入广西全州，一军攻江西袁州。十月十一日，大西军开入袁州城。十八日夺取吉安。十一月，大西军与明军在岳州展开了水战，官军水师全部被歼，岳州又为农民军占领。

崇祯十七年（1644年）三月，献忠决定向四川进军，同李自成争天下。此时李自成已建立了大顺政权，李攻下北京后，崇祯帝自缢，李自成登上了帝位。张献忠决计入川，以四川为基地，然后"兴师平定天下"，打算从自成手中夺取帝位。六月，献忠攻陷涪州、泸州，蜀王告急，在南都请济师。献忠顺流攻陷佛图关，遂围重庆。悉力拒守，四日而陷。攻入重庆的大西军，立即逮捕了瑞王朱常浩，处死明原巡抚陈士奇，严惩宗藩顽敌。八月，献忠攻陷了成都，杀死蜀王和巡抚龙文光。成都攻克后，四川除遵义府（今属贵州省）、黎明（今汉源县）土司外，均被大西军所占领。献忠在成都称帝，年号大顺，以成都为西京。设立内阁六部，有左右丞相、六部尚书等。分辖70营（一说为120营），辖境为四川大部分地区。

闯王李自成

李自成，明末著名的农民起义军领袖。家世居陕西米脂县怀元堡李继迁寨。家境十分贫寒，幼年曾被舍入寺庙，唤作黄来僧，后到艾姓地主家放羊。成年后，应募到银川驿充驿卒。崇祯元年（1628年），

李自成塑像

陕北大饥荒，不沾泥、杨六郎、王嘉胤等率众起义，李自成也领了本村走投无路的群众，投奔起义队伍。他领导的那支部队刚开始时称为"八队"。崇祯二年（1629年），李自成所在的起义军转战山西，推高迎祥为首，称为闯王，称李自成为闯将。不久，另外几支起义部队如王嘉胤、张献忠、罗汝才等部也陆续进入了山西境内。

中国通史

最新整理图文珍藏版

随着大批破产农民军进入起义队伍，起义军声势日益浩大。

戴乌纱帽、穿盘领补服的明朝官吏

崇祯五年（1632年），李自成在山西境内的各支起义军中已经开始崭露头角，李自成成了重要的首领之一。同年七月，李自成，张献忠、老回回等部攻打蒲县。三天都没有攻下。于是，起义军转而夜袭大宁，到三更的时候城陷。这年冬天，李自成等部从河南、山西两省交界处的大口攻入了河南。河南乡绅张皇失措，联名上疏请救。朝廷急忙调昌平镇副总兵左良玉，带领二千官军赶赴河南，明宣大总督张宗衡各部官军也尾追随而来。但李自成等人又突然攻入了山西，攻克辽州。明总兵尤世禄只得追至辽州围攻。起义军据城展开了顽强的抵抗。尤世禄和他的儿子副将尤人龙都被射伤。后来，李自成等为避免据守孤城为官军所歼，决定夺门而去，且战且走地摆脱官军的追击。

崇祯七年（1634年）春，陈奇瑜以五省军务总督的身份檄调各路官军齐集于河南陕州，然后移师进剿。李自成、张献忠等部受到官军的压迫，开始向四川方向转移。六月，张献忠跑到了商、雒，李自成等陷于汉中车厢峡。陈奇瑜带兵尾随而来。这一地山高路陡，居民稀少，出口为明军把守，又遇阴雨连绵七十多天，"弩解弓蚀，衣甲浸，马蹄穿，数日不能一食"。为摆脱困境，李自成等决定采取诈降的办法脱险。陈奇瑜果然认为起义军是在走投无路之下才投降，因此决策招抚。他向朝廷报告后，得到了兵部尚书张凤翼的支持和崇祯帝的批准，代表政府同义军达成招安协议：由陈奇瑜按起义者数目，每一百人派一名安抚官监视，负责派遣返原籍安置。于是，起义军整装出栈，与陈奇瑜部下揖让酣饮，"易马而乘，抵足而眠。"换得了精良的兵器、衣着、食物。然而，一等出栈，起义军就将安抚官们杀了，攻下宝鸡、麟游等地，向西挺进。十一月，崇祯下令将陈奇瑜撤职，下狱论戍；提升洪承畴为兵部尚书，代替陈奇瑜之职，总督山西、陕西、四川、湖广、河南军务。

这时，西宁驻军发生兵变，洪承畴就又亲自率兵赶往当地。起义军趁机分陷关陇，等洪承畴平定兵变回击起义军时，起义军又四散开去，分道进入河南，集于荥阳地区。

大顺政权铜印

崇祯八年（1635年）正月，召开了著名的"荥阳大会"。会上，接受了李自成的建议，将十三家七十二营各支起义军组织起来，协同作战，分兵五路，东、西、南、北四路各自出击，另一路来策应援助，集中力量打击官军。不久，起义军发展到了数十万人。一支起义军进抵安徽凤阳，焚毁了明王朝的皇陵。崇祯下令追查责任，并调湖广巡抚卢象升总管直隶、河南、山东、四川、湖广等处军务，带领总兵祖宽、祖大乐、副将李重镇所统关辽兵和当地驻军夹击，而留洪承畴在陕西应付。明廷划分了明确的职权范围："洪承畴督剿西北，卢象升督剿东南"。

崇祯九年（1636 年）七月，高迎祥在周至被俘，在北京遭到杀害。起义军共推举李自成为闯王。李自成部向汉中进军时遇到阻碍遇阻，只好率部入川。进攻成都，七天都没有攻下。

崇祯十一年（1638 年）春，李自成等部刚出川，而大部分起义军则均在中原地带活动，留下西北的只是李自成、过天星少数起义军，与陕西三边总督洪承畴、陕西巡持孙传庭直接对峙。此二人均是明官僚中既狡猾又卖力者，加之三边官军历来剽悍，使李自成部在河州、洮洲（今甘肃境内）两次战役中连遭失利，损伤重大，只得分兵另走。四月初十日，李自成率兵及家属三百人，行到甘肃礼县马坞，明总兵左光斗领兵追至，情况非常紧急。由于官军在马坞歇息一日，启程时又判断失误，使自成能摆脱追击，进入陕、川交界地区。

七月，官兵又追至四川，起义军连连遭挫，李自成只得藏入山林，转至陕西、湖广、四川三省交界的大山区，避免同大股官军正面交锋。自此后两年，李自成部战果甚少，官军也主要是与张献忠、罗汝才、老回回等部作战。

崇祯十三年（1640 年），灾荒严重，遍及全国，饥民们大量地加入起义军，李自成等部起义军规模得到了很大发展。这年夏，李自成率兵入河南境内，有兵数万

官吏常服

人。牛金星、宋献策等地主知识分子也投入起义队伍。自成并将己女嫁与牛金星为妻，宋献策献图谶云："十八子，主神器。"自成大喜，于是拜他为军师。李岩宣传"迎闯王，不纳粮"。起义军队伍迅速地发展壮大起来。崇祯十四年（1641 年），正月十九日，李自成部抵洛阳北门攻城，第二日晚，总兵王绍禹部卒在城头起义，义军占领全城。福王朱常洵被捉，世子朱由崧（后弘光皇帝）趁机逃脱。自成亲登殿上审问朱常洵，命左右打四十大板后，枭首示众。同时杀了南京部尚书吕维祺。

二月九日，李自成率精兵 3000，部卒三万，到达了开封。明河南巡抚御史高名衡等将兵众都调上城头，周王朱恭枵则将府中银子搬出："下令民间，有能出城斩贼一级者赏银五十两，能射杀一贼者赏三十两，射伤一贼或砖石击伤者赏十两。"不久，一城上官军便射中李自成左眼，加之明朝援军快要到了，起义军才自动撤围告终。十二月下旬，李自成部在项城附近大败明军，扩大兵马之后，又围开封，不料炸城的火药引爆后不仅未炸开城，反击伤许多义军，攻城又一次失利。崇祯十五年（1642 年）五月，自成部三围开封，九月间，明守军见外无救兵，内无粮草，便决开黄河大堤，淹没了开封城，大批居民溺

中国通史

最新整理图文珍藏版

死，城中义军冲走达万人之多。至此，河南全境基本上落入了起义军之手。同年十一月，起义军攻克汝宁府，明崇王朱由㳵等投降，保定总督杨文岳被捕后，被自成缚至城南用火炮轰毙。

崇祯十五年十一月，李自成等各部主力40万人由河南南阳入湖北，向襄阳进军。守军左良玉部因在当地搜刮甚剧，当地居民如沸，左良玉只得拔营向东逃去。义军连攻襄阳、荆州、承天、汉川等地。到黄州挺进途中，李自成颁《剿兵安民檄》，直数崇祯罪行。

至此，各部起义军除张献忠外，已统一于李自成麾下。自成被推为"奉天倡义大元帅"，罗汝才为"代天抚民威德大将军"。不久，起义军诸领袖间发生了内讧，李自成秘密地杀死了实力最强的罗汝才与贺一龙。两个月后，又杀死河南一带起义军主力首领袁时中，从而进一步加速了起义的统一进程。

崇祯十六年（1643年），李自成改襄阳为襄京，建立了"新顺"政权。李自成自称"新顺王"。中央机构设丞相一人，任中金星担任。设吏、户、礼、兵、刑、工六部，分理政务。接着，正式考试诸生，题为《三分天下有其二》。在军制上也作了调整，把起义军划分为担负攻城野战的五营和镇守要地的地方军。由刘宗敏充自成左右手，并指挥总部的直辖部队。经济上宣布"不催科"、"三年不征粮"及恢复生产等措施。

这年八月，新任督师的陕西总督孙传庭奉旨出关，并占领了洛阳。李自成采取诱敌深入的办法，放弃了一些地盘。官军孤军深入，粮草接济不上，又碰上大雨滂沱。孙传庭无计可施，只得率兵撤退。义军乘势发起总攻，官军大乱，全线崩溃，死亡四万余人。李自成、刘宗敏率起义军追至潼关，由于城外官兵急于入城，用刀

劈开了南水关栅拦，义军便尾随而进，占了潼关。十月十一日，李自成军又占领了西安，活捉秦王朱存枢。接着又攻占陕北各地，固原、宁夏、兰州、西宁等地，西北地区的官军据点全部被扫除殆尽。

将官甲胄穿戴展示图

崇祯十七年（1644年）正月，李自成在西安建国，国号大顺，称"大顺王"，改元永昌。正月初八，李自成率大顺军主力由西安出发，进军北京，自以是为了彻底推翻明王朝。行前，命田见秀留守西安，丞相牛金星、军师宋献策等随军行动。李自成渡过黄河后，直指太原，并发布了著名的"永昌元年诏书"。接着，大军浩浩荡荡地朝京师挺进，开始同明朝展开了最后的决战。

荆襄流民起义

流民是指由于自然灾害，或战争动乱等原因，生活无着而到处流浪的人。流民

问题，早在汉末、两晋时就曾经出现过。明代中期的流民问题，则主要是由于皇庄、官庄的广泛建立，土地兼并的空前盛行，赋税徭役的异常苛重，大量农民失去土地，无法负荷沉重的经济负担。于是，为了逃避赋税徭役的追呼和地租的敲扑，不得不离乡背井，到处漂泊，成为流民。早在明初，在个别地区就已有流民存在。到英宗正统以后，流民则几乎遍及全国。加上不堪赋役而逃亡的工匠和士兵，使有些地区的人口逃亡超过一半，甚至达到十分之九。其中以山东、河北、山西、陕西、河南、安徽、江苏、湖广、浙江、福建诸省，最为严重。据计，全国流民总数约达 600 多万，占总在籍人口的 1/10，成为明朝政府严重的社会问题。

穿罩甲的提督

地处湖广、河南、陕西三省交界处的荆州、襄阳山区，元朝末年，曾是红巾军的一个重要据点。明朝建立后，明太祖曾派大将邓愈率军在此剿灭了红巾军的余部。从此，这里便被列为全国最大的封禁山区。由于该地山谷厄塞，川险林深，有着广阔的沃土可以耕垦，丰富的矿藏供采掘；且为三省交壤、相互不管的地界，封建统治相当薄弱。所以，各地流民纷纷涌入，到成化初年，便聚集已达 150 万左右。他们砍草结棚，烧畲种地，自由自在，过着"既不当差，又不纳粮"的生活。久而久之，流民的大量聚集，破坏了当地的里甲制度，打乱了封建的统治秩序，引起明政府的极大恐慌和不安。于是，急忙下令，或驱赶勒令回归原籍，或就地附籍，以"编甲互保"；随后又颁布了严厉的法律，凡不肯回籍者，"主犯处死，户下编发边卫充军"。在严厉的限制和疯狂的迫害之下，流民们忍无可忍，终于在成化元年（1465年）四月，由刘通、李原等先后领导，发动起义。

刘通，河南省西华县人，膂力超群，曾高举起过县衙门前的千斤石狮，故人送其绰号为"刘千斤"。早在英宗正统年间（1436～1449年），便流亡襄阳府房县酝酿起义。得知附近有绰号石和尚的石龙，曾联络冯子龙等数百人，到处劫富济贫，便派人与之联络，终于结为一体。他们一起酝酿准备长达二十年，至此方正式起义。他们在大石厂立黄旗聚众，据海溪寺称王，国号"大汉"，建元德胜。以石龙为谋主，以刘长子、苗龙、苗虎为羽翼；另设将军、元帅、国师、总兵等官职。起义军活跃在襄阳、邓州、汉中等地，四方流民，纷起响应，队伍很快发展到数十万。

事发之后，当时在此视察的副都御史王恕，急忙奏报朝廷。五月，命抚宁伯朱永为总兵官，兵部尚书白圭提督军务，合湖广总兵李震，会同王恕三路大军并进，全力镇压。至次年五月，起义军经过长期的顽强浴血奋战，虽然多次重创官军，终

中国通史

最新整理图文珍藏版

因力量对比悬殊，刘通、苗龙等主要首领40余人不幸兵败被俘，均被解京磔杀于市。起义军男子十岁以上皆多被杀害。惟刘长子、石龙等暂时幸免，转移到巫山等地，继续进行斗争。后因刘长子的叛变，刘通之妻连氏及其部将常通、王靖、张石英等六百余人，均被诱杀，使起义失败。叛徒刘长子也没落得什么好下场，最后也同石龙等一起被磔杀。

起义虽暂时失败，但并未就此中止。成化六年（1470 年）十月，荆、襄流民又在李原等人领导下，继续进行起义斗争。李原，河南省新郑县人，因蓄一脸漂亮的大胡须，故被人送以绰号"李胡子"。他原是刘千斤的部将。刘通失败时，他同王彪等走脱，不久又联络了其他起义军将领小王洪、石歪脖等，再度起义，往来南漳、内乡、渭南之间，并重建起农民军革命政权。李原则拥立为"太平王"。明朝政府闻知后，举朝大惊。十一月，赶忙任命都御史项忠为统帅，总督河南、湖广、荆襄等处军务，前往征讨。项忠老奸巨猾，到襄阳后，主要采用了围困逼降的手段，驻兵分布险要，遣人张榜招抚，致使广大流民受骗，扶老携幼，纷纷出降，竟多达 40余万。另有 144 万，则被项忠军队强行驱逐出山。有的遣返还乡，有的则被充军湖广、贵州等地。项忠军队入山后，不管是起义军，还是一般老百姓，都纵其部下随意滥杀。史称"尽草剃之，死者枕藉山谷"。而被充军湖广、贵州者，又多死于中途，"尸满江浒"。事后，大刽子手项忠为给自己歌功颂德，竟树起了所谓《平荆、襄碑》，但广大人民却都嘲讽为《堕泪碑》。至此，轰轰烈烈的荆、襄流民大起义，便被镇压下去了。

但是，流民并未消失，而是始终"逐去复至"，依然"屯结如故"。从而迫使明廷不得不开始认真研究总结，如何妥善解

明彩塑太监像

决这一空前严重的流民问题。所谓"流民入山就食，云集如前。大臣悔祸，始议更张"。国子监祭酒周兴谟编写了《流民说》，以深刻的笔触，详细阐述了荆、襄流民的历史发展过程，总结了自东晋以来历代封建统治者处理该地流民问题的经验教训。他提出，政府应该允许流民就近附籍；离郡县远者，则要侨设州县，即"设州县以抚之，置官吏，编里甲，宽徭役，使安生业"。都御史李宾也极赞其说。朝廷采纳其议，于是在成化十二年（1476 年）春二月，命都御史原杰经略郧阳，抚定流民。

七月，北城兵马司吏目文会，在其奏

疏中不仅指责了白圭、项忠等人对"刘千斤、石和尚、李胡子相继作乱"的"处置失宜"，以致使流民"终未安辑"的错误。同时提出了三条建议：一是荆、襄闲置的沃土，应当任民尽力耕垦，愿回籍者听便；二是，选择良吏，好生慰抚，令军卫官兵严加守镇，以使流民"自安"；三是，增设新的府、卫、州、县、立保甲，兴学校，厚风俗，使民趋善"。朝廷予以采纳，并发此疏至郧阳，命原杰工作中参考。

原杰赴任后，"遍历诸郡县，深山穷谷，无所不亲至"。所到之处，"宣朝廷德意，问民间疾苦"，深得民心，"诸父老皆忻然愿附版籍为良民"。为了妥善安置这众多的流民，他特意召集湖广、河南、陕西等省的巡抚、按察使、都指挥使和布政使等地方要员们，共同商议。经过反复研讨，最后决定：将这11.3万余户流民，除愿回原籍的1.6万余户发还外，其余愿定居此地的9.6万多户，则允许他们各占旷土，官府计丁力限给，令其垦种，永为己业，以供赋税徭役。为更好地管理这些新附籍的流民，令湖广省割出竹山县部分地区，分置竹溪县；割出郧、津部分地区，分置郧西县。令河南省割出南阳、汝州、唐县等处部分地，分置桐柏、南召、伊阳等三县，令陕西省将商县分为商南、山阳二县，而升商县为商州。升郧县为郧阳府，管辖郧、房县、竹山、竹溪、郧西、上津等六县。为了便于管理，他们又决定，将流民同土著交错安插居住。并在郧县立行都指挥使司以及卫、所，加强控制和防范。原杰与众官协商既定，便上报朝廷，并推荐原邓州知州吴远为郧阳府第一任知府，荐御史吴道宏，代自己继任经略。疏上，宪宗皇帝当即批准，下诏擢吴道宏为大理寺少卿，兼制湖广、河南、陕西三省，抚治郧阳等八郡，开府于郧阳。原杰则被诏封为南京兵部尚书。至此，轰轰烈烈的荆襄流民起义最终结束。

陕北饥民遍地起义

没有农民革命的形势，就不可能发生明末农民大起义，而且在时间上延续达17年之久。

崇祯元年（1628年），以王嘉胤、王自用、高迎祥、王左挂等为领导的农民起义队伍，风起云涌，浩浩荡荡。

这一年，张存孟（不沾泥）起于洛川（今洛川县东北），王和尚、混天王起于延川（今延川县），周大旺起于阶州（今甘肃武都），韩朝宰起于庆阳（今庆阳县），王子顺起于白水（今白水县）等。一部分溃变的边兵，联合农民们起义于固原（今固原县）。山西巡抚梅之焕的溃兵5000人，联合农民军战斗在陕、晋边界；被解散的奴隶联合农民军活跃于陕西北部。此外，还有神一元、神一魁起义于保安（今志丹县），点灯子起义于青涧（今清涧县）。

崇祯三年（1629年），李自成起义于陕北米脂（今米脂县），张献忠起义于肤施（今延安县），苗美起义于绥德（今绥德县）。两年之间，农民军的旗帜飘扬陕西各地，凋零残破的农村，饿殍载道的旷野，顿时活跃起来，农民们开始依靠自己的力量来挽救自己。

吴伟业在《绥寇纪略》中，对当时农民初起时的形势，作了如下的分析。他说："延绥以北为逃兵、为边盗；以南为土寇、为饥民。边盗，则神木之王嘉胤、靖边之神一元为魁，而支蔓于绥德之不沾泥、庆阳之可天飞（何崇渭）、延安之郝临庵、镇原之红军友。土寇，则西川之王左挂、苗美，清涧之点灯子为魁，而支蔓于中部之李老柴、延川之混天猴（张应金）、保安之独行狼。"

吴伟业所谓逃兵、边盗、土寇、饥民，实际全是贫苦农民。即以逃兵而言，当年的兵，不是雇佣而来，便是强征入伍。他们原是破产的农民。入伍后，不能忍受无理的惩罚制度，过着半饥不饱的生活，因而逃归乡里。他们是无依无靠的农民。其他所谓边盗和土寇，则全是饥民。

初起的农民军领导者，以王嘉胤、王自用、高迎祥、神一元为代表；后来以李自成、张献忠为主导，他们出身都是农民。

北京大钟寺

王嘉胤是陕西府谷人，幼年务农，一度为边兵，逃归故乡。崇祯元年（1628年）起义于府谷，以府谷为根据地，转战于陕中和陕东北及山西河曲、保德，部队发展到数万人。

王自用也是府谷人，农民出身。他在府谷发难后，就和王嘉胤部联合作战，清除府谷周围许多地主堡寨，如木瓜园堡、清水堡、孤山堡等等。一度推王嘉胤为领袖，组成联军。

高迎祥是陕西安塞人，世代业农。天启七年（1627年），他在饥寒交迫下，率领数百农民，攻占寨堡，夺取物资。王嘉胤起义后，高迎祥与之联合作战。崇祯八年（1635年）有名的荥阳大会，便是由他召集和主持的。会上作出：分头迎敌，互相联系，互相支援的战略方针，推动了农民战争的迅速发展。

李自成是陕西米脂人，生于李继迁寨，初名鸿基。幼年替艾老举人牧羊，不堪折

辱，逃为边兵。由于不能忍受体罚制度，逃归故里，依旧做农民。崇祯二年（1629年）在饥寒交迫下起义，独树一帜。初转战陕西，不久渡河入晋，是王自用统帅的36营中的一部。有人说，高迎祥是他的舅父或岳父；又说高迎祥死后，部队交李自成领导。这全是推测。吴伟业说："闯王高迎祥死，部众由其弟高迎恩率领。"（《绥寇纪略》卷6）李自成初称闯将，直至崇祯十四年（1641年）才改称闯王。他并不是继承高迎祥的部众。

张献忠是陕西定边境柳树涧人。家贫，跟父亲贩卖红枣为生。某次，他拉货的驴子粪污达官的祖上墓碑，受污辱，忿而当边兵；又被诬陷几死，复逃归乡里。崇祯二年（1629年）起义于肤施。次年渡河入晋，也是王自用所统帅的36营的一部，称西营八大王。他日后的战功与李自成相伯仲。

陕西各部初起的农民军，大半在本乡本土作战，不免有所顾虑，所以多用化名（诨名）。

朱由检及其臣仆们，面对农民起义急风暴雨的局面，感到十分惊惧。崇祯二年初，便特设一个三边（延绥、固原、宁夏）总督，任命左金都御史杨鹤充任，指挥三边全军，专力进剿农民军。

由于初起的农民军绝大多数是饥民，缺乏战争经验。但各部农民军中，也有一部分来自明军的战士和下级军官（见杨鹤奏疏，《题为布信招降事》），他们懂得避开强敌，减少伤亡，保存实力。所以一般是采取流动作战。这种战术，有它的优点，也有它的缺点。优点是：小部队机动性强，攀山越岭，渡河涉水，轻便迅速，呼哨而来，飘然而去。同时遇到县城或寨堡，可以突然袭破，粮草取之不尽，又可以此赈济饥民，扩大队伍。缺点是：力量分散，战斗力不强，一遇强敌，易被击败，且有

存放于北京大钟寺的明永乐大钟

被歼灭的危险；而长期流动转战，易于疲劳，无法建立根据地，形同流寇。这种初期的战术，在战斗实践中逐步得到了改善。

明军则采取大军猛击穷追的战术。且明令"斩级计功"（事实上是割耳计功），奖励剿尽杀绝。可见统治集团对农民军怀着刻骨仇恨。可是在战斗实践中，证明这种大部队跟踪追击，等于驱牛逐兔，望尘莫及。

从崇祯二年到四年（1629～1631年），明军的攻剿和农民军的分头作战，大致形势如下：

杨鹤充任三边总督后，立即同延绥巡抚洪承畴、秦抚刘广生、甘肃巡抚梅之焕等，往返协商攻剿农民军的方案。可是找不到农民军的主力，无法发动大规模的攻势。杨鹤嗟叹道："急剿之心愈急，而愈不得剿。"（《题为布信招降事》）可见明军处处被动。农民军既然流动作战，就显得处处主动。农民军散布于陕西各地，随时随地能够打击敌人。不过当时农民军还没有

形成统一的指挥。从战斗的经过看，王嘉胤部和神一元、一魁兄弟的部队，打得最勇敢出色，引起明军的密切注视。

王嘉胤系边防军的下级军官，富有战斗经验。起义后，王自用部又和他合并，军容严整。因起义策源地府谷远在陕西的东北境，明军初时还不及注意。王嘉胤和他的战友王自用、白玉柱等乘机清除了周围反动的地主寨堡武装，部队扩充到两万人。崇祯三年（1630年）春，王嘉胤领导一部分部队向南方进展。六月攻陷延安、庆阳等地的县城和寨堡多处，声势震动远近。总督杨鹤立即令延绥巡抚洪承畴集中部队，邀击王嘉胤部，展开多次大战。八月，王嘉胤为避开强敌，向塞边（今陕西靖边一带）转进。继闻府谷被明军攻陷，王嘉胤挥军北上，夺回府谷，捕杀明守城游击李显宗，消灭了全部敌军。为了巩固后方，王嘉胤部又渡河攻占了晋东北的保德州（今山西保德），再攻邻县河曲，守城明军惊慌失措，竟把红衣大炮向着自己部队燃缺。弹丸横飞，总兵王国梁仓皇逃走，其部队在突围中，大半被歼灭。王嘉胤占据了河曲，把府谷和仅隔一河的保德联成一气，作为后方根据地。农民军在此可以居高临下，监视敌人，并保护陕西各部农民军安全渡河入晋。

杨鹤闻报，即刻会同洪承畴会商反攻。先遣总兵杜文焕率大军攻府谷。围攻三个月，农民军坚守不动。后闻杨鹤、洪承畴等亲率重兵渡河，径攻河曲，王嘉胤部才放弃了府谷，全力守卫河曲。杨、洪等集中两万部队，于崇祯四年（1631年）五月围攻河曲，展开了攻守战。经过多次激烈战斗，明军损失惨重，王嘉胤部也有相当牺牲。又因山西的地势，土居其一，山居其二，水源缺乏。明军根据地理情况，阻断了河曲的水源。由于城中缺水，使王嘉胤部不得不突围脱离困境。王嘉胤不幸在

突围时战死，农民军推举王自用为全军统帅，终于完成突围的任务，继续在山西北面作战。

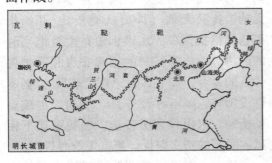

明长城图

这次战斗，震动了全陕，表现出农民军坚强如铁的意志，也表现了王嘉胤、王自用等人的指挥才能，使明军感到惊心动魄。

但是这一战，农民军是失策的。当时王嘉胤部没有外援，明军则有多路外援；农民军同敌军拼消耗是不利的，而且又损失了一员杰出领袖王嘉胤。

神一元、一魁部起义后，在战斗中表现得相当灵活坚强。他初起于保安，拥有部队3000多人，流动作战于榆林道所属各地。崇祯四年（1631年）十二月攻克新安边营，兵民纷纷来投；再攻宁塞，得到城内军民的响应，捕杀了明守城参将陈三槐；再攻柳树涧大寨堡，饥民群起协攻，即时占领。每次胜利后，都把大批米粮、衣物和金钱发给饥民，起义军和人民之间结成了一体。

同年，神一元所部又攻克庆阳府合水，俘知县蒋应昌，审讯结果，认为蒋应昌尚无多大罪恶，从宽给予释放。接着进攻庆阳，神一元不幸阵亡，部队推神一魁为统帅，继续勇猛作战。明军以为神一元既已战死，根据地必定空虚，立即乘机攻击保安。神一魁率领部众迅速赶回保安，适值明军纷纷来攻，双方展开大战。明军屯于坚城之下，一筹莫展。神一魁抓紧明军兵疲将怠的机会，率大部出击，掠获器械和人马甚多。明军损兵折将，溃不成军。

王嘉胤部和神一元部，初期，前者在陕东北，后者在陕中，打得明军闻风丧胆，从而保护了其他各部农民军安全地渡河，转进山西，把起义的烽火扩大到两个省，分散了敌人的兵力。

王嘉胤部由王自用继起领导，在斗争中创造了更大的战果。后来，王自用留一部分农民军在陕西中部作战，亲自统率部队入晋。

神一元部由神一魁继续领导后，保安之战发挥了强大的威力。这以后，他被老奸巨猾的刽子手杨鹤用高官（任神一魁为守备）厚禄所软化，竟投降了杨鹤，并对农民军反戈相向。虽然后来他识破敌人的阴谋，再次反正，但已成为农民军的罪人。崇祯四年终于在宁塞被明兵所击毙，余部分散加入其他农民军，仅剩下一万余人由红军友、李都司、杜三、杨老柴、豹五等率领，继续与明军作战。

王左挂初起时，人数虽较多，但因组织不完善，指挥有错误，竟没有发挥应有的作用。仅于崇祯三年（1630年）初，攻韩城，破梁阳，据有清涧之华严寺，明军穷追不及。但迫于明军的强大攻势，投降了洪承畴，以后他认识了错误，率军再起，终于被洪承畴所杀害。

点灯子又名赵四儿，原为小知识分子。

永乐大典

起义后，部队发展到 6000 人，一度活跃于韩城、宜川、洛川，转战于黄河两岸州县，成为初起农民军中一支坚强的队伍。崇祯四年九月，同明军曹文诏、艾万年部一战于河东，夺取了石楼县（今山西石楼）；再战于河西绥德州（今绥德县），击毙明军都司王世虎、守备王世忠，军声颇震。后因往来渡河，部队疲劳，防地被敌军袭破，点灯子英勇战死。部队分散加入其他农民军，与明军继续作战。

杨鹤自崇祯二年二月任职，至四年十月十一日被逮，担任三边总督两年零八个月。崇祯二年（1629 年）在两次大战中，损兵折将于河曲，望风奔溃于保安，声威大降。朱由检对他相当轻视。从此，他感到不但求剿不得，而且抚也不易。尤其是大部农民渡河入晋，导致了山西饥民群起响应。山西和陕西都变成了农民军的地盘。杨鹤企图推卸罪责，早日结束"剿"的局面。杨鹤想出了一个偷梁换柱的办法："改剿为抚"，或"剿抚兼施"。他提出一套理论："一面真心招抚解散，一面着实整兵备御。果真解散，则兵径可不用；倘仍鸠聚

不散，则剿不得不立即继之。"朱由检开始承认"抚"。但是这个刚愎自用的皇帝，向来对部属不负责。后来看到杨鹤的剿既无功，抚又无效（即旋抚旋叛），开始指责杨鹤招抚偾事。加以御史孙徽兰把当时的谣传，说成是杨鹤的招降布告和通告各州县的命令，如"敢言杀贼者斩"，"县不许设哨马，城不许设守具"等语，上疏参劾杨鹤。朱由检偏听轻信，杨鹤被逮下诏狱。明军的初次剿抚，便以失败而告终。

这时，农民军各部纷纷渡河入晋的有以下各部：

王自用（紫金泥）步马八百，满天星步马五百，拓养坤（蝎子块）步马七百，马守应（老回回）步马一千，一字王（刘小山）步马七百，邢管队步马六百，领兵王步马五百，整齐王步马四百，刘国能（闯塌天）步马一千，惠登相（过天星）步马六百，南营八大王步马一千，西营八大王（张献忠）步马二百，不沾泥（张存孟）步马五百，混世王步马一千，乱世王

嘉峪关

步马一千，八队闯将（李自成）步马七百，罗汝才（曹操）步马四百，张飞步马五百，九条龙步马三百、五条龙步马三百，贺双全步马三百，高总管步马四百。（《怀陵流寇始终录》卷4）

以上共24家，人数共1.4万多名，这是初渡河时的情况。以后加入的山西农民军，增至数万名，共推王自用为统帅，转战在山西各地。后来人数又扩大到16万，称为36营。

明与李自成朱仙镇之战

明崇祯十五年（1642年），李自成率领农民起义军在朱仙镇（今河南开封西南）同明军进行的作战。

明朝末年，朝政腐败，民不聊生。自明天启七年（1627年），陕西闹饥荒，引发了明末农民大起义。农民起义军流动作战，明军分头围剿。经过一系列激战，出身于陕西米脂贫苦农民家庭的农民起义军将领李自成所部，迅速发展成为起义军的主力之一。

梅花纹银杯

明崇祯十三年七月，起义军张献忠突破明军围堵，率部进入四川。明军主力跟踪追击，继续对张献忠部展开围追，急欲置其于死地。九月，李自成乘机率军自郧、均进入河南，以"均田免粮"、"劫富济贫"相号召，得到了广大农民的响应，民间广泛流传"开了大门迎闯王，闯王来时不纳粮"的童谣。因此，李自成起义军进入河南后得到迅速发展、壮大，越战越强。自崇祯十四年正月，李自成攻下洛阳，杀福王朱常洵和前南京兵部尚书吕维棋等，为农民军的迅速发展创造了良好条件。同年五月，傅宗龙为兵部侍郎总督陕西三边军务，负责讨伐李自成农民军。九月，李自成率军在项城南伏击明军，贺人龙、虎大威、李国奇三总兵兵败，逃奔沈丘，杨文岳部逃入陈州，陕西三边总督傅宗龙部6000余人被歼。农民军乘胜攻占项城、商水、扶沟。十二月，李自成部连下洧川、许州、长葛、鄢陵。接着，与罗汝才部合力再攻开封明军周王朱恭枵、巡抚高名衡部。

崇祯十五年二月，李自成、罗汝才联军攻破河南襄城，大败明军，杀三边总督汪乔年。三月又接连攻下河南东部城邑10余座。四月，再围开封。五月，明廷以兵部侍郎孙传庭总督陕西三边军务，令其火速出关救援开封。六月，又以侯恂为兵部侍郎，取代杨文岳总督保定、山东、河南军务，率军由观城（今河南范县东）南下驰援。同时命总兵许定国率山西兵增援，但中途哗变，溃于沁水。孙传庭部因兵、饷未集，未能入关。六月末，明廷改命督师丁启睿（代杨嗣昌督陕西、湖广、河南、四川、山西及江南、北诸军）急救开封。丁偕保定总督杨文岳，领总兵左良玉、虎大威、杨德政、方国安等四镇兵约20万（号称40万）人，火速驰援开封，会师朱仙镇，以解开封之围。

李自成遂以部分兵力继续围困开封，自率主力部队预先占领朱仙镇西南有利地形，沿洧水挖壕，深广各1.6丈，周围长百里，断绝明军往襄阳的退路，待机歼敌。

明援军系临时凑集成军，各镇将领不

听统一调遣。丁启睿欲令各军向义军发起进攻，召集诸将计议。左良玉认为义军"锋锐，未可击也"，不肯进攻。丁以为"围已急，必击之"，强令诸将出战。最后决定次日出战。左良玉见起义军筑起三座土山，发炮向其营垒轰击，鉴于起义军势力强盛，为保存实力，乘夜掠诸营骡马后向襄阳方向逃去。明军诸营被左军冲乱，相继溃逃，全线崩溃。丁启睿和杨文岳溃走汝宁，其他明军也争相逃命。只有杨文岳副将姜名武部坚守阵地，至天明兵败被俘杀。

李自成发现左良玉军撤营，告诉诸将说："左健将，慎无与争，惟待其过而从背击之，蔑不济矣"。遂派精兵绕道截击左良玉部，同时督军追击。追军放过左军步兵，而与其骑兵保持接触。稍战即退，示弱于敌。左军以为已可脱逃，无心死战，疾驰80里，正遇义军预筑的长壕，只好下马越壕。起义军跟踪追至，发起攻击，左军大乱，争相逃奔，相互践踏，纷纷堕入农民军预先挖掘的壕内，死伤惨重。农民获降卒数万，骡马7000余匹，军械火器不计其数。左部监军金事任栋战死，左良玉率残兵逃奔襄阳。

明王朝的灭亡

崇祯十二年（1639年）五月，张献忠在谷城重新起兵，李自成也在商洛山中打出"闯"字大旗，重又活跃在陕、鄂、川边境。

第二年，李自成趁明朝的主力部队被张献忠拖在四川的有利时机，挥师打进河南。这时，河南正闹着特大的蝗灾、旱灾，老百姓饿死的不计其数。起义军的到来，饥民如鱼得水，从者如流，队伍迅速扩大到几十万人。随着斗争形势的高涨和地主阶级内部矛盾的加剧，一些失意的地主阶级知识分子也怀着不同的目的参加到起义军队伍中来，如举人牛金星和李岩兄弟俩都在这时候加入起义军。牛金星后来的叛变事实，证明他是一个混进农民起义队伍谋私利的野心家；而李岩，则对起义军的胜利发展起了积极作用。

明德化窑鹤鹿老人

李岩，河南杞县人，本名李信，是个举人。面对严重的饥荒，他恐怕发生"不测"，作了一首《劝赈歌》，"奉劝富家同赈济"，并带头捐了200石粮食赈荒，幻想用"放粮济贫"的方法来缓和阶级矛盾，避免饥民暴动的发生。但是，贫鄙吝啬、目光短浅的豪绅不但听不进劝告，甚至勾结官府，诬告李岩"收买人心"，"图谋不轨"，把他逮捕办罪。幸亏城里饥民劫狱，李岩才被解救出来。残酷的斗争把李岩推向农民起义军一边，出狱后，他率领饥民，投奔李自成，被逼上了梁山。

中国通史

最新整理图文珍藏版

李岩对起义军的最大建树就是帮助李自成建立斗争纲领。他针对当时土地高度集中和赋税苛重的社会现实，提出了"均田免粮"的纲领。这一纲领触及到封建经济基础的最根本问题——土地制度，在中国农民战争史上是第一次用口号形式明确提出土地问题。它反映了遭受残酷剥削的农民的经济要求，对于动员农民参加起义起了极大的号召力。李岩还把这一纲领编成通俗易懂的歌谣，让起义军战士到处宣传。歌谣唱道：

> 吃他娘，穿他娘，
> 吃着不尽有闯王，
> 不当差，不纳粮。
>
> 杀牛羊，备酒浆，
> 开了城门迎闯王，
> 闯王来时不纳粮。

起义军每到一地，都宣布"三年免征"或"五年不征"，并支持农民夺回被地主霸占的土地。同时，起义军还针对当时贫富不均的社会现实，提出"割富济贫"的口号；针对明朝统治阶级对工商业者的残酷掠夺，提出"平买平卖"。这些口号起了争取民众，扩大斗争力量的作用。

在建立斗争纲领的同时，起义军加强了纪律整顿，规定军队自带帐篷，不住民房；行军时要爱护群众的庄稼，有让马匹践踏庄稼者要处斩；至于烧杀淫掠，那更是罪不容诛，宣布了"不淫妇女，不杀无辜，不掠资财"和"杀一人如杀我父，淫一人如淫我母"的口号。李自成严于律己，他不好酒色，粗衣淡饭，与部下同甘苦。起义军的内部上下平等，首领与士兵经常是亲切地一起席地而坐。在首领之间也是同坐共食，彼此以"兄弟"、"尔我"相称，对李自成则亲热地称他为"老李"或"大哥"。

起义军的"均田免粮"、"平买平卖"的纲领深得人心，加上纪律严明，秋毫无犯，因而，每到一处，老百姓"执香迎导，远近若狂"。连一些州县官员和士绅，也"往往相率出城，望风伏迎"。相反，老百姓一听说官军到来，不是慌忙躲避，就是闭门拒守。曾发生过这么一件事：明朝东阁大学士李建泰奉崇祯帝之命，外出督师，人马行至东光县，城内民众紧闭城门，拒之城外。李建泰亮出大学士督师的身份，百般呐喊，民众就是不买账。他无可奈何，只好退走，叫几十个士兵扮成义军模样，再回到城门下叫门，要知县出来答话。这下子，城门洞开，"鼓乐迎导，设宴甚盛"。李建泰乘机带兵入城，杀死知县及为首的十几人。

崇祯十四年（1641年）正月，起义军攻破洛阳。崇祯皇帝的叔父、福王朱常洵被捕获。这个残酷压榨百姓、宁肯将粮食放在仓库里发霉，也不赈济啼饥号寒的灾民的大剥削者，人民对他刻骨仇恨。现在，他跪倒在农民军的脚下，嗦嗦发抖，苦苦求饶。农民军镇压了这个恶贯满盈的大寄生虫。李自成指着那个体重300多斤的朱常洵尸体，向围观的群众激动地说："王侯贵人这些混蛋，平日刻剥穷苦百姓，让咱们冻馁而死。今天我宰了他，为大家报仇！"接着，闯王又宣布把福王仓库中的数十万石粮食和数十万金钱发给贫苦百姓。众百姓欢呼雀跃，奔走相告，远近的贫苦人民纷纷赶来分享胜利果实。起义军在洛阳一带迅速发展到100多万人。

洛阳战役是李自成起义军由弱到强，由战略防御进入战略进攻的转折，它揭开了中原大战的序幕。紧接着，起义军三打开封城，在河南战场上纵横驰骋，杀死三个明朝总督，消灭几十万明朝军队。仅两年时间，起义军彻底摧毁明朝在河南的军

2283

事力量，占领了河南全省。崇祯皇帝气急败坏，把督师丁启睿削职下狱。

北京故宫图

崇祯十五年（1642年）底，李自成攻下湖北重镇襄樊。次年三月，义军在襄阳建立政权，改襄阳为襄京，李自成称"新顺王"。中央设置上相国、左辅、右弼为内阁，下辖吏、户、兵、礼、刑、工六政府。六政府设置侍郎、郎中、从事等官。地方建制分省、府、州、县四级。省一级当时尚未设官，省以下，各要地重镇设防御使，府设府尹，州设州牧，县设县令。在军事制度方面，设权将军和制将军等职。

崇祯十六年（1643年）五月，李自成召开军事会议，讨论下一步的战略进攻方向。会上，左辅牛金星建议先取河北，直趋京师；而礼政府侍郎杨永裕却主张顺流东下，先取金陵（即南京），断京师粮道，再出师北伐。军政府从事顾君恩提出第三种意见，他说："金陵势居下游，难济大事，其策失之缓；而直捣京师，万一不胜，无后退之路，此策又未免失之急。依我所见，关中乃大王桑梓之邦，而且百二山河，已得天下三分之二，应该首先攻取它，建立基业。然后旁掠三边，借其兵力，攻取山西，再趋京师。这样，进战退守，万全无失。"李自成听他说得有理，频频点头，便采纳顾君恩的意见。起义军于这年十月攻破潼关，杀死坚决与人民为敌的刽子手孙传庭。十一月破西安，分兵取甘肃、宁夏等地。

崇祯十七年（1644年）正月，李自成在西安正式宣布建国，国号"大顺"，年号"永昌"，改西安为西京，并且调整和加强了中央政权机构，以天佑殿为最高行政机关，设大学士，添设六政府尚书。同时，大顺政权也恢复封建的五等爵号，大封功臣，初具开国规模。

二月，李自成乘胜前进，指挥大军东渡黄河，出兵山西，攻克太原。此后，义军兵分两路向北京挺进，一路由故关（今河北井陉西南）、真定（今河北正定）、保定北上；李自成率主力经大同、宣府而下。三月中旬，大顺军主力部队拿下北京门户居庸关，十七日抵达北京城下，开始了攻击战。崇祯皇帝在宫中急得像热锅上的蚂蚁，慌忙召集群臣问计。众大臣相对哭泣，无言以对。十八日，义军更加猛烈攻城，太监曹化淳开彰义门迎降，外城遂破。十九日凌晨，皇城也被攻破。崇祯帝于宫中鸣钟召集百官，竟无一人前来应召，大营兵将也皆逃散，连个人影都不见。崇祯帝孑然一身，成了名副其实的孤家寡人。他见大势已去，走投无路，迫不得已，爬上万寿山（今景山，又称煤山），吊死在寿皇亭旁的一棵槐树上，衣襟上写着"朕死无面目见祖宗于地下，自去冠冕，以发复面"等字为"遗诏"。

历史上的亡国君主，往往是被人责骂的，崇祯帝却例外，他倒颇得后人的同情。清初曾有人以"血渍衣襟诏一行，殉于宗社事煌煌"的诗句来咏他的"殉国"行为；一些封建文人又每每以"宵衣旰食"、"忧勤惕励"一类的言辞来赞颂他的勤政；钦定《明史》的编者则以"非亡国之君，而当亡国之运"为崇祯帝国破身亡辩解。诚然，崇祯皇帝的运气不佳，他承神宗、熹宗之后做皇帝，明朝已到了病入膏肓、不可救药的地步。但是，他本人"举措失当，制置乖方"。他刚愎自用，喜迎恶咈，贬斥谏臣；生性猜疑，苛刻寡恩，宠信宦官，无知人之明；不顾民生，横征暴敛，刻于搜刮。这样的王朝，碰上这样的皇帝，不亡更待何时！

三月十九日上午，李自成头戴白色毡笠，身穿蓝布箭衣，骑着乌龙驹，在夹道群众的欢呼声中，由德胜门进入北京城。统治中国 276 年的朱明王朝，至此宣告灭亡。

最新整理图文珍藏版

心学祖师王守仁

王守仁（1472～1528），字伯安，浙江余姚人，号阳明，曾隐居绍兴阳明洞中，世称阳明先生。王守仁28岁中进士，历任知县、刑部主事、兵部主事、吏部主事、左佥都御史、南京兵部尚书，卒于嘉靖七年（1528年），谥文成。

王守仁在学术上发展了主观唯心主义的理学，和南宋陆九渊合称陆王学派，与程（程颢、程颐）朱（熹）学派并立，其学说比程朱理学空谈"天理性命"更简单易行，被统治者誉为"学达天人，才兼文武"的"真儒"。

王守仁认为，"心是天地万物之主"，"心即理，心外无理，心外无物"，以为"良知"即天理，"致吾心良知之天理于事事物物，则事事物物皆得其理矣"，确立了心学理论体系，提出"知行合一"，认为"知是行之始，行是知之成"，"知之，真切笃实处便是行"，"一念发动处，便即是行了"。他倡导道德意识与道德行为的统一，强调"言行一致"，"笃实躬行"。心学的最终完成是"致良知"说。

王守仁的主观唯心主义思想形象地体现在与朋友的一番对话中。一次，王守仁和他的朋友出去游玩，朋友指着山中的花树问他："你说'天下无心外之物'，此树在山中自开自落，与我心也有关联吗？"王守仁回答说："你没有看到此花时，此花与

王守仁像

你的心同归于寂，你看到花时，则花的颜色也鲜亮起来，便知此花不在你的心外。"王守仁认为心是万事万物的根本，世界上的一切都是心的产物。"此花不在你的心外"，典型地说明了他的主观唯心主义哲学观点。

在政治思想方面，王守仁以"存天理，灭人欲"原则为指导，要求"行法以振威"。他强调刑罚是"德治教化"的保障，"果有顽梗强横，不服政化者"，就一定要"即行擒拿，治以军法，毋庸纵盗，益长刁顽"。同时强调要以体现为封建礼义的"良知"治心，德刑并用，宽猛兼施，做

到既"破山中贼",又"破心中贼"。他主张明"赏罚"以提高统治效力,行德治礼教以预防"犯罪"。

王守仁因反对朝廷宦官,被贬为贵州龙场驿丞。在此任上,他捕获一个强盗头目。在审讯时,强盗头目说:"我犯的是死罪,要杀要剐,随你!我知道你是大学问家,别和我谈道德良知。我们这种人从来不信这个。"王守仁说:"好。今天我们不谈道德良知。不过,天这么热,在审案前还是把外衣脱了吧!"强盗头目说:"好!"脱去外衣后,王守仁又说:"还是热,把内衣也脱了吧!"强盗头目便又脱了内衣。王守仁更进一步说道:"干脆我们把裤头也脱了吧!"一听说要脱裤头,强盗头目赶紧说:"这可使不得!"王守仁当即诱导:"为什么'使不得'?这是因为在你心中最后还剩有那么一点羞耻感。像你这样十恶不赦的家伙,我照样可以和你谈'道德良知'!"强盗头目心诚口服,便将自己的罪行如实供出。

王守仁不是军事家,但其所表现出的军事才能又非一般将帅所及。正德十四年(1519年)六月,宁王朱宸濠起兵,争夺皇位,发生叛乱。宁王反叛后,朝野震惊,许多将帅都束手无策。这时,王守仁挺身而出。王守仁所率的只不过是金陵城附近州县的衙役兵勇,甚至一班刚被招安的土匪流寇,然而王守仁却用这支队伍无往不胜,四十天竟大功告成,一时被誉为"大明军神"。一介儒生,指挥千军万马若提笔研墨,令人叹为观止。

"王学左派"

嘉靖、万历年间,明代社会政治、经济各方面的变化相应地引发了思想界的变革,市民阶层要求冲破封建桎梏、争取人格独立,以王艮、颜钧、何心隐、李贽为代表的"王学左派"应运而生,成为一批封建社会的叛逆者。这一学派的门徒多来自劳动阶层,如樵夫、陶匠、农民,他们的活动接近劳动群众,反映他们的思想愿望。"王学左派"代表人物就是王艮。王艮提出"百姓日用即道",主张从现实生活中寻求真理,从日常生活中贯彻封建伦理道德,肯定人民由于生活需要而提出的

王守仁·五言诗

物质要求，认为饮食男女的人欲就是天性，这种观点包含有反对封建等级制度的平民思想，它崇尚人性，反对封建禁欲主义的说教。强调身为家国天下的根本，以"安身立本"作为封建伦理道德的出发点。明白地指出"正人必先正己"，"正己"就是"正身"。正身应人人平等，包括统治阶级在内，概莫能外。这样的观点，与那些封建统治者只要平民百姓"正心"，而他们却可以为所欲为的观点有着天渊之别。

太庙大殿

在"王学左派"的后期代表人物李贽的思想里已经出现了唯物主义的因素，李贽在当时被人称为"异端"之士，他猛烈地抨击封建礼教，认为穿衣吃饭的问题即可说明，这是人生最基本的自然要求，因而"道"不在于禁欲，而在于满足人们的需要和追求物质的快乐。

"王学左派"的代表人物王艮，字汝止，号心斋。他家境贫寒，只上过 3 年学，后跟随父兄在煎盐的亭子里干活。靠刻苦自学，王艮终于成为一名儒学大家，并形成了一种不重师教而重自得、不守章句、不泥传注而好信口谈解的平民学风。

王艮原来叫王银，据说王艮在拜王守仁为师时，王守仁认为他有些高傲，个性太强。为了使王银今后能谦虚谨慎，注意克制自己，就把他的名字"银"，改成了一个带有静止意思的"艮"字，从此就叫王艮。

王艮 38 岁那年，他从别人处了解到王守仁的思想，便去南昌找这位心学大师请教。结果，一番问对，王艮被王守仁的理论所折服，只好拜师称徒。可回头一想，王守仁的思想中也有与己不合之处，便后悔了。第二天早上，见到王守仁，便直言拜其为师有些轻率之意。王守仁一听，高兴地说："你不轻易地相信盲从别人，太好了。"两人便展开论战，直到王艮心悦诚服。王守仁事后对门人们说："当初我手擒叛贼朱宸濠也没有今天激动呵！王艮疑就是疑，信就是信，一丝不苟，你们都不如他啊！"

嘉靖元年（1522 年），为了宣传王守仁的学说，40 岁的王艮辞别了王守仁，自己设计并制造了一辆古怪的蒲轮车，由两个仆童推着，开始向京城进发，路经江苏、安徽、山东、河北四省，一路上讲学不辍，到达京城时轰动了整个京师。王阳明死后，王艮自立门户，开始独立授徒讲学。

王艮在接受王守仁学说的同时，注重"自得"之风，"往往驾师说之上，持论益高远"。在理论上，其禅宗佛学色彩更为明显，故而对封建传统思想的破坏作用也更大；反对笃信谨守封建礼教，肯定人的情欲的合理性，反映了当时市民阶级要求个性解放的思想。

反礼教和道学的斗士李贽

李贽（1527～1602），原姓林，初名载贽，号卓吾。嘉靖三十一年（1552 年）中举后，改姓李，1566 年为避穆宗载忌讳，取名贽。他曾为官河南共城（今河南辉县），因仰慕邵雍而筑室于苏门山百泉上，又号百泉居士。晚年居龙湖，号龙湖叟。

李贽 26 岁时乡试中举。嘉靖三十五年（1556 年），被授河南共城（今辉县）教谕职。嘉靖三十九年（1560 年），他在共城

李贽像

之高屋。怡性养神，辍歌送哭。何必读书，然后为乐？乍闻此言，若悯不谷。束书不观，吾何以欢？怡性养神，正在此间；世界何窄，方册何宽！千圣万贤，与公何冤！有身无家，有首无发；死者中身，朽者足骨。此独不朽，原与偕殁；倚啸丛中，其声振鹃。歌哭相从，其乐无穷！雨阴可惜，曷敢从容。

李贽在这首诗中，描绘了自己读书时的心情。对于李贽来说，读书就是生话，读书就是快乐。

李贽骨子里充满了一种追求个人自由与解放的反叛意识。李贽学说的一个最大特点是对封建理学进行批判。他认为，如果以孔子的是非为是非，"则千古以前无孔子"，那就没有是非了吗？孔子的作用很大，但也不能随意夸大孔子的作用。

李贽认为道学家崇尚的"经典"是骗人的。他批判道学家"存天理，灭人欲"的虚假说教，认为"穿衣吃饭，即是人伦物理"，伦理表现在日常生活之中，而不在日常生活之外。他斥责道学家是"阳为道学，阴为富贵，被服儒雅，行若狗彘"的衣冠禽兽，是"口谈道德而心存高官，志在巨富"的两面派、伪君子。他表示与假道学势不两立。

李贽早年的自然观有唯物主义倾向，认为天地万物皆阴阳二气所生。后来他还

任满，升迁南京国子监博士。不久，父丧回家，三年服满后，进京候缺。嘉靖四十三年（1564 年），复任南京国子监博士；嘉靖四十五年（1566 年），补礼部司务。隆庆四年（1570 年）任南京刑部员外郎；万历五年（1577 年）任云南姚安知府，万历八年（1570 年），任满致仕，专心著述。

李贽在云南姚安县任知府时，曾在自己办公的厅堂挂了一副对联：

从故乡而来，两地疮痍同满目
当兵事之后，万家疾苦早关心

李贽一生读书治学，从不中缀。70 岁时，在麻城龙湖作《读书乐》曰：

天生龙湖，以待卓吾，天生卓吾，乃在龙湖，龙湖卓吾，其乐何如？四时读书，不知其余。读书伊何？会我者多。一与心会，自笑自歌。歌吟不已，继以呼呵；恸哭呼呵，涕洒滂沱。歌匪无因，书中有人；我观其人，实获我心。哭匪无因，空潭无人；未见其人，实劳我心。弃之莫读，束

弈棋图

接受了禅宗的观点，相信"万法尽在自心"，山河大地同清静本原合而为一。因而李贽的学说服膺于"心学"，并把王守仁的"良知说"，发展为"童心说"。李贽的"童心说"影响很大，它不仅成为其批判道学的理论依据，而且作为一种文学新见解，即为文要从真心中自然流出。他提倡男女平等，反对歧视妇女，还主张婚姻自主，赞扬卓文君和司马相如相爱是"同声相应，同气相求"。

明朝统治者把李贽的学说看作是"异端之尤"、"非圣无法"的洪水猛兽，加以销毁。万历三十年（1602年），礼部给事中张问达秉承首辅沈一贯的旨意上奏神宗，说："李贽壮岁为官，晚年削发，近又刻《藏书》、《焚书》、《卓吾大德》等书流行海内，惑乱人心。"神宗以"敢倡乱道，惑世诬民"的莫须有罪名在通州逮捕李贽，并焚毁他的著作。李贽在狱中说："衰病老朽，死得甚奇，真得死所矣。如何不死？"万历二十年（1602年）三月十五日，李贽在镇抚司的狱中用剃刀自杀，结束了他76岁的生命。东厂锦衣卫写给皇帝的报告则称李贽"不食而死"。

四大奇书

在明代，中国的长篇小说创作进入高潮期，产生了号称中国四大奇书的《西游记》、《水浒传》、《三国演义》、《金瓶梅》。《三国演义》是我国第一部章回体小说，也是我国最有代表性的长篇历史演义小说；《水浒传》是中国历史上第一部描写农民起义的长篇小说；《西游记》是中国文学史上一部最优秀的长篇神魔小说；《金瓶梅》是中国文学史上第一部由文人独创的长篇小说。四大奇书由冯梦龙、李渔论定，经李卓吾、金圣叹等人批点，几

百年来流传不衰，家喻户晓，在我国乃至世界各国拥有众多读者。

《西游记》

《西游记》是在一定史实的基础上，经过长期的民间流传和曲艺、戏曲、话本等的创作，最后由吴承恩做总结性的再创作而后写定。全书共100回，41个故事，于1592年由金陵书商世法堂唐氏刊刻出版。

《西游记》主要描写唐三藏受唐太宗的委托，在徒弟孙行者（悟空）、猪八戒（悟能）、沙和尚（悟净）等人的保护下，去西天取经的故事。首先写孙悟空的出世，大闹天空，这是全书的最精彩部分；然后写魏征斩龙，唐太宗入冥，刘全进瓜和玄奘奉诏取经的故事；再写取经正题，唐僧和他的徒弟们历经九九八十一难，历尽艰辛，受尽苦难，以坚强的毅力和坚定的信念，克服重重难关，终于化险为夷，实现取经的目的。《西游记》书中大部分人物以神怪妖魔的形象出现，通过他们的活动，展现了人间的美丑善恶。孙悟空艺高胆大，

明代陈奕禧题《西游记》图册

中国通史

最新整理图文珍藏版

蔑视天纲，不畏艰险。唐僧分不清敌我，常常认敌为友；猪八戒害怕困难，私心很重，贪恋舒适生活。但他们与妖魔之间，有一道鲜明的界线，属于阵线分明的两个营垒。

《西游记》系统地反映了中国释道儒三教合流的思想体系，成功地将道教的天上、地狱和海洋的神仙体系与佛教的西天糅合到一起，并在同时体现"世上没有不忠不孝的神仙"的儒教思想。

《西游记》的成书在中国封建社会末期，资本主义萌芽已经开始出现，因此也反映出对封建体系的不满，第一次提出"皇帝轮流作，明年到我家"的大胆言论。同时这本书对神仙体系的描绘正是作者当时生活的明朝政治社会的缩影。

《水浒传》

《水浒传》取材于北宋末年宋江起义的故事。宋代说书伎艺兴盛，在民间流传的宋江等36人故事，很快就被说书人拿来作为创作话本的素材。元代杂剧盛行，有大量的水浒戏出现。宋末明初，以水浒故事为题材的话本、戏剧相继问世，最后，施耐庵把这些故事汇集起来，经过选择、加工、再创作，写成《水浒传》。《水浒传》如一幅长长的历史画卷，展示了宋代的政治文化，市井风情，社会景观。

《水浒传》揭示了中国封建社会农民起义的发生、发展和失败过程的一些本质。其社会意义首先在于深刻揭露了封建社会的黑暗和腐朽及统治阶级的罪恶，说明造成农民起义的根本原因是"官逼民反"。《水浒传》围绕"官逼民反"这一线索展开情节，表现了一群不堪暴政欺压的"好汉"揭竿而起，聚义梁山，直至接受招安，起义失败的全过程。其最闪光的思想在于，它将封建统治者视为"盗贼草寇"的起义农民给予充分肯定，并深刻揭示了农民起义的社会根源。

武松像

《水浒传》反映农民起义发生发展的规律，是循序渐进，步步深入，而终于全面展开的。英雄们的起义行动，是由小到大，由个人反抗，到集体行动，由无组织到有组织，由小山头到大山头，最后汇成一股浩浩荡荡的起义巨流。《水浒传》在记叙歌颂起义军的武装斗争时，还比较重视战争经验的总结，起义军战胜敌人，不仅凭勇敢，还靠智慧。

《水浒传》作者以其高度的艺术表现力，生动丰富的文学语言，叙述了许多引人入胜的故事，塑造了众多可爱的个性鲜明的英雄形象，成功地塑造了宋江、武松、林冲、鲁智深、李逵等人物形象。作者善于把人物放在真实的历史环境中，紧扣人物身份和经历刻画人物性格；善于把人物放在尖锐的斗争中生死存亡的关头来描写人物性格，还善于运用比较法、反衬法来凸显人物性格。《水浒传》继承与发展了中国古代小说与讲史话本的传统特色。故事极富传奇性，一波未平，一波又起，起伏跌宕，变化莫测。每一故事的高潮，都

清代据水浒故事所作版画《三打祝家庄》

紧扣读者的心弦。

《三国演义》

《三国演义》是罗贯中吸取话剧本、戏曲中三国演义的精彩内容，再参照《三国志》的历史资料，再加上其他史书，结合自己的生活体验和民间流传的三国故事，寄托自己的政治理想而写成的。

《三国演义》以东汉末年及魏、蜀、吴三国历史为题材，从东汉灵帝中平元年（184年）黄巾起义写起，到西晋武帝太康元年（280年）全国统一为止，前后共97年。全书反映了三国时代的政治军事斗争，反映了三国时代各类社会矛盾的渗透与转化，概括了这一时代的历史剧变，塑造了一批叱咤风云的英雄人物。在对三国历史的把握上，作者表现出明显的拥刘反曹倾向，以刘备集团作为描写的中心，对刘备集团的主要人物加以歌颂，对曹操则极力揭露鞭挞。

《三国演义》的艺术成就是多方面的。它成功地塑造了众多的人物形象。全书写了400多个人物，其中主要人物都是性格鲜明、形象生动的艺术典型。其中最为成功的有诸葛亮、曹操、关羽、刘备等人。诸葛亮是作者心目中的"贤相"的化身，他具有"鞠躬尽瘁，死而后已"的高风亮节，具有救世济民再造太平盛世的雄心壮志，而且作者还赋予他呼风唤雨、神机妙算的奇异本领。曹操是一位奸雄，他生活的信条是"宁教我负天下人，不教天下人负我"，既有雄才大略，又残暴奸诈，是一个政治野心家阴谋家。关羽"威猛刚毅"、"义薄云天"。但他的义气是以个人恩怨为前提的，并非国家民族之大义。刘备被作者塑造成为仁民爱物、礼贤下士、知人善任的仁君形象。

《三国演义》长于描述战争。全书共写大小战争40多次，展现了一幕幕惊心动魄的战争场面。它的结构，既宏伟壮阔而又严密精巧。时间长达百年，人物多至数百，事件错综，头绪纷繁。可作者却能写得井井有条，脉络分明，各回能独立成篇，全书又是一个完整的艺术整体。《三国演义》在艺术上的最大缺点：一是人物性格固定化，缺少发展变化，这可能是受了民间传说人物定型化的影响和历史材料的局限；二是想象、夸张有时不合情理。

《三国演义》是一部"陈述百年、赅括万事"的经世作品，以英雄豪杰作为话题，对演义中众多的英雄形象，从历史学、文化学、人类学、心理学、美学等诸多方面加以发挥和阐述，进而使中华民族传统的英雄观念得以发扬光大。问世以来，影响深远，是广大人民认识三国时代乃至整个封建社会的军事、政治斗争和整个社会面貌的教科书；它曾为后世农民革命的战略策略提供了借鉴；几百年来它为民族戏

明·关羽擒将图

曲提供了大量题材；为后世文学提供了一种反映复杂历史生活的体裁。

《金瓶梅》

《金瓶梅》成书大约在明代万历年间，作者署名兰陵笑笑生。兰陵即山东峄县，书中运用大量的山东口语，故作者当为山东人，但没有真姓名。所以，关于兰陵笑笑生的真实身份，众说纷纭。

在明朝的著名的四大奇书中，只有《金瓶梅》不以史书为依托，而是借《水浒传》中西门庆与潘金莲的故事，并把故事引申开来，写的完全是市井平民的生活，通过写西门庆的家庭来反映社会的黑暗腐败，这在中国小说史上是没有先例的，是中国文学史上第一部由文人独创的长篇小说。著名史学家吴晗说，《金瓶梅》反映了政治、经济、文化、习俗等，是一部明末社会史，逼真再现了16世纪中国社会的全景图。鲁迅曾高度评价《金瓶梅》说："作者之于世情，盖诚极洞达，凡所形容，或条畅，或曲折，或刻露而尽相，或幽伏而含讥，或一时并写两面，使之相形，变幻之情，随在显见，同时说部，无以上之。"

江苏淮安吴承恩墓

《金瓶梅》以西门庆发迹暴亡为中心情节，全方位描绘了上自封建最高统治机构，下至市井百姓所构成的一个现实社会世界，深刻地揭露了市侩势力和封建统治

机构互相勾结、狼狈为奸的罪恶行径和丑恶嘴脸，展示了市井生活的广阔图景。西门庆原有一妻二妾，又先后谋取孟玉楼、潘金莲、李瓶儿为妾，并和婢女春梅等淫乱。作者还描写了他认蔡京为义父，和太尉等大臣串通一气，鱼肉人民，作品刻画了西门庆这个兼有官僚、恶霸、富商三种身份的封建时代市侩势力的代表人物，以他为中心，通过他的种种活动及其家庭罪恶生活，暴露了明代中叶以来封建社会的黑暗和腐朽，具有深刻的认识价值，增强了作品批判的深刻性。在艺术上，作者比较成功地塑造了几个主要人物形象。如西门庆、潘金莲、应伯爵，都描写得惟妙惟肖。小说的结构也颇为讲究，把复杂的故事情节，组织得严整有序。对地方风土人情的描写也很生动，具有一定的民俗学价值。《金瓶梅》语言酣畅明快、活泼生动，显示了作者的艺术才能。同时，《金瓶梅》故事发生在宋徽宗年间，但作品的真正兴趣却是现实生活，所以写的多有明朝史实，从其生活的时代文化特征来考察，借宋写明无疑。

《金瓶梅》堪称中国第一部长篇社会世情小说。在封建社会，这部小说长期被禁，其被禁的根本原因并不是因为它是"淫书"，而是因为写了封建社会的专制、黑暗、腐败，在封建统治者眼中，是一部诽谤统治者的"谤书"。

《金瓶梅》中淫秽描写太多，使其美学价值受到严重损伤，如果洗刷掉《金瓶梅》淫乱的内容，它具有其他古典小说所不备的两重优点，这就是它既有近似于《红楼梦》的言情，又有近似于《史记》的谤书性质。从暴露封建社会专制黑暗这一点而言，《金瓶梅》不逊于《史记》、《水浒传》、《红楼梦》，尽管它的历史价值及艺术价值远不及《史记》与《红楼梦》。

"江南第一风流才子"唐寅

唐寅（1470～1523），江苏吴县人，生于成化六年（1470年），字伯虎，又字子畏，号鲁国唐生，晚年好佛学，又号六如居士，有"江南第一风流才子"之称，绘画与沈石田、文征明、仇英齐名，史称"明四家"。诗词曲赋予文征明、祝允明、徐祯卿并称"江南四大才子"，为江南四大才子之首。

唐寅自幼天资聪敏，博览《四书五经》、《史记》、《昭明文选》等典籍。喜爱绘画，拜名画家周臣为师，又与文征明同师沈周。16岁时参加童生试，经县试、府试、院试，高中第一名案首。弘治十一年（1498年）赴南京乡试，又中第一名解元，故也有"南京解元"之称。次年进京会试时，因牵涉科场舞弊案而被革黜下狱，成了朝廷党争的牺牲品，后来经吴宽保举出狱，他无辜受牵连入狱，妻子又改嫁，精神上备受打击。

由于仕途受挫，饱尝世态炎凉，开始"千里壮游"，足迹遍及江、浙、皖、湘、鄂、闽、赣，游历中国的名山大川，大量从事绘画创作。唐寅的绘画以山水为主，继承了李成、范宽和宋元之风，造景或雄伟险峻，或平远清悠，山石皴法以大斧劈为基，中锋行笔掺和"披麻"、"乱柴"诸法，风格独特。其作品烘染墨彩，更是随象多变，明洁滋润，巧妙无穷，世称"六如居上笔灵逸，洗其勾研，焕然神明"。其工笔人物，尤其是仕女，笔法秀润缜密、潇洒飘逸，堪称登峰造极。传世作品有《骑驴归思图》、《秋风纨扇图》、《李瑞瑞图》、《一世姻缘图》、《山路松声图》等，其作品中常流露遭受打击后的忧郁之情和消极出世的思想。

唐寅·仕女吹箫图

唐寅潇洒飘逸，傲世不羁，常常放浪形骸，玩世不恭，说话做事常有惊人之处。某年春节，有个财主送给唐伯虎礼物，请他给写几个吉字，图个吉利。唐伯虎满口答应，来到财主家，"刷刷刷"写下："父死、子死、孙死"。财主怒不可遏，恼羞成怒，一把抓住唐伯虎："我哪点对不住你，你竟用这么恶毒的话咒我全家？"唐伯虎慢悠悠地说道："这是很好的祝福辞呵！一个家族的人如果是按这个顺序，父亲死了儿子死，儿子死了孙子死，那说明家里没有横死暴死的，每一代人都无祸无灾，个个都寿终正寝。这样的家庭能不幸福吗？"财主想想，这道理倒也对，只得把唐伯虎恭恭敬敬送走。

由于唐寅放荡不羁，又曾治印"江南第一风流才子"，再加上其仕女画炉火纯青，故被后人误解，有许多风流传说，如"唐伯虎三点秋香"等。其实他坎坷一生，生活穷困潦倒，郁郁不得志，贫困凄苦。
"闲来写幅丹青卖，不使人间造孽钱"，过
着以作画卖文聊补家用的穷苦生活。到了
晚年，唐伯虎体弱多病，不能天天作画了，
唯一的生活来源中断，这无疑是雪上加霜。
有时不得不靠朋友的接济来维持一家生活。
更不幸的是，在这样拮据的生活环境里，
他的妻子先他而去。妻子的死，使唐伯虎
伤心欲绝，不久，这位杰出的书画家带着
绝望，走完了他那坎坷的人生之路。嘉靖
二年（1523 年），唐寅去世，是年 54 岁。
临终，唐伯虎留下一首绝命诗：

　　　生在阳间有散场，死归地府又何妨。
　　　阳间地府俱相似，只当漂流在他乡。

一代风流才子的终局，竟是这等凄惨！

施耐庵作《水浒传》

　　施耐庵写成的章回小说《水浒传》是
中国英雄传奇的最杰出的代表作，主要描
写北宋末年宋江等领导的农民起义发生、
发展直至失败的过程。

　　施耐庵，生平不详，一般认为是元末
明初人，与罗贯中生活在同一时代。

　　《水浒传》在成书前经过长期的演变，
宋元时期，宋江等人的事迹在民间广泛流
传。杂剧家也创造了很多水浒戏。而把这
些简单、零散的人物和故事汇聚到一起，
写成规模宏大、内容丰富的长篇小说是元
末明初文学家施耐庵的功劳。

　　《水浒传》是第一部以民众反抗斗争
为题材的长篇小说，它以艺术的形式真实
地反映了封建社会的腐朽、黑暗，揭示官
逼民反的社会现实。小说的结局充满了悲
剧气氛，使作品"自古权奸害善良，不容
忠义立家邦"的思想得到进一步揭示。尽

《水浒传·单身劫法场》

管如此，《水浒传》讴歌的英雄主义仍是
作品最激动人心的地方，作者往往集中几
回刻画一个或几个主要人物，特别是对宋
江形象内心矛盾的细致描写，把他内心中
正与邪、言与行、行与思、真与假、悲与
喜等重要矛盾揭露得淋漓尽致，从而塑造
了中国文学史上不多见的具有复杂性格的
形象。同时作者还大量运用合理的想象和
艺术的夸张，通过传奇性情节使英雄人物
达到理想化的境界。

　　《水浒传》的语言是以口语为基础，
经过加工提炼而创造的文学语言，其特点
是准确、形象、生动、明快，无论是叙述
语言还是人物语言，大都惟妙惟肖，有浓
厚的生活气息，人物语言的性格化达到了
很高的水准。通过人物语言，可看出其出
身、地位及所受文化教养而形成的思想习
惯、性格特征。

　　《水浒传》的成功再次证明民间创作
和文人创作相结合是中国古代小说发展的
动力，在它的影响下，陆续出现了大批英

《水浒传·秦张乔生衔》

雄传奇。作为《水浒传》余绪的陈忱的《水浒后传》就是比较优秀的作品，它热情地歌颂了梁山英雄的抗争精神，寄托了深切的爱国思想。

罗贯中作《三国志通俗演义》

元末明初小说家罗贯中以史实和传说相结合的形式创作而成《三国志通俗演义》，这是中国历史演义类章回小说的开山之作，简称《三国演义》。

罗贯中（约1330～1400），山西太原人，一说钱塘（今杭州）或庐陵（今江西吉安）人。名本，字贯中，号湖海散人。《三国演义》代表其创作的最高成就。《三国演义》共120回，约75万字，描写了东汉灵帝建宁二年（169）至西晋武帝太康元年（280）110余年的历史故事，尤其集

中于魏、蜀、吴三国的斗争。该书写定于元末明初，但此前经过长期演变。魏晋时期流传三国人物的奇闻逸事；到了元代至治年间（1321～1323）出现一部《三国志平话》。另外，在宋、金、元三代，三国故事被搬上舞台，元杂剧"三国戏"剧目有近60种。这些传说、话本和戏曲构成了《三国演义》的坚实基础。

《三国演义》是文学创作，不是历史纪录。作品把刘蜀集团作为全书的中心，以其与曹魏集团矛盾斗争作为情节发展的主线，表彰了刘备"上报国家、下安黎庶"的政治思想，对曹操的极端利己主义和残酷暴虐、狡诈专横的恶劣德行则予以揭露和鞭挞。这种继承下来的"拥刘反曹"倾向寄托了处于民族压迫之下的汉人对汉族政权的依恋，表现出封建社会中人民拥护"明君"，反对"暴君"的思想感情，具有鲜明的进步色彩。曹刘斗争最后以蜀亡为结局，三国分裂而又统一于曹，这是历史事实。《三国演义》作为历史小说自然没有违背这个框架。但这部小说的价值并不在于照实纪录历史进程和结局，而在于揭示了历史运动的内在必然性和人物无法逃避的命运和归宿。从这一角度来说，《三国演义》是一出震撼人心的悲剧。

《三国演义》为人们提供了一幅色彩斑斓的历史人物群像。其中诸葛亮的形象

《三国英雄志传》刻本

最为突出，在中国人民心中诸葛亮是智慧的代名词，这在很大程度上是小说浓墨重彩加以渲染的结果。他因刘备"三顾茅庐"而出山，为蜀汉制定联吴抗曹战略，他深谋远虑，运筹帷幄，随机应变，在内政、外交、军事上都尤显神通，同时他忠贞不贰，为报答刘备的知遇之恩，鞠躬尽瘁，死而后已，堪称中国古代"良相"的楷模。关羽、张飞也是家喻户晓的艺术形象，小说对他们与刘备名为君臣、情同骨肉、生死不渝的义气，倍加赞赏。此外对大义凛然的赵云及忠于蜀汉集团的庞统、黄忠、王平、廖化、姜维等英雄，也作了热情赞扬，同时对曹魏、孙吴集团的文臣武将也予以充分描写和不同程度的肯定。

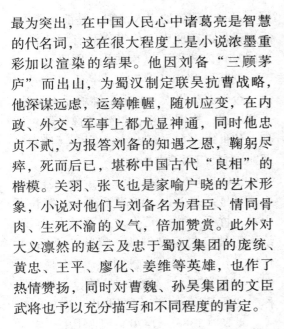

三国故事绘画《三顾草庐图》

《三国演义》取得了卓越的艺术成就。它涉及大小数以百计的战争，千变万化，各具特色，展现了战争的复杂性和多样性，在描写战争过程中，善于抓住重点，突出人物，融军事斗争、政治、外交斗争于一体，写出战争胜负原因和各方将帅的性格、气度和智谋。作者在尊重史实的前提下，表露出鲜明的爱憎倾向，当蜀汉处于不可逆转的劣势时，他就突出其大败中的小胜和挫折中显示的美德，脍炙人口的"赵云单骑救主"、"张飞大闹长坂坡"和诸葛亮的"空城计"都是生动的例证。《三国演义》的结构也独具特色，它把前后100年左右的历史变迁，和在这一历史时期中的几百个人物有机地组织在一起，做到布局严谨、脉络清晰、主次分明、曲折变化，对于一部毫无借鉴的早期长篇小说，这实在是不可低估的杰出成就。《三国演义》用半文半白的语言写成，雅俗共赏，有口皆碑，除了具体运用时的精炼、准确、生动、形象外，这种语言还营造了特殊的历史氛围，与题材和人物身份都相吻合。

《三国演义》对后世的影响极大，它结束了长篇小说创作只是说话艺人底本的时代，它成功地再现历史，为同类小说的创作开辟了一条广阔的道路。从明代开始，就出现了许多历史演义，如余邵鱼的《列国志传》，谢诏的《东汉通俗演义》、褚人获的《隋唐演义》等，可见《三国演义》在中国文学史上和人民生活中都有着举足轻重的深远影响。

江南文人画兴盛

明代前期，明统治者极力倡导宋代院体画风，然而在江南地区，元代文人画家的影响仍然很大，宫廷以外的文人士大夫画家中间，除王履外，徐贲、杜琼、刘珏、王绂、夏㫤、谢缙还有马琬等人都是远师董原、巨然、近承元四家传统的，他们的绘画从元人入手，具有典型的文人画气质，体现出士人情趣，有的成为明代中叶出现的吴门画派的前驱。

抒写灵秀、疏淡的文人情趣，是前承元代，后启吴派的前驱者，传世作品有《南湖草堂图》、《友松图》、《南村别墅图册》。

刘珏（1410～1472），字廷美，号完庵，今江苏苏州人。画山水继承元人吴镇、王蒙风格，构图严密，景致高逸，墨色浓郁，传世之作有《夏山欲雨图》、《清白轩图》。对吴门画派有影响。

王绂（1362～1416），字孟端，号友石生，又号九龙山人，江苏无锡人。擅长画山水，竹石，继承元人水墨画法的传统，绘画用披麻与折带皴法，墨韵清秀明韵。传世之作有《北京八景图》、《山亭文会图》、《墨竹图》、《湖山书屋图》。被时人称为"国朝第一手"（《弇州山人四部稿》）

夏杲（1388～1470），原姓朱，字仲

明刘珏《临梅道人夏云欲雨图轴》

王履（1332～?），字安道，晚年自号畸叟，又号抱独老人，江苏昆山人。擅诗文书画，山水画师承马、夏，取景高奇旷奥，笔墨出入马、夏之间，有关艺术主张的名言"吾师心，心师目，目师华山"受到后世重视，有传世之作《华山图》。

徐贲（生卒不详），字幼文，元末隐居在浙江湖州的蜀山，是"明初四手"之一，擅画山水，师法董源、巨然传统，绘画多用披麻皴，笔墨秀润葱郁，传世之作有《蜀山图》、《秋井草亭图》等。

杜琼（1396～1474），字用嘉，世称东原先生，晚年自号鹿冠道人，江苏吴县人，善书画，隐居不仕，工山水画，兼师董源、巨然与王蒙，善用干笔皴擦，尤擅

明王绂《乔柯竹石图轴》

昭，号自在居士，江苏昆山人。永乐十三年（1415）中进士，官至太常寺卿，曾在翰林院从王绂学画竹石，后以画竹闻名，有"夏卿一个竹，西凉十锭金"之说（《明画录》），传世之作有《湘江风雨图》卷、《奇石修篁图》。传人甚多，主要有魏天骥、屈礿等人。形成颇有影响的昆山墨竹画派。

明杜琼《友松图卷》

辈交游密切，传世作品很少，《谭北草堂图》是近来新发现的佳作。

明谢缙《潭北草堂图轴》

谢缙（1360～1431）又作谢晋，字孔昭，号兰亭生，深翠道人，又号葵丘道人，中州（今河南）人。侨居吴中，画山水师法赵孟頫、王蒙。构景苍茫、厚重，皴法繁密，有"谢叠山"之称，与沈周及其父

戴进开创浙派

戴进（1388～1462），字文进，号静庵。又号玉泉道人。钱塘（今浙江杭州）人。戴进是明代"院体"画中突出代表，也是明代前期称雄画坛的重要人物，戴进在当时被称为"行家第一"，戴进之画派被称为"浙派"，见于董其昌《画禅室随笔》："元季四大家，浙人居其三，江山灵

戴进《雪景山水图轴》

戴进《蜀葵蛱蝶图轴》

些人物、山水的内容情节充实，富于生活气息，人物个性鲜明，在画法上，主要渊源于南宋李、刘、马、夏"院体"传统，而能融汇范宽、郭熙等北宋各家之长，同时又兼取韵于元人，不是专攻一家一派，而是兼融并包，有所发展和创新。

戴进既能工笔，同时也擅长写意，主要特点是挺拔劲秀，严谨有法，早期人物画《达摩六代祖师像》卷，画法出自李唐、刘松年。笔墨工整劲健，衣纹线条流畅而行笔顿跌，是戴进的精心之作；《钟馗夜游图》大轴则放笔写意，挺健豪放，是中晚年面貌；《洞天问道图》以人物为中心，山石树木为背景，实际上是一幅人物山水画，画法来自"院体"而有所变化；《关山行旅图》略有荆、关遗意，尺幅虽小，气势却显得雄壮；《溪堂诗思图》则是效法郭熙的力作，显得结构严谨，宏伟壮阔；《仿燕文贵山水》，水墨点染，呈米家风范。

所谓"淡荡清空，不作平日本色"者，是他山水画的又一变体，花鸟画《蜀

戴进《访燕文贵山水轴》

气盛衰故有时，国朝名士仅仅戴进为武林人，已有浙派之目。"张庚《浦山论画》称："画分南北，始于唐世，然未有以地别为派者。至明季，方有'浙派'之目，是派也，始自戴进，成于蓝瑛。"此后戴进在画史中，成为"浙派"的领袖。

戴进以绘画技艺，于永乐、宣德年间两次入宫，在仁智殿供奉，遭同侪的谗忌，郁郁不得志而归杭州故乡，一生贫困坎坷，死后则声望显著。他的画作题材比较丰富，人物、山水、花鸟、走兽，无不精工，有

葵蛱蝶图》工细淡雅，有"院体"的笔法功力，而能独具一格，戴进的画，显示了深厚的艺术造诣和多种变化的风格特点。

戴进的绘画艺术对宫廷内外产生了广泛影响，有众多的追随者，夏芷、陈景初、吴理、叶澄、钟钦礼、王谔等都师法戴进，其后的"院体"派名家周臣、吴门派领袖沈周，对戴进的画法也有所借鉴。

宫廷画家创作活跃

明代统治阶级在武功文治中，十分重视对书画艺术的控制和利用，虽然没有设立专门机构来管理，却也以举荐、征选的方法网罗职业美术家与匠师，并授以职位。洪武、永乐时称中书舍人、待诏或内供奉，宣德以来授锦衣卫都指挥、指挥、千户、百户、镇抚等，并置于仁智、武英、文华各殿应制供奉。明代宫廷供奉的画家、名手辈出，队伍相当壮大，如洪武时以画山水著名的赵原、盛著、周位，而擅长人物的王仲玉、孙文宗、陈远等，曾为朱元璋传写"御容"。永乐时，边景昭、范暹以花鸟著称，郭纯、卓迪以山水传世。宣德到成化、弘治之际，供奉画家不断增多，如谢环、李在、石锐、周文靖、商喜、倪端以及（浙派）代表人物戴进等，都是多面能手，成化、弘治时林良、吕纪、吕文英、吴伟、王谔，正德时的朱端等等，都是名著一时的代表人物，其他如缪辅、刘节的鱼，刘俊、周全、纪镇、黄济、计盛、胡聪的山水、人物、鞍马，欲偕、宋佐的花鸟，都有相当深厚的艺术功力。

赵原（14 世纪），字善长，号丹林，山东莒城人，后居吴（今江苏苏州），洪武中召入宫廷，奉命绘制历代功臣像，擅长山水，笔调清隽秀逸，传世之作有《合溪草堂图》、《溪亭秋色图》。

吕纪《狮头鹅图轴》

盛著（生卒年不详），字叔彰，浙江嘉兴人，擅长山水，兼工人物、花鸟，并擅修复和摹制古画，洪武中颇得厚遇，后遭"弃市"酷刑。

边景昭（15 世纪），字文进，福建沙县人，永乐初年入宫廷，擅画花鸟，师法宋院体画传统，有不少作品传世。其中《竹鹤图》用笔工整，色彩富丽，墨色勾染合宜。《春禽花木图》以鸟禽花卉群体构图，描绘出一派热闹明朗的春天景致。边景昭的花鸟画与蒋子诚的人物画及赵廉画的虎同被称为"禁中三绝"。

孙隆（15 世纪），又作孙龙，字廷振，今江苏常州人，擅长画花鸟虫鱼，传世的有《花鸟草虫图卷》等。

郭纯（14 世纪末到 15 世纪），原名文通，永乐时入宫后赐名纯，浙江永嘉人，擅长画山水，存世《青缘山水图》设色浓郁，布势繁密。

谢环（15 世纪），字廷循，浙江永嘉

李在《阔渚晴峰图轴》

人，永乐、宣德时宫廷画家，传世的《杏园雅集图》描绘当时名臣三杨（士奇、荣、溥）等在杨荣的私园中聚会的情形，是一幅配景写真的行乐图精品。

李在（生卒年不详），字以政，福建莆田人，擅长山水画，传世之作有《琴高乘鲤图》和《归去来辞图》以及《阔渚晴峰图》。

商喜（生卒年不详），宣德时供奉宫廷，传世之作有《明宣宗行乐图》和《关羽擒将图》。

倪端（生卒年不详），宣德时宫廷画家，善画释道人物，传世之作有《聘庞图》。

林良（1436～1487），字以善，南海（今广东）人，正统、成化年间宫廷画家，擅长画花鸟，传世之作较多，有《山茶白

羽图》、《灌木集禽图》、《雄鹰八哥图》以及《双鹰图》等。

吕纪（1477～?），字廷振，号乐愚，今浙江宁波人，弘治间入宫廷供奉，擅长画花鸟，又兼能水墨写意，传世之作有《桂菊山禽图》、《残荷鹰鹭图》、《溪凫图》等。

刘俊（生卒年不详），字廷伟，有传世之作《雪夜访普图》和《刘海戏金蟾图》。

明代宫廷绘画的题材，有人物、佛像、山水、花鸟、走兽、虫鱼等各种画料，较为广泛。人物画主要是历史故事、人物图像、皇帝肖像、行车图、宫廷生活风俗小景以及宗教佛像等画，从各个方面体现了为统治者政治需要服务的宗旨，反映了帝王贵族的宫廷生活；花鸟画题材则有凤、

林良《松鹤图轴》

中国通史

最新整理图文珍藏版

鹤、孔雀、鹰、雁、雉鸡、鸳、凫之类的珍禽异鸟，以示吉祥瑞寿；山林画取法北宋的高文进、郭熙及南宋的李唐、刘松年、马远、夏圭等名家。宫廷画家的绘画风格，在前期除少数继承元人之外，主要来源于两宋画院一体，中期以南宋画风为主。明代的宫廷绘画，特别是以边景昭、林良、吕纪为代表的花鸟画，继承和发展了宋元传统，打破了工笔与写意的刻板分界，为日后写意花鸟画的更大变革奠定了基础。

唐寅绘画自成一格

　　明代有"江南第一风流才子"之称的画家唐寅（1470～1523），字子畏，一字伯虎，号六如居士，又号桃花庵主，吴县（今江苏省苏州市）人。出身卑微

唐寅《灌木丛篠图轴》

唐寅《风竹图轴》

商贩之家，早年发愤读书，弘治十一年（1498）中应天府（今江苏省南京市）解元。会试时却因程敏政泄露试题一事牵连，被投入监狱。正德九年（1514），他投奔西宁王朱宸濠帐下，后发现朱宸濠有不轨之意，于是返回江苏。后因仕途经历两次坎坷遂转而筑室于桃花坞，潜心诗文书画以终。

　　唐寅诗文流畅通俗，与祝允明、文征明、徐祯卿并称"吴中四才子"。书法则师赵孟頫，风格奇峭。绘画上也自呈风貌。他早年师事周臣，主要吸取李唐、刘松年的传统，后博取众长，师古而不泥古，又漫游名山大川，兼之读书多，修养深，阅历多，故而无论在山水画、人物画，还是花鸟画上都能自成一格。其作品既严谨缜密，又清逸洒脱。

　　唐寅的山水画，一种较多受周臣和李、刘影响，呈院体风貌，代表作品有《骑驴

归思图》、《山路松声图》等。另一种山水画多参以元人画法，呈秀润清俊的细笔画风，更多文人画意趣。代表作品有《事茗图》、《毅庵图》等。现代山水画家吴湖帆曾说："六如居士画，昔人论曰'远攻李唐，足任偏师'，而不知其疏宕处得力于夏禹玉甚深。又能以南宋之韵表北宋之骨，正所谓运百炼钢若绕指柔者，发千古画苑奇格，不独与沈（周）、文（征明）角胜一时也"。在唐寅的画中，笔墨分明而不刻露，浑融而不模糊，和明代一味单纯借鉴南宋画派流于疏狂简率，缺少含蓄全然不同。他的表现技法变易了李唐南宋画派以面为主，以沉雄刚健的斧劈皴法为主的作法，而改为细长清劲的线条或长皴来构图，呈现出一种腴秀明净的装饰味，后人称为"青出于蓝"。

唐寅在人物画上也有很深的造诣，题材多绘古今仕女和历史故事，造型准确优美，情态飘洒高雅，许多内容富有讽喻世态之意。早年以工笔重彩为主，用笔精细，设色艳丽，后来又兼长水墨写意，洗练流畅，笔简意赅。所作仕女，尤有特色，对后世影响较大。唐寅人物画体貌上有两种：一种是线条劲细，敷色妍丽，气质华贵，

唐寅《临韩熙载夜宴图卷》（部分）

出自南宋院体的如《王蜀宫妓图》、《簪花仕女图》等；另一种呈兴意潇洒，运笔如行云流水，出自南宋梁楷、法常，并具有元人气息的如《东方朔》、《秋风纨扇图》和《牡丹仕女图》等。

唐寅所作的花鸟以水墨为主，画法介于沈周、林良之间，工稳而不一味精谨，洒脱而又非随意纷披，呈现一种活泼、秀逸的格调。存世作品有《枯槎鹦鹄图》、《墨梅图》等。

明代王世贞评唐寅的画"秀润缜密而有韵度"（《艺苑卮言》），大体上概括了他的艺术特征。清恽格在《南田画跋》中说唐寅"笔墨灵逸，李唐刻画之迹为之一变"，都说明了唐寅能将"南画"重韵和"北画"尚骨的特点，巧妙地揉合一起，形成了一家之体。

唐寅像

前七子复古

明代，朝廷制订了八股文科举考试制度，天下文人遂将注意力悉数转向四书五经，而对于其他古书典籍则概不涉阅。并且当时文坛流行的文体是"台阁体"和"理气诗"，其中"台阁体"纯为粉饰太平的无病呻吟之作，"理气诗"又毫无诗味，庸俗之极。在这种情况下，出现了一个文学团体——"前七子"，提倡复古，学习情文并茂的汉魏盛唐诗歌，以消除八股文对文人造成的不利影响。

"前七子"以李梦阳为首，包括何景明、徐祯卿、边贡、康海、王九思和王廷相等七人。他们为复古，提出"文必秦汉、诗必盛唐"的口号，强调文章学习秦汉，古诗学习汉魏，近体诗则效仿盛唐。认为汉唐以后的诗文则一代不如一代，因此必须严守古法，模拟古代诗文的形式，进行创作。

李梦阳（1473～1530），字献吉，号空同子，庆阳（今属甘肃）人，他在乐府、歌行、七律方面具有较高的艺术成就。如在《台寺夏日》中描写台寺景象时，气势磅礴，鉴古知今，别具特色。他创作了一大批富有现实意义的作品，对封建统治阶级的腐败和无能作了较深刻的揭露，对劳动人民的贫苦生活表示深刻的同情，如在《君马黄》中描写宦官的骄横，揭露了封建统治阶级的罪恶；在《朝饮马送陈子出塞》中一方面描写了劳动人民的悲惨生活，另一方面揭露军队的无能。

何景明（1483～1521），字仲默，号白坡，又号大复山人，信阳（今属河南）人。在抨击当时盛时的"台阁体"时，他起到了很重要的作用，对当时的政治极为

不满，并悉数在作品中表现出来。如《盘江行》描述了官军对人民的掠夺，《玄明宫行》讽刺了皇室的奢侈豪华。

徐祯卿（1479～1511），字昌毂，一字昌国，吴县（今江苏苏州）人，擅长于七言近体，写诗时重视外界事物对内心灵感的触发，诗意隽永，情韵深长，其诗较前七子中其他6人多了一点婉约清丽的风格。

"前七子"之首李梦阳自书诗墨迹

作品有《迪功集》，其中也不乏反映现实之作，如《猛虎行》是对当时社会不公现状的极力讽刺。

边贡（1476～1532），字廷实，号华泉，历城（今山东济南）人。他的作品调子较为平和，艺术感染力不强，这可能与他顺利的人生经历有关。他的作品所反映的内容也较为贫乏，取材较为狭窄，主要擅长于五七言律诗和绝句。

前七子虽然都主张"文必秦汉、诗必盛唐"，但在一些具体的效法手法上仍存在很大分歧。如李梦阳提倡句模字拟，刻意古法，甚至在格调、结构、修辞、音调方面，完全模仿古人而作，这就不免使得他的作品泥古不化，只具有前人的形象，而无任何内容上的新意，甚而流于剽窃。而

何景明则主张拟古是一方面，另一方面也要不露模仿的痕迹，"领会神情"，"不仿形迹"，徐祯卿也主张重视外物的作用，感情真挚才能有好作传世。

总之，前七子在当时虽然仿效古人的诗作形式几近呆板，内容无甚创新，但在打击八股文，提倡复古方面，还是有一定的功绩的。

《高山流水》发展成熟

中国古琴曲《高山流水》发展到明清以后趋向成熟，并以其形象鲜明、情景交融而广为流传。

战国时已流传有关于《高山流水》的琴曲故事，并传为伯牙所作。但《高山流水》乐谱最早见于明代《神奇秘谱》。此谱之《高山》、《流水》解题有："高山流水二曲本只一曲。初志在乎高山，言仁者乐山之间。后志在乎流水，言智者乐水之意。至唐分为两曲，不分段数。至宋分高山为四段，流水为八段。"明清以来，随着琴的演奏艺术的发展，《高山》、《流水》有了很大的变化。《神奇秘谱》本不分段，而后世琴谱多分段。明清以来多种琴谱中以清代唐彝铭所编《天闻阁琴谱》中所收川派琴家张孔山改编的《流水》尤有特色，又称"七十二滚拂流水"，此曲形象鲜明，情景交融，琴家多据此谱演奏。

另有筝曲《高山流水》，音乐与琴曲迥异，为另一乐曲。

水陆画形成

早在晚唐时期，水陆画作为一种绘画风格就已经存在，经过唐、五代、宋的发展，到明代，水陆画已成为一个完整的体系，特别是在佛寺道观中，出现了水陆殿和成套的水陆画卷，代表作有河北石家庄市毗卢寺和山西稷山青龙寺腰殿的水陆壁画。

河北石家庄市毗卢寺后殿的水陆会壁画绘制于明嘉靖十四年（1535），取材于佛教壁画《梵王帝释图》、《八大明王》、《十七护神》和道教壁画《朝元图》、《天蓬黑煞玄武火铃》、《游变神鬼》、《都官土地》等，并将这些壁画中的形象重新组合，形成一个庞大的宗教壁画。全壁画共有鬼神人物500多身，在画中上下交错分为3层。整幅壁画分东南西北4壁，其中东壁绘有南极长生大帝、浮桑大帝、东岳、中岳、南岳、四海龙王、五方诸神、地藏、十王、鬼子母等形象130多身；南壁绘有引路王菩萨、城隍土地、古帝王后妃、贤妇烈女、九流百家等形象140多身，西壁绘有北极紫微大帝、西岳、北岳、四读、五湖诸神、雷电、山水、花木神等共140多身；而北壁则绘有以梵王、帝释为中心的120多身天神。整幅壁画图像丰富、构思精巧，再加上保存完整，具有重要的历史价值和艺术价值。

山西稷山青龙寺腰殿的壁画，则以内容丰富而闻名于世。该壁画的人物形象上至天宫诸神，中及人间百态，下到阴曹地府，无所不包。反映了明代壁画的一大特点。整幅壁画也是由四面组成，东壁有帝释天众、元君圣母、五方五帝、普天列曜

河北石家庄毗卢寺《三界诸神图》

星君、鬼子母、十二元神、四海龙王等；南壁西侧有四大明王、往古贤妇烈女等；

山西稷山青龙寺壁画《三界诸神图》

东侧有四大明王、往古后妃文武等；西壁有梵王圣众、玉仙圣母、五岳帝君，雷电风雨众神、真武真君、苗药林木诸神等；北壁则包括东侧的六道轮回和西侧的阴曹地府，两侧都绘有门，门旁都有题词，其中东侧题词是"功德主体自然"，西侧题词是"功德主黠惠庵"。

水陆画是由于为超度水陆众生鬼魂、举行水陆斋仪而产生的，到后来已发展成了宗教绘画的一种。因此，研究水陆画的发展对于宗教艺术的发展也有一定的意义。

岳麓书院成名

岳麓书院位于湖南岳麓山。宋开宝九年（976），潭州（长沙）太守宋洞创建，为当时四大书院之一。岳麓书院历史悠久，历经沧桑，到明中叶书院复兴中，时人受阳明学的洗礼，利用书院的多方面条件作为传播阳明学的重要基地，使之焕发生机。加之嘉靖年间政府扶持，私人资助，岳麓书院在明代成为著名的书院之一。政府拨给和私人捐助的学田有2222.9亩，水塘41个，屋基31处，为岳麓书院的成名奠定相当雄厚的物质基础。

正德二年（1507），岳麓书院开始复兴，第二年陈论主持院内教事，向人们传播"知行合一"说。但是陈论学宗湛甘泉，所以阳明学的传播只作为教学的一个次要方面。到嘉靖年间，岳麓书院学风开始转向以研习阳明学为主的改革，阳明学取得主导地位。阳明的高足弟子季本在这一转变中起主导作用。嘉靖十八年（1539）长沙知府季本大力修复岳麓书院，并亲自登坛开讲，以至四方人士多从其研习阳明学。当时正是政府刚刚颁行毁禁书院令的时候，季本的勇气令人钦佩。随后，江右王门健将罗洪先也至岳麓书院讲学。万历十年，浙中王门弟子张元忭以使事至长沙，亦赴岳麓讲学。张元忭是王畿的弟子，他讲学时常劝学人，必须悟修并进。万历天启之际，江右王门当时号称"天下忠直"的名士邹元标也到岳麓讲学。在阳明学派争夺这所朱熹曾任讲的"道学正脉"阵地时，湖湘学派的理学之士，不甘心理学传统为时风所异化，极力抗争，在岳麓书院形成学者间"理学"与"心学"学派的明争暗斗。如张元忭在书院讲"文成之学，而究竟不出于朱子"。邹元标"其一规一矩，必合当然之天则"。这些斗争使岳麓注重躬行实践的传统仍常存，同时也促进了阳明学派自身学风的改造。

阳明派巨子纷纷到岳麓登坛讲学，使岳麓书院名声大噪，成为明代著名书院之一。在明中叶的书院复兴运动中发挥了重要作用。

中国版画进入繁荣时期

明代是中国版画艺术的黄金时代，这一时期版画艺术随着雕版印刷的普及和市民文学的发展，呈现出相当繁盛的局面。官办的刻印业与民间印书坊肆并行发展，印书业的发展带来版画艺术的繁荣，版画插图的种类和数量日益增多，这些插图对传播知识起了重要的作用，尤其是增强了文学艺术作品的感染力。明代版画在文人、书商和刻工的努力经营下繁荣发展，出现了风格迥异的版画流派，为后世留下一批珍贵的版画杰作。

明代版画艺术的发展有以下几方面的特点：一是刻工精细。当时的雕刻工匠对自己的作品认真之至，一版完工后见有一二处不合意即碎版重刻。另外，由于各地书坊林立，雕工在技艺上竞相较量，这种竞争的风气促使工匠在雕刻技艺上精益求精，版画艺术随之迅速提高。二是版画的内容丰富，除宗教性版画外，欣赏性版画大大兴起，小说、戏曲、传奇、地理、谱录都有大量版画插图，画谱逐渐流行，木版年画和木刻连环画也开始形成。当时出版的一些重要的文学作品如《西厢记》、《水浒》、《牡丹亭》、《玉簪记》等都有大量插图，而且图文并茂。除文学作品外，有关科学知识的书中也有不少精美的版画插图，如明朝万代年间的《万宝全书》。这是一部民间常识性的百科知识小丛书，内分天文、地舆、节令、医术、卜相、琴学、书画等30多个门类，每一门类都有大小不等的插图，这些图解增强了书的可读性，也扩大了其影响面。此外，一些地方志和工具书的雕版插图在明代也应有尽有。

明代高松画谱

明代版画艺术发展的第三个特点是彩印技术发达，制作了大量书画谱。《十竹斋书画谱》、《萝轩变古笺谱》、《芥子园画传》等都是中国版画史上的杰作。这种能按原画的笔墨浓淡、设色深浅的变化，以水印来印成五彩的套色版画，开历史彩印的先河，在世界印刷史上占据重要地位。此外，这一时期还出现一种大型的巨幅木刻。现在发现的有《石守信报功图》等作品，都是纵横在二三百厘米以上的画面，结构宏伟，气势磅礴。

明代书坊林立，版画艺术在竞争中形成了各种流派，它们具有各自的地方特点和个人风格。明代版画的主要流派有新安派、建安派、金陵派和武林派。新安派又称徽派，以安徽歙县为中心，以刻制精工闻名于世。当地黄、汪、刘、郑、鲍诸家刻工代有相传，名手辈出。其中黄氏刻工最为著名，父子兄弟相传达十辈之久，形成数百人以刻版为业的专业队伍。他们既有艺术才能，又能勤勤恳恳以刀版为业，他们的智慧与勤劳使中国版画出现了由粗略向精美、由古朴向秀丽的转折。新安派版画的风格精细秀美，其传世作品有《养

明代萝轩变古笺谱（两幅）

正图解》、《古烈女传》、《金瓶梅》、《琵琶记》等插图。建安派以福建建阳为中心，这一派大多为民间工匠所为，文人画家参与其事者不多，较多地保存了民间艺术真率质朴的风格。金陵派以江苏南京为中心，所刻以戏曲、小说为多。金陵刻工精巧的代表作有魏少峰《三国演义》、刘希贤、张承祖刻《金陵梵刹志》、陈聘洲等刻《西厢记》，套色凸版《十竹斋笺谱》为金陵版画增添了异彩。武林版画以浙江杭州为中心，杭州风景秀丽，山水名胜吸引着文人画士，武林版画的内容因此偏重于景物的描写。

版画是明代艺术中最为发达的一种，它附属于印书业而发展，对普及文化和科学技术起了重要作用。版画艺术的发展需要绘、刻、印三方面技术的配合，各地的画家、刻工和书商合作创制版画，在交流与竞争中，形成了具有地方特色和个人风格的艺术流派，使中国版画艺术在明代进入鼎盛时期。

魏良辅度新声

魏良辅是昆腔艺术家，字尚泉，祖籍江西豫章（今南昌），流寓江苏太仓，嘉靖年间杰出的戏曲革新家，对昆山腔艺术的发展提高有过巨大贡献，后人曾奉他为"昆曲之祖"。

魏良辅为改旧曲，足迹不下楼十年，对南曲转喉押调，度为新声。他从清唱入手，在宫调、平仄、气韵、声口等方面苦心研磨，洗尽乖声，别开堂奥，调用水磨，拍捱冷板，功深镕琢，气无烟火，启口轻圆，收音纯细。使本就体局静好的昆山腔，经此一番水磨功夫，更为清柔婉折，超乎弋阳、海盐、余姚三腔之上。

当时与魏良辅一道从事艺术革新实践

的还有一批艺术家，主要有张野塘、张梅谷、谢林泉、张小泉等。魏良辅对歌唱基本要求：字清、腔纯、板正，即所谓三绝等艺术理论，对后世有深远影响。

仇英精研画技

仇英是明代中期画坛上一位难得的全能画家，精研画技，无所不工，青绿、浅绛、水墨、工笔、写意俱极精妙。

仇英《停琴听阮图轴》

2309

仇英（约 1505～1552），字实父，号十洲，江苏太仓人，后居苏州。当过漆工，善画。在苏州得到老画师周臣的赏识，被收为学生。后来又结识了著名文入画家文征明及其子文嘉，并和艺文之士陆师道、周天球、彭年等结成至友，他与唐寅有同学之谊，与祝允明亦交谊笃厚。这对于他的画艺和学识的长进，起了十分重要的作用。

仇英《柳下眠琴图轴》

嘉靖二十六年（1547），仇英曾先后在著名鉴藏家项元汴、周六观、陈官等家作画，得以目睹项氏家藏宋元名家画千余幅，经潜心观赏和刻苦临摹，画艺大进。以精湛而全面的才能蜚声画坛，并跻身于吴门四家之列。

仇英精研"六法"，人物、山水、走兽、界画等俱能。他临古功深，主要以工笔重彩的三赵（伯驹、伯骕、孟頫）作品为主。"精丽艳逸，无愧古人"，为近代高手第一。他在继承唐宋以来优秀传统的基础上，吸取民间艺术和文人画之长，形成自己的特色。

仇英对青绿山水和工笔人物尤有建树。其青绿山水画以繁富、典雅著称。青绿山水主要师承南宋赵伯驹、赵伯骕，山水境界宏大繁复，物象精细入微，色彩浓丽而不失明雅，严谨精丽中透出文入画的妍雅温润，具有雅俗共赏的格调，存世代表作有：《桃源仙境图》、《秋江待渡图》、《桃村草堂图》等。《桃源仙境图》绘重岩叠岭在青山白云环绕下，几位隐士临流赏琴，遥见远处楼阁隐现。纯用石青的大片山石肃整有矩、秀丽高雅，与悠闲的人物情景交融，俨如脱尘的神仙景象。《莲溪渔隐图》则山清水秀，用色典雅，有文人画韵味，可称作疏淡的小青绿风格。仇英人物画笔力刚健，造型准确，对人物精神刻画自然，有工笔重彩和粗笔写意两种面貌，其精丽的仕女画影响尤大，形成仇派仕女画风，仇英善于将宋人的精工和元人的放逸融为一体，他结合宋元技法之长，兼容院体画和文人画的笔墨意韵，形成自出己意的变格之作。仇英人物画代表作有：《摹萧照〈中兴瑞应图〉》、《柳下眠琴图》、《蕉阴结夏图》等。

仇英精研画技，他的作品有鲜明的时代特点，饮誉各地，对明清宫廷、民间与文人的绘画产生了相当的影响。

后七子

明代，八股文考试制度的施行使得文坛风行"台阁体"及"理气诗"，其中

仇英《松溪论画图轴》

"台阁体"为无病呻吟的粉饰太平之作，"理气诗"则是无甚诗意的索然无味之作，都对当时的文人产生了不良影响。

经弘治年间"前七子"的复古运动，"台阁体"逐渐消沉，但"理气诗"依然畅行无阻，为此，"后七子"继而起之，继续提出"文必秦汉、诗必盛唐"的口号，将复古运动推向高潮。

"后七子"是由嘉靖、隆庆年间的七位诗人李攀龙、王世贞、谢榛、宗臣、梁有誉、吴国伦和徐中行组成。同前七子一样，他们认为文章当属秦汉时期之作，至于诗歌则首推盛唐时期，大力宣扬"文必秦汉、诗必盛唐"。由此掀起的文章诗歌复古运动，较前七子更为声势浩大。

李攀龙（1514～1570），字于鳞，号沧溟，历城（今山东济南）人，著有《沧溟集》30卷。他的诗作主要表现在七律和七绝上面，声调清亮，词采俊爽，有一批感时伤怀的真情实感佳作问世。作为后七子的首领之一，他的复古观点比较激进，认为古文早在秦汉时期就已有法则存在，后人只要在这法则之上"琢字成辞，属辞成篇"即可，要求文章"无一语作汉之后，亦无一字不出汉以前"。至于诗歌则独推盛唐。他编选历代诗歌而成的《古今诗删》，唐后即直接明代，也可窥视他的诗歌观之一斑。这种极端的复古观点就不免使得他的文章成为复古模拟的假古董。

谢榛（1495～1575），字茂秦，号四溟山人，一号脱屣山人，临清（今属山东）人。同李攀龙一样，他主张模拟盛唐诗歌而鄙视宋诗，只是他的观点不像李攀龙一样极端，他认为盛唐14家的诗作皆有可取之处。他还强调诗歌创作中的"天机"和"超悟"，感情要真切，摹拟不要太重，因此和李攀龙产生分歧。尽管谢榛主张"超悟"，但实际上他追求的还是诗作中的"警句"，认为一首诗中只要有了"超悟"式的警句，就可称其为佳作，这也使得他的作品有时仅见某句佳句而难有完美之全篇。由于晚年漂泊外地，他的作品主要反映旅途之艰辛和漂荡之困苦。

王世贞（1526～1590），字元美，江苏太仓人，在李攀龙死后，他主持文坛达20年之久。在这过程中，他逐渐认识到复古主义的弊端之严重，认为"代不能废人，人不能废篇，篇不能废句"。他的作品，主

2311

《元夜谶集图卷》，系画家陆治于明嘉靖二十六年（1547）元宵佳节偕画界师友在文征明家雅集后所作。此图反映了当时文人雅士的一个生活侧面。

要是为揭露社会不满现实而作。

后七子的复古运动使人们知道除四书五经外，还有很多内容丰富的古书，扩展了人们的视野，扫清了八股文的恶劣影响，但另一方面又由于过于强调模拟古文，盲目尊崇古文的形式，也在一定程度上阻碍了文学的进步。

王艮开泰州学派

明嘉靖八年（1539），王阳明去世，师从王阳明的王艮返回家乡开展讲学活动，且频繁往来于江浙地区传道，其学说的影响迅速扩大，中国学术史上第一个具有早期启蒙色彩的学派——泰州学派被开创。

王艮（1483～1541），字汝止，号心斋，泰州安丰场（今江苏省东台县）人，出身于世代灶户的平民家庭。他虽师承王阳明却能坚持独立见解和"狂者"风格，对王学的某些范畴和命题提出自己的具有独创性的阐释，不囿于其师的思想并常有超出。

作为一位平民思想家，其哲学思想的核心是百姓，对他们寄予同情，并认为他们通过学习也能悟道，达到君子的境界。王艮所论之道落实到现实世界的"百姓日用"之中，诸如吃饭穿衣，制陶建房等，与理学家为维护封建伦理纲常而宣扬的"天理"截然不同，撕破了理学关于"圣人之道"的神秘面纱。在此前提下，他肯定了"人欲"，认为人们对基本生活物质的需求是合理的，维护人的生存权利是道的根本。"百姓日用之道"建立在尊重基本人权的基础之上，适应了当时社会经济出现的新因素，包含了早期启蒙思想的色彩，因而被平民和下层知识分子所接受，这也是其学说能广泛传播的重要原因。

同时，王艮认为自己是帝王之师，是

浑仪，明正统四年（1439）造，装置有六合仪、三辰仪、四游仪，用以观测全天恒星的入宿和日、月、五星的运行。

道的主宰和先知先觉者，只有自己的学说是直承伏羲至孔子思想，显示了其思想与理学传统相悖的独立精神。

为了解释其"百姓日用之道"对人欲的肯定和对基本人权——生存权的尊重，王艮提出了另一个哲学命题：即"尊身立本"的"格物"——认知方式。他认为天地万物与仁者浑然一体，身与天下国家是同样的事物，身体是本，天下国家是末，"格物"乃是对这一本末关系的正确认识和处理。自我完善的"尊身"是其学说的一个新特点，但"尊身"的前提是"安身"，即只有使人吃饱穿暖，享有基本生存权利才可能自我完善并有利于天下国家，身是客观世界的主宰，人的欲望、饮食男女是人的自然本性，必须顺应它，这是王艮把"身"——人的价值提到了一个崭新的高度，标志着人性的初步觉悟。同时，王艮还认为"尊身"与爱身、保身是一致的，主张人人平等的爱人思想。这种尊身、人人平等、爱人的思想也具有早期启蒙思想的某些内涵。最后，他还提倡以学习为乐，并到百姓中去学习，这无疑使学习的方式大大简化了。与烦琐经读相比，自然增添了无穷乐趣。

通过王艮的努力，其学说的影响不断扩大，影响了当时一大批人的思想，形成了一个颇具势力的泰州学派，被王襞、徐樾、赵贞吉、颜均、罗汝芳、何心隐等代代承传，成为中国古代思想史上的一大流派。它对专制君主的否定及要求富足、平等、自由的思想，构成了其早期启蒙思想的色彩。

舞台艺术全面繁荣

明代戏曲在继承宋元南戏和北剧杂剧的基础上，经过各声腔剧种艺人们长期而广泛的实践，在唱、念、做、舞以及舞台美术等方面，都取得了全面的发展与提高，从而使戏曲艺术逐渐走向成熟，进入了繁荣时期。

明代不同的戏曲声腔，有不同的音乐风格。但无论是向"雅"的方向发展的昆山腔，还是走"俗"的道路的弋阳腔，都很讲究歌唱艺术，首先是讲究唱"声"。以昆山腔论，唱工要求正五音、清四呼、明四声、辨阴阳等。更要求唱法技巧，如魏良辅《南词引正》说："曲有三绝，字清为一绝，腔纯为二绝，板正为三绝。"其次是讲究唱"情"。明代戏曲家大都意识到情的重要。潘之恒说"曲为情关"，"悲喜之情已具曲中，一颦一笑，自有余韵"（《亘史·杂篇》卷四《曲余》），他强调唱曲子必须把曲中蕴含的各种感情变化唱出来。

在戏曲演出的实践中，为了讲究艺术效果，艺人们不得不发挥自己的创造才能，改造剧本的念白，使之通俗化、性格化、戏剧化，在"念"上下工夫。

明代戏曲中的舞蹈，大多是用来表现

《明人演戏图》

鬼神的行动，如朱期《玉丸记》传奇《天威迅烈》一出，集中安排了一场热闹的鬼神群舞，登场作舞者有风鬼、龙王、雨师、风婆、电姑、雷神等。在戏曲演出中，有时故意穿插一点民间舞蹈，如阮大铖《双金榜》之《灯游》中，有"闹滚灯"、"跳竹马"、"舞梨花枪"等民间舞蹈。随着戏曲表演艺术的成熟，舞蹈成了塑造人物形象和表现戏剧矛盾的不可缺少的艺术手段。

武术和杂技是构成戏曲舞蹈的重要来源，戏曲艺人不断地把武术与杂技中的精彩表演吸收过来，将其舞蹈化和戏剧化，使之为塑造人物和表现剧情服务。明代的传奇作家们常常在以生旦为主的剧本中，有意识地安排几场武戏，武戏是中国戏曲独特的体裁，明人写作的剧本中，有不少武戏场子，注意在武打中塑造人物，当时的武戏，有时用真刀真枪，以此悚动和吸引观众。

中国戏曲的行头、砌末、脸谱、舞台装置等属于舞台美术方面技艺在明代后期有了很大的改进。时衣——现实生活中出现的时髦服装不断地被吸收到舞台上来，戏曲行头焕然一新，脸谱在戏曲演出中逐步定型和逐渐丰富，如《千金记》说项羽是"黑脸老官"、"黑脸爷爷"；《蕉帕记》说关胜"末，红脸大刀"；《鸣凤记》中的严嵩是白脸装扮（代奸臣），另外，明代的舞台装置也有人在作舞台布景的尝试。

除上述几方面外，明代虚实结合的舞台方法也是当时艺术繁荣的一个方面。虚实结合的舞台方法以虚拟为主，虚实相生，是中国戏曲表演舞台方法的最重要的特征。虚实结合的舞台方法在明代戏曲创作和演出中得到了不断的丰富和提高，明代在舞台上抒情、叙事与写景的方法，比宋元时代要丰富得多，借助简单的砌末道具和桌椅等无固定意义的舞台陈设，以演员的表演来表现脚色活动的环境；在假定的舞台空间和时间中，通过表演调动观众的想象，演员和观众共同来完成真与美的创造，逐渐地成了公认的艺术原则，关于虚实结合舞台方法的实例在明代传奇演出中比比皆是，这种虚实结合的方法一直流传至今，长久不衰。

戏曲演员的体验与表现戏曲艺术塑造人物以传神生动为上乘，为了达到传神的境界，演员除了练好唱念做舞的基本功，还必须把人物内心节奏的体验与恰到好处的表现技巧有机地结合起来，这条艺术原则在明代人的演戏实践中得到日益成功的体现。

明代人论戏突出的强调"情"，同时也强调"技"，强调"真"。情，被摆在更为关键的地位上，所谓"情到真时事亦真"（冯梦龙《洒雪堂》传奇卷末落场诗）。只有准确地把握住角色的内心情感，表演才能获得"真"的基础，才有达到传神的可能。因此，一些成功的艺人以生活为师，认真揣摩体验，并且用高度的表演

技巧把人物内心节奏恰如其分地表现出来，因而创造出富有美感的艺术形象。在明代人形式多样的演戏活动中，体验与表现有机结合的艺术原则，得到了广泛的实践，与后世戏曲表演艺术，提供了丰富的经验。

李开先作《宝剑记》

李开先（1502～1568），字伯华，号中麓，山东章丘人，是明代文学家、戏曲作家。幼年即"颇究心金元词曲"。青年时曾任吏部考功主文、员外郎等官职，后来官位升至提督四夷馆太寺少卿。嘉靖二十年（1541），李开先不满朝政黑暗，揭露当朝的腐败，被罢官。他希望重新复出有所作为，但又不愿趋炎附势，最后只能归田终老。

嘉靖初年，李开先与王慎中、唐顺之、赵时奉等并称"八才子"。

李开先于嘉靖二十六年（1547）创作的传奇《宝剑记》共52出，他对与正统诗文异趣的戏曲小说极为推崇，主张戏曲语言"俗雅俱备"，"明白而不难知"。取材于小说《水浒传》，主要内容讲林冲因上本弹劾童贯而被谪降为提辖，又参奏太尉高俅，被刺配沧州充军，在去沧州的路上差点被害，被逼迫上梁山。后来林冲带领梁山英雄攻打汴京，皇帝将高俅父子送至梁山军处死，招安林冲、宋江等人，加封官职为结。

李开先的《宝剑记》比《水浒传》更具有社会意义，他描写林冲与高俅等人的矛盾冲突并不是只因高衙内想霸占林冲的妻子张贞娘，而是因林冲多次上本参奏高俅、童贯等人营私舞弊、鱼肉百姓的罪行，引起他们的嫉恨。李开先通过抨击封建统治阶级的丑恶行径，从另一个侧面反映出他所处的朝代的社会各种矛盾，表现出仕途坎坷的愤懑

心情。林冲与高俅的矛盾就成为一场忠奸斗争，成为关系到国家生亡的斗争。

《宝剑记》中的第37出，写林冲夜奔梁山表达了林冲"专心投水浒，回首望天朝"的复杂心情，在昆曲和京剧中盛演不衰。明代陈与郊曾根据《宝剑记》改编成传奇《灵宝刀》。

画家文征明去世

文征明（1470～1559年），明代书画家、文学家，初名壁，又名璧，字征明，号衡山居士，南直隶长洲县（今江苏吴县）人，学画于沈周，世人称之为能诗、文、书、画的全才，又与祝允明、唐寅、徐祯卿相切磋，人称"吴中四才子"。崇尚隐逸的生活，将诗书画三位一体发展到完美境界。诗风清新秀丽，长于写景抒情。书法兼取众长，笔法苍劲有力，结构张弛有致，工于行草书，尤精于小楷，亦能隶书。为文善于叙事。绘画擅长山水，多画江南湖山庭园，亦善花卉、人物，画作秀丽细致，静穆温雅。代表作有《古木寒泉》、《兰竹画》、《昭君图》等，学生众多，形成"吴门画派"，与沈周、唐寅、仇英合称"明四家"。文征明为人不谀权贵，耿直清高。宁王朱宸濠羡慕其才，以重礼相聘，他辞病不就。正德末年以岁贡生赴吏部考试，因得到巡抚李充嗣推荐授

文征明《真赏斋图卷》

文征明《墨竹图轴》（1557年88岁时作）

翰林院待诏。世宗即位后，预修《武宗实录》，官侍经筵，后辞职返回故里。遗著有《甫田集》。

年画开始复兴

年画是民间新春活动时，用来装饰环境、希望能够避邪纳福和喜庆吉祥的特殊画种，其渊源可追溯到华夏的祖先黄帝时代。《山海经》中就有在门户上画上神荼、郁垒和虎的形象，以对付凶神恶煞的说法。明代以前的年画大多是徒手画成，内容也基本上只是门神、桃符、钟馗等形象。

明代建国以后，经济逐渐得到恢复和发展，绘画艺术也随之发展起来，木刻版画逐渐兴旺，形成了天津杨柳青、苏州桃花坞、山东潍县杨家埠、河南朱仙镇等若干年画生产基地。年画越来越成为当时老

著名的杨柳青年画约始于明代万历年间，其生产基地位于今天天津市西郊的杨柳青镇，当时就具一定的刊印年画的规模。苏州的桃花坞、山东潍县的杨家埠、河南开封朱仙镇等地的木版年画，最迟在明末都已有独特完整的产品面世。

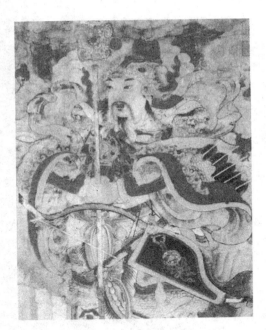

门神·秦叔宝（局部）

漆器工艺达到顶峰

中国漆器工艺历史悠久，源远流长。但到东汉魏晋时，由于瓷器的兴起，漆器工艺受到打击，导致漆器业的衰落。但这反而促使漆器工艺在技法上寻求新的发展，并吸收外来的先进技术，如新的调漆材料密陀绘等，从而使漆器工艺在技法上有重要的突破，漆器业重新焕发出新的光彩，又得到迅速的发展。特别是到明代，漆器工艺发展达到了顶峰，无论是品种、技术都有了长足的发展，并出现了总结漆器工艺技术的专著以及一批著名的能工巧匠。

首先是漆器的髹法上，多种髹法的结合是明代漆器的主要特点。它富于变化，绚丽多姿，超过以往任何时期。有"千文万华，纷然不可胜说"之说。

再如堆漆，唐宋间的堆漆多外露本色，灰褐无光，其表面不再髹色漆。由于色泽暗淡，故明清时很少出现。明代时的堆漆，

百姓喜闻乐见的艺术形式。年画的题材也逐渐多样化，神仙寿星、生活风俗、历史故事、娃娃美人、奇花异卉等等都成了年画的内容。例如在近年收集到的刻印年画中就有《九九消寒之图》（弘治元年，1848年刊印）、《一团和气图》（嘉靖四十四年，1565年刊印）、《南极寿星图》（隆庆元年，1567年刊印）、《朱拓寿星图》等等。其中《九九消寒之图》中央画有梅花一枝，共有81片花瓣，四周环绕着从入冬的"一九"到"九九"人们的织布、宴饮、贺岁、赏灯、耕田、游春等项活动，以及羊驮聚宝盆的吉祥内容，寄托着人们对幸福生活的渴望。《南极寿星图》则是隆额皓首的南极仙翁的拱手像，右上角题有："南极之精，东华之英，寿我邦家，亿万斯龄。"左上角还有假托著名画家蒋嵩"三松笔"的题款。

明代的木版年画在画法风格上，都是用墨版印出线条，再由人工施彩。轮廓鲜明，色彩浓丽，具有绘画效果。后期也有套版彩印的年画。

明款彩楼阁园林图黑漆屏风

在花纹堆起后还要用刀雕琢，雕琢之后，花纹上或贴金、或髹色漆、或髹色油，比以前各代的本色堆漆华美得多。

描金龙纹黑漆戬子盒（万历）

雕漆工艺方面，明代也有很大的发展。雕漆是在木、铜等台上涂彩色大漆，多达几十道至百道，达到一定厚度后，趁其未干，雕镂花纹，呈浮雕效果，最后烘干、磨光，因漆色不同，分剔红、剔黑、剔彩、剔犀等，一般多为剔红。这种工艺据说始于唐代，但无实物，到元代后期比较发达，明代在元末的基础上又有新发展，并出现繁荣景象。其原因是明朝政府在中央和地方设立了很多官办的手工业生产和管理机构，如北京的果园厂等，专门生产各种漆器，为朝廷、官府服务。再加上民间的，如浙江嘉兴等地漆器业也有很大的发展，从而共同促进了雕漆工艺的繁荣。

又如螺钿工艺方面，在明代比较流行，其中薄螺钿有较大的发展，可以说发展到了顶峰。明代薄螺钿纤细精工，达到惊人的程度。并懂得如何区分不同颜色的闪光，裁切成不同大小和形态的嵌材，巧妙地加以运用，来取得工笔画的效果。特别是到

17世纪，薄螺钿漆器可谓发展到顶峰。明代螺钿工艺繁荣还表现在当时出现一位"名闻朝野，信今传后无疑的嵌钿巨匠江千里"，他的作品曾风靡当世。

百宝嵌工艺，到明代开始成为流行品种。百宝嵌，是用多种珍贵材料在漆器上镶出华美的画面。百宝嵌远在西汉时已见其端倪，但成为流行品种则是在明代，并出现一种新的工艺方法——"周制法"。周制法是明末扬州周翥所创，故名周制法。这种方法是用金银、宝石、珍珠、珊瑚、碧玉、翡翠、水晶、玛瑙、玳瑁、青金、螺钿、沉香等为料，雕刻成山水人物、树木楼台、花卉翎毛，然后镶嵌于檀梨漆器之上，大的有屏风桌椅、窗格书架，小的有笔架茶具、砚匣书籍。五彩缤纷，难以形容，为自古以来没看过的奇玩。百宝嵌到清代时更为盛行，乾隆年间的王国琛、卢映精通此技，名声远传。

明代漆器工艺达到顶峰，还表现在明代出现了中国古代唯一现存的一本漆艺专著——《髹饰录》。该书由明后期漆艺大师黄成所著。它全面地介绍了中国丰富多彩的漆艺品种及其历史，使人们对中国古代，尤其是唐宋漆艺有所了解，以弥补文献和考古资料之不足。同时该书详细介绍了中国古代各种漆艺的装饰手法，为后人进行漆艺创作开辟了广阔的道路。

双龙纹委角长方形剔彩盒（明万历）

中国古代漆器工艺的不断发展，不仅为我们留下丰富的遗产，而且还传播到全世界，先是东亚、东南亚，继而是西欧及北美。世界上一切制造漆器或用其他材料摹仿漆器的国家，无不或多或少受到中国的影响。但中国的能工巧匠们也善于吸收他国的长处，尊重别人的成就。例如描金之法由中国传到日本，到日本有了高度的发展，我们的先辈又通过学习、吸收、借鉴，反过来提高自己的技术。这也是中国古代漆器工艺能不断前进、不断发展的重要因素。

北曲衰落与南曲变革

北曲杂剧是一种比较成熟的剧种，在音乐方面已形成相当严格的规范，不仅讲究宫调联套，而且有较成功的弦索伴奏。它在宫廷教坊和市井勾栏中已有长期流行的历史。明嘉靖以来，由于商品经济发展加速，东南沿海城市各种行业和娱乐场所的兴起，再加上以江南通都大邑的观众为主要对象的南戏诸腔大盛，北曲杂剧已在明代前期呈衰落之势，逐渐失去了在昔日舞台上的地位。

嘉靖末年，北曲杂剧已不流行。何良俊说："今教坊所唱，率多时曲。此等杂剧古词，皆不传习。三本（指《㑇梅香》、《倩女离魂》、《王粲登楼》）中，独《㑇梅香》头一折〔点绛唇〕尚有人会唱。至第二折'惊飞幽鸟'与《倩女离魂》内'人去阳台'、《王粲登楼》内'尘满征衣'，人久不闻，不知弦索中有此曲矣。"当时会唱北曲的人已不多，所以何良俊深感忧虑地说："近日多尚海盐南曲……甚者北土亦移而耽之。更数世后，北曲亦失传矣。"（《曲论》）为了挽救北曲，何良俊曾聘请南教坊的老乐工顿仁教其家乐演习北曲，

但也无济于事。

正当北曲走向衰落的时候，南曲诸声腔也由于追求时尚的异调新声而开始了自身的变革。在嘉靖以前南戏的各种声腔已经存在，最有影响的是弋阳腔、海盐腔、余姚腔和昆山腔等。

明嘉靖、隆庆年间，以魏良辅为代表的一批戏曲音乐家集南北曲演唱之经验，对昆山腔进行了全面而成功的改革，这次改革在中国戏曲声腔发展史上产生了重大影响。

魏良辅不满于当时的"南曲率平直无意致"，于是"转喉押调，度为新声。疾

明人绘《皇都积胜图》中的说唱表演场面

徐高下清浊之数，一依本宫；取字齿唇间，跌换巧掇，恒以深邈助其凄唳"（余怀《寄畅园闻歌记》载《虞初新志》）。他从清唱入手，在宫调、平仄、气韵、声口等方面苦心研磨，结果"尽洗乖声，别开堂奥。调用水磨，拍捱冷板声则平上去入之婉协，字则头腹尾音之毕匀。功深镕琢，气无烟火。启口轻圆，收音纯细"（沈宠绥《度曲须知·曲运隆衰》）。本来就"体局静好"的昆山腔，经此一番"水磨"功夫，就"较海盐腔又为清柔而婉折"了。

稍后，音乐家、剧作家梁辰鱼把改革的昆山腔推进到一种戏曲声腔。他按昆山新腔的严整格律写成《浣纱记》传奇，立

即风靡剧坛。改革后的昆山腔因此剧的风行而得以推广和传播，昆山腔成了贵族、官僚、地主们追趋的新鲜玩艺儿。

吴承恩写成《西游记》

吴承恩（约 1500～约 1582），明代小说家，字汝忠，号射阳山人。祖籍江苏涟

《西游记》木刻雕版

水人，后居淮安山阳（今江苏淮安）。出身于一个"两世相继为学官"，而后没落为商人的家庭。其父虽经商为业，却博览群书，且关心时政，富有正义感，对吴承恩的思想有着直接的影响。吴承恩年少时聪慧过人，以其文名扬乡里。然而屡试不第，中年始补岁贡生。迫于家境，作过短时期的长兴县丞、荆府纪善之职。长期以卖文为生，清贫度日，晚年于乡里贫老而终。

吴承恩一生创作的诗、词、文不少，可惜大多已不存。后经人遍索遗稿，汇编为《射阳先生存稿》4 卷。他酷爱野史奇闻，曾仿唐传奇而作《禹鼎志》，是一部有鉴戒意味的短篇志怪小说。他一生中最著名最有影响的是他的长篇神话小说《西游记》。

《西游记》是明代小说中的"四大奇书"之一，是吴承恩在历代民间传说、说话艺人和无名作者创作的基础上加工改造，

融入自己对现实生活的感受而创作出的极具现实意义的古典长篇神话小说。它的成书，经历了 700 多年漫长的演变过程。作为小说主体线索的唐僧取经之事，是根据唐代贞观年间和尚玄奘（602～664）独自赴天竺（今印度）取经一事演化而来。玄奘远道取经实所不易，途中种种异闻奇遇，难免带有传奇色彩。他口述成书《大唐西域记》，后其弟子依此撰《大唐大慈恩寺三藏法师传》，已具神话色彩，流传开去，便愈传愈奇。宋代时取经故事已是说话艺人的重要题材，话本《大唐三藏取经诗话》已初具《西游记》一书的故事轮廓，主角唐僧已由神通广大可降妖服怪的猴行者取代，是小说中孙悟空的雏形。而深沙神即为沙和尚之前身。元代出现的《西游记平话》有了黑猪精猪八戒，主要情节与小说《西游记》极接近，可能吴承恩是以其作为底本再创作的。孙悟空的形象也经历了漫长的演化熔合过程。吴承恩家乡流传的被镇锁在淮阴龟山脚下那个神通广大的猴精无支祁，显然是孙悟空形象组成的素材之一。

由于作者艺术的再创造，赋予了小说积极的浪漫主义情调，丰富了现实生活内容，使小说具有了鲜明的民主倾向和时代精神。从孙悟空这一形象上可以看出人们反对专制、战胜邪恶、征服自然的极大愿望。

江苏淮安吴承恩墓

江苏淮安吴承恩故居

《西游记》的艺术成就极高。它以神性、人性和物性（自然性）三者合一的方式来塑造人物。孙悟空的形象在中国文学史上独具特色，有神的威力却不乏现实社会中人和动物的习性，在古代同类小说中亦极罕见。小说通过丰富大胆的艺术想象，创造了一个绚丽神奇的神话世界，故事情节曲折生动，奇幻精彩，充满了浓厚的艺术魅力。小说的语言是在口语的基础上加工提炼而成，生动而流畅，富于表现力。人物语言个性鲜明，有极强的生活气息，具有幽默诙谐性。在结构上，小说以取经人物的活动为中心，依次展开情节，枝干分明，颇具匠心。

《西游记》成书后即产生极大影响。明代朱鼎臣删节成《唐三藏西游释厄传》10卷、杨致和仿作《西游记传》，明清两代均有各种续、补之作竞相出现。《西游记》中的故事被改编为戏曲演出，如《闹天宫》、《芭蕉扇》、《三打白骨精》等，至今仍受观众喜爱。此外，《西游记》引起了人们对神怪题材的极大兴趣，出现了以

神魔相战的形式来写历史事件的小说，如《封神演义》等，但功力均不如《西游记》。

传奇表演多舞蹈

宋元杂剧发展至明代名为传奇，它已突破了杂剧四折一人唱到底的形式限制，角色分行和表演艺术有了进一步发展，整齐紧凑的结构、复杂的情节、细致的人物刻画等，已与近代戏曲十分接近。

传奇中的舞蹈，在吸收、继承宋元杂剧遗制的同时，也有许多新的创造和发展，已经成为传奇表演艺术诸多构成因素中不可缺少的部分。明代张岱在《陶庵梦幻》中记载了西施进入吴宫，向吴王夫差献舞的动人情景：5人中1人独舞扮西施，4人作两对穿插对舞，长袖与绸带舞成环状，绕身旋转飘摇，身姿步态又婀娜又轻柔，还有执各种华美道具和彩灯的集体舞衬托。其场面之繁华使观者为之惊叹。从此中我们可以看出当时传奇中舞蹈场面的完美与精妙。

除了宫廷中的舞蹈场面壮观和华美外，在贵族家庭戏班演出中，舞蹈段落的编排表演也是十分精美的。

明代传奇中的舞蹈具有相当高的水平，不仅继承了古典歌舞的许多优秀成分，而且还从民间舞蹈中吸取大量营养来丰富自己的表现手段，明传奇吸收民间舞蹈的事实可以从大量的剧目中找到例证。《跳和合》、《跳钟馗》、《跳虎》、《舞鹤》、《哑子背疯》、《跳八戒》、《白猿开路》等民间舞蹈，历史悠久，流传广泛，并一直保存至今，颇为广大群众喜闻乐见。其中《哑子背疯》是一个人们非常熟悉又喜闻乐见的民间舞蹈，由一名演员扮成两个人物，或男或女，或老或少，其装扮方法为一身

两用，以男、女为例：舞者上身着女装，腰后装曲膝假体，合成女身；下身着男装，腹前装假头与躯干，合为男体，舞时，舞者的身首动态为女子，并与腰后假女下肢相应，腿脚步伐需男性化，又要与假男上体相协商，酷似背人者与被背者两人在舞蹈。这种舞蹈在湖南、广西及东北各省都有流传。

明传奇在吸收古典舞与民间舞的同时，又大量吸收武术、杂技，应用于各种开打场面。明代传奇演出中已逐渐演变成用道具式的、经过美化、不易伤人的武器来表演。许多杂技和剧情关系不大，但作为戏曲表演也是缺少不得的。

明代传奇演出中，除大量运用舞蹈、武术和杂技手段，或紧或松地与剧情、人物相结合，加强戏曲的艺术感染力及观赏性外，也有戏曲和乐舞同场相间串演的情况。明代在家宴中乐舞与戏曲穿插表演时，规模与演出形式当然会发生很多变化，但这种戏曲与舞蹈串联演出的做法，对戏曲与舞蹈的进一步融合，无疑也起到了一定的推动作用。

《封神演义》成书

《封神演义》是明代长篇小说，成书年代不可确考，一般认为在明穆宗隆庆至明神宗万历之间，作者有许仲琳、陆西星两说，亦难以确断。

"周革商命"的传说，自汉代起即有记载。宋元时民间艺人已演说此事。今存元刊《武王伐纣平话》就是其"话本"。《封神演义》据此而博采传闻，加以虚构，"实不过假商周之争，自写幻想"（见鲁迅《中国小说史略》），把周革商命的故事演绎成100回的长篇神魔小说。

《封神演义》以纣王进香，题诗渎神，

于是女娲命三妖惑纣助周为楔子，尽数商周之战的曲折过程，其间神怪迭出，各有匡助。最后以纣王自焚，武王克商，姜子牙祭坛分封，周武王分封列国结束。作品一方面假借历史事件，托古讽今，曲折地反映了社会现实；另一方面通过神魔斗法的描写，宣扬了宿命论和"三教合一"的思想。

《封神演义》发挥了神话传说善于想象夸张的特长，赋予各类人物以奇特的形貌，给人以深刻的印象，如哪吒的三头六臂，雷震子的胁下肉翅，土行孙的土遁、水遁之法。同时赋予人物一定的性格。而情节的安排，也曲折动人。如"哪吒闹海"一节，哪吒的天真顽皮和勇敢狠斗，在一波三折、高潮迭起的情节中表现得生动传神。

《封神演义》由于偏于叙事失于人物内心描写，使其人物性格不够鲜明；而铺叙故事，也有雷同之感；情节发展也不够严谨，所以艺术魅力远不如《西游记》。但明清以来，《封神演义》在民间仍有广泛的流传。

琵琶乐兴盛

在明代的器乐独奏艺术中，琵琶由于广泛用于俗曲、说唱和戏曲的伴奏，所以获得了越来越大的社会影响。

自唐宋到明代，琵琶的形制在逐渐变化，主要是品位的增多，明代《三才图会》器用三卷中的琵琶图录，已经有四相十三品，与近代琵琶相近，这种变革主要是由于扩大音域的需要。明代琵琶不但形制较前代有了变化，而且抱持的姿势也渐渐趋向竖立，这种竖立为左手的灵活性提供了更为优越的条件，右手废拨改指弹已经普遍，同时技艺也有了大发展。

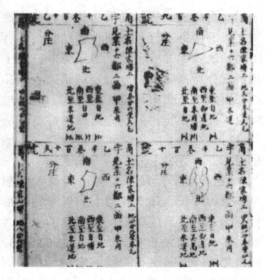

明万历九年（1581）清丈的鱼鳞图册

明代著名的琵琶艺人有李近楼、张雄、钟山、查鼐和汤应曾等人，他们大体活动在明中叶到明末间。李近楼（？～1588），名良节，自幼目盲，遂专心琵琶，非常勤奋，他夜卧仍练习按谱不辍，以致把被子抓出洞穴。李近楼既擅长武曲，也精于文曲，能够在琵琶上表达各种境界，时人称之为"琵琶绝"，是当时"都城八绝"之一。张雄，以琵琶"出人一头地"，擅长演奏元代以来名曲《拿鹅》。钟山善于清弹（独奏）琵琶和三弦，其技艺使慕名来访而又心存疑虑的查鼐折服，遂收为弟子，师徒两人均以琵琶著称。

汤应曾以善弹琵琶被人称为汤琵琶，曾随西王将军幕府到达西北张掖、酒泉、嘉峪关一带，随军为将士演奏，有部将名颜骨打者，每临敌则命令汤应曾演奏"壮士声"，以为鼓舞。汤应曾年老时穷困潦倒，晚年悲苦凄绝以致沦丧。在《汤琵琶传》中记述道，他掌握的琵琶古调有百十余曲，包括《胡笳十八拍》、《塞上》、《洞庭秋思》和《楚汉》等，其中《楚汉》是他最为得意的曲目。通常认为，《楚汉》生动地描写了刘邦项羽之争，从题材上说

的确如此，但从艺术反映生活的观点看来，无宁说《楚汉》客观上反映的是明代边塞军事征战的场面。由此我们可以看出，明代琵琶艺术反映生活已达到了比较高的水平。

汤应曾及其同代人的琵琶技艺，代表了明代琵琶艺术的高度成就。清代早期琵琶谱可资印证。

传奇广泛流行

传奇就是以唱南曲为主的南戏系统中各腔演出的各种剧种的总称。明代初期，由于朱元璋父子专制统治而受到一定的限制，到明代中叶，特别是嘉靖、万历年间，社会经济有了很大的繁荣，各种工商业如纺织、制瓷等明显发展，人们的娱乐需求迅速膨胀，南戏在这种形势下迅速发展起来。出现了盛极一时的海盐、余姚、弋阳、昆山四大声腔，随着南戏的兴盛，传奇得以广泛流传。

传奇的流行首先表现在它的理论成就上，明代后期，何良俊、王世员、徐复祚和凌濛初在前人创作和实践的基础上，对传奇作了理论上的探索，在《闲情偶寄》一书的《词曲部》和《演习部》中，对剧本结构、语言、音乐与表演等方面作了很系统的论述。

明代传奇辉煌的实践成就是理论成就的基础，有一大批剧本问世，约有2600多种，其中每一剧本又可分为几种声腔来演唱，其成就按时间基本上可分为两个阶段：明代前期和明代后期。明代前期主要指明洪武到嘉靖年间，即1368～1521年。这个时期的作品有李日华的《南西厢记》，王济的《连环记》、苏复之的《金印记》，但由于这些作者多为朝廷大官或名门艺学，因此创作的作品就不免带有很浓厚的封建

统治阶级的局限性，宣扬的是忠孝节义和功名利禄。如《伍伦全备忠孝记》通过兄弟俩伍伦全和伍伦备的忠孝故事，极力宣扬封建纲常伦理。明代后期则是指从嘉靖到崇祯年间，即1522～1644年。这一时期，由于南戏被普遍重视，出现了一大批具有很大影响的作家和作品，汤显祖及他所创作的《牡丹亭》便是一个典型的例子。和明代前期相比，这一时期的作品在内容上有了很大的变化，对社会现实反映较多。首先是对社会黑暗和统治阶级暴虐贪婪的揭露，如《鸣凤记》、《磨忠记》通过对现实生活的描述，鞭挞了专横跋扈的权贵与宦官。其次就是对个性解放的大胆提倡，激烈抨击封建礼教，如上面提到的汤显祖的《牡丹亭》，就是通过青年男女的爱情故事，谴责封建礼教对青年的戕害，宣扬青年妇女为自由幸福的顽强斗争。

明代传奇的创作成就除大量剧本的问世外，还表现在舞台艺术的高度发展方面。在音乐方面，四种不同声腔的戏曲各具特色。如昆山腔在发挥南曲流丽悠远、凄婉细腻的基础上，又汲取了北曲激昂慷慨的格调，成为南北曲之大成者。在表演艺术上，昆山腔将南曲的七个脚色发展到十二个脚色，使演员能专心致力于某个脚色的探索和揣摩。在舞台美术上，服装、化妆和脸谱的应用对于人物的塑造和气氛的渲染无疑起到了积极的推动作用。

传奇在明代的繁荣和发展，对于后世的戏曲产生了很深远的影响。

竟陵派产生

明代中后期，前、后"七子"拟古之风甚烈，"文必秦汉，诗必盛唐"。"唐宋"、"公安"两派曾先后给予抵制和抨击。继公安派而起的是竟陵派，它以竟陵人钟惺、谭元春为首，因而又称竟陵体或谭体。

竟陵派在反对拟古的同时，也反对公安派作品的俚俗、浮浅，倡导用一种"幽深孤峭"风格的作品对当世文坛加以匡救，因此，钟惺和谭元春共同编写了《古诗归》及《唐诗归》。钟惺在《诗归序》中认为，只有表现了"幽情单绪"、"孤行静寄"的作品，才是"真有性灵之言"。他注重作诗触景生情，应局限于幽独的感遇、刹那的灵机，淡远的意象和深隽的韵致，以此为"孤怀"、"孤诣"。钟惺有《隐秀轩集》，其中除了那些幽深孤峭甚至冷僻晦涩的作品外，也有一些反映社会现实的诗篇。如《江行排体》中写出了"官钱曾未漏渔蛮"的重赋。而小品《夏梅说》，则借赏梅咏梅人之口，冷嘲热讽人情世态的炎凉，立意新奇，传为名篇。

谭元春的山水五言诗多有佳品，如《游九峰山》等，迥然孤秀，带有明显的幽冷峭拔风范。但受钟惺影响，两人文学创作主张基本一致。他提倡诗文抒写性灵，反对拟古，主张写诗触景生情，随感而发。在他看来，"性灵"就是古人诗词中的精神，而"古人精神"就是"幽情单绪"和"孤行静寄"，因此，他的诗句文风艰涩，往往雕饰字句而忘及篇章，后人评为"字哑句谜，几无完篇"。

竟陵派和公安派一样，在明后期反拟古文风中有重要的进步作用，对晚明及以后小品文大量产生有一定促进之功。然而他们的作品刻意追求孤僻，题材狭窄，语言艰涩，反过来又束缚其创作的发展。

唢呐扬琴传入

唢呐可能来自阿拉伯国家，据明代徐渭（1521～1593）《南间叙录》记载："至于喇叭、唢呐之流，并其器皆金、元遗物

万历年间金陵大业堂周曰校刊本《英烈传》插图

矣。"唢呐可能经西域传入中原，在明代已广泛应用。

有关唢呐的形制，我们从相关的古书籍记载中得出：在《事物绀珠》卷十六中，载有锁哪（即唢呐），并叙述其形制："木管、芦头、铜底形绰。"同卷同时还记载有喇叭，在《三才图会》器用三卷中，也有关于唢呐和喇叭的附图记载。所谓喇叭即指长尖，与唢呐同一体系，它们的形制与今日通行者均相近，《三才图会》叙述喇叭说："其制以铜为之，一窍直吹，身细，它口殊敞似铜角。不知始于何时，今军中及司晨昏者多用之。"在叙述唢呐时说："其制如喇叭，七孔，首尾以铜为之，

管则用木。不知起于何代，当是军中之乐也，今民间多用之。"可见，明代中叶唢呐已经在军中和民间普遍应用。

扬琴是击弦乐器，大约是在明代晚期或清初经海路从广东一带传入中国，同时又有洋琴、打琴、蝴蝶琴等多种名称。从形制和演奏方式上看，扬琴的源头是欧洲的德西马琴（Dulcimer），那是一种十分古老的乐器，曾在西亚、欧洲中部和东部一带流行。

扬州从南方传入我国后，逐渐向东南沿海和内地传播，经清代至今，成为广泛用于说演、戏曲、器乐合奏（如广东音乐、江南丝竹）的重要乐器，且从清末民初起，有向独奏乐器发展的趋向。

李贽的"异端"思想

明朝中叶，在中国封建社会内部，已经孕育着资本主义的萌芽，新的经济因素

李贽塑像

的出现，必然会引起社会意识形态的转变，传统的纲常伦理，思维模式和价值观念受到了全面而又猛烈的冲击。作为应时而生的杰出思想家，李贽的思想因对封建社会意识形态的诸多方面都极富战斗性，故在当时被斥为异端。

李贽原姓林，名载贽，嘉靖三十一年（1552）中举后改李姓，号卓吾，又号宏甫，别号温陵居士，福建晋江人，祖籍河南，世代为巨商，到李贽出世时，其家势已经基本上衰落了。幼年，李贽随父读书，性格倔强，略读四书五经，声称不信儒道佛，尤其厌恶道学先生。26岁中举，嘉靖三十五年任河南共城（今河南辉县）教谕，在此期间，两个女儿相继因饥荒而病死。后任南京国子监博士和北京国子监博士，补礼部司务和南京刑部员外郎，中间数次丁忧还乡处理丧事。万历五年（1577）任云南姚安知府，任期满后即结束了仕途生涯，潜心著述。纵观其20多年宦游生涯，所任职务均属清贫，且处处与上司抵触，深感受人管束之苦，并因思想冲突曾与耿定向展开过长达一二十年的辩论，其耿介和倔强由此可见一斑。辞官以后，李贽携妻女依附湖北黄安耿定理三年，再移居麻城龙潭湖上的芝佛院，曾一度剃度。在这段时间里，他潜心读书，讲学，著述，完成了其著作的绝大部分，后来又辗转迁徙于山西沁水、大同和北京等地，生活极不稳定。

李贽的主要著作有《藏书》、《续藏书》、《焚书》、《续焚书》，由于其中对封建社会意识形态表现出尖锐而激烈的抨击，曾几经毁板焚禁，直到清朝乾隆年间仍被列在禁毁之列。然而，他在麻城讲学18年，师从他的人数以万计，因而，其学说和思想在民间广为流传，影响很大。

自幼颖异的李贽博览群书，纵贯百家，其思想上承王艮、何心隐等人并有极大发

福建泉州李贽故居

展，泰州学派由他推向了一个高峰。在《续焚书》的《与曾继泉书》中，他自述当时其周围无见识的人们将其视为异端而大加挞伐的情形，他自己也承认自己是异端，可见"异端"思想乃是其特异之处。这种"异端"思想首先表现在他将自古以来是非标准颠倒过来的大胆批判精神，他认为是非标准没有固定的特质和定论，是随着时间推移而发展变化的，彻底否定了理学家以孔子作为是非标准的作法，批判了这种固定不变的是非标准压制、束缚了人们活泼的自然之性。被理学家教条化并被人们盲目崇拜的孔子学说，在李贽那儿已经开始动摇了，孔子作为道统之祖的地位也已不存在，在李贽看来，孔子与凡人并无二致，他根本不承认圣人和道统。伴随着道学家所奉的道统基础的彻底动摇，儒家经典和儒家圣贤以及当世的道学家都遭到李贽的讽刺，批判乃至尖锐的抨击。其《四书评》与传统经读之书全然对立，表现出鲜明的离经叛道思想。在指出孔孟之学是其弟子当时致用学说，不应该也不可能作为万世的指导思想之后，说程朱奉孔孟之道是他们谋求富贵的资本，自称清高的道学家实际上是逐求高官厚禄的虚伪无耻之徒，口谈道德而实质是盗贼。在批评耿向理时，李贽就直截了当地揭示了其

假道学的伪善面目，表现了他的勇敢批判精神。在动摇和瓦解了儒家独尊地位的前提下，他大胆评价诸子百家的功过是非，其所持标准已不是"以孔子之是非为是非"的标准，而是按照人性的自然之性和是否符合历史人物所处时代的现实为标准，原则是适应时代并能经世致用，只有这样才是对历史有用的人才。以此为标准，他大胆将陈胜、窦建德等农民起义领袖与帝王并论，理学家的妇女贞节观也受到李贽激烈的批判，这些都无一例外地是其思想被斥为异端的核心内容。

李贽的"异端"思想是继承和发展泰州学派哲学思想而来的。他将王艮"百姓日用之道"的命题发展为"穿衣吃饭即是人伦物理"，进一步强调人就是道和人必有欲的思想，认为"道"是饥饿时吃饭和困了睡眠等人们对基本物质生活的自然要求，这无疑是与道学相悖离的。同时，李贽提出趋利避害是人的自然本性，任何人都无法摆脱对物质利益的追求，呈现了当时价值观的新趋向，是对道学家们宣扬的"存天理，去人欲"的观点的彻底反叛。并说谋求功利是正大光明的事，这无疑是处于资本主义萌芽时期急于谋求发展的市民阶层的呐喊，市民意识的觉醒的显现。

由于有这些新的意识作为理论基础，才使得李贽思想上有掀翻万世名教的强烈战斗精神，同时其顺应时代的市民意识特点，使得李贽所提出的社会理想、道德原则和思想理论闪耀着启蒙主义思想的光芒，从而将泰州学派的思想理论发展到了顶峰。

《神童诗》、《千家诗》通行

《神童诗》、《千家诗》是中国古代专为学童编写或选编的，在小学、书馆、私塾、村学等蒙学中进行启蒙教育的课本。

中国古代的蒙学课本是从字书发轫的。早在周代就有了供学童识字、习字用的书。此后历代几乎都有编写。尤其唐宋以后，蒙学教育进一步发展，印刷术发明后，蒙学课本更加丰富。其内容有以识字教育为主的综合性识字课本；以封建道德教育为主的蒙学论理课本；以社会、自然常识教育为主的知识性课本；以提高阅读能力为主要目的的故事课本；以陶冶儿童性情的诗歌读本等。《神童诗》、《千家诗》属于最后一类。

古代蒙学教育十分重视用咏歌古诗"以养其性情"。唐宋以后，诗歌成了蒙学教育学中固定的教学内容。较早为学童编写的诗歌集是唐胡曾的《咏史诗》。宋以后，尤其是明代，《神童诗》、《千家诗》和《唐诗三百首》成为蒙学的流行课本。

《神童诗》的思想性和艺术性均属低劣，第一首就宣扬"万般皆下品，唯有读书高"。由于封建统治阶级的提倡，曾长期在蒙学中传诵。

《千家诗》有多种体裁和版本，南宋刘克庄编选的诗集《分门纂类唐宋时贤千家诗选》为最早的版本。克庄号称"后村居士"，故《千家诗》又称《后村千家诗》，共22卷。后来作为蒙学诗歌读本的《千家诗》就是在此基础上选录编订的。署名为王相选注的《新镌五言千家诗》和署名为谢枋得选、王相注的《重订千家诗》流传比较广泛。后来这两种《千家诗》被合而为一，成为五七律绝的《千家诗》，流传不衰。《千家诗》共选诗200余首，包括不少脍炙人口的名篇，如李白的《静夜思》、苏轼的《饮湖上初晴后雨》等等。大部分语言流畅，词句浅近，易读易记，从而使《千家诗》成为蒙学中主要的诗歌教材。后来，清代孙珠又择唐诗中脍炙人口之作，编成《唐诗三百首》，署名蘅塘居士印行。该书出版后"风行海内，几至家置一编"，不仅在蒙学，也成为社会上十分流行的诗歌集。

三袁成公安派

明代自弘治年间以来，文坛基本上被以李梦阳为首的前七子和以李攀龙为首的后七子所把持，他们高举"文必秦汉，诗必盛唐"的大旗，极力提倡复古运动。但由于指导思想过于偏激，以至文坛剽窃成风，泥古不化。为此，湖广公安（今属湖北）的三位袁氏兄弟群起而攻之。

公安派的文学主张主要表现在：首先，反对模拟古人，主张变通。认为文学应随时代而发展变化，"世道改变，文亦因之；今之不必摹古者，亦势也"。时代变了，文学包括语言形式等必定也要随之发生变化。所以，"古何必高？今何必卑？"主张创作

明代沈士充《梁园积雪图轴》

明代宋懋晋《写杜甫诗意图册》（之一）

应冲破一切束缚。其次，提出"独抒性灵，不拘格套"。其"性灵"是指作家的个性表现和真情表露。认为"出自性灵者为真诗"，好文章必须要写出真性情。最后，提倡并赞颂来自民间"任性而发"的"真声"，即戏曲，小说和民歌，主张从民间文章中汲取营养。在这三个指导思想下，他们创作出一批优秀的文学作品。

袁宗道（1560～1600），字伯修，号石浦，他认为文章的关键之处在于辞达，要学习古文，也应学其辞达之精髓。"学其意"，不必泥其字句，反对仅仅学习古文的形式，这就在一定程度上指出了前后七子的复古弊病之所在。要做到辞达，首先就要有"理"存于文章之中，古人的好文章，都是因为"理充于腹而文随之"才显出其优势，只要我们在写文章时有理存在，就可写出好文章。"从学生理，从理生文"。其次要有真

情实感。比如心中如无喜事而欲笑，如无衰事而欲哭，最终只能强装模拟而已，以此为指导，他写出的文章纯朴自然，寓于新意，如游记散文《上方山一》、《小西天一》等，简牍散文《寄三弟之二》、《答友人》等，论说文《读论语》、《读大学》等，无不用情真挚，感人至深。

袁宏道（1568～1610），字中郎，又字无学，号石公。他虽排行第二，但在"公安派"中实为领袖，上面提到的"公安派"的文章纲领基本上是由他发展而来的，特别是"性灵说"的提出，他认为"性灵"来自于"童心"或"无心"。文章若要有"韵"，就必须要来自"性灵"。"性灵"是一种下意识的直觉，是排除了"理"的感情活动。他的文学成就主要表现在他的散文和诗歌上，清新明畅，自成一家。如游记《满井游记》，传记文《醉叟传》，随笔《斗蛛》等篇，语言浅显，毫无做作之感。

袁中道（1575～1630），字小修，一作少修，他较两位兄长更晚去世。晚年看作模仿"公安派"的文人作文章，只注性灵而忽视了格调，因此又提出"性灵格调兼重"的思想，以纠偏扶正，这是他与两位兄长的不同之处。他的文学创作以散文为主，如尺牍文《答潘景升》、《与曾太史长石》等，游记文有《游鸣凤山记》、《玉泉涧游记》等等。

公安派在文学理论上有许多可取之处，但逃避现实生活，使得他们的文章缺乏深层次的社会内容，多为描写自然景物及生活琐事，创作题材较为狭窄，在创作实践上未能赶上他们的创作理论。

徽派篆刻形成

明代中叶前后，文人画家亲手参与篆刻，使篆刻艺术得到了新的发展，出现一些篆刻流派，如以何震为代表的"徽派"形成了。

吴之鲸印　程朴　天放生　吴忠　楼神静乐　胡正言

何震（？～1604前后），字主臣，号雪渔，安徽婺源（今属江西）人。他住在南京时，与文征明的长子文彭情同师友。文彭是著名的篆刻家，是篆刻流派中"吴门派"的代表，据说就是他开创了文人以

笑谈间气吐霓虹　何震

石制印的风气。何震与文彭一起精研六书，学习其刻印方法。他又从大收藏家项元汴处临刻了数千方古印，技艺突飞猛进。何

徽派篆刻印章

震刻印的篆法、章法变化很大，他能制铜印、玉印、小篆、缪篆，刀笔之外标韵无穷。他的仿汉满白文印，刀痕显露，天然浑朴；用单刀刻边款，雄健欹斜，别有奇趣。

梁袠、吴忠、程原、程朴父子是此派的传人。程氏父子曾摹刻何震的篆刻原石1000余方，于天启六年（1626）印成《忍草堂印选》一书。

无功氏　何震

董其昌开创松江画派

明正德、嘉靖的一百年中，以吴门画派为主流，水墨山水画所占比例最大，浅绛次之，重彩绝少，而写意花鸟画有一定分量，人物亦不多见，总的是师承元四家，开始远离生活，讲求笔墨趣味，偶有创获，也只能是表现在大写意和临摹领域方面。

当历史进入明代后期万历年间，绘画又有新的变化，由董其昌扮演主要角色，将中国绘画发展脉络分成王维、李思训父

董其昌《山水小景八幅册》（之二）

子为代表的南北宗，比附为佛家的南北宗，推崇南宗为"文人画"，有书卷气，是所谓"顿悟"的成果，非功力积累而能致；北宗为"行家画"，承认有深厚的根底，下过苦练功夫，但乏天趣，是所谓"渐修"的后果。

董其昌（1555～1636），字玄宰，号思白，华亭（今上海松江）人，官至南京礼部尚书，他精于鉴赏，富书画收藏，是明代后期的书画大家。董其昌的历史地位与沈周、文征明相等，但在画论上独出心裁，一些画家在其理论指导下，左右上下风从，盛极一时。董氏深明画理，是士大夫中之佼佼者。董氏山水画水墨、浅绛、重彩兼而有之，以水墨为多。自运讲求"生"、"拙"合作处自具风采，从这一点说，他是"发展"了的吴门派，即是所谓文人画

董其昌《昼锦堂图轴》

的继续。

针对当时画坛出现的弊端，董其昌强调作画的"士气"：要以书入画，"下笔须有凹凸之形"；又强调山水画布局中的"势"，只三四分合而运大轴的章法，简化了宋元以来撷取自然的树石造型，他力主"画欲暗不欲明"的含蓄性与生动性，声称要集古人之大成而自出机轴，以王蒙《青卞隐居图》为母本的《青卞图》、《江干三树图》和据关仝同名画创作的《关山雪霁图》是其传世的水墨画代表作，其中《江干三树图》用泼墨法作平远景，近处老树三株，大墨点作叶，对岸雾山淡墨一抹，笔法拙中带秀，气势赫然。画上自题：

陈继儒（董其昌挚友）《云山幽趣图轴》

"王洽泼墨，李成惜墨，两家合之，乃成画诀。"这种以题画诗文阐述画理的方式，是董其昌作画的鲜明特征。设色没骨画《昼锦堂图》卷和小青绿《秋兴八景图》册一般认为是他设色画的代表，或细秀工整，温润醇厚，或淡雅俊丽，沉着痛快。

董其昌最初学画，追随同乡、文人画家顾正谊（1573～1620，字仲方，号亭林）和莫是龙（？～1587，字云卿），作元人法，又与陈继儒（1558～1639，字仲醇，号眉公）为莫逆之交，他们爱好相近，艺术兴趣相投，画史习惯按他们的籍贯称之为"松江画派"。他们的艺术主张与创作实践，被后人奉为绘画的正统传派，受到清代统治阶级的喜爱与推崇，影响深远。

董其昌艺术主张的实践者有程嘉燧、李流芳、杨父骢、张学曾、卞文瑜、邵弥、王时敏、王鉴等，他们与董其昌一起被称为"画中九友"。其中的王时敏和王鉴还是清初继承与光大"南北宗"说的得力主将。

明瓷畅销世界

明代的陶瓷工艺，除了景德镇闻名天下的青花瓷外，还有浙江龙泉窑青瓷、福建德化窑白瓷、山西珐花器、江苏宜兴窑紫砂器等瓷器也独具特色。明初郑和下西洋的壮举，虽其主要目的是为了宣扬国威，但客观上使沟通中西的海运达到空前的繁荣，瓷器从海上大量输出到国外。

华瓷是明代具有世界市场的传统产品。发色明艳、幽靓雅洁的青花瓷，在永乐、宣德年间已成一代奇葩，行销旧大陆。当时外销瓷式样繁多，双耳扁瓶、双耳折方瓶、天球瓶和盘座、有梁执壶、八角烛台是当时创新之作。永乐年间烧制的青花盘座，上下两端敞口成喇叭形，瘦腰中空，用于承放花盆、水罐。永乐、宣德时期，景德镇烧造的青花瓷土已开始使用回文（阿拉伯文、波斯文）和梵文作为装饰图案，正德年间的"回器"，更在盘、碗、

五彩凤纹镂空瓶（万历）

笔山、炉、盒、深腹罐上采用阿拉伯文、波斯文铭文。伊斯兰繁褥的缠枝图样和变幻无穷的几何形纹饰，更成外销青花瓷不可或缺的装饰，流风所被，同一时期各地民窑所造青花瓷也竞成风尚。

明代烧造青花瓷的呈色剂钴蓝，大多从伊斯兰进口的原料，是永乐、宣德制造青花瓷的上等色料，因来自索马里而称作苏麻离青。15世纪以来，青花瓷、青白瓷已代替青瓷，成为外销瓷的主流。明代青花瓷大量运销亚、非、欧、美各地，海运路线往亚、非各地，陆上更有骆驼商队输往中亚和西业、伊朗的阿德比尔神庙和土耳其伊斯坦布尔东南的塞拉里奥宫是收藏华瓷的精萃之所，位于伊朗古都大不里士以东阿德比尔德的阿德比尔神庙，是为纪念1502年统一伊朗的萨法维朝先祖而立。阿巴斯王（1587～1628）在1611年将珍贵的中国陶瓷1600多件献给神庙，其中华瓷

1162件，辟有专室收藏。现归德黑兰考古博物馆珍藏的仍有805件，藏品中以元青花瓷35件，明青花瓷581件，明代五彩瓷23件，最为世瞩目，土耳其的塞拉里奥宫收藏明代的青花瓷有2500件以上。

在红海、亚丁湾和东非沿海的考古发掘中，明瓷是不可或缺的常见出土物，从14世纪到16世纪，由中国运去的白瓷、青瓷、酱釉和青花瓷，在1963年完成东非海岸的系统发掘和调查时，已有了十分可观的收获。1963年在南非德兰土凯海岸的4处居民点，特别在圣·约翰附近和姆西卡巴，都发现了15世纪到16世纪初期，相当于明代初期和中期的青花瓷片。索马里的摩格迪沙大量使用青花白瓷，已被出土物所证实。出土青花瓷碗直至15世纪末，一直处于显著地位，说明了当地居民普遍乐于采用。当地发现的祭红瓶，被发掘者坎克曼认为是中国郑和宝船队赠送的

五彩龙纹瓶（万历景德镇窑）

礼品。在坦噶尼喀的基尔瓦·基西瓦尼，亦即明代历史上有名的麻林苏丹国的首都，出土的明瓷足以说明，在姆里马地区华瓷已经压倒伊斯兰陶瓷。

俗曲流行

俗曲是明代的民间歌曲，它又常常被称做俚曲、时曲、时调等。俗曲的歌词题材反映城镇市民生活，流行于广泛的社会阶层，影响深广。俗曲大多经过专业人士加工，因此艺术性较高，曲调细腻流畅，结构谨严，它大多配置伴奏，使用的乐器范围包括琵琶、筝、三弦、阮、月琴、胡琴、箜篌、笛、箫、笙、方响、鼓、板等等。

俗曲在明代的流传盛况，明末文学家沈德符（1578～1642）在其《万历野获编》卷二十五《词曲》中有记载。从宣德到弘治年间（1426～1505），中原盛行［锁南枝］、［傍妆台］、［山坡羊］。弘治以后，流行"耍孩儿"、"驻云飞"、"醉太平"。嘉靖、隆庆间（1522～1572），又兴起了［闹五更］、［寄生草］、［哭皇天］、［干荷叶］、［桐城歌］、［银纽丝］之类。明代的这些俗曲，由于有歌词传世，往往又有流传至现代的曲谱，所以它们比以往各朝代的民歌有可能显现出较为清晰的风貌。明代刊刻传世又有年代可考的俗曲歌词，以成化七年（1471）在北宋出版的《新编四季五更驻云飞》为最早。

关于俗曲的面貌，我们可以看几首歌词：《山歌》卷五收录的《月子弯弯照几州》是一首著名的当地民歌，其原词面貌为："月子弯弯照几州，几家欢乐几家愁，几家夫妇同罗帐，几家飘散在他州"，它以非常朴实的语言，倾诉了亲人离散的悲痛，揭示人间的不平，哀思萦绕，意境含蓄。

以曲牌"锁南枝"演唱的《泥捏人》歌词是这样的："傻俊角，我的哥、和块黄泥儿捏咱两个，捏一个儿你，捏一个儿我，捏的来一似活托，捏的来同床上歇卧。将泥人儿摔碎，着水儿重和过，再捏一个你，再捏一个我。哥哥身上也有妹妹，妹妹身上也有哥哥"，所表现的恋情炽热坦率而不粗陋，幽默而不庸俗。《山歌》卷二中的《偷》："结识私情弗要慌，捉着子奸情奴自去当，拼得到官双膝馒头跪子从实说，咬钉嚼铁我偷郎。"这首词表现出坚决冲破封建牢笼的叛逆精神和自我牺牲的情操。以上3例是俗曲中的佼佼者，但毕竟很少。从歌词题材来说，俗曲大多表现恋爱、私情、闺怨、旅愁等，比较狭窄。

俗曲还有不少在思想境界和文采方面比较优秀的作品，但也有不少风格不甚高的，春怨秋怀，感伤呻吟，套语滥词，陈陈相因。除此之外，还有的是猥亵庸俗，放荡邪欲，趣味低级，甚至是嫖妓嘲妓等等下品。

俗曲良莠不齐的实际情况是由明代市民阶层的复杂心态造成的。客观上从文艺潮流来观察，其优秀部分反对封建钳制，要求婚恋自主等等，是健康的主流。因此历来得到进步文艺评论的重视、肯定和支持。明代俗曲中表现出的庸俗粗陋，放纵肉欲的一面，和当时的社会风气有关，和当时进步思潮中赞赏"率性而为"（李贽《道古录》上）、忽视理性的倾向这一弱点也是互相呼应、步履一致的。因此，俗曲中消极因素的一面常常受到另一些文人的批评，也是不足为怪的。

现存的完整的带有曲谱的俗曲虽然传世者甚少，但我们还可以看到清乾隆年间《九宫大成南北词宫谱》和《纳书楹曲谱》等俗曲。

绘画南北宗论出现

明代的绘画理论出现了"南北宗论"，仿照佛教禅宗的做法将中国山水画分成南北二宗，分别列出画家的姓名、创作的形态差异以及作品风格的不同。这种理论的始创者应是莫是龙和董其昌。

莫是龙手书《五言绝句》

万历三十四年（1606）刊行的莫是龙的《画说》中写道："禅家有南北二宗，唐时始分；画之南北二宗，亦唐时分也，但人非南北耳。北宗则李思训父子著色山，流传而为宋之赵干、赵伯驹、伯骕啸以至马、夏辈。南宗则王摩诘始用渲染，一变钩斫之法。其传为张璪、荆、关、郭忠恕、董、巨、米家父子，以至元之四大家。亦如六祖之后，马驹、云门、临济儿孙之盛，而北宗微矣。要之摩诘所谓云峰石迹，迥出天机，笔意纵横，参乎造化者。……"莫是龙将山水画南北二宗的演变过程与代表画家列举出来，这是绘画南北宗论的最早出处。

董其昌也主张南北宗论。他在总结文人画历史的发展过程中，取禅宗作譬喻，倡导"以画为寄"、"以画为乐"的主体精神，号召文人士大夫画家"穷工极研，师友造化"。以真率、简约、士气的美学品格，重现理想的文人画的精神，体现出清醒的历史使命感。

对"南北宗论"是否合理的问题，历代对此臧否纷纭。批评者认为"南北宗论"概括画史不完全符合历史事实，而且造成了宗派论。这种批评不无道理。但这个理论对于明清时的文人画发展产生了积极的影响。清代竟然将南宗奉为独一无二的山水画正脉予以鼓吹。这件事本身就说明了"南北宗论"深刻的理论意义和历史作用。

汤显祖完成临川四梦

明万历年间（1573～1620），著名戏曲作家汤显祖完成"临川四梦"。

汤显祖（1550～1616），字义仍，号若士，临川（今江西临川）人，出身书香人家，曾受学于进步思想家罗汝芳，结交反

对程朱理学的达观禅师和李贽，他们的影响在很大程度上构成了汤显祖在创作中所

汤显祖像

表现出来的反抗和蔑视权贵，揭露政治的腐败及要求个性解放的思想基础。宦途的波折使他进一步认识了官场的黑暗，晚年又受了佛家消极思想的影响，从此绝意仕进，隐居写作。

汤显祖的主要创作成就在戏曲方面。28岁时作第1部传奇《紫箫记》，10年之后改编成《紫钗记》。49岁时撰《牡丹亭》。罢官归里后又作《南柯记》、《邯郸记》。《紫钗记》、《牡丹亭》、《南柯记》和《邯郸记》合称"临川四梦"，又称"玉茗堂四梦"。

《牡丹亭》是汤显祖的代表作，也是他的思想和艺术同时臻于成熟时的作品。主要内容是：杜丽娘怀春而死，书生柳梦梅进京赴试，借宿她的墓地梅花观，与她

的阴灵幽会，于是掘墓开棺，杜丽娘起死回生，他们结为夫妻。同去临安，柳梦梅中状元。杜丽娘的父亲杜宝反对他们的婚姻，后因皇帝调解，有情人终成眷属。作品具有强烈地追求个人幸福、反对封建婚姻制度的浪漫主义理想，揭露了封建礼教对人们美好理想的摧残，歌颂了青年男女为争取自由结合的爱情勇敢地斗争的精神。《牡丹亭》是汤显祖把传说故事同明代社会现实生活结合起来的典范，是一部具有浪漫主义精神的杰作。

如果说《牡丹亭》主要表现汤显祖对至情理想的追求，那么其他"三梦"就是表现对专制主义、对封建权贵的批判，以及对唯利是图、尔虞我诈梦魇般黑暗官场的揭露。

《邯郸记》根据唐沈既济传奇小说《枕中记》改编而成。作品描写卢生在梦中从一无所有到富家小姐以成婚为条件用

明万历刻本《牡丹亭还魂记》

钱财买通司礼监和当朝权贵而及第状元，用鬼蜮伎俩建立了彪炳的功业。作者揭露了科举制度的腐败，抨击了统治阶级的荒淫奢侈及官场的倾轧、黑暗。《邯郸记》篇幅短小精悍，曲词自然简炼，耐人寻味。

《南柯记》根据唐李公佐的传奇小说《南柯太守传》改编。主要内容描写醉汉淳于棼利用瑶芳公主的关系官位升至左丞

汤显祖墓

相，最初在仕途上有所建树，而最终在官场倾轧中堕落。作者运用谈玄礼佛的描写，以佛道思想来处理淳于棼的权欲问题，这与作者晚年受宗教思想影响有关，给作品带来了虚幻的色彩。

《紫钗记》根据汤显祖早期的作品《紫箫记》修改而成，取材于唐人传奇小说《霍小玉传》，主要描写霍小玉和李益

江西文昌汤氏宗谱

借坠钗、拾钗的机会，建立了感情，专横的卢太尉从中作梗，黄衫客豪爽任侠成全了他俩。作者善于创造氛围和生动描写人物的心理，成功地刻画了霍小玉的一往情深、李益的文雅多情、黄衫客的仗义相助、卢太尉的专横自私等等。

汤显祖是明代戏曲史上最杰出的戏曲家。"临川四梦"流溢着浓重的悲剧情调，透露出清代文学感伤主义的先声，这种感伤主义在后来的《长生殿》、《桃花扇》、《红楼梦》中表现得尤为浓烈。

朱载堉创十二平均律

明代末年，朱载堉创立十二平均律（又称"新法密率"），彻底解决了中国律学史上自先秦以来的，探索十二律旋宫问题的所有矛盾。

朱载堉（1536～1611），明代乐律学家、历算家，河南怀庆府（今沁阳）人，字伯勤，号勾曲山人，又号山阳酒仙狂客，少年时曾自号狂生，他出身于明宗室世家。父亲是郑恭王朱厚烷，15岁时，因父亲无罪被禁锢，他被迫放弃王子生活长达19年。在这期间，他潜心研究律学及历算，后来父亲被释放复爵入宫，朱载堉虽以世子身份重入王宫，但仍从事学术研究，著述终生，甚至不惜以放弃王位为代价。他的所有成就，组成了《乐律全书》一书。

《乐律全书》的刻版、印刷，始于1595年，完工于1606年。全书共47卷，文字约占一半，达60万字，其余一半则为乐谱、舞谱，是兼含乐、舞、律、历诸学的百科全书，包括有十几种著作，其中与律学有关的就有4种，即：《律历融通》、《律学新说》、《律吕精义》、《律算学新说》。这四种著作全面概括了他所创的

2335

"新法密率"的所有内容。

律学，在中国古代音乐理论中，指的是研究八度之间十二律的精密高度的学问。在明代以前，中国古代律制基本上是以三分损益法为基础的。但根据三分损益法，从黄钟生律11次得到仲吕之后，由仲吕再用三分损益法却不能返回黄钟这种现象，古代律学称之为"黄钟不能还原"。此外，还存在十二律中相邻二律距离有大有小，

朱载堉《乐律全书》

因而不能"旋宫"的问题。对于这些问题，在汉代已被发现，南朝宋的何承天、隋代的刘焯、五代的王朴，都曾试图加以调节，使其能够返回黄钟，但他们的工作结果只能在实际效果上相当接近十二平均律，而无人能从理论上提出使所有音程可以达到均匀的科学方法。另外，他们还不能解决旋宫过程中音阶各音级间出现的误差。

朱载堉"新法密率"的出现（1580年以前），不但解决了"黄钟不能还原"的问题，也使任何调高上的音阶各级之间达到了音程关系的完全一致。

密率的计算过程是：在以黄钟正律之长为1；黄钟倍律之长为2的基础上，通过将2开平方，得蕤宾倍律的长度比例数；再将此数开平方，得南吕倍律的长度比例数；然后再将此数开立方，得应钟倍律的长度比例数。最后这个数，既是应钟倍律与黄钟正律的长度比值，又是任何相邻两

律的长度比值。由此，无论是从黄钟正律之数1出发连续乘以它，还是从黄钟倍律之数2出发连续除以它，都可得到十二平均律的全部长度比例数。

除"新法密率"之外，朱载堉的另一成就是"异径管律"的创立，并依此提出管口校正的新途径。他对前人所说的"律管只有长短不同，而无管径不同"的精确性提出疑问，认为不仅不同律管其管径很难一致，并且即使是同一律管，其左右两部分的管径也有所不同，如果在创作律管时采用相同管径，势必加大空气柱与管长之间的差距。为了弥补这个误差，朱载堉利用不同的管径来缩小空气柱。他采用的方法是：对在一个八度音程中按高次序排列的十二个律管的管径，按以$\sqrt[24]{2}$为比率的等比数列来构成。

总之，朱载堉在律学方面的两大创见——"十二平均律"和"异径管律"，是16世纪声学的重大成就之一，也是对世界律学史和声学史的巨大贡献。

《金瓶梅》成书

长篇小说《金瓶梅》是明代小说中的"四大奇书"之一，约成书于明隆庆至万历年间。作者真实姓名不可考。从所署"兰陵笑笑生"一名来看，作者大约是山

《金瓶梅》书影

东人。因兰陵今属山东峄县，且书中存在着大量的山东方言。《金瓶梅》的版本可归纳为两个系统：一是明万历丁巳（1617）年间"东吴弄珠客"序的《金瓶梅词话》系统；一是明天启（1621～1627）年间《原本金瓶梅》系统。前者与原书的本来面目更接近。

《金瓶梅》借用《水浒传》中的一个枝节——西门庆与潘金莲的关系，由此生发开去，铺衍成一部借宋代的人物和故事展示明中叶广阔社会现实的百回长篇。全书以富商、恶霸、官僚西门庆一家的兴衰荣枯为中心，描绘了上至封建朝廷中专权的奸臣、下至地方官僚恶霸乃至市井无赖、地痞帮闲所构成的鬼蜮横行的世界，深刻地展示了世态人情，暴露了现实黑暗。

西门庆是封建时代市侩势力的代表人

《金瓶梅》插图：王婆子贪嘴说风情

物。他本是个破落财主。生药铺老板，既善钻营、巴结权贵；又心狠手辣，巧取豪夺，于是"发迹有钱，专在县里管些公事，与人把揽说事过钱，交通官吏，因此满县人都怕他"。在地方上，他不择手段聚敛财富，开了几个店铺，又与"帮闲抹嘴不守本分的人"结拜兄弟，横行一方。在官场上，他"与东京杨提督结亲"，又贿结宰相蔡京为义父，并与太尉、巡抚等权贵有私交。由于有官府作靠山，所以尽管西门庆坏事做尽仍然左右逢源、步步高升，由一介乡民升到了山东理刑正千户的官职。在家庭中，他的一妻五妾多由诱奸拐骗而来。为了满足自己贪得无厌的享乐欲望，他仍不断地与婢女仆妇发生淫乱关系，并霸占良家妇女，干了不少伤天害理之事，终至纵欲暴亡。西门庆身上集中了明中叶以后由地方、恶霸、商人组成的市侩势力的丑恶特点：凶狠、贪婪、野心勃勃而且恬不知耻。西门庆的一段话很能体现这些特点。在捐款助修永福寺后，他对吴月娘说："咱闻那佛祖西天，也止不过要黄金铺地，阴司十殿，也要些楮镪营求，咱只消尽这家私，广为善事，就使强奸了嫦娥，和奸了织女，拐了许飞琼，盗了西王母的女儿，也不减我泼天富贵。"这话是以金钱为主宰的社会的一种肆无忌惮的心态反映，也表明西门庆这样的金钱占有者撕去了虚伪的封建教义，以非凡的野性力量和进攻姿态谋求建立和巩固自身的社会地位。由此可见明中叶以后地方豪绅富商与权贵官僚勾结，欺压人民，无恶不作的社会黑幕。

小说中对西门庆家庭的描写，也有社会暴露的意义。西门庆的一妻五妾因争风吃醋，彼此钩心斗角，互相陷害，使尽了卑鄙残酷的手段。这些错综复杂、激烈尖锐的矛盾斗争，是封建社会中尔虞我诈、争权夺利的丑剧在另一场合的上演。西门

《金瓶梅》插图：潘金莲殴打如意儿

庆家庭的兴衰荣枯，亦生动地再现了封建社会后期婚姻制度、家庭制度、奴婢制度和私有财产制度；同时，展示了人情冷暖，世态炎凉，反映了封建社会中人际关系的虚伪和冷酷。但是，小说对西门庆家庭生活中腐朽糜烂的情形恣意渲染，尤其是津津乐道地展开大量污心秽目的色情描写，既使小说的美学价值受到损害；又为后起的淫秽小说开了不良先例，并产生了有害的社会影响。

《金瓶梅》的艺术成就大都具有开创性的意义。在人物塑造方面，《金瓶梅》注重人物性格描写，使之复杂化，具立体感。主要人物西门庆既狠毒又阴险，谋财害命时毫不手软诡计多端。潘金莲淫荡、好妒亦心狠手辣。一些配角也给人留下鲜明印象：应伯爵趋炎附势的帮闲嘴脸；吴月娘工于心计、后发制人的深沉；孟玉楼

从容闲雅的大家气派；李瓶儿小家碧玉式的温厚可人，等等，都跃然纸上。在语言运用方面，《金瓶梅》以日常口语叙事状物，生动传神，风格平实朴素又泼辣爽朗，人物语言亦充分个性化。在结构形式方面，《金瓶梅》兼取《西游记》的单线式结构和《三国演义》、《水浒传》的组合式结构，造成一种网状结构——将分散的世相人情通过西门庆一家的兴衰史联系起来，形成意脉相连、浑然一体的广阔社会生活图景。此外，《金瓶梅》大量描写了日常生活场面，对当时的饮食、服饰、器玩及西门庆一家的日常起居都作了细致的描写，这些细节的真实使小说具有浓厚的生活气息。

《金瓶梅》是中国文学史上第一部由文人独创的长篇小说。在此之前，长篇小说都是由作家在民间说讲故事的基础上加工提炼而成。《金瓶梅》之后，文人创作逐渐取代了经上述处理的宋元"话本"而成为小说创作的主流。《金瓶梅》又是第一部以家庭生活为题材的古典长篇小说。它结束了此前章回小说大多取材于历史故事和神话传说的局面，开了以现实社会及家庭日常生活为题材、着重描摹市井世俗情态的"世情小说"的先河。《金瓶梅》在题材、写实手法和细节刻画等方面都明显地影响了后来的《红楼梦》。

昆山腔兴起

昆山腔为戏曲声腔、剧种，简称昆腔、昆曲或昆剧。

昆山腔以苏州府下昆山、太仓为起源地，是在南戏流经昆山一带时，与当地的语音和音乐相结合，经昆山籍音乐家顾坚的歌唱与改进，至明初逐渐兴起的。明嘉靖十年至二十年间（1531～

1541），经太仓人魏良辅等人的进一步发展，形成了委婉细腻、流利悠远，号称"水磨调"的昆腔歌唱体系，但这时的昆腔仅是清唱。之后昆山人梁辰鱼与郑思笠、唐小虞等人继承前人的成就将昆腔作了进一步的研究和改革。隆庆末，梁辰鱼编写了第一部昆腔传奇《浣纱记》，扩大了昆腔的影响，文人学士争用昆腔撰作传奇，演唱者也日多。于是昆腔与余姚腔、海盐腔、弋阳腔并称明代四大声腔，后又传入北京，迅速发展成全国性剧种，称为"官腔"。

明天启初到清康熙末的100余年间，昆剧进入蓬勃兴盛时期，表演艺术臻于成熟，身段表情、说白念唱、服装道具等日益讲究，已有老生、小生、外、末、净、付、丑、旦、贴、老旦等脚色。折子戏逐渐盛行。折子戏以其生动的内容、细致的表演，多样的艺术风格弥补了当时剧本创作冗长、拖沓、雷同的缺陷，为昆腔注入了生气。

昆剧的音乐、表演艺术，在继承前代戏曲艺术成就的基础上，推陈出新，创造了许多优秀剧目。如生、旦的《琴挑》、《断桥》、《小宴》、旦角的《游园》、《惊梦》、《痴梦》；净角的《山门》、《嫁妹》；付、丑的《狗洞》、《下山》等，都是观众百看不厌的精品。昆剧对现代全国大部分声腔剧种都有过深刻影响，为其他声腔剧种借鉴提供了极为丰富的内容。例如越剧就受昆腔影响很大。

王骥德论曲

万历三十八年（1610），明代戏曲理论家王骥德撰成《曲律》，又经10余年增改最终定稿。这是王骥德戏曲理论的代表作，也是明代重要戏曲论著之一。

王骥德（？～1623），字伯良，号方诸生、玉阳生，别署秦楼外史、方诸仙史。会稽（今浙江绍兴）人。青少年时代就热衷于词曲研究，他一生以大部分精力从事戏曲创作和戏曲声律理论的研究，结交沈璟等人切磋曲学，考察了元杂剧的中心燕京，为著作《曲律》创造了良好的条件。

《曲律》是明代重要戏曲论著之一。全书40章，系统地论述了戏曲源流、风格，以及戏曲创作和戏曲理论中的重要问题，并对元、明两代戏曲作家和作品作了评价，在总结前人研究成果的基础上，又有创造性的提高，是第一部具有完整体系的曲学专著。

王骥德的戏曲理论受徐渭影响较大。他重视本色，认为本色是着眼于戏曲语言表情达意的整体功能，认为"夫曲以模写物情，体贴人理"。在戏曲的声乐理论方面，他详细说明了诗韵与曲韵的区别。

王骥德对戏曲创作方法的论述，是《曲律》的精华部分，他认为剧本要重视全剧的总体结构和剪裁，"作曲者，亦必先分段数，以何意起，何意接，何意作中段敷衍……整整在目，而后可施结撰"，构思不要落入公式化的俗套，不要横生枝节，情节不要太离奇荒唐。选择适当的宫调，"用宫调，须称事之悲欢苦乐，……以调合情，容易感动得人。"宫调的节奏与曲词所表达的感情协调，就会产生艺术感染力。一折戏与另一折戏之间要自然过渡，登场演出的人物都应该有着落。强调戏曲语言无论是唱词或宾白，都应具有可以阅读、可以理解、可以歌唱的特点，既要感情真挚，又要朗朗上口。他指出典故不在于运用的多少而在于运用得恰到好处。指出"曲之佳处，不在用事，亦不在不用事"，"好用事，失之堆积；无事可用，失之枯寂"。

王骥德还对艺术真实和生活真实进行了论述，作者反对纯属虚构、违背现实的"历史剧"。追求的是传神写意的艺术真实，而不是形貌细节的逼真。在研究戏曲流派和风格中，能辩证地评价不同流派的利弊得失，避免了片面性和极端化。

王骥德的《曲律》是对戏曲创作规律第一次系统性的总结，较大地影响着当世和后世的戏曲创作和戏曲理论。

浙派等琴派形成

从明中叶嘉靖年间开始，明代的七弦琴艺术逐渐活跃，琴界最主要派别，先有浙派，后又有虞山派、绍兴派等。

浙派活动于浙江，继承南宋徐天民的传统，以"徐门正传"见称，主要琴家有：明初的徐和仲（徐天民曾孙）、黄献（1485～1561后）、萧鸾（1487～1561后），以徐和仲的声望最高。浙派代表性琴谱有黄献编辑的《梧岗琴谱》（1546），还有萧鸾编辑的《杏庄太音补遗》（1557）、《杏庄太音续谱》（1560）。

虞山派，以活动于常熟虞山而得名，因虞山之下有河曰琴川，故虞山派又称琴川派，代表人物有严澂和徐谼等。

严澂（1547～1625）是虞山派的创始人，他曾主持编订《松弦馆琴谱》，成为虞山派代表琴谱。严澂批评了当时琴曲滥填文词的风气，他指出古乐也是"声一字而鼓不知凡几"。虞山派的演奏风格，后人概括为清、微、澹、远，使得审美境界向深化发展，虞山派的另一位名家是徐谼，徐谼克服严澂片面强调演奏徐缓的弱点，艺术眼界比严澂较为开阔，后人认为他能够"徐疾咸备，今古并宜"，徐谼在所撰《溪山琴况》中，提出二十四况作为琴艺

明版《北西厢记》插图：墙角联吟

的美学标准，即和、静、清、远、古、澹、恬、逸、雅、丽、亮、采，洁、润、圆、坚、宏、细、溜、健、轻、重、迟、速，它们既含有思想境界和审美方面的要求，也含有技巧技术方面的要求，对后世琴艺影响很大。

绍兴琴派的琴人有尹尔韬、张岱等。尹尔韬曾受命整理内府所藏历代古谱，有作品《徽言秘旨》和《徽言秘旨订》。张岱（1597～1689）除精于琴外，著有《陶庵梦忆》，其中含有若干音乐、琴艺的资料。明代七弦琴艺术的长处是日益精微深远，同时其意在超脱尘俗的雅化倾向也日益明显。

鼓词弹词开始流行

元代的词话，到明代已衍变出多种称谓。如词说、门词、盲词、弹鸣词话、弹

词等。其发展结果是形成北方鼓词和南方弹词两大系统。

明代的鼓词的源头至今尚难定论。不过从说唱相间，表演长篇故事，并以鼓为主变击节乐器以及乐种名称等等因素看，鼓词和宋代鼓子词可能存在着历史联系。后来鼓词兴盛，鼓子词衰亡，可能与词调音乐的衰亡有关。

鼓词的内容大多是金戈铁马、英雄征战的历史故事，鼓词以演唱者自击鼓板为特点，或有丝弦乐器伴奏。明代的鼓词有民间鼓词和文人拟作的鼓词之分，已知的民间鼓词有《大明兴隆传》和《通俗大明定北炮打乱柴沟全传》。

弹词的最早记载见于《西湖游览志余》（1547）卷二十，它记述杭州八月观潮的情景说："其时优人百戏、击球、关扑、鱼鼓、弹词，声音鼎沸。"

弹词当以用弹弦乐器的琵琶伴奏为最普遍，弹词的唱词以七字句为主，其演唱者大多是盲人，有男有女，他们依靠歌喉和十指琵琶，演唱古今故事，走街串户，以觅衣食，盲艺人的社会地位都十分卑下。

明代的弹词传世作品有《白蛇传》、《鸾凤图》、《碧玉环》、《玉钏缘》、周殊士的《珍珠塔》等，这些作品的故事情节，以婉丽为特色，常常表露青年男女对于婚恋自主的追求，有时也能在一定程度上揭示封建宫廷和权贵对于人民的凶残迫害，或其内讧中的卑劣无耻，表现善良人民间风雨同舟，患难相助的高尚情操，但它们往往也表现出对于富贵功名的渴求，对于男尊女卑，三妻四妾的赞美，或以神威仙助，巧合传奇来点缀，以虚幻的大团圆来终场。总之，市民的复杂心态在这类作品中的表现，比在俗曲中更为具体而细腻。

冯梦龙编成三言

冯梦龙（1574～1646），字犹龙，又字耳犹，别号墨憨子，龙子犹，长洲（今江苏吴县）人，明代通俗文学家，戏曲家。

明崇祯本《醒世恒言》

博学多识，才情横溢，为人旷达，治学不拘一格，他在通俗文学的各个方面都有重大贡献，尤以编选"三言"影响最大。

"三言"即《喻世明言》（旧题《古今小说》）、《警世通言》、《醒世恒言》三部短篇小说集。明代出现了文人模拟话本创作的"拟话本"。"三言"就收入不少拟话本。

天启二年（1622），宦游在外的冯梦龙因言论得罪上司，归居乡里。天启六年，阉党逮捕周顺昌，冯梦龙也在迫害之列。于是冯梦龙居于乡间，发愤著书，在广泛收集宋元话本和明代拟话本的基础上，完成了"三言"的编纂工作。

"三言"中每个短篇小说集各40篇，共120篇，其中明代拟话本约有七八十篇。"三言"题材广泛，有对封建官僚丑恶的谴责和对正直官吏德行的赞扬，有对友谊、爱情的歌颂和对背信弃义，负心行为的斥责，其中不少的作品描写了市民的生活。如《杜十娘怒沉百宝箱》、《卖油郎独占花魁》等。这些作品强调了人的感情和价值，并提出了与封建礼教、传统观念相悖的新的道德标准以及婚姻爱情标准。"三言"里也有一些描写神仙道化，宣扬封建伦理纲常的作品。这种进步和落后交织的现象，正是新兴市民文学的基本特征。

在艺术表现方面，"三言"中那些优秀作品，既重视故事完整，情节曲折和细节丰富，又调动了多种表现手段，刻画人物性格。"极摹人情世态之歧，备写悲欢离合之致，可谓钦异拔新，洞心戒目。"（《今古奇观序》）"三言"标志着中国短篇白话小说的民族风格和特点已经形成。"三言"的出现，不仅使许多宋元旧篇免于湮没，而且推动了短篇白话小说的发展和繁荣，影响深远。

冯梦龙对文学的贡献除编选了"三言"外，小说方面，增补了长篇小说《平妖传》，改作了《新列图志》，鉴定了《盘古至唐虞传》、《有夏志传》、《有商志传》等；民歌方面，刊行了民间歌曲《挂枝儿》、《山歌》等；另外还改编了《精忠旗》、《酒家佣》等戏曲；创作了《双雄记》和《万事足》两部剧本。

中国通史

最新整理图文珍藏版

2342

凌濛初创作二拍

凌濛初（1580～1644），字玄房，号初成，别号即空观主人，浙江乌程（今湖州）人，明末小说家。曾以副贡授上海县丞，后擢升徐州通判并分署房村，后参与镇压农民起义，最后呕血而死。凌濛初著作有拟话本小说集《拍案惊奇》初刻和二刻（人称"二拍"），戏曲"《虬髯翁》及《音诗异》、《诗逆》等 20 多种，其中以"二拍"影响最大。

"二拍"刊于崇祯年间，包括初刻和二刻各 40 卷，共有小说 78 篇，是凌濛初在当时冯梦龙所编选的"三言"极为盛行的情形下应"肆中人"的要求而作的。作品多半是在古籍中搜求"可新听睹、佐谈谐者"，"演而畅之"（见于《初刻拍案惊奇序》），同时寓有劝惩之意。

"二拍"的许多篇章充斥着色情的描写、因果报应思想和封建说教，唯其部分作品还有相当的积极意义。如反映明代市民生活和他们的思想意识的《转运汉巧遇洞庭红》、《叠居奇程客得助》、《乌将军一

明本《二刻拍案惊奇》插图

饭必酬》等等，反映出明中叶后商品经济的蓬勃发展和人民对钱财的欲望。又如描写爱情和婚姻的作品：《李将军认舅》、《宣徽院仕女秋千会》、《错调情贾母罾女》等等，歌颂了坚贞不渝的爱情，表现了在爱情婚姻中要求男女平等的观点。而《青楼市探人踪》、《进香客莽香金刚经》一类则暴露了统治阶级的贪婪凶残、荒淫好色。

"二拍"善于组织情节，多数篇章都有一定吸引力，语言也还生动。但总体来看，"二拍"的艺术魅力要比"三言"差得多。

柳敬亭说书

柳敬亭（1587～约1670），原姓曹，名逢春，江苏泰县人，是明末清初说书家，少年曾经因为犯法而被定罪，幸有泰州府尹李三才为他周旋开脱罪名，于是免死罪，但在本地难以待下去，便到外地去逃生。因为人地生疏，生活无着，他就经常到市井上听江湖艺人说书，时间长了，就留意艺人说书的技巧，自己再加以总结，形成自己的风格，从此在江湖上以说书卖艺来维持生计。

柳敬亭曾拜在对说书艺术有深刻研究的文人莫后光的门下潜心学艺，由于莫后光的精心指导和柳敬亭的虚心刻苦，他的技艺得到迅速提高，艺术精进，名声渐起，由此而结识了一些官僚和文人墨客，一边当艺人说书，一边做幕客出谋划策，走南闯北，晚年生活仍以说书来维持，暮景凄凉。

柳敬亭的说书艺术精湛圆熟，技艺高超，得心应手，口出成章，受到明末清初文人们的高度赏识和重视。他说书的效果能达到"纵横撼动，声摇屋瓦，俯仰离合，皆出己意，使听者悲泣喜笑"的效果，被后世说书艺人奉为一代宗师。

顾绣产生

明中叶以后，日常生活渐趋侈靡，宫廷衣物中，刺绣品相当流行。形成北绣系统的衣线绣、鲁绣、辑线绣等实用性刺绣。而以画绣为主的南绣系统则以"顾绣"最负盛名。

明朝嘉靖年间，进士顾名世的内眷缪氏长于刺绣，自绣人物和佛像，形象逼真。顾名世曾在上海筑"露香园"（位于今上海露香园路），故世称其家刺绣为"露香园顾绣"，或"顾氏露香园绣"，简称"露香园绣"，或"顾绣"。顾绣继承宋代刺绣的传统手法，并加以创新发展，形成了独特的风格，绣针细小如毫，将绣线细劈成丝，每次只用一、二丝，精工刺绣，针脚细密，不露边缝，除传统针法外，还创造出散针、套针、滚针、钢针等针法，配四

顾绣：韩希孟刺绣花鸟册（四幅）

色淡雅协调，晕色自然，以绘补绣，绣绘结合绣品生气迥动，五色灿发，并具有绘画的水墨韵味。

顾名世的次孙顾寿潜师从董其昌学画，其妻韩希孟工于花卉，精于刺绣，韩希孟刺绣，常"覃精运巧，寝寐经营"，注重调查、收集、整理、临摹宋元名人的书画，以作为刺绣的粉本，同时也表现现实景物，她能用各种针法刺绣，针法灵活、丝理平顺、富有质感。曾于崇祯七年（1634）春搜访宋元名迹，摹绣《洗马图》、《百鹿图》、《女后图》、《鹑鸟图》、《葡萄松鼠图》、《扁豆蜻蜓图》、《花溪渔隐图仿黄鹤山樵笔》等8种古画，汇作方册，名《宋元名迹方册》（现存北京故宫博物院）。董其昌极为欣赏，遂逐幅题词。顾氏家族中如顾名世的曾孙女张来妻、顾会海妾兰玉等，都以刺绣著名。兰玉的刺绣人物尤为气韵生动。兰玉又曾设幔授徒，扩大了顾绣的影响。

顾绣的特点是绣稿多选古人名迹，如《宋元名迹方册》中的《洗马图》便有赵子昂风格，《女后图》为宋画格调。在绣法上，凡针丝不及之处，皆以彩笔接色。劈丝细过发丝，落针用线无针痕线迹，配色深线浓淡精妙得宜，自然浑成。

因顾绣多仿绣名人字画，故又称"画绣"或"绣画"，深受文人士大夫的喜爱，生动地体现了文人艺术对工艺美术的影响。

黄道周笔法刚健

中国明代书法家黄道周，其书法以笔锋刚健著称。黄道周（1585～1646），字幼平，号石斋，今福建漳浦县人。天启二年（1622）进士。福王时官至礼部尚书，唐王时为武英殿大学士。清兵南下时，率兵抗清，至婺源，兵败不屈而死。黄道周为人严冷方刚，不谐流俗。他学问渊博，精天文历数诸术，工书善画，并以文章风节高天下。

黄道周《王忠文祠碑文》（部分）

黄道周楷、行、草书皆擅长。他的楷书师法钟繇，用笔方劲刚健，有一股不可侵犯之势。他还主张遒媚加之浑深，所以其楷书虽刚健如斩钉截铁，而丰腴处仍露其清秀遒媚。黄道周楷书流传多为小楷。代表作品有《孝经》、《石斋逸经》等。他的行、草书远承钟繇，并参以索靖草法。他虽追求王羲之、王献之等晋人书法，却一反元、明以来柔弱秀丽的弊病，而以刚健笔锋和方整的体势来表达晋人的风韵。其草书波磔多，含蓄少，方笔多，圆笔少，具有雄肆奔放的美感，行草书代表作品有《山中杂咏卷》、《洗心诗卷》等。

此外，他还著有《易象正》、《三易洞玑》、《太涵经》《续离骚》、《石斋集》等。

陈洪绶善画人物

明代画家陈洪绶（1599～1652），字章侯，号老莲，诸暨（今浙江诸暨县）人。曾于崇祯十五年（1632）至北京捐资为国子监生员，召为内廷供奉。顺治三年（1646）于绍兴入云门寺为僧，自号悔迟、老迟。

陈洪绶能诗，工书法，尤善绘画。其画早年师法蓝瑛，并取法李公麟等，后自成一家。题材广泛，人物、山水，花鸟、竹石、草虫等造诣均深，尤以人物画著称于世。

陈洪绶以简洁、洗练的线条和色彩，沉着、含蓄的表现手法，创造了一种与众不同的高古奇特的艺术风格，体现了画家孤傲倔强的个性。

清张庚在《国朝画征录》中指出，老莲的人物画"躯干伟岸，衣纹清圆细劲，兼有公麟、子昂之妙，设色学吴生法，其力量气局，超拔磊落，在仇（英）、唐（寅）之上，盖三百年无此笔墨也"。其晚年人物画常以夸张的造型、变态怪异的形象，突出表现人物的性格特征。

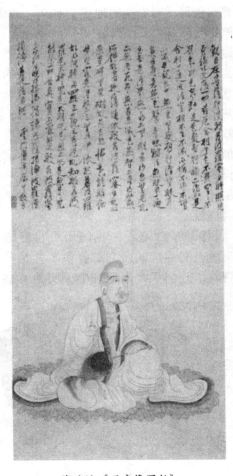

陈洪绶《观音像图轴》

陈洪绶《蕉林酌酒图轴》

老莲的人物画享誉很高，与明末画坛上另一位人物画家崔子忠有"南陈北崔"

之称。他的影响在当时已是"海内传模者数千家"，甚至远播朝鲜和日本。

陈洪绶曾为徽州刻工创作过不少版画稿，如《九歌图》、《水浒叶子》和《西厢记》插图等。青年时所绘《九歌图》中的《屈子行吟》，将古代爱国诗人屈原被放逐后形容憔悴、忧国忧民的形象塑造得很成功。《水浒叶子》这一中年时期的作品，则惟妙惟肖地描绘了 40 个不同面貌、身分。精神气质的人物。《西厢记》的插图，则不仅具有鲜明的情节，且形象突出，章法奇妙，是古代插图画中的杰作。版画需要线条更加简洁遒劲，形象也更明朗些，使整个画面富于装饰情趣。这些特点，也被陈洪绶运用到了人物画创作之中，如《女仙图》等。

陈洪绶还在卷轴画中塑造了不少放浪形骸的文人形象。如《升庵簪花图》描绘了明代著名文人杨慎被贬谪云南后的生活情态：醉后以胡粉傅面，作双丫髻插花，请伎捧觞游行过市的怪诞生活行经和玩世不恭的精神面貌，以此表达了画家对杨慎不幸遭遇的深切同情。

徐霞客与《徐霞客游记》

徐霞客（1586～1641）名弘祖，字振之，别号霞客，江苏江阴人。自幼博览古今史籍、舆地及山海图经。22 岁起，他决定外出旅行，历时 30 余载，北至燕、晋，南及云、贵、两广。沿途历尽艰险，将观察所得以日记形式记载下来。

《徐霞客游记》写有天台山、雁荡山、黄山、庐山等名山游记 17 篇和《浙游日记》《江右游日记》《楚游日记》《粤西游日记》《黔游日记》《滇游日记》等著作，除佚散者外，遗有 60 余万字游记资料。这些日记，后经季会明等人整理成书，成了

徐霞客像

举世闻名的《徐霞客游记》。《徐霞客游记》世传有 10 卷、12 卷、20 卷等多种版本，主要按日记记述作者 1613～1639 年旅行观察所得，对沿途的地理、水文、地质、动植物均有详细的记载，生动、准确、详细地记录着祖国丰富的自然资源和地理景观，开辟了地理学上系统观察自然、描述自然的新方向。其中，有关我国西南地区石灰岩地貌特征及其形成原因的探讨，早于欧洲人两个世纪，尤其具有重大的科学价值。另外，游记的文笔清丽新奇，记述精详真实，既是一部科学巨著，又是一部名副其实的文学游记，在地理学和文学上卓有成就。

《徐霞客游记》为我国历史自然地理和历史人文地理的研究都提供了弥足珍贵的资料，开创了我国地理学上实地考察自

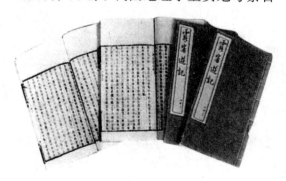

《徐霞客游记》书影

然，系统描述自然的先河，被世人称为"千古奇书"、"古今一大奇著"。英国著名科技史专家李约瑟在《中国科学技术史》中，称徐霞客的"游记读来并不像是17世纪的学者所写的东西，倒像是一部20世纪的野外勘察记录"。

蓬莱水城建成

洪武九年（1376），备倭城——蓬莱水城建成。

明代沿海各省经常受到海上倭寇骚扰，特别是自明中叶后，这种情形加剧，甚至侵入内地，烧杀抢掠。所以自明初以来，就在沿海要冲设置防御据点，这些海防建筑体系分为卫、所、堡、寨等，山东蓬莱水城就是其中的典型，可以从中看出明代海防据点的形制和特点。

蓬莱水城又称备倭城，北面临海，南接府城，背山控海，地势险要，是明代典型的海防要塞。明洪武九年（1376），登州升格为府，并修筑水城，立水军帅府于此，经历代多次修建，成为停泊战舰、驻扎水师军队、出海巡哨的军事要塞。

蓬莱水城入口水门

蓬莱水城由两大部分组成，一是以小海为中心，包括水门、防波堤、平浪台及灯楼等海港建筑；二是以水城为主体，包括炮台、敌台及水闸等军事防御设施。水城依地势环绕小海而筑，呈不规则长方形，

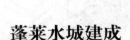

蓬莱水城

周长约2200米，城墙为土筑，后以砖石包砌。城墙的高度依地势相差较大，西、北地处山崖，城墙较低矮；东南是平地，城墙比较高峻，平均约7米，墙原在8～10米间，墙顶做女儿墙雉堞。整个城墙设2个门，北为水门，又称关门口，与大海相通，东西有高大门垛与城墙相接，底宽9.4米，深入水下达11米多，全部用砖石筑，坚固异常；南是通向州城的城门，上建城楼。在北西东3面城墙均建有敌台，伸出城外5.5米，高与城齐。炮台有2座，分别设于水门的东北、西北方向，东炮台高过城墙2.5米，西炮台建在山崖上，两座炮台与水门呈掎角之势，控制出进海路，构成严密防御体系。小海为水城内的主体部分，居城正中，呈南北狭长形状，面积达70000平方米，是停泊船舰、操练水师的场所。小海的北面转折向东，形成一个东西长100米、南北宽50米的不直接与海联连的迂回缓冲地段，最后北折入海。正对水门设立缓冲地段南岸的平浪台，与东城墙相接，全部以块石包砌成，台上是水师驻地。自水门外沿东城墙向北延伸，构成防波堤，全由块石堆积而成，形成一道屏障。小海北端的迂回缓冲地段，平浪台、

防波堤的规划布局有很高的科学性。海浪经过防波堤努力会有所减弱，再经过平浪台的回旋转折，风浪减缓，水门外自然是海浪汹涌，但小海内却风平浪静，小海深度在退潮时亦能保持3米以上，船舰无须候潮，可任意出入。

蓬莱水城在港址的选择、港湾的规划布局、军事防御设施配置及许多建筑工程技术上，无不表现明代工匠的高超技艺和设计规划的科学性。无论作为军事战略要地，还是一般的海港来说，在我国海港建设史上都具重要的地位。

火药理论提出

明初成书的《火龙经》一书记载了早期的火药理论。其后的《武备志》、《天工开物》也有关于火药理论的记载。

火药是以硝石、硫黄和木炭按比例配成的。明代以前提纯硝石的基本方法是重结晶法，而到了明末则出现了更为有效的提纯方法。茅元仪的《武备志》（1621）提的火药爆炸理论颇具代表性，他认为火药以硝石、硫黄为主、草木灰（炭）为辅，硝和硫的性情分别是极阴和极阳，当这两种物质被放于没有间隙的空间中时就会爆炸，硝的性能主直，因而希望爆炸的力量呈纵向的话，则硝与硫的比例为9∶1，硫黄的性能主横，所以希望爆炸的力量显横向，硝出在再结晶过程中加入草木灰水；《天工开物》，介绍了以几个萝卜和它同时煮熟的提炼方法，焦勖《火攻挈要》提出除加萝卜及草木灰水外，还加鸡蛋清、皂角及水胶。这些都是非常科学的提纯硝石的方法。明代提纯硫黄技术又有了新的发展，出现了以油炼硫的方法。《武备志》、李盘《金汤借箸十三筹》（万历末年）、《火攻挈要》等书有所记载。提炼硝、硫

并制得木炭后，下一步是将三者碾成所需大小的颗粒并按比例配制成火药。因用途

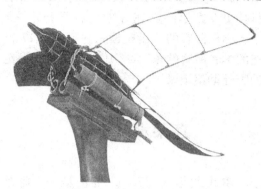

明神火飞鸦。翅长64厘米，长56厘米。以扎制风筝的形式，结合火箭推动的原理发明的燃烧弹。用竹篾扎成乌鸦形状，内装火药，由4支火箭推动，可飞行300多米，多用于火战。

不同，比例及粒度也有不同。中国古代火药的配制理论与中国药物学理论是一致的，它要求火药的配制符合"君臣佐使学说"。

据《火龙经》的记载，硝、硫黄、炭在火药中作用各不相同，因而，根据火药的不同用途，其配合比例也不一样，射击用火药、硝石较多，爆炸用火药、硫黄比例应大一些。在明代学者看来，硝、硫、铁、炭及其他助剂在火药中分别起到君、臣、佐、使的作用。宋应星《天工开物》中所提出与硫的比例当为7∶3。这一朴素的火药爆炸理论，对古代生产实践起了指导作用。

明代火药种类繁多而且针对不同的用途，选择各种适宜的配比，如有专用的火铳药，用于火药炮和地雷的炮火药、爆火药，用作照明信号用的药方以及用于娱乐的烟火药等。明《墨娥小录》中列举了"金盏银台"、"金丝柳"、"赛明月"等22种烟火的配方，足见其火药配合比的认识已相当深刻。

明代的火药，特别是明代中期以后的火药，除少数燃烧型和用作信号的火药配

方外，硝的含量基本上达到了 75% 左右，硫的含量则由宋代的 30% 下降到 10% 左右，炭也保持在 12% ~ 15% 之间。这种配比已接近近代黑火药的标准配比。这在《武备志》中有所记载。

明洪武五年（1372）所造铜手铳

火药在唐朝就已发明，但直到明朝，才提出了火药理论，并在古代生产实践中确实起了指导作用，这是一大进步。而在西方，近代合理的火药理论只是到了 19 世纪才趋于完善。

万虎尝试火箭飞行

14 世纪末，万虎作火箭载人飞行的最初尝试。

明代以前的火箭，作为轻火器，基本上都用弓弩发射。到了明初，发明了以火药为动力的火箭。直接利用火药燃烧向后喷射气体的反作用力进行发射，明代发明的火箭种类繁多，有单级和多级火箭，单级火箭有飞刀箭、飞枪箭等单发和一窝蜂、百虎齐奔箭等多发箭。

多级火箭是中国古代的重大发明，有两个或两个以上的推送药筒。如"火龙出水"，它是用毛竹制成的龙形多级火箭，龙腹内装火箭数支、龙头、龙尾各装两火箭筒，头尾四箭同时点燃推动火龙前进，待

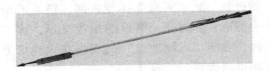

明火箭。在箭杆前端缚火药筒，利用火药反作用力把箭发射出去。这是世界上最早的喷射火器。

标。飞空砂筒则是一种能飞出去又能飞回来的火箭。

在火箭种类繁多、广泛运用的基础上，万虎设想用火箭载人飞行，他在一把坐椅的背后装上 47 个当时最大的火箭，并把自己捆在椅子前边，两手各拿着一个大风筝，然后令仆人同时把这些火箭点燃，以借助火箭向前推动的力量加上风筝的上升力量飞向天空。这次试验没有成功，但万虎被公认为世界上最早试图利用火箭来飞行的人。万虎尝试火箭飞行，为后人研制飞行器提供了重要的参考资料。

明火龙出水。长 153 厘米，颈部直径 20 厘米，尾宽 32.5 厘米，这是世界上最早的二级火箭。用竹筒做成龙形，龙的两侧各扎火药筒，点燃后，将龙身推动飞行，这是第一级。在龙腹中装有火箭，待龙飞入敌阵时，腹中的火箭被点燃，从龙口中发射出去以命中敌方，为第二级。因为从船上发射，故称"火龙出水"。

扩建孔庙

孔子是春秋末年思想家、政治家、教育家，儒家思想的创始者。由于孔子和儒家学说为历代统治者所推崇，孔子被誉为"集古圣先贤之大成"的"至圣文宣王"，因此，在全国各地修建的名人祠庙中，孔庙的地位最特殊，修建得也最宏阔壮丽。自汉代"罢黜百家，独尊儒术"起，孔庙被列为国家修筑的祭祀建筑，特别是自唐宋以后，尤其在明代，各名都大邑，及至府县都普遍建孔庙，又称文庙，并常与府学合建在一起，形成左庙右学之制，成为

府州县城市规划建设不可或缺的组成部分。

位于山东省曲阜市旧城中心的孔庙，占地约 10 公顷，呈窄长的地形，前后总共有 8 进院落，由前导和主体两部分构成。前导部分纵深空间由横间分隔成大小，开合不同的 3 个庭院，层层门坊沿中轴线布列，周围栽种苍翠古柏，营造出祭祀建筑特有的宁静幽深，崇敬肃穆的空间环境，并以颂扬孔子圣德勋绩的内容命名，各门坊文字与建筑相配合，强化了人们景仰追思先哲的心境，体现了我国古代祭祀建筑特有的处理方法，进而烘托出祠庙建筑的纪念性、教化性。如庙门称棂星门，而棂星则是古代传说中的天上文曲星，暗喻进入此门者即能成为国家栋梁之才。第二道门称圣时门，因孟子有言"圣之时者也"称颂孔子而取其意的。其余如太和元气、道冠古今、德侔天地、仰高、弘道等无不充满了对孔子颂扬之意。

太和元气坊

孔庙的主体部分，自大中门起，仿宫禁形制，周围建有崇垣，四隅建角楼，过同文门为奎文阁，其阁共 2 层、3 重檐，是孔庙的藏书楼。奎文阁后面 13 座历代帝王往曲阜拜谒孔庙时留下的石碑，碑旁排列于道路两则，其形制相似，均为方形平面，重檐黄瓦歇山顶。庙主体庭院，在大成门内颇为广阔，四周建有廊庑，沿中轴线顺次建有杏坛、大成殿、寝殿。

大成殿是孔庙最重要的建筑，是整个孔庙建筑群的核心，是供奉祭祀孔子的正殿。殿内中间立有孔子塑像，两侧是颜回、曾参、孔伋、孟轲四配以及十二哲像，殿面阔 9 间，长 45.78 米，进深 5 间，宽 24.89 米，总高达 24.8 米，黄琉璃瓦重檐歇山顶，大殿外共有檐住 28 根，均是石柱，两山及后檐柱 18 根，八角形浅雕蟠龙祥云，前檐柱 10 根，浑雕双龙对翔图案，下部刻山石，形象生动，雕琢精细美丽。大殿建在 2 层石台基上，前有作为祭祀舞乐宽阔露台，殿外檐施和玺彩画，殿内天花板及藻井均雕龙错金。整个大殿异常巍峨庄严、金碧辉煌。

各地文庙建筑亦均以曲阜孔庙为蓝本，主要包括棂星门、泮池、大成门、大成殿及作仪礼和舞乐的露台，成为文庙建筑的标准模式。

经历代统治者不断重修扩建，曲阜孔庙由最初三间旧宅扩充为占地约 10 公顷的"缭垣环护、重门层阙，回廊复殿，飞檐重栌"的宏大庙宇。其建造历史跨度长达 2000 多年，这在中国乃至世界建筑史上都是极为罕见的。孔庙建筑本身体现了中国古代建筑的艺术魅力，建造孔庙则体现了历朝历代统治者均以孔子为尊，儒学为本的思想统治。

天坛建成

天坛是明清帝王祭祀天地和祈祷丰年的建筑。北京天坛亦体现古制，祭天的坛为圆形，称圜丘；祭地的坛为方形，称方泽。表明"天圆地方"的观念在天地坛形制得以表现。

北京的天坛，位于正阳门外东侧，沿北京城中轴线与先农坛（原称山川坛）东西对峙，整个建筑群由内外两重围墙环绕，

占地 280 公顷，4 倍于紫禁城的规模。外墙南北 1650 米，东西 1725 米，内墙南北

祈年殿

1243 米，东西 1046 米，正门面西，内外墙的南面为方角，北面为圆角，寓意"天圆地方"之说。

北京天坛建于明成祖永乐十八年（1420），原称天地坛，整个天坛建筑群按使用功能不同分 4 组。祭天的圜丘及附属建筑；祈年殿及附属建筑；皇帝祭祀前斋宿处斋宫；饲养祭祀牲畜的牺牲所和乐舞人员居住的神乐署。圜丘和祈年殿为主体，南北相对，以一条长 400 余米，宽 30 米，高出地面 4 米的砖砌甬道丹陛桥连接。中轴线偏东。

圜丘是一个用汉白玉砌成的 3 层圆形石台，坛面上无其他建筑，以合露祭天地。周围用两重矮一墙墙环绕，内墙圆形，外墙正方形，两重围墙四面正中建有白石棂

龙凤石。祈年殿内石板地面的中心，是一块圆形大理石，上面有天然形成的一龙一凤的纹样，叫"龙凤石"。皇帝祈年祭天时，就跪拜于这块奇石之上，群臣只能在此石之下跪拜。

星门，周围置 3 座高大望灯杆，12 座铁燎炉相陪。坛面中心铺圆石一块，外用石块围成 9 环。石块数均为 9 的倍数。坛的北面为皇穹宇，供"昊天上帝"牌位，祭天时才移至圜丘。皇穹宇平面圆形，单檐兰琉璃攒尖顶，建于白须弥座石基上。皇穹宇前两侧各有配殿，外用围墙环绕，直径约 63 米，均用磨砖，始有回音之功效。

祈年殿是座圆形平面大殿，位天坛中轴线北部，高 38 米，上覆三重兰色琉璃瓦屋面，鎏金宝顶，檐柱门窗朱红油饰，檐中斗拱额枋绘绚丽彩色，立于 3 层圆形白石台基上，大殿内外用 3 层木柱支起，内部 4 根柱，均装饰华丽辉煌。祈年殿后的皇乾殿功能同皇穹宇一样。

祈年殿内景

斋宫外有两重围墙，每重围墙外都有护城河相绕，主殿东向为砖券无梁殿结构。

天坛在总体规划布局及单个建筑的艺术造型上，体现了古代匠师卓越空间组织才能和完善的艺术构思，既体现了崇高、神圣和"天人合一"思想，表明"受命于天"主题，又建筑平面主为圆形，附会"天圆地方"的宇宙观。

明代出版印刷事业极盛

明代的刻书事业，在宋、元两代发展的基础之上，得到了蓬勃发展，远远超越了以往历代，成为我国出版事业和印刷技术发展史上的极盛时期。

明代由于各级官府重视，官刻本盛行。与此同时，刊刻精良的私家刻本也盛行一时，坊刻本广泛分布，印刷装帧技术日益完善，这些导致了集编、刻、售三位一体书业专行的出现。

《云笈七笺》四库丛刊本

明代官刻书以内府刻本、监本和藩刻本为代表。内府刻本指宫廷刻书，由司礼监宦官主持，附设经厂，其刻书多为制诏律令及经史文集。嘉靖年间经厂的工匠有1200人之多，刊字匠315人，刷印匠134人，裱褙匠393人，摺配匠189人，裁历匠80人，黑墨匠77人等。司礼监刊书目达139种，但经厂本不大为读书人及藏书

家所重视。监本即国子监刻本。明代南京、北京皆设国子监，故分南监本和北监本。

明刻本《元文史》

南京国子监除接收两湖书院藏书版外，还接收了元集庆路儒藏的各种书版，所以其重印图籍最著名。北京国子监刻书数量质量较南京差，所刊刻《十三经注疏》为北监最重要之刻书。总计南监刻书约达271种，北监刻书有41种。藩刻本为明王朝分封的各个亲王府所刊刻之书。藩刻奉刻书量多，校刊精当，成为明代官刻的特色。嘉靖年间晋藩所刻诸总集，万历年间吉藩所刻诸子，崇祯年间益藩所刻诸茶书被称为藩刻三大杰作。

除了官刻书，明代私家刻书风气甚盛。许多刻书家极富藏书，对保存和传播古代古籍贡献突出。明初私刻书本不多，但到了中期，私刻异常风行。而明代后期，私刻愈加繁荣，其中最著名的藏书家和刻书

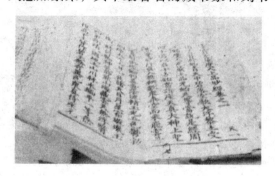

明版《度人上品妙经》

家集一身的当推常熟毛氏。毛晋自明万历至清顺治四十多年间共刻书 600 余部之多，其所刻如《十三经注疏》、《十七史》、《文选李注》、《六十种曲》、《津逮秘书》等均为宏伟巨制，另如《三唐人文集》、《四话人集》、《五唐人集》、《元人十集》、《宋名家词》等均为雕刻精良的宋版翻雕。毛氏刻书版心下方都印有汲古阁或绿君亭的标记，现在许多图书馆都藏有汲古阁刻本。明代的私家刻书多集中在江、浙两省。

由于明王朝取消了书籍税，同时对手工业者采取宽松政策，使得许多老字号的书坊得到了发展。书坊所刻图书品种多，数量大，以人们日常所需的各种医书、科技书、经史书以及文学作品和通俗读物为主要内容，但质量不及官刻和私刻。

明代福建建阳的崇化、麻沙两镇书坊林立。崇化镇每月以一、六日为集，那天则书商云集，甚为繁华。南京地区的刻书在全国也占有重要地位，共有书坊近 60 家，其中以唐姓几家最为著名。虽然明代的雕版印刷技术发展到了顶峰阶段，然而不论在官府还是在私人藏书家中，抄书仍被视为藏书的重要手段。明成祖永乐年编成的《永乐大典》，就有手抄副本一套。抄写本对收集、保留古代文献，使之流行公布于世起了重要作用。由于许多手抄本一直未付刊印，其价值弥足珍贵，历来为后人所珍视。

明代印刷和装帧技术日益完善。首先是铜活字印刷得到普遍的应用。无锡华氏、安氏两家的铜活字印书最有名。明代的木活字也较元代更为流行，可考的约 100 余种。版画、套版、错版和拱花技术也达到了很高水平。明代中晚期我国版画鼎盛，形成了不同风格的各种流派。如粗放的建宁派，疏朗生动的金陵派和精致婉丽的徽州派版画，都极负盛名。同时套印术发展迅猛，出现了三色本，四色本甚至五色本，

饾版和拱花技术也相继问世，使我国雕版印刷技术达到了登峰造极的地步。明代中期书籍的装订产生了线装，并且所刻字体极力摹仿宋体，字体横轻竖重，方方正正，行格疏朗，成为一时风尚。

随着出版及印刷技术的鼎盛，出现了集编、刻、售三位于一体书业专行。福建建阳的很多书坊最具代表性。这些书业专行刊行大量的医书和小说，而且有些书附有插图，图文并茂，深受读者欢迎，行销海内外。

明刻本《张小山小令》

景德镇发展为中国瓷业中心

中国制瓷工艺发展到明代，进入到以彩瓷为主的灿烂的黄金时期，尤以景德镇名闻天下，成为中国瓷业的中心。瓷窑从元代的 300 余座猛增至 3000 余座，洪武二年（1369）建立的御器厂，号称"天下窑器之所聚"（《二酉委谭》）。所谓"有明一代，至精至美之瓷，莫不出于景德镇"。景德镇"工匠来四方，器成天下走"。景德镇瓷器风格之多、质量之高、产量之大、技艺之精、影响之大，均属全国之最。宋应星《天工开物》卷七"陶埏·白瓷"条说：全国瓷器"合并数郡，不敌江西饶郡

产……中华四裔，驰名猎取者，皆饶郡浮梁景德镇之产也"。虽然河北彭城（今邯郸）、浙江龙泉、福建德化、江苏宜兴都有不同特点的大量生产，但总不如景德镇之全面发展。特别是彩瓷、青花瓷及色釉瓷烧造成就更为显著。

明代景德镇瓷器御制厂

景德镇制瓷技术的主要成就是：创造了"脱胎"瓷器，永乐时期（1403～1424）的薄胎瓷器便达到了"半脱胎"的程度，成化之后，制胎技术更趋成熟，器壁几薄如纸，酷似"脱胎"；发明了吹釉法，其具体操作是：用竹筒一节，一端蒙纱后浸入釉中粘釉，之后再将釉浆吹到坯面上，先在里面吹釉，干燥后将外面坯体削薄，再在外面吹釉，使施釉更为均匀，而不会损坏坯体。薄胎和脱胎瓷器常用此法。釉下青花术普遍发展起来，成为全国瓷器生产的主流；釉上彩达到比较成熟的阶段，开创了釉下青花和釉上多彩相结合

明釉里红缠枝菊纹大碗

的新工艺。高温单色釉和低温单色釉技术有了较大的提高，其优秀品种如永乐宣德时期的铜红釉、宣德时期的钴蓝釉、正德时期的孔雀铜绿和弘治铁黄釉，就充分显示了明代景德镇窑工的高超技艺。筑窑技术也有了重大发展，成功地构筑了倒焰式馒头窑，并创造了阶级式龙窑。

景德镇的瓷器品种有青花瓷、点彩、釉上彩、斗彩、五彩等。按照年代的不同，则又可分为洪武窑、永乐窑、宣德窑、正统窑、景泰窑、天顺窑、成化窑、弘治窑、正德窑、嘉靖窑、隆庆窑、万历窑、天启窑、崇祯窑等。洪武窑出的青花一般色泽偏于暗黑，在图案装饰方面多留白地，菊花纹使用较多。如上海博物馆藏有洪武釉里红缠枝菊纹大碗，形制硕大，满绘釉里红菊花纹，是典型的洪武之作。永乐窑造型优美俊秀，体胎厚薄适度，仪态万方。器型有受外来影响者，如无档尊、执壶、

明青花红彩龙纹碗

花浇、折沿盆等，有的还有阿拉伯文字。所造甜白釉半脱瓷器是景德镇单色釉瓷器发展过程中的一大进步，不仅釉汁细腻洁白，且胎骨极薄，似乎只见釉层不见胎，能映见手指螺纹，还可看到上面刻画的云龙花卉和暗款。永乐时期的青花瓷器以其胎、釉精细，青色浓艳、造型多样和纹饰

优美而负盛名，被称为青花瓷生产和黄金时代。宣德窑器物造型多种，独出心裁，制作精工，细腻坚实，不易破裂损伤，器

明青釉三系盖罐

型敦厚，大小器物都很精美，在选料、制样、画面、题款上都极为讲究。宣德红釉被誉为宝石红釉，釉水莹厚如脂，色艳宝光四射。天顺窑造型稳重秀美，回纹、书法亦颇遒劲可喜。成化窑烧制成功斗彩，既比青花富丽，又较五彩柔和，形式之美过于宣德窑。其青花瓷在图案装饰上趋向于轻松、愉快之感。点染描绘，淡雅沉静，各臻其妙。正德窑的突出成就是创制了"素三彩"新品种，其特征是不用红色，在素瓷胎上直接施釉。孔雀釉瓷的烧制是正德窑的又一成就。嘉窑大量烧造大龙缸、座墩、大罐、葫芦瓶和大盘等，并创制了大型花瓶，其釉彩和花样都很丰富。隆庆窑之青花和五彩可媲美成化窑，而青花则不如嘉靖窑，其精品有青花闭龙纹提梁壶、五彩荷莲水鱼缸和五彩凤纹六方罐等。万历窑器型多样，数不胜数。精致之品有九

明红釉盘

龙盘、五龙四凤盘和蓝地白色花果盘等。崇祯窑仅有民窑，其装饰富有民间色彩和乡土气息。青花瓷器上的禽兽、虫鱼的写意笔法有八大山人风格，突破了历来官窑图案的规范化束缚。

北京建成观象台

现存于北京东城建国门西南角的古观象台建于明代正统年间（1436～1449），但其台址和仪器与金、元两代司天机构的兴废有关。

正大四年（1127），金兵攻陷汴京（今河南开封），将北宋天文仪器运到金国都城——中都，在那里建立观察天象的机构。元灭金，中都受到战火破坏，便在中都的东北郊新建大都。

建于明正统年间的北京古观象台

至元十六年（1279）春，元世祖下令在大都城内东南角，即现存的北京古观象台附近，建造太史院和司天台，由元代天文学家郭守敬等设计，尼泊尔著名匠师阿

紫微殿

尔哥参与铸造仪器。元朝灭亡后，天文仪器都被运往新都南京，金台和元台荒废。

明永乐四年（1406），明成祖朱棣决定迁都北京，天文仪器则仍留在南京，故钦天监人员只能在北京城东南城墙上仅凭肉眼观候天象。正统二年（1437），钦天监派人去南京，用木料仿制宋代浑仪和元代简仪等天文仪器，运回北京校验后浇铸成铜仪。正统七年（1443），修建钦天监、观星台，并安装仪器。台址就在今北京的古观象台。后来正统十一年（1447），又建造晷影堂。从此，北京古观象台和台下西侧有了以紫微殿为主的建筑群，基本上具备今天所看到的规模和布局。

明清观象台

明代在观象台上陈设有天文仪器浑仪、浑象和简仪，在台下陈设有天文仪器圭表和漏壶。

战车战船发达

明代战车战船作为军队的装备比前代有了较大的发展。正统十二年（1447），针对蒙古骑兵动作快、冲驰力强的特点，总兵官朱冕提出"火车备战"建议，即将火器与车辆结合，以利用战车屏障作用，阻挡骑兵冲击，掩护火器火力的发挥；利用战车的运载能力，加强重型火器的机动能力。正统十四年，土木堡之变后，明朝开始试制和装备各种战车，到明末，先后造出正厢车、偏厢车等数十种战车。

福船模型

明代制的战车仍以人力、兽力为动力，但由于装备火箭、火铳、火炮等，杀伤力大大加强。明代战车主要是为发挥火器进攻和防守的攻能而造，其中以野战防御性的居多，亦有进攻性的，如成化年间神机营创制的进攻战车，弘治时的全胜车等。明代战车配备一定数量战斗人员和多种火器，形成以战车为核心的基本战斗组织和火力单位。

明代战车集火力、机动性和防护力于

海船模型

一体的设计思想，与现代战车的原理完全相同，这在当时是很先进的。

明代战船种类极其繁多，有蒙冲、斗舰等几十甚至上百种。战船均是通过帆、浆，以人力或风力为动力，与宋元时代的基本制造技术和结构差不多。但明代战船通过改进船体结构和武器装备，提高了其作战性能。船体结构硬度增强，航速加快，使之能直接撞击、犁沉敌船，明初开始，战船逐渐普遍装备了火铳、火炮等火器。因而明代战船形体高大，火力凶猛，在抗倭战争中，屡建功勋。

明代还曾专门制造用于海上航行的大海船，郑和下西洋时乘坐的"宝船"就代表了我国古代造船的最高水平。

此外，由于海岸港汊交错，不宜大船行驶，故明朝多造"多橹快船"，以增强海防水军的机动能力，如鹰船、蜈蚣船等，行驶敏捷，进退自如，并普遍装备了火器。为了适应火攻需要，还制造出两种专用于火攻的双体船：子母船和联环舟。这两种原理一样，均是船体的一半装易燃物，接触敌船点燃后，船体另一半则由军士驾驶返回自己营地。

明代战船，在抗击从14世纪到16世纪60年代骚扰沿海地区的倭寇的战争中，以及万历年间援朝抗倭战争中，均起了积极的作用。另外，也加强了对海外交往的

物质基础。

明初的战船高度发展，代表了当时世界的先进水平，但中叶以后，逐渐衰弱。

中国火炮开始大量装备军队

明朝时期，火炮已大批生产并开始大量装备军队。明初火炮基本上是改进发端于元代的中国古代第一代金属管形火器——大碗口铳和盏口铳，针对元代火炮身管短，口径和弹药没有严格的统一标准，装填和发射速度慢，射程近，命中率低，杀伤威力小，炮身易炸裂，后坐力大，跳动厉害，常伤炮手等缺点，加以改进，普遍在炮身上加铁箍，以增强炮身的抗爆力，防止炸裂。这样，明朝前期，火炮已成为军队攻城略地的主要重武器，开始大量装备军队。

明代的火炮种类多，经常进行重大改进。明朝前期，军器局和兵仗局所制造的火炮有盏口炮、碗口炮、神机炮、旋风炮、将军炮等十余种，据《明会典》记载，弘治（1488~1505）以前，明政府每3年制炮达3000门。火炮大量装备于军队中，在作战中发挥了巨大的威力。永乐十二年（1414），明成祖第二次征漠北，曾用火炮击溃敌军。正统十四年（1449），于谦守卫北京，也用火炮和其他火器大败瓦剌军队的进攻。明朝中期，火炮不断改进，特制炮车的发明，方便了搬运，炮架的发明，使火炮能上下左右旋转向各个方向射击，

明景泰元年（1450）铜火铳

弘治年间发明的爆炸弹，又大大提高了火炮的杀伤威力，并在此基础上研制出专门发射爆炸弹的火炮。明中叶以后，火炮在原有基础上继续发展的同时，又引进了先进的西方火器，使明代火炮技术有了重大改进，如瞄准具的装配，提高了命中率；身管加长，增大了射程；采用子炮，加大了火炮的射速等。使火炮的威力与日俱增，种类不断增多。正德年间，又引进、试制了葡萄牙的大炮，名为佛朗机，后又取得荷兰人大炮，称之为"红夷炮"，1622年开始仿制，赐封为"大将军"，崇祯二年，大学士徐光启等制造出大批性能超过佛朗机的红夷炮，发给边防各镇。此后，红夷炮成为明末攻守作战中的主要重武器，大量装备于军队中。

明代火炮大量装备军队，提高了军队的作战能力，在巩固边防，维护明朝统治方面发挥了重要作用。

藏医出现南北学派

14世纪中叶，西藏山南地区帕木竹巴万户长绛丘坚赞（1302？~1364）建立帕竹王朝，开好了对全藏的统治，此后，封建庄园广泛建立，改变了原有的行政管理体制，大大促进了西藏地方经济和文化的繁荣，藏医学术思想也空前活跃，从15世纪开始，藏医南北两大学派开始形成。

在西藏南北各地，《四部医典》均是其学术观点的依据。然而，由于南北地理环境和气候条件等差异，使得医家所持学术思想各不相同，他们各自在《四部医典》的基础上，阐述自己的观点，传播学术思想，并绘制了代表各自风格的医药挂图。

藏医北方学派的创始人为出身于昂仁地方的名医强巴·南杰扎桑（1394~

藏医养生图。藏医对养生十分重视。《四部医典·秘诀本集》中专门论述了"养生之道"，其内容涉及居处、饮食、劳逸、药补和性生活等多方面。图为《四部医典》系列挂图中的"养生方法"之一。

1475）、米尼玛·图瓦顿旦、伦汀·列珠以及他们的子孙都是这一派的著名医家。他们的代表著作有强巴·南杰扎桑的《医学八支要义如意宝一百二十章》、《药方秘要·南杰问答录》、《明灯》等，朱尼玛·图瓦顿旦的《四部医典注释》等。

他们总结了北方高原地区的临床经验，以擅长使用温热药物、方剂药味较多，精通人体解剖、脏腑结构与针灸、放血、穿刺穴位等操作技术为主要特色，形成了这一派的学术风格，特别是对风湿性疾病的治疗具有丰富的经验。流行于萨迦及阿里地区的藏医上部学派为贡嘎瓦·却给多吉创立，而昌狄学派也是藏医北方学派的支流，其学术思想与北方学派基本相同。

索卡·年姆尼多吉（1439~1475）是出生于塔勃索卡地方的名医，他与坚巴·才布多吉、索卡·洛珠盖布等人相沿成习，在朗县创立了藏医南方学派，其著作包括索卡·年姆尼多吉的《银光宝鉴》、《千万

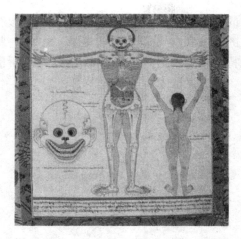

人体骨骼（正面）。藏医认为人体全身骨骼包括牙齿在内共有306块。

个舍利》、《与南派医生通信集》，索卡·洛珠盖布的《祖先口诀》、《谬见纠生》、《药物总诀真人欢乐歌舞》等。由于南方属于河谷地区，湿地较多，因而他们多使用清鲜药物，方剂药味较少，精通地方草药的鉴别和应用，形成不同于北方学派的学术思想和风格，他们擅长于湿热病的治疗。而由索卡·年姆尼多吉的第二代弟子恰布本钦·多吉帕朗创立的藏医下部学派则是南方学派的支流，其著作为《恰布本

人体的生理和病理。此图用树的根、干、枝、叶形象系统地介绍人体的生理功能和病理变化。

钦医学史》。该派的医学著作《祖先口诀》曾受到第五世达赖的称赞，在藏医史上地位很高。

藏医南北学派创立以后，鼎立长达200多年，引起了长期的学术争鸣，涌现了许多医家和医学著作，不仅促进了藏医事业的迅速发展，而且极大地丰富了藏传医药学宝库的内容。

疾病的治疗方法。本图描绘的是藏医治疗大法，包括补法和泻法，隆病（气病）治疗方法，赤巴（火病）治疗方法和培根病（水和土病）治疗方法等。

《本草集要》编成

明弘治九年（1496），王纶编撰成《本草集要》。该书是明代中期很有影响的一部实用本草。

《本草集要》共10卷，分3部。上部为总论，中、下两部为各论。在中部王纶按草、木、菜、果、谷、石、兽、禽、虫鱼、人分部，在下部又按气、寒、血、热、痰、湿、风、燥、疮、毒、妇人、小儿分门，这种双分类法，方便检索。书中所载

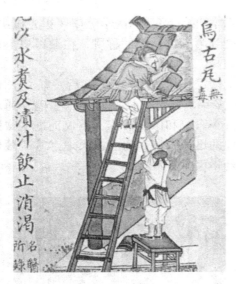

乌古瓦。房屋上的陈年乌黑色瓦，历代本草认为它有止消渴、解热等功用。

各种药不分三品，"以类相从"，附方以病类方。这些都是其独到之处。

明代的医药学发展是空前的，其中显著的标志之一是医药著作的大量编撰。王纶的《本草集要》和《本草品汇精要》、陈嘉谟的《本草蒙荃》是这一时期比较重

《本草品汇精要》之《制酒工艺图》

要的三部综合性本草著作，曾给李时珍有益的启发和参考。《本草集要》中的一些独特的见解，为《本草纲目》编写时所借鉴，对后世医家有一定的影响。

梁上尘。房梁上的尘土，古代本草认为有治腹痛、噎、中恶、鼻衄、小儿软疮等功用。此图足以反映中国古代医药学家探求药物的思路之奇。

农耕出现新技术

明代的农业耕作栽培技术，在总结前代的基础上有新的突破，主要有以下几个方面：

（1）浅耕灭茬。明代北方干旱地区，夏耕或秋耕已形成一套完整的耕作法：浅—深—浅。清代《知本提纲》对此作了概括："初耕宜浅，破皮掩草；次耕渐深，见泥除根；转耕勿动生土，频耖毋留纤草。"第一个"浅"即浅耕灭茬，《齐民要术》曾记载这种措施。明代则把它列为耕作的

第一道工序。是抗旱保墒的重要环节。又称耪、抇地。

（2）砂田栽培。砂田是半干旱地区的一项独特创造。主要分部在甘肃中部、青海、河西一带。砂田有旱砂田和水砂田。它的建设程序是：先深耕土地，施足底肥，耙平墩实，在土面铺上粗砂和卵石或石片的混合体。旱砂田约8～12厘米厚，水砂田6～9厘米。每次有效利用期为30年左右。砂田老化后可更新。它具有增温、保墒、蓄水保土、压碱改良等综合性能。能起到明显增产效用。

（3）亲田法。其实质是精耕细作的旱涝保收田或试验田。耿荫楼所著《国脉民天》中提出的。具体的方法："有田百亩者，将八十亩照常耕种，拣出二十亩，比那八十亩件件偏他些。其耕作、耙耪、上粪俱加数倍……旱则用水浇灌，即无水亦胜似常地。"遇到丰年，特殊的20亩收成几倍于另80亩；有旱涝，能保持与80亩丰收一样；若遇蝗灾，20亩之地也易补救。因为耕作时对一部分地特别亲厚，所以耿荫楼称之为亲田。这对改进渤海之滨的青、齐等州"种广收微"的现象有现实意义。而且第二年又拣另20亩作为亲田，这样百亩之田就逐步得到改良。

（4）套犁深耕。深耕对南方的水田耕作很重要。明代深耕要求在八九寸，不超过一尺。为了能深耕，明时创造了两种套耕方法：一是人耕与牛耕相结合的套耕法。《吴兴掌故集·禾稻》载："……尝见归云庵老僧言，吾田先用人耕，继用牛耕，大率深至八寸……"另一法是双犁结合的套耕。

（5）看苗施肥。明代后，施肥技术越来越细致。明末的《沈氏农书》精辟地记述了基肥与追肥的关系："凡种田，总不出'粪多力勤'四字，而垫底（即基肥）尤为紧要。"至于追肥，"盖田上生活，百凡容易，只有接力（追肥）一壅，须相其时

明《耕获图》壁画（山西新绛县稷益庙），反映了当时的农业生产过程。

候，察其颜色，为农家最要紧机关。"即今天的看苗施肥法。其中"相其时候"就是指依据作物发育阶段；"察其颜色"即指依据作物的营养状况。

（6）小麦移栽。这是浙江嘉、湖地区农民的一大创造。《沈氏农书·运田地法》载："八月初，先下麦种。候冬垦田移种，每棵十五六根，照式浇两次，又撒牛壅，锹沟盖之，则秆壮麦粗倍获厚收。"即先育好小麦秧苗，等晚稻收获后再移栽，从而解决小麦与晚稻争时、争地的矛盾，避免或减轻大田直播小麦的虫害。

《装潢志》总结装裱技术

明代嘉靖、万历年间（1522～1620），装裱工艺家周嘉胄在研究了江南地区的装潢工艺后，著成《装潢志》一书。

周嘉胄，淮海（今江苏扬州）人，生卒年不详。

《装潢志》是一部有关书画装裱的专著。在书中，作者首先认为装裱对于书画具有"名迹存亡"的意义，以此为基础，提出装潢艺人应具备的四项标准，即：补天之手、贯虱之睛、灵慧虚和、心细如发。至于装潢技法，作者认为在装潢之前首先要审视古书画迹的"气色"，然后使用有具体标准的纸、绫、绢、浆糊、轴头等装裱材料，采用一定的工艺形式和规格，运用洗、揭、衬边、小托、补、上贴，上杆、安轴、下壁、上壁、覆、攒、镶、贴签、囊、染古绢等装裱技术，对古书原画进行艺术的装潢加工，并对各种装裱材料、工艺规格及装裱技法，进行了具体的描述。对于当时有的工匠在装裱过程中的偷工减料、忽视装潢质量的做法，作者斥之为"取一时之华，苟且从事"，指责这种做法对于古书字画的损毁及对工匠声誉的诋毁。另外，对于装裱工匠和书画鉴赏家之间的关系，作者也认为要配合默契，"彼此意惬，然后从事"。

《装潢志》一书是作者对前人装潢技术的总结，也是作者对本人装潢实践的经验累积。书中有关装潢的指导思想和原则，对今天的书画装裱仍有重要的借鉴意义。

明天文学退步

从明代建国开始，到万历初年（1584）近200年中，由于各种原因，天文学发展出现了停滞和退步。

明朝初年，太史院史刘基等向朱元璋呈献大统历并颁行天下，成为明王朝的官方历法。洪武十七年（1384）刻漏博士元统上书说大统历并不是新制的历法，而只是改换了名称的元代授时历，由于其推算的起算点在至元十八年（1281），已积累了100多年的误差，与天象不完全符合，建议编制颁行新历法。有人曾为此大胆尝试，但明太祖仍下了中国历史上从未有过的禁学天文的厉令。这严重摧残了天文学的发展，并直接导致了明初天文学的停滞和倒退。

洪武十八年（1385），明朝廷在南京鸡鸣山上建造了司天台，而安置于此的前一年从元大都运来的郭守敬制造的天文仪器，由于位置不同而无法使用，只得仿造一台适用于南京的浑仪。而这个天文台没有进行多少有效的天文测量，形同虚设，只是留下一些天象观测资料。正统二年（1437）明英宗朱祁镇决定修建北京观象台，应钦天监皇甫仲和奏请，派人去南京仿照郭守敬遗制制成仪器木样，回到北京后再按北京地理纬度校验北极出地高度，然后用铜铸造天文仪器，整个工程到正统十一年（1446）才基本就绪。明代宗景泰六年（1455）在皇城内又造了内观象台，台上置有简仪和铜壶，很可能是为皇帝增添的摆设。这些仪器的铸造工艺非常精美。浑仪玲珑剔透，四龙托起，雄浑凝重；简仪沉稳精细，极轴指天，莫测高深，工艺水平很高。

然而，这些精致的仪器并不是为了严密地观测天象以编造新的历法，因而其安装和调整都比较粗糙。明孝宗弘治二年（1489），钦天监监正吴昊发现了许多问题，二分二至时的观测发现仪器黄赤道交于奎轸两宿，而实际天象应交在壁轸两宿；浑仪极轴与实际不符合，所以二分时观测太阳出没，窥管却不能指向东西方向，太阳常离开窥管；简仪北端的方柱不够高，以致简仪的极轴也与实际极高不合，用来测恒星的去报度误差较大。明武宗正德十六年（1521），漏刻博士朱裕又发现高表的尺寸不一，用南京日出的时刻来推算北京的实测数据，实是矛盾。但他的发现无人上报，问题依然如故，直到嘉靖二年

（1523），才下旨修理相风杆和简、浑二仪，到嘉靖七年（1528）又树立了一个4丈高的木表，以便测日影定气朔。从制造天文仪器到能正常使用，前后共花费了90年，而他们并未研制任何新的仪器，所做的事不过是仿郭守敬的遗制。这些都足以说明这一时期天文学的停滞和倒退的现状。

王廷相提倡元气论

王廷相（1474～1544），字子衡，号浚川，又号平厓，河南仪封（今河南兰考）人。弘治十五年进士。历任兵部给事中、山东布政使、副都御史、南部兵部尚书等职。王廷相具有强烈的经实思想，主张务实，坚持气本论，反对理学的理本论，他的知行兼举强调笃行的认识论和无神论思想，对此后的进步思想家和学者产生了积极影响。

王廷相继承了张载的气本论，认为元气之上无物、无道、无理和理在气中，与理学的天地之光只有此理的理本论根本对立。王廷相认为元气是宇宙的根本，元气造就了天地万物。元气的运行即为元神，包含阴阳，而阴阳二者的撞击运动，产生了日月星辰，从而产生金石草木，由此而产生了人类。他指出元气之外没有其他的主宰，否定道本论。王廷相认为气是实有之物，气产生了理，理在气中。王廷相反对把气用虚空解释，同时指出太极或太虚并非虚空，而是天地尚未形成元气的混沌状态。他认为程朱不言气而言理，是舍形而取影，陷入老庄的虚无。他还把道概括为气的规律，批评理学的道能生气说。王廷相进一步指出，元气是永恒存在而无始无终的。他认为雨水由气所化，火烧后又复归于气，宇宙万物皆由元气变化而来，称为常；即普遍性。从个别看，事物各异，

则为不常，即特殊性，二者是统一的。他把气的常与不常的观点用到理的变与不变上，去解释历史的发展，指出应因时而动，因势而变，反对理学所提倡的"道一而不变"的观点。

王廷相建立了重视见闻、知行兼举和强调笃行的认识论。认为见闻能使人广博，进而找出事物的内在规律，由感性上升到理性的高度。认为只有知行兼举的人，才能向自由王国迈进。强调笃行的重要，认为只有通过力行才能获得真知。他把获得真知的过程归结为讲——行——知，即讲得一事行一事，行得一事知一事，就达到了真知。他否定程朱理学的徒然泛泛而谈，也反对陆王心学的虚静守心态度。指出只有行，只有通过实践，才能出真知，这是王廷相在认识论上的光辉贡献。

王廷相从元气本体论出发，继承刘禹锡的天人交相胜，反对天人感应说，他指出天与人都是元气所化之物，天人是相分的，各司其职，故天有胜人之时，但人亦有胜天之时，并且日月之食可以根据历法推算得来，与明主或昏君并无关系，尧时有洪水，孙皓昏暴却有祥瑞。他认为国家的兴衰、人事的好坏关键在于人本身的努力，摒弃虚妄的天人感应说。

王廷相还继承了范缜的神灭论思想，提出无形气则神灭的无神论观念，反对鬼神、风水、占卜等迷信。

王廷相博学多才，著述丰富，他的学术思想独树一帜，对后世影响深远。

明式家具形成

中国家具在唐以前为适应席地而坐的起居方式，多为低型。唐以后起居方式改为垂足而坐，家具也随之改为高型。宋元家具，实物甚少，明代前期实物也不多。

自嘉靖（1522）年以后，商品经济有了很大发展，并出现了资本主义萌芽。此时，手工业水平有所提高，工匠获得更多的自由，从业人数增加，从而促进家具业的发展。明后期，江南和南海地区，大城市日益繁荣，市镇迅速兴起。与此同时，江南的家具业也有很大发展，质和量都达到高峰，并逐步形成明式家具的特色。明式家具多用南洋进口的优质硬木、诸如黄花梨、紫檀木、红木、铁木、杞梓木等，质地坚硬，色泽柔润，纹理优美。据说很多是明初郑和下西洋时带回中国的。

随着家具业的发展，硬木家具越来越多为一般家庭使用。这种风气的形成，经济发展和社会繁荣是一个重要原因，但硬木家具的大量制作，又和南陲产木料地区的开发、海禁开后东南亚木材的输入有直接关系。明中期以后，江南某些城镇成为家具的重要产地，现存明式家具多为苏州制作，故又称明式家具为"苏州家具"。

中国家具与中国建筑一样，都采用木架构造的形式，用榫卯结合，牢固美观。明式家具也继承了这一民族传统，并发扬光大，形成了别具一格的家具造形体系。明代家具有以下几个艺术特点：一、造形简洁，单纯质朴，明快大方；二、不雕琢、不装饰，充分显示优质硬木质地、色泽、纹理的自然美；三、加工精细严谨，一丝不苟，显得精致高雅；四、比例合度，整体与局部，局部与局部都很合谐；五、尺度科学，合乎人体功能要求；六、种类很多，一般分6大类，即椅凳、桌案、床榻、厨柜、台架、屏座。每类又有很多种，造型非常丰富；七、重点装饰，画龙点睛，例如牙子、卷口、铜活的利用，少而精，很提神，既有使用功能，又有装饰作用。以上几点说明明式家具已具有很高的艺术水平。

明式家具是中国家具史上的顶峰，是中国家具民族形式的典范和代表，在世界家具史上也独树一帜，自成体系，对中国乃至世界后来家具艺术发展产生了深远的影响，占有重要地位。

车营战法形成

明中叶之后，为适应战争发展的需要，在军队中出现了一些冷热兵器配合、步骑兵与火器部队协同的新编制部队，较为典型的有京军、戚家军和孙承宗的车营。

戚继光的车营拥有佛郎机手768名，鸟铳手512名，使用火器人员共1280名，占全营战斗人员的62.5%。冷兵器手有藤牌手256名（配火箭7680支），镗把手256名（配火箭7680支），大棒手256名，共768名，占全营战斗人员总数的37.5%。

明黄花梨五屏风式龙凤纹镜台

步兵营与骑兵营编成基本相同，只是装备略不相同。全营编制人员总数 2699 名，其中战斗人员 2160 名。鸟铳手 1080 人（配长刀 1080 把）占战斗人员总数 50%。冷兵器手有藤牌手、狼筅手、长枪手（配大火箭 216 支）、镗钯手（配火箭 6480 支）、大棒手各 216 名，共 1080 人，占战斗人员总数的 50%。

孙承宗的车营是为适应战争发展的需要，以冷热兵器配合，步骑兵与火器部队协同而编制的新部队。

明末天启年间，为抗击后金优势骑兵的突驰，以兵部尚书之职兼东阁大学士统领师山海关、蓟、辽、天津、登、莱诸处军务的孙承宗一面修城筑堡、设置重炮防守，另一方面为加强野战能力，创立了以枪炮等火器为主要装备的"火力部队"，即车营。

孙承宗建车营既吸收了戚继光车营的经验，又有新的发展。他的车营在车、步、骑、炮、辎合成编组的基础上，又增加了水师营。

孙承宗的车营，采取步、车、骑兵混合编制，使诸兵种的合成编制更趋完备。如步骑合成车营，基本建制为队，全营共有骑兵 2400 骑，步兵 3200 人，步骑合计 5600 人，装备火枪 1984 支，轻重火炮 344 门，编厢车 128 辆，火力和机能能力都较强。孙承宗车营中的水师营共有沙船约 100 只，水兵 1500 人，佛郎机炮 384 门，枪 470 枝。

戚继光著《纪效新书》

明嘉靖三十九年（1560），戚继光写成《纪效新书》。

戚继光（1528～1588），字元敬，号南塘，晚年又号孟诸，是中国明代著名的军事家、抗倭名将和民族英雄，毕生献身于祖国的军事建设和国防事业，一生中有 40 多年是在军旅中度过的。

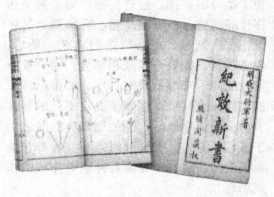

戚继光在抗倭战争期间写成的《纪效新书》

《纪效新书》是一本以事军训练为主要对象的兵书。在序言中，戚继光就阐明该书是在汲取前人军事成果的基础上，结合实战经验而写成的，"夫曰'纪效'，明非口耳空言；曰'新书'，所以明其出于法而不泥于法，合时措之宜也"。书中内容的大抵结构可分为总序和正文两部分。其中总序又包括《纪效或问》和两件"公移"，《纪效或问》对练兵过程中所必须解决的一些问题作了明确的表示，"公移"则反复阐述在东南沿海进行军事训练必须针对敌而行。《纪效新书》的正文包括 18 卷，所讲述的内容涉及军事的各方各面，如：选兵和编伍、军事纪律、行军作战、水寨习操、战术技术、旗帜信号、墩堠报警、兵船束伍等。

在《纪效新书》中，始终有几个很鲜明的思想主线贯穿其中。首先，练兵先选伍，就是要训练出高素质的部队，首先必须抓好兵员的个人素质，在选伍方面，戚继光极为重视士兵的家庭出身和政治品质，偏重于从农村选拔士兵，因为农民勇敢、朴实，有助于保证部队的训练效果，另一方面还可改善军民关系。其次，要训练出好士兵，还要先选拔出英明的将领。他从德、才、识、艺四个方面阐述了"练将"标准：即效国为民、勤于职守、爱护士卒、勇于献身的将德，通晓兵法韬略、善于指挥作战的将才，谋略高超、明辨是非的将识，技艺高超、勇猛拼杀的将艺。最后，他还强调训练要与实战相结合，完全按照实战的要求来进行平时训练，如根据作战的地理环境和敌军强弱来决定不同的训练方法，特别是他所创造的鸳鸯阵，既适用于平时训练，又符合战时需要，另外，他还提出步、骑、车等诸兵种联合作战的作战思想。

《纪效新书》中很多军事思想如选伍、练将，有很高的军事指导价值，另外，该书对于抗倭作战经验的总结，有很强的时代特色，在中国古代军事史上，具有很高的地位，对后世各朝军事学家的影响很大。

朱载堉开创舞学

朱载堉是我国明代著名科学家和艺术史论家，除在乐学、律学、历学等方面有重大成就外，他还把舞蹈从"乐"中分离出来，开创了一门新的学科——"舞学"。

朱载堉的舞蹈学说，比较集中地汇辑在《律吕精义·论舞学不可废》上、下篇及多种"拟古舞谱"的序跋中，《论舞学不可废》上篇包括"舞学十议"所论舞蹈艺术10个方面的重要问题：

"舞学"，舞蹈基本理论和某些有针对性的评论。

"舞人"，舞蹈表演者的身份、教养、体态、仪表的标准及要求。

"舞名"，对历代名牌的回顾及分类。

"舞器"，舞蹈道具规格及使用方式方法。

"舞佾"，舞蹈人数和行列标准。

"舞表"，舞蹈位置及活动形式。

"舞声"，舞蹈音乐，也包括唱词。

"舞容"，舞蹈姿态及其所表达的意义。

"舞衣"，舞蹈服饰的制式等。

"舞谱"，即《论舞学不可废》下篇的内容。

在对舞蹈艺术特性的论述中，朱载堉继承发展了古代乐论中舞蹈起源于"物"，起源于丰富多彩的现实生活的论点，他说："盖乐心内发，感物而动，不觉手足自运，欢之至也。此舞之所由起也。"

朱载堉对舞蹈技艺问题提出了颇具创造性的看法，他认为舞蹈动作必须要有丰富的变化、较高的技艺，才能产生应有的艺术魅力。在"舞容"条中说："乐舞之妙在于进退屈伸离合变态，若非变态，则舞不神，不神而欲感动鬼神，难矣。"

宁波天一阁

朱载堉对中国古代舞蹈史上某些突出现象提出了他独特的见解。对于古乐绝传，他认为内在原因是：古乐是向内收敛的，俗乐是向外开放的，人们喜爱

"放肆"而厌恶"收敛","是以听古乐唯恐卧,听俗乐不知倦,俗乐兴则古乐亡,与秦火不相干也"。从表现形式上看,他认为"太常雅乐立定不移,微示手足之容而无进退周旋,离合变态,故使现有不能兴起感动,此后世失传耳"。也就是说舞蹈缺乏生动活泼的固有特性,缺乏艺术性和不具欣赏价值,刻板僵化,不管如何地貌似神圣、重要,终究要被历史所淘汰。

在音乐与舞蹈关系方面,朱载堉的见解也是中肯和颇具说服力的,他说:"夫乐之声在耳曰声,在目曰容。声应予耳可以听知,容藏于心难以貌睹,故圣人假干戚羽龠以表其容,蹈厉揖让以见其意,声容选和则大乐备矣。"他不仅辩证论述了舞与乐相互依存的紧密关系,还充分地肯定了乐与舞各自独立的艺术品格与相互难以取代的重要作用,他接着进一步阐述:"有乐而无舞,似瞽者知音而不能见,有舞而无乐,如痖者会意而不能言。乐舞合节,谓之中和,天地位焉,万物育焉。"

在舞蹈的分类及古舞的承继、变迁诸问题上有许多新的见解。他认为,历代舞名虽然很多,"考其大端,不过武舞、文舞二种而已"。这是从内容上分的,武舞为示其勇、表其功,文舞则昭其德、著其仁。若从风格上分类,又有"世俗所谓粗舞、细舞"的区别,"粗舞者,雄壮之舞也;细舞者,柔善之舞也。"此外他还从舞器特征上将舞蹈分为"干舞"与"羽舞",因为武舞使用朱干玉戚,文舞则执夏翟苇龠。

朱载堉 400 年前创立的舞学和他对舞学的研究成果,对后世有重要的参考价值与启示作用。

戚继光著《练兵实纪》

《练兵实纪》是戚继光于隆庆五年(1571)写成。它是一本以军事训练为主的著名兵书。正集 9 卷,分练伍法、练胆气、练手足、练营阵、练将 6 篇。附杂集 6 卷,分储练通论、将官到任宝鉴、登坛口授、军器解、车步骑营阵解 5 篇。该书反映了在当时的作战对象及火器大量使用的情况下编制装备的改进。同时,反映了练兵方法的革新,训练步兵、骑兵、车兵及铳手、炮手等配合作战,以发挥各种武器的威力,这具有时代的特点。且其法均切于北方边防实用,故称"实纪"。该书对当时边备修饬、保持安宁有重要意义,也为后代兵家所重。

《皇明资治通纪》遭禁毁

隆庆五年(1571)九月,明穆宗下令焚毁当代史巨著《皇明资治通纪》。

《皇明资治通纪》又名《皇明通纪》,是明代私人编纂的当代史巨著,共 34 卷,为广东东莞陈建所编。该书上溯洪武,下至正德,因内容迥然有别于官修史书,号称直笔,很受人们欢迎。

隆庆五年(1571)九月二十二日,工科给事中李贵和上奏明穆宗称:历朝实录都是儒臣奉旨编纂后藏于档案库的。草莽平民陈建越职僭拟犯了自用自专之罪,况且时间跨度为 200 年,地域跨度为万余里,而以一人之见闻臧否时贤,迷惑众听,宜早加以禁绝,以免以谬传谬,贻累国家大事。明穆宗在听取礼部意见后诏令焚毁《皇明资治通记》原版,各史馆不得采用。

尽管《皇明资治通纪》遭禁毁，但在明朝末年许多学者如陈龙可、江旭奇等仍对该书进行补订。

珠算广泛使用

随着明代商业经济的繁荣，珠算术得到广泛使用，逐渐取代了筹算。并先后传到日本、朝鲜、东南亚各国。

珠算是以算盘为工具进行数字计算的一种方法。"珠算"一词，最早见于汉代徐岳撰的《数术记遗》。其中记载："珠算，控带四时，经纬之才。"但当时的珠算与现今通行的珠算有所不同。元代时，已较多应用珠算。元代刘因写的《静修先生文集》中有题为《算盘》的五言绝句；元代画家王振鹏《乾坤一担图》中有一算盘图；元末陶宗仪《南村辍耕录》中有"算盘珠"比喻；元曲中也提到了"算盘"。

明代，珠算极为盛行。明洪武四年（1371）新刻的《魁本对相四言杂字》是现存最早载有算盘图的书；徐心鲁订正的《盘珠算法》（1573）是现存最早的珠算书。而明程大位编的《直指算法统宗》则是历史上起作用最大、流行最广的珠算书。

珠算的四则运算，是用一套口诀指导拨珠完成。明代称加减法为"上法"和

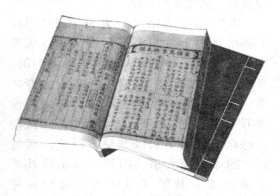

明代流传的珠算教材——《算法统宗》（明抄本）

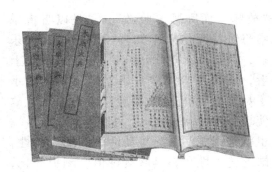

《详解九章算法》（《永乐大典》本）关于贾宪三角的记载。

"退法"，其口诀为珠算所特有，最早见于吴敬《九章算法比类大全》（1450）。乘法所用的"九九"口诀于春秋战国时已在筹算中应用，起源甚早。至于珠算的归除口诀则在元代全部完成。元代杨辉在《乘除通变算宝》中，叙述了"九归"，他在当时流传的四句"古括"上，添注了新的口诀32句，与现今口诀接近；元代朱世杰的《算学启蒙》（1299）载有九归口诀36句，和现今通行的口诀大致相同。

由于珠算不但是一种极简便的计算工具，而且具有独特的教育职能，所以到现在仍盛行不衰，近年在美洲也渐流行。

中国开始使用地雷和水雷

明朝初年（15世纪初），中国已开始使用地雷。地雷是设置在地下或地面的爆炸性火器，早期的地雷构造比较简单，多为石壳，内装火药，插入引信后密封于地下，加以伪装，当敌接近，引信发火，引爆地雷，后多次改进。万历八年（1580），戚继光曾制"钢轮发火"装置地雷：在一木匣内装钢轮和燧石，用绳卷于钢轮轴上引出，拉动绊绳，匣中的坠石下落，带动钢轮转动，与火石急剧摩擦发火，引爆地雷，从而大大提高地雷发火时机的准确性

和可靠性，由于弹体的多样性，点火方式也多样化。地雷10多种，用铁、石、陶或瓷制成，发火装置有触发、绊发、拉发等，布设方式也多样化，有单发地雷也有"子母雷"。

水雷是布设在水中的爆炸武器，内设起炸装置和炸药，同地雷原理一样。明代水雷主要有4种，即水底龙王炮、混江龙、水底雷、即济雷，类似现在的漂雷和沉雷。最早的水雷当属"水底雷"，它是世界上最早的人工操纵机械击发的锚雷，实际上是一种拉发锚雷，将铁壳雷放入密封大木箱内，沉入水中，下用铁锚定位，上用绳索连发火装置拉到岸上，敌船接近，岸上伏兵拉火引爆。水底龙王炮是世界上最早的一种以香作引信的定时爆炸漂雷。用香作引信，点燃香头，香烬火发，进而爆炸。混江龙也是用绳索拉动发火装置等。

种痘发明

明朝中叶以后，不仅中国传统医学获得了巨大进展，而且在预防医学方面也成绩斐然，这方面的最突出代表就是种痘的发明及在民间的传播。

自从公元2世纪天花传入中国以后，这种波及面广、为害严重、流行史甚长的烈性传染病危及了无数人的生命，晋代医家葛洪的《肘后备急方》对其作了最早的描述。对此疾病的预防和治疗我国古代医家曾进行了不懈探索，并取得了一些成果。而种痘的发明正是这不懈努力的结果。

种痘起源于何时，现在尚无法确定，1884年刊行的《种痘新书》说它是由唐开元年间江南赵氏创制的；1713年朱纯嘏《痘疹定论》说它出现于宋神宗时，发明人为峨嵋山神医，该人曾为丞相王旦的儿子接种人痘预防天花。然而1727年俞茂鲲《痘科金镜赋集解》说种痘出现于明隆庆年间（1567～1572），该文献表明当时宁国府已有很多人接受这一预防天花的方法，从此这种方法开始在民间广为传播。因而，断定我国的人痘接种术发明于16世纪中叶以前应当毫无疑义。

人痘接种术发明以后，由于诸多原因，未能及时推广，一切都在民间医家之间自发进行，后来才逐渐被儿科医生所掌握。1681年，康熙皇帝认识到这是一种行之有效的预防天花的方法，诏令江西种痘医生朱纯嘏为皇亲国戚和宫廷官员的子孙种痘，取得了良好的效果。清政府借此机会迅速向全国推广，使得无数的人因此受惠。1742年颁布的《医家金鉴》详细记载了人痘接种术。

至于当时种痘方法，据1695年成书的《张氏医通》记载主要有痘衣法和鼻衣法（包括浆苗法、旱苗法、水苗法），在传播过程中其技术不断改进。清末奕梁《种痘心得》介绍的痘种选育方法与现代疫苗的科学原理完全相同。当时种痘技术相当完善，而且成功率很高，据张琰《种痘新书》记载，在种痘的六七千人中，失败者仅二三十人，成功率高达97%。因此，其技术在全国城乡得以迅速推广并传播到国外，1688年俄国就派人来中国学习种痘技术，在传播到土耳其后，由英国驻土耳其公使夫人蒙塔古带回英国推广，从此，在欧、亚、美各大洲广泛传播。而1796年，英国人琴纳创造的牛痘预防天花的技术则是直接受中国人痘技术的启发而获得成功的。

人痘接种术不仅是牛痘发明前我国人民预防天花的创造性成就，而且是人工免疫法的先驱，它使世界上无数生灵免遭天花这种烈性传染病的威胁，为世界防疫医学作出了重要贡献。

苏州园林大规模兴建

明代私家花园的建造，比以前各代有长足的发展，尤其明中叶以后，私家园林大规模兴建，形成我国私家园林的全盛时期。苏州兴建园林多达270余处，为宇内之冠。

苏州地处江南，山明水秀，气候宜人，

拙政园腰门

自然景色优美，自古为富饶繁华之地。这是苏州园林兴起的自然条件。苏州园林的兴建可上溯到春秋时期，吴王阖闾、夫差就曾建长乐宫、姑苏台、海灵馆、馆娃阁等，这些是富丽的宫苑。其后历代达官贵人，文人墨客也都在此建园，如西晋的顾辟疆园，东晋的虎丘别业，五代吴越国的广陵王金谷园，北宋的五亩园、沧浪亭、乐圃、绿水园，南宋的万卷堂，元代的狮子林等，都非常闻名。这是苏州园林的历史沿革。

而进入明代，苏州成为中国著名的丝织业中心，并出现了资本主义萌芽，建园造院之风日盛。凡官吏富商以至一般士民，无不造园，出现了大规模兴建园林的风气

苏州留园中部山池

和热潮。现存苏州园林中保存较为完整的有70余处，其中明代创建的有拙政园、惠荫园、环秀山庄和留园。

苏州园林不论面积大小，皆具特色，而且都体现了江南园林所具有的叠石理水、花木种类繁多、布局有法、风格淡雅的特点，每座园林几乎都包括了当时造园手段的精华。其格局大都以山、水、泉、石为骨骼，以花、木、草、树为烘托，以亭、台、楼、榭为连缀，自然要素和人工创造融于一体，并形成各自不同的独特风格。

苏州的私家园林著名的有拙政园、留园、艺圃、狮子林和沧浪亭等。其中拙政园、留园、狮子林和沧浪亭号称苏州四大名园。

拙政园中部水池

中国通史

最新整理图文珍藏版

艺圃位于苏州市区内,明代始建,明末改称艺圃,迄今仍保持明代风格。全园面积不大,布局以水面为中心,池周布置建筑、山石、花木。南部以山景为主,池北以水榭为主,除环绕水池的主体风景外,还分出若干小的风景区,增加景观层次变化,西南隅自月洞门入,自成一区,幽静素雅,整座园林自然开朗,颇具山林之趣。

苏州沧浪亭门前临水建筑

拙政园位于苏州市娄门内东北侧,明正德八年(1513)前后,由王献臣创建,其取晋潘岳《闲居赋》之"拙者之为政"为园名。现园基本为清末规模,经修复扩建,面积约 62 亩,分为东区、中区、西区,亦即原"归田园居"、"拙政园"、"补园"三部分。1961 年被定为国家重点文物保护单位。

留园位于苏州市间门外,原属明嘉靖时太仆寺卿徐时泰的东园,清嘉庆时刘恕改建,并改名寒碧山庄,俗称刘园,占地约 30 亩。太平天国时苏州诸园多毁于战火,唯此园独存,清光绪初年易主,改名留园。现园经过修整,大致分为中区、东区、北区、西区四区。1961 年被定为国家重点文物保护单位。

狮子林为元末至正年间所建;沧浪亭为五代吴越国王公贵族别墅,北宋苏舜钦改为沧浪亭。此外,还有怡园、网狮园、畅园、壶园等。

作为中国古典园林中最具代表性的一批杰作,苏州园林在中国古典园林建筑史上占有重要地位。

新型农业经营体制出现

明朝中后期,由于农业开始商业化,经营品种呈向多样化,农业经营方式也随之发生变化,地主不再满足于出租土地,而是雇佣农民为自己经营,并定期发给劳动报酬。

明朝中后期地主雇佣农民进行经营的事例在史料中有详细的记载,如潘允端的《玉华堂日记》就对他自己所经营的一二千亩土地作了较详细的说明。他雇佣了大量农民,在他的土地上种植稻、麦、棉花等农作物和各种经济作物,而给予被雇佣农民的报酬则是"工本"和"工银"等货币工资。

在地主雇佣农民进行农业生产的情况下,他们也开始考虑到如何在有限的土地上进行合理经营,以获取较大的经济效益等问题。为了解决这些问题,他们往往对自己所拥有的土地作出很精密的生产安排,据《沈氏农书》所载,邬行素死后,家中还有 5 口人,10 亩田,1 方水池,数间房屋,为充分利用这些家产,沈氏为他们作出的规划是:种果 2 亩,包括桃、李、桔、枣等等;种桑 3 亩,桑下面又可种菜、豆、芋等;种豆 3 亩,豆子收获之后则种麦和麻;还剩下 2 亩则用来种竹。1 方水池用于养鱼,池中淤泥又可用于给土地施肥。这一规划将时间长获利慢和时间短获利快的作物进行合理搭配,用有限的土地资源来获取最大的经济效益。

随着明朝末年商品性农业的发展,又有一种更新的农业经营方式出现了,那就是先向地主租佃土地,再雇佣农民进行生产的"佃富农经济",如"寮主"和"山主"的出现就是其中一个很典型的例子。"山主"是山地的所有者,相当于前面的地主,"寮主"则是一些外来的富裕人口,他们从山主手中租佃山地,再雇佣生活毫无着落的"箐民"为他们进行生产经营,从经营所得和付给山主的租金及付给箐民的报酬的差额中获取经济效益,这也可以看作是农业资本主义的萌芽。

新型农业经营体制的出现,改变了以往单一的租佃经营体制,是生产力向前发展的一个表现。

李时珍《本草纲目》

医药学著作的大量编撰是明代医药学空前发展的显著标志之一。万历六年(1578),杰出医药学家李时珍编成集本草学之大成的《本草纲目》,代表了这一时期中药学的最高成就,极大地丰富了中国乃至世界的医药学宝库。

雕塑:李时珍采药

湖北蕲州元妙观,是李时珍著书处。

李时珍(1518~1593),字东璧,号濒湖,晚号濒湖山人,湖北蕲州(今湖北蕲春)人,出生于医学世家,其父李言闻曾撰《四珍发明》等书,担任过太医院吏目。在家庭环境的熏陶下,李时珍自幼喜爱医药。但其父却希望他能科举出仕,14岁(1513)那年,他考中秀才,17岁后连续三次乡试未中,并因此积劳成疾,20岁从武昌乡试回家,重病一个多月。这成了他人生道路上的一大转机。从此,他积十年之久,足不出户,潜心研读经、史、子、集、传、声韵、农圃、医卜、星相、乐府等著作,于学无不涉猎,尤其喜读医学著作,这些都为他从事医药研究和著书立说打下了坚实的理论基础。

除了从典籍中学习以外,李时珍还特别注重实践经验的总结和积累,《频湖医案》一书正是他总结医疗实践的产物。而且他博采众长,不断向民间人士请教,搜集了大量简单有效的单方、验方,编成《濒湖集简方》。

从他34岁那年开始,李时珍即着手编纂《本草纲目》,经过长达27年的艰苦努力。在宋代唐慎微《经史证类备急本草》基础上,参阅了800多种文献资料,经过三次大的修改,于万历六年(1578)他60岁时完成了这部具有划时代意义的药物学巨

中国通史

最新整理图文珍藏版

著，成为我国药学史上的一个重要里程碑。

《本草纲目》共 52 卷，卷一、二概述了本草历史和药性理论；卷三、四以药原为张目罗列了各种草药的主治病，比前代以病名为纲的做法前进了一大步；其余 48 卷，按水、火、土、金石、草、谷、菜、果、木、服器、虫、鳞、介、禽、兽、人等将 1892 种药物分为 16 部，各列若干类展开论述，例如草部又分为山草、芳草、隰草、毒草、蔓草、水草、石草、苔、杂草、有名未用等 60 类，每种药标正名为纲，纲下列目，纲目清晰，并对各种药进行释名、集解、辨疑、解说其修治（炮炙）、气味，主治、发明及附方，内容极为丰富，包含了动、植、矿物等各方面的内容，可谓关于自然知识的博物学著作。

该书附药物图 1109 幅，方剂 11096 首，其中 8000 多首是李时珍自己收集和拟定的。在对 16 世纪以前我国药物学成就作了全面总结以后，增收了宋以后出现的 374 种药物，如三七、番红花、曼陀罗花、土茯苓等都被后世广泛使用，通过对一些药物基原、性能的研究辨析，在实际考察和对文献进行考据的基础上，纠正了以前本草学著作的一些错误，尤其是批驳了服食水银、雄黄成仙的说法，比较先进的方法对药物进行分类，以取代延续

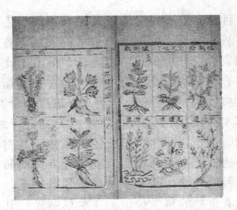

金陵版《本草纲目》药物图谱

1400 多年的三品分类体系，以纲目为构架将各种药物分类编排，成为一部独创体例的药物学著作，从而全面系统地展示了药学体系和内容。《本草纲目》还包含了各种药物的药性药效、药物栽培、炮炙制剂及其在各种病症治疗方面的应用等多方面的内容。

除了药学以外，李时珍对医学也有重要贡献，其中尤值一提的是其人体解剖学成就。《本草纲目》是我国医学史上首次独创性地提出脑为全身主宰这一说法的著作，从而冲破了心是人体中心的传统说法。保存于《本草纲目》中的单方、验方是李时珍挖掘民间医药宝藏的结果，许多为后代医家所习用，其中抗衰老药物就有近 400 种，健身长寿的方剂有 550 首之多，包括膏、丹、丸、散、酒、粥、服食。外用擦洗等剂型和用法，记载了有关长寿、轻身、却病、容颜等案例数十则。在社会日益老年化的今天，挖掘这一医药宝藏将具有重要的现实意义。

作为一部包含了丰富自然科学知识的博物学名著，其内容涉及植物学、动物学、矿物学、地质学、化学、物理学以及天文学、气象学和物候学等许多科学领域。在植物学方面，李时珍《本草纲目》通过对 1094 种植物的根、茎、叶、花果的特点及

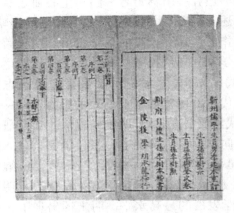

万历十八年（1590）刊行的《本草纲目》书影

其性味、外形、皮核以及生长习性、生长过程、生长环境与人类生活的关系等各种因素进行分析、归纳、比较，得出了比较符合科学的结论。而书中对444种动物药按虫、鳞、禽、兽、人等6部进行的分类，基本和现代动物学的分类系统完全一致，同时也蕴含了生动进化论的思想，其对动物为适应生活环境而改变生存方式的研究以及动物遗传与相关变异现象的描述，都具有重要的科学价值。《本草纲目》共记载矿物药265种，以钠、钾、钙等19种单体元素及其化合物为准则分类编排，并详细介绍了每种物质的来源、鉴别和化学性质，记载了蒸馏、蒸发、升华、重结晶、风化。沉淀、干燥、烧灼、倾泻等各种制药化学方面的反应方法。而以五倍子制备没食子酸的最早记录即保存于《本草纲目》中。

长达十年的潜心研究为李时珍的著述在史学、哲学、文字学、训诂学等方面奠定了深厚的基础，长期的医疗实践以及其跋山涉水、躬身民间虚心学习的严谨态度，无疑是《本草纲目》取得独创性、科学性成就的至关重要的原因。他实地考察了湖广、河北、河南、江西、安徽、江苏等省，深入林区、矿井、菜畦，向农夫、渔民、猎人、车夫等虚心求教。加之他对此前医药学成就的批判性总结，使《本草纲目》不仅集本草学之大成，而且最终成为一部中国古代科学的巨著，成就涉及药物、医学和几乎所有的自然科学领域。

明兵学繁荣

明代是中国兵学的一个繁荣时期。当时战争频繁，战争的样式较前代增加，火器已经在战争中普遍运用。为适应新的军事形势，明政府开始重视兵学。在朝廷的推动下，兵学研究和兵书传播在明代盛极一时，形成了学习兵法，研究军事，著述兵书的社会风气。

明代兵学的繁荣，既得益于明廷提倡兵学的政策和制度，也得益于当时社会经济文化的发展和印刷技术的提高。兵学在明代的繁荣，主要表现在两个方面：一是兵学研究者的队伍扩大；二是兵书数量增多，质量提高，内容丰富且有特色。

明朝建国初期就设秘书监丞搜集兵书，朱元璋要求军官子孙讲读兵书，选拔通晓兵法的军事人才。明朝还以《武经七书》为教材，兴办武学，开设武举。所以在当时不仅领兵将帅研习兵法，就连文臣幕僚、文人学者、山野隐士也加入著述兵书的行列，扩大了兵学研究者的队伍。明代统兵将领大多谙熟兵法，他们善读古代兵书，并且进一步阐发古代兵学思想，结合自己作战指挥的经验，著达成书，大大提高了军事理论，涌现了一批善读兵书，作战灵活的将帅，如朱元璋、于谦、戚继光等。明代的文臣幕僚也重视兵学研究，有的还写出一些军事专著，如吕坤为振兴边防，著《安民实务》一书，专讲练兵固防的举措。胡宗宪聘郑若人府编辑《筹海图编》以抗拒倭寇侵扰。此外，明代学者游士为济时艰，纷纷弃诗从兵，发愤研究注释兵书。还有些山林野客，倾毕生心血于兵书著述，写出了《投笔肤谈》、《草庐经略》等作品，具有较高的兵学价值。明代著名哲学家王守仁投笔从戎，散文家唐顺之编《武编》，文学家茅元仪编著《武备志》。明代还出现《武经七书》的最好注本——《武经七书直解》。明中叶以后，兵学研究走向群体化，出现了一些兵学家群体。俞大猷与其师合著《续武经总要》，戚继光的《纪效新书》、《练兵实纪》代表了明代兵学发展的最高水平。明末还出现了一批与外国传教士合作，研究、译述西方先进

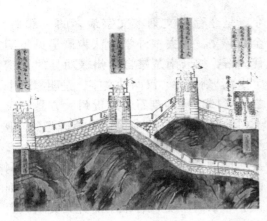

明万历十一年（1583）绘印的长城图，所示系河北省迁安县冷口关管段的一段。

军事技术的兵家群体，产生了中国最早介绍望远镜的专著——《远镜说》。

明代兵书数量大，内容丰富，思想价值也高。据《中国兵书总目》著录，明代兵书有1164部，约占中国古代兵书总数的27.5%，主要有大型综合性与分科专业性两类。大型综合性兵书在明代空前发展，它集治军、训练、阵法、指挥及兵器制造和使用为一体，具有很高的学术价值和实用价值。《登坛必究》、《武备志》是这类兵书的代表。专业性兵书对军事训练、海防、江防、边防、城防、阵法、火药制造及使用等各个方面进行专门论述，这类书在明代也大量面世。此外，明代的一些奏疏、奏章中也有许多精辟的军事思想，甚至文人的杂记、文集中也有不少军事内容，可见兵学在明代曾泛滥一时。

明代兵书表现出鲜明的时代特点：首先，明代已进入冷热兵器并用时代，此期兵书中有许多关于火器、火药、新战法、新军制等内容，出现了《纪效新书》等反映军事改革思想的代表作；其次，明代边患迭起，反对外族侵略的兵书应运而生，如《筹海图编》、《登坛必究》等；再次，明代开始介绍西方军事技术，《火攻挈要》是这方面的代表作。可以看出，明代兵书

普遍重视实用，从哲理方面探究兵法的书相对减少。

兵学研究、著述在明代发展到一个高峰，大批将士、文人投入兵学研究，既发展了中国古代的兵学思想，也提高了将帅的作战指挥水平，留下了一批兵学要籍，对研究中国古代军事理论和军事技术具有很高的参考价值。

丝织业盛行机户制

明代丝织业分为官营和民营两种。官营丝织作坊设于京师的有针工局、织染厂等，归工部管辖。京师之外则分设于浙江、南直隶、四川成都以及山东济南等处。东南地区是官府丝织业的中心，尤以南京、苏州、杭州三处为重，自永乐时期开始差遣宦官督管织造。明代官营丝织作坊的年生产量每年造解15000匹，南京内织染局和神帛堂造解3369匹，各地方织染局28684匹。

从英宗天顺四年（1460）开始，朝廷不断下令额外增造，尤以嘉靖、万历时期为甚，已远远超出官营丝织作坊的生产能力，各地方织染局为了完成任务，便纷纷实行"机户领织"制度，这是一种通过中间包揽人，利用民间机户进行的"加工订货"的生产形式。

机户不仅存在于城市，也存在于乡村，

明孝端皇后织金妆花缎通袖过肩龙女夹衣

并促使一批丝织业市镇的形成。

彝文定形

彝文亦称老彝文，汉文史志称之为"爨文"、"爨书"、"爨字"、"韪书"、"倮倮文"或"夷文"、"夷经"。从形体上看与汉字很接近，实际不是从汉字蜕变而来，

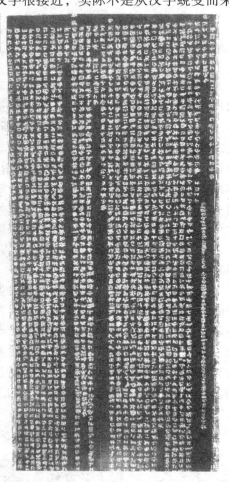

建于明万历二十年（1592）的贵州大方县水西大渡石桥，桥上刻有爨、汉两种文字的碑记。图为爨文碑记拍片，存字共计1922字。

可能是仿汉字造字方式创造的。彝文文献古籍较多，主要是手抄本，刻本较少。较古刻本《太上感应篇》译述，全文2.29万字，是今存彝文刻本文字最多的一部书。金石彝文，过去中外学者认为最早见于明代刻石，如云南楚雄自治州禄劝县的《镌字崖》，刻有彝、汉两种文字，是明嘉靖十二年（1533）的刻石。今贵州大方县安氏土司彝汉两种文字的《千岁衢碑记》，镌于嘉靖丙午年（1546）。近年来贵州大方县发现的明成化二十一年（1485）的铜钟，钟面铸有彝、汉两种文字，较上述刻石早60多年，是现存最早的彝文文献。大方县水西大渡河石桥建于明万历二十年（1592），桥上刻有彝、汉两种文字的碑记。彝文记述了水西土司安氏世代的历史，共有1922个字，是现存字数最多的彝文刻石，也是研究彝族社会历史、风俗习惯的资料。

彝文是一种古老的音节文字，一个字形代表一个意义。流传至今的彝字，云南有14200余个，贵州有7000余个，四川、广西等地也有。这些彝字，从结构上看，有点、横、竖、撇、横折、竖折、撇折、弧形、圆形、曲线等笔画。笔顺一般从上到下，从左到右，先外到内，弧形、圆形、曲线可以随意书写。

彝文一般由主干和若干附加符号组成，其中包括少量意符。也有一部分彝字是由独体字组合而成的合体字。独体字多，合体字少。从造字法上分析，大致有象形、会意、指事和假借四类。

《鲁班经》

《鲁班经》成书于明代，具体年代不详，流行至清代。全名为《新镌京版工师雕斫正式鲁班经匠家镜》。系将中国南方民间流传的有关房屋、家具及生活用具木工口诀传抄合订成书，内容多摘抄各类有关书籍和收集中国民间建筑经验而成。编撰

明黑漆彩绘嵌螺钿加铜片龙纹箱

者不详。因鲁班被后世尊为建筑工匠和木匠祖师，故托以鲁班之名。是中国古代民间房屋营建和家具制造之木工工艺人成。

《鲁班经》有文 3 卷，另有附录。着重编入营建业务所必备的知识、资料，包括择吉、符咒等风水迷信内容。其卷一起自鲁班仙师漂流，止于凉亭水阁式，内容为民间房屋营建的大木工技术口诀；卷二起自仓敖式，止于围棋盘式，内容包括建筑、畜栏 13 条，家具 34 条，日用器物 16 条；卷三含起造房屋吉凶图式 72 例，内容

明戗金钿钩填漆龙纹方角柜

多为阴阳五行迷信之说，附录内容比较庞杂，但大多与房屋营建的迷信活动有关。

《鲁班经》是古代民间匠师的职业用书，所载内容对研究宋代以后中国民间匠师业务职责范围、施工仪式程序及某些行帮规矩、明代建筑用具等，都具有较高史料价值。书中有关家具的内容主要是叙述家具的下料和家具制作的构件尺寸，因此是研究明式家具不可多得的重要文献。

明紫檀喷面式方桌

《鲁班经》的传世版本主要有明万历年间刻本和崇祯年间刻本。前本插图线条流畅，姿态生动，画面完美，但为残本，现藏于国家文物局。后本是现存各版本中最完整的一部，插图亦甚精美，但人物衣纹缺乏变化，艺术性逊于前本。

《针灸大成》

万历二十九年（1601），明代杨继洲撰成集针灸学大成之名著——《针灸大成》。

明代以来，政府对针灸十分重视，针灸学有了较大的发展。首先，鉴于宋代王唯一所造针灸铜人因年久失修，难以辨认，明宗英特命人进行复制，以供太医院考核医生时使用。其次，当时的针灸学家也有

2377

铸造针灸铜人的，如16世纪著名的针灸学家高武鉴。他认为男、女、儿童因生理差别会导致针灸穴的差异，因此精心设计铸造了男、女、儿童针灸铜人模型各一座，以便临证取穴。可惜未能流传下来。再者，一些针灸学家对针刺理论和手法进行了深入的讨论和研究，产生了"灵龟八法"和"子午流注"两种学说，即按时辰不同而选用人体不同部位的经穴进行治疗。这些学说与现代生物针学有惊人的相似之处，具有一定的科学价值。此外，出现了许多根据前人针灸论述汇编的针灸著作，如《针灸聚英》。其中影响最大、学术价值最高者首推杨继洲的《针灸大成》。杨继洲（1522～1620），名济时，三衢（今浙江衢县）人。出身医生世家，曾任太医院医官，行医40多年，特别擅长针灸。他曾总结家传验方，融会多家针灸著作，结合个人经验撰成《卫生针灸玄机秘要》3卷。在此基础上，进一步博采群书，遂编撰成《针灸大成》一书。

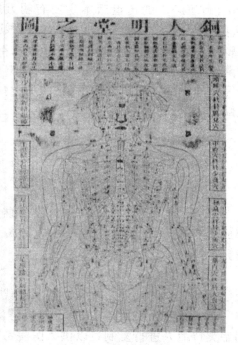

明代铜人明堂图

《针灸大成》共10卷，内容丰富，是一部集针灸大成之作。该书广泛收集了前人与针灸有关的论述，考证了经络、穴位、针灸手法与适应论，发展了一针两穴以上的透穴针法，并创造爪切、持针、口温、进针、指循、爪摄、退针、搓针、捻针、留针、摇针、拔针等12种杨氏针刺手法。除"口温"外，其他11种手法至今仍在使用。书中介绍了烧山火、透天凉、苍龙摆尾、赤凤摇头、龙虎交战、龙虎升降、子午补泻等多种针刺手法，主张应用针灸与药物对疾病进行综合治疗，并附有治疗病例的记录；同时，该书又论述了针灸疗法的可行性及优越性，认为"惟精于针，可以随身带用，以备缓急"，"劫病之功，莫捷于针灸"等。此外，书中还附有多幅供太医院考绘之用的铜人明堂图，图文并茂，便于学习和直观记忆。

《针灸大成》问世后，通行的版本共有50多种，成为学习针灸学的重要参考文献。书中所辑录的古代针灸资料，有的原书已失传，部分内容在本书中得以保留，因此该书在针灸学发展史上起到了承前启后的作用。《针灸大成》在国外也有很大的影响，英、法、德、日等国均有本国文字的全译本或节译本。近年来，法国针灸学会为提高法文译本的质量，正在重译《针灸大成》一书。

《字汇》创214部首

明代文字学研究的成就主要体现在字典的编纂上，梅膺祚的《字汇》，在编排和释义上都有较大改进，并为后代辞书的编写开创了新的道路。

汉代许慎的《说文解字》中首创了按部首编排汉字的方法。他的部首编排方法是根据汉字字源结构分析归纳出来的，这种编排方法的目的是为了展示汉字的构形系统，因此《说文解字》的部首编排体系是适用于对汉字构形系统进行科学描写的专家系统，此法虽是一种创举，但对于普通缺乏汉字学专门知识的一般读者来说，检索起来就极为不便，其后虽有许多字典如《字林》、《玉篇》、《类篇》等，但都是

悔庵（魏植）

仿照《说文解字》而作的，其编排方法没有根本的变化。

《字汇》是明代产生的一部以便于检索为目的，以通俗实用为原则，按检索部首排列的新型字典。此书吸收了 17 世纪以前字典编纂的经验，比以往的字典大有进步，是自《说文解字》以来，中国字典编纂史上一部具有转折意义的重要著作。

《字汇》对部首及部首和部首属字的排列次序作了改革，创立了 214 部首检字法。作者梅膺祚把《说文解字》的 540 部首按照楷书笔画归并为 214 个，并打破了《说文解字》部首"据形联系"，部属字"依类相从"的排列方式，完全按照笔画的多少来排列部首和部属字。由于这种方法符合汉字的特点，一般人极容易掌握，即使一个对《字汇》不熟悉的普通读者也能很容易地根据笔画的多少找到所要检索的字。《字汇》正文每卷首还有一个表，载明该卷部首及部首在卷内所在的页码，相当于分卷目录。首卷后还附有"检字"，排列不容易辨明部首的难检字。

此外，《字汇》收字适中，注音详明，释义全面。凡属于怪僻文字，《字汇》一

律不收，所收 33179 字都是经史中常用字。一字之下，往往先注读音，注音一般先列反切，后加直音。然后注解字义，字义以基本的常用义列前，其他列后。释义下列举古书中的例证。

《字汇》创立的 214 部首检字法，完全按照笔画的多寡来排列部首和部属字，为中国字典的编纂法奠定了基础。从清代的《康熙字典》到现代的《辞海》、《辞源》、《汉语大字典》等，虽然部首数目或有增减，但这种编纂法一直沿用下来。

《易筋经》出现

《易筋经》（中国古代健身法）出现于明天启四年（1624），标志着我国导引发展进入了一个新的历史阶段。

导引具有数千年的历史，传至明清，在继承前人的基础上，通过整理、校订前代的著述，并且广泛采用绘图说明，有了很大的发展和创新。梁代陶弘景所著《养性延命录》曾记述东汉华佗创编的五禽戏，但仅叙述肢体动作，缺少行气方法的记载。明人关于五禽戏的著述中，则增补了行气的内容。如周履靖《赤凤髓》中提到"闭气"、"放气"、"吞气"等，突出了行气的要求。宋代的八段锦，仅有"武八段"之记述，明人王圻《三才图会》与高濂《遵生八笺》才有"文人段"的图文记载。"十二月坐功"虽为宋人陈希夷创编，但至明代始有具体方法之记载。

导引发展与道家有密切的关系。晚明以前，目前所见导引著述中的插图，练功人均着道装。所冠名称如"灵剑子导引"、"逍遥子导引"、"二十四气修真图"等，亦为道家所专有。《易筋经》创始于晚明，所谓"达摩创传"之说实乃清人之附会。王祖源《内功图说》中"十二段锦"图，

只是"八段锦"变式而已，所不同者只是将练功者的道装改为僧服。清道光年间来章氏《易筋经》中的"十二势"和咸丰四年（1854）得自少林寺藏书的《内功图》中"易筋经十二势"图，练功者亦均为僧人形象。充分说明佛门导引与道家道引有着渊源关系。

佛门研习导引术后，内容和形式都有了很大的发展变化。《易筋经》提出了"内壮神勇"和"外壮神勇"之说，在以前导引主要修练"内功"的基础上，增加了"外功"。亦即在"行气"的基础上，增加了"力"的练习。"外功"则有八法："曰举、曰提、曰推、曰拉、曰揪、曰按、曰抓、曰坠。"

《易筋经》的出现改变了导引多为文人修习的传统，从此亦为武术家所实行。《清史稿·甘凤池传》载江南名武技家甘凤池善导引术，并用气功为人治病。

李之藻等介绍西方数学

徐光启、利玛窦合译《几何原本》的出版，开创了译介西方数学成就的先河，并引起了许多学者对西方数学研究的极大兴趣，明朝后期，撰写、编译数学著作一时蔚然成风，李之藻、徐光启、孙元化等一批学者开始致力于介绍西方数学。

李之藻（1565～1630），字振之，号我存，浙江仁和（今杭州）人。与当时众多的思想开明的学者一样，他很早即与来华传教的利玛窦接触，学习西方历算，并合作翻译了许多天文历算著作，曾于1613年奏请开设馆局翻译西方科学著作，编成《天学初函》，包括20种西方著作，并被广泛传播。其中有《几何原本》、《同文算指》等数学著作。

《同文算指》是继徐光启与利玛窦合译《几何原本》出版后的又一部重要的西方数学著作，是李之藻和利玛窦依据克拉维斯《实用算术概论》和程大位《算法统字》的又一次成功合作的结晶。全书分为"前编"、"通编"、"别编"三部分，是第一部系统介绍欧洲笔算的著作。

此后不久，徐光启编撰了《定法平方算术》二卷，书中对开平方和解二次方程各给出15个例题，并结合图形论证了相应算法的几何意义。在此基础上，徐光启的学生孙元化（？～1632）撰写了《太西算要》一卷，内容为笔算四则运算、比例和开2～5次方。这两部著作都是最早由中国数学家撰写的笔算著作。

在崇祯二年（1629）开始编制的《崇祯历书》中，有由邓玉函（1576～1630，瑞士人）编译的《大测》、《割圜八线表》、罗雅谷（1590～1638，意大利人）编译的《测量全义》，这是用中文写成的最早的三角学著作。当时欧洲尚无专门的三角函数符号，各三角函数的意义由线段长规定。而用文字表达的有关公式。《大测》2卷（1631）是根据德国毕笛斯克斯的《三角法》和荷兰斯台文的《数学记录》编译的，分为6篇，主要说明八线的性质，造表方法和用表方法。书中还包括平面三角的正弦、余弦及正切定理和解三角形的方法。《割圜八线表》6卷（1631）是一个有度有分的五位小数三角函数表。《测量全义》10卷（1631），是根据意大利玛金尼《平面三角测量》、《球面三角学》、德国克拉维斯《实用几何学》及丹麦第谷《天文学》编译的，其中还包括了作者补入的内容，比《大测》更为丰富。

《崇祯历书》中还介绍了一些新的几何知识，包括圆锥曲线、阿基米得求圆面积、椭圆面积、球体积的方法等一些立体几何内容等。此外，由罗雅谷撰写的《比例规解》（1630）介绍了伽利略发明的比例规及其各种计算方法。这是17世纪流行于欧洲和中国的计算工具。

西方数学的传入给中国传统数学注入了新的活力。其内容、方法和思想不仅深刻地影响着由明至清的数学发展，也对朝鲜和日本产生了影响。

宋应星著成《天工开物》

宋应星（1587～约1661），字长庚，江西奉新人。万历四十三年（1615）中举。先后出任江西分宜县教谕、福建汀州推官、安徽亳州（今亳县）知州。清兵入关后，辞官归里，专心著述。任官期间，留心观察学习劳动群众的生产技术，注意搜集和积累科技资料，并亲自参预各种生产实践和调查研究。鄙视功名利禄，《天工开物序》有"此书于功名进取毫不相关也"之语。厌恶空谈性理，究心实学。主要著作有《天工开物》、《卮言十种》、《画音归正》、《杂色文》、《原耗》、《春秋戎狄解》、《美利笺》、《现象》、《乐律》等10多种。除《天工开物》外，均已失传。近年陆续发现其4篇佚著的明刻本：《野议》、《论气》、《谈天》和《思怜诗》。

《天工开物》插图

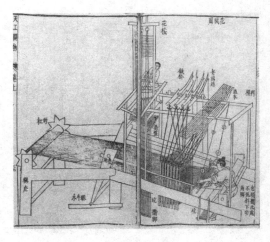

《天工开物》插图

《天工开物》是宋应星任江西分宜县教谕时著成。崇祯十年（1637），宋应星的朋友涂伯聚为之刊行，是为初刻本；明末由杨素卿再为刊印。

《天工开物》分上、中、下编。全书依"贵五谷而贱金玉"的原则，分为18个类目，每类1卷，分别为：乃粒（谷类）、乃服（衣类）、彰施（染色）、粹精（粮食加工）、作咸（制盐）、甘嗜（制糖）、陶埏（制陶）、冶铸（铸造）、舟车、锤锻、燔石（烧炼矿石）、膏液（制油）、杀青（造纸）、五金（金属冶炼）、佳兵（兵器）、丹青（朱墨）、曲药（酿造）、珠玉。几乎涵盖了古代中国工农业生产各个部门的生产技术。书中附有作者自绘的插图120多幅，画面生动、线条清晰、比例适当、有立体感，真实而直观地反映了古代各种器物的形状、结构及其原理，以及各种工艺的生产工序或生产过程。全书上编记载谷物豆麻的栽培和加工方法、蚕丝棉苎的纺织和染色技术，以及制盐、制糖的工艺等。中编记载砖瓦、陶瓷的制作，车船的建造，金属的铸锻，煤炭、石灰、硫黄、白矾的开采或烧制，以及榨油、造纸的方法等。下编记载金属矿物的开采和冶炼，兵器的制造，颜料、酒曲的生产，以

《天工开物》插图

满文改进

及珠玉的采集和加工等。

《天工开物》广泛地总结和记录了中国古代劳动人民在农业和手工业生产技术等方面的丰富的生产实践经验，真实地反映了中国的某些工艺技术水平处于当时世界上先进或领先的地位。如陶瓷制造从选料、制坯、入窑烧制等一系列生产设备、方法和程序，制造竹纸和皮纸的设备和方法，丝绸纺织和提花技术，矿藏开采过程中的井下巷道支护、通风、矿井充填及选洗技术，用铜和锌两种金属炼制黄铜，等等。该书在科学技术上多有创见，如"种性随水土而分"，说明物种可以发生变异，为品种改良提供了理论根据，比欧洲早了120多年。该书记述和总结的一些方法、技术或经验，直到今天还在使用或具有重要的参考价值，如用砒霜拌麦种防治虫害，施用骨灰、石灰改良土壤，用压榨法和水代法提制油脂，用晒盐法代替煎盐法制取海盐，用石灰中和蔗法的酸性和除去杂质等措施，以及在金属铸造过程中金属热处理技术等。

《天工开物》是了解中国古代科技成就的重要文献资料，是国际公认的世界科学名著。

天聪六年（1632）三月，为了使满文更好地适应社会的需要，清太宗皇太极令达海改进满文。

满文形成于 17 世纪前半叶，是努尔哈赤时期，额尔德尼、噶盖等人在蒙古文的基础上创制而成的。作为一种初创文字，它有很多不完善的地方。如同一个读音用不同的字母表示；有的不同读音却用同一字母；也有出在同一个位置上，有好几种

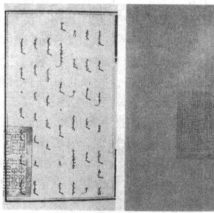

"无圈点"的"老满文"（上图）和"有圈点"的新满文（下图）。两图均为《满文老档》书影。

中国通史

最新整理图文珍藏版

写法。这就给满文的应用带来诸多不便。针对这些缺陷，达海等人删繁就简，统一标准，吸收外来语的发音和字形优点，把"无圈点"的"老满文"，改造成"有圈点"的"新满文"。

达海所做的改进，主要在以下几个方面：一是利用不加圈和加圈，区别舌根部位、小舌部位和外来音的辅音 k 同 h；利用不加点和加点，区别元音 o 同 u，位于词中位置和词末位置的 a 同 e，以及舌根部位和小舌部位的辅音 k 同 g，外来音的 k 同 g、辅音 t 和 d 等使字母在表音方面更科学了。二是规范了字母的字形，使字母的写法得到了统一，基本上做到一个音用一个字母形体表示，一字母形体只表示一个音。三是完善了拼写复元音的方法，用字母 y 和 w 置于两个元音之间，y、w 不发音，使前后两个元音拼成复元音。四是增加了拼写外来音的 24 个"外字"，使外来词的拼写更接近口语。这 24 个"外字"用语言学方法分析，实际上是增加了 6 个辅音字母和 1 个元音字母。这 7 个字母，或是满文中没有而又需要的字母，如 ts〔tsʰ〕、dz〔ts〕、ǔ〔z〕、y〔⌣〕、〔ŋ〕（方括弧里的符号是国际音标），或是满文中没有这样组合的音节而需增设的字母。例如满文中有舌根辅音 k、g、h 同元音 e、i、u 组合的音节，没有舌根辅音 k、g、h 同元音 a、o 组合的音节，为了表示后一种情况，增加了三个字母。经过达海的改进，满文字母的形体、拼写法都固定下来了，以后再没有什么改变。

满文字母属粟特文字系统，满文是拼音文字。它的基本笔画有字头、字牙、字肚、字尾、圈、点、各种不同方向的撇和连接字母的竖线。在字母旁大量使用圈和点是满文字母的重要特征。改进后的新满文，方便了初学者的理解，也扩大了满文的使用范围，对清朝前期文化的发展起到重要作用。

徐光启《农政全书》刊行

崇祯十二年（1639），徐光启所著《农政全书》刊行。明末杰出的科学家、农学家徐光启从天启五年（1625）开始撰著《农政全书》，到逝世时完成初稿。后经门人陈子龙修订整理，于崇祯十二年（1639）刊行。该书与后魏贾思勰的《齐民要术》、元官修的《农桑辑要》、王祯的《农书》以及清代官修的《授时通考》一起并称为我国的"五大农书"。但其篇幅最长，比《齐民要术》多 7 倍，比王祯的《农书》也多 6 倍。

徐光启（1562~1633），字子先，号玄扈，南直隶松江府上海县（今上海市）人，万历三十二年（1604）进士，官至礼部尚书兼东阁大学士、文渊阁大学士。他一生著译颇多，如翻译著作《几何原本》、《泰西水法》等，成为介绍西方近代科学

《农政全书》插图

《农政全书》书影

的先驱。同时，他还从事了天文、历法、数学、军事等方面的研究工作。但他一生用力最勤、影响深远的要数农业与水利方面的研究，除《农政全书》外，还著有《甘薯疏》、《吉贝疏》、《芜菁疏》、《北耕录》等书，而以《农政全书》最为著名。

《农政全书》分12目，共60卷，70多万字，包括农本、田制、农事、水利、农器、树艺、蚕桑、蚕桑广类、种植、牧养、制造和荒政等，对当时农业生产的经验进行了系统全面的总结，为后世农学的发展作出了重大贡献。全书条理分明，层次清晰，其结构体系可以说是对我国几千年传统农业所作的最好概括。

《农政全书》体现了徐光启先进的学术思想，包含他对科学认识和研究方法的独到见解。首先，徐光启重视农政措施和农业技术两方面的研究，这是其他综合性农书中所没有的。其"农政"部分包括屯垦、水利、备荒三项，篇幅几乎占全书的一半。这是他企图针对明末朝政腐败、生产凋弊、农民无法生存的严重情况所提出的补救措施。他认为屯垦、水利、备荒这三项是保证农业生产和劳动者生活安定必备的条件。徐光启认为："垦荒足食，万世永利。"而要使各地特别是西北地区荒废的田地恢复生产，水利是必要的生产条件，故此书中讨论水利问题便用了9卷的篇幅。所谓荒政是治标，水利是治本，二者均是

徐光启农学思想的组成部分。书中"荒政"类多达18卷，综述和分析了历代备荒政策和救灾措施等，并全部附录《救荒本草》和《野菜谱》二书。其次，徐光启重视人的作用，反对条件决定论。他既有风土论，又不唯风土论。认为品种的引种其中亦有不宜者，则是寒暖相违，天气所绝，无关于地，为引种及推广新作物种类和品种扫清了思想障碍，对促进明代农业发展作出贡献。第三，徐光启在书中克服了前代农书对作物栽培技术叙述得不完整的缺点，吸收了谷、蓏、果、蔬、杂等分类法，对各种农作物的栽培技术进行了详细、较为完整的描述。书中还首次全面总结了棉花和番薯的栽培经验。此外，书中还引入数理统计方法来研究蝗虫发生规律，在研究方法上进行了一次大胆的创新。

徐光启在撰写《农政全书》时，除搜

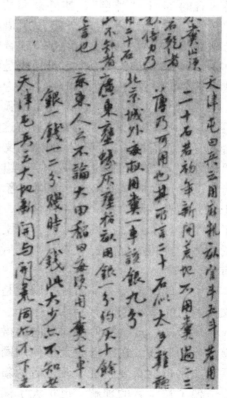

《农政全书》手稿

中国通史

最新整理图文珍藏版

集了大量前人的文献资料外，还记下了他本人在农学上许多宝贵的心得。如讲梧桐，说"江东江南之地"如何如何；讲椒子，便说"晋中人多以炷灯也"等，论述比其他农书更为贴切、深刻。他把理论与亲身实践结合起来，掌握了农作物特性及栽培的第一手材料。对前人的文献不是盲目抄录，而是经过精心的剪裁，去其糟粕，取其精华。书中仅农作物类，便有近80种写有"玄扈先生曰"的注文或评语，阐述自己独到的见解及经验。这在古代农书中也是别具特色的。

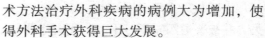
明代外科学家陈实功

外科手术发展

在明代，中国传统医学在各方面都得到全面发展，前代仅局限于诊治疮疡类疾病的外科其范围已大大扩展，理论、诊治技术及其医疗器械都有长足进步，通过手术方法治疗外科疾病的病例大为增加，使得外科手术获得巨大发展。

中国历史上的许多医家，都反对滥用外科手术方法治疗痈疽、疮疡等外科疾病，认为这类疾病虽表现于外，却根源于内，因而多采用内科方剂调整肌体。时至明代，这种情况有所转变，出现了一大批杰出的外科医学著作和医家，如薛己《外科枢要》把疮疡分了30多种，陈实功所撰《外科正宗》（1617），虽也重视调理脾胃功能，但主张用刀、针等扩创引流和用药物清除坏死组织以治疗脓肿。

王肯堂是明代最著名的外科医师之一，幼年曾因母病而研习医学，罢官后更潜心于此，著成《证治准绳》44卷，其中《疡医证治准绳》集中体现了其在外科方面取得的成就，记载了气管吻合术、耳廓外伤整形术等多种外科手术，展示了中国传统医学在外科方面所取得的较早成就。其他如唇、舌外伤后整形手术、甲状腺切除术，肛门闭锁症开通术等都在书中被详细介绍，而其与手术相关的消毒方法和护理措施都十分精谨，有独到之处。

为了实施手术，明代的一些外科医生还设计和制作了许多外科手术及治疗器械。

明代著名外科医师王肯堂（江苏金坛王氏家传，明代所绘）

如陈实功在实施鼻息肉摘除术时，先用茴香散对鼻腔局部麻醉，然后用2根一端钻有小孔、穿着约5分长丝线的铜箸伸入鼻息肉根部，用箸头丝线束缚息肉根蒂，然后绞紧并向下拔，息肉即被摘除。为了施行咽喉食道内异物剔除术，陈实功设计制造一种乌龙针，这种针是在烧软的细铁丝的两头裹以龙眼大小的黄腊丸并用丝棉包裹，手术时，将其推进食道鲠骨部位，骨便自然下滑。当遇到针刺进入咽喉的患者时，便将乱麻搓成龙眼大小的圆团，用线穿着，让患者用汤、水吞下后立刻将其扯出，针头便刺在麻中被拉了出来。这些方法和器械均非常简便易行。

在明代，金属外科手术刀具已十分常见，并被普通医家所习用。明代医疗器具，包括柳叶式铁质外科刀、牛角柄铁质圆针、铁质小剪刀、铁质和铜质制钗，平刃式铁质外科刀等，已在临床实践中被普遍实施。而与现代疝气托的作用大致相仿的治疗疝气的辅助医疗器具在当时已被使用于临床实践。

这足以表明明代外科手术在理论和实践方面所取得的巨大成就。

明官修《明实录》

明朝同以前的各个朝代一样，十分重视本朝历史的编撰，唯一的区别是以前各朝的史书编撰是起居注、实录和国史相结合，而明朝只注重实录，编撰了一批卷帙浩繁的明朝实录，《明实录》就是其中一个典型的例子。

《明实录》，明代官修的编年体史料长编。记录自明太祖朱元璋至明熹宗朱由校共十五朝皇帝的史实，全书13部2909卷。包括：《太祖高皇帝实录》257卷，建文元年（1399）由礼部侍郎董伦等修，明成祖

时两次重修，永乐十六年（1418）修成，记载元至正十一年（1335）至明洪武三十一年（1398）史事。《太宗文皇帝实录》130卷，杨士奇等修，宣德五年（1430）初修成，前9卷是"奉天靖难事迹"，其后记洪武三十五年（1402）至永乐二十二年（1424）八月间史事。《仁宗昭皇帝实录》10卷，蹇义等修，记事起于永乐二十二年八月，迄于洪熙元年（1425）五月。《宣宗章皇帝实录》115卷，杨士奇等修，正统三年（1438）四月修成，记事自洪熙元年六月至宣德十年（1435）正月。《英宗睿皇帝实录》361卷，杨士奇等修，成化三年（1467）八月修成，记事自宣德十年正月至天顺八年（1464）正月，包括正统、景泰两朝以及英宗复位后天顺年间史事。其中卷一百八十三至卷二百七十三为《景泰实录》，原名《废帝郕戾王附录》。《宪宗纯皇帝实录》293卷，阁臣刘吉等修，弘治四年（1491）八月修成，记述天顺八年正月至成化二十三年（1487）八月史事。《孝宗敬皇帝实录》224卷，大学士刘健、谢迁及吏部侍郎焦芳等修，正德四年（1509）修成，记述成化二十三年八月至弘治十八年（1505）五月间史事。《武宗毅皇帝实录》197卷，大学士费宏等修，嘉靖四年（1525）六月修成，记述弘治十八年五月到正德十六年（1521）三月史事。《世宗肃皇帝实录》566卷，徐阶、张居正等修，万历五年（1577）八月修成，记事上起正德十六年四月，下迄嘉靖四十五年（1566）十二月。《穆宗庄皇帝实录》70卷，张居正等修，万历二年（1574）七月修成，记事上起嘉靖四十五年十二月，下迄隆庆六年（1572）五月。《神宗显皇帝实录》594卷，大学士温体仁等修，崇祯三年（1630）十一月修成，记述隆庆六年五月至万历四十八年（1620）七月间史事。《光宗贞皇帝实录》8卷，大学士叶向

亮等修，天启三年（1623）修成，记述泰昌元年（1620，即万历四十八年）八月至十二月史事。《熹宗悊皇帝实录》84卷，温体仁等修，成书于崇祯末，记述天启元年（1621）正月至七年十二月史事。今本缺天启四年和七年六月事。

《明实录》较真实地记述了明朝各代皇帝和各大历史事件，这是其他史书所不能相比的；同时它的编纂体例基本上成了一个定型，对后世实录的体例产生了影响。

明十三陵竣工

明十三陵位于北京城北45公里的昌平县天寿山下。始建于永乐七年（1409），到清初始竣工。明末李自成起义军攻入北京，崇祯皇帝自缢于煤山（今景山）。清兵入关后，标榜为明"复君父仇"，因而

十三陵石牌坊

以礼葬崇祯于十三陵，故十三陵到清初才竣工。十三陵是一个规则完整、布局主从分明的大型陵墓群。

十三陵即明代13个皇帝陵墓的总称。明代自成祖朱棣迁都北京后，至末帝朱由检止，共14帝，除景帝朱祁钰因故别葬金山外，其余皇帝的陵墓都在这里，其名称依次为：明成祖朱棣的长陵、仁宗的献陵、宣宗的景陵、英宗的裕陵、宪宗的茂陵、孝宗的泰陵、武宗的康陵、世宗的永陵、穆宗的昭陵、神宗的定陵、光宗的庆陵、

十三陵定陵之明楼

熹宗的德陵、思宗的思陵等十三个皇帝的陵墓。

明成祖朱棣经"靖难之变"夺取皇位，并迁都后即派礼部尚书赵羾和著名的风水先生廖均卿等在北京附近寻吉地、宝地以置帝陵。永乐七年（1409），选中黄土山陵址，并将黄土山更名为天寿山，裁定为自己和子孙后代的共同陵址，下令圈地80里，开始建长陵，永乐十一年（1413）建成，1424年朱棣死后归葬于此，此后子孙相承，均营陵于长陵左右、形成以长陵为主体的陵墓群组。明十三陵最终形成。

陵区面积约40平方公里，北、东、西三面山岳环抱，明十三陵依照南京朱元璋的孝陵为蓝本，以宫殿的形式修筑而成，按照安葬、祭祀和服务管理三种不同的功能要求，分成前中后三进院落，集宋朝的

十三陵远眺

上下宫于一体，成为既供安葬又供祭祀使用的综合建筑群。南面开口处建正门——大红门，四周因山为墙，形成封闭的陵区。又在山口、水口处建关城和水门。在山谷中遍植松柏。大红门外建石牌坊，门内至长陵有长六公里余的神道作全陵主干道。神道前段设长陵碑亭，亭北夹道设十八对用整石雕成的巨大的石象生。神道后段分若干支线，通往其他各陵。长陵为十三陵主陵，其他十二陵在长陵两侧，随山势向东南、西南布置，各倚一小山峰。经过200余年经营，陵区逐渐形成以长陵为中心的环抱之势，突出了长陵的中心地位。长陵外其他各陵不另立神道，只有陵前建本陵碑亭殿宇、宝顶也都小于长陵。各陵的神宫监、祠祭署、神马房等附属建筑都分建在各陵附近。护陵的卫所设在昌平县城内。陵区在选址和总体上都是非常成功的。

十三陵的各陵形制相近，而以长陵为最大。长陵成于永乐期间，是陵区的主体，其布局也是其他明陵的典范。十三陵中16

十三陵石尔生文臣像

世纪建造的神宗万历帝的定陵墓室已发掘，由石砌筒壳构成，有前殿、中殿、后殿和左右配殿。

汉代、唐代各帝陵相距较远，不形成统一陵区。宋代、清代各陵虽集中于一个或两个地区，但为地域所限，多并列而主从不明。只有明十三陵，集中于一封闭山谷盆地，沿山麓环形布置，拱卫主陵（长陵）。神道的选线和道上的设置又加强了主陵的中心地位。在中国现存古代陵墓群中，十三陵是整体性最强、最善于利用地形的。通过明十三陵的这些明显特点，我们可以了解到明代大建筑群的规划设计水平。

《正字通》

明代崇祯末年，国子监生张自烈撰成《正字通》，它是一部按汉字形体分部编排的字书。

《正字通》共12卷，是为补正梅膺祚《字汇》而作，其分部、列字等体例，均仿效《字汇》。与《字汇》相比，它有许多改进的地方。首先，它修改了《字汇》的一些注释错误。《字汇》中有不是古文而当作古文的，不是俗体而当作俗体的；有字同训异的，也有字异训同的，《正字通》对此一一作了订正。同时对《字汇》中引证有错误的地方，也认真指出并修正。其次，对《字汇》内容进行补充。《字汇》注释比较简单，引证较少，而《正字通》解释较为详备，在释义方面也有一些新的见解。在例证时，多方征引，扩大范围，所引佛教、道教的书籍及医药、方技等书中的文字都是《字汇》中所没有的。第三，释字体例更为完善。《字汇》对一些复音词，如鹦鹉、蟋蟀等等，往往是前后互见；《正字通》则避免了这种重复，需要时注明"见×注"。《正字通》按分部分画的原则，把一个字的古、籀、篆、隶、俗、讹等各种形体都注在本字之后，使查阅者在了解本字的同时，也能认识其他各体。《正字通》对一个字的注音只用一个反切，避免了《字汇》中对同一个字的同一种音读同时采用几个反切使读者无所适从的毛病。

《正字通》也有它的不足之处。如引书有的不注篇名，一字有重见于两部，注释时有的穿凿附会，引证时有的太繁琐杂芜等。

《正字通》是界于《字汇》和《康熙字典》之间的重要字书。在中国字典史上占有重要地位，可以说《康熙字典》就是以它和《字汇》为蓝本编摹而成的。

方以智著《物理小识》

明崇祯年间，杰出学者方以智著成《物理小识》。

方以智（1611～1671），明清之际的杰出学者，字密之，号浮山愚者，桐城（今属安徽）人。曾任明朝翰林院检讨，明朝灭亡后，辗转于西南地区，弃家为僧，法名行远，号无可、药地。

《物理小识》是作者在汲取前人知识精华的基础上，加上自己亲身经历和实验，阐述自己的理论观点，写成的一部百科全书式的自然科学著作。这里的"物理"指的是事物之理，而非现在物理学的物理。全书内容共分天、历、风雷雨肠、地、占候、人身、医药、饮食、衣服、金石、器用、草木、鸟兽，鬼神方术和异事等15类，记录了近1000条自然科学的知识，涉及范围包括天文、历算、物理、矿物、植物、动物、医药等方面，其中主要还是物理学方面的知识，对力学、磁学、热学、声学都有不同程度的涉及，如力学的虹吸

现象、潮汐与月球运动的关系，地方时及时间和空间的联系等；磁学如磁针指南、磁偏角等；热学如凝固、凝结、蒸发、熔解等；声学如声的发生、反射、共振等，都有较为精辟的论述和记录。

《物理小识》的著写及其中所记录的丰富内容，表明了当时中国人在自然科学方面已取得一定的成就。

《火攻挈要》编成

明崇祯十六年（1643）《火攻挈要》编成。

明崇祯年间，为适应同后金作战的需要，明廷在北京设立铸炮所，聘请天主教耶稣会传教士汤若望（1591～1666，德国人）监制西式大炮，并要他将技术传授给

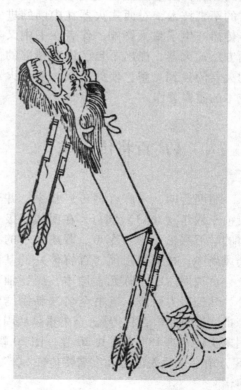

火龙出水——明代制成的二级火箭（见《武备志》）

工部"兵仗局"。于是汤若望授、焦勖纂，赵仲订，集中明代火器的技术成果，并吸收了西方造炮技术的先进成果，撰成《火攻挈要》一书。

《火攻挈要》原为上、下两卷，另附《火攻秘要》一卷。清道光年间潘仕成将其改成上、中、下三卷，共4万余字，图27幅。该书上卷详细介绍火铳的制造工艺及种类，并对佛郎机、鸟枪、火箭、喷火筒等火器的制造作了简要的说明。中卷分别介绍各种火药的制造、贮藏、性能、配方及火铳的试放、安装、教练、搬运等内容。下卷具体介绍火器制造中一些应注意的问题和各种情况下火器的使用。此外，《火攻挈要》还涉及不少西方关于冶铸、机械、化学、力学、数学等方面的知识。

《火攻挈要》一书总结了明末使用火器的经验，大量翻译和记载了欧洲当时先进的军事技术，对西式火器在中国的进一步传播产生了重大影响，作者在书中又对西方新式火器，提出了自己许多精辟的使用火器的独到见解，使此书成为明末火器技术的重要著作。

《广百将传》成

明朝后期，《广百将传》成书，并于崇祯十六年（1643）刊行，在明代盛极一时的学习兵法、学习军事、著述兵书的社会风尚中，在宋朝张预《百将传》的基础上，黄道周注断，陈元素原本，周亮辅增补，几经努力而成，该书全名《新镌绣像旁批详注总断广百将传》。合书辑录从周到明末历代名将185人，共20卷，图20幅，18万余字。后人记为《广名将传》、《广名将谱》。

《广百将传》记叙历代将帅，推崇品德战功，尤其重视用兵的谋略战法，如王

翦击楚，反客为主；田单乘懈，火牛夜袭；谢玄扬声袭辎重，引敌还保，解围彭城；李愬袭蔡州，出奇制胜；岳飞破"拐子马"以步制骑；俞大猷"事必先周"以长制短等等。它收录人物以明代为主，将领事迹重要之处有旁批圈点，品评总结，使读者领悟用兵之道。《广百将传》辑录名将传略，用兵谋略，为后人誉为"营伍中必不可少之书"，在中国兵学历史上占有重要地位。

顾炎武编《天下郡国利病书》

崇祯十二年（1639），顾炎武开始编撰明朝地方志书辑录《天下郡国利病书》。

顾炎武（1613～1682），字宁人，初名绛，曾自署蒋山佣，学者称亭林先生，明末清初江苏昆山人。早年曾参与复社反宦官权贵斗争。顺治二年（1645）清兵南下，参加苏州、昆山保卫战。后往山东、河北、山西、河南等地实地调查。其学识广博，于天文、历算、舆地、音韵、金石、考古等均有深湛研究，是清代朴学之开山祖。一生著述甚丰，《天下郡国利病书》、

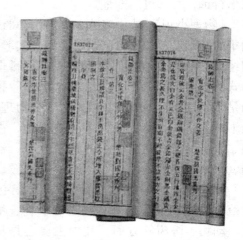

明清之际李世熊编撰的《钱神志》书影。此书为后人了解"钱"的历史提供了重要资料。

《日知录》为其代表作。

《天下郡国利病书》是作者根据"经世致用"观点，按明朝行政区分类汇集资料，并从明朝地方志中辑录有关各地民生利害、政治经济利弊、军事得失等部分编撰而成，其目的在于鉴往知来。该书从其收搜资料至粗略成书，费时20余年，后仍不断修改。

该书首为舆地山川总论，次以明代两直隶、十三布政使司分区，因而历来被视为地理著作。其实，该书对各地建置、赋役、屯田、水利、军事、边防、关隘等都有较详细的论述，并涉及少数民族、农民起义等情况，是一部社会政治、经济、地理著作。但其重点在郡国利病上面，如赋役即为该书的重要内容。该书编撰之时正值明亡之际，士大夫痛定思痛，因而内容取舍有一定的针对性。是一部很有价值的社会政治经济资料。

该书有《四部丛刊》三编的顾氏原稿影印本和道光三年（1823）四川龙万育刊本。

王夫之将元气说发展到顶峰

明末清初，王夫之将唯物主义气一元论发展到高峰状态。

王夫之（1619～1692），湖南衡阳人，明末清初启蒙学者，唯物主义哲学家，字而农，号姜斋，中年时别号卖姜翁、壶子、一壶道人等，晚年隐居湘西蒸左的石船山，自署船山老农，船山遗老、船山病叟等，学者称之为船山先生。

元气，是中国古代唯物主义的哲学范畴，指构成万物的原始物质。元气说始于汉代，王充把元气看作是构成万物的物质本原，他说："天地合气，万物自生。"北宋张载肯定一切存在都是气，整个世界都是由气构成。世界统一于气，气只有聚散而无生灭。他把"虚"和"气"统一起来，认为"太虚即气"、"虚空即气"、太虚、气、万物，只是同一实体的不同形态。

到了明末，气的观念又有了新的发展。王夫之将元气论发展到了思辨的高峰。他发展了张载"知太虚即气则无'无'"的思想，对"气"范畴给以新的哲学规定。他认为，整个宇宙除了"气"，更无他物，宇宙天地和世界万物都是由"气"构成的。"气"希微无形，人眼觉察不到，但又充满宇宙太空。元气处在不停的运动状态之中，它的聚集生成万物，而万物的离散又成为元气，他还指出，"气"只有聚散往来，而没有增减、生灭，所谓的有无、虚实等，都只是"气"的聚散、往来及屈伸的运动形态。

在阐述了元气论后，王夫之又以之为思想根源，提出了诸多哲学观点。

在辩证法方面，他首先认为世界是物质的，物质是永恒运动着的。他论述了运动和静止的关系，肯定了运动的绝对性和静止的相对性，他认为，作为物质世界的阴阳二气之运动变化过程，其本身即蕴含着动、静两态，动是动态的动，静是静态的动，反对"废然之静"，指出"静者静动，非不动也"。以此，王夫之驳斥了一切主静论者的错误观点，以及佛、道哲学中割裂动静相联的种种诡辩。另外，他还指出物质是不生不灭的，物质运动只有形态之间的相互转化，而无数量上的增减乃至生灭。

在理气关系上，王夫之认为理是气的理，理外没有虚托孤立的理，从而批判了从朱敦颐到朱熹所坚持的气外求理的唯心主义理论。

在道器关系上，王夫之认为"道"是标志事物的共同本质及规律，"器"是标志具体事物的。它们是同一事物的两个不可分割的方面，以此驳斥了"道本器末"的唯心主义观点。

除上述几方面外，王夫之还在认识论、伦理学、美学、历史学等多个方面都有深厚的学术观点及理论贡献，是明清之际中国哲学的精华。

由于王夫之生前僻居荒野，其全部著作在生前均未刊印。直至后来特别鸦片战争后才得以重现刻印，汇编为《船山遗书》，包括有《周易外传》、《周易内传》、《尚书引义》、《张子正蒙注》、《读四书大全说》、《诗广传》、《思问录》、《老子衍》、《庄子通》、《相宗络索》、《黄书》、《噩梦》、《续春秋左氏传博议》、《春秋世论》、《读通鉴论》、《宋论》等等。

传教士的宗教和科学活动

明末是中国历史上西方文化第一次大规模输入的时期。明中叶以后，地理大发现的进展使东西新航路畅通，天主教修会——耶稣会便派遣大批传教士来华，形成传教士东进的高潮。一时间，来华传教的西方教士达数百人之多，他们在中国积极从事宗教活动，但最终，他们在科学技术方面的影响甚至超出了宗教本身。历史学家这样评价传教士在中国的传教活动，"蜜蜂本意是觅食，但它传播了花粉"。传教士与科学技术的关联和基督教在华传播是同步过程，许多传教士是以科学作为传教工具的。

西班牙人方济各·沙勿略是外国传教士进入中国的先驱。1541年，沙勿略从里斯本出发到了印度和日本。在日本，他感到中国文化对日本的影响很深，便决心访问中国。在朋友的帮助下，沙勿略组织了一个赴中国的使团。1552年4月，他离开印度果阿前赴中国。但抵达马六甲时，使团被扣，沙勿略的计划失败了。沙勿略决心不惜一切代价偷渡到中国，但也失败了，年底，沙勿略染上疟疾，不久便去世了，年仅46岁。沙勿略虽然未能进入中国传教，但他的努力激励着他的同道。在葡萄牙人抢占澳门之后，耶稣会开始以此为据点，开始向中国内地渗透。

1582年，意大利人罗明坚经两广总督陈瑞的批准，第一个进入中国内地，居住在广东肇庆天宁寺，开始传教，并着手建立在中国内地的第一个传教根据地。罗明坚还在澳门的时候，意大利传教士利玛窦被耶稣会派到澳门，协助罗明坚共同打开中国的传教局面。此后，利玛窦在中国寓居28年，为天主教在中国的传播发挥了重大作用。

万历十一年（1583年），罗明坚和利

利玛窦与徐光启画像

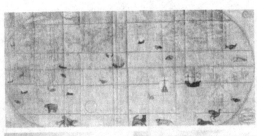

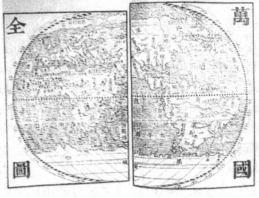

利玛窦于明万历三十年（1602）绘制的《坤舆万国全图》

玛窦来到广东肇庆，并很快与肇庆知府拉上了关系，被批准择地居住和修建教堂。利玛窦公开展览西方先进的机械制造产品和科技成果，如钟表、三棱镜、圣母像、地图等。他利用在意大利所学的知识，致力于制造天球仪、地球仪，成为西方先进自然科学知识的传播者。后来利玛窦又在南昌、南京等地传教游历十多年，结交了许多中国朋友，如徐光启等人。万历皇帝对利玛窦所进呈的自鸣钟非常感兴趣，甚至特地在皇宫内为自鸣钟盖了一座钟楼。万历皇帝第一次看见那座高大的自鸣钟时，钟还没有调好，就命令立刻召见神父们。传教士们被允许在北京长期居住，明政府每隔四个月还给他们发一次津贴。

利玛窦来到中国后，他把传教与儒学相结合，被称为"合儒"、"补儒"、"趋儒"。为了博得士大夫的信任，他用 15 年的时间钻研儒家经典，被称为"西儒利氏"。他一面教学，一面传教，他甚至用中文写成《天主实义》，把天主教教义与儒家学说相比附，求同存异。经过数年的努力，利玛窦的传教工作获得了当时名士叶向高、徐光启、李之藻、袁宏道、杨廷筠、瞿太素一批官员和开明人士的信任和支持。

利玛窦之后来华的传教士中，著名的还有熊三拔、龙华民、毕方济、金尼阁、汤若望等。他们在传教的同时，给中国带来了先进的数学、天文学、地理学知识。在数学方面，利玛窦和徐光启合作翻译了欧几里得的《几何原本》，利玛窦和李之藻合作翻译了《同文算指》。在天文学方面，传教士龙华民协助完成了《崇祯历书》的修撰。在地理学方面，利玛窦的《坤舆万国全图》、《天学实义》，庞迪我的《职方外纪》等都给中国带来了地理知识。为了大规模测算，传教士们还根据欧洲数学家的著作，编译了《割圆八线表》、《测量全义》。传教士的科学活动使明末出现了一个科技发展与交流高峰。

位于北京三塔寺的利玛窦墓碑

2393

第三节　社会生活：生活百科　民俗缩影

朱元璋制定科举

洪武三年（1370）五月，因国家急需人才，朱元璋颁发科举诏令，于八月设科取士。

明代科举考试分文武二科。二科考试时间都有明确规定：子、午、卯、酉年为乡试；辰、戌、丑、未年为会试；乡试在八月，会试在二月，皆九日为第 1 场，复 3 日为第 2 场，又 3 日为第 3 场。乡试中试者称举人，京师会试中中试者有资格参加殿试。三年一大考，殿试有皇帝亲自把关，殿试及格而被录取的通称进士。进士分一、二、三甲，一甲 3 人，第一名称状元，第二名称榜眼，第三名称探花，赐进士及第；二甲若干名，赐进士出身；三甲若干人，赐同进士出身。凡考中进士，即可授官。

文科考试内容主要局限于四书五经。初场试经义二道，四书义一道。《易》主程《传》、朱子《本义》，《书》主蔡氏《传》，《诗》主朱子《集传》，《春秋》主春秋三传。二场试论一道，判五道，诏、诰、表、内科一道。三场试经史时务策五道。三场考试答题通用推行的八股文（每篇文章必须包括破题、承题、起讲、入手、起股、中股、后股、束股八部分），虚内容而重形式，因而明代科举制又称八股文取士。

武科试士的内容与文科有所不同。武举初试马上箭，二场试步下箭，三场试策一道。6 年一大武举考试，考中者称武状元等。武科以技勇为重，所考内容也因时局的变化和要求略有变化。

明代科举取士录取名额根据社会需要而定。明初所需文官数额大，录取时也较多，明中期，逐渐放宽乡试名额而缩小会试名额，同时会试录取进士名额时，注意地域间的南、北分布平衡。洪熙元年（1425），定取士名额，南人 16 名，北人 14 名，武科不定。

明代科举制，在明初期扩大官僚机构、稳定统治政权中起到了积极作用。但作为一种文化专制制度，它把知识分子的思想

吴县生员顾宪成应天府试卷

束缚在孔孟之道和程朱理学之中。读书人为猎取功名，埋头四书五经，写空洞的八股文，成为名副其实的书呆子。这就禁锢了人们的思想，严重阻碍了文化科学的发展。

中国宗法祭祀体系基本完成

中国传统的宗法性民族宗教的完全成熟和周备是在明代完成的，明代修定宗法宗教祀典同它对整个礼乐典制的因革充实连在一起，具体说来，有三次的修改和变更。

第一次是明代初期朱元璋在位之时，明太祖统一天下不久即开设礼乐二局，广征耆儒，分项研讨，洪武元年命中书省及翰林院、太常司，定拟祀典。于是总结以往祀典的历史沿革，酌定郊社宗庙之制，礼官与儒臣又编集郊庙山川仪注和古帝王祭祀感格可垂鉴者，名曰《存心录》。洪武二年，诏儒臣修礼书。第二年写成《大明集礼》。明太祖又屡次敕命礼臣编修礼书，并于在位30余年中，亲撰礼制礼法之书10余种，与前代相比，一个重要变化便是，将天皇、太乙、六天、五帝之类，尽行革除，并将历代加封诸神之称号一概免去，恢复其本来称呼，同时又诏定国恤，父母之丧并服斩衰，长子之丧降为期年，正服旁服以递而杀，史称"斟酌古今，盖得其中"。

第二次是在永乐年间，京城从南京迁到北京，大规模兴建皇宫紫禁城，接着兴建太庙与社稷坛，又兴建了天坛、先农坛（时称山川坛）等宗教祭坛，其坛制规格大致仿效洪武南京之定制，但在建筑质量与样式上则大有改进。

第三次是在世宗嘉靖年间，嘉靖皇帝热心于议大礼，以制礼作乐自任，其变更较大者有：分祀天地，复朝日夕月于东西郊，罢二祖并配以及祈告火雩，享先蚕，祭圣师，易至圣先师号，其最甚者尊其父兴献王朱祐杬为皇帝，其神主以皇考身份进入太庙，引起朝廷持久争论。孝宗朝所集之《大明会典》于此时数有增益，更加完备。

祭祀由太常寺负责，从属于礼部。明初以圜丘、方泽、宗庙、社稷、朝日、夕月、先农为大祀，太岁、星辰、风云雷雨、岳镇、海渎、山川、历代帝王、先师、司中、司命、司民、司禄、寿星为中祀，诸神为小祀，后改先农、朝日、夕月为中祀，天子宗祀者有天地，宗庙社稷、山川、国有大师、命官祭告、中祀小祀皆遣官致祭，帝王陵庙和孔子庙特别派员致祭。各卫亦祭先师。

每年由国家举行的祀礼，大祀有13种：正月上辛祈谷、孟夏大雩、季秋大享、冬至圜丘皆祭昊天上帝，夏至方丘祭地祇，春分朝日于东郊，秋分夕月于西郊，四孟季冬享太庙，仲春仲秋上戊祭太社太稷。中祀有25种：仲春仲秋上伐之明日祭帝社帝稷、仲秋祭太岁、风云雷雨、四季月将及岳镇、海渎、山川、城隍，霜降日祭旗纛于教场，仲秋祭城南旗纛庙、仲春祭先农，仲秋祭天神地祇于山川坛，仲春仲秋祭历代帝王庙，春秋仲月上丁祭先师孔子。小祀共8种：孟春祭司户，孟夏祭司灶，季夏祭中霤，孟秋祭司门，孟冬祭司井，仲春祭司马之神，清明、十月朔祭泰厉，每月朔望祭火雷之神。封王之国所祀，有：太庙、社稷、风云雷雨、封内山川、城隍、五祀、厉坛。府州县所祀，有：社稷、风云雷雨、山川厉坛、先师庙及所在帝王陵庙。各卫亦祭先师，可见祭天只在中央，祭太庙可降至王国，社稷山川风雨之祭则遍及府州县。普通庶人，可以祭里社、谷神及祖父母、父母与灶神。

最高学府国子监太学成立

明洪武十五年（1382）三月，太祖朱元璋改国子学为国子监，将其作为全国最高学府。同年五月，新建太学落成。

元至正二十五年（1365），朱元璋在旧集庆路儒学设置国子学，诏令品官子弟及民间俊秀入学读书，设博士、助教、学正、学录、典乐、典书、典膳等官。吴元年（1367）国子学增加祭酒、司业、典簿等职。洪武八年（1375）又在中都凤阳设国子学。洪武十三年（1380）国子学迁址于鸡鸣山下。洪武十五年改国子学为国子监后，增设最高督学祭酒1人，司业1人，监承、典簿各1人，博士3人，学正、学录各3人，掌馔1人。洪武二十四年（1390）再次更定国子监的品秩、品数，使国子监的管理体制更加完善。

国子监建立后，学校制定有明确的规章制度：祭酒、监承掌管国子监诸生训导政令，监承参领监务，凡教官怠于教诲、学生违反监规、课业不精的，都要纠举惩治。博士负责授课，助教、学正、学录负责辅导学生经义文字。典籍管理书籍，掌馔负责饮膳。国子监诸生分六堂授课，3年为期，考试及格给出身，不及格者仍在监肄业。洪武年间，国子监诸生除按时参加科举外，还可直接由吏部任职。洪武二十六年罢中都国子监，承乐元年（1403）在北京置国子监，员额增减无常。

洪武十五年五月十一日，新建太学成立，亦称文庙。太学正堂中为公署，左为训导之所，右为课试之处；前为太学门，再前为集贤门。六堂后为诸生肄业居处；六堂之东为助教、学正等的居所。太学的旁边有号房，是诸生住宿处，有妻子的学生居住在外面，每月给米赡养。

国子监的设立与完善，对明朝的学校教育及文化发展起到了重要作用。

明代商业资本兴起

明朝开国皇帝朱元璋一方面像历代

北京国子监辟雍

皇帝那样主张重农抑商；另一方面又认为商人的活动能满足官府和民间的需求，主张给商人一定的社会地位。明政府为贯彻这种思想，建立了一整套控制商业的制度，并废弃宋元时代的繁文缛节，简化商税，对官吏额外苛求、为难的行为严加惩处。

明初政府对商人和市场的管理比较严格。凡外出经商，须得到政府批准，领取商引。商引也叫关券、路引、物引，上面写明货物种类、数量以及道路远近等；商人投宿的客店也要有官府签发的店历，以便记载住店商人的情况。城市商业管理则由兵马司负责，实行严格控制。

明朝建立中央到地方各级商税征收机构，在京城的称宣课司，后改为税课司；在州县的称通课司，后改为税课局；另在商业发达市镇设立分司、分局。在各水域关津去处还设立竹木抽分局，负责向过境竹木征税。据统计，明初全国共设税课司局400多处。

明初在严格管理商人的同时，还制定完备的商业政策，使商人有法可依，并对各级官吏勒索骚扰商人的行为严加约束，税务简约，税额适当，有利于商业的初步繁荣。

洪武以后，官府对商人的控制日渐松弛，废除了商引、店历。明中叶以后，随着社会分工的扩大和商品经济的发展，商人资本日益活跃起来，各地出现了人数众多的商人群体，形成了许多地方性的商人资本集团如山西商人、徽州商人、江西商人、关陕商人等。这些商人集团走南闯北从事商贩活动，并通过牙行，利用低买高卖、以次充好，以假乱真，大斗入小斗出等手段，榨取直接劳动者，积累了相当雄厚的资本，如徽州商人富者家财百万，拥有二三十万者只能列入中贾。山西商人中没有数十万者也不能称为富商。嘉靖年间

在号称天下17家首富中，商人占了7家。人数众多的富商巨贾们凭着资本的雄厚，往往开有几个或几十个店铺，在商业中占有很重要的地位。

货郎图

当时全国各重要城市几乎到处都有徽商的店铺，如运河沿岸的城市临清，徽商占从事工商业人数的90%。为了使资本充分发挥作用，有些商人把商业资本直接投资于生产中，如染布、织绸、制茶、造纸、酿酒等，并雇用了大量的雇工和奴仆从事生产，从而转化为产业资本。嘉靖年间歙商阮弼除在芜湖经商外，还招募工匠，自己开设了规模较大的染纸作坊，并在各重要城市开设了分场。有些商人则直接向小生产者统一分发原料，令小生产为其加工，计件付酬，如万历年间松江地区的100多家暑袜店商人，实质上成为控制家庭手工业者的工业资本家，这是商业资本向工业资本转移的一个重要形式。因此，明代商业资本的兴起，对于加强各地区的联系，促进商品经济的进一步发展和资本主义的

明代货币

萌芽起着一定的作用。

　　在封建制度下，明代富商巨贾不可避免地带有浓厚的封建色彩，这是中国封建社会不同于欧洲城市的一个重要特点，也是中国资本主义萌芽发展缓慢的一个重要原因。他们为了使自己的生产经营更安全，往往通过打权贵人物的招牌、与官僚资本合伙经营或者捐官买爵等方式，和各级官吏紧密结合，依靠封建特权经营多数属于封建专卖或与封建政治有密切联系的商品，独占商业利益以增殖其资本。获利后又往往用来购买土地，从事封建剥削，集大商人与大地主于一身。一般小商人稍有积蓄后也将资本投放在土地上，直接榨取农村生产者。此外，明代商人资本还与高利贷结合，经营当铺、质库，向广大小生产者进行盘剥，并将高利贷资本直接深入到手工业和农业生产中去以增殖其资本。商业资本和高利贷资本相结合，妨碍了自身的进一步发展。

宗喀巴改革西藏佛教

　　藏传佛教经过后弘期300余年的发展，到明初已具相当规模，但是到了14世纪，佛教内部各派系之间的争权夺利现象严重，显宗理论缺乏实际性的修习，而密宗修习又乱无次第，终至淫乱。藏传佛教引起了广大群众的不满，宗喀巴的改革就是在这种严重危机背景下发生的。

　　宗喀巴（1357～1419），本名罗桑扎贝巴。生于青海湟中地方。他自幼出家，8岁受沙弥戒，拜当地活佛宋仁钦为师，广学显密教法，16岁赴藏兴造，广拜名师，刻苦钻研，在显教方面，受萨迦派经师仁达瓦"中观"思想影响最大。29岁受比丘戒后开始为众讲经，著述。宗喀巴以噶当派的思想为基础，加上自己对显、密经典的理解，形成了自己的思想体系，他的著作有百余种，其中最著名的有《菩提道次第广论》、《密宗道次第广论》、《密宗十四根本戒》、《事师五十颂释》、《中论广释》、

塔尔寺内供奉的宗喀巴鎏金铜像

塔尔寺大经堂内景

《五次第明灯》，在这些著作中，他把西藏流行的诸种显、密教法组织成一个以实践和修习为纲目、按部就班、次第整然的系统，他认为僧人不分显密，都必须严格遵守戒律，所以他特别注重弘传各部律典。

1397～1409年间，宗喀巴把注意力转到宗教活动方面来，他四出宣扬自己的思想，宗喀巴的活动得到了阐化王扎巴坚赞

塔尔寺八塔

的大力支持，1409年元月在拉萨举行了规模巨大的祈愿法会，前来参加的僧人逾万。不分地区和教派，据说法令持续了一年，此后每年藏历元月都举行传招大法会，成为藏族人民最隆重的节日，此会延续至今，同年他又在拉萨以东的达孜县内建立了甘丹寺，与弟子长住寺中，创立自己的宗派，该派最初以寺为名，称"甘丹寺派"，由于此派僧人戒律严明、修习讲究遵循次第，崇尚苦行，禁止娶妻，故又称"格鲁派"（藏语"格鲁"意为"善规"）。同时又因

这一派僧人都戴黄色僧帽，亦称为"黄帽派"或黄教，宗喀巴晚年继续传教，讲经，发展僧团，于1419年藏历10月25日圆寂。

扎什伦布寺宗喀巴及其弟子塑像

宗喀巴的宗教改革在西藏佛教界引起了很大的震动，纠正了佛教内部散漫、腐化的空气，深得下层僧侣的敬佩和广大群众的欢迎，以后宁玛、噶举、萨迦诸派也接受了格鲁派的戒律，面貌一新，格鲁派更得到汉藏统治者的支持，其影响超过了其他诸派。

塔尔寺全景

明中叶出现资本主义萌芽

随着明朝商品经济的活跃，社会分工得到发展，并由于推行一条鞭法带来的封建人身关系的松弛，从而市场上出现了自由劳动力买卖，雇佣关系得到发展，这些都为资本主义的萌芽创造了条件。

明朝中叶，即十五世纪后，资本主义萌芽首先出现在江南地区的手工业中。工场手工业是手工业中资本主义萌芽的主要形式。杭州丝织业发达，许多机户开始雇用纺织能手，付以一定的工资，丝织业中雇佣关系就此出现。

在明朝后期的苏州，机户甚至发展到3万家以上，受雇织匠的数量相当可观。机户一般出机，而机工出人力，完全脱离了生产资料，成为一无所有的劳动者。他们在一定程度上摆脱了政府的控制，是可以随意出卖劳动力的自由人。他们与依靠占用生产资料进行剥削的机户之间纯粹是一种资本主义性质的货币关系。

在矿冶业方面，随着民营矿业的发展，出现了不少规模较大的冶铁手工工场。在这些工场中，也出现了资本主义萌芽。如在徽州，有资本的富户租赁矿山，寻找矿穴，招集百姓，付以工资，促使他们炼铁以赚取利润。而在广东，冶铁业规模更大，从开矿、烧炭、冶炼到运输，形成了完整的生产线。这些工场中的劳动者都是雇佣而来的，与雇主之间具有资本主义雇佣劳动的性质。

明代后期，出现了一些拥有巨资、雇工很多的大型油坊，从中产生了资本主义生产方式的萌芽。这方面最突出的当推浙江嘉兴府崇德县石门镇的榨油业。万历年间，该镇共有油坊20家，雇有工人800余人，干一天活，可挣二铢的工资。很明显，

常熟翁氏旧藏明人画《南都繁会景物图卷》

这些油坊中的工人都是雇佣而来，丧失了土地，成为纯粹依靠出卖劳动力为生的无产者。他们与坊主没有任何的人身依附关系，油坊主人完全可以脱离劳动，依靠剥削雇工的剩余价值为生。类似这样的在其他地区榨油作坊亦有，如苏州吴县的新郭及横塘一带，就有不少人开设榨油作坊谋利。

农业中的资本主义萌芽主要表现为富裕农民或富裕佃农雇工经营商品性生产，地主雇工经营商品性生产和商人租地经营农业三种形式。主要地区是在苏、杭、嘉、湖等商品作物种植比较发达的地区。雇工们多数来自因地主兼并土地、官府征赋派役或在竞争中破产的农民。雇主雇工多者数十人，少者三、四人。雇工按受雇时间长短分为长工、短工和忙工，受雇期间必须日夜为雇主照看田地。总之，明中叶不论是在手工业中还是在农业中都出现了资本主义的生产关系。

明代中叶中国出现的资本主义萌芽尽管局限于少数地区和行业，在整个社会经济中只不过是晨星数点，地位微不足道，发展也很缓慢，但它标志着古老的封建社会已经走向没落。

中国通史

最新整理图文珍藏版

年节娱乐丰富

明代民间的年节活动内容丰富，形式多样，且生动活泼而富有旺盛的生命力。

正月一日"元旦"，民间既是祭神，庆丰收，迎来岁的节日，又是一个娱乐文化活动最为丰富多彩的年节。届时，全国各地民间都有相应活动，主要有放鞭炮、舞狮子、耍龙灯、逛花市以及各项杂技舞蹈，室内外游艺等传统项目，据《金瓶梅词话》记载，明代"爆仗"的种类有紫卜缶、霸王鞭、地老鼠、一大菊、火梨花等数10种；舞狮子以"南方狮子舞"的广东狮子舞最具代表性；耍龙灯也称"舞龙"和"龙灯舞"是我国古代独具特色的传统的民间活动之一，明代更别有一番情趣；屈大均的《广东新语》中曾提到明代广州已出现花市。

元宵节的民间游艺娱乐活动主要有闹花灯、猜花谜和其他各种文体活动，如百戏、舞龙、舞狮、踩高跷、踢球、跑旱船、跳火、打陀螺、剪纸及其他百戏活动。江西建昌府民间，元宵节时，民人以逢箸结棚，通衢都为灯市，游人往来赏灯者络绎不绝，通宵达旦，据正德《琼台志》记载：元宵节时，该地民间的观灯赏灯以及猜灯谜等游艺娱乐活动，更别具有一番南国水乡的节日气息，颇富地方特色；北京的灯节活动，则从正月八日开始，至十三日进入高潮，到十七日才结束，因这一活

明宪宗行乐图。这幅画描绘了明宪宗观赏燃放爆竹烟火的场面，不但具有艺术价值，而且通过画面直接反映了中国古代庆佳节燃放烟火的习俗。

动与节日商业交相结合，故又称为"灯市"。节庆期间，民人不仅要施放烟火，而且还要兴致勃勃地观看各种乐作和许许多多的民间歌舞杂耍表演，五光十色的烟火灯影，异彩纷呈的歌舞技艺，汇成了欢乐的海洋，吸引着成千上万的各阶层市民在城中彻夜狂欢和游玩。

三月清明节，民间更有它独具特色的游艺娱乐活动，如有作为丰富民人生活的郊外春游踏青；有作为表示吉祥的折柳插门；有作为体育锻炼强身健体的打球、蹴鞠、荡秋千、放风筝、斗禽等活动，据《帝京景物略》卷五载，北京的民间，清明节时民人就有群集高梁桥踏青的习俗，岁岁清明，正是桃红柳绿的阳春天气，人们折下柳枝的嫩叶，插在鬓边，谓之"簪柳"就在这一派春色中，人们尽情享受着生命的欢乐。

龙舟竞渡与斗草是明代民间端午节的主要游艺娱乐活动的内容。明代湖南常德府民间，每逢端午节时，各坊市刳木为舟，长10余丈，染成五色，选善于驾舟者"相竞中流"；斗草又名斗百节，有斗花草名，有斗草之韧性，此俗南北朝盛行，明代民间沿袭之。

明代中元节民间的主要娱乐活动是放河灯，如《帝京景物略》载：每逢七月十五日，诸寺建盂兰盆会，夜于水池放灯，日放河灯经过一天的闷热，夕阳西下时，城内外的各处水面上就亮起了一盏盏随波荡漾的荷花灯，千盏万盏，灿若群星，这就是明代北京民间中元节放河灯的景象。

重阳节正是秋高气爽之时，也是进行秋季娱乐活动的大好时光，主要娱乐活动有登高、赏菊、放风筝，冬至节民间娱乐以冰上游戏为主，有堆雪狮、雪人、雪山、雪灯、打雪仗、打滑挞、溜冰和爬犁等。

每年除夕之夜，明代民人，合家点灯熬夜，辞旧岁，迎新年"守岁"时，也要举行许多节日庆祝活动与娱乐活动，一方面是有丰富的饮食，另一方面进行各种游戏，热闹非凡。

八股文定型

八股文是明清科举制度所规定的一种应试文体。又称八比文、时文、四书文、制艺、制义等。

八股文源于唐代帖经墨义、宋代经义和元代八比法。明初对科举文体虽有要求，不过写法或偶或散无定规。到了成化年间，经王鏊、谢迁、章懋等人提倡，八股文逐渐形成比较严格的程式，定型下来。此后，一直沿用，由明前期直至清代戊戌变法，达400多年，随着科举制度停止而废除。

八股文要求文章必须有四段对偶排比的文字，共包括八股。全文由破题、承题、起讲、入手、起股、中股、后股、束股、大结等部分组成。"破题"两句，说破题目要义；"承题"用四、五句，承破题之意引申而言；"起讲"开始阐发议论；"入手"引入本题，为议论入手处；"起股"用四、五句或八、九句双行文字开始发议论；"中股"是全篇重点，必须尽情发挥；"后股"或推开，或垫衬，振起全篇精神；"束股"回应、提醒全篇而加以收束；"大结"为结束语。

八股文还有其他规定：题目一定要用《四书》、《五经》的原文；内容的阐发必须以朱熹的《四书集注》等程朱学派注释为准，不得擅自生发，独出新论；字数也有规定，如明朝用《五经》义一道，500字；《四书》义一道，300字，超过者即不合格。

八股文严重束缚思想感情，文章寡而无味，但它是所有官私学校的必修课，唯一用途是应付考试，除此外毫无价值。

罗教流行

罗教又名罗道、罗祖教，是明清两代流传较广、支派繁盛、影响深远的大型民间宗教，始创人是山东莱州即墨人罗梦鸿（1442~1527），又名罗清、罗静、罗英、罗梦浩、罗杰空、罗怀等，教徒皆尊称为罗祖，成化六年（1471）出家，苦修十三年，成化十八年（1483）正式创罗教，罗教形成的标志是罗清著经卷五部六册，即《苦功悟道卷》、《叹世无为卷》、《破邪显证钥匙卷》（上、下册）、《正信除疑自在卷》、《巍巍不动泰山深根结果宝卷》，五部六册主要受佛教影响。

罗教奉达摩为正宗，尊崇六祖慧能，主张"三教共成一理"，"不住斋，不住戒，逢世救劫，因时变迁"（《苦功悟道》卷一），不供佛像，不烧香，不作道场，不设经堂，颇有禅宗宗风。罗教教义，采用了佛教的性空说，着重阐发真空之义。罗氏发挥佛教空论，把世上一切事物，包括佛祖菩萨，统统都否定了，只承认一个绝对的永劫不坏的真空，它是宇宙的根本，它变化出天地日月，山河大地，五谷禾苗，乃至三千诸佛，所以真空法乃是罗教的哲学基石。罗氏同时又提出"本分家乡"（即后来的真空家乡）和"无生父母"的观点，从此民间宗教形成"无生父母，真空家乡"的八字真诀。

罗教教义同时也受到道家和道教的影响，并从中吸收了"无极"、"无为"等观念，用老子的"天下万物生于无，有生于无"的观点解释宇宙万物的来源。罗教认为以往佛道儒三教的一切修持方法皆是有为法，都应在扫除之列，只有无为妙法——摈弃一切欲念追求，才能真正使人摆脱现实苦难，返本还原，了悟大道，所以

罗道又被称为无极教、无为教，罗梦鸿又被尊为无为祖、无为居士、无为宗师。

罗教正式形成以后，在教义和活动上都表现出了极大的独立性和异端性，受到正统佛教人士德清、密藏等人的攻击，也受到政府的严厉禁断和镇压，经卷被烧毁，活动被取缔，一直处在左道旁门的邪教位置上。

罗代的第二代分成两大支派——无为教和大乘教，其中大乘教又有东西之分。无为教为是罗教的正宗。

海外贸易开拓

明代的海外贸易较之宋元两代有很大发展，通商范围、商品种类和数量都有所发展，海外贸易领域随着时间的推移和社会历史的发展被逐渐开拓。

宋代的中国，商品经济已有极大发展。重利的蒙元统治者也十分重视贸易的发展，这些都为明代海外贸易的进一步拓展奠定了一定的基础，是明代海外贸易新局面出现的前提。

明代海外贸易以明中叶嘉靖年间断代分前后两期。前期以官方垄断的朝贡贸易为主要方式。朱明王朝定鼎之初，攻击残元势力，防护北方边境是明太祖关注的重点，而沿海则重在防御，为此推行"片板不许下海"的严厉海禁。但为了维持统治集团对奢侈品和香料的大量需求，朝贡和贸易相结合的"朝贡贸易"被官方所垄断和控制。明太祖朱元璋在太仓黄渡设立市舶司专门管理朝贡贸易事务，但不久即被撤消，并在宁波、泉州、广州三地设置，到洪武七年（1374）以后被固定下来，成为明王朝发展与海外诸国贸易关系的专门机构，分别管辖与日本、琉球和南洋各国的朝贡事宜，但对其间隔、时间、人数和

携带物品数量有严格的规定，并有"勘合"作为贸易往来的凭证。这时的海外贸易包括朝贡物品和附进品都不征税。这一局面维持到弘治年间，才规定了一定数量税率。

永乐皇帝在海外贸易方面推行了较为灵活和开放的政策，虽这时的海禁更为严格，但海外贸易却空前繁荣，朝贡贸易达到全盛期。它以郑和七下西洋为高潮，使中国的通商范围得到极大地拓展，以永乐

明代用于航海的水罗盘（通高 9cm，底径 14.4cm，口外径 12cm，口内径 8cm，盘高 7cm）

三年（1405）开始到宣德八年（1433）前后 28 年中，郑和率领一支庞大的商船队完成了人类航海史上的一大壮举，所到之处包括越南、暹罗、马来半岛、南洋群岛、印度、波斯、阿拉伯以及非洲东岸的索马里等在内 30 多国，并将随船携带的大量货物与所到之国进行易货贸易，使中国的直接通商范围遍及亚、非大陆。由于这次外交的成功，亚、非各国纷纷与明王朝建立了稳定的政治和经贸关系，使海外贸易额、贸易品种都大幅度提高，这时海外贸易的地域和规模都达到了前所未有的全盛状态。此后，由于政治经济等多方面的因素，官方垄断的朝贡贸易渐次衰落，到明嘉靖年间，遂被私人海外贸易所逐步取代，进入明代海外贸易的后期。

早在朝贡贸易垄断海外贸易之际，就有私人走私活动，但其发展非常缓慢，从事这一贸易活动的多是沿海大官僚、大地

主和大商人，其雄厚的财力使得他们有能力制造航海大船并得到官府的庇护。朱纨奉命到浙江和福建打击走私贸易，但遭到了失败，为明后期私人海外贸易的发展提供了契机，随后，海禁被部分解除，私人海外贸易取得了合法地位。福建漳州海澄月港被开放，成为私人海外贸易的场所和入海口。明政府在此设置了管理私人海外贸易的专门机构海防馆（后改名为督饷馆），管理也日趋完善，并制订了税法通则，对征税方式、税种、税率等作出了明确地规定，还以颁发行票的方式控制和限定出海船只的数量和贸易地点，这时的贸易活动主要在南洋展开，而与文莱以西的南洋各国的交易更为频繁。

海禁的部分解除，并没有使走私贸易销声匿迹，相反，由于高额的税率，沿海破产人口的增多，海防废弛，走私活动更为猖獗，尤其是被严禁的中日贸易。这时每年到达日本的商船约在 30 至 70 艘之间。

明代的海外贸易，中国输出的商品以丝绸、生丝、瓷器为主，兼及铜器、铁器、食品、日用品及牲畜等，以之换取海外各国的特产和香料。《明会典》中记载的各国贡品已有 40 多种，多是犀角、象牙、玳瑁、玛瑙珠等奢侈品和香料，而万历十七年（1589）制定的《陆饷货物抽税则例》列举的商品有 100 多种，除香料和奢侈品外，还有少量手工业品，流入中国的白银数量也很大。

明代海外贸易的拓展，不仅促进了明朝商品经济的发展和中国资本主义的萌芽，而且扩大了中国与海外各国的交流和政治文化往来，其经验和教训都值得我们借鉴。

书院再次勃兴

明朝初年书院仅洙泗、尼山两所，是

单纯的教育机构，没有什么特色。沉寂了130余年，到了成化、弘治年间，书院复兴运动稍起。到正德、嘉靖年间，以阳明学派为主导的书院教育运动再次勃兴，形成不可阻挡的文化思潮。

明朝中叶书院的勃兴，有其深刻的政治、学术、教育诸方面的原因。明孝宗鉴于当时的政治危机，力图革新政治，在政治、经济、文化诸领域进行改良。首先，在政治上，广开言路，广纳思想解放有作为的人才。弘治年间，孝宗就曾对大学士刘健说过讲官讲章时，可直言无讳，不必顾忌。一时间敢言直谏之士和有文武之才的人才，纷纷为朝廷所任用，他们成为国家政治势力的主体，为言路大开创造了条件，并带动了学术文化等领域对传统和时弊的革除之举。其次，明孝宗不顾祖训，大胆征聘倡导与朱子学相异趣的以"整治人心"为指归的大儒陈献章。开始意识形态的革新，革新统治并禁锢人们思想的"述朱"式理学思想和八股教育，将其自日益死板僵化的境地向新儒学方向改进。陈献章江门之学首开弘治和正德年间反程朱理学之风气，其弟子章懋、湛甘泉也都位至大官。湛甘泉到处建书院以祀其师；在京为官时，与王守仁讲学论道，提倡以"治心"为本的新学术新教育来革新程朱理学与理学教育的痼疾。这表明明中叶书院思潮以当时的新儒学作为革新程朱理学的旗帜，时代学术思想和教育实践进入了新的历史阶段。其三，阳明学派对王阳明（守仁）的权威偶像崇拜，是推动嘉靖年间书院运动勃兴的直接原因。王守仁继以陈献章为宗师的江门学派之后，将书院运动推向了高潮，并主导了明中叶的书院教育思潮。王守仁为拯救明王朝政治、道德、教育诸危机，以其超群胆识和讲学才能宣传他的"知行合一"、"知行并进"、"心即理"、"致良知"学说，反对程朱理学的

"知先行后"学说，并先后恢复新建龙冈、贵阳文明、濂溪、白鹿洞、稽山、阳明书院等，并在讲学和建书院的过程中，形成阳明学思想体系和以该体系为核心的阳明学派。阳明学派顺应社会思想解放浪潮，纷纷建书院、讲舍、联讲会，聚徒讲学，引起一股书院讲学热潮，促进书院运动的勃兴，打破了成化、弘治以前的学术教条和僵化局面，开启了以王守仁为权威和阳明学派为主导的"心学"教育风气，并随着中后期资本主义萌芽、市民力量抬头、早期启蒙思潮的涌起，有力地推动明代学术、思想、文化、教育的变革，使明清之际进步思潮的勃兴有了充分的思想准备。王守仁死后，阳明学派在桂萼当国、视阳明学为伪学并大禁的压迫下，仍日益兴盛，全国各地广建祠祭祀王阳明，到处设书院宣讲阳明学，使阳明学广播海内、朝野之内，批判程朱的教育思潮急速高涨。其四，以阳明学为时代主题和学术旨趣的书院教育运动，在中后期更加发展。阳明派书院讲学的重要人物自王艮、王畿等，直至明末的刘宗周等，在长期书院讲学和广建书院的实践中，逐步形成阳明学派各支派领

明正德年间（1506～1510）创建的寄畅园两景（江苏省无锡市）

袖人物，加上他们在政治、学术上的地位和影响，推动了明朝中后期书院教育运动的持续发展。

阳明学派掀起的书院讲学风潮，还推动了明朝中期各类书院讲会组织的迅猛发展。讲会的风气首创于王守仁扶植的安福惜阴会，在该会他提倡以集会讲学的方式来聚集天下豪杰之士，共同切磋学问以倡明学术。他死后，其弟子、门人纷纷建立各种讲会组织，以宣传阳明学派的思想和学术，进一步推动书院运动勃兴。书院讲学之风潮，尤其是阳明学派的讲学实践产生的巨大影响，使明中叶的学术、思想、教育界受到强烈的震撼，极大地冲击了恪守程朱理学的陈腐学风。

总之，明中叶勃兴的以阳明学派为主导的书院教育这一道学革新运动，打破了明初至弘治年间一统天下的"述朱"式理学及教育僵化局面，成为明代儒学发展的历史转折点，并促进了为明中后期理学教育的转型。

明长城修建

明灭元后，为了防御蒙古南下侵扰，大力修筑长城。明长城利用秦、北魏、北齐、隋和金修筑的长城，先后经过18次加修，起于洪武年间，止于万历年间，历时200多年方完成。明长城西起祁连山下，东到鸭绿江边，全长5660公里，称为万里长城毫不为过。明长城建筑水平在历代王朝中达到最高阶段。

已修缮完工的山海关"天下第一关"城楼

北京居庸关

长城的主体是城墙，明代以前多用土筑，明代所筑的长城因地段不同，地方材料不同，而各具特点。按筑城材料和构造看有条石墙、块石墙、砖墙，夯土墙及木板墙等数种。也有因地制宜随山就势的劈山墙，利用险峻峭壁的山险墙；在黄河突口冬季还有冰墙等，而这多种墙体中，又以砖石墙、夯土墙最多。城墙的高度也视地形起伏和险要程度而有所不同。居庸关和八达岭附近及古北口、慕田峪等处的长城很有代表性，这些地段城墙高大坚实，城墙表面下部砌条石，上部为砖包砌，内部填土和碎石，顶面铺方砖，墙高平均约7~8米，墙基平均宽约6.5米，顶部高5.8米，净宽4.5米，可容5马并驰或10人并行。顶面一般随地势斜铺，在险要地改为台阶，墙顶靠里一面用砖砌筑1米多高的女墙，而向外一面砌成高约2米的垛口，每一垛口设了望孔和射击孔，每隔一段有吐水咀，将墙顶雨水排出墙外。墙身上隔一定距离设一券门，券门内有砖或石砌的阶梯通至城墙顶上，守城士兵由此上落。

中国通史

最新整理图文珍藏版

经山海关向南延伸至渤海的入海长城老龙头

在长城上每隔30～100米建有一个突出墙外的台子，与城高相同而实心者称为墙台（也叫马面）；高出城墙而空心者称为敌台。墙台在实战中有很大作用，可使攻城者受到上部及左右两方的射击，有效地保卫着城墙的安全。平时墙台也是士兵巡哨之处，有的墙台上还有小屋，为躲避雨雪之用。敌台一般高出墙体1～3层，下部可驻扎士兵，存储弹药武器，并开有箭窗，顶层用作瞭望放哨。这种骑墙敌台是明代名将戚继光在总结前人经验的基础上创造的，规模小者可驻兵十几人，大者可驻上百人。

烽火台又称烽堠、烟墩、烽燧等名称，是报警和传递军情的建筑。台上贮薪，遇有敌情时白天焚烟、夜间举火。多为独立的高台，彼此相距15公里，台址选在便于互相了望的高岗或峰巅。多数在长城两侧，

甘肃嘉峪关关城

也有伸展到长城以外很远处，还有的是向关隘州府乃至首都联系的烽火台。烽火台的材料和构造与长城相同。

关隘为险要交通孔道的防御组群，由驻兵的城堡、出入的关城、密集的烽堠、敌台和多道城墙组成。关城是主体，建有瓮城、城楼、角楼、敌楼、铺房等，两侧与长城相连。现存著名关城有山海关、嘉峪关，居庸关、古北口、雁门关等，地形险要，建筑雄伟，也是中国建筑艺术中独具风格的杰作。还有许多段落具有很强的观赏价值，如北京延庆县八达岭段、怀柔县慕田峪段、密云县司马台段、河北省滦平县金山岭段等。

金山岭长城敌台

明代长城沿线分设9镇，自东向西为辽东、蓟镇、宣府、大同、山西、延绥、宁夏、固原、甘肃，每镇均有重兵把守。长城的关口很多，是进出长城的孔道，每镇所辖多至数百，全线共有1000以上，其中著名的有数十座，如山海关、居庸关、雁门关等。这几处都是拱围京都北京的战略要地，修筑得最为坚固。自居庸关向西至山西偏关一段分成南北二线，称作里、外长城。

明长城中保存最完整、最具代表性的段落之
一——八达岭长城

明朝除在北部修万里长城外，也曾在我国贵州一带筑长城380余里。

明代长城建设，是既集前代之大成，又具自己的特色。首先，强调点线集合。突出加固城墙所经重要关隘，成其为坚固关城，与城墙紧密结合，形成以点护线的筑城体系。其次，注重加强长城的防御纵深，构筑专用于防守的墩台，在重要的防御点，层层设城塞、营垒；在重点防区构筑外濠、外墙和内濠、内墙。城墙上增敌台，外围筑关堡、烽堠，增加防御层次。形成外长城护内长城、内长城护内的三关筑城体系，加大了防御纵深。其三，工程设施的砌筑技术有很大发展和创新，明长城墙高、墙厚均匀较前代增加，并在后期出现了用以射击、观察、掩蔽并贮有物资、装备的空心敌台，进一步增强了城墙的防御能力。

明代修筑的长城是其北部边疆防御体系的主干，虽是以军事功能为基准的军事防御工程，但其宏伟壮观，为举世所叹为观止，是世界历史上伟大的工程之一。

唐宋派兴起

明嘉靖初年，为了矫正李梦阳、何景明等前七子"文必秦汉"的崇古、复古之风，王慎中、唐顺之、李开先等人，以唐宋欧阳修、曾巩等人平实的散文风格相号召，以期纠正前七子摹拟古人，文字佶屈聱牙而缺乏思想内容的作文流弊，唐宋派正式兴起。

王慎中、唐顺之、茅坤、归有光等唐宋派散文家一开始就明确地提出了自己反对复古派的文学主张，以与复古派相抗衡，他们要求摆脱束缚，寻求思想感情的自然流露，认为韩愈、欧阳修、曾巩、苏轼等唐宋散文家真正领会和实践了三代两汉文章风范，表现了唐宋派推尊秦汉文章，但更强调唐宋文对其的继承和发展的态度，与前、后七子摹拟古人文句的做法是有所区别的。至于对唐宋古文的学习，唐宋派散文家提倡吸取其文章神理，直抒胸臆，不事雕琢，用自然朴素的语言写出自己的真知灼见。

为了弘扬其文学主张，唐宋派散文家选编了一些唐宋散文，给人们提供了学习和参考的仪范，唐顺之所编《文编》，选《左传》、《国语》、《史记》以及韩柳欧苏曾王等大量作品。茅坤所编《唐宋八大家文钞》达164卷，极力加以提倡，后者盛行全国，影响很大，几乎使李梦阳、何景明等人文集受到遏制。

除了旗帜鲜明地捉出自己的文学主张，尖锐地批判复古派文风的弊端，在编选唐宋八大家散文作为文章仪范之外，唐宋派的代表人物还积极以自己的散文创作实践自己的文学主张。王慎中最初追随前七子文风，但读了欧阳修、曾巩散文后，大为

唐宋派散文家之一唐顺之书法手迹七言律诗

赞赏，从此一意效仿，散文代表作有《海上平寇记》、《金溪游记》等，演逸洋赡，醇厚蕴藉。唐顺之的著作《荆川先生文集》中文13卷，其文章如《信陵君救赵论》，立足于社稷，批驳以私义救人，词严义正，层层深入，环环相扣，仿佛对席论辩一般，一气呵成且结构谨严。记叙散文《竹溪记》着眼于园名的来历，极力赞扬竹子孑然孤标，仿佛出世独立、不谐于俗的品格，文笔清新流畅，立意新颖且别具一格，这类散文多有叙有议，紧扣一点而生发开来，情思遐飞又深蕴哲理，自然深远而畅达豁然，文风简雅清深，还间或口语入文，形式自由洒脱。茅坤对韩愈极为推崇。认为其文章独得"六经"之精髓，他的散文刻意模仿司马迁、欧阳修，行文跌宕激射，创作成就不高。

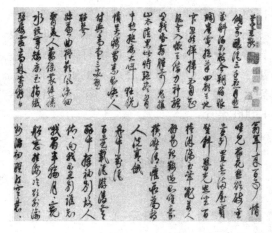

唐宋派散文家之一茅坤书陆游剑南诗墨迹（部分）

唐宋派散文家中创作成就最高者为归有光。他以一穷乡老儒的身份毅然与声势煊赫的后七子抗衡，表现了其难能可贵的傲骨。其散文创作能博采唐宋各家的长处，比较完整地继承了唐宋古文的传统，被称为当时的欧阳修。他善于抒情、记事。多经解、题跋、论议、赠序、墓志、碑铭、

行状、祭文及制义等，尤其以描写身边琐事、庭闱人情的作品著名，代表作有《项脊轩志》、《先妣事略》、《女汝兰圹志》、《寒花葬志》等，无不即事抒情，如叙家常，平淡自然地娓娓道来而又别具神韵。《项脊轩志》通过对项脊轩环境变化及与之有关的人事变迁的叙述，抚今追昔，伤悼自怜，表现了对家世兴衰变幻的无限感慨和对祖母、母亲、妻子等亲人的深切怀念。取材朴素，感情真切动人，借物抒情且意在言外，余音袅袅而韵味无穷，是对唐宋古文传统的继承和发展。此外，归有光散文也涉及到对人民疾苦的真切关怀，批评统治者奢侈靡费等内容，有一定的现实意义，文章慷慨陈词、痛切明快，颇具欧阳修文章之气度。正因如此，归有光被推崇为明代第一散文家，直启桐城派。

总之，明代唐宋派以矫正复古派前后七子文风为己任，取得了较高的文学成就。但所持武器形式是唐宋古文，思想上为道统，无法从根本上动摇复古派的根基，因而没能从根本上转变文坛风气，但对后世，尤其是清代桐城派有直接的影响。

烟草进入中国

烟草是一年生草本植物，原产于美洲。16世纪传至欧洲，大约在16世纪中、后期始引入中国。

烟草传入中国大致通过南北两线。南线：一路自菲律宾传入闽、广，再传至两湖及西南各地，在中国最早明确提到烟草的明朝张介宾《景岳全书》记载："烟草自古未闻，近自我明万历时，出于闽广之间……今则西南一方，无分老幼，朝夕不能间矣。"另一路是自吕宋传入澳门，再经台湾传入内地。北线主要由日本经朝鲜传入我国东北。初时，中朝两国曾以重刑严

禁传输，但无甚效果。烟草传入中国后曾据其外来语音和其形态，味感等而有多种名称，如"淡巴菰"、"相思草"、"金丝烟"、"芬草"、"返魂烟"、"返魂香"等，从这些名称中亦可见其当时的"魅力"和对人们的侵害。之所以在中国称之为"烟"，据清《烟草谱》记载，是由于它"干其叶而吸之有烟"。

中国引进烟草，初期主要是以之为药。但由于烟草有使人通体俱快，别具风味的感觉和能使人吸之成瘾的特性，因此明、清之际迅速传遍全国，方以智《物理小识》说："烟草，万历末有携至漳、泉者……渐传至九边"。

烟草的传入和流行导致了种植面积的不断扩大，进而产生了与粮争地的矛盾。明、清期间虽曾屡禁令，但因官僚庇护、种烟利厚、好嗜者众等原因而收效几无。相反，烟草种植面积不断扩大，并形成相对集中的产区，各种名烟亦应运而生。至18世纪末，出现了许多优质烟品，如湖南"衡烟"、江西"蒲城烟"、山西"青烟"、云南"兰花香烟"、浙江"奇品烟"、陕西、甘肃"水烟"等。

明廷整饬茶马法

嘉靖十五年（1536）六月，整饬茶马法。

明代以茶易马，已有定制，但长期因循，弊端丛生。诸如私茶盛行，商茶不通，番马不市等，世宗朱厚熜遂采御史言，加以整饬。本月规定：敕洮河等三茶马司，贮茶不得超过2年所需，且限以易马定额。同时，多开商茶，通行内地，官榷其半以备军饷，严禁在河州，兰州、阶州、岷州等地贩卖，洮州、岷州、河州由边备道督察，临洮、兰州由龙右道分巡，西宁由兵借道检核，选官防守，若私茶出境或关隘，失察的以罢黜论，以至凌迟处死。于是，番人可按时到指定地点易马。茶法稍饬。

大毁佛骨佛像

嘉靖十五年（1536）五月，世宗敕廷臣以禁中元时所建大善佛殿所在之地建皇太后宫。同月十一日，命郭勋、李时、夏言等人视殿址。尚书夏言请有司将佛骨等埋于中野，以杜愚民之惑。世宗令予以烧毁。于是毁金银佛像169座、头牙骨等13000余斤。

明经厂定型

明嘉靖十年（1531），内府匠役实行

兵部关于张家口马市的报告（局部）

调整、精简，逐步制度化，明经厂定型。

经厂是明代专门刻印经书、佛经、道藏、藩藏的机构，隶属司礼监。设有掌司4人或6~7人。明初洪武时内府就有专门刊字匠150人，裱背匠312人，印刷匠58人，从事书籍刻印。嘉靖调整后，内府匠役定额12255人。司礼监占1583人，其中专事刻印书籍者1274人，分别由戕纸匠（62人）、裱背匠（293人）、折配匠（189人）、裁历匠（80人）、刷印匠（134人）、笔匠（48人）、画匠（76人）、黑墨匠（77人）、刊字匠（315人）等专业匠役组成，分工极为精细。

经厂刻印的书本叫经厂本。据不完全统计，明经厂前后刻印的各种书本为168种。经厂本为皇家内府刻本，具有铺陈考究、开本大、印纸精、字体大、行格疏等特点，但也由于出自内宦之手，校勘不精，不为一般收藏家、学人所重视。

明经厂的定型及其大量书籍的印行，对保存和传播中国古代文化典籍起了一定的作用。

花鼓表演遍及中原

花鼓作为中国民间歌舞，在明代表演遍及中原诸省。

嘉靖年间赵府居敬堂刊本《黄帝内经素问》书影

花鼓又称打花鼓、花鼓子、地花鼓等。最早记载是南宋临安百戏艺人表演花鼓，表演时一般是一男一女相配合，男执锣、女背鼓以锣鼓伴奏、边歌边舞；曲调是在当地小调和山歌的基础上发展而成，曲调流畅，节奏鲜明，富有歌唱性和舞蹈性，南宋时花鼓主要是在一些节日里伴以秧歌、花灯等表演。

到了明代，花鼓得到较大发展，不仅在一些大型节目如元宵节时演唱，而且在其他一些小的节目里，人们认为应该庆贺的日子都可演唱。花鼓的种类繁多，因地而异，风格不同。主要表演遍及中原的一些地区，形成了以下几个流派，一是安徽花鼓，以凤阳最具代表性，又称凤阳花鼓，《王三姐赶集》是其代表曲目。二是山东花鼓，流行于聊城、淄博等地，其调和山东民歌相似，具有欢快活泼的特点。三是湖南、湖北花鼓，流行于长沙、岳阳、浏阳、襄阳、随州等地，如花鼓调有《十绣》、《绣荷包》等几种。四是陕西、山西的花鼓，流行于商洛、紫阳、沁县、万荣等地，其花鼓种类多，动作雄劲有力，灵巧传神，鼓点准确清脆。

由于花鼓种类繁多，明代时不同地区有其独特的风格特点，使得花鼓表演遍及中原，得到较大交流发展，作为民间歌舞至今仍在民间广泛流传。

高消费之风盛行

明代中叶，经济高度繁荣，社会财富积累逐渐增加，人们手中的可支配的货币财富日益增多，因此，传统的俭朴的消费观念受到强烈冲击，奢侈豪华的生活观念继而兴起，高消费在当时的社会逐渐形成时尚。

首先，高消费表现在饮食方向，愈来

愈多的金钱被用于酒宴上面。明代的文学著作《金瓶梅》中就记载有当时的酒席，花费最少也在三五两银子左右，这相当于当时贫寒家庭4个月的生活费，足见奢侈之一斑。有人为了请客吃喝，竟不惜出卖房产，造成严重的后果。

其次，服饰方面所消耗的金钱也很可观。随着经济的繁荣，人们愈发注重外表穿着的质量。官僚的服饰衣料就有杭绫、秋罗、松罗、软绸、绵绸、潞绸、硬纱等各式绫罗绸缎，大家闺秀的首饰穿戴更是

故宫乾清宫：豪华的祭祀

前代所未有。这可从当时的一些文学著作中看出来。

再次，人们更多的金钱则是花费在居住环境的改善方面，花费一般都在数十数百乃至数千金左右。明代中叶，在江南开始兴起私人造园之风，"凡家累千金，垣屋稍治，必欲治一园"。除园林的建筑规模

外，各建筑内的家具陈设也颇为豪华。曾有一个姓周的扬州人，用金、银、珍珠、玛瑙、翡翠、象牙作原料，雕刻成山水、人物、花卉、亭台、楼阁，镶嵌于檀梨漆器之上，足见当时豪华奢侈之风气。

除饮食、服饰和居住环境外，当时在红白喜事方面的铺张也很大。在孝敬长辈的传统观念的影响下，再加上对于风水的迷信，人们不惜花费巨金购置墓地，操办葬礼，甚至有时为了一块被认为是好的墓地，家族之间不惜大动干戈。白事况且如此，红事更不用想象。每逢婚姻大喜之日，水陆之途，"绣袱冒箱筒如鳞"，为一婚姻，男方往往"倾竭其家"，为婚姻以后的家庭生活带来不良影响。

奢侈豪华的高消费之风来源于当时巨大的社会财富。但由于过多地将财富用于消费，从而减少了对于生产的投资，特别是一些关系国计民生大事的基础手工业，在一定程度上也阻碍了社会经济的发展。

拳法门类大量出现

明代中期，民间武术普遍发展，出现了蔚为壮观的庞杂景象，一方面拳、棍、刀、枪等诸技门派林立，逻奇斗艳，竞相争雄；另一方面民间拳械谱及歌诀等也不断出现。明代拳法的发展是多方面的，尤其拳种的大量出现，拳谱、拳诀的发展，以及有关训练方式及要求的论述等均是这一时期的突出成就。

明代出现了众多的拳术门类，戚继光《纪效新书》卷一四《拳经捷要篇》列举了16家：宋太祖三十二势长拳、六步拳、猴拳、化拳、温家七十二行拳、三十六合锁、二十四弃探马、八闪翻、十二短、吕红八下、绵张短打、巴子拳、山东李半天之腿、鹰爪王之拿、千跌张之跌、张伯敬

之打。戚家世居山东，其所述拳家当以北方拳种为主；明代学者郑若曾所著《江南经略》所列拳派则与戚氏所述不同，其列11家为：赵家拳（赵太祖神拳三十六势、芜湖下西川二十四势、抹陵关下韩童掌拳六路）、南拳（似风、似蔽、似进、似退、凡四路）、北拳（供看拳凡四路）、西家拳（六路）、温家钩挂拳（十二路）、孙家披挂拳（四路）、张飞神拳（四路）、霸王拳（七路）、猴拳（三十六路）、童子拜观音神拳（五十三斋）、九滚十八跌打挝拿以及眠张短打破法、九内红八下等破法、三十六拿法、三十六解法、七十二跌法、七十二解法（卷八《兵器总论》）。郑若曾所列拳家多以南方拳种为主，当时大江南北的拳种绝非上述20多种。如出自少林寺的"少林拳法"和流传于江南的"内家拳法"就未包括在内。

明代拳法的显著发展还表现在"拳谱"和"拳势歌"的出现，唐顺之《武编》前集卷五记载的温家拳势名称，并叙述了招法使用的原则及具体用法，其后还附有练腿功之法，这是我国迄今为止所见到的最早的一个拳谱。"拳势歌"是反映拳势方法变化的文句，多带韵律，可以说唱，便于记诵。故以歌称。明赵光裕《新镌武经标题正议注释》附《阵法马步时法》一卷中记有"邵陵（少林）拳势歌"两首，是这一时期具有代表性的作品之一。明代各家拳法基本上处在专擅一技的发展阶段，针对这种现象，当时一些武术家提出了"兼而习之"的观点。戚继光说："若以各家拳法兼而习之，正如常山蛇阵法，击首则尾应，击尾则首应，击其身而首尾相应，此谓上下周全，无有不胜。"正是在这种认识的基础上，戚继光采取民间16家拳法之普者，汇成了32势拳法。

有关拳法训练方式，内容以及采用器物辅助的训练的记述也多见于史籍，被认为是明代少林寺僧玄机和尚所传的少林拳法，也是首先讲究步法、手法、肘法、腿法、身法的而达到"周身俱活"，便可"随其所用"（《拳经·拳法备变》）。采用器物辅助训练也是当时拳法中的重要内容。

少林武术盛况空前

明代少林武术活动盛况空前，明人诗文中颇多咏述少林僧习武事，如焦宏祚《少林寺诗》云："借闲古殿仍谈武，鸟立空阶似答诗。处处楼台皆随喜，何缘觅得且多枝。"此时少林武僧还经常以其精湛的武技，为游人表演。

少林僧习武内容主要有两类：一类是单练，如剑者、鞭者、戟者等；另一类则是对搏技能。即所谓掌搏、手搏、拳搏、搏击等。习武内容较前期大为丰富，这一发展显然与当时民间武术的蓬勃发展有直接的关联。

少林拳是少林武术中主要内容之一，此时有较大的发展，不仅有"拳势歌"问世，而且较拳、表演拳法的现象也多见。少林武僧反对"花拳"，因此在拳法习练方面以手搏为主，其形式、非假势合，而是少林寺传统的徒搏技能。少林僧除习练拳势和手搏外，亦习一些特技，如"黑夜钉身"、"乌鸦瓦飞"法等。

当时少林寺僧虽习拳，但不以拳闻，而以棍名。少林寺拳法在明代末尚处于不断完善中。而少林棍有势、有路、有谱，在当时已形成完备的棍术体系。同时还有"邵陵（少林）棍法歌"二首问世，其歌为七言句，采用形象的语句说明了少林棍势的攻防变化。它是为寺僧掌握要领，分辨正误，防止偏差所编的，反映了少林寺僧对棍术的重视和对棍法研究的深化。

在当时民间武术蓬勃发展的形势下，

少林寺初祖庵大殿

少林寺与社会上的武术交流也频繁起来，出寺寻艺和入寺交流学艺的现象不断，如少林寺僧刘德长、洪记、广按等人都是嫌技未益精，而遍游天下，以后技艺大进。少林棍法也曾得抗倭名将俞大猷的指点。

宣德之后，入少林寺习武者日众，不仅使少林寺武术广播四方，而且使少林武术本身的内容也日趋丰富和发展了，值得一提的是，御倭战争期间，具有爱国主义思想的少林寺僧也纷纷奔赴抗倭战场。

黄天教出现

黄天教又叫黄天道、皇天教。其教名来源于三世三天信仰，以黄天象征未来的美好理想。该教创于明嘉靖年间，创教人是北直隶万金卫李宾，道号普明，被道徒尊为普明佛。李宾青年时务农，后来驻守长城为士卒，于是参师访友，明修暗炼，予嘉靖三十二年（1553）创立黄天教，并传教于宣化、大同一带，嘉靖四十二年死于万金卫膳房堡。

李宾死后，教权由其妻王氏接续，王氏道号普光，隆庆三年（1569），"通传妙法"，万历四年（1576）去世。与李宾同葬于膳房堡碧天寺内，此后，教权由两个女儿授传，大女普净、二女普照，后由普照之女普贤接传教权。这五人被称为黄天教五佛祖。普贤之后教权转回到李姓、李宾胞兄李宸的后代手中，黄天教有几部有名的经卷：《普明宝卷》；《弥勒佛地藏十王宝卷》；《圆明宝卷》；《众喜宝卷》等。

黄天教从教义内容上更加接近道教，它要人们兼修性命之功，进而结丹得道，同时它热衷于作道场，为人们免罪消灾、超度亡灵。其时嘉靖皇帝"好鬼神事，日事斋醮"，影响到社会风气，故黄天教创立时不仅采纳全真道，也采纳了正一道，包含着对现实的强烈否定和对未来的美好憧憬，满足了底层群众的精神需要。

伊斯兰教经堂教育兴起

明代以前的伊斯兰教教育存在严重缺陷：一方面穆斯林对阿文经典囫囵其辞，不甚了了；另一方面司铎者只有口译口讲，难得普及。鉴于这种状况，陕西经师胡登州（1522～1597）一改以往以家庭为主、以口传手抄《古兰经》为主的办法，借鉴我国传统的私塾教育和阿拉伯经学教育的经验和模式，建立起正规的经堂教育制度，

《古兰经》抄本（14 世纪）

明代所建的西安化觉巷清真寺碑楼

开一代风气，被尊称为"胡太师祖"。

胡登州以清真寺为经堂、阿訇为教师，以经典为读本，招收一定数量的回族子弟，由阿訇集体传习经典，学生毕业时挂幛（标示学历之锦帛）穿衣（回教礼服），学生的衣食住费用由教民供给。经堂教育后来形成两大经学学派：陕西学派和山东学派。陕西学派以胡登州及其初传弟子为代表，其学精而专，一般专攻阿文经典不讲其他。山东学派以常志美、李永寿为代表，其重博而熟，长于波斯文，讲课时阿文、波文兼授，除此以外还有一些小的学派。

经堂教育在发展过程中由单纯学习《古兰经》扩展为系统的宗教教育，有《古兰经》、《圣训》的经典注释课，有教义学、教法学、阿文语法修辞等，读本并无统一规定，但逐渐形成"十三本经"，即有十三本书是经堂学生必读的，在中国已流传了数百年。十三本经是《连五本》、《满雨》、《白亚尼》、《遭五·米素巴哈》、《阿戛依杜·伊斯俩目》、《合来哈·伟戛业》、《虎托布》、《米尔萨德》、《艾尔白欧》、《艾什尔吐·来麦尔台》、《海瓦依·米诺哈吉》、《古洛司汤》、《古兰经》。

整个经堂教育的时间有五六年之久，

这种经堂教育形成了具有中国特色的伊斯兰教育制度，培养出了一大批中国穆斯林学者和人才。

私家藏书楼天一阁建成

天一阁创建于明嘉靖四十年（1561），约建成于嘉靖四十五年（1566），位于今浙江省宁波市西月湖边，是中国现存最早的私家藏书楼。阁主人范钦（1504～1585），字尧卿，号东明，明浙江鄞县（今宁波市）人。嘉靖十一年进士，历官至兵部右侍郎。生平好学，性喜读书，为收集图书，曾遍访藏书名家和各地坊肆，遇未见善本，即借阅抄录，日久收藏甚丰，乃建阁存置藏书。

天一阁取意于"天一生水，地六成之"之说，主建筑有尊经阁、天一阁等，占地2000多平方米。天一阁为一座两层楼房，上层不分间，通为一厅，以书橱相间，下层则分为6间。图书全部贮于上层，其书橱下各置一块英石，以收潮气，橱内并置有芸草以防虫蛀，楼上前后有窗以利通风，其建筑形态及规制对日后修建藏书楼有积极影响。清乾隆时为了建阁贮藏《四库全书》，曾派人到宁波察看天一阁的建筑式样，后来便参考其规制建造了考藏《四库全书》的文渊阁等七阁。天一阁还为《四库全书》的编修献书638种并受到

印有黑框龙纹的明代竹纸

嘉奖。

天一阁原有藏书7万余卷。由于范钦一生笃爱藏书，其收集图书并不专注于明以前旧本，也十分重视收集当代资料，因此，天一阁所藏以明代各省地方志，洪武、永乐以下各省登科录及各省乡试、会试、武举录为一大特色，尤为珍贵。地方志中，有些是属于边远地区如云南、海南岛等地，皆为难得的资料，对研究中国边远地区历史及文化都有重要价值。此外，还保存了许多明代学者的著述、诗文集，以及明代所刻明以前古籍。因此，天一阁对保存中国古籍也起到了积极作用。

天一阁有一套严密的图书保管制度，范钦的子孙也能严格遵守，故阁中藏书一直保存完好。这在私家藏书史上是绝无仅有的。但天一阁藏书在明末清初之际曾有一些散失，此后屡遭人为的掠夺。道光二十年（1840）鸦片战争爆发，英军攻占宁波后闯入天一阁，劫去《大明一统志》和地方志数十种。咸丰十一年（1861）太平军进驻宁波后，当地盗贼乘乱入阁，盗窃藏书甚多。1924年上海一些不法书商雇佣盗贼潜入阁中，盗出藏书约千余种，损失巨大。至此阁中藏书只剩1.3万余卷。

明行匠户制度

明代沿袭了元代的匠户制度，将人户分为民、军、匠三等。其中匠籍全为手工业者，军籍中也有不少在各都司卫所管辖的军器局中服役者，称为军匠。从法律地位上说，这些被编入特殊户籍的工匠和军匠比一般民户为低，他们要世世承袭，且为了便于勾补而不许分户。匠、军户若想脱离原户籍极为困难，需经皇帝特旨批准方可，而身隶匠、军籍是不得应试侪于士流的。明代匠户分为轮班和住坐两类。明

代前期，官营手工业处于鼎盛时期，工匠总数大体上在30万人上下浮动，其中80%属于轮班匠，20%属于住坐匠。住坐匠一般附籍于京师及其附近，就地为封建统治者服役；而轮班匠则住在原籍，按其远近，排定班次轮流到指定地点（多为京师）服役。

明代紫檀四开光坐墩

明代在人身束缚和工作自由度方面改变较大的是官营手工业和重大工程的主要承担者轮班匠。洪武十九年（1386）正式确立了轮班匠的征集使用具体规定，即各地划入匠籍的工匠分为若干班次，每3年到京师服役3个月。但政府各部门每年需求不一，再加计划不周，有时到京师的工匠"无工可役"。洪武二十六年（1393）遂进行改革，打破了3年一班的硬性规定，根据各部门实际需要重新规定5种班次；景泰五年（1454）再次进行匠役改革，全国划一为4年1班，终明未变。

轮班匠的劳动是无偿的，要受工官作头的管制盘剥，工匠以怠工、隐冒、逃亡等手段进行反抗，明政府不得不制定了适应商品经济发展的以银代役法。成化二十一年（1485）规定，轮班匠愿出银代役

者，"每名每月南匠出银九钱，免赴京"，"北匠出银六钱，随即批放"。弘治十八年（1505）取消了南、北匠差别，改为可征银代役，无力交银者仍亲身服役。嘉靖四十一年（1562）起，轮班工匠一律征银，政府则以银雇工。这样，轮班匠实际已名存实亡，身隶匠籍者可自由从事工商业，人身束缚大为削弱。明中期开始的逐步深化的匠役改革无疑促进了民间手工业生产的发展。到了清入关后，持续了 4 个半世纪的匠户制度正式终结。

押租制盛行

明代中后期，中国农业生产力提高，商品和货币关系有一定的发展，农民向地主交租由实物分成租向实物定额租和货币定额租转化。与此同时，由于土地集中，人口增长，农村两极分化日益严重，农民抗租斗争频繁，地主为了防止佃农欠租，在出租土地时向佃农索取一笔押金作为保证，形成中国封建社会后期一种新的租佃制度——押租制。

押租制规定：凡以田出租，必先取押租银两，其银无息；正租谷照常征收，但有押少租重，押重租轻的情况；起租之日，押租钱照数退还；地主不退押租钱文，不能随便换佃等。这样佃农在交纳押租后，一般照交正租，如果欠租，地主就在押金中扣除；押金没有利息，退佃时归还佃农。如押金数量不大，地主往往借故不归还；但当押金超过一定数额，佃农可减纳正租。押金未退，或押租关系尚未满期，地主不能随意换佃。有些地区佃农还可以将已交纳押金的土地转佃别人。押租多少，随正租轻重、土地肥瘠、人口密度等而有很大区别。愈是人口密集、土地肥沃的地区，押租愈加沉重。押租额常超过正租额，从

一二倍至五六倍，甚至七八倍、数十倍。提高押金数量称为加押，越到后来，加押现象愈为普遍。

押租制保证了地主地租的实现，限制了佃农在土地上的移动自由，强化了地主与佃农的租佃关系，因而不利于生产力的进步。

全国推行一条鞭法

万历九年（1581），张居正进行赋税改革，在全国推行一条鞭法，以均平赋役负担，增加财政收入。

一条鞭法的主要内容为以下三项：一、田赋除实收实物外，也可以用银两折纳；二、可以以钱代役；三、丁粮由地方官吏直接办理，废除粮长、里长办理征解赋役之法。

一条鞭法的基本精神是，通计一省丁粮，均派一省徭役，将均徭、里甲与夏秋两税合而为一，摊丁入亩，量地计丁，而后按亩征银。当然，由于各地情况不同，摊派比例也不同，有的以丁为主，田为辅；有的以田为主，丁为辅；有的丁田各居其半。因为是将赋、役等各种条目合并为一条，所以称之为一条鞭法。

实行一条鞭法，简便了赋役手续，是中国赋役制度上的一次重大改革，尽管当时引发许多争论，但实际上徭役可以以钱代役之法，使农民得以离开土地，成为城镇手工业劳动力，并促进货币地租之产生及部分农作物之商品化，是有利于商品经济发展和资本主义生产关系萌芽的。

自一条鞭法实行之后，国库日益充盈，而豪民大户则多对张居正产生不满，并竭力阻挠反对，一条鞭法实施不久即行停止。但是，以钱银代替实物税和劳役的做法却保留了下来。

多种经营普及

　　明初，为收拾战乱造成的经济局面，朝廷鼓励农民垦荒发展副业。到明中期社会经济全面恢复，手工业日趋发达，商业繁荣，社会分工进一步发展，农业在当时商品经济发展的刺激下，逐渐由单一经营转为多种经营，经营方式也随之改变，出现了雇工经营商品性作物的地主和佃富农。农民也被卷入贸易网络中，商品性农业得到迅速发展。

　　棉花的种植在宋元时推广，到明代，棉花"种遍天下"，且在一些地区，产品主要面向市场。各地根据土质、气候不同培育出不同品种。《农政全书》中举出8种，有江花、北花、浙花、黄蒂、青核、黑核、宽大衣、紫花等。

　　蚕桑业也有大发展。杭嘉地区桑树种植最为发达，有些地方已超过稻米种植。湖州"以蚕为田，故胜意则增饶，失意则农困"（《西吴枝乘》）。嘉兴、严州、绍兴、台州等地植桑很多。四川的阆中、北方的山东逐渐成为植桑业中心。

　　纺织业的发达带动染料作物的种植，最重要的是蓝和红花。种蓝最多是福建、江西，次为浙江、江苏。红花的种植很普遍，温州每年有大量红花运销外地。

　　而广东的番禺、东莞、增城一带，"蔗田几与禾田等矣"，"白、紫两蔗动辄千顷"（《广东新语》卷二十七）。福建南部"其地为稻利薄"，"往往有改稻田种蔗者"（《泉南杂志》卷上）。四川、浙江的植蔗业也有一定发展。

　　烟草在万历时传入福建、广东，迅速向其他省分推广。崇祯皇帝虽下令严禁种烟，但到崇祯末年，已是"艺及江南北"（《枣林杂俎》）。

明代松江府是当时全国的纺织中心。图为松江风光。

　　果木的专业种植也有显著发展。广东、福建、浙江、江西、四川、江苏等省多种桔。福建、广东还盛产荔枝、龙眼。北方的果树品种如枣、梨、杏、桃、苹果以及榛子、栗子、松子等种植很广。城镇附近的蔬菜和花卉种植业也日趋兴旺。

　　经济作物和园艺作物受市场需求的刺激不断扩大种植面积，粮食作物播种面积相应缩小。非农业人口的增加促进了粮食生产的商品化。

王士性游天下

　　明晚期，人文地理学家王士性几乎游遍全中国，并将旅游所得著成《五岳游草》、《广游记》、《广志绎》等。

　　王士性（1546～1598），字恒叔，号太初，又号元白道人。自幼聪颖好学，是山西布政使王宗沐的侄子。万历五年（1577）进士。性喜游历，官迹所至，几遍全国。

　　在担任河南确山县令时，王士性有机

中国通史

最新整理图文珍藏版

2418

会游历嵩山；后擢礼科给事中，又游泰山、华山、恒山；任职广东期间又游衡山；其足迹涉及10个州的众多名山，他将所游名山以诗和图的形式记录下来，揖成《五岳游草》，其中图记7卷、诗3卷。《五岳游草》另有杂记2卷，题名《广游记》，二者合称《五岳游草》共12卷。从卷一至卷七依次记录了其游五岳大江南北，吴、越、蜀、楚、滇越等地的山川形胜。卷八、九、十为诗；卷十一、十二为各种杂记。此书的一小部分内容转录于清初顾炎武的《天下郡国利病书》卷一的《舆地山川总论》中，主要讲述中国的地脉、形胜和风土，其中不乏独到的见解。万历二十五年（1597），王士性写成《广志绎》6卷，从卷一到卷六分别是：方舆崖略，两都（南北两直隶），江北四省（河南、陕西、山东、山西），江南四省（浙江、江西、湖广、广东），西南四省（四川、广西、云南、贵州），四夷辑。最后一卷只存目录，所以全书实际只有5卷。这是一部相当于现代人文地理的专门著作，非常精邃地论述了人与环境的关系问题。例如，通过对今浙东地区的考察，他认为那里地貌形态、水泽分布情况、海陆分布情况，即地理环境的不同，是造成人民生产和生活方式不同的重要原因。地理条件不同，自然会影响人民的经济条件；经济条件又会影响人民的风俗气质。从而造成平原地区较发达，山区相对落后的局面。他的这种人地关系

明万历年间修建的广西容县真武阁，阁中四根金柱的柱脚悬空。

推论，虽不尽正确，但在400多年前已属难能可贵。

王士性对于各种地理要素极富观察能力，通过考察，他还发现不同的地貌，造成不同的生存环境，同时也塑造了各地人们不同的禀性和气质。因而在关中高原横亘之地，人们自幼就和困难斗，不怕吃苦，往往锤炼成一付"关东大汉"形象。实际上这是接触到地理环境直接影响人的素质和文化机制问题，属于现在所说区域文化这一范畴。

王士性足迹踏遍全国，他将本人实地考察所得著成书，这一点和后来的徐霞客有共同之处。其著述几乎涉及文化地理、农业地理、城市地理、历史地理、旅游地理、军事地理、民族地理等人文地理方面的广泛内容，丰赡而翔实。

耶稣会龙华民入华

明万历二十五年（1597），意大利天主教耶稣会传教士龙华民到达中国传教。

龙华民（1559～1654），意大利人。此次来华传教，是受葡萄牙殖民势力支持的。他先是在韶关（今广东韶关）进行传教活动，后继利玛窦万历二十四年（1596）出任在华耶稣会会长后，成为该会第二任会

明万历年间兴建的内蒙古喇嘛教寺院——大昭寺

长。1654年卒于中国。

龙华民在华传教58年，使天主教在中国更为传播。此外，他还参加了明朝修历工作，曾参与《崇祯历书》的修订。

番薯、玉米、土豆等传入中国

明代中后期，农业生产得到发展，多种农作物如番薯、玉米、马铃薯、花生、西红柿等的引进起到很大作用。它们都原产美洲。

番薯在明代文献中称白蓣、红蓣、紫蓣、红薯、金薯、番葙、红山药等，产量高，极易栽种。15、16世纪，葡萄牙、西班牙人将它传到非洲、印度和印尼、菲律宾等地，再由陆、海路传进中国。陆路是自印度、缅甸而云南，约在16世纪30、40年代。海路是由菲律宾到福建，还有越南到广东，在16世纪70、80年代。《闽小记》载："万历中，闽人得之外国……初种于漳郡，渐及泉州，渐及莆。"又据《金薯传习录》说：万历二十一年（1593），福建长乐县商人陈振龙从吕宋带回薯蔓，在家乡试种。清代《东莞凤岗陈氏族谱》说东莞人陈益于万历十年（1582）将薯种从越南带回东莞。徐光启则是最早把番薯从岭南引种至长江流域的人。

玉米明代文献称御麦、玉麦、西番麦、玉蜀黍、玉高粱等。明代兰茂（1397～1476）所著《滇南本草》卷二中有关于玉米的记载："玉麦须，味甜，性微温，入阳明胃经……"可见最迟于15世纪玉米已传入我国，途径一由缅甸、印度入云南，一从东南沿海传浙江、福建和广东。此外也可能从中亚细亚沿丝绸之路引进。在明代，玉米种植尚不广泛。《本草纲目》称："玉蜀黍种出西土，种者亦罕。"

土豆即马铃薯或洋芋。大约在明末传入我国。清顺治七年（1650）荷兰人在台湾曾见到当地人栽培马铃薯，称之为"荷兰豆"（何炳棣《美洲作物的引进、传播及其对粮食生产的影响》）。大陆开始栽培马铃薯在17世纪后期，《致富纪实》载："洋芋，出俄罗斯。"从俄国入我国东北也是一条引进途径。

花生古代文献中称地豆、番豆、白果、长生果、万寿果、人参果等，过去认为我国花生由南美洲传入，但本世纪50年代以来先后在浙江吴兴钱山漾和江西修水山背遗址中发现五六千年前的碳化花生，故有人认为我国也是其原产地之一。关于花生的传入引起争议。嘉靖元年（1522），葡萄牙人被驱出广州后便在漳州、泉州等港非法通商，落花生也随着输入。花生的记载最早是嘉靖《常熟县志》、万历《嘉定县志》和黄省曾的《种芋法》、王世懋的《学圃杂疏》。

西红柿又称番茄。大约在16世纪末或17世纪初的万历年间引入。万历四十一年（1613）山西《猗氏县志·物产·果类》和四十五年（1617）年赵山函所撰《植品》都有"西番柿"的记载。番柿即番茄。番茄引进我国后，传播十分缓慢。

利玛窦定居北京

万历二十九年（1601），意大利传教士利玛窦二次进京，向明神宗朱翊钧献自鸣钟、八音琴三棱镜、天主像、圣母像、《万国图志》等贡物。万历皇帝接见了他，并允许他长驻北京传教，在朝廷任职，赐他俸禄。利玛窦感到无比荣幸，自此定居北京。10年后去世。神宗下诏以陪臣礼葬于北京阜成门外。

利玛窦（1550～1610），字西泰，出生

中国通史

最新整理图文珍藏版

利玛窦像

于意大利安可纳洲马切拉塔城。1571年他21岁时，加入耶稣会。1577年从意大利航海东行来到澳门学习中国汉语文字。万历九年（1581）开始在中国传教，在内地建立第一个传教会所。同时也开始了他向中国传播西方近代自然科学的生涯。

为了在中国顺利传教，他苦学汉语，改随中国习俗，被称为"西儒"。后来，为便于同明朝官员和士绅交往，改穿儒服，蓄须留发，起中国名字为利玛窦。在他之后的传教士，也仿效他，来中国后起中国名字，形成一种固定的习惯。

他先后在广东肇庆、韶州、梅岭及南昌等地传教。其间，他绘制《山海舆地图》（后以《坤舆万国全图》等名多次刊行），仿制地球仪、日晷等，为时人所重。在学习"四书章句"后，自行意译成拉丁文，并加注解，成为《四书》最早的外文译本，在译本的序文中他称颂儒家的伦理观念，把"四书"与罗马哲学家塞涅卡的

名著相提并论。他完成了第一部中文宗教论著《天学实义》（后易名《天主实义》）初稿。

1597年，他被任命为耶稣会中国传教会会长。次年，筹措贡物，以协助修正历法为由，随进京复职的礼部尚书王忠铭北上进京。后未被获准在京居留，遂即南返。至第二次进京前，居于南京，结识李贽、徐光启等，声名益盛。

定居北京后，他结交了许多官员贵族、学者名流，如李之藻、冯应京、沈一贯、杨廷筑、叶向高、曹予汴等，向他们介绍西方的地理、数学、天文等科学知识，由利玛窦口述、徐光启翻译出版了数学著作

今北京社会科学院内的利玛窦墓碑

徐光启（右）和利玛窦论"道"

学知识传到中国来，又把中国的文化介绍给欧洲，成为明代中西文化的沟通者，并逐渐引起"西学东渐"之潮。

利玛窦融汇二教

利玛窦在传教过程中，为使天主教迅速在华传播，以一种职业宗教家的敏感，迅速找到了为取得民众好感而乐于接受的汉民族在儒家"敬鬼神而远之"宗教观的熏陶下形成的一种特殊的宗教心理。他看到，中国人更喜欢为一般民众应用的宗教，把中国古时的几位哲学家言及道德与良好政治的训言当教义。由于中国儒学的地位根深蒂固，利玛窦就采取"排佛补儒"的战略来取悦于儒生，研习儒家经典，把儒家经典同天主教义的相似之处归纳在一起，写出《天主实义》等著作，有选择地介绍天主教的知识，调和儒学与天主教的教义，把儒学的创始人孔子的《诗》、《书》、《礼》、《易》等典籍中某些语焉不详的字句，通过阐释为天主教所用，极力用儒家经典中的文字来阐发基督教教义，抹杀两者差异。如儒家最重孝道，利玛窦则附会宣扬孝道要尽三方面义务，即向至高无上的天父——上帝；向一国之父——君主；及向生身之父。把儒家的"仁"同天主教的"爱"等同，把儒家的"重义轻利"同天主教蔑弃现世物质利益，追求永恒天国等同。他又对儒家及其他宗法性传统宗教中祭天、祭祖等活动采取宽容态度，允许信天主教的中国人在家保留祖宗牌位，在官场参加祭孔等。

利玛窦在传教中把儒学同天主教融合在一起，在很大程度上迎合了中国士大夫的心理，迎合了下层人民群众的心理，因此受到普遍欢迎，为他大规模传教铺平了道路。

《几何原本》前6卷、《测量法义》等；李之藻从利玛窦问学，撰《浑盖通宪图说》、《圜容较义》、《同文算指》等。

他在《天学实义》中援引儒家经典来论证基督教教义，称"我太费心思，从那儒教先师孔子身上觅取我们的见解；我援引书中有意义不明的章句，作有利于我们意见的解释"；"如果我们毅然对（儒、道、佛）三教同时进攻，那么我们就没有回旋的余地了……"他容忍尊孔祭祖等中国的社会习俗，费尽心思对华传教，却遭到西方和在华传教士的许多争议。但他却在传教过程中，钻研中国典籍，研究中国的政治、宗教、风俗，既把西方先进的科

西方地图法传入

万历二十九年（1601），意大利传教士利玛窦第二次来到北京，向皇帝呈献礼物，其中有《万国图志》一册，引起万历皇帝的极大兴趣，从而使西方地图法传入中国。

利玛窦在中国居留共 28 年，所编绘的地图有《山海舆地全图》、《世界图记》、《山海舆地图》、《舆地山海全图》、《舆地全图》、《万国图志》、《坤舆万国全图》、《两仪玄览图》等多种。

自从利玛窦的各种世界地图编绘问世以后，引起朝野人士的重视。利玛窦带来了一系列有关地图和地学的西方近代科学方法，包括采用有等积投影和方位等距地投影的地图投影方法，它第一次打破了中国人"天圆地方"的传统旧观念，使中国学者认识到中国只是地球的一小部分。另外，在利玛窦的地图上已经以北极圈、昼长圈（即北回归线）、昼短图（即南回归线）、南极圈等为界，划分为热、温、寒五带；再有就是图上的海陆分布，已大体反映了其基本轮廓；世界地图上附有的日、月蚀图，看北极法（即测定地理纬度法）、太阳每日赤纬表、中气图以及地球的概念等等，对于当时的中国知识界来说，都是十分新鲜、闻所未闻的事物，大大开拓了人们的眼界，从而使中国一二千年流传下来的地图学受到了强烈的冲击，并随之开始改革。

当然，中国当时的地图学知识也给了利玛窦很大帮助，在他当初带到中国来的世界地图上中国的轮廓是极含混不清的，不可能有中国详细的行政区划和山川形势。后来利玛窦在中国编绘世界地图时，由于参考了许多的中国地图，从而使世界地图的内容得以充实和改进。徐光启等人跟从利玛窦学习并积极介绍近代西方先进科学知识，客观上对中国的思想启蒙起到了推动作用。并促进了中国近代科学包括地理学和地图学的发展。

伊斯兰汉文译经出现

明代以前中国无汉文伊斯兰教经典与论著译本，长期使用汉语和接受儒家思想熏陶的中国穆斯林难以完全适应阿拉伯和波斯的原封不动的宗教传统。因此，伊斯兰教的信仰和学术，不能不在内容上和语言上吸收中国传统文化特别是儒学的营养，同中国固有文化作更大程度的调适，努力建设中国化的伊斯兰教文化。

伊斯兰教在理论上正式汉化始自汉文译者的出现。回族的儒家学者用汉文翻译伊斯兰教典籍，用汉文撰述伊斯兰教理论，根据中国传统文化的精神和中国穆斯林的心理与素养，对伊斯兰教教义作出创造性的解释和发挥，使之适应中国的社会环境。这样的理论活动，开始于明代末年，活跃于清代前期，王岱舆、刘智、马注、马德新四大家最负盛名，其中最早的创始者是明末的王岱舆，被推为四人之首，在开创伊斯兰理论发展新局面上有不可磨灭的贡献。

王岱舆，生于明万历十三年（1585），别号真回老人。他在完成经堂教育后刻苦钻研儒、佛、道及百家诸子之学，终成一位博通伊、佛、道、儒四教的大学问家。王岱舆的第一部汉文作品是《正教真诠》40 篇，全书贯穿着"以儒解回"的精神。初版刻印于崇祯十五年（1642）；第二部汉文著作《清真大学》是一部系统阐述伊斯兰宗教哲理的专著，围绕着"真一、数一、体一"三大概念展开其理论体系，提

陕西西安化觉寺巷清真寺中轴线上的省心楼，是礼拜前召唤教徒之处。

出真主创造宇宙的模式：真一（真主）→数一（无极，太极，即媒介物）→阴阳→天地（日月星辰）→土水火气→世界万物。第三部汉文著作《希真正答》是他弟子伍连城整理编辑而成的，清代只有传抄本。民国时期才正式排印。王岱舆的汉文著作以著为主，以译为辅，以其深刻和新颖在教内外受到普遍重视和好评，满足了汉语学者渴望了解伊斯兰教义的需要，扩大了社会影响。

华人入南洋开始

16 世纪在海禁与反海禁斗争中形成的南洋移民潮，使每年都有成千上万的福建、广东移民进入南洋各地。菲律宾的吕宋、印度尼西亚的巨港（旧港）、万丹、苏鲁马益、杜板、暹罗，马来西亚的马六甲、北大年、吉兰丹，上缅甸的江头城（杰沙），下缅甸的勃固，加里曼丹西部和美洛居（马鲁古群岛），都有成批华人聚居地，出现了近代东南亚的华侨社会。

马来半岛的马六甲是 16 世纪东南亚最繁荣的国际市场，当地有许多泰米尔人、马来人，也有华人。西爪哇万丹王国的首都万丹，聚集着来自亚洲各地的商人。华人居住在城外西郊用土墙围集的居住区，欧洲人称作唐人街。17 世纪初万丹华人约有三四千人，等候每年一月到来的中国帆船，大量收购胡椒和香料。华人开设的店铺出售各色生丝、绸缎、瓷器、漆箱、色纸、金裱的书籍、眼镜、刀、扇、唐伞、硫黄。1619 年荷兰人占领雅加达后，将它改建巴达维亚城，数以千计的华人从万丹迁往该地。原籍福建同安的苏鸣岗当上了第一任头领，称甲必丹。华人在此开办蔗糖厂，提高了爪哇白糖的品质和产量。华人又用曲和酵母酿造美酒，使酿酒业大有进展。

马六甲的衰落以及西班牙殖民势力自 1565 年后在宿务、吕宋的扩张，刺激了中国帆船和商人转向吕宋。成批移居马尼拉的华人被限制居住在城东的"涧内"，那里有巨大的丝绸市场。马尼拉的华人居住区迅速扩大，1571 年时华人仅有 150 人，至 1590 年时至少已有 7000 人，到 1602 年便增加到了 30000 人。中国帆船包揽了菲律宾各地的生活需求品，中国船给菲律宾运去的有丝绸、米谷、面粉、水果、金属、陶瓷、硫黄、水银、香料，甚至牛、马等力畜。马尼拉依赖华人移民而成为一个热闹城市，西班牙人把涧内称为"巴连"市场。

1590 年西班牙派往菲律宾的首任天主教大主教沙拉萨，在他写给国王的报告中说：住在"巴连"内的华人有裁缝、修鞋匠、面包师、蜡烛匠、糖果商、药剂师、画师、银匠，住在"巴连"外的有渔民、果农、织工、砖瓦匠、泥水匠、木工、铁匠。"巴连"每天都供应猪肉、鸡、鸭、鱼、蛋、牛肉、蔬菜和中国食品。中国工匠制造的产品不但工巧胜过西班牙，而且价格低廉。当地居民对深入各岛的华人零售商，尤其因为买卖公平、供应对口、服务周到而热忱欢迎。中国的园艺、手工技术成为开发菲律宾不可或缺的宝贵财富。1593 年华人龚容在马尼拉开办了第一家印刷厂，印刷了菲律宾第一部书《基督教教义》，并刻过《无极天主正教真传实录》的中文书籍。龚容又使用过活字印刷机，是将中华印刷文化引入菲律宾的第一人。

1593 年福建人陈振龙私自将薯蔓运回福州，从此被广泛种植。华人还将烟草等作物引入家乡，推动了农业生产的发展。

推拿定名

在明代，将前代按摩术易名为"推拿"。

明代推拿主要是小儿推拿，代表作是龚廷贤的《小儿推拿秘旨》和周于蕃的《小儿推拿秘诀》。

龚廷贤，字子才，号云林、悟真子，江西金溪人，约生活于十六七世纪。世代

明代王思义绘《三才图会·身体图会》一书中的几种疮疡图

业医，他随父习医，又访贤求师，遂从医术闻名。后被选任太医，获"医林状元"匾额。生平撰述内、外、妇、儿各科医书 10 余种。其中刊于万历三十二年（1604）

的《小儿推拿秘旨》是现存较早、较完善的小儿推拿专书。他认为小儿"体骨未全，血气未定，脏腑薄弱，汤药难施"。因而推拿术对小儿保健医疗更具有其独特的疗效。书中穴位与推拿治法还用歌诀表述，言简意明，易记可用。此外，药物疗法也有所记载，是一部具有较大实用价值的儿科著作。

周于蕃，字岳夫，蒲圻（今属湖北）人。通晓医理，尤精推拿术。其《小儿推拿秘诀》撰成于万历三十三年（1605），以指代针治疗婴儿疾病，甚为后世儿科学家所推重。书中论述推法、拿法、阳掌（掌面）诀法与阴掌（掌背）诀法，介绍了手上推法九则的名称、功用和操作，还简明扼要地指出"身中十二拿法"的穴位与功效。周于蕃临床诊治小儿病也颇具特色，他常用葱姜汤推，用艾绒敷脐，用葱捣细捏成饼敷贴穴位进行治疗。清代名医张振鋆参订周于蕃之书为《小儿按摩术》，并据此改编写成《厘正按摩要术》一书。

妖书之狱起

万历三十一年（1603），皇长子朱常洛被立为太子后，在内阁大臣朱赓寓门外发现一书，名为《续忧危竑议》，其书措词诡妄，时人视为"妖书"。妖书已不是第一次出现，因而神宗大怒，诏令厂卫广捕奸人，遂兴大狱。

此前，在万历十八年（1590），山西按察使吕坤曾撰有《阃范图说》一书，送入宫中后，神宗以赐郑贵妃，贵女己喜而重刻之。事隔数年后，万历二十六年（1598）秋，京师忽然行无名氏所撰的《阃范图说》跋，名为《忧危竑议》，该文大意说：此书首载汉明帝皇后马氏由宫人

而进位中宫，意在暗示郑贵妃将为皇后；而郑贵妃重刻此书，目的是欲立己子常洵为皇太子。并进一步攻击吕坤与贵妃勾结成党。后经吕坤辨明，神宗置之不问。

至是又出现《续忧危竑议》一书，该出假托"郑福成"为问答，说帝立东宫，出于一时无奈，将来必有变更，现用朱赓为内阁，"赓""更"同音，可见帝心已寓更易太子之意。而"郑福成"三字，显指郑贵妃与福王，"成"字是当承大统。于是众人视为妖书，慌忙呈上御览，神宗敕有司索捕奸人，于是厂卫在京中大肆搜捕，都城人人自危。

在此案中，郭正域等廷臣也被牵连在内，有的被捕下狱，严刑讯问；有的革职为民，勒令归家；家属无辜，也遭株连。后来东厂捕得"妖人"皦生光，逼其承认是作者。明年（1604），磔皦生光于西市；妻子戍边，郭正域等免去牵连，妖书一案至此方才结束。但妖书作者始终未明，而朝廷内部的斗争更未因此而停止。

天文学复苏

明万历年间（1573～1619），停滞近200年的天文学开始复苏。

万历十二年（1584），兵部职方郎范守己曾自己制作浑象并向人讲解，吸引了很多观众。为满足人们要求学习天文的强烈愿望，他著《天官举正》并公然反对禁习天文的历令。从此修习天文学的人多起来。

万历二十三（1595）年，皇家子弟朱载堉经多年潜心研究编成《圣寿万年历》并进献皇帝，虽未颁行却被发往钦天监测验，这实际上表明禁令已经有所松弛。朱载堉所编历法有许多独立见解，在将授时历和大统历作了仔细比较之后，认识到两

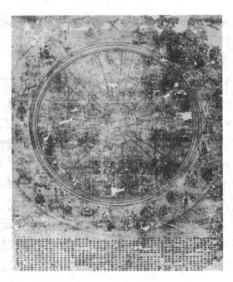

福建莆田天后宫明代星图，绘有九曜二十八宿星象及1400颗星。

者均有偏差，于是取二者的中间值，作为编历的依据，而计算月食不应有时差订正，时差只适用于日食，他以实验的方法说明这一问题，表明了其务实的学术精神。

在朱载堉呈献新历后不久，河南佥事邢云路又上书要求改历。邢云路也是一个有创造性的天文学家，他在兰州树起了高达60尺的高木表，这是当时最高的高表，并用它测出冬至时刻，求得大统历推算的误差值。所著《戊申立春考证》记载了他以实测的方法求出回归年长度为365.242190日的事实，这个数值比用现代理论推算的当时数值仅小0.000027日，其精确度是当时的世界先进水平。在其72卷的巨著《古今律历考》的最后一卷中，他甚至提出了行星受太阳牵引的思想。当他以实测的方式获得大统历冬至时刻相差9刻的结果后，据以计算出几个正好交于子夜附近的节气，以节气相差一天，影响了朝廷朝贺大礼为理由争取皇帝的支持。虽仍有人企图用禁令制裁邢云路，但他得到了礼部尚书范谦的支持。

经过朱载堉、邢云路等皇室子弟及大

臣的不懈努力，人们取消禁令的呼声越来越高。修习天文学的人也越来越多，此后，明代天文学开始复苏。

西方天文学传入中国

明万历年间（1573～1619），西方传教士开始进入中国，带来了包括天文学在内的西方科技，展现给中国人一个全新的广阔视野。

1583年，意大利传教士利玛窦来中国传教时，带来了一个星盘，并为对此感到新奇的李之藻讲解其构造、原理和使用方法，同时还传授了一些相关的天文知识。李之藻为此著《浑盖通宪图说》，全书2卷，上卷以图解方式讲叙星盘盘面各种坐标网的绘制法，下卷介绍其使用方法，它使用欧洲量度制，首次将黄道坐标系引入中国，给了晨昏蒙影以严格的定义，书中的很多内容都是中国古代天文学史上很少涉及的问题，欧洲当时航海的热门话题——利用月食测量地理经度的原理也在书中被介绍。《浑盖通宪图说》的最后一篇是浑象介绍。它将欧洲天文学的发展水平和现状较为翔实的展示出来。

此后，利玛窦和李之藻又合著《经天该》，这是以西方星图为底本，仿造《步天歌》作的认星七言歌辞。开创了中西星名对照研究的学术风范。

而阳玛诺所著问答体著作《天问略》则介绍了托勒密地心体系的十二重天说、太阳的黄道运动、节气和昼夜长短、月相成因以及交食深浅的原因。介绍了伽利略发明望远镜后作出的新发现，如木星的4颗卫星、银河由密集恒星组成等，都是欧洲天文学的新成就。这部宗教气息很浓的书中展示的不少内容是中国人闻所未闻欧洲天文学发展的新成就。

徐光启译述的熊三拔的《简平仪说》，介绍了测量太阳赤经、赤纬以及定时刻、定纬度的方法，还简论了中国天文学很少论及的地为球形的概念，其所述简平仪乃是耶稣会士熊三拔本人根据星盘原理制作的专门测量太阳经纬度的仪器。比《天问略》更详细地介绍了伽利略望远镜和他的新发现的是汤若望与李祖白合译的《远镜说》，明确说明月亮表面凸凹不平，是致使人们看到其亮度不一的原因。

这一系列的介绍西方天文学发展成就和近况的著作，将一个全新的视角展现给中国人；引起了人们极大的兴趣，当时的一些知识分子汲取这些新知识并将其与中国天文学结合起来，从而极大地促进了天文学的发展。万历四十年（1612）前后王英明撰写的《历体略》（3卷）和同期出现的陆仲玉的《日月星晷式》等，就是这方面成就的代表作。

西方天文学知识在中国的传播，是明末开文学发展的一大特色，对中国天文学发展产生了极大的影响。同时，中国人对外来科学技术的圆融精神也被充分体现出来。

明修三海

三海也就是明代的西苑又称禁苑，是明代帝后们享乐、游览并可以处理朝政的皇家园林。主要位于北京皇城内，宫城西侧。

三海包括今日北海、中海、南海的基本格局。北海水面最为宏阔，总面积达70余公顷，水面占2/3，全园中心为琼华岛，亦是整个三海景观之主导。明代在山巅建广寒殿，在团城及金鳌玉蝀、堆云积翠二桥衬托下，形成全园F主体景观。琼岛北部一改山南中轴对称布局，依山形，随

北海五龙亭

地势置亭廊轩榭，并以曲折婉转的假山、石洞和游廊将诸景点联系起来，高低错落、轻巧别致。山石和洞穴布置构思巧妙，变化奇妙，在亭榭里可饱览北海湖光山色。

自琼岛四望，视野开阔，景观层次深远，起伏跌宕，景山、故宫甚至城外西山景色均可收眼底。

团城位于琼华岛南面略偏西，是一座四周包砌城墙的圆形高台，原为湖中小岛，明代将小岛东部水面填平，与湖岸联成一体，用堆云积翠桥将二岛联结起来，因二岛不在同一轴线上，所以桥为之折形。团城中央有元代建造的仪天殿，岛上古树很多。团城西面有金鳌玉𬟽桥横跨海上，是北海与中海的分界线。

中海为一狭长水面，两岸树木繁密，建筑较少，其景观"翡翠层楼浮树杪，芙蓉小殿出波心"。与北海景观不同。

南海水面大体呈圆形，湖心偏北有名为瀛台，有石桥与岸边相连，主要建筑多集中岛上。

三海水面狭长，布局自然舒朗，与宏伟严整的宫殿建筑形成强烈对比，愈加显出西苑景色之生动幽美。将狭长水面处理毫不单调死板，使3个水面有聚有分，各具特色。三海的园林艺术突出重点，富于变化，整个园林建筑与故宫景山紧密联系一起，体现了我国古代古典园林艺术的优秀传统和高度成就。

计成著《园冶》

计成（1582～?），字无否，明末苏州吴江人，是一位能诗善画的造园家。青年时代游赏祖国名山大川，中年回到江南，专事造园，并且依据自己丰富的实践经验写成《园冶》一书，详尽论述造园理论，被誉为世界造园学的最早名著。

《园冶》全面总结了我国自然山水式园林的造园经验、营筑原则和具体手法。全书分为兴造论和园说两部分。兴造论中高度概括和精辟总结了中国古典园林艺术特征。提出造园要"巧于因借，精在体宜"，"虽由人作，宛自天开"的独到见解。强调"构园无格"，造园无固定格式，须从客观条件出发，扬长避短，发挥其特点"随基势之高下，体形之端正，碍木删桠，泉流水注，互相借资，宜亭斯亭，宜榭斯榭，不妨偏径，顿置婉转"，达到"精而合宜"，"构园得体"的效果。强调在园林经营中，师法自然，经概括提炼，创出真山真水意境，将自然美与人工美融为一体，并且要突破空间的局限，充分扩大视野和观赏的广度、深度，提出"园虽

拙政园远借北寺塔，体现了《园冶》提出的"嘉则收之"的借景构想。

精巧空灵的海棠春坞庭院。这是小庭院处理的佳例。

别内外，得景则无拘远近"，使园内外的景色融为一体。

园说中分相地、立基、屋宇、装折、门窗、墙垣、铺地、掇山、选石、借景等10专项并附图235幅。在园说中提出把园林意境的经营和人们的心灵感受联系起来。并在10个专项中，具体详尽论述从园林规划布局、园林建筑、植物的配置和艺术风格乃至具体的施工工艺和作法等。最突出的一点就是，计成在对假山石的选用上破除当时对太湖石的迷信，提出扩大用材范围，不仅节省造价，而且还收到意想不到的效果。

计成通过大量造园实践，在《园冶》一书中系统总结了我国古典园林的造园经验，极大推动了我国园林艺术特别是清代园林的发展。

晚明史学的崛起

明代，史学较前代有了较大的进步，虽然明代只修实录，不修国史，但它的卷帙浩繁的实录，以及丰富的方志和稗史的著述，使得明代史学走向社会更深层。特别是在明代晚期，出现一大批在史学上具有重要地位的史学家，编修了大量的历史著作，这个现象被称为"晚明史学的崛起"，当时比较著名的史学家有王世贞、李贽、王圻、焦竑和谈迁等人。

王世贞（1526～1590），字元美，号凤洲，又号弇州山人，江苏太仓人，他以诗文名于当世，与李攀龙、谢榛、宗臣、梁有誉、徐中行、吴国伦并称后七子。他的史学成就更为突出，主要体现在史料辨析方面的批判精神。对于搜集整理的资料，他都要对其可靠性进行严格审查，对实录、野史和家乘的"考误"，加以批判。在实际编著方面，有丰富的成果问世，比较重要的著作有《弇山堂别集》100卷，《弇州史料》100卷、《弇州四部稿》174卷、《明野史汇》100卷，其中又以前两者为最。《弇山堂别集》是王世贞亲笔所著，其中卷一到卷十九，记录的是明朝的历史，包括朝章典故、民族关系、中外关系、人物轶事等。卷二十至卷三十，是考实录、野史及家乘之误，这一部分体现了他在史料辨析方面的精神。卷三十一至卷三十六，记叙帝系及宗藩。卷三十七至六十四，记载的是功臣公侯伯、三师、内阁、南北两京六部首长等人的姓名、籍贯、出身及任职时间，资料丰富，记录翔实。卷六十五至卷一百是按专题记录的皇家大事，包括亲征、巡幸、谥法、科试等。

李贽（1527～1602），原姓林，名载贽，号年吾、笃吾，又号宏甫，别号温陵居士，福建泉州晋江人。纵观李贽的史学著作，无不包括着丰富的关于历史评价的批判精神。以前汉、唐、宋三代的史学著作对于历史的评价，一直尊崇"以孔子之是非为是非"的价值观，而李贽则认为，以孔子的是非为唯一的是非标准，这本身就是没有是非，每个历史时期的是非均有所区别，怎么能够以孔子的是非观为定论呢？他的这种思想反映到他的史学观上，他认为作为一个史学家，首先就要打破"咸以孔子之是非为是非"的传统框架，建立自己的是非标准。李贽提出的这些论点，在历史评论的理论发展上，是一个重大的进步，具有很大的史学价值。李贽的史学著作有《藏书》、《续藏书》，前者共68卷，记载的是从战国到元末的大约800个历史人物，后者共27卷，记载的是明代万历年以前的大约400个历史人物。

王圻，字元翰，上海人。在他的一生中，有大量的史学佳作问世，如《续定周礼全经集注》14卷、《两浙盐志》24卷、《东吴水利考》10卷、《三才图说》106卷等。其中最重要、最能体现王圻的史学成就的当属254卷的《续文献通考》。《续文献通考》刊行于明万历三十一年（1603），是一部典制体的历史巨著，记载了自宋宁宗嘉定年到明神宗万历三十年（1602）之间，大约400年的包括南宋、辽、金、元、明五朝的典章制度。这部巨著在马端临所撰写的《文献通考》将内容分为24门的基础上，又增加了节义、谥法、六书、道统、氏族、方外等6门，成为30门。王圻撰写《续文献通考》的原因，主要是鉴于马端临的《文献通考》中，"文"较详细而"献"则显得单薄，因此他在《文献通考》的基础上，充实"献"的部分即"忠臣、孝子、节义之流及理学名儒"的言论，使"文"与"献"都得到广泛的表达。

如果说王世贞是晚明史学的先驱的话，那么将谈迁视为晚明史学的殿军实不为过。谈迁（1594～1658），字孺木，号观若，浙江海宁人。由于他生活在明末清初的历史交接时代，因此他作为一个史学家，具有很强烈的历史反省意识，他的史学著作较为丰富，如《国榷》、《枣林杂俎》、《枣林外索》等，其中《国榷》是他的代表作。《国榷》共104卷，是一部编年体的明史，记载了自元文宗天历元年（1328）到明朝灭亡之后的1645年，大约320年的历史事实。

晚明史学的崛起，是中国史学史上的一个重要的历史阶段，无论写作题材的选取，到对于题材的编排，还是对于史料辨析的批判，抑或对于历史评价的批判，都对后世的史学著作的编撰和史学史的发展产生了很大的影响。

中国木架结构建筑定型

明代建国后，太祖朱元璋实行了一系列恢复和发展生产的政策，促进了农业、手工业、商业的发展，独立的手工业者和自由商人大量涌现。随着科技的发展和提高，极大地推动了建筑业的发展和建筑技术的进步。

一方面是各地民间建筑的大量兴建，在满足使用功能、适应当地自然条件、运用地方材料等方面积累了丰富的经验，形成丰富多彩的地方风格和民族风貌。另一方面是帝王集全国优秀工匠，建造大规模的宫殿、坛庙、陵墓及长城等，集中反映这一时期建筑技术最高成就。

明代建筑结构主要分两种即全部用砖券结构的无梁殿结方式，另一种是木结构

江苏无锡梅村泰伯庙的大殿梁架

建筑。用无梁殿结构的建筑也受到传统木结构建筑的影响，外观造型多仿照木构架建筑的作法。

而在木结构建筑方面，中国木架结构建筑体系经过 2000 多年的发展，由简陋到成熟复杂，进而又向简练的过程。自元代以来木架结构建筑在承袭唐宋的传统基础上有些重大的改革，但还没有形成较固定的做法。到了明代木架结构建筑逐渐趋于定型化、标准化，形成一套成熟的体系和作法，反映了木架结构发展的必然趋势。

木架结构建筑发展和变革最重要的体现在斗栱结构机能的变化上。自元代以后，斗栱的结构功能减弱，比例缩小，排列逐渐密集，几乎成为纯装饰的构件。内檐斗栱也逐渐减少，梁枋直接置于柱上或插入柱中，使梁柱的构造关系简化，联系也更加紧密。此外，柱的比例变得细长，柱的生起、侧脚也很少用了。由于上述变化，明代的官式建筑屋顶出檐变小，屋脊的柔

由向心排列的溜金斗栱承托的、庄严华丽的皇穹宇天花。

和曲线不见了，形成稳重严谨的建筑造型。如山西万荣飞云楼，内檐 4 根粗大金柱直贯 3 层，使 3 层构架混为一体，而各层间又有一些灵活的做法，结构设计合理巧妙，外观玲珑秀美。

明代木构架建筑已经高度标准化、定型化，各构架间都有一定的比例关系，简化了建筑设计和施工的工序，提高了工效，同时也便于估工估料。这种标准化的做法，不仅表现在木构架体系上，而且在门、窗、彩画、须弥座、栏杆，甚至装修纹样上都有充分的反映。

明代木架结构建筑的高度标准化、定型化，形成一些固定的模式和作法固然有许多优点，但这样也给建筑形式带来某些变化，失去清新活泼的韵味。

巨柱林立、气热雄伟的棱恩殿室内

复社建立

明末，东林党声名大振，被各种保

守势力视为大敌。天启三年（1623）后，魏忠贤擅权乱政，东林党人遭到残酷镇压。但江南地区又有一批有强烈政治责任感的中小地主知识分子，接过东林旗帜，运用结社的形式，继续与贵族大地主的腐朽政治作斗争。影响最大的是崇祯年间的复社。

复社的主要领导人是张溥、张采。天启四年（1624），正当魏忠贤飞扬跋扈时，张溥慨然在苏州创立应社。江浙各地的名士纷纷响应入社。应社名义上以读书为社事，实则旨在提倡名节，改变社会风气。天启六年（1626），"苏州民再变"，市民颜佩伟，杨念如、马杰、沈扬、周文元五

张溥为之作《五人墓碑记》的苏州五人墓

人为反抗魏党暴政而献身。次年，魏忠贤死，张溥作《五人墓碑记》热情讴歌五烈士，表达了鲜明的政治立场。崇祯元年（1628）春，张溥、张采在北京召集同志成立燕台社，这标志着二张已由以文会友、探索学问步入政治领域。第二年，正当明王朝危机空前的时刻，张溥以天下为己任，在江苏吴江尹山召开复社成立大会，将南北各地文社合为一社。并提出以忠君爱民（致君泽民）为宗旨，"……期与四方名士

共兴复古学，将使异日者务为有用，因名曰复社。"（陆世仪《复社纪略》卷一）。复社的宗旨继承了东林党的政治主张。张溥说："吾嗣东林。"所以，复社被视为"小东林"。

复社为东南一大社，并以江南为中心。张溥还立社规，制社词，定课程，互相分工，以共同振兴学术，培养人才，拯救明室为先务。在组织方面，各地均设有社长，专门负责内政和外交。又通过编辑文集详细登录社友姓名，以示门墙之峻；分注郡邑，以见声气之广（《复社纪略》卷一）。复社"党羽半天下"，全国18个省、市有姓名可考的社员达3025人；文章数千篇。"从来社集未有若是之众"，"社艺亦未有如是之盛"。张溥被称为"在野政党之魁杰"。

复社是中小地主阶层知识分子的政治联盟。虽然思想上有些幼稚，也未能扭转中国封建政治的历史进程，但它毕竟是社会的进步，是对历史的继承和发展。

复社尊经复古

复社成员在文学上受前、后七子复古主义影响很大，"志于尊经复古"；加上他们在创作中能注重反映社会生活，感情激越，具有强烈的现实主义倾向，涌现出一批颇有成就的文学家，如诗词方面的吴伟业，诗歌多写哀时伤事，富有时代感，《扬州》四首，是他七律的力作，而他的七言歌行更为出色，音节极佳，情韵悠然，《圆圆曲》讽刺吴三桂降清；《临江参军行》颂扬抗清将领；《松山哀》讽刺洪承畴降清，内容深婉，有"诗史"之称。在散文方面，张溥风格质朴，慷慨激昂，明快爽放，直抒胸臆，其《五人墓碑记》赞颂苏州市民与阉党斗争，强调"匹夫之有重于

虞山
毛氏汲古
阁图

社稷"为"缙绅"所不能及，叙议相间，以对比手法反衬五人磊落胸襟，为传诵名篇。另有黄淳耀的散文简洁明晰、活泼有致。侯方域的散文富于浪漫气息。

在经学方面，复社成员也有很大成就。张溥、张采等人曾"分主五经文章之选"，提倡熔经铸史，整理古籍。顾炎武研究经学，反对空谈，注重确实凭据，辨别源流，审核名实。黄宗羲坚决反对明末空洞浮泛的学风，倡言治史，开浙东研史之风。他的《明夷待访录》是其进步思想的集中表现，也是其纵横恣肆、宏伟浑朴散文风格的鲜明表现。黄宗羲论文主张言之有物，反对那些"徒欲激昂于篇章字句之间，组织纫缀以求胜"，讥刺内容"空无一物"的作品。顾炎武、黄宗羲倡导"经世致用之学"，关心和研究社会问题，开创了清代学术研究的新风气。

毛晋办汲古阁

明万历年间，毛晋创办汲古阁，开始收藏并刻印出版藏书。

毛晋（1599～1659），原名凤苞，字子久，号潜在，晚年改名为晋，改字子晋，改号隐湖、笃素居士，江苏常熟人，明末清初藏书家、出版家。明天启七年（1627）乡试落第后遂专心于收藏和出版事业。时常熟一带流传"三百六十行生意，不如鬻书于毛氏"。他辛苦经营二三十年，收藏书籍达84000余册，且多宋、元刻本，均收藏于汲古阁和目耕楼。

汲古阁的作用和意义不仅表现在收藏书籍上，更重要的是在中国古代出版事业中，汲古阁起着积极的作用。毛晋自19岁开始刻书，所刻书初题绿君亭或世美堂，后多用"汲古阁"名义刊行。自明万历年间到清初的40余年内，刻有10万余块书版，《十三经》、《十七史》、《六十种曲》、《径山藏》等八九百种书籍，为历代私家刻书最多者。

依据毛晋之子毛扆出售藏书时所编之书目，"汲古阁"共收宋元本及抄本、稿本等480余种，这虽非藏书全目，但从中仍可窥见其梗概。

四毁东林书院

书院是中国古代一种特有的教育组织和学术研究机构。书院兴于唐代，延续至清末，它对中国古代教育、学术的发展，人才的培养，都产生了重要的影响。

东林书院是明末影响最大、特点最为突出的书院。由顾宪成及其弟顾允成于万历三十二年（1604）创办于无锡县，其后，高攀龙、叶茂才相继主管其事。东林书院的最大特点是积极参与当时的政治运动，致力于讽议朝政，裁量人物，为此它名声大振，许多在野人士"闻风响附"，

东林党的根据地——"东林书院"旧迹

一部分在朝官员也"遥相应合"，时称"东林党"。但同时"忌者亦多"，并由此在明末4次遭到统治者的禁毁。

第一次是在嘉靖十六年（1537），御史游居敬上疏，指斥湛若水"倡其邪学，广收无赖，私创书院"。第二次是在嘉靖十七年（1538），吏部尚书许赞以"官学不修，别起书院，耗财扰民"为借口，申请禁毁天下书院。第三次是在万历七年（1579），张居正为了整顿吏治、整顿教育，遂以书院多无实力，且"科敛民财"为理由，封闭全国书院。第四次禁毁，也是致命的一次禁毁发生在天启五年。

天启四年（1624），东林党人杨涟上疏参奏魏忠贤二十四"大奸恶"，群僚响应，一时间弹劾魏党的奏章不下百余。魏忠贤对此恨之入骨，策划反扑。天启五年，他们借辽东经略熊廷弼失陷广宁一事，诬陷熊廷弼曾贿赂杨涟、左光斗。魏忠贤爪牙王绍徽还作《东林点将录》，崔呈秀作《同志录》，提供了东林党人的黑名单，把东林党人逮杀殆尽，并毁东林书院。至此，东林书院受到毁灭性的打击。

四毁书院的根本原因是封建统治者加强思想控制的一项政治措施。

基督教再次传入

自唐代传入中国的基督教，在唐代和元代得到相当的传播和发展。元朝灭亡后，基督教也随之沉寂。明朝建立后，对外实行严厉的海禁，与此同时，欧洲经历了一场新文化运动——文艺复兴运动，基督教内分为以罗马为中心的天主教和以君士坦丁堡为中心的东正教，以及后来的新教。欧洲列强积极开展海外殖民掠夺，一些传教士成为对外侵略扩张的急先锋，这样基督教于明末再次传入我国。

基督教再次传入中国不如唐代和元代，而是非常艰难，这与明的海禁政策有直接关系。1541年，西班牙人方济各·沙勿略（1506～1552）受罗马教皇保禄二世和耶稣会会长罗耀拉派遣，来中国传教，仅仅到了广东沿海的上川岛，连广州都无法进入，最后客死荒岛。自元代覆亡后基督教向中国发起的第一次进攻就这样失败了。传教士们不甘失败，终于在中国门口找到了一个中间站——澳门。在澳门，传教士们积极作打开中国大门的准备。1578年，耶稣会的印度和日本教务巡阅使范礼安在澳门专门研究中国的情

中国通史

最新整理图文珍藏版

况，他针对外国人到中国传教，语言不通，听众甚少的情况，首先学习中国的语言和文字，在澳门组织了罗明坚（1543～1603）、利玛窦（1552～1610）等40多名优秀传教士学习汉语和中国的典籍文章，并利用西方先进的物质文明与精神文明成果"打开中国大门"。罗明坚利用葡商每年春秋两季去广州交贸的机会，随队进入广州，以熟悉中国礼仪典章而受到破格礼遇，以中国人未见的时钟等礼品献给广东总督而被准许留住天宁寺，并以剃发易服为条件同利玛窦一起住进新总督所赐的"仙花寺"。这样，天主教与西方商品共同进入中国，使明成祖以来严厉的禁海令被打开了一个缺口。

利玛窦是明末传教士中最著名的代表人物，是在华传教事业的开拓者，有才识胆量，又善于交际，凭借他广博的中国文史知识，雄厚的西方天文、地理、历法知识，很快在中国上层儒士中交了一批朋友。又通过礼品的馈赠，迅速在南京、南昌等地建立了住院，取得了传教的权力。1596年，任在华耶稣会会长。他尽力使天主教教义适合中国的情况，这样，教徒队伍迅速扩大，在职官员和著名儒生也纷纷参加，尤以徐光启、李之藻、杨廷筠三人最为知名。这些朝廷重臣、著名儒生的参与，大大加快了基督教在华传播的速度。

基督教再次传入，从传教士在华活动的实际情况上看，属于和平传教事业。基督教把西方先进的自然科学及物质文明成果带入我国，西方近代天文、地理、数学、几何、物理、水利等某些知识，也在此时传入，这些对中西文化交流起着积极的作用。

骷髅面具里面葡萄牙文《圣经》。公元1624年，天主教耶稣会神甫、葡萄牙人安东里奥·德·安德拉德受印度果阿教区总主教的派遣，到西藏阿里地区传教。因当地人信奉喇嘛教，传教4年仅发展教徒近百人。本面具是喇嘛教跳神用的，但里面裱糊的纸张为葡萄牙文《圣经》片断，除三片是印刷字外，其余全为手抄字，是葡萄牙传教士深入当地传教的极好物证。上图为面具外形。

丝绸之路通往美洲

1571 年，西班牙人开始营建马尼拉城，西班牙人从中国商人那里获得大批生丝和绸缎、瓷器、安息香、麝香、肉食、水果、金属制品和各种货物，于是西班牙人在马尼拉就地打造的大帆船满载这些中国货驶向墨西哥西岸的阿卡普尔科。漳州月港——马尼拉——阿卡普尔科的贸易航线从此诞生。

这条万里之遥的创纪录的航线，被称为马尼拉帆船（manila Galleon）贸易线，它每年装载的货物中，数量最多、价值最高、货色最吸引人的是生丝和丝织品。马尼拉帆船从 1571 年开始，到 1815 年终止，除了少数年份装货有变，绝大部分年代中都以装载丝货为主，因此被阿卡普尔科所属的新西班牙人称为中国船。精致的罗纱、广东绉纱、号称"春天"的广东绣花绸、天鹅绒、线缎、优质花缎、丝毛混纺物、嵌有金银花的浮花锦缎、丝单被、手帕、台布、揩嘴布、袜子、斗篷、裙子，以及天鹅绒女上衣、长袍、晨服，供教堂育婴堂用的法衣，名目繁多，品质粗细都有。马尼拉帆船贸易吸引了成千上万的中国人到马尼拉经商、定居，就地制作各种销往太平洋彼岸的商货。

马尼拉帆船贸易也使终点港阿卡普尔科从一个仅有 250 户人家的荒僻小镇，扩展到三四千人的城镇。西班牙在美洲的两大总督辖区，新西班牙和秘鲁总督区，都将视线集中到了每年定期开到阿卡普尔科的大帆船身上。秘鲁总督区由于被禁止派船参予马尼拉帆船贸易，也定期到阿卡普尔科收购中国货。17 世纪上半叶，每艘马尼拉帆船运到美洲的丝货总在三四百箱左右，在 1636 年有的船甚至装载了 1000 箱、1200 箱丝绸。这些丝绸运到了墨西哥城，也成为秘鲁首府利马大商店里的压台货。有些中国货更通过墨西哥东岸的维拉克鲁斯远销西班牙的塞维尔，将漳州发运的货物通过墨西哥运到了卡斯提尔。

安迪尔河下游沙漠深处的提莫古城，曾是丝绸之路上的一个重镇。图为该城残存的城墙和佛塔遗迹。

清朝时期

第二章

公元 1644 年，即清世祖顺治元年，满清人主中原，到公元 1911 年即宣统三年，清帝溥仪退位，民国肇造，共 268 年。

清朝前期，统治者很善于总结历朝历代的统治经验，并采取了有利于社会安定和经济发展的积极措施，从而在康熙、雍正、乾隆三朝逐步达到鼎盛。由此出现了一个国家统一、政权巩固、社会安定、生产恢复、经济文化都比较繁荣的时期，这就是历史上的"康乾盛世"。康熙帝继位后，基本上采用了适应汉族地区发展水平的封建统治制度，并对满族奴隶主势力加以限制。同时还建立了对边疆各民族地区的统治，从而基本上奠定了中国的版图。康乾时期，全国的耕地面积超过了明末最高数字，达到六七百万顷；人口空前增长，达到 3 亿以上。由于经济的繁荣和文化瞬息万变的发展，清朝前期在思想学术和文学艺术方面也取得了巨大的成就。

乾隆时期是清代强盛的顶峰，也是其衰败的起点。各种社会矛盾日趋尖锐。表面的强盛掩盖了内在的虚弱，歌舞升平的背后酝酿着衰乱的危机。西方殖民者千方百计要敲开中国的大门，人民群众的反抗斗争此起彼伏。但总体而言，清前期的中国，从历史纵向看，无论在经济、政治和文化方向，它在中国历史上都是有所发展、有所进步的。但从横向看，相对于蓬勃发展的欧洲国家而言，中国已逐渐脱离了世界先进行列，并与西方各国在经济实力和科学技术方面大大拉开了距离。

1840 年，中国社会发生急剧转变。6 月，英国悍然挑起鸦片战争，用武力强行打开关闭已久的中国大门。不堪一击的清政府被迫于 1842 年与英国侵略者签订了丧权辱国的《南京条约》。紧接着 1856 年的第二次鸦片战争，1884 年的中法战争，1894 年的中日甲午战争和 1900 年的八国联军侵华战争，彼此间隔的时间越来越短，通过不平等条约强加给中国的战败条件也越来越苛刻，短短半个世纪，使中国一步步沦为一个典型的半殖民地半封建社会。在政治上，中国的领土和主权遭到严重破坏。经济上，传统的自然经济开始解体。帝国主义和中华民族的矛盾成为主要的矛盾。

随着民族危机的日益加剧，统治阶级内部先后出现了多次自救运动。先是 19 世纪 60 年代的洋务运动，继而是康有为、梁启超为代表的维新派领导的维新运动，最终都以失败而告终。1901 年至 1905 年，清政府提出"新政"，非但未能挽救清王朝，反而加速了其崩溃过程。

清政府腐败无能，但中国人民却是伟大而坚强的。三元里人民抗英斗争捍卫了民族尊严。洪秀全的太平天国农民起义，将旧式的农民起义发展到了最高峰，加速了清王朝封建统治的衰亡。席卷中国北部的义和团反帝爱国运动，粉碎了帝国主义瓜分中国的美梦。最后，经过以孙中山为代表的资产阶级革命派坚韧不拔的斗争，终于在 1911 年推翻了清王朝的封建统治。

中国通史

最新整理图文珍藏版

第一节　史海钩沉：重大事件　历史典故

后金崛起

肃慎—挹娄—勿吉—靺鞨—女真

满族是个历史悠久的民族，他们世代居住在南起长白山地、北抵外兴安岭、西自黑龙江上游和嫩江两岸、东达海滨及库页岛这片辽阔富饶的"白山黑水"地区。三千多年前的肃慎人便是满族人的祖先，当时肃慎是西周东北边境上的一个部族，以后肃慎人相继改称挹娄、勿吉、靺鞨，唐开元元年，朝廷在粟末地区设置忽汗州，授粟末部首领大祚荣为忽汗州都督，并册拜为左骁卫大将军，渤海郡王，即史称的"渤海国"。

清太祖努尔哈赤像

五代起，靺鞨改称女真。公元947年，契丹建元大辽，辽对东北地区的女真管理十分重视，把女真分为两部分，开原以南称"熟女真"，开原以北称"生女真"。12世纪初黑水靺鞨的后裔，生女真完颜部的杰出领袖阿骨打于辽天庆四年（1114年）兴兵伐辽，第二年建国大金，定都上京。公元1141年，金迫使南宋订立"绍兴和议"，以淮河为宋金的分界线。直至公元1234年，金被蒙古灭掉。

建州三卫和海西四部

明初，女真分为三大部：建州女真分布在牡丹江、绥芬河及长白山一带，海西女真分布在松花江流域，"野人"女真分布在黑龙江和库页岛等地。建州、海西、"野人"三大部之间及其内部，不断发生互相兼并和掠夺战争。建州、海西女真为了躲避"野人"女真的侵扰，于明初逐渐向南迁移。

洪武五年（1372年）前后，建州女真胡里改阿哈出部率众沿牡丹江南进，迁徙

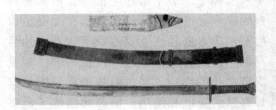

努尔哈赤宝刀

到图们江以北，珲春河以西居住。永乐元年（1403年），明廷在胡里改部驻地设建州卫，命阿哈出为指挥使。"卫所"是明

朝的地方军事行政机构，除了行使军事职能外，还要管理地方行政事务。明政府先后在黑龙江流域及附近沿海地区的女真分部设置了100多个所。永乐十年，增设建州左卫，命斡朵里部首领猛哥帖木儿领其卫，任指挥使。猛哥帖木儿死后，其子董山与异父同母弟凡察彼此争夺领导权，明政府于正统七年（1442年）分建州左卫为二，增设建州右卫，以董山为建州左卫都指挥使，凡察为建州右卫都指挥使，与阿哈出孙子李满住的建州卫合称建州三卫，皆臣属明朝。

海西女真的忽剌温的一部分迁移到松花江上游和开原东北边外，有的还同东来的蒙古族人相融合，明中叶以后，逐渐形成乌拉、哈达、叶赫、辉发四部，史称"扈伦四部"，也即海西四部。

建州女真和海西女真的南迁，大体到嘉靖时期基本上稳定下来，它们沿着辽东北边分散聚居，建州三卫分布在抚顺关以东，海西四部散居在开原以北。

努尔哈赤建立后金政权

努尔哈赤，姓爱新觉罗，号淑勒贝勒，嘉靖三十八年（1559年）出生在建州左卫苏克素护部赫图阿拉城的一个满族奴隶主家庭。万历三年（1575年），其外祖父王杲起兵反对明王朝在女真地区推行民族压迫政策，结果兵败遇害，建州右卫遭到明军残酷掠杀，努尔哈赤也被俘，不久获释逃回家乡。这种血与火的现实，无疑给以后努尔哈赤要勃兴女真点燃了火花。他弓马娴熟，武艺超群，同时勤奋好学，深受汉族文化的影响。努尔哈赤慈母早逝，继母寡恩的身世和阅历，培养和锻炼了他坚韧的意志和开阔的胸怀，成了一名"多智习兵"的出色人才，从政治和军事才能而论，都远远超出与他同时的女真各部首领之上。

从万历十一年（1583年）至十六年（1588年）的五年时间，先后打败了众多敌手，统一了建州女真各部，于是"环满洲而居者，皆为削平，国势日盛"。接着，努尔哈赤又于万历十九年（1591年）正月，兼并长白山的鸭绿江部。至此，努尔哈赤统辖区域，西起抚顺，东至鸭绿江，北接开原，南连清河，建州女真的大部分被统一了。

万历二十一年（1593年）六月，海西四部合兵进攻努尔哈赤，结果大败而逃，九月，叶赫部贝勒布寨、纳林布禄，又纠合哈达贝勒孟格布禄、乌拉贝勒满太之弟布占泰，辉发贝勒拜音达里，科尔沁贝勒瓮珂代，锡伯、瓜尔佳、朱舍里、纳殷，组成九部联军，共3万人马，分三路进犯建州。努尔哈赤精心准备应战，于古勒山之战中俘获叶赫首领布占泰，缴获战马之千余匹，并灭了讷殷、朱舍里二部。古勒山之战，是统一女真诸部的转折点，不仅保卫了建州，而且从此建州"军威大震，远迩慑服矣"。

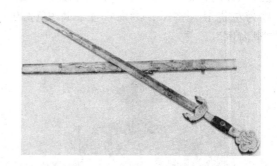

努尔哈赤御用宝剑

肥沃努尔哈赤打败九部联军之后，便把统一女真各部的进攻矛头指向海西女真。他深知现有的军事力量不可能一举消灭海西四部，因此，努尔哈赤采取分化瓦解、各个击破的策略：一方面与海西四部中较强的叶赫、乌拉二部联姻结盟，特别是拉拢乌拉部首领布占泰，不仅是为了离析四部，而且也是为了取

中国通史

最新整理图文珍藏版

得貂参之利。另一方面，利用四部间的矛盾逐个灭亡。

努尔哈赤由"遗甲十三副"起兵，发展到"自东海至辽边，北自蒙古、嫩江，南至朝鲜、鸭绿江，同一语音俱征服"，使"诸部始合为一"。他用了三十多年的时间，统一了建纵女真和海西女真，以及"野人"女真的大部，基本上结束了女真社会的长期分裂、割据、动乱的局面，从而推动了女真社会的发展和满族共同体的形成。

努尔哈赤在统一女真过程中为了提高、稳固自己的地位和权势采取了一系列的政权建设措施。首先是创制满文，以蒙古文字母与女真语音拼成满文，作为满族统一

努尔哈赤御册

的文字。满文的创制和颁行，使满族从此有了本民族的文字，可以用来交流思想、记载政事、翻译汉籍等，对政权建设起了重要作用。

其次是将其居所由费阿拉城移至赫图阿拉城并加以扩建，规模远远超过了费阿拉城，从此赫图阿拉成为努尔哈赤的第一座都城，亦是他管辖地区的政治、军事、经济和文化的中心。

再次是创建八旗制度，他在牛录制的基础上建立八旗制度，八旗制度是"以旗统人，即以旗统兵"，又是"出则备战，入则务农"兵民一体的社会组织形式，具有行政管理、军事征伐、组织生产的三项职能，努尔哈赤是八旗的最高统帅。

努尔哈赤玉玺

同时，努尔哈赤设立理政听讼大臣5人，扎尔固齐10人佐理国事，另设判官40名，荐举办事大臣8员，管理城防和乡间事务等。

在统一女真过程中，努尔哈赤集团内部发生了权力冲突和意见分歧，产生了一股分裂的势力。到了万历四十四年（1616年）正月，努尔哈赤在以上政权建设的基础上又清除了内部的分裂势力，认为"帝业已成"，遂称汗登位，建立"大金"，史称后金，改元天命，建都赫图阿拉城，从此成为与明王朝中央政府相对抗的地方割据政权。

皇太极的政治改革和清朝的建立

皇太极出生于明万历二十年（1592年），是努尔哈赤与叶赫纳喇氏孟氏所生，在努尔哈赤诸子中排行第八，自幼受到努尔哈赤的钟爱。经常跟随父兄出兵东征西杀，锻炼了军事才能，丰富了阅历，后因战功显赫而升为贝勒，成为八旗中镶白旗之主和重要的军事将领。天命十一年（1626年）八月十一日，努尔哈赤因患毒

清朝发源地

疽不治而死，四大贝勒中皇太极无论政治眼光、军事才能和个人威望都在众贝勒之上，被拥举为汗。

九月一日，皇太极在沈阳故宫大政殿举行了庄严的即位典礼，接受群臣九叩之礼，改明年为天聪元年。在接受礼拜之后，皇太极又率诸贝勒向大贝勒代善、二贝勒阿敏、三贝勒莽古尔泰行三拜之礼，不以君臣之礼相待，这一举动使得离心的亲兄弟暂时拢到了一起，也表明皇太极能屈能伸，很有魄力。

皇太极即位以后，在后金内部实行全面的社会改革措施。

首先是政治方面的改革和加强中央集权。

第七世班禅唐卡像

1. 重用汉官

皇太极改革的一个重要方面，就是重用汉官。他对努尔哈赤曾大规模屠杀汉人衿绅和儒生非常后悔。他从实践中认识到，要统治一个国家，单纯依靠武力的征服是不够的，还需要文化和教育。天聪三年，他决定考选儒生。考取者分为三等，一等赏缎二匹，二等三等赏布二匹，各免二丁差徭，并候录用。此次考中者称为秀才或生员。此后又在天聪八年三月、四月，崇德三年（1638 年）八月，崇德六年（1641年）七月，举行考选。通过这几次考试，散处于辽东地区略通文义的知识分子大多数被吸收到后金政权中去，成为后来入关文职官员中的骨干。

2. 设立文馆与内三院

文馆也称书房，是后金国汗召集部分儒臣起草文书诏令的处所。皇太极于天聪三年（1629 年）四月，正式将文馆的工作分作两值（班），巴克什达海与笔帖式刚林、苏开、顾尔马浑、托布戚四人翻译汉文书籍，巴克什库尔缠同笔帖或吴巴什、查素喀、胡球、詹霸四人记注后金国朝事。从此文馆成为一个正式的办事机构。其授官为参将、游击者称巴克什，次之称笔帖式，其以儒生入馆工作尚未授官者称秀才、或称相公，无定员。文馆最初主要负责人是满人，后来逐渐增加汉人，最著名者有高鸿中、范文程、宁完我，鲍承先等。文馆的设立，使文人参与后金政治并发挥了很重要的作用。

由于文馆作用的重要与皇太极称帝的需要，天聪十年三月（1635 年）将文馆改为内三院：内国史院、内秘书院、内弘文院。内国史院掌记注皇帝起居诏令、编纂书史、纂修实录、撰拟郊天告庙表文、功臣诰命。内秘书院掌撰外国往来书状、及敕谕祭文、并录各衙门章奏。内弘文院掌注释历代政事得失、御前进讲、并颁行制度。三院各设大学士、学士来主持。

3. 六部与都察院、理藩院

皇太极根据宁完我的建议，依照明制改革后金官制，设立吏、户、礼、兵、刑、工六部统一管理全国的军事、民政、刑狱事宜，每部由一贝勒主管，下设承政四人，满承政二员，蒙古承政一员，汉承政一员，启心郎一员，承政之下各设参政八员，唯有工部参政满洲八员，蒙古二员，汉官二员。余为办事人员称笔帖式。贝勒多尔衮

中国通史

最新整理图文珍藏版

管吏部，德格类管户部、萨哈廉管礼部、岳托管兵部，济尔哈朗管刑部，阿巴泰管工部。全国重大事情仍由皇太极主持的诸贝勒和八旗大臣议政会议解决，但六部要直接向皇太极负责。六部的设立使后金有了全国统一的行政机构，提高了办事效率，加强了中央集权，同时给予蒙古和汉官相当高的地位。

崇德元年（1636年）五月，皇太极称帝以后，根据汉官建议设都察院，以大凌河降将张存仁、祖可法为承政，都察院的职责是劝谏皇上、弹劾纠察六部以及诸王贝勒的不法行为。与三院六部不相属。皇太极授该院以很大的权力。

天聪九年（1635年）林丹汗之子额哲投降，漠南蒙古全被后金统一，为了妥善地管理蒙古事宜，在崇德元年（1636年）设蒙古衙门，以尼堪为满承政，塔布囊达雅齐为蒙古承政。三年六月改蒙古衙门为理藩院。七月以贝子博洛为承政，塞冷（蒙古）为左参政，尼堪为右参政。副理事官八员启心郎一员。因为理藩院是专管外藩及蒙古事务的，故无汉人参政。

六部与都察院、理藩院合称八衙门，是当时清王朝中央一级的最高行政机构，基本上是按照明王朝的模式建立的，但也保留了一些清王朝的民族特点。

第二是建立专制皇权。

皇太极名义上是后金国汗，实际上与几个大贝勒的权势区别不大。在处理政务上是执行努尔哈赤天命六年（1621年）的规定，四大贝勒每人轮流执政一个月，在朝会、宴会接见群臣时，皇太极与三大贝勒代善、阿敏、莽古尔泰并排而坐，俨然如四汗。这种局面既不利于后金政权的巩固，也不利于对明斗争的形势需要。

皇太极为了加强以汗为首的中央集权，削弱八旗贝勒的权势，逐步废除反映氏族社会军事民主落后的八和硕贝勒共治国政制度。他采取各种办法，狠狠打击足以与自己争权的三大贝勒的势力。当时，后金的决策机构议政会议被八主旗贝勒所控制，而三大贝勒又是其中能左右的力量，因此极大地束缚着汗权。早在天命十一年（1626年）九月，皇太极即汗位后，沿袭旧制，仍在每旗设总旗务大臣一名（即固山厄真），但是扩大了他们的权限，规定"凡议国政，与诸贝勒偕坐共议之，出猎行师，各领本旗兵行，凡事务皆听稽查"。同时又在每旗设佐管旗务大臣二员，调遣大臣二员，前者"佐理国政，审断状讼"，后者"出兵驻防，以时调遣，所属词讼，仍令审理"。这就在一定程度上削弱了诸贝勒掌管旗务的权力，而且使他们处在众多人员的监督和制约之中。天聪三年（1629年）正月，皇太极以关心三大贝勒身体健康为由，他说："向因值月之故，一切机务，辄烦诸兄经理，多有未便。嗣后，可令以下诸贝勒代之，倘有疏失，罪坐诸贝勒"，于是"以诸贝勒代理值月之事"。这不仅削去三大贝勒每月轮流执政的大权，而且拉拢和团结其他贝勒为己用，从而提高了后金汗的地位。

天聪四年（1630年）六月，皇太极利用二大贝勒阿敏"弃滦州、水平、迁安、遵化四城"败归为口实，召集诸贝勒大臣会议，定阿敏罪状十六条，以"俨若国君"、"心怀不轨"、"丧失城池"、"扰害汉人"等罪名，将阿敏"革去爵号，抄没家私，送高墙禁锢，永不叙用"，以后阿敏"病卒于狱"。天聪五年（1631年）八月，在大凌河战役中，皇太极和三大贝勒莽古尔泰发生口角，莽古尔泰拔剑相向，皇太极以此把莽古尔泰治罪，革去大贝勒名号，降为一般的贝勒，夺其五牛录的属员，罚银万两及马匹若干。翌年，莽古尔泰因气

昭陵石牌楼上的雕刻

愤"以暴疾卒"。

至此，三大贝勒只剩下大贝勒代善一人。是年十二月，当诸贝勒提出莽古尔泰"不当与上并坐"时，代善立即说："我等奉上居大位，又与上并列而坐，甚非此心所安。自今以后，上南面居中坐，我与莽古尔泰侍坐于侧。"他主动请求退出并坐，得到皇太极允准。天聪六年（1632年）正月，皇太极废除"与三大贝勒俱南坐受"，改为自己"南面独坐"，这标志着汗权的确立。到了天聪九年（1635年）九月，皇太极召开诸贝勒大臣会议，指责代善对己不恭，众议代善"与皇上相左"，列了四条罪状，拟革去大贝勒名号，消除和硕贝勒职，剥夺十牛录所属人口，罚雕鞍马十匹，甲胄十副，银万两。但是皇太极心中有数，这不过是借题发挥，提高汗权而已，所以只罚银马甲胄。从此，威胁汗权的三大贝勒势力已除，皇太极实力大增，其余贝勒无力和他抗衡，使汗权得以加强和巩固。

第三是建立蒙古、汉军八旗。

皇太极一则是为了团结和拉拢汉族地主与蒙古贵族，加强统治基础；二则是为了增强军事力量，以适应对明作战的需要；三则是为了削弱满洲八旗主旗贝勒和旗内贝勒的势力，借以加强汗权，所以又分别建立汉军八旗和蒙古八旗。

早在努尔哈赤时期，在满洲八旗中就有16个汉人牛录。皇太极即位后，到了天聪五年（1621年）正月，把汉人牛录拨出约二千多人，正式成为一汉军旗，命汉官佟养性统辖，谕曰："凡汉人军民一切事务付尔总理，各官悉听尔节制。"天聪七年（1633年）七月，皇太极命满洲各户下汉人十丁抽一，约一千多人，由马光远统领，天聪八年（1634年）五月，正式定名为汉军，以黑旗为标志。崇德二年（1637年）七月，汉军由一旗增为二旗，称为"左右两翼"，以石廷柱为左翼固山额真，马光远为右翼固山额真。崇德四年（1639年）六月，又分汉军两旗为四旗，以马光远、石廷柱、王世选、巴延四人为固山额真，各领一旗。崇德七年（1642年）六月，再增设四旗，共为八旗，称之汉军八旗，旗色与满洲八旗相同，每旗设固山额真1人，梅勒额真2人，甲喇额真5人。约有161个牛录（即佐领）33000多人。

天命六年（1621年），后金攻占辽沈后，归降的蒙古军民，有的已被单独编为牛录，称蒙古军，由武纳格、布彦代统领，隶满洲八旗。皇太极即位后，蒙古归附军民不断增多，大约到了天聪三年（1629

福陵隆恩殿

年），将原先的蒙古军扩编成"蒙古二旗"。天聪七年（1633 年），把"蒙古二旗"，分为"右营"和"左营"，以武纳格和鄂本兑同为固山额真，分别统领。天聪八年（1634 年）五月，改"右营"为"右翼兵"，鄂本兑领之；"左营"为"左翼兵"，武纳格领之。天聪九年（1635 年），皇太极将蒙古二旗，扩充为蒙古八旗，旗色和建制同满洲八旗一样，入关之前蒙古八旗，约有 129 个牛录（即佐领），25000 多人。

汉军八旗和蒙古八旗的组成虽然与满洲八旗相同，但是汉军八旗，蒙古八旗的固山额真是由皇太极任命，而且可以撤换，他直接指挥这两支八旗军，因此军事实力大增，其他贝勒无法抗衡。

第四是发展经济。

努尔哈赤晚年，由于政策失误，致使后金的经济形势很糟，人民缺衣少粮，汉人的处境更是困难。皇太极认为要摆脱和克服经济困境，根本的出路就是千方百计调动生产者的积极性，发展生产，活跃经济，实行改革。

（1）分屯别居。努尔哈赤时，实行编庄，"汉人每十三壮丁编为一庄，按满官品级，分给为奴。于是同处一屯，汉人每被侵扰，多致逃亡"。皇太极针对这种情况，他即位不久，就采取满、汉"分屯别居"的办法，以缓和民族矛盾，使汉民安心生产。规定："乃按品级，每备御（即牛录）止给壮丁八，牛二，以备使令。其余汉人，分屯别居，编为民户，择汉官之清正者辖之。"这样就有百分之四十的汉民从满官的奴役下解放出来，成为由汉官管理的自由"民户"。另外，还派孟阿图等人"丈量地亩"，将"各处余地"归公，分给民户耕种，不许再立"庄田"。天聪四年（1630 年）十月，皇太极下令编审壮丁，要"牛录额真各察其牛录壮丁，其已成丁无疑者，

即于各屯完结"，"此次编审时，或有隐匿壮丁者，将壮丁入官"。同时又令，"凡贝勒家，每牛录止许四人供役，有溢额者，……将所隐壮丁入官"通过以上措施，大量土地改为国家控制的屯地，许多汉民壮丁变为国家管理的民户编民，而且实行"分屯别居"，协调了满汉关系，促进了农业生产。

北海冰嬉图

（2）离主条例。皇太极为了调整生产关系，解放束缚在八旗贵族庄园里的生产者，使其变成自由民。天聪五年（1631 年）七月，颁布《离主条例》，崇德三年正月，皇太极下令直接解放部分奴仆。这些措施，不仅打击了奴隶主，削弱了奴隶制，而且许多奴仆成了自由民，有了自己的经济支配权，从而提高了生产的积极性。

（3）重农政策。皇太极非常重视农业生产，认为农业是"立国之本"，"国之大经"，因此颁行一系列保护和鼓励农业生产的法令。

首先是不许扰农，把农业生产放在第一位。他即位不久就下令停止大规模的建筑工程，天聪元年（1627 年）九月，皇太极明令禁止屠杀大牲畜。

遵化清东陵石牌坊

其次是保护汉民耕种，鼓励满族务农，确保农业生产有充足的劳动力。皇太极很清楚，后金的农业生产，主要依靠汉人，他们有农业生产的经验和技术，所以满汉分屯别居后，禁止满人到汉人居住地"擅取庄民牛、羊、鸡、豕"等财物。皇太极为了改变满族壮丁只战不耕的现象，天聪年间开始实行"三丁抽一"，就是说三丁中一人披甲出征，二人留家生产，称为余丁。披甲人和余丁的关系是：余丁专事农业生产，保证披甲人的生计，而披甲人所得战利品也分给余丁，耕战相辅。

再次是重视农业生产技术，提高生产效益。由于以上农业措施得法，收到很好效果，天聪年间后金的农业生产有了明显的发展，随之手工业、商业、交通运输等，也有了一定的发展，从而使后金的经济逐步摆脱了困境。

皇太极在不到十年的时间里，统一了漠南蒙古和黑龙江流域，改革了官制，后金的经济也因无战火迅速发展，而且意外地得到了传国玉玺，于是顺天应人，称帝上尊号便顺理成章地摆上了日程。

天聪十年四月，皇太极正式即皇帝位，受"宽温仁圣皇帝"的尊号，改元崇德，定国号大清。皇太极开辟了清朝历史的新纪元。他是名副其实的清朝第一个皇帝。

明军兵败萨尔浒

万历四十六年（后金天命三年，

1618 年）四月，努尔哈赤以"七大恨"（杀其祖、父即其中一恨）告天，誓师伐明。他乘明朝不备，攻取抚顺，连败明军，全辽震动。这下子，连终日纵情声色、万事不理的明神宗也着了慌，在次年二月调集了近 9 万人的兵力，连同 1.3 万名朝鲜兵，计 10 万余人，号称 47 万大军，由辽东经略杨镐指挥，企图一举将后金歼灭。

明军兵分四路，第一路以山海关总兵杜松为指挥，由抚顺东向，直扑苏子河谷；第二路以辽东总兵李如柏为指挥，由清河（今辽宁本溪市东北）出鸦鹘关东向；第三路以开原总兵马林为指挥，由开原出三岔口自北南下；第四路以辽阳总兵刘　为指挥，合 1.3 万名朝鲜兵，出宽奠口自南向北。经略杨镐坐镇沈阳为总指挥，四路兵马皆指赫图阿拉。南路的刘　最先行动，而杜松带领的第一路为全军的主力，有兵 3 万。且这一路出抚顺，渡浑河，沿苏子河谷而下，道路平坦易行，两日就可到达赫图阿拉，对后金的威胁最大。而其他三路山高水险，行进困难，一时均不易到达。

明军的这种分兵合击、声东击西的战略却为努尔哈赤所洞察。他在分析军事形势时对诸部将说："明军要让我首先见到南路有兵，诱我南下。而其由抚顺方向来的

萨尔浒大战的遗物——明军铁炮

中国通史

最新整理图文珍藏版

一路必是重兵，须急拒战，破此路则他路兵不足忧矣。"他抓住明军兵力分散的弱点，采取"凭你几路来，我只一路去"的战略。对于最先告警的南路，他并不增援，仅以原驻防的 500 人抵御，而集中了八旗所有的军队和各将的亲兵约 10 万人左右，西向抵抗兵马最多、威胁最大的杜松一路。努尔哈赤的分析和部署，可谓知己知彼，令人叹服。

杜松虽然勇猛，然而无谋。他轻敌冒进，想占头功。三月初一，杜松率领第一路明军开抵萨尔浒（今辽宁抚顺东）。这里隔着浑河是界凡。后金征调的 1.5 万个役夫正在构筑界凡城，仅有 400 名军队守卫。杜松想趁后金大兵未到，迅速攻占界凡，于是就将辎重和 2 万人马留在萨尔浒，自己带 1 万精锐抢渡浑河，进攻界凡。后金军队早有准备，预先把浑河上游堵起来，待明军渡到一半时，决堵放流，明军淹死无数，而且浑河两岸就此失去联系和互援。

努尔哈赤率军到达时，却不以全力解界凡之围，他仅派两旗兵力救援界凡，而以六旗的兵力抄明军的后路，出其不意攻打杜松的萨尔浒大营。金兵突然从天而降，萨尔浒的明军仓惶失措，匆匆列阵对战。这一天，黑雾弥天，咫尺不辨。明军燃起火炬，恰好为金兵提供方便。金兵从暗处向明处射击，矢如密雨，发无不中；而明军居明处却看不清金兵所在，铳炮都射到柳林中去。金兵乘势逾堑拔栅，顷刻间，明军防线被突破，溃不成军。金兵狠追猛杀，明军尸首漫山遍野，鲜血染红了萨尔浒山冈。萨尔浒明军被歼后，金兵马不停蹄，渡过浑河，从背后包抄攻打界凡的杜松军。攻城的明军一听大营被破，军心动摇，士气瓦解，加上腹背受敌，很快就被金军消灭。界凡山麓，血流成渠，浑河河面上，僵尸漂浮，如解冻的冰块，旋转而下。第一路军就这样全军覆没，杜松等将领均力战身死。

当夜，马林率第三路军开至距萨尔浒三四十里的尚间崖，听到杜松全军覆没，早就吓破了胆。第二天，努尔哈赤率军进攻，明军大败，仅马林只身脱逃，其余尽歼。

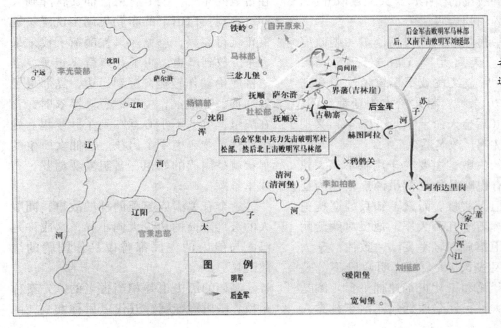

萨尔浒之战作战经过示意图

2447

由南北上的第四路刘　军，不知萨尔浒之败，努尔哈赤令降兵伪装并持杜松令箭，驰至刘　营假报军情，说杜松军已得胜，诱刘　深入。让刘　以为真，引军深入，遂中金兵埋伏。刘绥阵亡，第四路军也就迅速被歼。

经略杨镐闻报三路兵马尽败，急令第二路的李如柏退兵，因而这一路得以全师而还。这一仗，明朝损失士兵 4.6 万人、将领 300 多员。因战斗主要是在萨尔浒地区进行，所以历史上称之为"萨尔浒之战"。这是历史上一个集中优势兵力打歼灭战的著名战例。

萨尔浒战役之后，后金与明王朝的力量对比发生了重大变化。后金的军事力量增强，其政治野心和掠夺财富的欲望也愈来愈大，由防御转入了进攻；而明朝的力量大衰，不得不由进攻转入防御。此后，双方战争的性质也起了变化。在这之前，后金对明发动的战争是反压迫、反剥削的民族自卫战争；此后的战争，却是女真贵族为实现其政治野心和满足贪欲而发动的侵略掠夺战争。

萨尔浒战役的当年，金兵又攻取开原、铁岭，冲入明朝边墙。

明军一再败绩，经略杨镐被明朝政府逮捕处死。天启元年（后金天命六年，1621 年），后金又攻破军事重镇沈阳和辽阳，连克 70 余城。努尔哈赤先迁都辽阳，天启五年（后金天命十年，1625 年）又把都城迁至沈阳，改名盛京。

明朝的失败，主要在于用将不当。熟悉军事、有谋略的熊廷弼虽两度被任为辽东经略，但无实权。而素不知兵的巡抚王化贞却指挥着十几万大军，他反对熊廷弼的正确防卫措施，轻举妄动，致使广宁大败，明朝又丧失 40 余城。明政府不分是非，把熊廷弼和王化贞都逮捕下狱。阉党借此兴起大狱，诬陷熊廷弼贿赂东林党人

杨涟和左光斗，把熊廷弼处死。

后来，守辽主帅孙承宗采取部将袁崇焕的建议，整顿山海关防务，兴工修筑宁完远城（今辽宁兴城），又修建了锦州、大凌河、小凌河、松山（今锦州市南）、杏山（今锦州市西南）等要塞，形成一条宁锦防线。天启五年，阉党高第代替孙承宗为辽东经略。高第怯懦，主张撤销关外防线，退守山海关，把锦州、松山、杏山诸城的防守全部撤除，驱民入关，委弃米粟十余万。百姓死亡载途，哭声震野。高第命袁崇焕也丢弃宁远，撤兵进关。袁崇焕誓死不从高第命令，他说："我在此地为官，就当死在这里，决不离开。"坚守宁远孤城。次年正月，努尔哈赤率军进攻宁远，袁崇焕英勇抗击。努尔哈赤负伤败退，不久病死。这是明朝对后金作战以来取得的第一次胜利。

清太祖肇基开国

在长白山下古来就有个美丽的传说：在古老的年代，天上有三位仙女飘降到人间，来到长白山下的布勒里湖中洗澡。她们正玩得高兴，忽见一只神鹊衔了枚朱果飞来，放到岸边，叫了几声就飞走了。老三佛库伦动作轻捷，游到岸边，见那果子红通通，亮晶晶，爱不忍释。穿衣时，含在嘴里，可一不小心竟咽到了肚子里。她因而怀了孕，生下个男孩。这仙女所生的男孩就是满族的始祖，名叫爱新觉罗·布库里雍顺。

这个有关满族起源的神鹊故事，同殷人的玄鸟生商的传说大同小异，这或许是满人与殷人的先民都曾以鸟作图腾的缘故吧！

满族的历史也是相当古老的，先秦称肃慎，隋唐称靺鞨，五代以后称女真，明

代后期（1366 年）才改称满洲。满洲是族名，但"洲"字义近地名，故也假借作地域名称，相沿既久遂不改。同时，族名却省却了"州"字，而直称为"满"了。

清代碧玉太平有象

明后期，当历史上的金朝被灭国 300 多年之后，女真族又出了位英雄人物，即清太祖努尔哈赤（1559～1626 年）。

努尔哈赤属建州女真的一部。当时，女真族散居中国东北，共分四大部分：

建州女真——生息在牡丹江和图们江流域；

海西女真——居住在松花江流域；

东海女真——生活在乌苏里江及其以东的滨海地区；

黑龙江女真——聚居在黑龙江流域。

努尔哈赤，早年丧母，以挖人参、采松子辅助家庭生活。通汉语，喜读《三国演义》。二十五岁时，以十三副铠甲起兵，经过三十几年努力，基本上统一了女真各部。于是，在五十八岁时，在赫图阿拉图城（今辽宁新宾）穿起黄衣，称起皇帝来。建国号"金"，史称后金，自号天命。因其不曾建元，故后世即以"天命"作努尔哈赤朝代的年号了，天命元年，即公元1616 年。

努尔哈赤的金朝，只是中国的一个地方性的政权。

努尔哈赤在统一女真的肇基时期，是尊明的，并接受明廷龙虎将军等封号。开国后的第二年誓师反明，出兵劫掠抚顺城。第三年，明廷兴师伐罪。努尔哈赤兵将虽少，却勇敢沉着，在萨尔浒一役，以迅雷不及掩耳之势，歼灭明师主力杜松部四万余人，旋又集中兵力歼灭明师另外两路，共歼十余万人，大获全胜。

萨尔浒在今辽宁省抚顺市东。

萨尔浒之役在明清的兴亡史上是一场战略决战。从此，努尔哈赤在辽东战场上夺得了主动权，进据辽河流域，迁都于沈阳，后金的政权稳固了。明廷兵将却从此龟缩于山海关，虽先后有名将出镇关隘，然而，却只是被动的防御了。后来，清高宗（乾隆皇帝）东巡至此地，曾立碑纪功，赋诗曰：

"铁背山头歼杜松，
手麾黄钺振军锋。
至今四海无征战，
留得艰难缔造踪。"

今天，萨尔浒古战场已淹没在 20 世纪50 年代修建的大伙房水库之中，可那铁背山、萨浒山却仍然屹立在碧波之畔，充当

清文官补服

那明清兴亡史的见证。

努尔哈赤的肇基之功甚多，在历史上值得一书的还有"八旗制度"和制定满文。八旗制度是从中央到地方的社会组织形式，兼有军事、行政、生产的多种职能。它的创立将原来散漫的居民统一了起来，也是后金强大起来的重要原因之一。满文的制定也是一件大事，它对借鉴汉文，发展其民族文化，促其社会制度的加速封建化，都有莫大功绩。

今天，八旗制度已成历史陈迹，满语与满文也都正在消亡。目前，只有黑龙江的爱辉、富裕县等地的部分满人中仍说满语，用满文，在其他地方它只是少数学者研究的内容了。尽管如此，努尔哈赤的历史功绩仍是应该褒扬的。

努尔哈赤戎马一生，攻必克，战必胜。可是，公元1626年春，当他率兵攻打宁远堡（今辽宁兴城）孤城时，却被明将袁崇焕的大炮打得大败而归，几个月后便含愤去世了。

明后金宁远之战

明天启六年（1626年）正月，名将袁崇焕在宁远（今辽宁兴城）督率军民击败后金汗努尔哈赤进攻的城邑保卫战。

万历四十七年（1619年），后金努尔哈赤在萨尔浒之战大获全胜之后，又相继夺取开原、铁岭（今属辽宁）等要地，然后将作战矛头置指已成孤立之势的沈阳、辽阳。天启元年（1621年）二月，努尔哈赤统数万骑兵，分八路攻略沈阳外围，并于三月中旬以重兵围困沈阳。努尔哈赤诱守城将领贺世贤出战，然后佯败退兵，使明军中伏，大败明军，而后乘机攻城。沈阳城破，贺世贤、尤世功等将领先后战死，守城军民死者达7万人。

沈阳失守后，后金军又转兵迎击明朝援军，先后打败驰援明军童仲揆、陈策奉部和李秉诚、朱万良、姜弼部。十八日，又乘胜直趋辽阳。再次诱明军主将出城应战，然后设计破城。至二十一日，又拿下辽阳，辽东经略袁应泰见城陷自焚而死，巡按御史张铨被俘杀。沈辽战后，后金军又连克广宁（今北镇）等40余城堡，并企图进兵山海关。

六月，明廷仍以熊廷弼为兵部尚书兼右副都御史，经略辽东，兵部尚书王象乾总督蓟、辽军务。因熊与辽东巡抚王化贞意见不合，天启二年，又命兵部侍郎王在晋为尚书兼右副都御史，经略辽、蓟、天津、登、莱军务。面对后金军的凌厉攻势，王在晋主张在山海关外八里铺构筑重关，派重兵防守，均遭到兵备佥事袁崇焕等人的坚决反对。袁主张守宁远，阎鸣泰主张

皇太极调兵木信牌

守觉华岛（今辽宁兴城东南菊花岛）。不久，又派学士、兵部尚书孙承宗接替王，驻守山海关。孙认为只守山海关不行，主张水陆配合，守关外以蔽关内；宁远为关外通向关内的咽喉，必须确保；但宁远孤立难守，应与觉华岛守军相配合，有战事，岛上军队可出三岔河，断浮桥，绕到背后横击。无事，可以控制关外200里地区。因此，他接任后，兼取袁崇焕和阎鸣

泰二人的意见，派袁崇焕驻守宁远，对城防进行修复加固，作为关外抵御后金的重镇；一面派兵驻守觉华岛，以利水陆配合，屏障山海关。孙承宗经略辽东四年，训练军队 11 万人，修复大小城堡 50 余座，使后金军无隙可乘，辽东防务得到巩固。

沈阳故宫大政殿

可是，因为这期间山东发生了徐鸿儒领导的农民起义，明廷在对西南用兵的同时，无兵可调，遂抽调辽东部队入鲁，削弱了辽东防务。同时，又不支持孙承宗的防务措施，反而听信宦官谗言。天启五年（1625 年）罢免孙承宗的职务，以宦党高第接任。高第怯战，他认为"关外必不可守"，于是命关外锦州、右屯、大小凌河、松山、杏山、塔山等处守备将士拆除防御设施，撤军入关，实行消极防御。只是由于袁崇焕的坚决反对，才保留宁远孤城，让袁崇焕驻守。

天启五年，后金迁都辽阳。次年正月，努尔哈赤乘高第向关内匆忙撤军之机，亲率八旗兵约 6 万人（号称 13 万），于十四日出沈阳，十七日西渡辽河，倾全力直逼宁远，企图打通辽西走廊，进而夺取山海关。

明廷闻讯，多数大臣认为宁远必不能守，束手无策。经略高第和总兵杨麒龟缩山海关，拥兵不救。这时，宁远前有大敌，后无援兵，形势险恶。但袁崇焕临危不惧，决心死守宁远。他召集众将计议守城良策，决定发动全城军民，坚壁清野，共同守城。为了激励士气，他当众刺血宣誓，誓与宁远共存亡，军民为之感奋。并立即作出如下城防部署：总兵满桂、副将左辅、参将祖大寿、副将朱梅各自领兵一支，分守东、西、南、北四面，在城头上配置西洋大炮 11 门，东、北两面及西、南两面，分别由彭簪古和罗立指挥。并由满桂协助袁崇焕提督全城。同时，动员城厢商民入城、焚毁城外民舍、积刍，让后金军无从劫掠，暴师于严寒荒野之外。针对努尔哈赤善于运用间谍的特点，派人日夜巡守街巷路口，动员民众配合士兵逐户搜查，并令同知程维　专门负责稽查奸细。令通判金启倧督派民夫，供应守城将士饮食；还派官吏督带商民筹办物料、督运矢石和火药等战略物资。并于城外泼水为冰，阻止后金军登城。二十二日——敌军到达前一天，一切城防守备事宜准备就绪，全城军心民心亦得到了安定。

二十三日，努尔哈赤率后金军进抵宁远，在距城五里的横截山海大道，扎营布阵，切断宁远与关内的联系，在宁远城北安下大营。努尔哈赤还派俘虏的汉人入城向袁崇焕劝降，声称以 20 万大军攻城，宁远指日可下，如果投降，可得高官厚禄。袁崇焕严词拒绝，命罗立用西洋大炮向后金军大营轰击。后金军伤亡甚重，被迫拔营西移。次日晨，努尔哈赤命后金军推盾车、运钩梯，配合步骑兵，在城西南角发起猛攻。一时间，万矢齐射，城上箭注如雨。袁崇焕命守军连续发射西洋大炮还击，伤敌甚众，当面守将左辅率军民奋勇作战，坚守不退。祖大寿率军应援。以铳炮、药罐、礌石迎击敌军。后金军攻击受阻，死伤累累。努尔哈赤无奈，转兵攻打城南，以盾车作掩护，在城门角守御薄弱部凿开大洞四处，城守危在旦夕。在此危急关头，袁崇焕亲冒矢石，担土、搬石，堵塞缺口，血染战袍，仍沉着镇定地指挥军民作战。为打退敌军，他命军民以柴草浇油、混以火药，垂下城去，以火阻止敌兵登城；并选敢死健丁数十人，携带棉花火药，垂下城去，焚毁后金军的攻城战车，战至深夜，后金军被迫收兵。

二十五日，努尔哈赤再次发起攻城。守军于城上施放炮火，大量杀伤敌人。后金军畏惧炮火，不敢贸然接近城墙。双方激战1天，后金军尸横城下，其将领持刀驱兵，仅至城下而返。努尔哈赤无奈，下令抢回尸体，就地焚化，并撤回部队，在离城5里之外的九龙宫扎营。次日，后金军继续攻城，守城将士仍以炮火、矢石顽强守御。精于骑射的八旗后金军面对坚城，无法施展，却暴露在深沟高垒之前，矢石炮火之下，伤亡严重，被迫撤军。努尔哈赤战败受伤，心情抑郁，叹道："朕自二十五岁征伐以来，战无不胜攻无不克，何独宁远一城不能下耶？"八月十一日，努尔哈赤病卒，后金军被迫撤军。袁崇焕乘胜率兵出击，将防线推进至小凌河一带，收复了高第放弃的地区。

宁远保卫战奏捷，明廷晋升袁崇焕为辽东巡抚。袁继续执行守关外以蔽关内的作战方针，并提出"坚壁清野以为体，乘间去瑕以为用"的作战方法，积极修复城堡，调整部署，加强守备，使后金军进不能攻，毫无所获。

袁崇焕卫京师

明天启六年（1626年）八月，努尔哈赤去世。经过一番十分激烈的斗争，皇太极（第八子）凭借手中兵权，夺得了后金汗位。他上台之后，雄心勃勃，决意继承父志。为入主中原，整顿内部，强化汗权，稳固后方，东败朝鲜，西抚蒙古，积极准备对明战争。崇祯二年（1629年），关外大旱，女真地区"人无衣食"，依附于后金的漠南蒙古诸部，粮食无资，人俱相食。后金为了摆脱经济困难，夺取明统，联合科尔沁等蒙古部，破墙入塞，南犯京师。

十一月十六日，皇太极亲率大军伐明，以蒙古部为先导，统兵西进。十二月四日，八旗兵至喀喇沁的青城（今喀喇河套）。八日，皇太极决定兵分东西两路前进：东路由阿巴秦、阿济格左翼四旗兵及左翼蒙古诸贝勒兵，从龙井关攻入；西路由济尔哈郎、岳托率右翼四旗兵及右翼蒙古诸贝勒兵，从大安口攻入，两路至遵化城汇合。次日凌晨，八旗兵东西两路分别进攻龙井关和大安口，时蓟镇塞垣颓落，军伍废弛，两关双破。自大安口以东，喜峰口以西，仅仅三日，尽为八旗兵所占。皇太极率军直指遵化。十五日，八旗兵两路会师并包围遵化城。京师戒严。不久，遵化城攻陷，八旗兵向北京方面进发，直逼京东门户通州。袁崇焕得知皇大极进攻遵化，决心"背捍神京，面拒敌众"，堵塞八旗兵西向京师之路。他在从宁远往山海关的途中，急命山海关总兵官赵率教统部骑兵急援遵化，自己率辽兵昼夜兼程，提前三天赶到通州，同八旗兵对峙。皇太极见袁崇焕不意骤至，宵夜驰驱西犯京师。袁崇焕也率辽兵直奔京师，赶在后金军之前，列阵于广渠门外，严阵以待。

十二月二十日，八旗兵抵达北京城下，"烽火遍近郊"。先是，崇祯帝急命大同总督、宣府总督、应天、陕西、凤阳、郧阳、浙江各省巡抚俱"勤王入卫"，但均未按时抵京，京师一片慌乱。北京告急。北京城门紧闭，重兵屯驻。这场激烈的北京保卫战主要在德胜门、广渠门和永定门等处展开。

太宗皇太极像

德胜门之战。崇祯三年（1630年）一月三日，宣府总兵官侯世禄和大同总兵官满桂奉崇祯帝之诏，以援兵守卫德胜门。崇祯帝曾赐满桂"玉带、貂裘、封东平侯"。皇太极亲率右翼四旗及蒙古兵进攻德胜门守军。皇太极先命满族兵发炮火袭击德胜门，接着命蒙古兵及正红旗军正面冲击，正黄旗军从旁冲杀，一齐向德胜门合攻。满桂兵在城下奋勇搏斗，力阻敌军，不能前进一步。不久，侯世禄军不支，被敌军冲散，死伤惨重。城墙上的明军发炮轰击满族兵，但炮弹落入两军交战的人群中，敌人死伤甚重，满桂兵也误伤不少。满桂负伤，开德胜门瓮城，满桂带余兵继续死守城门。

广渠门之战。一月三日，当德胜门激

战的同时，袁崇焕督师、祖大寿总官正在广渠门迎击着后金军的进犯。皇太极派多尔衮、多铎、豪格、阿济格、阿巴泰、莽尔古泰等贝勒，率领八旗兵精锐数万人，命恩格德尔、莽果尔岱等亲领蒙铁骑数万人，向明军在广渠门的守军扑来。先是，袁崇焕命祖大寿在广渠门之南，王承胤在北，自率9000骑兵在西，形成三角鼎立之势，依险设伏，严阵以待。八旗兵的前锋部队先向南直攻祖大寿阵地，祖大寿率军奋力抵抗，使敌军前锋受挫。敌军向北直攻王承胤军，也未能奏效。接着，向西冲杀袁崇焕阵地。袁崇焕身先士卒，冲在阵前，与敌军搏斗，马颈相交，奋不顾身。阿济格贝勒受箭伤，所乘之马创死；阿巴泰贝勒中伏受挫。八旗兵溃败混乱，明军乘胜追杀，一直追到运河边，八旗兵"精骑多冰陷，所伤千计"，终于溃不成军，狼狈遁去。京师军民在袁崇焕的指挥下，粉碎了敌人的进攻。取得了广渠门大捷。

永定门之战。明总兵官孙祖寿、麻登云、黑云龙、满桂等，率领四万骑兵守卫永定门，四方结栅，四面列枪炮，严阵待

山海关明代铁炮

击。一月二十九日，满旗八旗兵摇旗呐喊，杀声震天，毁栅而来，明军死守阵地，奋

力拼杀。八旗兵伤亡极重，明军牺牲亦不少。总兵官虽然有的被俘，有的阵亡，但永定门还是被明军控制着。

广渠门、德胜门和永定门之战，八旗兵不能越池破城，反而弃马丢尸，溃不成军，尤其在广渠门外，遭到袁崇焕等明朝将士的沉重打击，损失更加惨重；时明廷"勤王之兵，先后至者二十万"；皇太极劳师远犯，久暴兵旅，地冻天寒，粮草匮乏。所以八旗兵久攻北京不下，只好饱掠京畿，退兵出关。

北京保卫战胜利了。袁崇焕为保卫北京立下殊勋，却遭到阉党的诬陷和皇太极的反间计，一月十三日，崇祯帝下诏将其入狱。同年九月二十二日，以"莫须有"的罪名被磔于西市。"崇焕无罪，天下冤之"。他的仆人余义士冒着风险将其尸骨葬于广渠门内广东旧义园。后人为了纪念他，树碑建祠。他的忠贞爱国之心，坚毅的民族气节，卓越的军事指挥才能，将世世代代留在后人的心中。

洪承畴的败降

在明军节节败退的情况下，清朝加紧对明朝的进攻。崇祯十三年（1640 年）四月，皇太极率领大军进驻义州，并指挥多尔衮等进攻锦州、杏山、松山，明总兵祖大寿、吴三桂军战败。

清军胜利后，自动撤退。不久又突然发动进攻。一部分明军出关援救祖大寿。

当时明清双方的战争，主要战场在锦州、杏山、松山之间，战争的基本形势是清军占绝对有利地位，明军则相反。

第一，清军从盛京到杏山、松山之间，路程不远，无论是进退、增援、运输，至为便利。明军出关作战，征途过长，交通不便，进退、增援、运输，都有困难。

第二，清方自努尔哈赤二十五岁组成子弟兵，开始统一本部族起，至六十八岁逝世，历时四十三年（1583～1626 年）。他发动的对明战争，总是战无不胜，攻无不取。皇太极数次入关，掳掠人民、牧畜、金银、货物，动辄百数十万，来往如入无人之境，清方在实战过程中养成了轻视明军的心理。明朝对清作战，自万历四十七年（1619 年）杨镐丧师辱国，直至清军多次入关，每战必败，将士丧失了锐气，畏清如虎。军心的动摇，对作战来说是极其不利的。

第三，清系新兴的政治实体，拥有强大实力。社会生产力的发展，方兴未艾。明王朝已处于彻底崩溃的边缘，而且又是两面作战，为兵家所忌。

凡此，朱由检和他的臣仆们都未给予足够的估计。当清军刚刚进攻杏山、锦州时，祖大寿告急，朱由检便凑一些残兵败将，共八路总兵 13 万人的部队，由蓟辽总督洪承畴率领赶赴锦州。这八路总兵，都唯锦州总兵祖大寿、宁远总兵吴三桂的马首是瞻。祖大寿是吴三桂的母舅，吴三桂又听命于祖大寿。洪承畴带来的几个总兵，只有曹变蛟和白广恩是他们的亲信，其他蓟镇总兵唐通、宣府总兵王朴、大同总兵杨国柱、榆林总兵马科等，都是客军。这样的杂军，本来已很难统一指挥，况且又是残兵败将，还谈什么作战？

祖大寿远在崇祯四年（1631 年）春，奉令筑大凌河城，工未就，清军于八月来攻。明王朝曾派禁军总兵吴襄（吴三桂之父）等出关援救，一战便溃。祖大寿困守孤城，外援不至，决心投降。其部下将校大多是他的子侄和亲信，一致附和。唯副总兵何可刚坚决反对，主张背城一战，城存与存，城亡与亡，以尽军人的天职。祖大寿知道何可刚终不会降清，绑赴军前斩首，取信清军。他又送质子与清，得到清帝允诺，开门投降。

清帝皇太极亲赴大凌河城受降，与祖大寿行抱见礼，表示亲信。大寿降后，顾虑妻妾幼子等人尚在锦州，要求准许诈逃回锦，永做内应。经过盟誓，又留下子侄祖泽洪、泽润、泽清、泽远等五人，将校刘天禄、张存仁等33人，在清方任职。祖大寿仅率数十名亲信官兵逃回。清方派军佯追（实则护送），沿途炮声不绝。祖大寿终于窜回锦州。

当时（崇祯四年）明王朝尚未走到绝境。祖大寿逃回后，对清方和明王朝都采取应付手段，静观双方的胜败，再做一次最后投机。总之，他既有兵权在手，又有吴三桂为帮手，长期驻在关外。朱由检明知他已投降，只有用笼络手段待之。清帝皇太极致吴三桂书，已道出了真相。书云"曩者，祖大寿在锦州也，尔主疑之而欲加以罪，然终不能者，以其族党势张，且据锦州故耳。"明朝怎能依靠祖大寿、吴三桂等败类抵抗清军的侵入？

南怀仁铸的"威远将军"铜炮

至于13万大军的统帅洪承畴，朱由检只知道他唯唯诺诺，唯命是从，却不了解他的为人，又不明白他担任三边总督达八年之久的功罪。要这种人承担对清作战的重任，丧师辱国，可以预料。

崇祯十四年，明军和清军在松山、杏山一带展开了战斗。据明方史籍记载，双方互有胜负，而明方少胜。清方史籍记载，则每战必胜。总之，双方都没有重大胜负和进展。

八月下旬，洪承畴在兵部尚书陈新甲的书面催促和兵部职方郎中张若麒的面促下，集合几路总兵，讨论大举进兵，解脱锦州之围。当时，清军大部集结在乳峰山的东角，明军抢占乳峰山的西角，跟清军相对峙，乳峰山距锦州仅五六里，有利于解围的战斗。

会议时，洪承畴提出：两军对峙，利在速战。清军新旧互为攻守。我兵既出，仅取守势，不能轮休，尤利于速战。他要求各总兵命令本部力战，洪承畴本人当执桴鼓督战等等。如果众志成城，即时进兵，可以一战。

但是，诸将领畏敌成性，借口军粮仅能维持三日，倡议轮流回宁远支粮，再议进军。这种倡议，在两军对峙的时刻，实际上就是逃跑。洪承畴如果能掌握全军，指挥如意，可以当机立断，严厉打击主张逃跑者，下令进军。可是洪承畴犹豫不决，这就给予逃跑者煽惑的机会，扰乱了军心。

薄暮，张若麒又致书洪承畴说："我军连胜，再鼓不难。但松山之粮不足三日，且敌不但困锦，又困松山。各帅既有回宁远支粮再战之议，似属可行。"促战是张若麒，后退又是张若麒。这种浮滑之徒，洪承畴本来可以不予理睬。他却把这一书信公之于众。于是议论纷纭，全场变成"筑室道谋"，没有什么可讨论的了。

最后，洪承畴来个空城计结束会议。他说："往时诸君都矢报效，今正其会。粮虽尽被困，宜明告吏卒，守亦死。不战亦死。若战或可幸万一，不肖决意孤注！明日望诸君悉力！"洪承畴的言论，实出于敷衍塞责，不类三军统帅口气，大家一哄

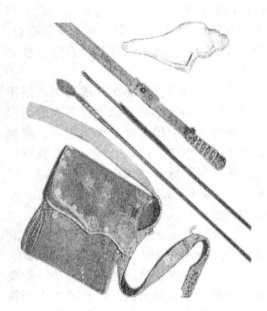

满族民用狩猎器具

而散。

散后，总兵王朴首先率全军逃走。于是各军争相奔逃，马步相践踏，弓矢遍野。旋望见前面火光，才谋后退。清兵截击，明军大溃，总兵曹变蛟、白广恩相继逃入松山。其他官兵逃到海岸，大多数被潮水所冲走。张若麒和各监军，先准备小船出海，回到宁远，并把军溃的责任归咎于洪承畴，使自身得到了解脱。

松山战事，就是这样结束了。这是明方史籍的记载。

根据清方记载，皇太极率大军迎击洪承畴的八总兵。清军一到前方，即陈师于松山、杏山之间，横截大路立营。诸王和贝勒议围敌，皇太极笑曰："但恐敌闻朕统师至，彼将潜遁耳。倘蒙天眷，敌如不逃，朕破之如纵犬逐畜，必令尔等易于进取，不劳苦也。"（王先谦《东华录》崇德六年）清方史料载，当时"明洪承畴督十三万大军于松山城北乳峰山冈结营，其步兵于乳峰山、松山城之间掘濠立七营。某日黎明，八总兵（祖大寿困在锦州，实际上只有七总兵）犯我噶布贤汛地，我兵击败之。将奔塔山，又为噶布贤及镶蓝旗摆牙喇兵追击。武英郡王阿济格、贝子博洛等追至塔山而还，获笔架山明积粟十二堆，派军护守。再掘濠绝松山、杏山路。是夜，明诸将皆欲遁，撤七营步兵近松山城结营。甲子，敌兵犯我镶红旗汛地，击却之。师还，敌我相距一箭地。上复令转战，张黄盖，率数人往来布阵指挥，敌望见，悉丧胆遁走。"

清方记载，松山、杏山并没有大战。当时清方强调皇太极算无遗策和笔架山劫粮，是制胜的主要因素。但明方没有笔架山屯粮被劫的记载，只有回宁远就粮的动议。笔架山劫粮可能是清方的夸张。

最后剩下松山和锦州二城。松山副将夏承德向清纳款请降，并遣子夏舒为质，与清军内外夹攻，涌进松山。夏承德生擒洪承畴、巡抚丘民仰、总兵王廷臣、曹变蛟、祖大乐、游击祖大名、祖大成以及白良弼（白广恩之子）等。其他副将、游击、都司等，被歼百余名，战士死亡3600多名，明军以惨败告终。

夏承德向清军献俘，皇太极命礼部郊迎15里。夏承德的亲属被俘者，全部释出。

皇太极即时明令：将洪承畴、祖大乐等祖家将领送到盛京，祖大成遣回锦州。丘民仰、曹变蛟、王廷臣等三人就地杀戮。

清自努尔哈赤起，对明朝的政治、军事情况相当注意，侦察人员布满京师，对明王朝的军政大事和官员动态，深有了解。所以这次对洪承畴和丘民仰立即做出不同的决定，绝非偶然。同时对于收买明方官员，不但给以高官厚禄，赏赐金银珠宝，甚至妻以亲女（如公主、郡主等）。努尔哈赤新起兵时，明万历二十八年（1600年）征服乌拉部族，乌拉部族贝勒布占泰投降，努尔哈赤便妻以亲女。后金天命三年（1618 年）攻占明抚顺，守将李永芳仅以一个微不足道的游击，努尔哈赤也用第七子贝勒巴尔泰的亲女妻之。这种例子很多。

清帝皇太极知道洪承畴是软骨头，可以收买，故待之极厚。当洪承畴解至盛京，饮食供帐等于王侯。初期，他还装腔作势，不进饮食，终日涕泪交流，誓死报国。清方派汉族大臣轮流劝导，洪承畴不听，有时还以恶言相报。可是清吏部尚书范文程，几次轻装简从，窥伺洪承畴的情况，就识破了他的隐衷。他知道洪承畴是个老官僚，所谓有奶便是娘，是不会为朱由检效忠到底的。范文程自告奋勇往见洪承畴，开始加以慰藉，继之表示同情。洪承畴逐渐破涕答言，范文程不谈投降的事，专谈今古兴亡的大事，洪承畴颇为感动。两人互相交谈间，忽然屋梁间的灰尘落在洪承畴的袍襟上，他便取出手帕轻轻把灰尘拭去。范文程辞出，立即晋谒皇太极，开口便说："承畴不死矣。"并告以所见所谈，并加以解释说："承畴对敝袍犹爱惜若此，况其身耶？"（《啸亭杂录》卷 8《洪文襄之降》）皇太极颇以为然。

隔日，皇太极亲赴承畴囚所。"承畴正襟危坐，默默不言，但已无悲泣表情。皇太极解貂裘与之服，徐曰：'先生得无冷乎？'洪茫然视上。久之叹曰'真命世之主也！'因叩头请降。上大悦，即日赏赉无算。三日一小宴，五日一大宴，陈百戏以作贺。诸将不悦曰：'洪承畴一羁囚，上何待之重也？'上曰：'吾侪所以栉风洗雨者，究欲何为？'众曰：'欲得中原耳！'上笑曰：'譬之行者，诸君皆盲目。今得一引路者，吾辈安得不乐也？'众乃服。"

洪承畴正在新主人的宠爱下，日夜在盛京扮演喜剧。京师和他的家乡，正为他大规模地扮演悲剧。

朱由检初时得悉松山战败，13 万官兵大半伤亡，以及洪承畴被俘的消息；继之又得到丘民仰、曹变蛟、王廷臣三人被俘，不屈遭杀等塘报，心中固然沉痛。但对洪承畴的生死，尤其悬念不已。不久又得到紧急奏报，说洪承畴至死不屈，已为大明效忠。朱由检深为悲痛，如丧考妣，立即下诏建祠都城，对洪承畴和丘民仰等死难者，举行隆重的奠祭，赐祭 16 坛，并亲临祭奠。已经祭到九坛，突然送来急报，证实洪承畴已经投降，悲剧顿时停演。

洪承畴家乡在福建南安，洪氏是当地大族。当承畴的死讯传至南安时，洪氏家族急忙印刻讣文，大肆宣传洪承畴怎样为国尽忠，并举办大规模的丧礼。亲戚故旧，群集南安。正当丧礼进行间，洪承畴投降的消息已传遍全国，丧礼立即收场，但讣文已无从收回，一时传为笑柄。

大战一片石

明朝末年，清王朝崛起于东北。明崇祯十五年（1642 年）松山——锦州战役结束后，清王朝已经基本上具备了逐鹿中原，推翻明朝统治的条件。但由于李自成等农民起义军正在全面发起对明朝的进攻，清统治者于是决定静观事变，期望农民军与明朝在厮杀中相互削弱，以坐收渔翁之利。崇祯十七年（1644 年）春，李自成部推翻明朝已成定局，清大学士范文程遂于四月初向摄和硕睿亲王多尔衮建议，乘机果断出兵，直取燕京（今北京）。四月七日，清廷以摄政王多尔衮为统帅，祭告太祖、太宗，整兵待发。九日，多尔衮等率三分之二的满蒙兵及汉军共约 14 万出征。十三日，清军行至辽河，得到李自成大顺军已经攻占北京的消息。

多尔衮像

大顺军三月十九日攻占北京，明崇祯帝于同日自缢身死，明亡。此时明平西伯、宁远总兵官吴三桂正在奉诏入京觐王的途中，得知京师形势突变后对如何举措有些举棋不定。但不久后有消息传来，说其家已被农民军抄没，爱妾遭劫，吴三桂于是决心同农民军对抗。四月八日，吴三桂军回攻已被大顺军占领的山海关，并斩李自成所派招抚使臣，公告远近，共约士民"缟素复仇"。此前，吴三桂还派人持书信向清方乞借援师，请清朝"速选精兵，直入中协西协，三桂自率所部，合兵以抵都门，灭流寇于宫廷，""则我朝之报北朝者，岂惟财帛？将裂地以酬，不敢食言。"

吴三桂占据山海关一带战略要地，所部又相当有战斗力，因而他的政治动向对于关内的大顺政权和关外的清朝都是至关重要的。李自成在得知吴三桂公然决裂后，以其为大患，一面再次遣使招降，进行政治攻势，一面于四月十三日亲率20万大军东征，准备消灭吴三桂部，巩固东北边防。

四月十五日，多尔衮率师抵今锦州一带后，才见到吴三桂求援的信件。这一对清军十分有利的消息使多尔衮大喜过望，他立即复书吴三桂，同意出兵，同时又趁火打劫，要求吴三桂归降清朝。吴三桂在李自成大军压境的情况下只得同意降清。多尔衮于是统兵昼夜兼程奔赴山海关，于二十一日晚抵达距关门20里处的一片石。此时的山海关城已经处于李自成军的包围之中了。

大顺农民军于二十一日清晨抢先一步到达山海关，立刻在石河西岸与吴三桂军对阵。李自成派降将唐通率兵绕道九门口出长城，欲在山海关以东阻断吴军退路（这支部队当晚被清军击溃），同时再次遣使劝降。劝降失败，李自成下令向吴军进攻，两军战于石河西岸，吴三桂大败。农民军突破石河防线后，立即向关城四周的辅城西罗城、东罗城、北翼城发起猛攻。二十二日晨，多尔衮率清军来到离关城仅二里的威远堡，仍疑心吴三桂与大顺军合谋设计，观望不前。吴三桂为表示对抗农民军的决心，亲率200亲军在炮火掩护下突围出关，到清营后剃发向多尔衮称臣，正式投降了清朝。当日，吴三桂再返关城，命全体官兵剃发，并以白布系肩为标志，而后在关门大竖白旗，迎接清军入城。阿济格率清军左翼入北水门，多铎率右翼入南水门，由于当时狂风大作，沙尘漫天，清军的入城相当隐蔽。

李自成攻城不能克，想要诱使吴三桂军出城野战，于是把大军自北山横亘至海，沿石河西岸排开一字长蛇阵。作战经验丰富的多尔衮根据敌阵情况，决定由吴三桂率所部集中攻击农民军右翼阵尾，而暂不暴露清军实力，以便在关键时刻实施突然打击。吴三桂军在海滨龙王庙一带同大顺军接战。由于双方都极重视这一战役的胜负，因此争夺十分激烈。自辰时至酉时，双方连杀数十阵。李自成以大队援阵尾，战鼓声震百里，三面包围吴军。吴三桂军亦奋勇冲杀，数次冲开重围，都被农民军再次围住。傍晚，多尔衮认为时机成熟，才命阿济格和多铎统两白旗二万骑，自吴三桂的右翼突入，战局立刻大变。农民军将士完全不知道关城里还潜伏着精锐清军，阵脚大乱。清军以逸待劳，勇猛凶狠异常。仅一顿饭工夫，农民军在战场上被斩杀殆尽，一部分人被逼入海牺牲，一时"积尸相枕，弥漫大野"，战役终于以大顺农民军的失败而告终。

战役期间，李自成一直在战地附近的高岗上观战、指挥。清兵突然自阵后杀出，李自成本来准备调后军火速增援。但他身边有人告诉他，新来之敌不会是吴三桂的预备部队，肯定是清军。李自成由于一直不明敌情，根本不知有清军在，大惊之下，竟然不顾沙场将士，策马而逃。主帅的仓皇逃跑，使得大顺军一片混乱，大将刘宗敏中箭负伤，众多的农民军无法组织有效抵御和反击，全线溃退。李自成先退至永平，而后率残部撤回北京，京东一带地区不再为大顺政权所有。

清军在山海关之战中的胜利和吴三桂的降清为清朝入主中原奠定了基础。多尔衮在率领清军入关后，以"除暴救民"、"复君父仇"为口号，掩饰民族矛盾，争取明朝遗民故宫的支持。清廷还在山海关之战胜利的当日封吴三桂为平西王，笼络降清官兵。自关门至京师，清军纪律较为严明，所到之处"争先奉表迎降"，几乎没有遇到什么抵抗。四月三十日，李自成被迫率军撤离北京，两天以后多尔衮率清军进京，不久后顺治帝也迁至北京，北京从此成为清朝的都城。

大顺政权的覆亡

顺治元年（1644 年）四月二十九日，大顺政权撤离北京前李自成在武英殿举行即位典礼，草草完毕后，便吩咐全城军民，各自出城避难，并放火焚毁了明代宫殿和各门城楼，开始撤离北京。他们严守纪律，日夜兼程。但不出十天，清兵在庆都（今河北望都县）追上大顺军，双方交战，大顺军饥疲交迫，士气不振，败退下去。接着又在今河北正定与清军相遇，交战失利，只得退入山西境内，清军也马困人疲，不得不退回北京附近。

清八旗军服盔甲

在太原，李自成亲自召见陈永福，授以防御之计，并对山西一带的防务做了具体的部署，便自己率大部回西安，

2459

积极准备反攻。而清军入京后，也加紧为大举进兵做准备，前期的一个主要工作是招抚农民军。不久，山西北部的一些大顺将领便投降了清军。大顺军加紧防御太原，他们处死了明宗室千余人，又把大批明朝官绅押往陕西，以防内患。九月十三日，叶臣等统率清军进抵太原城下，但因防守坚固，无法突破。二十天后，清军调来"西洋神炮"，轰破西北城角，城垣毁塌数十丈，清军蜂拥而入，大顺军大败，守将陈永福也投降了清朝。清廷又令英亲王阿济格、吴三桂、尚可喜等由北京出发，准备先攻陕西，取西安，另一支部队则由豫亲王多铎、孔有德等统领南下进攻江南。

与此同时，大顺军于河南今河南泌阳做了局部反攻。十月十二日，大顺军两万多人，连克数城，击毙清军提督金玉和，直扑怀庆。清廷闻讯大惊，遂改变进军南京的计划，命多铎先救怀庆，再取潼关，与阿济格夹攻西安。多铎部队不久抵怀庆，大顺军兵力不足，主动撤退，多铎乘势追击，于十二月二十二日进抵潼关。当时，李自成将主要的防御精力投在陕北，以防由蒙古取道而来的阿济格军，此时，就不得不抽调驻守该地的部队，由刘宗敏带领赶往潼关。

十二月二十九日，潼关战役打响。刘宗敏先战不利，李自成便亲率部队参战，遭多铎部八旗兵全力反击，损失甚重。次年正月九日，清军调来攻坚利器红衣大炮，轰击潼关，然后大举进攻。大顺军尽力反抗，并派骑兵迂回至清军阵后突击，均未成功。十二日，潼关镇守将领马世耀以七千余人伪降，清军占领潼关。当晚，马世耀派使者密告李自成，被清兵截获。次日，多铎假说打猎，于潼关城西南十里的金盆坡埋伏军队，随后又声言举行宴会，将马世耀部军械全部解除，尽杀七千多大顺官兵。

在北线，阿济格已至陕北，占领了米脂，将李自成故里居民不分老幼，全部屠戮殆尽。随即进兵西安。李自成在两面夹攻下，带主力退回西安。正月十三日，又决定放弃西安，取道蓝田、商洛地区向河南转移。临行前，李自成命权将军田见秀将留下粮食等全部焚毁，但田见秀却以"秦人饥，留此米活百姓"之由，偷偷留下，尽焚东南城楼。

清军占领西安后，多尔衮即命多铎按原计划移师进攻在南京建立的南明弘光政权，命阿济格部由陕北南下追击大顺军。李自成率大顺军先至河南，由于士气低落，拖家带口，行动迟缓，在内乡一带歇息多日，直到阿济格部清军追上后，才拔营南下湖北。三月，大顺军渡长江，在荆河口击败明将左良玉部将马进忠等驻军，旋又占领武昌。此时，李自成想夺取东南之地作为据点，到湖北时，留有军队几十万，遂改编为四十八部。把主要兵力置于东部，可同清军争夺南京，而把次要兵力置于北面，拒北来的阿济格部。结果阿济格部尾追而来，大顺军后方空虚，刘宗敏、田见秀领兵5000出击，不久败还。大顺军只得弃武昌东下。

《北征督运图册》局部

四月，清军追至九江一带，直接攻入老营，大将刘宗敏、军师宋献策、明降将左光先、李自成的两位叔父和大批随军将领家属皆被俘。刘宗敏当场被杀，宋献策、左光先降清。丞相牛金星知大势已去，不告而去，躲入降清的儿子牛铨的官衙内。

五月初，李自成率残部欲由江西西北部入湖南。行至湖北通山县境九宫山下，遭当地地主武装袭击。当时随身左右的仅义子张鼐等二十余人。二十余名战士均被击杀，李自成也于搏斗中身亡。至此，轰轰烈烈的大顺政权覆亡。

张献忠的大西政权

在明末农民起义军中，最强大的两支力量是张献忠军和李自成军。张献忠是陕西今肤郡人，天启末年起义，号八大王。崇祯年间，张献忠率所部转战于黄河以及江淮流域。崇祯十一年（1638年）春，张献忠降于明，几个月以后再度起事。此后，张献忠部曾破武昌、长沙等重镇，并占领了湘、赣的广大地区。张献忠于崇祯十四年（1641年）在武昌称西王，设置官职，建立政权。至崇祯十六年，张献忠已经拥有数十万百战之师，力量十分强大。

崇祯十七年（1644年），李自成军自陕西向明朝的统治中心北京进军。而张献忠为了同李自成争夺霸业，决定以四川为根本，然后北伐并征讨天下，因而率重兵自荆州入川。这年年初，张献忠部沿长江两岸夹江上行，先后攻克今四川奉节、万县等地。六月，张献忠率师接连攻占今涪陵、江津、重庆，紧接着又亲统水陆两师长驱成都。八月初九日，张献忠攻陷成都，成都附近的各州县也相继被占领。九

月，张献忠部同此前进入川北地区的李自成大顺军展开激战，大顺军失败退回汉中。至此，张献忠的农民军基本控制了整个四川。

张献忠在扫平四川后，于十一月十六日在成都正式称帝，国号大西，改当年为大顺元年，改成都府为西京，诏民间称其为老万岁。大西政权以汪兆麟为左丞相，严锡命为右丞相，并设置六部尚书；颁布新历，铸造"大顺通宝"钱；在各地方也设置府、县官员，并派兵镇守。张献忠还任命孙可望为平东将军，李定国为安西将军，刘文秀为抚南将军，艾能奇为定北将军，分掌大部分部队，孙可望等人都是张献忠的义子。

大西政权建立后的最初阶段，采取了一些安抚民众的措施。为了网罗人才，又于顺治二年（1645年）两度开科取士。同时还把各处生员及家属集中在城里，以防止他们在乡间造谣生事。在这段时间里，大西政权是较稳定巩固的。

张献忠在称帝之后仍把大顺军作为主要敌手，曾派李定国领兵进攻大顺军占据的汉中，还亲自率军接应。但这时四川各地的官绅武装和南明的军事力量却由东、南、西三面向大西政权发动进攻，顺治二年（1645年）三月，明副将曾英等部在重庆、今四川宜宾等地击败大西军；南明督师王应熊、总督樊一蘅在遵义誓师，命令各路明军会师攻击大西政权。各地对大西政权不满的缙绅和民众趁机起事，刺杀大西政权的地方官吏，甚至有一县之内在三四个月内连杀十几个县官的。还有的地方用马粪涂抹大顺年号，改成南明的弘光年号。到这年年底，南明军队已在重庆、内江、嘉定（今乐山）、大渡河所（今汉源境内）一线集结了数十万兵力，在成都以北的茂州也有军队屯驻、形成夹击成都之势。

景陵神道

张献忠性情暴躁，称帝后更发展为残忍嗜杀，常因小事屠戮身边近侍和朝廷官员。对于四川到处出现反叛，张献忠异常愤怒，认为四川"百姓等已暗通敌人"，不但杀死了许多归顺的官员和缙绅，还屠杀了许多居民。顺治二年七月，张献忠在成都残杀了大批居民。领兵在外的孙可望听到消息后愤懑感叹说："吾侪数年辛苦，是为百姓受之，今付东流，可不惜哉！父王为此，实不思已甚。父王为百姓之首，如一身之肢体然。今手足已去，其头安能独存哉？有王无民，何以为国？实不啻空有王名而已。"言毕痛哭不已。由于执行这种错误的屠杀政策，大西政权迅速衰落。

顺治二年（1645年）底，清廷在初步平定江南之后，也开始腾出手来对付大西政权。这年十一月，顺治帝发布劝降诏书，要求张献忠率众来归，"自当优加擢叙，世世子孙，永享富贵。"这次招降遭到拒绝。于是清廷于顺治三年（1646年）正月任命肃亲王豪格为靖远大将军，统大军入川征剿张献忠部。此时张献忠仍在全力对南明军作战。三月，南明杨展部在成都以南大败大西军，占领川南各县。大西军十余万人向东欲开辟入楚道路，再次战败，只得退还成都。五月，南明总兵曾英等部开始向成都方向进攻，而清军豪格部也已达汉中，大西政权受到南北两方面的巨大威胁。

这年七月，张献忠决计放弃成都，向北插入陕西，再同清军周旋。于是放火焚烧了蜀王宫殿和城中民房，把各种金珠珍宝投入江中，并且乘醉将自己唯一的幼子扑杀，而后弃城都北走。孙可望、李定国、刘文秀、艾能奇等率重兵从行。

十一月末，张献忠的大西军主力行至川北西充县境内，而清军主力也到达了今四川仪陇的南部县，两军相隔不过百里。大西军并不了解清军情况，而清军则因有大西军保宁守将刘进忠投降，对张献忠的实力和营地了如指掌。二十七日凌晨，清军以刘进忠为向导，兼程奔袭至西充大西军营寨。其时大雾迷漫，大西军哨兵报告近处有盔甲声，张献忠以为是煽惑军心，立斩哨兵数人。但不久后又有探兵入营急报，满洲骑兵已在对面山上。张献忠闻讯带亲兵和太监数人到营外凤凰坡探察虚实，被清军的弓箭射中，当即死亡，时年41岁。

张献忠突然去世造成大西军各营惊慌失措，十分混乱，无法组织抵抗。清军乘胜攻破了大西军所有营盘，斩首数万人。大西军奔溃四散，只有孙可望、李定国等人收集了数千残部和万余名家口，经顺庆府（今南充）南逃，始终组织严紧，并且

山海关

中国通史

最新整理图文珍藏版

一直坚持大西国号。这支大西军几经转战，于第二年春进入贵州，而后进攻云南，以云南为根据地，成为抗清斗争中最重要的一支力量。

多尔衮挥师入关

多尔衮为清太祖努尔哈赤第十四子。公元1612年生，这时努尔哈赤年已五十四岁，努尔哈赤死时，多尔衮才十五岁。太宗皇太极即位，封多尔衮为贝勒，因按年齿序列第九，故称九贝勒或九王。天聪二年（1628年），多尔衮随同皇太极进军蒙古察哈尔多罗特部，因作战英勇，被皇太极赐以美号为墨尔根代青，意即聪明王。天聪九年（1635年）二月，皇太极派多尔衮为元帅，往攻察哈尔部林丹汗子额尔克札果尔额哲。由于多尔衮不费一兵一卒，圆满地解决了察哈尔向清朝的归服问题，再立奇功，赢得了在满洲贵族中的威信。

清铁炮

崇德元年（1636年）四月二十三日，皇太极在沈阳论功封兄弟子侄，多尔衮被封为和硕睿亲王，是六大亲王之一，名列代善和济尔哈朗之后，其政治地位节节上升。

崇德八年（1643年）八月，皇太极在沈阳暴逝，宗室中很多人倾向于支持多尔衮争夺皇位，多尔衮为了谋求内部的统一，顾全大局，采取折中方案，立皇太极第三子年仅六岁的福临即位，自己和济尔哈朗共同摄政，负责实际政务。

多尔衮率领清军入关，以及入关后的统一大业，是与范文程的襄助分不开的。范文程祖籍沈阳，其祖父官至明朝兵部尚书。崇德初年，皇太极任命范文程为内秘书院大学士，进世职二等甲喇章京，参与机密。范文程虽系汉人，但属于清朝元老，他头脑清醒，有大略，深得清朝统治者信任。

顺治元年（1644年）四月初四，当多尔衮即将率师伐明时，范文程曾向他提出如下几点看法和建议：

（1）明朝腹背受敌，进军关内的时机已经到来。

（2）中原地区可一举平定；

（3）农民军将是角逐的对手；

（4）进取内地时，应注意军纪；

（5）应据守关内据点，主张稳扎稳打。

范文程的建议，对当时执政的多尔衮影响极大，事实上多尔衮入关前后的行动，均依照范文程的奏疏所拟议，未做大的修改。

顺治元年（1644年）四月初九日，多尔衮以大将军名义率领大军浩浩荡荡由沈阳出发了。

吴三桂降清

吴三桂，字长伯，江苏高邮人，祖籍辽东。他的父亲吴襄，崇祯初年任锦州总兵。吴三桂则以武举承父荫，授都督指挥。松锦战役时，洪承畴督率诸镇兵，吴三桂为他手下之主要将领之一。这次战役之后追究责任，吴三桂被降三级录用，仍守宁远，戴罪立功。这时由于吴三桂年富力强，加之吴三桂本为辽东世将，实力雄厚，对

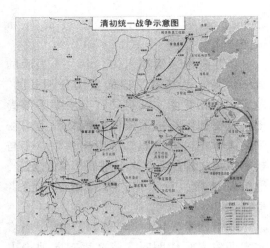

清朝统一战争图

清的多次诱降置之不理，所以他甚为明帝所重。崇德八年（1643年）十月当济尔哈朗及阿济格率清兵向山海关外中后所、前屯卫、中前所等明军守地发起进攻时，都是为吴三桂所部的明军所击退，这说明当时明廷于辽东一线所依恃者，非吴三桂莫属。

李自成军攻破北京时，吴三桂原本投降农民军的可能性应大于降清，但是由于李自成军在北京对降官追赃索饷搞得十分厉害，特别是吴襄在北京也被拷掠追赃，其消息传到了吴三桂的耳中，这对吴三桂的政治态度产生了很坏的影响。同时其爱妾陈圆圆被掳更加深了其对农民军的不满，使其最后走向降清道路。

多尔衮所率清军于公元1644年四月十一日到达辽河。十四日到达翁后（广宁附近）。由于行经之地一面有山，素称多兽，多尔衮约定次日与朝鲜世子行猎。但十五时卯时，清兵刚刚行军5里许，忽闻镇守山海关的明军统帅平西伯吴三桂突然派人前来洽降。他们除了约降事宜之外，同时也把农民军攻占北京及崇祯皇帝身死之事一一报告。这对清军的入关提供了难得的方便。多尔衮立即召开了军事会议，决定迅速向关内进军。

在这次军事会议上，洪承畴起了重要的作用，他由于多年参与镇压农民军的活动，对农民军的情况一清二楚。他根据吴三桂使者的报告，马上在会上提出下列意见：

（1）应首先发布命令，说明清朝这次出师的目的系"扫除乱逆"（指农民军）；

（2）应当整顿纪律，强调"不屠人民，不焚庐舍，不掠财物；其开门归降及为内应立大功者，破格封赏"；

（3）农民军惯于"遇弱则攻，遇强则走"，因此，清军"宜从蓟州、密云疾行而前。若贼走，则以精骑追之"，如果农民军"仍据京城以拒我，则破之更易"。

（4）清军抵京之日，要"连营城外"以断西路诸援兵，这样"则贼可一战而歼矣"。

（5）行军中为了防止埋伏，宜改骑兵为步兵先行，"俾步前马后"；兵入关后则改"步卒皆马兵也"。

洪承畴的这些意见都是针对当时关内的政治形势，特别是农民军的具体情况而发的，所以深得多尔衮的赏识。

随后吴清联军即与李自成亲自指挥的农民军在山海关接战，李自成败退撤回北京，清军随后紧追，势如破竹，五月二日即达北京，李自成军已节节败退撤回陕西。

乾清宫

顺治登基和清迁都北京

多尔衮进入北京以后，宣布明朝"各衙门官员，俱照明录用"，"其避贼回籍，隐居山林者亦具以闻，仍以原官录用"，"薙发归顺者，地方官各升一级"，"朱姓各归顺者，亦不夺其王爵，仍如恩养"。又下令军民为明崇祯皇帝服丧三天，发丧安葬，并遣官祭明诸帝，以此安抚明官吏。这些措施，收到很好的效果，河北、山东、山西等地的官僚士绅纷纷归顺清朝。

六月多尔衮与诸王开始议定迁都北京。在迁都一事上，满洲贵族中很多人不同意，认为应趁此时大肆屠抢一番，大军或退沈阳，或退山海关，可以无后顾之忧。多尔衮力排众议，坚持迁都北京，以图进取，并强调这是清太宗皇太极时就定下来的策略。最后，多尔衮说服了持异议的满洲贵族，派辅国公吞齐喀、和托等人回沈阳迎驾。

顺治帝见诸王奏议后，表示同意"迁都于燕，以抚天界之民，以建亿万年不拔之业"。八月二十日，顺治帝自盛京迁都燕京，是日车驾启行。九月十八日，顺治帝到达通州，多尔衮率领诸王大臣至通州迎驾。十九日，顺治帝至北京，从正阳门入宫。十月一日，顺治帝举行定鼎登基大典，定都北京，以示新王朝全国政权建立的标志。从此清朝在关内进一步立稳脚跟，并逐渐统一了全中国，使中国作为统一的多民族的国家得到新的发展。

清政府以武力统一全国，打败数倍数十倍于己的各个敌手，除在军事上采取了正确的策略，八旗军制度严明且积极进取而外，还与实行满汉联合执政的政策分不开。

满汉联合政权

入关以前，皇太极已实行利用和团结汉族官僚、知识分子的笼络政策。入关以后，以多尔衮为首的满族贵族清楚地认识到，要建立和行使全国的统治，仅靠满人、八旗军和原有制度，是难以实现的，必须沿袭明代的统治制度，任用汉族地主官僚，笼络汉族知识分子，建立联合政权。

多尔衮接受范文程的建议：清朝不是在跟明朝争天下，而是跟农民军争天下，首先在战略上改变以往那种掠杀政策，以"复君父仇"、"灭流寇以安天下"的旗号，争取汉族官僚和知识分子的支持。一入北京，便令官民为明崇祯帝服丧三日，予以隆重的礼葬，表示自己对汉族前政权的"宽大"和"恩礼"，以减少汉族官僚、士大夫、地主对新政权的抵触。多尔衮入京后还立即派人"祭先师孔子"，接着又公布孔子的后人"仍袭封衍圣公"；顺治二年（1645年）又给孔子加上"大成至圣文宣先师"的头衔，多尔衮亲自"谒先师孔子庙行礼"，规定：每年三、九月必须派官致祭。顺治九年（1652年），顺治帝也亲自去孔庙祭奠，并拨修庙银3万两。以孔子为代表的儒家思想，长期以来是封建地主阶级的统治思想，历代封建统治者都以孔子为神圣的偶像，汉族地主阶级"只要尊孔崇儒，便不妨向任何新朝俯首"。多尔衮、顺治帝的尊孔活动，可谓抓住了稳定政治、定鼎中原的根本，以后的清朝皇帝无不效法。

多尔衮还根据范文程、洪承畴、冯铨等人的建议，大体上沿袭明制，建立从中央到地方的政权机构，"依准明律"，颁行《大清律集解附例》等政策法令，尤其是"邪正兼收"地网罗汉族官僚士大夫。他

清钢刀

深知"古来定天下者，必以网罗人才为要图"。凡明朝降官，不苛求他们以往的种种不法，只要对清王朝实心忠顺，便一律官复原职，或加官晋爵。在明王朝统治下，因党争闹得水火不容的汉族官僚们，却在清政府的笼络、控制下，奔走供职，各得其所。原明朝大学士冯铨谄事魏忠贤而声名狼藉，降清以后仍以大学士原衔"入内院佐理机务"。原依附于东林党的陈名夏也颇受多尔衮器重而担上了吏部尚书、弘文院大学士。连参加过李自成农民起义队伍的牛金星父子，降清后也得到任用。除原官留用外，还要求现任官员"举荐"隐迹贤良，一些知名官员、士大夫，摄政王多尔衮还亲自加以"书征"，黄宗羲、顾炎武等人都在"书征"之中。一时故明吏部尚书谢升、礼部尚书王铎、南明福王政权的礼部尚书钱谦益等人，纷纷投靠新朝。

顺治二年（1645年）七月，浙江总督张存仁看到地方上"反顺为逆"的士人很多，建议清政府开科取士，"则读书者有出仕之望，而从逆之念自息"；范文程也提出："治天下在得民心，士为秀民，士心得，则民心得矣，宜广其途以搜之"。于是，同年十一月，多尔衮便下令举行"乡试"，第二年三四月相继举行天下举人会试、殿试。在全国大部分地区尚在殊死战争的情况下，初次科举时，顺天乡试"进场秀才三千"，使多尔衮惊叹不已："没想到有这么多人与考"。第一次乡试，便取全国举人1534人。此后，正科之外，又行加科；加科之外，又举博学鸿儒，为汉族知识分子大开仕进之门，大张利禄之网。

以四书五经为主的科举考试，吸引了

大部分知识分子，在一定程度上消弭了来自汉族旧官僚、知识分子的反清情绪，加强了清政府的统治力量。

同时，多尔衮也非常重视对汉族将领、部队的招降、收编工作，以减轻占人口少数的满族，面临武装统一全国和统治广大地区所遇到的兵力不足的困难。入关以后，对明朝、农民军等降将多加以重用，编入汉军八旗，如吴三桂、郑芝龙等。汉军八旗都是汉族人员，但采用的是满洲八旗的组织形式，具有满汉结合的特点。利用汉军八旗的汉旗官僚向各地进行招抚，起到了满人所不能起的作用，成为清朝统治地方不可或缺的依靠力量。从清初到清朝中叶，地方督抚大多为汉军旗人，据统计，顺、康、雍三朝的地方督抚："八旗人员之任督抚者，汉军十居其七，满洲十居其三，蒙古仅二人"。

清政府还帮助汉族官僚、地主恢复因农民起义失去的旧有产业，允许官员、绅衿有一定赋税、徭役豁免权。为了联络满、汉统治者阶级的感情，顺治五年多尔衮还决定：自后允许满汉官民通婚。顺治帝亲政后，还将皇太极的第十四女，下嫁给吴三桂的长子吴应熊。

顺治七年（1650年）十二月，多尔衮病死，顺治帝亲政。尽管由于多尔衮生前过于揽权，死后被贬削爵位，财产籍没，

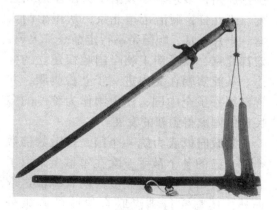

清钢剑

满洲守旧势力有所抬头，但是，年轻的顺治帝并没有改变多尔衮生前定下的方针、政策，反而由于统治的需要，不仅自己苦读汉文经史典籍，博览群书，而且要求特别是满族贵族学习和掌握儒家文化，不断将"满汉联合"引向深入。

满汉联合是在"首崇满洲"的民族统治原则下的联合，满族贵族始终控制中央的中枢机构，各部院寺的大权都由满族尚、寺、卿掌握，满族贵族、官员往往享有更多的特权。清政府标榜的"不分满汉，一体眷遇"的联合统治，并不是一种平等关系，更不是平分政权。

紫禁城

各地的抗清斗争

李自成、张献忠的抗清斗争

清统治者在笼络地主阶级镇压农民军的同时，对汉族人民施行了圈地、薙和屠杀等等民族高压的措施。各地人民都起来反抗清统治者。北京近郊的昌平、三河，以及冀中、苏北、山东、山西、河南等地人民的反清斗争，风起云涌，如山东西部的榆园军，山东东部的青州起义军，山西西部吕梁山区的起义军，河南怀庆、卫辉等地的起义军，在河北各地也有很多小规模的农民武装。在这些起义军中都有被清军打散的李自成旧部参加，他们或是独立作战，或是策应李自成的军队抗击清兵。

清顺治二年（1645 年）初，清统治者集中军力分两路攻入陕西，一路由阿济格率领，吴三桂为前锋，一路由多铎率领，孔有德为前锋。李自成迎击清军于潼关，经过激烈的战斗，农民军放弃西安，东下湖广。这年四月，农民军来到湖北通山县，李自成遭到当地地主武装的袭击，死于通山九宫山。

李自成死后，除去由郝摇旗、刘体纯等继续统率农民军余部之外，另一支由李过、高一功等统率的农民军 10 余万人也由陕西赶到。他们决定与南明的抗战将领何腾蛟、堵胤锡的军队联合，在湖广抵抗清兵。

同样，清统治者诱降在四川的张献忠领导的农民军，也遭到拒绝。李自成败退陕西时，张献忠便和李自成相约共抗清兵。顺治三年（1646 年）冬，张献忠迎击清军于川北西充的凤凰山，遇伏而死。

张献忠死后，他的部将李定国、刘文秀、孙可望等人，也在川南云贵一带与南明桂王政府合作，继续抗清。

史可法抗清

史可法（1601～1645 年），字宪之，号道邻，明末河南祥符（今属河南开封）人。崇祯元年（1628 年）进士，授西安府推官，迁户部郎中。因镇压农民起义，累迁右金都御史，在安庆、池州、光山、蕲州、湖口诸地堵截农民军，升任南京兵部尚书。

崇祯十七年五月，受命督师扬州的史可法派人分驻江北四镇，以坚守南京。尽管内有昏君佞臣胡作非为，外有骄兵悍将纷争不和，但具有民族气节的史可法不顾处境之艰难，极力排除马、阮的干扰，协调江北四镇，团结各方力量抗清。他本人亲自防守要冲宿迁。

史可法像

公元 1645 年四月十二日，史可法和亲信部将于危急中冒雨奔回扬州，部署防守事宜，当时兵力甚为悬殊，面对清军多次的诱降，史可法不屑一顾，清军恼羞成怒，下令攻城。总兵李栖凤、监军李岐凤，率所部 4000 人越城降敌，城中势力益孤，但仍顽强坚守。清兵用红夷大炮猛攻，史可法下令发炮还击，击杀清兵数千人于一二十里之外。扬州城内的老百姓也纷纷登城抗敌。史可法督率军民在兵单力弱、又无外援的情况下顽强抗击十多天，给清兵以重大打击，连清统治者也承认清兵伤亡很大。二十五日，扬州城西北角崩塌，清兵攻入，城陷。史可法自杀未遂，在部属数十人围拥着他下城走小东门，清兵迎来，他大呼：史可法在此！遂被俘，见多铎。多铎当面劝降，他骂不绝口，严词拒绝：我为天朝重臣，岂肯苟且偷生，做万世罪人！又说：城存与存，城亡与亡，我头可断，而志不可屈。但扬州百万生灵既属于尔，当示以宽大，万不可杀。最后被害于扬州南城楼上，时年四十二岁。

夏允彝父子的抗清斗争

夏允彝，松江府华亭县（今江苏松江县）人，字仲彝，号瑷公，出生官宦书香世家。夏允彝好古博学，擅长词文，东林党在苏州讲学时，曾与同郡好友陈子龙、徐孚远等结几社，名动海内。顺治二年（1645 年）七月，清军攻下南京，进抵苏杭时，夏允彝同好友陈子龙等毅然投入滚滚的抗清洪流，参加了吴志葵的抗清武装队伍。吴军在进攻苏州时几乎全军覆没，夏允彝父子、陈子龙等人幸免。夏允彝感愤明王朝的腐败和清朝的高压，自己又无能为力，于同年九月投水自尽。

夏完淳，夏允彝长子，自幼受到良好的家庭教育和师友的影响，聪明早慧，有神童之誉。

夏完淳十五岁投笔从戎，随父抗清，在吴志葵军中做些运筹策划、部署战斗的军事参谋工作。父死以后，夏完淳义愤填膺，决心继续抗清，为民族雪耻，为父亲报仇。他与老师陈子龙、岳父钱　又参加太湖地区的吴易义军，仍做参谋工作，写下不少悲壮激昂的诗篇。顺治四年七月，夏完淳在家中被捕，押解南京，由洪承畴亲审。洪承畴视其年轻，以利禄相诱，遭到一阵严斥和痛骂，弄得手足无措。在狱中，夏完淳谈笑自若，与难友义士吟诗唱

郑成功部队用的藤盾牌

和，并写下《士室余论》、《寄内》、《狱中上母书》、《遗夫人书》、《南冠草》等满纸血泪的悲壮诗文。顺治四年（1647 年）九月十九日，这位年仅十七岁的抗清志士、杰出的少年诗人，在南京的西市被清军杀害。

郑成功的抗清斗争

当农民军在西南进行艰苦抗清斗争的时候，东南沿海一带人民也在郑成功的领导下进行抗清活动。郑成功是郑芝龙的儿子，他们父子都在唐王政府为官，后来郑芝龙降清，郑成功则继续抗清。郑成功以厦门、金门为据点，曾先后围攻福州，攻克台州。清朝派人招降，遭到他的严词拒绝。顺治十六年（1659 年），郑成功联合浙江张煌言等发动了一次大反攻，从海道溯长江，直达南京近郊，占领了镇江、芜湖等四州三府二十四县。他们的行动与李定国的起义军遥相呼应，使清廷大为震动。但由于战略上的错误，郑成功在南京被清兵所击败。

为了建立根据地，郑成功于顺治十八年（1661 年）率大军在台湾登陆，次年，赶走了窃踞台湾的荷兰殖民者，光复了台湾。郑成功在台湾设置府县，建立行政机构，招徕大陆移民，屯田垦荒，又派遣汉族"农师"向高山族人民传播先进的生产技术，加速了台湾地区社会经济的发展。

康熙二十二年（1683 年）。清政府大举进攻台湾，郑成功孙郑克塽战败投降，坚持了四十年的反清武装斗争至此结束。

郑成功抗清部队铸造的"漳州军饷"银币

南明的兴亡

明崇祯十七年（1644 年）三月，农民军李自成都攻陷北京，崇祯帝自缢身亡。四月中旬，消息传到明朝的陪都南京，参赞机务南京兵部尚书史可法立即召诸大臣会议立君。当时避兵乱至南京地区的近支宗室有福王与潞王，前侍郎钱谦益等东林党人认为主福王将不利于东林，于是向史可法进言，说福王虽然按伦序当立，但有贪、淫、酗酒等七大缺点，因此应该立潞王为帝。史可法以为然，但凤阳总督马士英为争拥戴之功，坚持要立福王，并密约江北四镇总兵黄得功、刘泽清、高杰、刘良佐拥兵护送福王至仪真。史可法只得接受既成事实，迎福王至南京。五月四日福王就监国位，十五日，即皇帝位，以明年为弘光元年。弘光帝名朱由崧，是万历帝之孙，福王常洵之子。

弘光帝即位之先，多尔衮已率清军在山海关大败李自成军，入关后占据北京，传檄远近，大有一统天下之势。在这种危急时刻，弘光朝君臣却以为"君父之仇"稍稍得报，幻想偏安一隅，把主要精力放在内部的钩心斗角和奢侈享乐上。马士英因拥戴有功入阁，但仍受命督师凤阳，于是大怒，向弘光帝揭发史可法等人曾有"七不可"之议，挤史可法督师于扬州，自己终于入阁掌握了朝廷大权。不久，马士英荐用崇祯初年被列入"逆案"的阮大铖为兵部尚书，军事、行政布置都以阮大铖的是非为是非。而阮大铖憾于积年党争成见，终日以党同伐异，翻逆案、排东林为第一要务，一些较有作为的大臣如姜曰广、刘宗周等相继罢去，朝中充满庸碌之辈。

弘光帝贪图享乐，是个毫无进取心的

最新整理图文珍藏版

人。即位数月就下令大选淑女，太监们乘机肆扰街坊，苏、杭等处民间为逃避选宫，竟然嫁娶一空。顺治二年（1645 年）三月，有一个自称是崇祯太子的人来到南京，当局经甄别认为是伪装的，把他关进监狱里。但民众和一般官员出于对弘光政权的极度不满，宁愿相信太子是真的，京中人情汹汹。驻守武昌的总兵官左良玉长期与马士英和江北四镇不睦，此时以太子事为口实，起兵东进，声称要除马士英等以清君侧，并保全太子。

左良玉军沿江而下的时候正是清军南下进攻南明的时候，但马士英等以全力抵御左军，而置江北防务于不顾。四月二十五日，清军攻破扬州，史可法就义。五月初十日，弘光帝正观戏酗饮，忽闻清军已经渡江，于是带数十内监仓皇逃出南京，文武百官无知者。第二天，马士英等人亦出逃，城中百姓拥自称"太子"者登武英殿，城中大乱。十五日，清军进入南京，弘光朝大批官员迎降。弘光帝逃至芜湖，不久即为清军俘获，当他被押解进南京时，百姓夹道唾骂，甚至投掷瓦砾。次年五月，弘光帝在北京被杀。

南京陷落时，明唐王朱聿键正流亡杭州，福建巡抚张肯堂等议奉唐王监国。闰六月二十六日，唐王于福州即皇帝位，改福州为福京天兴府，建元隆武。与此同时，浙东张煌言等人拥立鲁王朱以海监国，不奉隆武正朔。而江西、湖广及两广的残明势力则都拥护隆武帝。

隆武帝好读书，比较了解民间疾苦，即位后亟思有一番作为。但当时清军不断向南方推进，大局已难以扭转，而且闽中一切军政大权实际都把握在郑芝龙兄弟手中。郑芝龙原为海上大盗，受抚为总兵官，封为伯爵，在福建有极大的势力。他虽然以自己的势力拥戴隆武帝，却不愿意出闽进取。顺治二年（1645 年）底，大学士黄

清世祖顺治皇帝爱新觉罗·福临像

道周兵败于江西，被执，清军逼近赣南。顺治三年（1646 年）六月，清军克浙东诸邑，郑芝龙即通款于清军，尽撤闽界守军，清军长驱直入，隆武帝自延平逃往汀州。六月二十八日，隆武帝被乱军杀害。隆武之后，其弟朱聿 浮海至广州，由大学士苏观生等拥立为帝，改元绍武，但仅维持了一个多月。这年年底，清军攻陷广州，朱聿 被执，绝食死。

顺治三年八月，隆武帝遇难的消息传到广东，两广总督丁魁楚、广东巡抚瞿式耜等议以正在肇庆的明桂王朱由榔监国。十日，实行监国，颁诏西南，以丁魁楚、瞿式耜等为大学士。十一月十八日，即皇帝位，改明年为永历元年。当时南明政权的势力范围，除广西、贵州、云南及广东一部外，尚有何腾蛟支撑于湖广，而郑芝龙之子郑成功起兵海上，也尊奉永历帝为正统。

永历帝庸碌无能，初年大体被身边的

中国通史 最新整理图文珍藏版

郑成功塑像

太监掌握着。顺治四年（1647年），清军攻占肇庆，进而占领广东全境，并进一步攻取广西的梧州、平乐、浔州等地。永历帝面对一连串的军事失败，对策只是不停地逃亡、转移，先由广东至广西，并企图逃入湖南，由于瞿式耜等力劝，才止于广西北境的全州。后来又被军阀刘承胤劫至湖广的武冈，任其跋扈。八月，清军在湖广方面攻克宝庆，永历帝再向南逃，经靖州、柳州，本来想到南宁，因道阻只得回桂林。顺治五年以后，永历帝又长年奔走于广西、广东、云南以至境外的缅甸，军情的险恶和他自身的无能使永历帝成为中国历史上最为行踪不定的一个皇帝。

顺治五年（1648年），在江西的降清将领金声桓和广东的降清将领李成栋先后叛清归明，南明军在湖广战线也收复一些失地，形势一度有所好转。但永历君臣没能控制局势，顺治六年、七年，清军再克江西、广东及湖南、广西大部分重要城市，何腾蛟、瞿式耜先后牺牲。永历帝再次开始大逃亡，于顺治八年（1651年）被张献忠大西军余部孙可望挟持，第二年安顿于广西贵州交界处的安隆所，改称安龙府。

此后数年间，永历帝完全在孙可望的掌握之中。孙可望及大西军将领李定国、刘文秀等都封为王爵。孙可望甚至要逼永历帝禅让，拟自建国号为"后明"。其间

由于大西军余部的参与，南明军在广西、湖广、四川等地都有所进取，形势稍安，但永历帝及其文臣却备受孙可望的侮辱逼凌。在上报孙可望的银米开销册上，甚至直书"皇帝一员月支若干，皇后一口月支若干。"永历君臣只能隐忍以苟延残喘。

顺治十三年（1656年），孙可望与李定国决裂，相互攻击。李定国至安龙，护送永历帝入云南，以昆明为滇都。明年七月，孙可望反，兵败，奔长沙降清。此后永历朝内部较稳定，稍具国体，但其势太范围仅余滇、黔两省而已。

顺治十五年（1658年），清朝命贝子洛托及洪承畴、吴三桂等率军分三路进攻南明。十月，清三路大军会师于贵州平越府，李定国组织力量抵抗，但终于战败。十二月，清兵抵曲靖，李定国等保护永历帝撤离滇都。顺治十六年（1659年）正月，清军入昆明，永历帝在崇山中仓皇奔逃，从人所剩无几，最后逃入缅甸。在缅甸的永历流亡政府的境况非常悲惨，居草庐，短衣跣足，大臣家甚至三天不能生火做饭。永历帝则仍然迷蒙混日。

云南既平，清廷命吴三桂镇守之。顺治十八年即南明永历十五年（1661年），吴三桂发兵至缅甸边境，威胁缅甸交出永历帝。十二月，缅方向吴三桂献上永历帝及太后、太子。次年四月十五日，吴三桂在昆明将永历帝及太子绞死于市。不久后，率余部在滇南坚持抗清的李定国亦病逝，其子以所部降清。

康熙帝的统治

铲除鳌拜集团与皇权的巩固

顺治十八年（1661年）正月初七，亲政十年，年仅24岁的顺治帝因出天花而死于北京故宫养心殿。遗诏皇三子玄烨即帝

清康熙皇帝爱新觉罗·玄烨像

位，玄烨即康熙帝。索尼、苏克萨哈、遏必隆、鳌拜四大臣辅政。

最初，四人能够尽心尽力地辅佐幼君，相安无事。但随着时间的变化，四人中逐渐产生了矛盾，起因是居辅臣之末的鳌拜不满苏克萨哈。

鳌拜是太祖时开国勋臣费英东之侄，骁勇善战，军功卓著，以巴牙喇壮达累升至内大臣位至公爵，赐号巴图鲁。他先后设计除去其他三人以后，专权已达到了令人无法容忍的地步。一切政务均在家私自议定，四处安插其党羽，而且多次抗旨不遵，一意孤行。康熙帝觉得鳌拜害君之心暴露无余，容不得半点迟疑，必须先发制人。康熙帝表面上未动声色，在暗中却加紧行动，先是将索尼之子索额图召回身边任一等侍卫，然后将鳌拜的亲信大都派往外地，等到一切安排就绪，康熙八年（1669年）五月十六日，康熙一面召索额图、明珠定下智擒鳌拜妙计；一面将鳌拜

党羽以各种名义派出京城。而鳌拜同往常一样，昂首阔步地走进乾清门。这时，康熙已经作好周密布置，四周都是化装成宫人杂役的侍卫，门内埋伏了布库少年。康熙看到鳌拜只身前来，便拍案怒斥鳌拜结党营私、陷害贤能、图谋弑君等种种罪行。鳌拜从未受过康熙这等斥责，便疾声厉色、暴跳如雷地反驳。康熙立即命布库少年逮捕鳌拜，把他结结实实地捆绑起来，并不由他求饶，命侍卫立即将他押入大牢，听候审讯。

康熙命议政王大臣勘问，大臣会议审实鳌拜罪状30条，同声喊杀。康熙念鳌拜为三朝元老，战功颇著，不忍加诛，命革职，只将其永行拘禁。处死其党班布尔善、阿思哈等9人，没有株连任何人，并将鳌拜冤杀的苏克萨哈、苏纳海、朱昌祚、王登联等人一一平反昭雪，复其爵位，善后之事处理得当而且深得人心。

康熙从鳌拜集团手中夺回权力以后，立即宣布永停圈地，并着手大力加强皇权。康熙九年九月恢复内阁制度，作为皇帝的秘书顾问班子，内阁承旨出政，稽查六部。康熙十六年（1667年）选翰林直入内廷，设立南书房，书房师友时兼票拟谕旨。康熙十八年（1679年）在八旗各旗设都统、

玄烨戎装图

副都统管理旗务，剥夺王公干预旗务之权，各都统直接听命于皇帝。削弱议政王大臣权力，变议政王大臣会议为皇帝操纵下的议事机构。由此，康熙很快将国家大权集中于自己一人之手，并将这种专权形成传统。他说："今天下大小事务皆朕一人亲理，无可旁贷"。

清朝完全意义上的专制政体从此才正式开始。

崇儒正道与满汉联合政权的巩固

玄烨即位之初，不少汉族官僚多次建议给这位年幼的皇帝举行经筵日讲，却遭到四位辅政大臣的拒绝。他们对多尔衮、顺治帝定下的政策、制度多有变更，企图"率循祖制，咸复旧率"。然而，康熙帝从治理国家的实际出发，颇有其父遗风，对学习汉族传统文化抱有强烈的欲望和浓厚的兴趣。康熙八年（1669 年）四月十五日，康熙帝采纳汉官建议，在宫中致斋后，在诸王、大臣陪同下，乘辇亲诣太学祀孔。他以极其虔诚的心情，于棂星门外降辇，步行进大成门，至孔子位前，行三跪六叩头礼。亲奠完毕，又至彝伦堂，听满汉祭酒、司业依次讲解《易经》、《书经》。听后又训谕道："圣人之道，如日中天，讲究服膺，用资治理，你们师生一定要勤勉学习。"康熙帝充分肯定孔子及其学说的政治地位，已不是他个人的兴趣和爱好问题，而是要利用崇儒重道，来团结广大汉族官民，加强统治。

不仅如此，康熙还对于有才识的汉大学士予以提拔和重用，并于亲政伊始即废除内三院，重建内阁和翰林院，设立南书房。南书房位于乾清宫斜对面，是康熙旧日读书的地方，因位于懋勤殿之南，故称南书房。入直南书房一般为汉族的饱学能士，不仅辅导皇帝读书写字、讲求学业，而且还充当顾问、代拟谕旨等角色，可见其位置重要。入值南书房的官员大都很快

被提升，这对提高汉族官员地位、缓和满汉矛盾有益。

针对官员品级待遇这个最敏感的问题，康熙亲政后，通过一系列的举措，使满汉官员的品级、待遇逐渐趋于划一。并且，在他第一次南巡驾临金陵（今南京）时，亲谒明太宗孝陵，行三跪九叩大礼，并赏赐守陵人员。此举对广大汉族官民心理产生极大影响，也使得满族学者受其影响而对儒家经典充满兴趣，逐渐以平常的态度对待汉臣，使朝中满汉呈融一体之势。

龙袍

平定三藩与收复台湾

"三藩"是指平西王吴三桂、靖南王耿精忠、平南王尚可喜。清军入关后，"三藩"竭力效劳于清朝，是镇压农民军和抗清力量的急先锋，并因此扩大了自己的势力。鳌拜执政期间，"三藩"实力有了进一步扩展，俨然三个封建割据的独立王国。康熙清除鳌拜后，认为三藩与唐末藩镇无二，势在必除。于是，康熙抓紧整顿财政，筹措经费，扩大八旗兵的编制，采取缓和

民族矛盾的措施，争取民心，以此来为撤藩做准备。

撤藩始于平南王尚可喜请求告老还乡。当时康熙没有同意尚可喜留其子尚之信袭爵继续镇守广东的请求，而是谕令尚之信举家迁移，留其绿营兵划归广东府，归广东提督管辖。尚可喜态度比较恭顺，按旨行事。

吴三桂像（中）

尚藩撤离，对吴、耿二藩震动很大，他们闻讯后，立即上疏请求撤藩，意在试探朝廷态度，解除朝廷对他们的怀疑。出乎人们的预料，康熙在接到二藩的奏疏后立即同意将两藩撤离。康熙对此事思虑很久，三藩蓄谋已久，撤亦反，不撤亦反，莫不如早早除之，以免养小疾而成大恶。尤其对云南的吴三桂，康熙帝在派礼部侍郎折尔肯和翰林院学士傅达礼去云南经理撤藩诸事时，特赐御刀一把，良马两匹，以示关怀并壮其势。

撤藩令一下，吴三桂于康熙十二年十二月（1674年）发动叛乱，杀掉云南巡抚朱国治等清朝官吏，云贵总督甘文焜自杀。叛军迅速地打进湖南，占领沅州、常德、衡州、长沙、岳州等地，声势浩大，所向披靡。吴三桂自称周王，天下招讨都元帅。

清兵措手不及，节节败退。清朝急命顺承郡王勒尔锦为宁南靖寇大将军，总统诸军南下，抵达荆州以后，不敢渡江前进，与吴三桂军隔长江对峙。不久，广西将军孙延龄、靖南王耿精忠响应叛乱，占据广西和福建。吴三桂的党羽很多，大多是清朝的提镇大员，拥有重兵，散布各地，这时纷纷树起叛旗，归附吴三桂。特别是陕西提督王辅臣叛于宁羌，杀清朝经略大臣莫洛，攻陷兰州；平南王尚可喜的儿子尚之信据广州叛乱，使清朝的统治大震动。整个长江以南，加上陕西、甘肃、四川，不是被叛军占据，就是处于战火纷飞之中。"东南西北，大大鼎沸"，清军调兵遣将，处处设防，着着落后，军事上极为被动。

正当形势逐渐好转之时，陕西提督王辅臣因与经略陕甘的兵部尚书莫洛矛盾激化而树起反旗，带动甘肃东部、陕西北部各府州县先后反叛，消息传到北京，康熙急命汉军绿营提督张勇为"靖递将军"，提高绿营兵地位，密谕剿抚并用，扭转后方危机。

康熙远见卓识，不久，王辅臣即率众归降。康熙未究既往，复王辅臣原官，并加太子太保擢其为"靖寇将军"，令其"立功赎罪"。

陕甘平定，后方稳定下来，康熙立即招降耿精忠，密谕康亲王以时势晓谕耿藩早降，为刚刚反叛的平南王尚可喜之子尚之信作出榜样。

康熙十五年（1676年）九月，耿精忠无力再战，率其藩下文武出降，康熙仍留其靖南王爵，命其率所属随清大军征剿郑经，在泉州击败郑经军，福建、浙江各地叛军纷纷投降，二省叛平。

到了康熙十六年，只剩吴三桂孤家寡人地与清军对抗。针对吴三桂的军事实力与部署，康熙一面将兵力投入湖南，一面派人在其内部分化瓦解其势力，到康熙十

中国通史

最新整理图文珍藏版

河南省内乡县清代县衙内景

七年（1678 年）时，吴三桂已丧失了军事上的优势与主动。

同年三月，吴三桂匆匆在衡州称帝。八月十七日，吴三桂病死。其孙吴世璠继立，部下军心涣散，大部降清，吴世璠退出湖南，回兵四川，后退兵贵州、云南。

康熙二十年（1681 年）九月，逆首吴世璠在被围 9 个月后于昆明自杀，余部出降，为时八载的三藩之乱至此平息。

平叛后，康熙先后撤去三藩建制，就地就近安排藩属，将三藩内的选任官员大权收归中央，这对清除藩镇时所留积弊和加强国家统一，促进经济发展扫清了障碍。

平定三藩之乱的同时，康熙便着手东南沿海，将目标对准郑氏所据台湾、澎湖。最初，康熙以招抚为主，不断派遣使臣前往台湾，但郑经却在前后五次和谈中不断附加条件，或提出以漳、泉、潮、惠四府为交换，或坚持以海澄为双方往来公所，或要求郑军粮饷由福建供给，欲形成割据之势。

康熙十八年（1679 年）正月，康熙见招抚毫无进展，便恢复福建水师，积极准备攻取金、厦。后经福建总督姚启圣一再担保，康熙力排众议，任命施琅任福建水师提督，并在关键时刻放手支持施琅的渡海计划，授施琅专政大权，令总督姚启圣

为其催粮，为日后收复台湾，胜利进兵奠定了基础。

康熙二十一年（1682 年），施琅收复澎湖、台湾，接纳郑氏投降。清廷出兵征剿未到二年即统一台湾。后来，康熙在施琅等人的建议下，在台湾建置，派驻重兵，台湾正式纳入大清版图。

雅克萨之战与东北边疆的巩固

康熙十五年起，俄国沙皇又将侵略扩张推进到了一个新的阶段。俄国侵略军以尼布楚和雅克萨为据点，分两路继续向我国境内深入。

康熙密切注视沙俄的行动，曾致书沙皇，要求其迅速撤回其侵略军。但俄方置若罔闻，继续盘踞尼布楚、雅克萨及额尔古纳河流域，并不断向黑龙江中下游流域进犯。到康熙二十一年（1682 年），俄军已到黑龙江下游赫哲族人居住处进行抢掠，其势力渗透到了黑龙江下游至海边的广大地区。

康熙深深吸取顺治朝抗俄的经验与教训，先派人侦察敌情，了解沿途水陆交通，并积极准备调兵永戍黑龙江，一旦时机成

手抄本《格萨尔王传》书影

熟，驱逐侵略者后长期戍军，将反侵略与巩固边防结合起来，避免此进彼退，或此退彼进的局面发生。

黑龙江流域是清代"中国统治民族的故乡"。俄国侵入满族的"龙兴之地"，严重地威胁到国家的领土和清王朝的安全与威信，在一系列外交途径都无效益的情况下，清朝决定以战争来保卫国土。公元1685年二月，康熙帝下令由都统彭春、副都统郎谈、班达尔沙、黑龙江将军萨布素等统兵，水陆两路进取雅克萨。四月清军自瑷珲出发，六月二十三日到达雅克萨城下。清军首先派三名俄俘给俄军守将托尔布津带去一封康熙致沙皇的信件和一份统帅彭春给雅克萨俄军的咨文，谕其自行撤回雅库次克，以彼为界。俄国恃强负固，置若罔闻。二十五日晨，一支俄军从上游乘筏赶来增援，被清军全部歼灭。当晚，清军从城南、城北两个方向攻城，经过彻夜激战，俄军死伤累累。次晨，清军又在城下三面积柴，准备焚城。托尔布津走投无路，派人到清营乞降，保证决不重来雅克萨。彭春将俄军"愿归者600余人并其器物，悉与遣归"，45人愿留中国，也准其所请。被俄军侵占达二十年之久的雅克萨，至此遂告克复。

清军克复雅克萨之后，却没有在这里设兵防守，只是放火烧毁堡垒，而后撤回瑷珲等地。托尔布津逃出雅克萨不久，就遇到了两支赶来增援的部队。当探知雅克萨的清军已经全部撤离以后，托尔布津遂统率俄军于八日窜回雅克萨，重建城堡。

康熙二十五年（1686年）初，清朝得到俄军重占雅克萨的消息，极为愤慨。三月，康熙帝下令征讨。六月底，清军二千余人从瑷珲出发，七月十八日，水陆两路会师于查克丹，逼近雅克萨城。清军仍然首先写信给俄方，令其主动撤退，但俄方未予回答。于是，清军猛烈攻城。九月，

康熙帝巡狩图

托尔布津被清军炮火击中，重伤毙命，拜顿继任为统领。不久，严冬来临，俄军困守孤城，饥病交加，死者枕藉。

公元1688年，俄国政府正式任命戈洛文为全权大臣，负责同中国谈判，1688年九月七日，《中俄尼布楚条约》正式签署。《尼布楚条约》是中俄两国在平等基础上签订的第一个条约。整个尼布楚会谈是严格地按照对等原则安排的，两国在尼布楚地区的兵力大体相当，参加谈判的人数相等。双方代表都在各自政府事先指示的范围之内进行谈判，最后签订的条款也没有越出两国政府愿意接受的范围。条约明确划定了中俄两国东段边界，肯定了黑龙江和乌苏里江流域的广大地区是中国领土，使中国收回了部分被沙俄侵占的土地，安定了东北边疆。同时，中国也将贝加尔湖以东尼布楚地区让与俄国，把乌第河流域划为待议地区，使俄国巩固了一定的侵略利益。中国同意通商，也使俄国达到了扩大中国市场的目的。

亲征噶尔丹统一蒙古各部

康熙即位前后，游牧于伊犁河谷的准噶尔部日益强大起来，以后更是控制了河西走廊以西，天山南北，伊犁河下游的哈萨克族等地皆为所据，并不断干扰漠北，严重危害清朝的统一和边疆的安宁。

当康熙集中精力经营东北事务的同时，居住在天山北路漠西蒙古的封建大领主噶尔丹乘机叛乱。康熙十六年（1677年）噶

清孝庄文皇后朝服像

尔丹乘中原发生三藩之乱之机，出兵袭击西河套的和硕特部；第二年又乘"回部"伊斯兰教内部教派之争攻取天山南路叶尔羌（今莎车）等回部各城，并侵占哈萨克、布鲁特等地。

噶尔丹并未死心，于康熙二十九年（1688 年）借土谢图汗贸然杀死其弟等为口实，出兵喀尔喀左翼诸部，时值俄军在贝加尔湖镇压蒙古人民抗俄斗争，土谢图汗在包围楚库柏兴与俄军对垒之时，噶尔丹突然从背后袭击，土谢图汗两面受敌，屡战失利。当年九月，土谢图汗与其弟哲布尊丹巴请求清廷保护，康熙立即批准。将其诸部安置在苏尼特、乌珠穆沁、乌拉特诸部牧地，并谕旨噶尔丹要求居中调停。但噶尔丹拒绝康熙调停的建议，一再向清廷索要土谢图汗和哲布尊丹巴，均遭康熙拒绝。康熙希望用和平的方式调整蒙古各大小部之间的矛盾，以牵制噶尔丹，但都未能奏效。

康熙二十九年（1690 年），噶尔丹率军 2 万余人，以追歼喀尔喀为名，大举南犯，深入内蒙古的乌珠穆沁。康熙派署理理藩院尚书阿喇尼、兵部尚书纪尔他布率领 6000 多蒙古骑兵，前往阻击，结果失败。噶尔丹初战获胜，气焰更加嚣张，进一步往内地深入，逼近乌兰布通（今内蒙古克什克腾旗南），距北京仅 700 里。康熙忍无可忍，决心利用噶尔丹的骄傲轻狂打一场围歼战。

康熙采取分兵合击的战略，命裕亲王福全（康熙之兄）为抚远大将军，率左翼清军出古北口；命恭亲王常宁（康熙之弟）为安北大将军，率右翼清军出喜峰口。

康熙虽未亲征，但在福全等人出发后

雅克萨
之战油画

"神威无敌大将军"炮

几天，便以"巡幸边塞"为名启程北上，意在亲临反击战前线，起到实际指挥作用。可惜的是由于水土不服而不得不流泪撤回，将大权交给了其皇兄及皇长子。

噶尔丹骄横无比，得知清军军事布置后，也不畏惧，提前在乌兰布通摆好阵势，"依林阻水，以万驼缚足卧地"，构成"驼城"。康熙二十九年（1690年）八月初一日，清军向乌兰布通推进，用大炮猛轰驼城。很快，噶尔丹的驼城被攻破，便溃不成军。清军乘势进击，大败噶尔丹军。噶尔丹率1万多人乘夜突围逃遁。清军前线主帅福全惧战、妥协，未能乘胜追剿，致使噶尔丹逃逸，留下后患。

康熙三十四年（1695年）十月，噶尔丹率骑兵3万，沿克鲁伦河而下，向东进攻，再次挑起战火。康熙决心消灭噶尔丹势力，命萨布素率东三省军队，沿克鲁伦河进剿；大将军费扬古出宁夏西路，邀其归路；康熙亲率主力，由独石出中路。康熙三十五年（1696年）四月，三路大军进发。已进入克鲁伦河流域的噶尔丹，得知康熙亲率大军前来征讨，吓得连夜西逃。费扬古率军早先截断其归路，在古战场昭莫多一带设下埋伏，专等噶尔丹的到来。费扬古采用"以逸待劳"、诱敌深入的战术，把噶尔丹叛军诱入包围圈中，给以迎头痛击，从午至暮，斩杀叛军3000余人，大败噶尔丹。噶尔丹之妻阿奴勇猛善战，率队冲锋，被炮弹击毙。噶尔丹率数骑先众而逃，其余人、物和20万头牛羊尽为清军所获。

康熙第二次亲征，以消灭噶尔丹主力而获得决定性胜利。康熙乘胜追击，于第二年春，亲赴宁夏，命费扬古、马恩哈两路出兵，举行第三次亲征，进剿噶尔丹残部。噶尔丹众叛亲离，身边只剩五六百人；准噶尔部已有新主与清廷通好，准备擒他请赏；往北，俄国也不接纳。在走投无路的情况下，噶尔丹饮药自尽，结束了他不光彩的一生。

康熙亲征噶尔丹所取得的胜利具有深远的历史意义，它不仅扫除了西北、漠北地区一大不安定因素，加强了清政府对喀尔喀蒙古、厄鲁特蒙古的统一管辖，而且进一步团结蒙古各部，筑起一道抗击沙俄南侵的铁壁铜墙。这是他一生中的伟大功绩。

雍正帝的统治

雍正帝夺位与秘密建储制度

康熙二度废太子后，对诸皇子争夺皇位及大臣保皇子嗣储极为反感，断然拒绝诸王大臣保立皇太子，并将奏请复立允礽的翰林朱天保正法，以示其心。时年，康熙已六十岁。建储给康熙带来无穷的烦恼，健康状况也因此而每况愈下。

此时，在诸皇子中，四阿哥胤禛渐渐显露出实力，在其周围，有懿仁皇后之弟隆科多、皇十三子允祥、大学士马齐、川陕总督年羹尧等。隆科多时任理藩院尚书、步军统领、京师九门提督，手握兵权，又是胤禛的亲舅父，地位至关重要。而且，在诸皇子中，胤禛最不露锋芒，与康熙的

战功卓著、威名远震的八旗武士

已是四十五岁的成熟政治家，临危不惧，沉着应战。雍正利用控制政权的有利地位，对威胁最大的政敌胤禩集团实行有计划的又拉又打、软硬兼施策略。封胤禩为和硕廉亲王，并任命他为总理事务大臣；召胤禵回京，囚于景陵；发遣胤禟到西北，拘禁皇十子胤䄉，不放出胤䄉、胤礽，把他们分置各处，无法联络，动辄得咎，完全掌握了斗争的主动，度过了最危险的权位危机。接着，又对胤禩严加打击。雍正四年（1726年）正月，将胤禩开除宗籍，圈禁高墙；三月，命胤禩改称"阿其那"（意为狗）；九月，胤禩在禁所忧愤而死。

雍正自己参加了争夺皇位之争，对骨肉相残的景况感触颇深，尽管他取得了胜利，但他并不希望他的后人再为最高权力的交接出什么乱。继位后，他在谨慎处理、打击政敌的同时，也在深思熟虑地筹划着以后最高权力顺利交接的问题。他总结历史上明立太子和其父两次立废太子的经验教训，结合祖先努尔哈赤定下的选"德"、

感情很近，深得康熙的信任。

据传说，皇四子胤禛在康熙弥留之际，派其党羽包围了宫门，只许进不许出，并进参汤一碗，康熙弥留之际见进来的不是皇十四子允禵，知其有篡位之心，手持项上念珠向皇四子胤禛打去，被其夺下，康熙遂亡。胤禛将其遗诏"传位十四皇子"改为"传位于四皇子"，由隆科多当众宣读，胤禛举康熙念珠为证。遂登基称帝，承继大宝。此为传说，其真伪未辨，但矫诏之说通过胤禩集团之口传布朝廷上下。连胤禛的生母雅氏也不与他合作，她的第一个反应是要求殉葬，接着是不接受新皇行朝贺礼，也不接受给皇太后所加的尊号。儿子当了皇帝，做母亲的应该高兴，然而，这位皇太后却郁郁寡欢，在新皇继位仅半年就离开了人世，一时弄得雍正帝十分尴尬，身下的宝座摇摆不定。但是，他毕竟

清雍正帝爱新觉罗·胤禛像

"才"兼备的"贤能"皇子为嗣君的家法，不到一年，便想出了一个秘密建储的办法。雍正元年（1723年）八月十七日，雍正在乾清宫召见总理事务大臣、满汉文武大臣和九卿，宣布了立储的原因和办法。他告诉众大臣：他已选定储君，储君的玉名已写好密封，装在一个锦匣内，准备把它放在宫中的最高处、乾清宫正中世祖章皇帝御书"正大光明"匾额之后。让众大臣知道"国本"之定，待他死后，便可取出传位诏，宣布新皇即位。这位储君是谁，本人不知，诸臣不晓，只有皇帝一人预定。这样就确立了秘密建储制度。

雍正经常居住在圆明园，除乾清宫的密诏外，又另书内容相同的密诏置放在圆明园御政处。两份诏书，同样有效。这也成为一种定制，以后的传位密诏都存放两处，以防不测。

雍正在创立秘密建储制度之前，还创立了一个上书房皇子、皇孙教育制度，作为密建皇储制选"贤能"的基础。将皇子置于同等受教育的竞争环境之下，老皇帝可以根据对皇子的重新评价，秘密修改锦匣内亲书的储君玉名，使秘密建储制度更加完善。

雍正创立的秘密建储制度，可以收到立国本以固人心的政治效果，同时也能避免明立太子可能出现的储君与皇帝争权、诸皇子争储、储君骄纵等弊病，还能保证储君有较高的素质和政治才能。乾隆帝弘历继位后认为，这个办法很好，遵奉实行并加以完善。乾隆元年（1736年）正月择上书房师傅，令皇子入书房读书，经过三次选择，密立皇十五子颙琰为储君。乾隆、嘉庆、道光、咸丰四帝都是经过上书房教育培养，用秘密建储的方法择定的。实行秘密建储制度后，清朝再未出现皇位纷争。可见，在减少混乱、稳定政局方面，这一制度相当成功。

火耗归公与养廉银制度

清统治者，为了欺骗劳动人民，"正赋"的额数并不为高，但"正赋"之外，另有种种名目的"附加税"。有些地区，"附加税"往往比"正赋"高达三五倍不等。所谓"催纳之数不多，供亿之数更繁"，劳动人民"不苦于赋，而苦于赋外之赋"。

清初的"附加税"名目很多。如"耗羡"（亦称"羡余"或"火耗"），即是官府将征收来的散碎银子，要经过再加工铸造，熔炼成一定数量的银锭，再上缴国库。其中的损耗，解运费用，名曰"耗羡"，再如交纳粮食入仓的损耗，称之谓"雀耗"、"鼠耗"，都算在劳动人民的身上，要向人民多征收一部分粮食、银钱。

"正大光明"匾

雍正反对地方官吏横征加派，但也不同意让他们"枵腹从事……令天下人视官场为畏途"。相反，他主张要使官吏丰足，"督抚司道亦皆饶余"，所以，在他推行火耗归公的同时，又建立了养廉银制度。

雍正规定了火耗归公后的用途一是官员养廉；二是弥补官号的亏空；三是留作地方公用。无论弥补亏空，还是留作地方公用，都与官员养廉有关，都是为了整饬吏治。

养廉银制度，最先在地方文官中实行。各省官员的养廉银数额，根据各省、道、府、州县所辖区域大小、冲僻、繁简、贫富等情况，多寡不一，总督最高达3万两，

最低也 13000 两；知府、知县数百至 3000
两不等，连从九品典史也有数十两。全国
直省文官养廉银每年达 280 万两。随后到
乾隆朝，八旗、京官、武职都实行了养廉
制度。

"大清雍正年制"款斗彩龙凤纹瓷盘

雍正推行火耗归公和养廉银制度的头
几年，又大力清查亏空，严惩贪赃，的确
收到了整肃吏治的效果。但是，随着时间
的推移，养廉银也完全变成了官员的个人
收入，耗外加耗，养廉银不养廉的问题又
渐趋严重。火耗归公无形中加重了老百姓
的负担。

"摊丁入亩"制度

康熙年间实行"滋生人丁，永不加
赋"的政策虽然是赋役制度的一个进步，
但并不能解决长期以来赋役不均的状况。
一些较有眼光的官吏，地主鉴于明末赋役
不均引起农民大起义的教训，对此忧心忡
忡，提出过一些改革方案。

在康熙五十二年（1713 年）御史董之
燧提出"摊丁入亩"的主张，建议把丁银
总数统计清楚，平均摊入到田亩中，按亩
征收。户部讨论了他的建议，认为这样做
变化太大，加上地方持反对意见的人很多，
这个建议没有获得通过。但是，董之燧提

出的问题又不能不解决。后来，经康熙默
许，先在广东和四川两省试点。

雍正元年（1723 年）七月，新登上皇
帝宝座的雍正，根据直隶巡抚李维钧的建
议，正式在全国颁发诏令，推行"摊丁入
亩"政策。

"摊丁入亩"具有积极的意义，它简
化了税收的原则和手续，取消了征税的双
重标准，这是赋役制度的重大改革。按土
地多少收税实际上就是按人们的财产和负
担能力收税，在一定程度上改变了赋役不
均的严重情况，减轻了贫苦人民的负担。
因为，地主阶级地多丁少，农民阶级丁多
地少，摊丁入亩，势必使农民负担的一部
分税款会摊到地主的身上。因此当时人说：
把丁银"摊入田粮内，实与贫民有益，但
有力之家，皆非所乐"。

创立军机处

为办理国家要务和军机大事，雍正四
年（1726 年），雍正帝设军需房，七年六
月改为军机房，八年改称军机处。

军机处仅设军机大臣、军机章京两种
官职。军机大臣俗称"大军机"，雅称
"枢臣"，由雍正帝从满汉大学士、尚书、
侍郎内特别选拔，或由军机章京升任，也
可由满洲皇族亲王选任。其名额多少由皇
帝所定。最初设三人为军机大臣，即怡亲
王胤祥、大学士张廷玉、蒋廷锡，后来有
所增加，最多时达 11 人。他们之间无隶属
关系，但以品秩高，资历深者为"领班"，
誉称首揆。他们分别对皇帝负责。军机大
臣全称"军机处行走"或"军机大臣上行
走"，初入者还要加"学习"二字。

军机章京（章京，满语意为"官"
儿）俗称"小军机"，初创时称"军机处
协办"，乾隆四十五年改为"章京上行
走"。最初军机章京定员无额，直至嘉庆四
年始定满汉章京各 16 人，以满汉各 8 人轮
班值守。最初章京在内阁中书中选用，后

多为院部保送，经军机大臣考试后录用，由皇帝传补，负责满、蒙、汉文字工作。

由于军机处是朝廷枢密所在，所以有官无吏，以防泄露秘密。因此军机处洒扫庭院、勤杂送水等工作例取十五岁以下不识字儿童若干人充任，满语称"苏喇"又称"小幺儿"。最初军机处值房在乾清门外偏西，后迁至乾清门内，与南书房临近，最后移至隆宗门西南，都是临雍正帝寝宫不远的地方，便于联系。

军机处的职责是负责拟写皇帝发布的谕旨，办理皇帝交议的大政，审办大狱要案，奏补文武官员，查考行军山川道里及兵马钱粮，查考大典礼旧案与考证历史事件，扈从皇帝巡幸出游以备顾问，稽查封疆大吏行政效率等。通过军机处的设立，自太祖以来诸王、贝勒、议政大臣会议决定国家要务的局面被彻底打破，使其成为有名无实的闲曹，同时巩固了皇权的集中，使中国封建社会专制主义达到顶峰。

年羹尧画像

随着军机处的设立，使整个国家的政治体制运作发生了改变，原来由内阁承旨、六科封驳、公事用题本内阁承办，私事用奏本直接达御前的方式，改为皇帝亲书谕旨或口授，军机大臣承旨拟谕径自廷寄各地的方式，从而使内阁和议政王大臣会议有名无实，大学士和议政王大臣成为有名无实的闲曹。而且军机处临近大内，一切活动均在皇帝监视下进行，便于控制，同时雍正还设立许多警戒，使军机大臣处处小心从事，敬上畏命，雍正帝牢牢地控制了军政、行政大权。

设立军机处还有一种目的是打击掌握朝中重权，在内阁、六部等有党羽的诸王势力。

清初文字狱

为了加强专制主义中央集权的统治，维护满洲皇帝和贵族在全国的优越的统治地位，清统治者对于统治集团内部任何反满思想和活动，都要采取严格的镇压。在康熙、雍正、乾隆三朝，清统治者曾大兴文字狱，前后见于记载的约有七八十起。康熙二年（1663年），浙江湖州富户庄廷鑨刊刻了朱国桢编写的明史，又请人增添了明末天启、崇祯两朝事，其中多有指斥满洲的文句，被人告发。清朝政府把已死的庄廷鑨开棺戮尸，作序者、刻印者、校阅者、售书者、藏书者被杀72人，充军边防的也有几百人。雍正四年（1726年），满洲隆科多的党人礼部侍郎查嗣庭出为江西考官，出题有"维民所止"四字，清朝政府认为是去掉雍正二字之头，下查嗣庭狱。查嗣庭在狱中病死，又下令戮其尸。乾隆五十三年（1788年），湖南耒阳生员贺世盛作《笃国策抄》，书中论及清代的政事，以为当时的捐纳制度流弊极多，事发后即被锁拿处死，妻子充军。这都说明了清统治者对汉族地主官绅的猜忌和对他们显示了专制君主的淫威。

雍正时的几次文字狱，不仅用血腥的屠杀加强了对文化思想的统治，而且还亲自著书来驳斥反对者。生员陆生楠作《封

清"雍正年制"歉珐琅彩云龙纹瓷碗

建论》，反对清朝的统一和专制的统治，企图恢复三代的"封建"，雍正则作《驳封建论》，他说："中国之一统始于秦，塞外之一统始于元，而极盛于我朝，而皆天时人事之自然，岂人力所能强乎"。吕留良是清初有名的思想家，具有浓厚的反清意识，他反对专制政治，主张君臣的关系应如朋友，又主张严"华夷"之别，认为孔子赞扬管仲的"攘夷狄"是最高的道德标准。吕留良早死，其弟子及曾静等人皆崇奉其说，并广为传播。雍正撰辑了《大义觉迷录》一书，并将它颁行天下，他在书中强调了"华夷无别"，认为舜是"东夷"之人，文王是"西夷"之人，自己虽是满族人，却和舜、文王一样，可以完全合法作中国的皇帝。他又下诏谕说："天无二日，民无二主，乃天经地义"。清代的专制政治，在此时已达于极点了。

西北用兵

雍正元年（1723 年），青海和硕特部首领罗卜藏丹津乘抚远大将军胤禵回京奔丧之机，裹胁大小贵族发动叛乱。清廷开始准备用和平的方法解决青海问题。兵部侍郎常寿前往罗卜藏丹津的驻地沙拉图，制止罗卜藏丹津对额尔德尼和察罕丹津的

进攻，对其叛逆行为给以严厉警告。罗卜藏丹津狡猾抵赖，反诬额尔德尼有侵占西藏之心，并且扣押常寿，煽动部众发动了大规模叛乱。

十月，清廷命川陕总督年羹尧、四川总督岳钟琪统兵征讨。在清朝强大的军事攻势下，叛军迅速瓦解。雍正二年，叛乱被平定，罗卜藏丹津男扮女装逃到了准部策妄处。清政府多次向策妄阿拉布坦索还罗卜藏丹津不给，可见，清廷与准部仍然处于僵持状态。

随着政治改革的实现，政局稳定，财力充足，雍正已有条件解决准噶尔人问题。从雍正五年（1727 年）开始筹谋、准备讨伐准部事宜。同年，策妄阿拉布坦死，子噶尔丹策零继立，雍正认为有机可乘，促使他下定用兵的决心。

雍正七年（1729 年）三月，雍正下令两路进军，讨伐准噶尔。噶尔丹策零闻讯，十分惊恐，马上遣使赴京，声称如果既往不咎，仍愿听从清廷命令，解送逃犯。为此，雍正下令暂缓进兵一年，召傅尔丹、岳钟琪进京商议军情。想不到在缓兵之期的雍正八年（1730 年）冬，策零派兵 2 万突袭西路清军大营，清军损失惨重，岳钟琪回到西路军大营，谎报军情，反败为胜；傅尔丹回到北路军营也不积极备战。

雍正九年（1731 年），策零又派大、小策零敦多卜领兵 3 万，向清军北路大营

先农坛祭祀图

扑来。傅尔丹有勇无谋，中了策零的奸计，率领1万人轻装冒进，在和通泊与敌军2万相遇，结果，几乎全军覆没。傅尔丹幸免于死，被降为振武将军，以顺承郡王锡保代为靖边大将军。十年（1732年）正月，策零派6000人自乌鲁木齐扰掠哈密，西路军指挥失灵，使敌安然逃回。光显寺之战失败后，噶尔丹策零无力再战，于雍正十一年（1733年）首先提出议和。经几年的征战，清军十余万，胜少败多，人力物力消耗很大，也于同年五月宣布暂停进兵。第二年七月，雍正正式同意议和。噶尔丹策零重新称臣入觐，清政府划定牧区界限，同意他在阿尔泰山西边游牧。此后维持了将近二十年的和局。

雍正帝泰陵大殿

雍正西北用兵，调度乖方，几易两路主帅，未能取得预期效果，但对准噶尔部的扩张多少起到了抑制作用，对维护西北地区的安定与统一也有积极意义。

用兵"苗疆"和改土归流

雍正时，清朝政府任命鄂尔泰为云、贵、广西三省总督，在广阔两三千里的"苗疆"（贵州地区），云南东川、乌蒙、镇雄三土司以及云南西南部与缅甸连界的各边地，大规模施行改土归流。鄂尔泰等

对各少数民族的土司采取了招抚和镇压两种办法，先后招降贵州苗、瑶各族2000余寨，又缴纳广西土司的敕印和军器2万余件，并在云南设置了普洱府，以便于对西南各族的镇压。

在改土归流的过程中，由于官吏的暴虐和对各族人民的掠夺屠杀，引起了不断的苗民起义。雍正十三年（1735年），台拱苗寨奋勇抗清，一直到乾隆初年才停止，清廷派兵在"苗疆"前后烧毁了苗寨一千二百二十四座，屠戮苗民达一万七千余人。

改土归流的主观目的是为了对西南各族人民进行直接的统治，但也有其积极的一面，它改善了某些少数民族地区落后闭塞的面貌，有利于国内各民族间经济、文化有进一步联系，因而也多少促进了少数民族地区社会经济的发展。

乾隆帝的统治

宽严相济的统治政策

雍正十三年（1735年）八月十三日，雍正帝病逝养心殿，其子弘历继位，改次年为乾隆元年。乾隆帝即位之始就面临着雍正帝严正统治十三年产生的副作用，为了缓和紧张的政治气氛，调节矛盾，改善各方面的关系，做了一系列的政策调整。

第一件大事就是将原雍正周围的道士、僧侣们逐出皇宫。接着对雍正的政敌胤禩、胤禟集团及其后代实行宽大处理：侥幸活下来的胤禩、胤禟宽大释放；许多被禁锢的王公宗室都被释放回家；胤禩、胤禟复其名，收入玉牒，子孙也一并叙入；凡因罪革退的宗室觉罗，分赐红带、紫带，载入玉牒。一大批得罪雍正的皇子皇孙，得以恢复名号，重见天日。乾隆并非为父亲的政敌公开平反，但适当地缝隙补过，实行宽大处理，却能够树立起新皇仁慈宽厚

中国通史

最新整理图文珍藏版

的美好形象。对其他重要案件和罪犯，乾隆也一一重新判处，大多从宽发落。岳钟琪、傅尔丹、蔡珽、谢济世、查嗣庭、沈起元等等要犯，或宽释，或重新起用。甚至对许多亏空钱粮、侵吞公帑受严厉处分的官员，乾隆也多所豁免。唯有对吕留良文字狱的主犯曾静、张熙，雍正时免罪释放，乾隆一上台，便将两人锁拿至京，凌迟处死。

乾隆即位后，相继下令核实垦田升科，停止清丈土地，停废契纸契银法，停止营田水利和井田，停捐纳等，对雍正时不切实际、产生弊端的政策措施进行调整。乾隆没有全盘否定雍正的政策，其性质始终不超出纠偏补过的范围。雍正许多重要而正确的制度，如秘建皇储、地丁合一、火耗归公、养廉银、奏折、军机处等制度，乾隆均原封不动地继承。

乾隆经过这一番矫枉过正的宽缓措施，使以往那种紧张、恐惧的政治气氛为之一新，为实行自己的施政方针铺平了道路。

乾隆在成功地改变了雍正某些政策措施，消除其产生的积弊的时候，同时提出"中道政治"和"宽严相济"的施政方针，并为自己的政策转变制造根据，进行舆论宣传。乾隆一上台就宣称："治天下之道，贵得乎中，故宽则纠之以猛，猛则济之以宽"，"宽严并济之道也"。在他统治60年的绝大多数时间总是宽严并提，把两者看作因时制宜、相辅相成的两个车轮，"宽以济猛，猛以济宽，政是以和"，这就是乾隆认定进行统治的不二法门。

按乾隆自己的解释，"宽"就是要爱民，"与民休息"，去民之累，去民之扰。他一再告诫臣下，要把宽大与废弛区别开来。"严"就是要对异端邪说、大逆不道、贪官污吏、恶棍奸民绳之以法，如果对这类人宽大，就会造成政治混乱和生民不幸。他祖父康熙的特点是"宽"，但是，到了

清乾隆皇帝爱新觉罗·弘历像

晚年"宽"流于废弛；其父雍正不得不济之以"严"，而他自己却要做到"宽"、"严"并济，"惩劝兼施"。他经常告诫大臣们，不要误解自己的宽大，"相率而趋于纵弛"，则"有不得不严之势"。

"宽严相济"是乾隆总结康熙、雍正几十年统治经验而得出的政治理论，从即位伊始，他就反复阐述、运用这一理论，从而形成自己有别于康熙、雍正两朝的统治格局和作风。这一理论为他提供了大幅度的回旋余地，有时候一些事情，可放宽政策，使矛盾缓和，以博得宽厚的好名声；有些事情则严加整顿，雷厉风行，把螺丝拧紧。

乾隆一生的政治实践，潇潇洒洒，十全武功，宽豁而峻严，正是体现了他宽严相济、刚柔兼施的妙用。

重农政策

乾隆与他的先辈一样，十分重视农业生产。即位不久，便组织人员编纂《授时通考》，并亲自作序，大力提倡精耕细作和提高产量的耕种技术，奖励有技术、勤耕细作的"上农"。在康熙、雍正招耕、开垦原抛荒土地的基础上，进一步向山区、坡地进军，开垦原始土地。然而，土地的开垦是有限的，人口却在不断增长，到乾

隆初人口已超过两亿。土地和人口成为一对尖锐的矛盾，为解决人口的吃饭问题，乾隆帝在全国普遍推广甘薯、玉米等高产作物，对缓和粮食匮乏、改善人民生活、促进经济发展产生了重大影响。

随着农作物产量的提高，乾隆时期，棉花、桑叶、甘蔗、烟草、茶叶、蔬菜、水果等经济作物的种植进一步扩大。

农业经济的发展和农产品商品化的扩大，又促进了商业和手工业的发展，带来江南工商业城镇的繁荣，使整个18世纪的中国社会经济达到了前所未有的高度和繁荣。江南工商业城镇的发展尤为突出。

稳定西藏与"金瓶掣签"制度

乾隆十二年（1747年），西藏珠尔墨特企图实行分裂割据。清政府一面派两位新驻藏大臣傅清和拉布敦入藏，相机行事；一面令四川总督策楞率兵入藏。傅清与拉布敦到拉萨后，情况已很危急，他俩冒险诱杀珠尔墨特，而自己也被珠尔墨特党羽杀害。七世达赖亲率僧俗民众，协同清军平定了这次叛乱。为了削弱藏族贵族的权势，乾隆十六年（1751年）清政府又对西藏的行政体制进行了一次改革：废除郡王的封授，规定西藏地方政府的噶伦人数仍为四名，其中一名应深晓黄教，四人均在噶厦衙门办公，地方大小事务，须四人秉公会商，协同办理；上奏朝廷的重大政务，须"请示达赖喇嘛并驻藏大臣酌定办理"；补放下属第巴头目，须"公同禀报达赖喇嘛并驻藏大臣酌定"，不得私放；各寺院之堪布喇嘛，均由达赖喇嘛酌行选派，噶伦不得专擅。这次改革，虽不够完善，但提高了驻藏大臣的权力，加强了中央政府对西藏的统辖，使西藏局势稳定了近40年。

乾隆五十三年（1788年）和五十六年（1791年），廓尔喀人两次入侵西藏，再次暴露了西藏地方政府的腐朽性和体制的不完善，驱逐廓尔喀人后，清政府决心大力整顿和改革西藏的政治和宗教制度。乾隆五十八年（1793年）正式颁布和执行《钦定西藏章程》。章程共29款，最重要的是提高了驻藏大臣的权力，驻藏大臣督办藏内事务，地位与达赖、班禅平等，自噶伦以下所有西藏政教官员，均为驻藏大臣的属员；达赖、班禅和各地黄教呼图克的转世，必须在驻藏大臣监视下，采取金瓶抽签来决定，即所谓"金奔巴"制度。另

乾隆南巡图

外，在西藏除 2000 清军外，又组建 3000 人的地方部队。这次改革，将西藏地方政府和宗教完全置于驻藏大臣的管理监督之下，从而密切了中原与西藏的关系，大大加强了中央政府对西藏地区的管辖。

平定准噶尔叛乱

居住于伊犁地区的厄鲁特蒙古准噶尔部，在康熙、雍正两朝一再挑起战争，清政府虽多次发兵打败了准噶尔部的军事扩张，却不能消灭其政权。乾隆初政，与准噶尔议和，从西北撤兵，划阿尔泰山作为喀尔喀与准噶尔游牧分界线，赢得暂时和平。

乾隆十年（1745 年），准噶尔部噶尔丹策零死去，内部因争汗位而内讧，使得政局动荡不安，社会秩序混乱，许多牧民纷纷逃离准部降清，使乾隆最后解决准部出现转机。

乾隆十九年（1854 年），辉特部台吉阿睦尔撒纳、和硕特部台吉班珠尔率 2 万人降清，乾隆打破清帝冬天留居北京的惯例，乘马冒严寒赶往避暑山庄，接见阿睦尔撒纳一行，封其为亲王，班珠尔为郡王。

第二年，乾隆以班弟为定北将军，阿睦尔撒纳为定边副将军，永常为定西将军出兵北、西两路，进兵准噶尔。此时准噶尔达瓦齐尚不知清已分兵两路进击，主要精力仍在征讨哈萨克上面。

五月，西北两路大军会师于距伊犁仅

乌什首领献城投降图

300 里的博罗塔拉河，达瓦齐这才知道军情，慌忙率万余人退至伊犁西北格登山，结阵布营，五月十九日，清军兵不血刃地进占伊犁，准部回民牵牛携酒，夹道欢迎。

两路清军从伊犁越推墨尔克里岭直抵格登山，准部兵一哄即散，达瓦齐在只有 20 余骑清侦察骑兵冲击下，不知虚实，率 2000 人逃走，余下 7000 余人降清。达瓦齐逃到南疆乌什城，其回教首领伯克霍吉斯慑于清朝兵威，设计擒住达瓦齐及其子送给定北将军班弟。至此，盘踞伊犁七八十年的准噶尔割据政权被彻底消灭。同时，清军还擒获了雍正初年逃到准部的青海和硕特部头目罗卜藏丹津。

土尔扈特回归祖国

土尔扈特部为漠西厄鲁特蒙古四部之一，游牧于雅尔（今新疆塔城）地区，与沙俄接壤。其第八代首领鄂尔勒克因不甘受准噶尔部欺压，于明末移居额济勒河（即伏尔加河）流域。当时沙俄的势力还没有控制这一地区，土尔扈特仍然保留着蒙古语言与宗教信仰。自顺治十二年（1655 年）起，土尔扈特部相继派使者与清朝联系。康熙时，为加强与土尔扈特部联系，派内阁侍读图理琛等代表清政府前往土部看望阿玉奇汗及广大牧民。清政府平定阿睦尔撒纳叛乱后，逃入哈萨克的蒙古牧民随着伊犁形势的变化而返回。此时，沙俄已控制了土尔扈特部，并无休止地征兵同瑞典、土耳其战争。土尔扈特首领渥巴锡从逃到土部的厄鲁特牧民那里得知准噶尔贵族已被清政府消灭，新疆地区恢复了和平安宁，遂萌发了回国的念头。渥巴锡集所属喇嘛、台吉等头目反复商量，决定乘伏尔加河冬季结冰之机，带领土部牧民回归祖国。但因连年冬季温暖，未能成行。

乾隆三十五年（1770 年），渥巴锡率土部伏尔加河两岸蒙古牧民近 17 万人，终

裕陵隆恩殿

于踏上了回归祖国的路程。

为了防止沙俄的阻挠，渥巴锡命土部轻装简从，抛掉所有的生活用具，仅用八天即通过了伏尔加河和乌拉尔草原，迅速进入冰雪覆盖的哈萨克草原。沙俄得知后，立即派大批哥萨克士兵追赶，被渥巴锡率众英勇击退。但行至克齐克玉子地方被哈萨克台吉额勒里纳拉里北部堵截，被迫走入沙喇伯勒北部戈壁。数千里戈壁，漫漫黄沙，水草皆无，土尔扈特部靠饮牛马血而行，又发生瘟疫，人畜死亡过半。到达伊犁时，仅剩7万余人。

经过八个月的艰苦卓绝的归程，乾隆三十六年（1771年），土尔扈特部来到伊犁。渥巴锡献其祖先所受明永乐八年汉篆敕封玉印及玉器、宣窑瓷器等物，请求入觐。

乾隆非常重视欢迎土尔扈特部的回归，在乾隆的亲自布置下，抽调陕西藩银200万运往甘肃购买物资，并抽调大批仓米、茶叶、布匹、棉花等运往伊犁。

九月，渥巴锡率土部大小头目来到避暑山庄觐见乾隆。乾隆设宴于万树园，封渥巴锡为旧土尔扈特卓里克图汗，其族子策伯克多尔济为布延图亲王，降人舍楞为新土尔扈特（平定阿睦尔撒纳后先回归的蒙古部落）部弼哩克图郡王，其余首领均封贝勒、贝子等。乾隆将渥巴锡所部旧土尔扈特分成东西南北四路十旗，放牧地划在天山以南珠勒都斯地区，由伊犁将军管

辖。新土尔扈特编为二旗，牧地在科布多，由科布多大臣兼管。土尔扈特部回归对清王朝稳定西北统治，增强凝聚力，具有深远的政治意义。

大小金川战役

乾隆时又有大小金川的战役。大小金川在四川西北部，是藏族定居地区，"万山丛蠹，中绕汹溪"，土产惟青梨荞麦，俗信喇嘛教，居民皆住石碉中。乾隆十二年（1747年），大金川土司莎罗奔势力强大，起兵攻击邻近各部落，清朝政府派张广泗率兵镇压，"久而无功"，乾隆杀张广泗。后又改用岳钟琪，莎罗奔出降，但久而复叛。乾隆三十一年（1766年），清朝政府又派阿尔泰联合九土司攻大金川，大金川反与小金川等部共抗清兵。三十六年（1771年），清兵为大小金川土司所败。乾隆杀阿尔泰。清朝集中兵力，前后耗饷达7000万，至四十一年（1776年）才把大小金川压服。清朝于该地设美诺厅（后改懋功县）、阿尔古厅，直接由四川省统辖，四川西北部诸土司也逐渐改土归流。

六巡江南

乾隆一生足迹遍及大江南北，长城内外，其中他自称效法其祖康熙南巡，在其行踪中也占据很重要的地位。头四次乾隆也打着奉太后巡幸的旗号，侍候皇太后南巡。三十年以后，皇太后年龄实在太大，经受不住千里辛劳，乾隆不得不暂停南巡活动，直到乾隆四十二年（1777年）皇太后病逝后的第三年，才开始实现后两次南巡。

乾隆历次南巡，大多在正月十五日前从北京出发，陆路经直隶、山东到江苏清江，渡过黄河，改为水路，乘船沿运河南下，经扬州、镇江、丹阳、常州、苏州进入浙江境内，再由嘉兴、石门抵达杭州。回銮时，绕道南京，祭明太祖（朱元璋）陵，检阅部队，又回运河原路，于四月下

皇帝批阅的奏折和使用的文房四宝

旬或五月初返回京师，先于安佑宫行告先帝礼，然后住进圆明园过端午节。

康熙南巡的一个主要目的就是治理黄河、运河和淮河，保证漕运畅通无阻和减轻三河交汇一带百姓的水患，每次视察河口，都"亲乘小舟，不避水险，各处周览"。乾隆南巡也标榜"南巡之事莫大于河工"，每次南巡都要视察黄淮河河工，特别是对杭州海塘的治理，提出以柴塘修筑石塘的正确方案，并大见成效。

他的另一个目的是视察民情，关心民间疾苦，每次南巡都要向百姓显示"皇恩浩荡"。直隶、山东、江苏、浙江所过州县当年应征额可减免3/10，受灾歉收地区免5/10，省会江宁、苏州（当时亦为江苏省会）、杭州及其所在州县免全部地丁银两；奖励各省"老民老妇"；对犯人宽大减刑，增加江苏、安徽、浙江三省科举名额，并在途中联系现实恩科士人，择优录取，授予功名，乾隆甚至下令：地方官不要阻拦百姓观瞻"天颜"以免阻塞百姓"爱君之热情"。但对老百姓拦路叩阍则一律加以重惩，道学思想浓厚的乾隆，决不允许犯上不敬的行为扫他的兴。

乾隆毕竟是一位明智而有作为的君主，他在南巡途中并不荒废日常政务。各地的报告、奏章直接送到他沿途驻跸的行宫，照常由他亲自阅读批答。例如，第二次南巡时，正值平准战争，他一边巡幸，一边

阅读前方奏报，指示方略，下达命令。乾隆在南巡中还特别注意利用召见机会，考察吏治，用朱笔写下召见官员的印象，以作其任用、升迁的参考。除视察河工、海防外，乾隆也能注意兼顾普通百姓的利益。祭神灵、祀圣贤、尊老重孝，奖拔文人，题诗作画等，这类点缀文治武功盛世的政务活动，乾隆更是不厌其烦。

乾隆南巡的队伍相当庞大。除了随行的后妃、皇子外，还带有一整套政务处理班子以及王公、章京、侍卫等，约有2500余人。走水路得用千余艘大小船只，形成浩浩荡荡的数里船队。巡幸所经地方，各级官员都要兴师动众，提前修桥铺路，整缮城郭，建造行宫，训练士卒，通缉盗匪，清理刑狱，安抚穷人，筹办珍玩，安排迎銮。仅乾隆乘坐的御舟安福舻，就需每班600人，共六班3600人的拉"龙须纤"河兵。南巡途中，乾隆的生活条件和设施与宫中没有两样，每日早晚照例鸣鼓奏乐。茶房所用乳牛多至75头，膳房所用羊1000头、牛300头，均提前从北京运到镇江、苏州等地。乾隆对饮食极为讲究，每天得从北京或地方专门供应冰块和泉水，在直隶时用玉泉山泉水，在山东用济南珍珠泉

金奔巴瓶

水，在江苏用镇江金山泉水，到浙江则用杭州虎跑泉水，每天仅供乾隆一人生活所需的就几达千人。乾隆六次南巡费糜了大量人力、物力和财产。乾隆为了减轻国家和地方的财政负担，鼓励江浙商人（特别是扬州盐商）报效银两，资助他的南巡活动。商人们又为了迎合乾隆的享乐，绞尽脑汁，煞费苦心，不惜银两，极尽天工巧夺，去构筑仙境般的虚假荣华。正由于商人的积极参与，使乾隆南巡显得格外铺张豪奢；商人们粉饰的虚假繁荣，也使乾隆本易被腐化的帝王心理更加腐化，到他后期大肆无节制地挥霍，最终将这种"繁荣"引向了衰落。

大兴土木

乾隆性喜游乐田猎，又具很高的文化素养和艺术鉴赏力，对建筑艺术颇有见地。他希望官帑"俾得流通"，而当时又没有更好的投资去向，那就唯有大兴土木，进行城市、园林建设，这既适合他的性格特征，又可作为他夸耀业绩的物证。

在此思想基础和雄厚财力的前提下，乾隆凭着自己的兴致，充分发挥自己的建

职贡图卷（局部）

进贡图

筑艺术才华，在北京、承德避暑山庄及其周围，大兴土木。

乾隆三年（1738年），乾隆服丧期满后，从大内移居圆明园，并经常驻跸于此，开始扩建圆明园，在雍正御园的基础上，向东向北，增建宫殿楼阁，所谓"恢拓营缮，宏规大起"。工程是常建未停。随乾隆南巡的开展，江南的景点和风光也"搬进"了圆明园。到乾隆五十年（1785年）左右，圆明园工程才基本停下来，形成了圆明园上百个景点，并且这时的圆明园已与西洋楼、绮春园和作为乾隆归政后颐养天年的长春园联在一起，形成一个整体。后来在嘉庆朝此园又继续增加了一些景点。整个圆明园平地造园，凿池引水，堆山植树，在福海及许多湖泊、河渠、假山旁兴建一批又一批宫殿亭榭、形式多样、风格各异的建筑群，在我国园林艺术史上达到登峰造极的地步，被誉为"万园之园"。

乾隆十年（1745年），开始营建香山静宜园，在其周围设健锐营，修建兵营、民房、庙宇。十四年以后，为迎接皇太后60寿诞，新建清漪园（即今颐和园），改瓮山为万寿山，瓮山泊为昆明湖，疏浚湖泊，营造殿堂。十八年（1753年），又修成玉泉山静明园和京东盘山的静寄山庄。此外还修缮了许多坛庙。乾隆二十年（1755年）以前是北京西北郊三山五园（畅春园、圆明园、万寿山清漪园、玉泉山

静明园、香山静宜园）建筑最繁忙的时期。

乾隆七年（1742年），开始大规模修治北海，工程延续近三十年之久，今北海大部分景点就是这时始建或改建、扩建的。

在乾隆前期和中期，整个北京城内外，到处是工地，不时可以看到新的建筑拔地而起，原有的建筑也焕然一新。

康熙时只完成了避暑山庄的宫殿区和一些景点的建设，大规模的扩建工程是乾隆来完成的。此外，乾隆还在山庄的东北方向，根据蒙藏等少数民族的宗教信仰、民族风格，先后建成了外八庙中的五座，使之与山庄融为一体，更加充分地发挥"抚绥远人"的政治功能。

乾隆的大兴土木与南巡一样，是当时的有识大臣和后来的研究者评论的两大败政。都认为他不惜劳民伤财，为供一己之享乐而使海内变穷，变乱由此而起，国势由是而衰。这种评价实在不为过分，乾隆也作《知过论》，承认自己一生中的过失是好兴土木，引咎自责。但是，任何历史问题都有它复杂的一面，除劳民伤财一面外，大兴土木也确实起过肃观瞻、抚绥远人（特别是避暑山庄和外八庙）的政治作用。有一点也值得注意，乾隆的大兴土木并不是无偿的劳役征调，而是物料给价，雇工给值，所以，乾隆辩解地讲："力役之征，古所不废，惟本朝则无其事"，兴修工作等事，是"以工代赈，俾小民均资利益"。在资金方面，除动用库银而外，乾隆也采取集资的办法。

郑成功收复台湾

台湾自古是中国的领土，元代曾设澎湖巡检司，管辖澎湖与台湾，明代因之。明末天启年间，大陆福建等地的移民大量迁居到台湾，进一步加强了台湾与大陆的

联系。但是，自公元1604年起，荷兰殖民主义者多次对台湾进行侵略。1624年，荷兰殖民者入侵台湾西南部的海港鹿耳门，在沙洲上建立起一座城堡，命名为热兰遮。第二年，他们又用欺骗手段，以极低廉的价格（15匹粗布）购买下大片土地，后建立赤嵌城（地在今台南市）。1642年，荷兰人从西班牙殖民者手中夺取了台湾北部的基隆和淡水，基本上控制了台湾岛的西部沿岸地区。荷兰殖民主义者以台湾的主宰自居，强迫当地居民和过往商客交纳高额税金，甚至烧杀抢掠无恶不作，激起了当地人民的仇恨和反抗。

赤嵌城

17世纪中叶，中国的政治局面发生了天翻地覆的变化。清朝统治者入主中原，残明势力和各地人民开展了激烈的抗清斗争。郑成功原为南明隆武政权的御营中军都督，曾被隆武帝赐国姓。隆武政权失败后，郑成功拒不受降，招兵买马组织义军继续抗清。他以厦门和金门为根据地，多次向清军发动攻击，还接受了南明永历政权授予的延平郡王封号。清顺治十六年（1659年），郑成功率军航海进入长江，围攻南京，并收复了江南大片地区，最后不幸兵败，只得又回到厦门。郑成功鉴于当时全国抗清形势已经进入低潮，其所部势单力孤，所占金门、厦门二岛近迫大陆，无险可守，决计收复台湾，作为长期与清朝对峙的基地。

顺治十八年（1661年）正月，郑成功

召集诸将密议，提出："前年何廷斌（台湾通事）新进台湾一图，田园万顷，沃野千里，饷税数十万，造船制器，吾民麟集，所优为者。近为红夷占据，城中夷狄不上千人，攻之可唾手得者。我欲平克台湾以为根本之地，安顿将领家眷，然后东征西讨，无内顾之忧，并可生聚教训也。"众将颇有难色，有人还提出水路艰险，水土难服等困难。然而郑成功决心已定，这年二月，他命令修葺船只，整顿武器，准备向台湾进军。留部将洪旭、黄廷、王秀奇等辅世子郑经镇守金、厦。

三月二十三日，郑成功率师起航，第二天到达澎湖。由于风向不利，郑成功的水师在澎湖逗留多日，至三十日晚才继续前进。四月初一日拂晓，郑成功军至台湾岛西南部的鹿耳门港。

荷兰殖民者在热兰遮一带仅有1000多人，武装力量不强。但对郑成功大军压境，他们还是进行了顽强的反击。在郑成功的舰队大部分已经进入港湾，部分士兵已经登陆的时候，荷兰人在港湾中的两艘战船赫克托号和斯·格拉弗兰号以及两艘平底小船开始向郑军发起攻击。荷兰战船依仗炮火猛烈，最初十分嚣张，但郑成功部队英勇作战，不久就使得赫克托号起火，并引起了火药爆炸而沉没。其他三艘荷兰舰船见到赫克托号沉没，吓得连忙逃离港湾，进入远海地区。荷兰殖民当局还派贝德尔上尉和阿尔多普上尉各率200余人分别在热兰遮附近和赤嵌附近阻止郑成功登陆。贝德尔上尉所部在北线尾的一个沙洲上被郑成功部队包围，几乎全部被歼灭，贝德尔也被击毙。阿尔多普上尉则一击不利，立即逃回热兰遮城堡。在粉碎了荷兰人在海上和陆上的进攻后，郑成功部再没有受到任何阻碍，非常顺利地完成了登陆，并在沿岸扎营，将赤嵌的普罗文查要塞和热兰遮城分割包围起来。

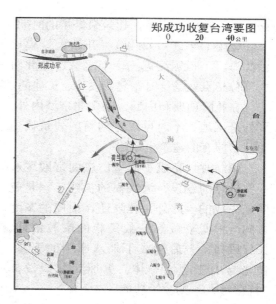

郑成功收复台湾要图

台湾的汉族和高山族人民得知郑成功率部到达，都纷纷前来迎接。许多人用货车和其他工具帮助郑军登陆，附近各社的高山族酋长也闻风归附。郑成功注意安抚岛上居民，对迎附的酋长百姓赐以袍服酒食，同时严格规定部队纪律，不使扰民。由于有台湾人民的支持与配合，郑成功所部迅速在台湾站稳了脚跟，迫使荷兰殖民者只能蜷缩在普罗文查和热兰遮两处要塞中。

四月初四日，荷兰殖民地当局的代表同郑成功进行谈判，提出愿向郑成功支付赔款，要求郑军撤离台湾。郑成功对此严厉驳斥，申明台湾一向是属于中国的，敦促坚守两处要塞的荷兰人立即投降。这次谈判破裂后，普罗文查要塞司令描难实丁被迫投降。而荷兰殖民地当局所驻的热兰遮城堡却升起了表示抵抗到底的血旗。郑成功立即指挥部队攻占了热兰遮城堡外的市区。但由于荷兰人的炮火猛烈，郑军数次进攻城堡都受到挫折。为了减少过量的牺牲，郑成功决定采取长期围困，迫其投降的策略。

在对热兰遮实行围困期间，郑成功抓紧在台湾进行政权建设。五月，改赤嵌为东都明京，设承天府，辖天兴、万年两县，天兴附廓，万年即现在高雄县。这是台湾岛设立府县政权之始。郑成功还发布令谕："东都明京，开国立家，可为万世不拔基业。本藩已手辟草昧，与尔文武各官及各镇大小将领官兵家眷，聿来胥宇，总必创建田宅等项，以遗子孙计。但一劳永逸，当以己力经营，不准混侵土民及百姓现耕物业。"还颁布八项条款，严纪律，定税收，保护民众，安顿眷属，开荒屯垦。这些措施有利于社会安定和经济发展，为后来郑氏在台湾建基立业创造了条件。

远在巴达维亚的荷兰东印度公司当局得知郑成功围攻热兰遮的消息后，匆忙拼凑了一支700人的支援部队，任命考乌为总司令，分乘十艘战船，乘着南贸易季风赶到台湾。这支援军于当年七月抵达鹿耳门海湾，但直到第二个月才全部登岸成功。由于有了新生力量，荷兰殖民者决定再对郑成功部队发动一次攻势。闰七月二十三日，荷兰军队从海陆两面发起进攻，妄图夺回热兰遮城堡外的市区。但这一行动遭到郑成功部队的沉重打击，荷兰军船只被击沉烧毁，士兵大量被击毙，残部再次逃回要塞，援军总司令考乌被这次失败震慑，不久就借故逃离了台湾。此后的热兰遮城堡仅仅是坐以待毙而已。

这年年末，郑成功围城已达九个月，于是再度发动攻势。十二月初六日清晨，郑成功指挥部队用大炮猛烈轰击热兰遮城堡外围的防御工事，并攻占了城堡外的几个重要据点。在面临灭顶之灾的情况下，荷兰在台湾的殖民地最高长官揆一决定向郑成功投降。顺治十八年十二月十三日（公元1662年2月1日），揆一在投降书上签字，台湾全岛正式回到了祖国的怀抱。郑成功对投降者采取宽大政策，允许他们带走个人财产和途中必要的生活用品。

郑成功在平定台湾后，广招漳、泉、惠、潮等处士民，制法律、定官制，筚路蓝缕，规模初定。但仅几个月之后，康熙元年（1662年）五月初八日，郑成功因病

海上激战油画

逝世，终年仅 39 岁。郑成功死后，其弟郑袭在台湾自行继位，而在厦门的郑成功长子郑经也由部下拥立为延平郡王。攻台以来一直在发展激化的台湾集团和金厦集团的矛盾于是爆发。十月，郑经率师进攻台湾，驻台诸将大多投降郑经。一场内乱平定之后，以郑经为首的台湾郑氏政权才真正巩固下来。

被赶出台湾的荷兰殖民主义者并不甘心于自己的失败，在康熙元年（1662 年）七月，又派舰队到达闽江口，船上竖有支援大清国字样旗帜。他们同清方官员联系，提出愿做先锋，首攻金门、厦门，然后由清军助其夺回台湾。清廷回绝了荷兰的建议，这支舰队就自行以海盗方式向郑经所部船只袭击，毕竟不能再次入侵台湾，终于无功而返。台湾此后一直在郑氏的统治下，康熙二十二年（1683 年）才被清朝统一。

雅克萨之战

顺治年间，中国军民击毙了沙俄侵略头子斯捷潘诺夫，将沙俄侵略者赶出了黑龙江中下游地区，但他们仍占据着黑龙江上游的尼布楚城（今俄罗斯涅尔琴斯克）等待时机，策划着新的侵略活动。康熙四年（1665 年），俄军重占雅克萨城，并建堡筑寨，勒索财物，设置殖民农庄，奴役和镇压当地中国人民。康熙十五至二十一年（1676～1682 年）沙俄又利用清廷全力镇压南方"三藩之乱"、无暇北顾之机，派出大量军队入侵黑龙江各支流，并调集大批枪炮、物资到尼布楚、雅克萨等地，加强侵略力量。对此，清朝政府多次提出交涉、抗议，警告他们必须停止对中国的侵略。沙俄侵略者不但置若罔闻，反而变本加厉，公然在中国领土上设立据点，强

少年康熙皇帝便服像

征贡赋，开采银矿，烧杀抢掠。清政府忍无可忍，遂于"三藩之乱"平定之后，立即集中力量，准备武力驱逐沙俄侵略者。

事先，康熙帝总结了三十多年来与沙俄斗争的经验，进行了周密、细致的准备工作。康熙二十一年（1682 年），他亲自出柳条边墙至吉林乌喇（今吉林市），航行于松花江上，视察边防情况。同年八月，又派副都统郎谈、公彭春等率数百人至雅克萨附近侦察地理形势和水陆交通。十二月，清廷在瑷珲和呼马尔（今呼玛）建城驻兵，贮存粮食，修造船只，作战前准备。康熙二十二年（1683 年）十月，清廷以萨布索为第一任黑龙江将军，着手扫除俄军在黑龙江中下游设置的侵略据点。与此同时，当地各族人民也纷纷拿起武器，以各种形式打击沙俄侵略军。在牛满河上，奇勒尔人打死俄军十余人；精奇里江的鄂伦春人和飞牙喀人也先后击毙俄军多名。在各族人民的配合下，清军相继拔除了许多

康熙明黄缎绣云龙纹貂皮朝服及高腰棉袜

俄军据点。至该年年底，除尼布楚、雅克萨等少数地区外，侵入黑龙江流域的沙俄侵略者基本被肃清。

在加紧军事部署的同时，清政府始终未放弃谋求政治解决的努力，曾通过各种途径表示，只要沙俄停止侵略活动，清朝愿与之保持和平。直到大兵进发雅克萨之前，康熙帝还写信给沙皇，劝其迅速撤回雅克萨之兵，"互相贸易遣使，和睦相处"。但是，沙俄政府将清方的和平努力看成是软弱可欺，不但不予接受，反而继续扩大侵略。他们调整了侵略黑龙江地区的军事指挥机构，任命熟悉当地情况且以骁勇著称的弗拉索夫和托尔布津分别担任尼布楚和雅克萨督军，又增调援军，贮存粮草，加固城防，还派普鲁士军官拜顿在托博尔斯克招募哥萨克来中国助战。至此，清政府已别无选择，只有下决心以武力将侵略者赶出中国。

康熙二十四年（1685 年）四月，都统彭春、郎谈、黑龙江将军萨布素等分率满、蒙、汉等官兵三千余人自黑龙江城（今瑷珲）和卜魁城（今齐齐哈尔），水旱两路向雅克萨进发。五月二十二日，彭春率部抵达雅克萨城下，立即向俄方发出咨文，要求其撤出雅克萨，以雅库（今俄罗斯雅库次克）为界，遭到俄方拒绝。次日清军

列阵，包围雅克萨城。二十五日，一队增援雅克萨的俄军自黑龙江顺流而下，被清军将领林兴珠率福建藤牌兵拦于江西。一场激战，毙伤俄军四十余人。随即，清军架设"神威无敌大将军"炮，向雅克萨城猛烈轰击，同时水陆并进，四面围攻。经过一昼夜激战，俄军伤亡惨重，城内到处起火。二十六日，郎谈命积柴焚城。俄国雅克萨督军托尔布津走投无路，只得出城投降，并发誓不再回雅克萨城。清军准其投降。派人将托尔布津及其手下官兵、眷属等七百余人送到额尔古纳河河口，收复了被俄军侵占达 20 年的雅克萨城。城中 160 余名被俄军扣押作人质的中国索伦族、巴尔虎族民众全部获得释放。不久，清军撤回黑龙江城。

托尔布津等残兵败将回到尼布楚后，仍不死心。正项拜顿率领六百名哥萨克援兵也到达尼布楚，又探得清军全部撤退，并未留兵驻防的消息，遂率领五百余名俄军返回雅克萨，加筑工事，重新盘踞。康熙二十五年（1686 年）五月，萨布素、郎谈、班达尔沙等奉命率领清军 2100 余人会师于查克丹，再次进兵雅克萨。命俄俘鄂克索木果带信入城警告俄军，如不立即撤

晚年康熙皇帝画像

出，必将其全部歼灭。是时，盘踞城中的俄国侵略军共有 800 余人，他们凭借充足的火器装备、弹药粮草和坚固的城防工事负隅顽抗，并自城中频繁出击，不让清军炮位和攻城器械逼近城墙。萨布素率领清军将士在当地各族人民的协助下，屡次击败出城挑战的俄军。六月初九日夜，萨布素下令向雅克萨城发起进攻。郎谈领兵自北面用大炮向城内轰击，班达尔沙领步骑从南面猛攻。自夜到晨，重创俄军，数日之内毙敌 100 余人，托尔布津也中炮毙命，由拜顿继任其职。但是，由于清军除拥有少量大炮外，只有火枪 50 支，士兵作战主要依靠刀矛弓箭，杀伤力较小，对攻坚战尤为不利，故未能迅速拿下雅克萨城，战事一时陷入僵持状态。萨布素等为避免牺牲过大，停止强攻，于城外东、南、北三面挖掘长壕，修筑堡垒，设置木桩、鹿角，派兵严密把守；又于城西江南布置水师，封锁来自尼布楚方向的援兵航道，对城中俄军进行长期围困。由于城中无井，通常依靠通向黑龙江的水道引来水源。清军经过四昼夜激战，切断了城中水源。数月之后，城中饮水、粮食、弹药皆已告罄，加之疾疫流行，800 多名俄军只剩下 66 人，尼布楚方面也无力派来援军，困守雅克萨的俄国侵略者已经濒临绝境。

尽管清方在军事上取得重大进展，但为求得边界上持久的和平，仍然不断谋求与沙俄进行谈判。康熙二十五年八月，清政府委托即将离京回国的荷兰使臣宾显巴志带信给俄国沙皇，建议两国休兵谈判，和睦相处。以后，又将同样内容的信件交葡萄牙传教士闵明多带往欧洲，设法转递沙皇。此时的俄国，正值彼得一世之姐索菲亚公主执政，统权极不稳固，不可能再派大批军队前来中国，眼看困在雅克萨的俄军将被全歼，遂决定接受清政府的建议，派出以戈洛文为全权代表的谈判使团与清朝进行边界谈判。该年十月，俄国信使文纽科夫和法沃罗夫等到达北京，呈递沙皇给康熙帝的书信，要求清政府停止攻打雅克萨，等待戈洛文一行到达后进行谈判。清政府以礼接待了俄国信使，并在雅克萨城唾手可得的情况下同意了俄国的请求，命令萨布素等撤雅克萨之围，又派太医赴雅克萨为患病俄军治疗，且发粮赈济，保住了坐困城中坐以待毙的俄国人性命。次年七月，清政府闻知戈洛文使团抵达边境，遂命萨布素等率部返回黑龙江、墨尔根（今嫩江）等地驻守。至此，历时两年之久的第二次雅克萨之战正式结束。

《尼布楚条约》

第一次雅克萨之战后，沙俄见仅靠武装入侵难以实现其对中国进行侵略扩张的目的，遂改变策略，企图以军事侵略和外交谈判交替使用，迫使清政府就范。康熙二十五年（1686 年）正月，沙皇政府任命弗奥多尔·阿列克谢耶维奇·戈洛文为对清谈判使团全权大使，率使团于正月十三日自莫斯科启程来华。整个戈洛文使团共1900 余人，包括炮兵、火枪兵、龙骑兵等。行前，沙皇政府授予戈洛文广泛的权力：不但负责与清朝谈判缔约，还可以在必要时调动西伯利亚地区的军队与清朝作战。同时对使团的任务和谈判方案也做了明确规定：其最高要求为以黑龙江划界，占领整个黑龙江北岸；如达不到这一要求，则谋求以比斯特拉河（即牛满河）或结雅河（即精奇里江）为界，占领黑龙江中游北岸；再达不到，则以雅克萨为界，并在比斯特拉河和结雅河保留中俄两国共同的渔猎场。并训令戈洛文，如清朝不愿根据上述条件缔约，则不惜使用武力。康熙二十六年（1687 年）八月，戈洛文一行到达

沙俄政府给清政府的图书及满文、俄文
《尼布楚条约》

贝加尔湖东岸。此时，俄国因克里米亚战
败，兵疲财匮，不得不改变其与清朝谈判
的立场，指示戈洛文，如清朝同意不在雅
克萨驻军，则可以接受撤出雅克萨的条件，
另外其他方面也可以做些让步，力求与清
朝达成妥协。

戈洛文一行在贝加尔湖东岸一带停留
了两年时间。因此时清军已然撤销雅克萨
之围，戈洛文就不急于与清方谈判。他一
面窥探清政府的意图；一面竭力鼓动中国
喀尔喀蒙古各部脱离清朝，臣服于俄国。
遭到喀尔喀蒙古领袖土谢图汗和哲布尊丹
巴的坚决拒绝。戈洛文见挑拨离间难以奏
效，又企图以武力逼蒙古各部屈服。是年
冬，戈洛文诬陷蒙古人民偷盗俄军牛羊马
匹，命俄军闯入蒙古牧区进行烧杀抢掠，
并扬言"捣毁帐幕，俘虏他们的妻子儿
女"。俄国侵略者的暴行遭到喀尔喀蒙古人
民的坚决反击。十二月，蒙古军民在楚库
柏兴（今色楞格斯克）一带打败俄军，迫
使戈洛文等躲在城中不敢出来。康熙二十

七年（1688年）六月，正当喀尔喀蒙古各
部抗俄斗争取得一系列胜利之际，准噶尔
部首领噶尔丹以"为弟报仇"为借口大举
入侵喀尔喀蒙古。喀尔喀各部相继战败，
土谢图汗和哲布尊丹巴等率数十万众南归，
要求清政府予以保护。戈洛文见有机可乘，
遂与噶尔丹相勾结，派俄军分路出击，逼
迫喀尔喀各部归顺俄国。由于喀尔喀蒙古
人民的坚决反对，戈洛文一伙的阴谋未能
得逞。

康熙二十七年五月，清政府派领侍卫
内大臣索额图、都统公佟国纲、尚书阿喇
尼、左都御史马齐、护军统领马喇等组成
谈判使团，取道蒙古前往楚库柏兴与俄使
进行谈判。行前，康熙帝传谕索额图等，
尼布楚、雅克萨、黑龙江上下及"通此江
之一河一溪，皆我所属之地，不可少弃之
于俄罗斯"。索额图等行至蒙古，正值噶尔
丹大举入侵，道路受阻，不得不暂时返回
北京。康熙二十八年（1689年）四月，索
额图等再次启程，谈判地点改在尼布楚
（今俄罗斯涅尔琴斯克）。此时，清政府因

乾隆皇帝大阅图

急于全力镇压噶尔丹叛乱，希望与俄国保持和平，遂重新确定谈判方针。康熙帝表示，为争取达成协议，必要时可将尼布楚让给俄国，以额尔古纳河为界。六月，使团到达尼布楚。随行人员包括水手、仆役、运伕及官兵近3000人，分为两路：一路由索额图等率领自北京出古北口，经达尔泊、克鲁伦河、温都河而来；一路由萨布素、郎谈等率领自瑷珲溯黑龙江而上。

乾隆射猎英姿

中国使团到达尼布楚半月有余，仍不见戈洛文等前来，反受到俄国方面无理指责，说中国使团带军队前来违反国际法准则，又诬陷中国士兵途经雅克萨时杀死两名俄国人，还要求中国使团驻地不得离尼布楚城太近，应退往额尔古纳河口等等。对此，索额图等据理予以驳斥，提出：中国使团带来的只是"侍从以及派遣使用之官兵"，并非为打仗而来，一共不到3000人，而尼布楚之俄军也有2600人左右，故中国并无以兵多压人之意；至于雅克萨两俄人被杀，更与中国使团无关；既然双方皆愿以"和好之礼相会议事"，则住于近处，于谈判更为方便，绝无恶意。

七月初五日，戈洛文使团到达尼布楚。初八日，双方进行第一轮会谈。地点定在尼布楚城外200俄丈处的帐篷之中，进入

谈判现场的官兵各300人，除刀剑外不得携带武器，另有500名中国士兵乘船泊于会场200俄丈外，以与城中俄军力量取得平衡。谈判一开始，双方即展开了针锋相对的激烈辩论。戈洛文一口咬定黑龙江流域"自古以来"即为俄国领土，却又拿不出确凿的证据，指责中国"突然派兵侵犯"俄国领土，制造流血事件，引起战争，要求清政府赔偿俄国损失，惩办有关人员。索额图对戈洛文的无稽之谈逐条予以驳斥，以大量事实说明，鄂嫩、尼布楚等地皆为中国人民世代居住之地，当地人民一直向中国政府交税，其首领和子孙至今仍在，因俄国侵略而逃到内地。索额图在回顾了俄国侵略黑龙江流域的历史以后指出，当地中国各族人民多年来遭到俄国侵略者的蹂躏，财产被抢，妻子受辱，父兄被杀害，绝不是如戈洛文所言仅仅为"小小纷争"。对此，中国政府曾多次提出抗议、警告，但俄方始终置若罔闻，中国忍无可忍，只得以武力驱逐侵略者。因此，引起战争的正是俄国的侵略和屠杀，如果说要"惩凶"、"赔偿"的话，那么俄国首先应惩办侵略凶手，赔偿中国人民生命财产的损失。最后，索额图表示，中国使团是为争取和平而来，故只谈边界划分，谋求达成协议，并不想要求俄方"惩凶"和"赔偿"。在无可争辩的事实面前，戈洛文等理屈词穷，无话可说，在随后进行的划界谈判中，戈洛文首先提出以黑龙江为中俄两国边界的方案，遭到索额图等断然拒绝。清方提出以勒拿河与贝加尔湖划界，也未被俄方接受。第一天会谈没有结果。

次日举行第二次会谈。开始，戈洛文仍坚持以黑龙江划界，后见中国使团坚决反对，又提出以牛满河为界，仍将黑龙江上、中游北岸划归俄国。时此，中国使团当然不会同意，但索额图等以为俄方已然让步，于是提出以尼布楚为界的新方案。

由于中国使团缺乏外交谈判经验，一下子就将事先确定的最后方案拿了出来，因而上了戈洛文等人的当，将尼布楚轻易划给了俄国。戈洛文见清方肯让出尼布楚，不由喜出望外，但为了勒索更多的利益，故意与中国使团继续纠缠，拒绝了这一方案。第二天会谈仍无结果。

嘉庆帝像

索额图等不知戈洛文的真正意途，以为最后方案遭到拒绝，谈判已经破裂，准备返回北京。戈洛文一见，急忙通过在中国使团中充当译员的两名传教士——法国人张诚和葡萄牙人徐日升，劝中国使团留下来继续谈判。七月初十至二十三日，张诚与徐日升频繁往来于中、俄使团驻地，进行会外活动。经过激烈的谈判，中国使团又作出一系列重大让步，有些甚至超出了康熙帝允许的范围。如同意将黑龙江上游水岸的分界线划到距尼布楚以东约四、五百里的格尔必齐河，黑龙江上游南岸的

分界线划到距尼布楚九百里的额尔古纳河，使大片拥有银矿、盐湖、耕地、牧场的富饶土地划归俄国。戈洛文等见此行目的已基本达到，又赶上大批受俄军残害的中国各族人民听到中国使团到来的消息，纷纷突破俄军封锁，来到尼布楚附近，引起他们的恐慌，于是表示愿意接受中国使团的方案，同意撤出雅克萨。

康熙二十八年（1689年）七月二十四日，中、俄两国正式签订《尼布楚条约》。共六条，内容如下：一、以流入黑龙江的格尔必齐河、外兴安岭直到海边为界，山南归中国，山北归俄罗斯。二、额尔古纳河以南属中国，以北属俄罗斯，其南岸眉勒尔客河口所有俄罗斯房舍均迁往北岸。三、将雅克萨地方俄罗斯所修之城尽行收图拆毁，雅克萨所居俄罗斯人民及诸物尽行撤往察汉汗之地。四、凡猎户人等断不许越界，有越界者即行擒拿，送各地方官惩处。从前一切旧事不议，中国所有俄罗斯之人或俄罗斯所有中国之人均不必遣返。五、今既永相和好，以后一切行旅，有准令往来文票者，许其贸易不禁。六、不得容留对方逃亡者，一经发现即行送还。另外，双方还商定将外兴安岭和乌第河之间的地区暂行存放，留待后议。

《尼布楚条约》是中、俄两国签订的第一个条约，其正式文本为拉丁文本，由双方代表签字盖章，另有满文和俄文副本。《尼布楚条约》是在平等的基础上签订的，其内容也未超出两国政府愿意接受的范围。条约明确划定了中俄两国东段边界，在此后相当长的一段时间时，两国边境相对安定，人民往来和贸易关系皆有所发展。

土尔扈特部东归

土尔扈特部是厄鲁特蒙古四部之一，

2499

雍正帝石青缎绣彩云金龙裕朝褂

本来游牧于天山以北地区。大约17世纪30年代，土尔扈特部首领和鄂尔勒克率其所部及和硕特部和杜尔伯特部的一部分向西迁徙到伏尔加河下游地区。在以后的一个多世纪里，土尔扈特部逐步被沙皇俄国控制，被迫向沙皇俄国提供兵力，自身的政治事务也要受到沙俄当局的干涉。

18世纪60年代，俄土战争爆发，沙皇政府强征土尔扈特人参加战争，在战争初期死伤已达七八万人。但无厌的沙俄政府计划再由土尔扈特征兵，甚至要十六岁以上的男子都开赴俄土战场。这可怕的灭族之灾使得整个土尔扈特部人情汹汹，土尔扈特首领、年轻的渥巴锡汗在这种生死存亡的时刻，终于作出最后决定，率领全族返回祖国。

土尔扈特在伏尔加河流域期间，并没有中断同祖国的联系。他们同我国西北地区的其他厄鲁特各部始终关系相当密切。在崇祯十三年（1640年）土尔扈特首领亲自参加过制定《蒙古厄鲁特法典》的会议。土尔扈特部向厄鲁特各部的婚嫁联姻也是很经常的活动。土尔扈特部与清朝中央政府也有一定的联系，在顺治和康熙朝都曾数次入贡。康熙五十一年（1712年），康熙帝还派遣图理琛率使团穿越俄国，跋涉万里去看望土尔扈特部。由于同祖国有长期不断的联系，土尔扈特部始终保持着对故乡土地的眷恋，在遭到沙俄政府残酷压迫的时候，终于被迫发出了呼吼："让我们到太阳升起的地方去！"决心举族东迁。

乾隆三十五年（1770年）秋，渥巴锡汗从俄土战场回到本部，同他的侄子策伯克多尔济等人秘密部署重返祖国的行动。他们本来议定，待伏尔加河结冰之后，河左右两岸的全体部从一起出发。但这年冬天天气温暖，河水迟迟不冻，而沙俄的阿斯特拉罕省当局和驻土尔扈特的使团又得到了一些土尔扈特部将要东返的消息，正在加紧对其动向的监视。在万分紧急的情况下，渥巴锡决定先率东岸的近17万人出发。

乾隆三十六年（1771年）一月四日，渥巴锡召集全体战士，控诉了沙俄对土尔扈特部的压迫，发出重返祖国的号令。第二天，全部族1万多户陆续出发，踏上征程。殿后的1万多名战士点燃了渥巴锡的木制宫殿和无数的村落，还杀死了住在那里的上千名俄国官员和商人，表示了同沙皇俄国彻底决裂的决心。

沙皇叶卡特琳娜二世得知土尔扈特部向东迁移的消息后大发雷霆，立即派出大批哥萨克士兵进行拦截追击。土尔扈特部在越过乌拉尔河，进入哈萨克草原后，遭到过哥萨克的一次突然袭击，损失达9000人。此后，渥巴锡率军在奥琴峡谷歼灭了一支拦截的哥萨克部队，才基本上粉碎了哥萨克的追堵。

土尔扈特部的男女老幼们驱赶着畜群，驾着马车和雪橇，带着帐房和用具，在荒凉的草原上长途行进，遇到了无数艰难困苦。在摆脱掉哥萨克之后，哈萨克人和巴

养心殿正殿

什基尔人又不断对土尔扈特的队伍进行袭击，掠夺牲畜、人口和财产。不断的战斗、艰苦的行军和疾病的流行造成土尔扈特部的人口锐减，牲畜也大量死亡。在接近中国边境的时候，土尔扈特的东进队伍只剩下八九万人，而且非常饥饿疲惫，但他们以坚强的意志，继续向东方前进。

经过了半年时间，土尔扈特人终于进入了中国境内。乾隆帝对土尔扈特整部来归非常重视，在最初得到其东迁的消息后就确定了"接济产业，分定游牧"的方针。同年农历六月初，渥巴锡等人率部来到伊犁河畔，清廷特派参赞大臣舒赫德前往伊犁，主持接纳安插事宜。清廷还从各地调集了牲畜、粮食、茶叶、棉布、毡庐等大量物资，优恤历尽辛苦的土尔扈特部民。渥巴锡也在致清方的信中表明了"向居俄罗斯地，久愿为大皇帝（乾隆帝）臣仆"，希望准令入觐，以伸积诚。渥巴锡还进献了其祖先受明永乐八年汉篆封爵玉印一颗，表示归顺清朝的决心。

在归来的土尔扈特部首领中，有一个

叫舍棱的，本来依附于准噶尔部，曾经参与过准噶尔部的叛乱，叛乱被平定后才率残部投奔渥巴锡。清廷中一些人对于舍棱随众归来颇存疑虑，恐怕他怀有什么诡计。乾隆帝根据当时的形势做了正确的判断，认为"归顺之事十之九，诡计之伏十之一"，决定对舍棱一体加恩，不究前罪。乾隆帝的这一系列正确措施对安定土尔扈特各首领和部众起了积极作用。

这年九月，渥巴锡、策伯克多尔济、舍棱等13位土尔扈特部首领应召来到热河的木兰围场，觐见了正在这里的乾隆帝。乾隆帝用蒙古语亲自询问了土尔扈特部的历史情况和举族归来的经过，并命渥巴锡等人随围观猎。秋狝见渥巴锡等人，多次赐宴，还举行了盛大的灯宴火戏。其时正值喇嘛教庙宇普陀宗乘之庙落成，渥巴锡等人与内蒙、喀尔喀及青海等处的各蒙古部首领一起参加了大法会。乾隆帝乘兴撰写了《土尔扈特全部归顺记》和《优恤土尔扈特部众记》，凿石竖碑，立于普陀宗乘之庙内。

嗣后，清廷封渥巴锡为卓哩克图汗，封策伯克多尔济为布廷图亲王，封舍棱为弼里克图郡王，封巴木巴尔为毕锡呼勒图郡王，其他首领也分别被授以爵位。根据

军机处内景

分而治之的原则，清廷又将土尔扈特部众分为旧土尔扈特与新土尔扈特两部分。旧土尔扈特是和鄂尔勒克的后裔，由渥巴锡汗统领，总称乌纳恩素珠克图盟，以下又分为东西南北四路，共十旗，分别在准噶尔盆地南北和西边游牧，统归伊犁将军管辖。新土尔扈特是和鄂尔勒克叔父卫衮察布察齐的后裔，由舍棱统领，为青色特启勒图盟，下分左、右二旗，在科布多（今新疆北部、蒙古国西部及前苏联边境部分地区）游牧，归科布多大臣管辖，定边左副将军节制。随渥巴锡归来的和硕特部恭格一支也受到妥善安置。各部遂安居于其牧地。

《钦定西藏章程》

清朝在定鼎北京之初，统一全国的大业尚未彻底完成，其对西藏地区的统治也不能不显得鞭长莫及，只有利用已经归顺清朝的和硕特蒙古领袖，当时西藏地方的掌权人顾实汗对西藏实行间接统治。1681~1683年的拉达克战争之后，黄教集团与和硕特贵族的关系日渐恶化，并最终导致双方的武装冲突。康熙四十四年（1705年），顾实汗的后裔拉藏汗执杀第巴桑结嘉措，经清政府同意而废黜六世达赖仓央嘉措，另立阿旺伊希嘉措为六世达赖喇嘛，但没有得到西藏黄教上层的认可。康熙四十八年（1709年），清政府认为西藏事务不便命拉藏汗独理，因此派侍郎赫寿前往西藏协同拉藏汗办理事务。清廷直接派官管理西藏实肇端于此。

在康熙五十九年（1720年）驱逐准噶尔扰藏势力之后，清政府趁机废除和硕特部在西藏建立的地方政权，改由清政府直接任命的若干噶伦共同负责西藏地方政务，从而进一步加强了清政府对西藏的施政。当时，清政府任命康济鼐、隆布鼐、阿尔布巴、颇罗鼐、札尔鼐为噶伦，其目的在于使其彼此牵制而任何一人都不能独断专行。然而，在清政府在西藏实行的分权政策维持了数年安定局面之后，西藏地方掌握实权的上层贵族之间的矛盾便日益公开暴露出来。岳钟琪根据到藏访查情形的王刚的汇报向朝廷陈奏说："康济鼐公直不要钱，番民畏服，但恃功自大，是其所短，其阿尔布巴等待人和好，一味取悦同事，然皆性贪要钱，番民多不畏惧，察其情状，

邵学海绘西藏布达拉宫图（局部）

阿尔布巴与康济鼐接见之时，虽极谦谨，貌似相和，然未免与隆巴布等人相连一气，而康济鼐则孑然孤立者也。"雍正帝鉴于西藏地方政府统治集团内部不和的情况，于雍正五年（1727年）任命内阁学士僧格、副都统马喇为驻藏大臣，前往西藏直接监督西藏地方政府，调解阿尔布巴等人与康济鼐的矛盾，安定西藏政局。清政府派遣驻藏大臣始于此。

乾隆十五年（1750年）平定珠尔墨特叛乱之后，乾隆曾命令四川总督策楞拟定《西藏善后章程》，对西藏行政进行了一次重要改革。这次改革大大加强了清朝中央政府对西藏的管辖，但也有一定缺陷、不够完善。最主要的就是清朝自乾隆十五年改革以来，派去的驻藏大臣品质和能力都很低，他们很少努力去和摄政抗衡。在廓尔喀战争爆发之前，清政府已经收复了台湾，驱逐了沙俄在东北的骚扰势力，绥服了内、外蒙古，平定了准噶尔。这样，其注意力必然要集中到西藏地区的长治久安。通过驱逐廓尔喀入侵的战争，清朝政府在西藏的威信更加提高。同时，这次反侵略战争也使清政府在经济上、政治上、军事上付出了高昂的代价。乾隆帝决定对西藏事务进行一次比较彻底的整顿，把清朝中央政府对西藏的管辖以法律形式巩固下来。乾隆帝颁布谕旨说："此系极好机会，皆赖上天所赐，福康安等当趁此将藏中积习澌除，一切事权，俱归驻藏大臣管理，俾经久无弊，永靖边隅，方为妥善"。这样，乾隆帝在廓尔喀战争结束后便立即利用战胜廓尔喀的军威和得到西藏人民感激的有利条件，命令福康安会同八世达赖、七世班禅等共同筹议西藏善后章程。乾隆五十八年（1793年），清政府在福康安等人所上报的一百零二款善后章程的基础上加以归纳、简化，正式颁行了《钦定西藏章程》二十九条。《钦定西藏章程》二十九条有

汉文本、藏文本两种，藏文本比汉文本略微详细，内容大体相同，个别之处稍有出入。从藏文本的语气、语体等方面来看，藏文本是西藏地方政府根据汉文本翻译后向各地人民宣布执行的文件（藏文中称为"雄译"）。《钦定西藏章程》二十九条的内容主要包括：

一、政治方面。驻藏大臣督办藏内事务，应与达赖喇嘛、班禅额尔德尼平等，共同协商处理政务。所有噶伦以下的官员以及活佛隶属于驻藏大臣，无论官职大小都须服从驻藏大臣的命令。除噶伦、代本必须呈请皇帝任命之外，其他官职遇有缺额时，由驻藏大臣会同达赖喇嘛拣选，颁发满、汉、藏文执照。噶伦、代本以下人员和各个宗本须按规定逐级升迁，不得躐等越进，并且必须呈报驻藏大臣批准方可实施。

二、宗教方面。格鲁派创立初期，为

五世达赖喇嘛灵塔

了解决宗教迅速发展所带来的领袖继承问题，正式采用噶玛噶举派在13世纪中叶开始实行的活佛转世制度。活佛，藏语称作"朱比古"，蒙语称作"呼毕勒罕"，都是"转世者"或"化身"的意思。活佛即是佛祖在人世间的化身，基使命在于继承、传播和弘扬佛法，消除人间的不平和苦难，帮助众生脱离轮回之苦，从而达到美满幸福的理想境界。因此，每当达赖、班禅和其他活佛圆寂后，藏族人民都认为他们将"不迷本性，俱有呼比勒罕出，以衍其教"。在寻找新的呼比勒罕时，一般都由吹忠作法指定。然而，这种制度行之既久，不免产生一些流弊。一些封建农奴主贵族往往收买、拉拢吹忠，谋求指定其后代子孙为呼比勒罕，以图夺取政教大权，操纵整个政局。这样，活佛转世便几乎变成了一种变相的血缘世袭，加剧了贵族内部的权力斗争。为了消除这一弊端、确保西藏社会的安定，清政府参酌吏、兵二部选官时抽签决定的办法，创立了金奔巴制度，又称金瓶掣签制度（因为"奔巴"一词系藏语瓶子的音译）。规定：凡达赖、班禅以及前后藏、西宁等处大小呼图克图的转世灵童一经呈报出世，就应该将所寻找到的各灵童的姓名、出生年月日，用满、汉、藏三种文字写于签牌之上，先选派真正有学问的喇嘛在大昭寺内诵经祈祷七日，届期再由驻藏大臣亲自监视掣签以定。即使寻到的灵童仅有一名，亦须将一个没有名字的签牌添放到瓶内共同掣签，假如抽出没有名字的签牌，那么已寻得的灵童便不能被认定，而需另外寻找。

三、边界防御方面。驻防西藏的绿营设有游击、都司、守备、千总、把总、外委等职，兵额共计646名，分别驻守定日、江孜等处。驻藏大臣衙门及其他文武官员不得滥用兵丁供自己使用。藏军兵额为3000名，其中前后藏各驻藏军1000名，江孜、定日各驻藏军五百名。藏军设代本6名，每名代本统领500人；代本之下设如本、甲本、和定本，分别统领藏军250名、125名、25名。驻藏大臣每年按期巡视边界，检阅兵丁。

四、对外交涉方面。廓尔喀、布鲁巴克、哲孟雄等邻国写给达赖、班禅的通问布施书信，须报驻藏大臣译出查验，代为决定回书。噶伦以下官员不得对外私自发信。邻国商旅和朝圣者入藏，必须由边界营官查明人数，禀明驻藏大臣验放进口，事毕后查点人数，发给照票，再行遣回。

五、财政方面。西藏商上（其办事官为"商卓特巴"，在藏文中称"强佐"，负责管理仓库出纳）一切出纳，统归驻藏大臣核查，以防商卓特巴侵渔舞弊。

《钦定西藏章程》二十九条用法律形式明文规定了驻藏大臣的职权以及西藏的军事、财政、对外交涉等制度，严密周详，有利地促进了西藏地区的稳定、发展，标志着清朝在西藏的统治达到了最高阶段。在《钦定西藏章程》颁布后，驻藏大臣和琳、松筠等精明强干的官员积极将章程付诸实施，西藏地方上层也恭谨从命。达赖喇嘛就曾表示："嗣后唯有钦遵圣训，指认呼毕勒罕时，虔诚诵经，于大众前秉公拈定，庶使化身真确，宣扬正法，远近信心。"后来，驻藏大臣琦善妄加改动《钦定西藏章程》规定的军事、财政等制度，使驻藏大臣的权力遭到削弱，但是，直到清末，西藏地方许多政务仍然是按照《钦定西藏章程》的规定办事。